A Espiritualidade Budista

Coleção Estudos
Dirigida por J. Guinsburg

Equipe de realização – Tradução: Maria Clara Cescato: Edição de texto: Iracema A. de Oliveira; Revisão de provas: Marcio Honorio de Godoy; Sobrecapa: Sergio Kon; Produção: Ricardo Neves, Sergio Kon e Raquel Fernandes Abranches.

Takeuchi Yoshinori (org.)

em associação com
James W. Heisig, Paul L. Swanson
e Joseph S. O'Leary

A ESPIRITUALIDADE BUDISTA
CHINA MAIS RECENTE, CORÉIA, JAPÃO
E MUNDO MODERNO

 PERSPECTIVA

Título do original em inglês
Buddhist spirituality

© 1999 by The Crossroad Publishing Company

Dados Internacionais de Catalogação na Publicação (CIP)
(Câmara Brasileira do Livro, SP, Brasil)

A Espiritualidade budista : China mais recente, Coréia, Japão e
mundo moderno / Takeuchi Yoshinori (org.) em associação
com James W. Heisig, Paul L. Swanson e Joseph S. O´Leary;
(tradução Maria Clara Cescato). – São Paulo: Perspectiva,
2007. – (Estudos ; 219 / dirigida por J. Guinsburg)

Título original: Buddhist spirituality: Later China, Korea,
Japan, and the modern world
Bibliografia.
ISBN 978-85-273-0793-2

1. Budismo – China 2. Budismo – Coréia 3. Budismo –
Japão 4. Budismo – História – Século 20 5. Espiritualidade I.
Yoshinori, Takeuchi. II. Heisig, James W. III. Swanson, Paul
L. IV. O´Leary, Joseph S. V. Guinsburg, J. VI. Série.

07-4115   CDD-294.3095

Índices para catálogo sistemático:
1. Ásia : Budismo : Religião : História   294.3095
2. Budismo : Ásia : Religião : História   294.3095

Direitos reservados em língua portuguesa à
EDITORA PERSPECTIVA S.A.

Av. Brigadeiro Luís Antônio, 3025
01401-000 São Paulo SP Brasil
Telefax: (011) 3885-8388
www.editoraperspectiva.com.br

2007

Sumário

Introdução XI

PARTE III:
CHINA MAIS RECENTE

15. CH'AN 3

    I. Um Esboço Histórico – *Philip Yampolsky* 3

    II. A Espiritualidade Ch'an – *Thomas P. Kasulis* 24

    III. Os Quatro Grandes Mestres da Tradição Ch'an –
    Dale S. Wright 33

    IV. O Encontro do Ch'an com o Confucianismo –
    Julia Ching 44

PARTE IV:
CORÉIA

16. ESPIRITUALIDADE BUDISTA NO PERÍODO SILLA –
    Sung Bae Park 59

17. O PERÍODO KORYŎ – *Robert E. Buswell Jr.* 81

VIII
A ESPIRITUALIDADE BUDISTA

18. A ESPIRITUALIDADE BUDISTA NA CORÉIA MODERNA E PRÉ-MODERNA – *Henrik H. Sørensen* 113

PARTE V:
JAPÃO

19. FUNDAMENTOS 141

   I. O Nascimento do Budismo Japonês – *Hanayama Shinshō e Hanayama Shōyū* 141

   II. O Impacto do Budismo no Período Nara – *Thomas P. Kasulis* 148

   III. A Transformação Japonesa do Budismo – *Royall Tyler* 161

20. PERÍODO HEIAN 169

   I. Saichō – *Umehara Takeshi* 169

   II. Kūkai – *Paul B. Watt* 179

   III. Fundamentos do Budismo Heian no Budismo Kamakura – *David Lion Gardiner* 191

21. TERRA PURA 209

   I. Primeiros Líderes da Terra Pura – *Tamaru Noriyoshi* 209

   II. O Legado Espiritual de Hōnen – *Fujimoto Kiyohiko* 221

   III. O Caminho de Shinran – *Alfred Bloom* 229

22. A ESPIRITUALIDADE DE NICHIREN – *Laurel Rasplica Rodd* ... 247

23. ZEN 265

   I. Um Esboço Histórico – *Philip Yampolsky* 265

   II. A Espiritualidade Monástica de Dōgen Mestre do Zen – *Tsuchida Tomoaki* 283

   III. Três Pensadores Zen – *Minamoto Ryōen* 299

   IV. Hakuin – *Michel Mohr* 315

24. O PERÍODO TOKUGAWA 339

   I. Respostas Budistas ao Confucianismo – *Minamoto Ryōen* 339

   II. O Elemento Budista no Shingaku – *Paul B. Watt* 346

   III. Jiun Sonja – *Paul B. Watt* 356

SUMÁRIO IX

25. O "ESPIRITUALISMO" DE KIYOZAWA MANSHI – *Gilbert Johnston e Wakimoto Tsuneya* 369

26. FILOSOFIA COMO ESPIRITUALIDADE: O CAMINHO DA ESCOLA DE QUIOTO – *James W. Heisig* 377

PARTE VI:
ARTE, SOCIEDADE E NOVAS DIREÇÕES

27. OS CORPOS DO BUDA E A VIRADA ICONOGRÁFICA NO BUDISMO – *Mimi Hall Yiengpruksawan* 403

28. A ESPIRITUALIDADE BUDISTA NA MODERNA TAIWAN – *Heng-Ching Shih* 431

29. SŌKA GAKKAI E A MODERNA REFORMA DO BUDISMO – *Shimazono Susumu* 449

30. ESPIRITUALIDADE BUDISTA CONTEMPORÂNEA E ATIVISMO SOCIAL – *Sallie B. King* 471

31. ESPIRITUALIDADE THERAVĀDA NO OCIDENTE – *Egil Fronsdal* 501

32. O ZEN NO OCIDENTE – *Franz Aubrey Metcalf* 517

Glossário de Termos Técnicos 535

Créditos Fotográficos 546

Colaboradores 547

Índice de Nomes 553

Índice de Assuntos 565

Introdução

O budismo chinês alcançou plena maturidade, como vimos no volume I, nos grandes sistemas especulativos de suas escolas de San-lun, T'ien-t'ai, Hua-yen e Iogacara e na ampla gama de práticas meditativas sistematizadas, em especial, por Chih-i (538-597). A tradução de uma grande variedade de sutras da escola Mahāyāna, juntamente com uma diversidade substancial de materiais provenientes das coletâneas do Tripiṭaka das escolas Sarvāstivāda, Darmaguptaka e outras escolas indianas, além de um número imenso de sutras apócrifos, compostos pelos próprios chineses, haviam fornecido ao budismo chinês bases suficientes para sustentá-lo nas novas direções que ele estava dando à rica herança proveniente da Ásia central e do subcontinente indiano.

A transformação na China do que já era uma das principais religiões do mundo, moldada durante cerca de um milênio na Índia, foi um processo de inculturação ainda mais completo que a helenização e romanização das tradições judaicas no contexto do cristianismo. Duas grandes mudanças que ela trouxe à tradição foram a ênfase no voltar-se para este mundo e a preocupação com os métodos para se alcançar a iluminação, em particular, por meio da idéia de natureza búdica. Nós as encontraremos de forma recorrente a cada estágio do desenvolvimento do budismo no Leste asiático.

O primeiro de nossos dois volumes sobre o budismo foi dominado pelo espírito especulativo e analítico da Índia e sua metódica busca ascética por uma libertação definitiva (*mokṣa*, nirvana), um esvaziamento clinicamente puro de toda ilusão. O presente volume, ao contrário, é impregnado pela compreensão chinesa da iluminação aqui e agora, e pelos termos práticos, terra-a-terra e voltados para este mundo, nos quais a visão iluminada se expressou e se realizou. Naturalmente, o budismo nunca conheceu o dualismo que se distinguia entre o sagrado e o profano, entre os sentidos e o espírito; a iluminação sempre teve em vista perceber a realidade tal como ela é; e uma das principais ênfases do budismo de tradição Mahāyāna está no ensinamento de que o nirvana nada mais é que *samsara* percebido em seu vazio. No entanto, a antiga ideologia indiana da libertação do ciclo do nascimento e morte e a grande amplitude da cosmologia indiana dão ao budismo uma aura de grandiosidade que não foi assimilada na China, com sua cultura mais positivista e com seu universo de palavras e conceitos mais concretos e menos especulativos.

Se a meditação e o vazio constituíram os temas reguladores do primeiro volume, a ênfase na iluminação súbita e imediata e a doutrina da natureza búdica a ela vinculada passam para o primeiro plano no presente volume. O budismo indiano se desenvolve contra o pano de fundo do bramanismo, com sua longa tradição de cultivo do ascetismo, e da ioga, que oferece ao budismo seu repertório básico de técnicas de meditação. O budismo chinês floresce num solo completamente diferente e contra os vastos horizontes do confucianismo, com sua longa tradição de cultivo das virtudes necessárias para a vida da família e do Estado, e do taoísmo, com seu ideal do sábio iluminado, vagando livre, sem as barreiras das convenções socais, e – para emprestar uma expressão de Hölderlin – "habitando poeticamente sobre a terra".

O NASCIMENTO DA TRADIÇÃO CH'AN

Kumārajīva (343-413) fizera a ponte entre a cultura indiana e a chinesa, conduzindo ao apogeu o primeiro estágio da adaptação – o período da "correspondência de palavras". Mas, um século mais tarde, ocorria uma espécie muito diferente de transmissão, quando o monge indiano Bodidarma (atuante *c.* 480-520) encarnou o caminho budista, ao focalizar privilegiadamente a prática da meditação. A tradição da escola Ch'an, originando-se nessa figura relativamente obscura, não tentou reconstruir o budismo com base em imensos esforços filológicos. Ela reencetou a busca da iluminação empreendida pelo próprio Buda, e desenvolveu novos modos de pensar e falar no contexto dessa prática. Suas "palavras" não mais "correspondiam" às palavras indianas, mas apontavam diretamente para o que estava sendo vivenciado no aqui e agora.

Aqui, a reformulação do budismo se torna verdadeiramente radical e original, tanto que, junto com o surgimento da escola Mahāyāna e do Veículo de Diamante, a formação da tradição Ch'an deve ser considerada uma das grandes voltas históricas da roda do Darma.

INTRODUÇÃO   XIII

Enquanto, na antiga Índia, a visão de Śākyamuni – reconhecida como autoridade – oferecia a oportunidade de romper camadas profundamente incrustadas de ritual, mito e especulação, na China, o mesmo acontecia com a escola Ch'an. Essa "tradição separada e exterior aos textos sagrados" elevou-se em meio à criatividade prodigiosamente especulativa e criadora de mitos do budismo Mahāyāna, já tão desenvolvido na China quanto em seu berço de origem na Índia e, com ousadia, virou uma nova página. O lendário sorriso silencioso de Mahākāśyapa, o único entre os discípulos a compreender o ato do Buda de girar a flor entre os dedos, significava mais para os praticantes do Ch'an que as abundantes elaborações de sutras e *śāstras*. Eles afirmavam que a transmissão direta da visão interior, de mente para mente, podia ir além de todas as palavras e atingir a percepção iluminada da realidade.

O riso sonoro dos monges praticantes do Zen teve poucos precedentes na Índia, com a exceção especial do *Sutra de Vimalakīrti* (muito popular na China). O riso nos remete, ao contrário, ao humor subversivo de Chuang-tzu, cujo emprego brilhante da anedota e do paradoxo prefigura os *koans* da escola Zen. Ouçamos Chuang-tzu defendendo a vida do Tao como o ideal supremo por meio de um diálogo fictício entre Confúcio e seu discípulo favorito, Yen Hui:

> Um outro dia, os dois se encontraram novamente e Yen Hui disse:
> "Estou melhorando!"
> "O que você quer dizer com isso?"
> "Posso me sentar e esquecer de tudo!"
> Confúcio pareceu muito surpreso e disse:
> "O que você quer dizer com sentar e esquecer de tudo?"
> Yen Hui disse:
> "Eu golpeio meu corpo e membros, afasto a percepção e o intelecto, elimino a forma, me livro da compreensão e me identifico com o Grande Caminho. É isso que quero dizer com me sentar e esquecer de tudo"[1].

"Sentar e esquecer de tudo" – a expressão ecoa na meditação budista no Leste asiático desde o lendário ato de Bodidarma, de fitar a parede até o "sentar apenas" de Dōgen. A imagem do golpear os membros e afastar a percepção antecipa um ensinamento central que Dōgen aprenderia com o mestre chinês do Zen Ju-ching: "suprimir corpo e mente". A eliminação do discursivo também prefigura o ideal Ch'an da mente: "nenhum pensamento, nenhuma imagem".

Quando Chuang-tzu fala de "certo ensinamento sem palavras, certo modo de trazer a mente à completude", inevitavelmente nos lembramos da proclamação Zen de uma transmissão especial, não baseada em palavras ou letras, indicando diretamente a mente. Novamente, a

---

1. Burton Watson, (trad.), *The Complete Works of Chuang Tzu*, New York, Columbia University Press, 1968, p. 90.

XIV A ESPIRITUALIDADE BUDISTA

ênfase que a doutrina Zen coloca nas idéias do vazio e não-eu é prefigurada num outro de seus diálogos:

> Confúcio disse: "Torne seu desejo um! Não ouça com os ouvidos, ouça com a mente. Não, não ouça com a mente, ouça com o espírito. Ouvir termina nos ouvidos, a mente termina no reconhecimento, mas o espírito é vazio e espera por todas as coisas. O Caminho se unifica somente no vazio. O vazio é a abstinência da mente".Yen Hui disse: "Antes de ouvir isso, eu estava certo de que eu era Hui. Mas agora que ouvi isso, não existe mais Hui. Isso pode ser chamado de vazio?"[2]

A mentalidade taoísta é uma matriz importante da sabedoria Zen, não apenas em termos de sua crítica da razão, mas também em sua afirmação absoluta do caminho da natureza. A transmissão taoísta da espiritualidade do libertar-se do mundo, rumo a um despertar para o mundo em sua naturalidade, pressupõe a convicção de que a salvação não é algo deferido a um futuro desencorajadoramente remoto, mas uma realidade a ser apreendida aqui e agora. O fascínio da escola Ch'an pelo "vazio" é mais que uma metafísica: é primeiro, e sobretudo, o respeito pela plenitude de todas as coisas como elas são, sem o obscurecimento do raciocínio discursivo.

Este volume abre-se com um exame rigoroso da história do Ch'an na China pelo já morto Philip Yampolsky, um dos pioneiros na revisão da história Zen, que se inspira na descoberta dos documentos de Tun-huang. Ele mostra como o Ch'an criou para si uma linhagem que remonta ao Buda e a procedimentos específicos para a transmissão ortodoxa de mestre a discípulo. Afirma-se que a institucionalização tornou o Ch'an das grandes cidades extremamente formal e excessivamente preocupado com a justificação baseada nos textos sagrados. Foi na liberdade das áreas rurais que o Ch'an se tornou plenamente autônomo, em termos de um humor coloquial, dos gritos e golpes no corpo, dos *koans*, que devem instigar a mente, e das batalhas do darma de Ma-tsu, Huang-po e Lin-chi. Thomas Kasulis e Dale Wright completam o quadro, examinando em maior detalhe essas figuras, mostrando como suas técnicas de ensino desorientadoras se encaixam num sistema amplo, no qual o florescente movimento Ch'an era habilidosamente cultivado. As complexidades desse Ch'an completamente adaptado à cultura chinesa – suas convenções lingüísticas e gêneros literários originais, sua reformulação do estilo de vida monástico e suas complexas classificações filosóficas – mostram-nos como a visão espiritual, quando vigorosa, recria seu ambiente por inteiro. Nada disso era bem recebido em meio aos defensores da tradição confuciana nativa; o budismo florescia em épocas de instabilidade ou sob governantes chineses alheios a toda ética, enquanto o confucianismo reconquistava sua força com a retomada da ordem

2. Idem, p. 57-58.

INTRODUÇÃO XV

social e política, como aconteceu no período Sung (960-1279). Mas, com o artigo de Julia Ching, percebemos que, mesmo ao desafiar o budismo a se manter alerta às realidades políticas e sociais, o confucianismo do período Sung desenvolveu sua própria forma de iluminação, numa rivalidade criativa com a tradição Ch'an.

CORÉIA

O budismo coreano, ainda muito pouco explorado pelos estudiosos no Ocidente, apresenta um enorme vigor em seu pensamento e prática, o que lhe garante um lugar absolutamente único. Aqui, o ajuste do budismo às realidades do mundo se revela em seu sincretismo com um taoísmo xamanizado e no espírito de harmonização construtiva com o qual o darma se desenvolveu na Terra da Quietude da Manhã, onde o cultivo da unidade e harmonia também era altamente valorizado no campo político. A inculturação coreana do budismo também foi marcada por descobertas especulativas ousadas, catalisadas pela busca de integração total, como se pode observar no monumental empreendimento de Wŏnhyo, descrito no estudo de Sung Bae Park. O pensamento de Hua-yen fornecia um arcabouço filosófico amplo e integrado, no interior do qual os fenômenos deste mundo podiam ser considerados como manifestando a essência última.

Essa integração entre o estudo dos textos sagrados e a meditação Sŏn era talvez o desafio mais profundo a essa busca de harmonia. Robert Buswell mostra como os conhecidos tópicos e controvérsias do Zen chinês são abordados num estilo original no âmbito do diálogo entre as tradições Zen e Hua-yen, no qual a figura central é Chinul, um nome que vem se tornando conhecido no Ocidente como um dos maiores na tradição Zen. O grau em que o budismo tinha se tornado o próprio pulsar da vida da nação revela-se no relato emocionante, com o qual Buswell encerra seu artigo sobre como os coreanos entalharam os blocos de madeira para uma magnífica edição crítica de todo o Tripiṭaka, sem se deixar desencorajar pela impiedosa destruição do conjunto anterior pelos invasores mongóis.

Elementos do confucianismo e do budismo tinham sido fundidos no código dos cavaleiros de *hwarang*, do período Silla, e nas "dez injunções" do fundador da dinastia Koryŏ, Wang Kŏn (r.918-943). Com a fundação da dinastia Chosŏn (1392-1910) por líderes neo-confucianos, o budismo conheceu novamente anos de parca prosperidade, como relata Henrik Sørensen. Embora tivessem aprendido muito com o cultivo budista da vida interior, os neo-confucianos resistiam fortemente ao budismo, vendo-o como uma percepção equivocada do mundo exterior. Agora a integração natural dava lugar a uma unificação burocrática de todas as seitas em dois grupos principais, Kyo e Sŏn, em 1424. O budismo, embora seja a religião mais difundida

XVI A ESPIRITUALIDADE BUDISTA

no país, e apesar da notável contribuição de Sŏsan Hyŭjŏng (1520-1604), parece ter desempenhado um papel muito pequeno nos debates às vezes sanguinariamente ideológicos nesses séculos.

A escola Sŏn emergiu com nova ressonância no século XX, em reação à influência japonesa. Mas resistiu à modernização ocorrida no Zen japonês, permanecendo próximo à forma medieval tradicional, mesclado com influências confucianas. No presente, a cultura monástica no estilo antigo está evoluindo rumo a um Sŏn mais aberto e popular, centrado nos cursos de meditação para o público em geral. O budismo Wŏn, de orientação leiga, é um "novo" movimento religioso, que avançou muito mais na direção de uma interpretação do budismo, totalmente voltada para este mundo e centrada na família. Entre os extremos do tradicionalismo e da secularização, o budismo coreano luta por encontrar um equivalente moderno e criativo do caminho do meio.

JAPÃO

Seis ensaios nos orientam no mundo misterioso do budismo japonês primitivo até o final do período heiano. Hanayama Shinshō, já morto, e seu filho Hanayama Shōyū discutem o budismo japonês primitivo, de caráter fortemente coreano. Grandes templos, comentários de textos e uma visão política inspirada em princípios budistas dão brilho ao nome do príncipe Shōtoku, um magnífico acréscimo à lista de governantes budistas. Seis diferentes tradições budistas tinham sua sede em Nara, quando a cidade foi capital e o Japão experimentou pela primeira vez o prazer de um escolasticismo florescente. Thomas Kasulis e Royall Tyler focalizam a interação entre cidade e campo, escolasticismo monástico e ascetismo montanhês, tradições vindas da China e da Coréia e tradições populares e do Shintō nativo. O caráter do budismo de voltar-se para este mundo era acentuado como uma técnica missionária de inculturação, e a mensagem muitas vezes estava vinculada ao fortalecimento do Estado e aquisição de benefícios mundanos. Uma grande realização desse ajuste cultural foi o sistema *honji suijaku* de identificação dos deuses nativos com os bodisatvas budistas. O budismo no Japão reteve um vínculo com tradições populares antigas e vigorosas, sobretudo por meio dos movimentos ascetas que não obedeciam a regras e que floresceram nas regiões rurais e nos retiros nas montanhas – e ainda sobrevivem nas tradições do *shugendō* ou do *yamabushi*.

A inculturação plena e madura do budismo no Japão foi obra de duas figuras que tinham muito em comum – que aliavam os tesouros da erudição chinesa ao espírito intrépido do ascetismo montanhês – e, no entanto, estavam afastadas por diferenças radicais em termos de personalidade e ideologia: Saichō e Kūkai, apresentados por Umehara

INTRODUÇÃO XVII

Takeshi e Paul Watt. Graças a Saichō, a vasta doutrina da escola T'ient'ai (Tendai), ensinada no mosteiro-e-universidade em monte Hiei, alcançou a posição de mais alta autoridade entre as escolas japonesas, comparável à da escola Hua-yen na Coréia. O *Sutra do Lótus*, a "Bíblia do Leste asiático", deu à escola uma amplitude de visão e um ideal bodisatva de compaixão e zelo que a tornaram um campo fértil para desenvolvimentos ulteriores.

A sede da escola Shingon de Kūkai, no distante monte Kōya, abastecia-se em fontes igualmente vigorosas, centrando seu culto no cósmico Buda Dainichi (Mahāvairocana), fonte de todos os outros budas. Os métodos tântricos de Kūkai prometiam a natureza búdica nesta mesma vida, herdando o poder do tantrismo indiano como uma força prática imediata. Kūkai também foi um mestre nas artes seculares e na educação, um calígrafo e talvez o primeiro filósofo japonês. Como muitos outros líderes religiosos japoneses, ele também é um herói cultural, da mesma forma que, inversamente, muitos poetas, dramaturgos e pintores japoneses refletem e comunicam a sabedoria budista – um tópico além do âmbito deste volume.

A riqueza do budismo do período heiano foi plenamente revelada na linhagem dos mestres que nele surgiram no período Kamakura. Esses fundadores de novas escolas concentravam o potencial universal do budismo do "veículo único" do *Sutra do Lótus* em práticas isoladas seletas, às quais o povo comum não podia dedicar-se por completo. Sua relação crítica com a doutrina Tendai de que todos os seres sencientes são dotados da iluminação original (*hongaku*) se revela, no ensaio de David Gardiner, como parte da problemática multifacetada que dá ao budismo japonês medieval sua identidade característica. A teoria de *hongaku* tornou possível aos japoneses aliar seu culto à paisagem sagrada do Japão à busca da iluminação e da natureza do Buda. Se isso levou a uma complacência espiritual e a um chauvinismo nacional, como insistem os críticos modernos, essa é uma questão que deve ser enfrentada somente após se avaliar plenamente a força dessa idéia e as ramificações de sua influência sobre a cultura.

Descendo do monte Hiei, os fundadores do budismo do período Kamakura trouxeram o Darma para o mundo, não no sentido da politização e militarização que havia corrompido as instituições Tendai, mas num espírito de serviço de caráter bodisatva. Hōnen e Shinran pregavam o budismo da Terra Pura como um "caminho fácil" de fé e arrependimento. Isso contradizia a máxima de Kūkai "torne-se um Buda nesta mesma vida", mas afirmava que somos envolvidos, nesta mesma vida, pela compaixão infinita do Buda Amida, o que garante o renascimento na Terra Pura em nossa próxima vida e, após ela, a iluminação. Nichiren concentrava a prática budista na recitação do *Sutra do Lótus*, redirecionando a altaneira tradição T'ien-t'ai para uma forma de

XVIII A ESPIRITUALIDADE BUDISTA

religião patriótica e zelosa, enquanto Dōgen identificava a iluminação à vida cotidiana num grau sem precedentes, garantindo aos seguidores do Zen de tradição Sōtō que, sentar-se em calma meditação já era estar no estado de iluminação, reinterpretado como um processo em andamento, mais que um acontecimento súbito e desestabilizador.

O xogunato Kamakura foi constituído por governantes e chefes militares fortes e os fundadores do budismo da época manifestam, no plano do espírito, um heroísmo e determinação comparáveis. Mesmo o moderado Hōnen, retratado por Tamaru Noriyoshi e Fujimoto Kiyohiko, seguia esse caminho com uma tranqüila determinação e tenacidade, disposto a enfrentar a perseguição, caso falhassem seus esforços pacientes de persuasão e concordância. Sua mensagem, na tradição da Terra Pura, de salvação pela fé no Buda Amida foi dramaticamente radicalizada por Shinran que, até mesmo mais que seu mestre, trouxe o budismo para perto dos corações e mentes das pessoas comuns no Japão, como mostra Alfred Bloom. Nichiren, como retrata Laurel Rasplica Rodd, é um personagem ainda mais impressionante. Ele convidava a dar um passo atrás com relação à ortodoxia T'ien-t'ai baseada no *Sutra do Lótus* e, no entanto, sua interpretação do budismo se revela como a mais idiossincrática produzida no Japão – mesclada de fanatismo, talvez, mas extremamente eficaz na estimulação das massas de fiéis.

Foi somente nessa época, no século XIII, que a tradição Zen se tornou um elemento importante do budismo japonês. Como nos primórdios do período heiano, as estadas na China, agora de Eisai e Dōgen, constituíam ocasião para a transmissão de um novo e vibrante estilo de prática e pensamento budistas. Mais uma vez Yampolsky é quem nos oferece o arcabouço histórico, complementado pelo estudo de Tsuchida Tomoaki sobre Dōgen, pela apresentação de Minamoto Ryōen de três figuras de destaque no século XVII, e pelo detalhado exame, por Michel Mohr, de Hakuin, uma figura surpreendentemente ignorada pela bibliografia especializada.

A polêmica confuciana contra o budismo, criticando-o como escapista, niilista e voltado para o outro mundo, prosseguiu até o século IX, da mesma forma que as respostas budistas de que o nível de iluminação alcançado pelos sábios confucianos era limitado. Jamais foi permitido ao budismo do Leste asiático descansar sobre seus lauréis da meditação; ele sempre teve de apresentar uma ativa consciência social. Embora o Japão fosse um país fechado durante o período Tokugawa (séculos XVII a XIX), é possível captar uma certa modernidade entre os pensadores budistas desse período, em especial, em seu diálogo com o confucianismo, relatado por Minamoto, que chega a lembrar os debates entre a religião e o racionalismo no Ocidente. As novas representações da iluminação surgidas nessa época, acompanhadas pelos novos estilos da atividade missionária, como acontece

INTRODUÇÃO XIX

na pregação de Takuan ou Bankei ou na "filosofia do coração" de Ishida Baigan, podem lembrar a revitalização espiritual no início da Europa moderna – por Fox, Wesley ou os pietistas. Ao mesmo tempo, um eco tênue da Ilustração européia pode ser percebido nas investigações acadêmicas de Jiun Sonja, como descreve Watt.

No período Meiji, uma imersão na cultura filosófica ocidental tomou conta dos pensadores budistas. O que eles fizeram dela pode ser exemplificado no estudo sobre Kiyozawa Manshi de Gilbert Johnston e Wakimoto Tsuneya e na apresentação de James Heisig da escola de Quioto. O budismo, como deixam claro essas exposições, fez mais que se preservar e, na verdade, apresentou temas e perspectivas que estão alterando a paisagem filosófica do Ocidente em nossa época, a começar com a resposta de Heidegger a seus interlocutores japoneses.

A AUTOCOMPREENSÃO BUDISTA NO MUNDO DE HOJE

Algumas décadas atrás, as questões discutidas neste livro poderiam ter sido consideradas como meras curiosidades arqueológicas. No entanto, lidas em meio ao atual ressurgimento da prática, filosofia e estudos budistas no mundo ocidental, quase não há uma só figura aqui discutida que não pareça surgir das páginas do livro com assombrosa contemporaneidade. Vivemos na época de uma nova volta da roda do Darma, quando um sem-número de ocidentais buscam um estilo de vida e percepção mais cultivado, por meio da adoção e adaptação das práticas tibetanas, Theravāda e Zen. Egil Fronsdal e Franz Aubrey Metcalf fazem uma avaliação da relação entre esses desenvolvimentos e a tradição clássica e observam como a tensão permanente entre liberdade espiritual e forma institucional volta a ser negociada no Ocidente.

Esse budismo ocidental está firmemente voltado para as necessidades da sociedade. Mas, como mostram Sallie King e Heng-Ching Shih, também na Ásia, o budismo passou a se envolver com essas necessidades numa dimensão sem precedentes. A nova proeminência das mulheres no budismo deve ajudar a dar novas bases à tradição na experiência da vida real. A busca de uma resposta budista aos problemas contemporâneos deu vida a novos movimentos budistas, dos quais o mais vigoroso, o de Sōka Gakkai, busca sua inspiração na vida e ensinamentos de Nichiren. O ensaio de Shimazono Susumu focaliza uma fase do desenvolvimento dessa religião, quando ela teve que responder às inquietações do povo japonês no pós-guerra, e mostra como ela combinou a doutrina de Nichiren com as modernas idéias filosóficas e psicológicas do Ocidente.

No budismo, a doutrina sempre esteve sujeita a verificação experimental. Hoje, a experiência dos budistas socialmente envolvidos

XX A ESPIRITUALIDADE BUDISTA

não é meramente a aplicação zelosa de princípios éticos, mas uma realização e verificação das percepções budistas. Os caminhos da libertação budista são clarificados, não apenas no silêncio do saguão de meditação, mas também em sua eficácia em situações de injustiça, violência e depredação ambiental. Mas o sofrimento humano é de diferentes naturezas, assim como o crescimento humano. Alimentar os famintos pode ser a expressão suprema da compaixão do bodisatva numa situação; responder ao mal-estar espiritual de pessoas, cujas vidas perderam o sentido, pode ser o que é necessário em outras. A contribuição específica do budismo foi uma visão e uma sabedoria que podem transformar as condições insatisfatórias da existência em *samsara* num caminho de crescimento cotidiano, tanto do indivíduo quanto das comunidades. Os budistas socialmente engajados buscam ampliar o espaço de atenção e concentração, de limpeza e cura mentais, oferecido no mosteiro. O importante não são as necessidades urgentes, mas o espírito em que as ações são realizadas. Nesse estilo da prática, o budismo se empenha em se opor ao ruído e antagonismos que surgem do "apego a pontos de vista". Ele remete todas as ideologias à realidade das situações às quais elas pretendem se referir, e cultiva uma visão integral do sofrimento dos seres sencientes e de seu potencial de libertação plena. Em resumo, o engajamento com este mundo num estilo caracteristicamente budista é inseparável da busca da iluminação. Existe o perigo, é evidente, de que o "retorno ao mundo" resulte na perda da iluminação. O bodisatva que descer a montanha para servir o povo e, nesse processo, deixar de ser um "ser da iluminação" não conseguirá comunicar o espírito do caminho do bodisatva. E, no entanto, o fracasso em "retornar ao mundo" é uma traição ao espírito do bodisatva.

A tradição budista tem-se caracterizado por uma proliferação de divisões sectárias, que vão das cerca de vinte escolas budistas iniciais e passam pelas divergências entre a escola Mādhyamika e Iogacara e as correntes tântrica, da Terra Pura, da meditação, bem como as correntes acadêmicas. A simbiose ecumênica prevaleceu no âmbito de algumas esferas culturais: a síntese T'ien-t'ai (Tendai) desempenhou um papel integrador na China e no Japão, assim como a união entre o Kyo e o Sŏn, na Coréia, e a prática conjunta da meditação Zen e da Terra Pura na China, Coréia e na escola Ōbaku de Zen japonês. O Japão talvez apresente uma tendência mais acentuada de divisão em seitas separadas. A rivalidade entre as escolas de Nara e os novos movimentos heianos, a tensão entre Saichō e Kūkai, a inquietação gerada pelos fundadores da dinastia Kamakura, as disputas com relação à ortodoxia entre o Jōdoshū e o Jōdo Shinshū, e no interior deste último a antiga divisão entre o Higashi Hongan-ji e o Nishi Hongan-ji – bastante brandas, se comparadas com a turbulenta hostilidade recíproca de outras religiões – sugerem a ausência de uma visão ecumênica am-

INTRODUÇÃO
XXI

pla e integradora nesse país insular, que recebeu todas as tradições budistas no último estágio de seu desenvolvimento.

Nessa transição da Índia para o Tibete, passando pela Ásia central e a China, e de lá para a Coréia e o Japão, o budismo passou por constantes transformações. À medida que era integrado a cada nova terra e cultura, transformando a religiosidade nativa, mesmo quando era transformado, ele se voltava continuamente para seu passado em busca de orientação, mas não retornava aos países e culturas em que esse passado estava ainda vivo para neles instilar suas próprias inovações. Assim como um rio que não pode correr para trás, o fluxo cresce e se avoluma, mas a distância do presente com relação ao passado cresce ainda mais. Esse mesmo padrão se mantém, no século atual, na difusão do budismo para os países da Europa e das Américas. Os esforços desses novos budistas, no sentido de introduzir nos países asiáticos os ideais ocidentais de moralidade, direitos humanos, democracia, e assim por diante, tiveram um certo efeito, mas a modificação da prática e doutrina budistas ainda opõe resistências. Uma exceção manifesta encontra-se nas chamadas novas religiões da Coréia, Japão e Taiwan, que se voltaram para os países vizinhos da Ásia, em busca de adeptos para sua nova versão da tradição budista. Mas, novamente, suas conversões têm a tendência a afastar as pessoas de seu budismo nativo, mais do que envolvê-las no diálogo crítico com a religiosidade budista nativa dessas culturas, na forma em que sua própria cultura foi inicialmente desenvolvida.

Num mundo globalizado, a comunicação entre budistas de todo tipo de formação cultural se acelera rapidamente e está surgindo uma nova e vigorosa compreensão do sentido de toda tradição. O que une todos os budistas não é a herança complexa de doutrinas, mas o desafio do caminho budista. Talvez o caráter concreto desse caminho seja expresso de modo mais persuasivo nos símbolos visuais, dos quais a tradição é tão rica.

Seria possível talvez pensar que a representação de budas e bodisatvas teria um interesse meramente estético e seu estudo, um mero apêndice ou talvez uma oportunidade de relaxar-se na presença silenciosa dessas figuras grandiosas, após a lista exaustiva de nomes, datas e títulos inevitáveis numa "História Enciclopédica". O estudo da iconografia budista, desenvolvido por Mimi Hall Yiengpruksawan, revela, no entanto, que o budismo é tão sutil e eloqüente em suas imagens quanto em seus ensinamentos discursivos. Aqui podemos vislumbrar uma outra história complexa e multifacetada. Mas, novamente, o que nos é apresentado não é uma mera inspeção, mas uma reflexão analítica sobre o significado das imagens budistas no âmbito do desenvolvimento da doutrina e da espiritualidade budistas. As imagens trazem as figuras salvíficas do budismo, e seus ensinamentos, para nossa proximidade imediata, no aqui e agora. Essa história imensa, e

A ESPIRITUALIDADE BUDISTA

essas imagens belas e serenas nos sugerem que a tradição budista se encontra no limiar de novas aventuras, à medida que o mundo passa a conhecer e apreciar mais e mais o "Caminho do meio desperto pelo Tathāgata, buscando o conhecimento e levando a um calmo conhecimento superior, despertar de si e libertação" – um ensinamento que é "belo no início, belo no meio e belo no fim" (*Mahāvagga* I 6. 17; *vi* 34.11).

A Equipe do Instituto Nanzan de Religião e Cultura
Nagóia, Japão

Parte III:
China mais Recente

15. Ch'an

I. UM ESBOÇO HISTÓRICO

Philip Yampolsky

O Ch'an (Zen) – como o compreendemos hoje – é uma forma de budismo que enfatiza a iluminação obtida por um processo de meditação profunda. Essa iluminação é alcançada pela transmissão de mestre a discípulo, uma transmissão que se faz de uma mente a outra, em geral sem o uso de palavras ou letras. De acordo com a tradição, o budismo Ch'an foi levado para a China por um monge, Bodidarma, o terceiro filho de um príncipe do sul da Índia, reconhecido como o Primeiro Patriarca do Ch'an na China e o vigésimo oitavo numa linha ininterrupta de budas históricos. Bodidarma transmitiu os ensinamentos para um discípulo chinês, Hui-k'o, que, por sua vez, transmitiu-os ao Terceiro Patriarca, Seng-ts'an. O Quarto Patriarca foi Tao-hsin (580-651) e o Quinto, Hung-jen (601-674), que, por sua vez, os transmitiu a Hui-neng (638-713), célebre como o Sexto Patriarca, ao qual toda a tradição Zen do presente remete sua origem.

A meditação sempre desempenhou um papel importante em todas as formas de budismo. Quando o budismo se desenvolveu no norte da China, muitos praticantes passaram a enfatizar, individualmente, as técnicas de meditação. Ao mesmo tempo, no âmbito das escolas estabelecidas de budismo, em especial na escola T'ien-t'ai, passou-se a dar grande importância ao desenvolvimento da teoria e prática da me-

4 A ESPIRITUALIDADE BUDISTA

ditação. Por fim, os praticantes de ambos os grupos, que se dedicavam exclusivamente à meditação, se reuniram para formar comunidades. Na metade do século VII, um centro importante de meditação Ch'an foi desenvolvido no monte Shuang-feng, em Hupei, sob a liderança do Quinto Patriarca, Hung-jen. Hung-jen, cujos ensinamentos são conhecidos como escola da Montanha Leste, tinha onze principais discípulos que difundiram os ensinamentos por toda a China, três dos quais fundaram importantes escolas na tradição Ch'an: Shen-hsiu (606?-706), Chih-hsien (609-702) e Hui-neng (638-713). Se examinamos unicamente a tradição histórica padrão da escola Ch'an, verificamos que Hui-neng teve dois importantes herdeiros – Nan-yüeh Huai-jang (677-744) e Ch'ing-yüan Hsing-ssu (m. 740) e seria desses dois mestres que todo o Ch'an derivaria posteriormente. Praticamente nada se conhece sobre essas duas figuras; as fontes biográficas que descrevem suas atividades surgiram apenas muito depois de sua morte. Eles não são mencionados nas poucas fontes bibliográficas da época que chegaram até nós. No entanto, a tradição Ch'an registra o nome de seus descendentes, bem como de todos os patriarcas e mestres da escola Ch'an que se seguiram. Seus nomes e linhagens estão também registrados em relatos posteriores sobre a escola Ch'an tanto na China quanto no Japão.

Tun-huang

Se precisássemos depender das fontes tradicionais da escola Ch'an, teríamos um quadro muito impreciso da história do budismo Ch'an. Felizmente, em 1900, uma grande quantidade de documentos foi resgatada de uma caverna emparedada em Tun-huang, um oásis desértico em Kansu, no extremo noroeste da China. Essa caverna havia sido vedada, para proteger seus conteúdos dos bárbaros invasores no início do século XI, e continha documentos que podem ser datados entre 406 e 996.

Uma grande parte dos manuscritos, cerca de vinte mil ou mais, é constituída por textos budistas chineses. Outros materiais incluem obras literárias, poemas, muitos documentos vinculados a finanças e leis, dicionários e obras vinculadas à educação, textos do confucianismo e textos em tibetano, na língua *uighur* e outras línguas da Ásia central. Às vezes o anverso de um documento traz um texto budista e o verso, um registro secular. O taoísmo é representado em um bom número de textos, alguns dos quais haviam se perdido e não estavam incluídos no cânone taoísta. Quase noventa por cento dos materiais budistas são cópias rotineiras de textos-padrão, de resto, todos facilmente encontrados na forma impressa em diferentes edições do Tripiṭaka. Eles têm especial interesse para lingüistas e estudantes de caligrafia. Entre eles também se encontram textos budistas em tibetano e sânscrito; várias das obras em tibetano são traduções de textos chineses que não mais existem na China.

1. Bodidarma, a partir do desenho de Soga Dasaku do final do século XV.

2. *Hui-neng (638-713)*.

Os documentos de Tun-huang são uma fonte importante para o conhecimento da história, literatura, língua, religião – na verdade, de todos os aspectos – dos períodos Sui e T'ang. De interesse imediato são os materiais da escola Ch'an encontrados em Tun-huang. Se não fosse por esses fragmentos, nosso conhecimento da história e desenvolvimento do budismo Ch'an certamente seria fragmentário, se não em grande parte incorreto. As escolas que não sobreviveram, os monges cuja fama não se preservou com a passagem do tempo e obras que de outra forma estariam desaparecidas chegaram a nosso conhecimento por meio desses manuscritos.

Entre esses documentos estão os primeiros exemplos das formas literárias que mais tarde se tornariam padrão na bibliografia Ch'an, em especial o *t'eng-shih* (transmissão da lâmpada): histórias da escola Ch'an contadas na forma de biografias dos patriarcas e dos mestres da escola Ch'an que os seguiram no decorrer dos séculos. Eles emprestam sua forma à obra denominada *Kao-seng chuan* (Biografias de monges eminentes, 519) e sua seqüência, *Hsü kao-seng chuan* (645). Essas biografias famosas não foram escritas num espírito sectário. No entanto, as obras biográficas da escola Ch'an destinavam-se a estabelecer a tradição Ch'an, como uma escola legítima de budismo que remontava às origens indianas, e, ao mesmo tempo, defendiam uma forma particular do budismo Ch'an. A precisão histórica era uma preocupação menor dos compiladores; as lendas antigas eram repetidas, novas histórias eram inventadas e reiteradas até se tornarem lendas também.

CH'AN

A primeira obra a estabelecer a linhagem Ch'an, em outras palavras, a sucessão dos patriarcas da escola Ch'an, foram os *Ch'uan fa-pao chi* (Registros da Transmissão do Tesouro do Darma), compilados por volta de 710. A obra inspira-se no *Hsü kao-seng chuan* no caso das biografias dos cinco patriarcas chineses, mas as reformula como uma sucessão, de patriarca a herdeiro. Essa linha de sucessão – Bodidarma, Hui-k'o, Seng-ts'an, Tao-hsin e Hung-jen – será padrão para todas as obras posteriores na tradição Ch'an. A posição do Sexto Patriarca (em obras posteriores o mais importante deles) é nesse texto, e somente nele, atribuída a Fa-ju (637-689). A ele segue-se Shen-hsiu (606?-706), nessa época reverenciado como o principal mestre da escola Ch'an, mas destinado, como veremos, a um tratamento desfavorável pela posteridade. Com base nas citações do *Ch'uan fa-pao chi*, sabemos que ele representava uma escola que baseava seus ensinamentos no *Sutra de Laṅkāvatāra*.

Entre os documentos, está uma outra obra mais detalhada e de natureza análoga: o *Leng-ch'ieh shih-tzu chi* (Registro da Transmissão do *Laṅkāvatāra*), que provavelmente foi compilado entre 713 e 716. Essa obra, como indica o título, defende a transmissão do *Sutra de Laṅkāvatāra*. É somente nessa obra que encontramos Guṇabhadra, o tradutor do *Sutra de Laṅkāvatāra*, mencionado como o primeiro patriarca na China, seguido dos cinco patriarcas habituais, com Shen-hsiu na sétima posição e seu discípulo P'u-chi (651-739) na oitava. A posição aqui atribuída a Shen-hsiu é característica da escola que mais tarde seria designada como a escola Ch'an do norte.

Shen-hsiu e Shen-hui

A escola Ch'an do norte, como a maioria das outras escolas, provinha de Hung-jen e sua escola da Montanha Leste. Ela também baseava sua autoridade nos ensinamentos de Shen-hsiu, que atraíra muitos estudantes para seu templo em monte Yü-ch'üan, em Hupei, de 674 até a virada do século e, a essa altura da história da escola Ch'an, era por larga margem o mais importante dos onze discípulos de Hung-jen. Embora mais tarde virtualmente esquecida, a escola que ele fundou foi, pelo menos nas primeiras três décadas do século VIII, a escola de tradição Ch'an de maior destaque. Em 701 ou 702 Shen-hsiu foi chamado para a corte pela imperatriz Wu, que tinha grande respeito pelo budismo, mas que também conseguiu utilizá-lo para habilidosamente aumentar o próprio poder. A corte recebeu seus sermões com grande devoção e ele ensinou nas capitais (de Lo-yang e Ch'ang-an) até sua morte, em 706. Seu funeral, infinitamente elaborado, foi acompanhado pelas mais altas autoridades oficiais.

O êxito de Shen-hsiu na propagação de seus ensinamentos na corte contribuiu em muito para a propagação da escola Ch'an. Sua obra foi continuada por sacerdotes que junto com ele haviam sido alunos, sob a orientação do Quinto Patriarca, e por seus próprios discípulos, muitos dos quais se tornaram famosos por seus próprios méritos. I-fu (658-736) continuou a atender as necessidades religiosas da corte imperial, mas, ao que parece, não deixou herdeiros. P'u-chi foi por larga margem o mestre de maior renome da escola Ch'an do norte na metade do século VIII. Suas atividades se concentravam na capital de Lo-yang. Afirma-se que durante sua vida um total de dez mil alunos foi estudar com ele, dos quais cerca de quarenta se tornaram mestres importantes por seus próprios méritos. No entanto, com o declínio gradual do poder do governo central e da corte T'ang, na metade do século VIII, a escola Ch'an do norte começou a perder importância. Embora vestígios da escola possam ser acompanhados até o final do século IX, ela não teve mais tão grande importância.

A denominação "Escola do Norte" era atribuída aos ensinamentos de Shen-hsiu por um sacerdote de nome Shen-hui, que afirmava ensinar a doutrina Ch'an da Escola do Sul (Nan-tsung), uma denominação que era empregada com referência ao sul da Índia e também à Escola Laṅkāvatāra, que baseava seus ensinamentos nas doutrinas de Bodidarma (e que mais tarde seria conhecida como a Escola do Norte!). Determinado a estabelecer sua própria escola, Shen-hui, que ainda era desconhecido, atacou a escola Ch'an de Shen-hsiu e seus sucessores. Nascido em 670 ou 672 em Hsiang-yang, Hupei, Shen-hui foi inicialmente atraído pelo taoísmo e pelo confucianismo, mas conheceu mais tarde os ensinamentos budistas e, abandonando sua carreira como oficial do governo, tornou-se monge sob a orientação de Shen-hsiu no templo de Yü-ch'üan. Quando Shen-hsiu foi chamado para a corte, Shen-hui seguiu para o sul, para Ts'ao-ch'i, próximo ao Cantão, para estudar com Hui-neng, permanecendo com ele durante vários anos; mais tarde viajou pela China, visitando mestres famosos. Após receber ordenação plena como monge, retornou para Hui-neng, com o qual permaneceu até a morte do mestre, em 713. Conhece-se pouco sobre suas atividades nos quinze anos seguintes, mas, ao que parece, viveu uma vida retirada em Nan-yang, em Honan. Em 730 mudou-se para o templo de Ho-tse, em Lo-yang. Em 732, no décimo quinto dia do primeiro mês, montou uma plataforma no templo de Ta-yün, em Hua-t'ai (também em Honan) e desfechou um amplo ataque aos ensinamentos da escola de Shen-hsiu. Os detalhes desse ataque encontram-se num conjunto de documentos de Tun-huang, que inclui o *Sutra da Plataforma* e a *Determinação da Verdade dos Ensinamentos do Sul*. Essas obras são exemplos de uma forma de literatura Ch'an conhecida como *yu-lu* (ditos registrados). Compilados pelos discípulos dos mestres, eles contêm informações biográficas, histórias de encontros com outros monges, curtos sermões e versos. Posteriormente, obras dessa espécie se tornariam uma forma específica de literatura Ch'an, caracterizada pelo uso da linguagem coloquial em vez do estilo literário formal.

Shen-hui fez um grande número de acusações e pronunciamentos. Suas polêmicas contra a Escola Ch'an do Norte eram freqüentemente inexatas e injustas. Sua principal alegação era a de que Shen-hsiu da Escola do Norte não tinha o direito de se aclamar como o Sexto Patriarca. Afirmava que a roupa de Bodidarma, o símbolo da transmissão, tinha sido passada de patriarca a patriarca durante seis gerações; ela estava agora guardada no templo de Hui-neng, seu próprio mestre; Hui-neng, e não Shen-hsiu, era o Sexto Patriarca; na verdade, o próprio Shen-hsiu jamais ousara reivindicar o título para si. "Mas agora P'u-chi se autodenomina o Sétimo Patriarca e falsamente afirma que seu mestre foi o Sexto. Isso não deve ser permitido". Ele acusa P'u-chi de enviar pessoas para cortar a cabeça do corpo mumificado de Hui-neng e substituir a inscrição na estela de Hui-neng por uma outra que designava Shen-hsiu como o Sexto Patriarca. Também denuncia as tentativas de P'u-chi de destruir a Escola do Sul. "Quando Shen-hsiu estava vivo, todos os estudantes se referiam a esses dois grandes mestres, dizendo: no sul, Hui-neng, no norte, Shen-hsiu […], dessa forma, temos as duas escolas do sul e do norte […]. P'u-chi agora levianamente chama seus ensinamentos de Seita do Sul. Isso não deve ser permitido".

Esse ataque criou a imagem de duas facções concorrentes, a do norte e a do sul, que persiste até hoje, e também estabeleceu um forte contraste entre ambas: os ensinamentos da Escola do Norte seguiam uma abordagem passo-a-passo da iluminação, isto é, lenta e gradual, enquanto a Escola do Sul adotava um método súbito (na realidade, a Escola do Norte também defendia uma abordagem súbita, após o domínio inicial das técnicas de meditação). A Escola Ch'an do Norte havia enfatizado, pelo menos em sua história inicial, o *Sutra de Lankāvatāra*. Shen-hui, de forma bastante arbitrária, afirmava que o Quinto Patriarca, Hung-jen, havia transmitido o *Sutra do Diamante* a Hui-neng e que esse sutra constituía a base dos ensinamentos da escola. Essa dicotomia norte/sul persistiu na China em esferas totalmente desvinculadas da escola Ch'an. Na pintura existem escolas do norte e do sul, vinculadas de alguma forma a abordagens graduais e súbitas, embora essa analogia não fosse criada até o século XVII, quando passou a ser comum discutir poesia por meio da distinção súbito/gradual. Quando chegamos ao período Sung, a escola Ch'an volta a ser mencionada por alguns em termos das duas escolas que Shen-hui distinguira em sua ânsia por reconhecimento.

Sabemos muito pouco sobre as atividades de Shen-hui entre o ano de 732, quando ele desfechou seu magistral ataque contra P'u-chi e o Ch'an do norte, e o ano de 745. Ao que parece, ele continuou sua pregação, continuou conquistando muitos convertidos e viajou bastante, associando-se a altas autoridades. Em 745, foi convidado a residir no templo de Ho-tse, em Lo-yang, onde seus ensinamentos e seus contínuos ataques ao Ch'an do norte atraíam enorme audiência. Em 753 ele caiu vítima do censor Lu I, um defensor confesso do Ch'an do Norte, e foi banido da capital. Foi inicialmente para Ch'ang-an, onde teve uma entrevista com o imperador Hsuan-tsung e então seguiu para o exílio, um exílio talvez não particularmente severo, uma vez que incluía uma estada em sua aldeia de origem. Durante o exílio o país foi abalado pela rebelião de An Lu-shan, um general de ascendência turca e sogdiana, cujas forças devastaram Lo-yang e Ch'ang-an e levaram a corte imperial ao exílio, em 756. O imperador fugiu, deixando tudo nas mãos de seu herdeiro, que reorganizou as forças que apoiavam o governo e conseguiu suprimir a revolta. A dinastia T'ang durou mais um século e meio, mas o governo central foi perdendo aos poucos o controle das áreas periféricas. Em seus esforços por suprimir a revolta, o governo se viu em sérias dificuldades financeiras. Um método de captação de dinheiro foi o estabelecimento, em cada prefeitura, de plataformas de ordenação para a investidura de monges e venda de certificados. Shen-hui foi chamado a Lo-yang para auxiliar nesses esforços. Obteve nisso grande êxito, conseguindo auxílio substancial para o governo em dificuldades. Um novo templo foi construído para ele na cidade em ruínas. Morreu em 762.

Shen-hui foi responsável pela fundação da chamada Escola do Ch'an do Sul, nas principais cidades. Também conseguiu assegurar a posição de Hui-neng como Sexto Patriarca, uma posição que passou a ser aceita sem discussão a partir de sua época. O Ch'an do norte não desapareceu simplesmente; há indicações de que continuou existindo por várias gerações após a morte de P'u-chi. A escola de Shen-hui parece ter sofrido um destino análogo ao da Escola Ch'an do Norte. Ele teve um descendente famoso na última geração, o sacerdote e estudioso Tsung-mi (780-841), mas sua escola parece ter-se extinguido com a perseguição de 845, quando o budismo, em particular nas principais cidades, sofreu um duro revés, do qual jamais se recuperaria.

Hui-neng, o Sexto Patriarca (nascido em 638, próximo ao Cantão, morto em 713), é venerado como uma das maiores personagens da história do budismo Ch'an. Uma biografia elaborada se desenvolveu em torno dele, boa parte dela de natureza lendária. O *Liu-tsu t'an-ching* (*Sutra da Plataforma do Sexto Patriarca*) pretende ser a transmissão de seus ensinamentos. Uma edição dessa obra foi encontrada em Tun-huang e versões posteriores, muitas delas bastante ampliadas, surgiriam no decorrer dos séculos. De acordo com a lenda, Hui-neng, um agricultor analfabeto, participou de uma assembléia do Quinto Patriarca, da qual o sacerdote Shen-hsiu participava como um dos principais discípulos. Nela, Hui-neng exibiu sua sabedoria inata e foi secretamente designado como o Sexto Patriarca. Ensinou um grande número de discípulos em seu templo em Ts'ao-ch'i. Algumas fontes afirmam que, quando a imperatriz Wu convidou Shen-hsiu a ir até a corte imperial, Hui-neng e outros famosos mestres da escola Ch'an chegaram ao mesmo tempo. Segundo relatos, Hui-neng teria recusado o convite. Os estudiosos se dividem com relação ao quanto de invenção existe nas histórias sobre

3. *Nan-yüeh (677-744).* 4. *Ma-tsu (709-788).*

Hui-neng. Yanagida Seizan sustenta de forma bastante persuasiva que o *Sutra da Plataforma* foi o produto de uma escola Ch'an totalmente diferente e independente, isto é, a Escola Niu-t'ou (Cabeça de Boi), que reivindicava sua sucessão a partir do quarto Patriarca Tao-hsin, passando por Fa-jung (594-667) e Chih-yen (577-654).

O Surgimento da Escola Ch'an Rural

Na metade do século VIII, a dinastia T'ang estava se desintegrando e a escola Ch'an das principais cidades começava a perder sua importância. A Escola Ch'an do norte e a Escola Ch'an de Shen-hui ainda persistiam, mas outras escolas surgiam nas áreas periféricas controladas por chefes militares locais. Essas escolas seriam as predecessoras da tradição Ch'an tal como a conhecemos hoje. Suas origens são obscuras; a força da pregação de Shen-hui se revela no fato de que todas elas traçam suas origens a partir de Hui-neng. A Escola de Szechwan, fundada por Chih-hsien (609-702), um discípulo do Quinto Patriarca, também floresceu nessa época. Um documento de Tun-huang, o *Li-tai fa-pao chi* (Registro Histórico do Tesouro do Darma), composto por volta de 780, traz detalhes de sua história e ensinamentos. O documento contém uma exposição dos ensinamentos de Wu-chu (714-774), o quarto na linhagem dessa escola. Não apóia nenhum dos lados no conflito entre o Ch'an do Norte e o do Sul, o que já não era mais uma questão viva. Reconhece Hui-neng como o Sexto Patriarca, mas faz a afirmação manifestamente espúria de que a roupa de Bodidarma, passada para Hui-neng e símbolo da transmissão no âmbito da escola Ch'an, havia sido dada por Hui-neng à imperatriz Wu que, por sua vez, a presenteara a Chih-hsien.

Os símbolos da transmissão desempenhavam um papel importante para a escola Ch'an, em seu período inicial. Shen-hui afirmara que a roupa de Bodidarma fora passada dentro da escola até chegar a Hui-neng, momento em que deixou de ser transferida para o herdeiro sucessor. O *Sutra da Plataforma* indica que a própria cópia do sutra serve como símbolo da transmissão. O principal símbolo da transmissão, no entanto, eram os versos da transmissão (*ch'uan fa chieh*). Na tradição Ch'an, esses versos eram usados para sumarizar os ensinamentos ou para revelar o grau de iluminação de quem os escrevia. Com a ênfase posterior numa "transmissão separada e exterior aos ensinamentos, não dependente de palavras ou frases", esses versos desempenhariam um papel importante nos ensinamentos. Os versos da transmissão atribuídos aos seis primeiros patriarcas encontram-se no *Sutra da Plataforma* e também no *Pao-lin chuan*, uma compilação biográfica da escola Ch'an, datada de cerca de 800 e não incluída entre as obras encontradas em Tun-huang. Dessa época em diante, tornou-se um costume dos mestres do Ch'an compor versos desse tipo quando estavam para morrer e, com isso, transmitir a essência de seus ensinamentos.

Entre os documentos de Tun-huang estão muitos textos e sutras apócrifos de origem incerta, atribuídos aos primeiros patriarcas, em particular, a Bodidarma. Essas obras começaram a aparecer pouco tempo depois da introdução do budismo na China. Um catálogo datado de 730 relaciona 403 sutras espúrios. Talvez cerca de mil deles tenham sido compostos. Os compiladores chineses das coletâneas canônicas fizeram um grande esforço por excluí-los do Tripiṭaka. Muitos deles se perderam; muitos são conhecidos por nome apenas, outros, por citações fragmentárias. Algumas dessas obras apócrifas tinham alto valor literário e eram de grande utilidade para os budistas, tendo desempenhado um papel importante no período inicial da escola Ch'an. Uma obra típica dentre elas era o *Chin-kang san-mei ching* (*Sutra do Samādhi do Diamante*), composto talvez por volta de 680. Segundo os estudiosos, essa obra liga o pensamento de Bodidarma com o da escola da Montanha Leste do Quinto Patriarca.

No século IX, a escola Ch'an tinha abandonado muitas das características provenientes da Índia e havia adquirido um caráter chinês mais prático, incorporando-se à vida cotidiana do povo. Uma nova escola se desenvolveu em Chiang-hsi e Hunan, sendo seus líderes dois homens que não mencionamos até agora, Ma-tsu Tao-i (709-788) e Shih-t'ou Hsi-ch'ien (700-790), discípulos dos dois mestres reconhecidos como herdeiros do Sexto Patriarca, Nan-yüeh Huai-jang e Ch'ing-yüan Hsing-ssu. Nem Nan-yüeh nem Ch'ing-yüan estão entre os dez grandes discípulos de Hui-neng relacionados na edição de Tun-huang do *Sutra*

CH'AN

da Plataforma, mas a tradição Ch'an os apresenta como discípulos: essa é mais uma comprovação de que, nessa época, todas as escolas da tradição Ch'an precisavam reivindicar uma linhagem que remontasse a Hui-neng, o Sexto Patriarca.

As regiões de Chiang-hsi e Hunan eram ricas e férteis, controladas por governantes locais que se tornavam cada vez mais independentes do governo central. Ma-tsu e Shih-t'ou converteram os proprietários de terras e os chefes militares locais, tornando-se famosos como os dois grandes mestres nessas áreas. A postura Ch'an que eles assumiam era diferente da que era praticada nas capitais. Era rural, rústica e popular, e buscava o apoio dos leigos. Os sacerdotes andavam em meio ao povo comum, envolvidos em suas práticas ascéticas. Da metade do período T'ang em diante, essa forma de prática Ch'an passava a rejeitar o aparato formal do budismo, a "união da meditação com a sabedoria" e o intelectualismo da escola Ch'an nas principais cidades. A escola não rejeitava a meditação enquanto tal, mas buscava a iluminação nas próprias atividades da vida cotidiana, e falava do budismo em termos de atividades cotidianas, como recolher água ou cortar madeira.

Ma-tsu era proveniente de Szechwan, onde estudou inicialmente sob a orientação de um mestre da escola de Szechwan. Mais tarde, seguiria para Nan-yüeh e se tornaria um dos herdeiros na linhagem do Sexto Patriarca. Seus ensinamentos são designados como Ch'an de Hung-chou, derivando seu nome da área de Chiang-hsi, onde ensinava. Descrito como um homem enorme e de presença imponente, era um sacerdote original e independente, orgulhoso de suas origens rurais. Durante toda sua vida, reteve o nome da família, Ma, e as histórias nas quais ele aparece fazem menções freqüentes a animais, ferramentas e outros artefatos ligados a sua origem rural.

Pouco depois de sua morte, apareciam os primeiros *yu-lu* (ditos registrados), representando um novo ponto de partida do budismo chinês. Não havia mais interesse em questões doutrinárias; o texto abordava problemas de desenvolvimento espiritual em diálogos entre mestre e discípulo, sermões, discursos e versos, escritos em linguagem coloquial e cheios de gírias e expressões do cotidiano. Expressões como "a mente do dia a dia é o caminho" e "essa mente, ela própria, é o Buda" refletiam a ênfase de Ma-tsu no presente; a vida cotidiana era a atividade da natureza búdica. Ma-tsu sustentava que todo esforço, toda prática com o objetivo de alcançar o despertar, todas as distinções entre bom e mau, eram atividades da mente voltadas para o nascimento e a morte. Afirmava que todos eram potencialmente um Buda, mas que ninguém se torna um Buda meramente se sentando em meditação.

Afirma-se que Ma-tsu tinha um grande número de discípulos, de vários tipos: o número varia de oitenta a oitocentos. Embora o próprio Ma-tsu não tivesse contato com o budismo das cidades importantes, seus ensinamentos gradualmente foram se tornando cada vez mais

14 A ESPIRITUALIDADE BUDISTA

conhecidos perto do final de sua vida e após sua morte. Muitos de seus alunos pregavam em Ch'ang-an e discursavam para a corte imperial. Alguns foram grandes estudiosos do budismo; outros se recolheram em isolamento nas montanhas e nunca mais se ouviu falar neles; outros foram leigos famosos.

O *Pao-lin chuan* (Transmissão do Templo de Pao-Lin) é uma história dessa nova forma de Zen. Escrito no ano de 800, ele registra a linhagem da escola Ch'an desde a Índia, passando pelo Sexto Patriarca. A obra nunca foi incorporada ao Tripiṭaka, embora em certa época tenha sido amplamente utilizada. Trata-se de uma obra em dez volumes, dos quais vários deles não chegaram até nós. Um dos volumes foi descoberto na década de 1930, num templo em Quioto, indicando que cópias da obra haviam chegado ao Japão. De acordo com a linhagem T'ien-t'ai, a transmissão tinha sido interrompida na Índia, com o Vigésimo Quarto Patriarca. A fim de estabelecer uma continuidade, a escola Ch'an afirmava que havia de fato vinte e oito patriarcas indianos, chegando até Bodidarma. O *Pao-lin chuan* cobre todos eles, seguidos pelos patriarcas chineses até Hui-neng. Embora o capítulo sobre Hui-neng tenha desaparecido, um verso contido da biografia de Prajñātāra, o vigésimo sétimo patriarca, prediz a vinda de Nan-yüeh e Ma-tsu – sem dúvida, uma propaganda para a nova escola Ch'an. O *Sutra da Plataforma* havia fornecido os versos de transmissão dos seis patriarcas chineses; o *Pao-lin chuan* fornece também os versos de todos os patriarcas indianos, estabelecendo com isso um precedente que seria seguido em todas as histórias posteriores. O *Pao-lin chuan* era uma compilação de grande importância, destinada a proclamar o início da escola Ch'an de Hung-chou. Incidentalmente, ele não se encontra entre os documentos de Tun-huang, que não fazem referências a essa nova escola Ch'an.

O movimento Ch'an independente iniciado por Ma-tsu logo se desenvolveu em grupos organizados, de tamanho considerável. Uma vez estabelecidas, essas organizações tinham de prover abrigo, alimentos e roupas para os que ficavam no templo. Os regulamentos do budismo indiano proibiam o trabalho produtivo. Na Índia, os monges dependiam inteiramente do apoio dos leigos. Na China, esses regulamentos eram menos praticáveis, em especial em meio a grupos em áreas isoladas que não recebiam proteção governamental nem apoio dos membros ricos das comunidades locais. O discípulo de Ma-tsu, Pai-chang Huai-hai (720-814), compôs novos regulamentos no *Pai-chang chi'ng-kuei* (Regulamentos Puros de Pai-chang), que não chegaram até nós, embora exista uma versão dele elaborada no período da dinastia Yüan.

O mais antigo código dentre os que chegaram até nós é o *Ch'an-men kuei-shih* (regulamentos Ch'an), anexado à biografia de Huai-hai no *Ch'ing-te ch'uan-teng-lu*, de 1004. Essa pequena obra proclama a necessidade de regulamentos independentes para a escola Ch'an,

CH'AN 15

descreve o saguão dos monges, onde deve se desenvolver a vida comunal de meditação e declara que a posição de um monge no saguão deve se basear no período de tempo passado no mosteiro, e não em sua posição social. O texto faz um apelo pela construção de plataformas de meditação ao longo das paredes do saguão dos monges e pela instalação de suportes e prateleiras para abrigar os pertences dos monges. Também estabelece as regras para as assembléias no saguão do Darma, para se ouvir os discursos do mestre e para se debater ou discutir com ele as questões do Ch'an. Além disso, orienta sobre os períodos de trabalho para todos os membros da comunidade e estabelece procedimentos para se expulsar membros da comunidade que violam os regulamentos.

Mas esse código revela apenas uma pequena parte dos regulamentos existentes antes do ano 1000. A primeira obra de caráter amplo foi o *Ch'an-yüan ch'ing-kuei* (Regulamentos puros do jardim do Zen), de 1103. Amplamente utilizada durante a dinastia Sung, ela serviu de modelo para códigos posteriores, tanto na China quanto no Japão. O texto fornece em detalhe os regulamentos para: 1. o uso e observação apropriados dos preceitos Hīnayāna e Mahāyāna; 2. o uso de trajes, equipamentos e documentação, inclusive os procedimentos para se solicitar pernoite ou entrada num mosteiro; 3. a etiqueta usada durante as refeições; 4. as reuniões com o abade, para receber orientação e instruções; 5. a conduta apropriada nas atividades normais no mosteiro; 6. a nomeação de administradores do templo; 7. a recitação de sutras e cartas oficiais; 8. a higiene e tratamento dos monges doentes e 9. os procedimentos a ser seguidos por ocasião da morte de um monge e para o estabelecimento de novas abadias.

Enquanto Huai-hai formulava regras para a comunidade monástica, outros praticantes do Ch'an se dedicavam à prática solitária em áreas isoladas ou optavam por viajar pelo país, tendo muito pouca relação, se é que alguma, com as comunidades Ch'an. Essa tendência prevalecia, sobretudo na escola que se desenvolveu sob a liderança de Shih-t'ou Hsi-ch'ien (700-790), mais que em meio aos discípulos de seu contemporâneo, Ma-tsu. Shih-t'ou preferia a vida de solidão na montanha à convivência em comunidade. Deixou poemas amplamente utilizados nos círculos Ch'an, o *Ts'an-t'ung chi* (Em Louvor à Identidade) e *Ts'ao-an ko* (Canto da Cabana de Palha). Seus seguidores parecem tê-lo imitado, buscando o isolamento nas montanhas; também eles eram freqüentemente instigados a se expressar em versos.

Enquanto essa nova escola Ch'an se desenvolvia em Chiang-hsi e Hunan, o Ch'an de caráter mais intelectual das cidades importantes era representado por figuras como o estudioso e filósofo Kuei-feng Tsung-mi (780-841), cujo templo se situava próximo a Ch'ang-an. Originalmente de Szechwan, onde estudou sob a orientação de um sacerdote da escola de Szechwan chamado Shen-hui, por alguma razão ele mais tarde

16 A ESPIRITUALIDADE BUDISTA

afirmaria ser um descendente de quinta geração do famoso Shen-hui (herói de Hui-neng), cujo nome é escrito com as mesmas letras. Em sua juventude, Tsung-mi leu as obras do Primeiro Patriarca do budismo da escola Hua-yen, bem como o texto apócrifo, mas importante, denominado *Yüan-chüeh ching* (Sutra da Iluminação Perfeita). Estudou sob a orientação do mestre da escola Hua-yen Ch'eng-kuan (738-838), recebendo sua sanção e se tornando o Quinto Patriarca da seita Hua-yen. Ao mesmo tempo, ele era o quinto e último patriarca na sucessão da seita Ho-tse, como era chamada a escola de Shen-hui. Tsung-mi foi enormemente reverenciado. Conseguiu a conversão do primeiro ministro, P'ei Hsiu (797-870), e foi chamado para pregar na corte. Foi um escritor prolífico, tendo compilado o compêndio em cem volumes denominado *Ch'an-yüan chu-ch'üan* (Compêndio de Interpretações dos Fundamentos do Ch'an), dos quais somente o prefácio, por si só uma obra de porte, chegou até nós, bem como um longo comentário ao *Yüan-chüeh ching*, no qual ele tentou reconciliar a prática Ch'an com uma abordagem acadêmica do budismo. Esses textos teriam influência considerável sobre os neoconfucianos de um período posterior.

Tsung-mi morreu em 841, alguns meses antes da grande perseguição ao budismo pelo imperador Wu-tsung, em 845-846. À primeira vista, isso representava um confronto entre o taoísmo e o budismo, mas na verdade era uma tentativa desesperada da parte de um governo central acuado, desestabilizado desde a rebelião de An Lu-shan, em 756, que precisava obter suporte em termos militares, econômicos e políticos com a pilhagem de templos budistas, com sua imensa riqueza e vastas propriedades em terras. Foram dadas ordens de entrega ao governo das estátuas budistas em bronze, ferro, ouro e prata. Empreenderam-se esforços para eliminar o grande número de indivíduos isentos do pagamento de impostos, em especial os monges, monjas e escravos que trabalhavam nos templos. De acordo com o *Ch'iu T'ang-shu* (Antiga História da Dinastia T'ang), cerca de 4.600 templos foram destruídos, mais de 40 mil templos menores foram fechados; 260.500 monges e monjas tiveram de retornar à vida de leigos, vastas propriedades em terras foram confiscadas e 150 mil escravos que pertenciam aos templos foram submetidos à taxação dupla. O budismo metropolitano recebeu um duro golpe, do qual jamais se recuperaria, mas os praticantes do Ch'an nas áreas periféricas foram muito pouco afetados e os descendentes de Ma-tsu e Shih-t'ou aproveitaram a ocasião para propagar seu estilo de Ch'an, que dominaria o budismo chinês a partir do final do período T'ang.

As Cinco Casas

Diversas escolas prosperaram por algum tempo, apenas para desaparecer depois, outras prosperaram e continuam até hoje. Elas são em geral mencionadas como as Cinco Casas e as Sete Escolas Ch'an.

CH'AN 17

A primeira dessas casas foi a de Kuei-yang, uma das duas linhas que descendem de Ma-tsu. Seus fundadores foram Ling-yu (771-853), que residia em Kuei-shan, em Hunan, e seu discípulo Hui-chi (807-883), que ensinava em Yang-shan, em Chiang-hsi. O nome Kuei-yang representa uma combinação dos nomes desses dois lugares. Embora não situada na capital, essa nova escola Ch'an recebeu o patrocínio de altos oficiais no governo central, inclusive do primeiro ministro P'ei Hsiu. O imperador Wu-tsung morreu em 846 e Hsuan-tsung, que o sucedeu, imediatamente neutralizou o movimento antibudista e afrouxou em parte as restrições rigorosas que haviam sido impostas ao budismo. As Cinco Casas não existiam isoladamente; houve uma certa interação entre elas durante o período que se seguiu à repressão ao budismo. Os relatos nas histórias e no *yu-lu* indicam que os vários mestres e seus discípulos visitavam-se entre si, testavam-se mutuamente, respeitavam-se e às vezes desprezavam-se reciprocamente. Cada mestre tinha seu próprio estilo de ensino. Alguns usavam o grito, alguns usavam a vara, alguns usavam métodos mais gentis para guiar seus alunos rumo à iluminação.

A Segunda das Cinco Casas era a de Lin-chi I-hsüan (m. 866), conhecida no Japão como seita Rinzai. A escola Lin-chi deriva seu nome do pequeno templo em Hopei, no qual vivia I-hsüan. Após o término das perseguições, Lin-chi, que tinha o apoio do Primeiro Ministro P'ei Hsiu, recebeu os ensinamentos de seu mestre, Huang-po Hsi-yüan (m. 850?). Lin-chi era originário de Tsao-chou, na atual Shantung. Tinha formação em literatura budista, tendo estudado as doutrinas Vijñaptimātra, Iogacara e outras. Com a idade de vinte e cinco anos, abandonou suas investigações acadêmicas para estudar com Hsi-yüan, em monte Huang-po, tornando-se seu herdeiro após muitos anos de estudo. O templo de Lin-chi se situava em Chen-chou, em Hopei, uma área que por longo tempo fora um reduto contra os ataques dos bárbaros ao norte, sendo que os chefes militares que controlavam a área estavam virtualmente além do controle do governo central. Assim, os regulamentos antibudistas eram em grande parte ignorados na região. Lin-chi privilegiava uma forma de budismo compatível com o pensamento dos chefes poderosos, que tinham pouca simpatia pela esfera cultural da dinastia Han, ao sul do Yangtze. Ele é famoso pelo uso do grito e da vara. Sua pregação expressava uma crítica ampla aos valores estabelecidos e uma rejeição completa das sessões formais de meditação. O envolvimento com práticas budistas, há muito estabelecidas, era descrito como criar um carma que conduziria ao inferno. Ele convidava a uma compreensão verdadeira por parte dos praticantes e atribuía sua ausência à falta de fé. A fé em si próprio significa viver plenamente no presente, despertar em si próprio uma capacidade ilimitada de não discriminação. A incapacidade de realizar isso deve-se, segundo ele, aos professores incompetentes e às tradições existentes de longa data, às ilusões criadas pelo homem.

A terceira das Cinco Casas, a de Ts'ao-tung (japonês, Sōtō), foi fundada por Tung-shan Liang-chieh (807-869), que estudou com vários mestres famosos, inclusive Kuei-shan Ling-yu (771-853). Kuei-shan o enviou para estudar com Yün-yen T'an-sheng (780-841), do qual ele se tornaria herdeiro. Tung-shan viajou bastante, encontrando outros mestres como ele e muitos desses encontros estão registrados em seu *yu-lu*. Estudou, praticou e ensinou numa região relativamente pacífica de Chiang-hsi, sob condições absolutamente diferentes das condições em que Lin-chi trabalhara. Sua associação com mestres da escola Ch'an de diferentes origens deu-lhe uma visão relativamente ampla do Ch'an de sua época. Seu mestre, Yün-yen, foi o autor de uma obra poética, o *Pao-ching san-mei*, que é altamente respeitada na seita de Ts'ao-tung; os membros da seita recitavam trechos dela diariamente em seus cerimoniais. Trata-se de uma obra bastante difícil, que apresenta o conceito dos cinco graus, ou passos, por meio dos quais essa doutrina deve ser compreendida. Tung-shan teve dois discípulos importantes, Ts'ao-shan Pen-chi (840-901) e Yün-chü Tao-ying (m. 902), dos quais descende a linhagem de todos os atuais mestres da escola Ts'ao-tung. A escola Ts'ao-tung deriva seu nome de uma combinação de Ts'ao-shan com Tung-shan, os nomes das montanhas nas quais viviam esses mestres.

A escola Ch'an também floresceu no sul e no oeste da China. No sul da China, na área da atual Cantão, floresceu a escola Yün-men, a Quarta das Cinco Casas, e a de Fa-yen, a Quinta Casa, se desenvolveria um pouco mais tarde, nas áreas de Fukien e Honan. A área próxima a Fu-chow era fértil e economicamente estável, tendo sido o lar de vários sacerdotes famosos no final do período T'ang. Aí ensinava um mestre famoso, Hsueh-feng I-ts'un (822-908), e ficariam sob sua orientação Yün-men Wen-yen (862/4-949) e, mais tarde, Fa-yen Wen-i (885-958). As casas que eles fundaram produziram vários mestres durante o período Sung, célebres por suas realizações literárias.

Das Cinco Casas da Escola Ch'an, a de Kuei-yang durou quase um século e meio e finalmente se fundiu com a escola Lin-chi; a Escola Yün-men floresceu em meio às classes superiores da sociedade durante o período Sung, mas foi gradualmente enfraquecendo durante a dinastia Sung do sul e se extinguiu durante o período Yüan. A Escola Fa-yen, de modo análogo, floresceu no início do período Sung e se extinguiu durante a dinastia Sung do sul. Somente as Escolas Lin-chi e Ts'ao-tung permaneceram como escolas de tradição Ch'an, sendo Lin-chi, por larga margem, a maior e mais ativa. Quanto às Sete Escolas, o nome se refere às Cinco Casas mais os dois ramos da escola Lin-chi, provenientes da linhagem Shih-shuang Ch'u-yüan (986-1039): a de Yang-ch'i, fundada por Yang-ch'i Fang-hui (992-1049), e a de Huang-lung, fundada por Huang-lung Hui-nan (1002-1069). A escola Huang-lung jamais se desenvolveu muito, embora a ela estivessem vinculadas algumas figuras famosas do período Sung, como o poeta Su Tung-p'o (1036-1101), o

CH'AN   19

estadista Wang An-shih (1021-1086) e o ministro Chang Shang-ying (1043-1121). A escola Yang-ch'i se desenvolveu um pouco mais tarde e atraiu um grande número de intelectuais, membros da alta burocracia, todos eles leais neoconfucianos e, no entanto, ligados aos templos de tradição Ch'an.

O desenvolvimento dessa vigorosa cultura Ch'an foi relatado em um grande número de registros históricos. Alguns deles se perderam e somente fragmentos ou apenas seus nomes chegaram até nós; outros foram preservados e incorporados a coletâneas do Tripiṭaka. Um dos mais antigos era o *Tsu-t'ang chi*, compilado em 952 por dois monges coreanos sobre os quais nada se conhece. Nele estão registradas as biografias de cerca de duzentos e quarenta e seis patriarcas da escola Ch'an, dos fabulosos Sete Budas do Passado até Hsueh-feng I-t'sun, com informações sobre seus ensinamentos e o registro de sessões do tipo perguntas-e-respostas, das quais eles tomaram parte, textos variados e versos de transmissão. A obra foi publicada em Haein-ssu, na Coréia, em 1245, mas não foi incluída no Tripiṭaka, para o qual alguns blocos estavam sendo entalhados na época. Permaneceu em desuso até ser descoberta por estudiosos japoneses em 1900. O *Tsu-t'ang chi* é importante pelas informações nele contidas e que não se encontram em qualquer outra fonte, bem como pela luz que ele lança sobre a linguagem coloquial do período T'ang. Não se conhece o vínculo existente – se é que havia algum vínculo – entre essa obra e a mais famosa das histórias da escola Ch'an, o *Ching-te chuan-teng lu* (Registro da Transmissão da Luz). Esta última obra foi concluída em 1004 e apresentada ao trono em 1011. É constituída por trinta volumes de registros, biografias, máximas e conversas dos monges da escola Ch'an até pouco antes da compilação. A tradição afirma que a obra contém a biografia de 1.701 monges; na verdade o total de biografias é de 960. Os nomes dos demais monges são apenas relacionados. A obra estabeleceu o precedente para um grande número de outras do mesmo gênero, publicadas no decorrer dos séculos.

História Posterior do Ch'an

O budismo do período Sung é em geral descrito como num estado de declínio. O governo Sung, com grande necessidade de fundos, começou a vender certificados de monge, em vez de concedê-los aos que haviam passado nos exames sobre os textos sagrados. Os que recebiam os certificados ficavam isentos do pagamento de impostos e do serviço produtivo.

O desenvolvimento da impressão influenciou enormemente o budismo e toda a cultura chinesa do período Sung. Coletâneas do Tripiṭaka e de obras individuais foram impressas e tiveram ampla distribuição. Assim, obras do período T'ang e das Cinco Dinastias se tornaram, pela primeira vez, facilmente disponíveis. Elas eram editadas com freqüência, para eliminação de determinados coloquialismos e tradução dos textos numa linguagem literária mais elegante. Tratados neoconfucianos também eram produzidos em abundância e a polêmica antibudista alcançou uma circulação mais ampla. No período T'ang tardio, os estudiosos chineses tinham voltado a se interessar pela herança cultural chinesa e, no início do período Sung, eles se voltaram para os clássicos confucianos como fonte de um sistema de ética, desenvolvendo uma metafísica destinada à refutação das práticas e doutrinas budistas. Atacaram a doutrina do *śūnyatā*, o vazio, que atribuíam aos budistas da escola Ch'an, apesar da falta de interesse dessa escola em análises doutrinais. Na verdade, ao atacar a escola Ch'an, esses novos confucianos adotavam muitas de suas práticas, como as sessões de meditação.

Um outro fator que levou ao declínio da escola Ch'an foi a expansão do serviço leigo no sistema de exames. Iniciada no período Han, essa prática se desenvolvera durante a dinastia T'ang e alcançara uma forma altamente elaborada no período Sung. Esses exames eram realizados a cada três anos e eram destinados a estudiosos que buscavam posições na burocracia imperial, sendo que os aprovados tinham garantidos cargos de poder e prestígio. Uma vez que os exames se baseavam principalmente nos clássicos confucianos, todos os candidatos tinham de memorizar essas obras e ser capazes de escrever ensaios num estilo apropriado e específico. Estavam excluídas referências ao budismo. De fato, quatro vezes durante o período Sung foram emitidos editais proibindo a citação de obras da escola Ch'an nos exames, o que indica tanto a permanente popularidade da tradição Ch'an quanto o zelo dos neoconfucianos em tentar extirpá-la.

No início do período Sung, a publicação de obras da escola Ch'an aumentou enormemente, em especial nas áreas de Chekiang e Fukien, que tinham em grande parte escapado dos distúrbios do final do período T'ang e das Cinco Dinastias. O *Ch'ing-te ch'uan-teng lu*, uma obra de Fa-yen, trouxe uma nova dimensão ao Ch'an, pois suas histórias constituíram a base das coletâneas de *koans*, de grande destaque na escola Ch'an do período Sung. A escola Yün-men também produziu diversos sacerdotes de renome literário, em especial Fo-jih Ch'i-sung (1007-1072), que buscou em seus textos realizar uma aproximação entre o Ch'an e o neoconfucianismo. Ao mesmo tempo em que as compilações biográficas e os *yu-lu* dos mestres se tornavam mais facilmente disponíveis, o encontro das histórias e os diálogos de perguntas-e-respostas entre os mestres do Ch'an e seus discípulos passavam a ser avidamente estudados e usados na prática. Com o tempo, esses *koans* começaram a perder seu frescor e degeneraram em construções intelectuais. Os mestres das casas de Yün-men e Fa-yen haviam estabelecido o costume de apresentar seus próprios comentários a antigas histórias, ou *koans*, acrescentando versos ou fornecendo respostas alternativas a alguns dos diálogos. No início do período Sung, Hsüeh-tou Ch'ung-hsien (980-1052) produziu uma compilação de versos comentando histórias de *koans* denominada *Pai-tse sung-ku* (Cem *koans* com comentários em versos), que representava mais um passo rumo a uma abordagem literária do Ch'an por meio de obras apropriadas ao estudo, memorização e discussão e se afastava do Ch'an livre e espontâneo do período T'ang. Mais tarde, Yüan-wu K'o-ch'in (1063-1135), da linhagem Yang-ch'i da escola Lin-chi, elaborou comentários aos cem *koans* que Hsüeh-tou havia reunido, acrescentando seus próprios versos e comentários. Essa foi a mais famosa das coletâneas de *koans*, sendo denominada *Pi-yen lu*, ou *Registros do Penhasco Azul*.

Quando, sob pressão dos bárbaros, a corte Sung foi forçada a abandonar sua capital em K'ai-feng e se mudar para o sul, em 1126, ela se estabeleceu em Ling-an, ao sul do Yangtze, uma área na qual o budismo florescera durante muito tempo. As principais figuras da escola Yang-ch'i da linhagem Lin-chi, que tinham o apoio das autoridades de nível mais alto no governo, seguiram com eles. O governo Sung, a fim de manter seu controle sobre o budismo, instituiu um grande número de regulamentos e, para implementá-los, uma elaborada organização administrativa. O principal deles foi o sistema das Cinco Montanhas e Dez Templos, uma forma de classificação dos templos que mais tarde seria introduzida no Japão. As cinco principais montanhas, ou templos mais importantes, juntamente com dez templos de classificação mais baixa, eram designadas como os templos oficiais do governo. Esses templos se situavam sobretudo nas áreas das atuais províncias de Chekiang, Anhui e Fukien. Os abades eram nomeados pela corte e uma de suas principais funções era oferecer preces e serviços ao imperador e à nação. Esse sistema contribuiu ainda mais para a formalização das atividades e a estabilização da vida nos templos. Uma vez que esses templos escolhidos estavam em geral na área ao sul do Yangtze, muitos templos famosos jamais foram incluídos na classificação.

Por larga margem, Ta-hui Tsung-kao (1089-1163) foi o mais eminente sacerdote do período Sung e seus sucessores desempenharam um papel de destaque no sistema das Cinco Montanhas. Ele é mais conhecido por ter organizado os *koans* num sistema, tornando a doutrina Ch'an mais acessível tanto para monges quanto para leigos. Nessa época, o *Pi-yen lu* havia conquistado enorme popularidade e os estudantes liam a obra avidamente, memorizando passagens e buscando nela respostas relativas à prática Ch'an, em vez de envolver-se na prática efetiva. Ta-hui, desalentado com a situação, fez com que os blocos de madeira para impressão do livro fossem queimados e todas as cópias destruídas, tão grande ele considerava a interferência na prática Ch'an dessa obra compilada por seu próprio mestre, Yüan-wu K'o-ch'in.

O próprio Ta-hui foi uma figura importante na literatura Ch'an e várias de suas obras, inclusive uma coletânea de cartas a autoridades importantes do governo, estão associadas a seu nome. A doutrina Ch'an estava se aproximando cada vez mais de uma expressão em termos literários. Apesar de suas inclinações literárias, Ta-hui buscou retornar à forma original do *koan* como um dispositivo para sondar e iluminar as profundezas da mente. Ele defendia uma forma de meditação na qual todo o corpo e mente se concentravam numa busca fervorosa de iluminação, sempre sob a orientação de um mestre. Atacava a espécie de Ch'an conhecida como Ch'an da iluminação silenciosa (*mo-chao*), que não conseguia, achava ele, instilar a "grande dúvida", tão essencial ao despertar, defendendo, em lugar dela, o Ch'an da "introspecção do *koan*" (*k'an-hua*). Evidentemente a iluminação silenciosa, ou sessão silenciosa, estava, há muito, sob um ataque acerbo. Shen-hui acusava o Ch'an do norte de uma meditação que consistia em examinar a mente e examinar a pureza. No período Sung, a "iluminação silenciosa" estava vinculada à escola Ts'ao-tung, cujo principal praticante era Hung-chih Cheng-chüeh (1091-1157). Apesar da controvérsia acalorada, Hung-chih e Ta-hui eram amigos; na verdade, Hung-chih pediu a Ta-hui que cuidasse de seus interesses após sua morte. Seu desacordo tem sido visto como uma discordância entre as escolas de Lin-chi e Ts'ao-tung; entre o uso do *koan* e o apoio exclusivo na meditação. Durante o período Sung, no entanto, a escola Ts'ao-tung usou amplamente o *koan*. O próprio Hung-chih compilou uma coletânea de cem *koan*s, aos quais anexou versos. Mais tarde Wan-sung Hsing-hsiu (1166-1246) discursou duas vezes sobre a coletânea e a utilizou como base para seu *Ts'ung-jung lu* (Registro do Eremitério Ts'ung-jung), publicado em 1224. Essa obra ocupava, na escola Ts'ao-tung, quase a mesma posição ocupada pelo *Pi-yen lu* na escola Lin-chi, embora esta última obra seja, por larga margem, muito mais conhecida. O sistema *koan* organizado foi um marco do Ch'an do período Sung. Essa forma de Ch'an foi transmitida para o Japão por meio dos sacerdotes chineses que visitavam o país ou por meio dos sacerdotes japoneses que iam estudar no continente. Virtualmente todos os textos chineses existentes chegaram ao Japão. Uma das últimas obras, de importância muito maior no Japão que na China, foi o *Wu-men kuan*, a Barreira sem Portões (1229), compilado por Wu-men Hui-k'ai (1183-1260), uma coletânea de quarenta e oito *koan*s selecionados, aos quais foram acrescentados comentários e versos. Na forma, ele se assemelha ao *Pi-yen lu*; no entanto, dá ênfase ao célebre *koan wu* (japonês, *mu*), ao qual o Ch'an de Ta-hui atribuía grande importância e que, até hoje, muitas vezes é o primeiro *koan* apresentado a estudantes principiantes.

Em 1279 a dinastia Sung se rendeu aos invasores mongóis e foi estabelecida a dinastia Yüan. Os mongóis abraçaram a pouco complexa religião popular, bem como o lamaísmo; no entanto não foram hostis aos templos Ch'an existentes, protegeram-nos e deram-lhes apoio. Muitos japoneses foram estudar na China nesse período e os registros mostram

CH'AN 23

que houve um grande aumento no número de sacerdotes chineses nessa época. De importância especial foi o sacerdote Chung-feng Ming-pen (1263-1323), que ensinava uma forma de budismo que combinava os ensinamentos da Terra Pura com os da escola Ch'an. Chung-feng teve diversos discípulos japoneses que contribuíram no estabelecimento de uma escola conhecida como Genju-ha, que recebeu esse nome por referência a seu eremitério e, durante certo tempo, foi uma força dominante no Zen de linhagem Rinzai no Japão. Essa associação com o Ch'an e a Terra Pura não era um fenômeno novo. Já durante a dinastia T'ang ouve-se falar de sacerdotes da escola Ch'an, em especial da linhagem Fa-yen, que defendiam a invocação do nome do Buda (*nien-fo*). Yung-ming Yen-shou (904-975), um monge da escola Fa-yen da segunda geração, foi um dos primeiros adeptos dessa prática. Ele é famoso como compilador da monumental obra *Tsung-ching lu* (Espelho do Ensinamento), de 951, uma obra em cem volumes que contém citações de cerca de sessenta obras canônicas, passagens selecionadas de trezentas obras indianas e chinesas relevantes, textos selecionados do *yu-lu* e extratos de obras de outras escolas budistas. A obra destinava-se a ser um meio de reunir a escola Ch'an e as outras escolas budistas.

Quando a dinastia Yüan foi sucedida pela dinastia Ming, a dinastia chinesa nativa (1368-1644), a escola Ch'an estava totalmente muda-da, embora fosse mantida a transmissão tradicional da linhagem, de mestre a discípulo. O Ch'an baseado em *koans*, do período Sung, que se desenvolvera a partir dos grandes mestres do último período T'ang e das Cinco Dinastias, não era mais praticado. O neoconfucianismo continuou a predominar em meio ao governo e aos círculos intelectuais e as doutrinas de tradição Ch'an e da Terra Pura eram ensinadas lado a lado. O budismo, em parte popular em parte erudito, continuou existindo, mas desempenhando um papel insignificante no cenário intelectual. Entre os praticantes mais célebres do Ch'an nesse período estavam Yun-ch'i Chu-hung (1535-1615), um prolífico escritor, cuja obra, o *Ch'an-kuan ts'e-chin* (Progresso no Caminho do Ch'an), era amplamente usada tanto na China como no Japão, e Ou-i Chih-hsu (1599-1655), que enfatizava uma forma de budismo altamente sin-crético tentando combinar a doutrina Ch'an com os ensinamentos de outras escolas de budismo.

II. A ESPIRITUALIDADE CH'AN

Thomas P. Kasulis

De acordo com a tradição, o budismo Ch'an teve início com um sorriso, um sorriso de compreensão. Segundo se relata, o Buda Śākyamuni sentava-se com seus discípulos e discursava para eles quando, em vez de falar, pegou uma flor, girou-a entre os dedos e piscou. Apenas um monge, Mahākāśyapa, compreendeu e sorriu. Essa, de acordo com a lenda, foi a origem do Ch'an. Mas o que Mahākāśyapa sabia e como ele veio a sabê-lo?

A palavra *Ch'an* deriva-se em última análise do termo sânscrito diana, um estado de alto nível de meditação que alcança a introvisão pelo aquietamento das paixões. Mas como se alcança esse estado de diana e qual é sua função? O que podemos conhecer por meio de diana? A própria sobrevivência do Ch'an depende de sua capacidade de responder a essas perguntas de uma forma apropriada a seu contexto chinês nos diferentes períodos históricos.

Desde Bodidarma, passando por Seng-ts'an, do primeiro ao terceiro patriarca, a meditação Ch'an era praticada sobretudo de forma solitária e consistia exclusivamente na contemplação na posição sentada. Embora a meditação seja importante para virtualmente todas as escolas budistas, no caso de Bodidarma, mesmo nos primeiros relatos lendários de sua vida, a meditação recebe um destaque ímpar. Ao chegar ao templo de Shao-lin, afirma-se, Bodidarma sentou-se por nove anos "fitando a parede" (*pi-kuan*). Não sabemos exatamente ao que visava essa prática, mas manifestamente, dada a ênfase da história, o destaque privilegiado que Bodidarma dava à meditação – em vez da entoação, leitura de Sutras, pregação ou comentários escritos – chamou a atenção dos primeiros historiadores budistas chineses. Além disso, essa prática tinha em vista alcançar a introvisão, e não o desenvolvimento de poderes mágicos, uma meta à qual a meditação freqüentemente estava subordinada nas tradições da época, tanto taoístas quanto budistas. Ao que parece, Bodidarma sequer queria discípulos e Hui-k'o, que depois se tornaria o Segundo Patriarca, teve que decepar o próprio braço diante de Bodidarma, para que ele se comovesse com sua seriedade e permitisse que ele se sentasse a seu lado.

Qual era a finalidade de se ficar fitando a parede? Mais uma vez, não há documentação na qual possamos nos apoiar, mas a história tradicional é sugestiva: Bodidarma passou a Hui-k'o uma cópia do *Sutra de Laṅkāvatāra* como sinal da transmissão do Ch'an. A ênfase no *Sutra de Laṅkāvatāra* continuou nas primeiras gerações que se seguiram, os primeiros registros muitas vezes se referindo ao Ch'an como a "escola Laṅkāvatāra". Assim, o sutra deve fornecer pelo menos uma pista dos objetivos das sessões de meditação de Bodidarma.

O *Sutra de Laṅkāvatāra*, em especial as seções traduzidas para o chinês durante a época de Bodidarma, é um texto obscuro, tão carregado no jargão budista indiano que se fica imaginando quanto de fato os primeiros budistas da escola Ch'an o teriam compreendido. Dois aspectos se destacam, no entanto, como temas importantes em toda a história da tradição Ch'an. Em primeiro lugar, como um texto sobretudo idealista e vagamente associado à tradição Iogacara, o *Sutra de Laṅkāvatāra* faz da mente a base da experiência. Não conhecemos o mundo em si mesmo, mas o mundo tal como ele aparece a nossa mente. Se a mente é pura, ela reflete a realidade; se está poluída, ela a distorce. Felizmente, de acordo com o sutra, é possível alcançar a pureza. No interior de cada um de nós encontra-se a originalmente pura consciência-receptáculo (*ālaya-vijñāna*), ou o ventre-do-Buda, ou embrião-do-Buda (*tathāgatagarbha*). Ao bloquear as funções das paixões egocêntricas na meditação, podemos manifestar essa iluminação inerente.

A segunda ênfase importante, para nossos propósitos, no *Sutra de Laṅkāvatāra,* é a inefabilidade. O sutra é consciente de suas próprias limitações: as palavras podem apenas sugerir ou indicar; em última análise, a mente pura deve ser vivenciada por meio da meditação, para poder ser compreendida. Assim como a ênfase na mente, a idéia de que há limitações na doutrina e a importância da verificação por meio do vivenciar percorrem toda a tradição Ch'an. Torna-se cada vez mais importante para os budistas da tradição Ch'an insistir em que sua escola não se baseia em um texto (ela *não* é uma "escola Laṅkāvatāra". Ao contrário, a base da escola Ch'an é a transmissão direta da mente de mestre a discípulo.

Três elementos na tradição primitiva da escola Ch'an vão no sentido contrário às tendências gerais da espiritualidade chinesa. Em primeiro lugar, havia a ênfase em se exercer isoladamente as práticas, ou apenas acompanhado do próprio mestre. A China é uma sociedade orientada para a comunidade, que rejeita o comportamento abertamente individualista. Embora o taoísmo de fato tivesse a tradição do eremita recluso, os intelectuais confucianos cada vez mais criticavam esse estilo de vida como anti-social e, daí, não completamente humano. Enquanto a mitologia indiana celebrava o reino sobre-humano dos devas, budas e Bodisatvas, a mitologia chinesa nativa cantava louvores à perfeição *humana*, ao rei-sábio. Assim, para poder se enraizar na China, o Ch'an teve de fazer calar suas tendências transcendentais indianas e mostrar interesse na vida em sociedade neste mundo.

Não é de surpreender, portanto, que o quarto patriarca do Ch'an, Tao-hsin (580-651), implantasse a idéia de uma comunidade monástica do Ch'an, na qual os monges cultivavam tanto os campos quanto as mentes. Essas comunidades podiam, dessa forma, ser auto-suficientes, não dependendo da doação de esmolas. Pedir esmolas permaneceu como um exercício espiritual, mas, ao contrário das comunidades budistas na Índia, os budistas da escola Ch'an não precisavam da caridade dos outros para sua sobrevivência. Embora muitas vezes reclusas nas montanhas, longe da sociedade secular das cidades e vales, as comunidades Ch'an ainda desenvolviam um caráter tanto social quanto individual. Isso as tornava mais aceitáveis para os que preservavam os valores chineses tradicionais.

Um segundo elemento não-chinês, presente no Ch'an primitivo e estreitamente vinculado a isso, era sua tendência ao escapismo. Fitar uma parede por nove anos não é apenas anti-social; é também uma rejeição dos fenômenos da vida cotidiana. Mesmo afastando-se da vida secular, os eremitas taoístas comungavam com a natureza nas montanhas. Eles pelo menos buscavam uma harmonia natural, ainda que não social. Fitar a parede, por outro lado, parecia algo tão introspectivo que chegava a ser uma atitude solipcista. Para ser aceito como uma tradição espiritual chinesa, o Ch'an teve de integrar suas tendências introspectivas à busca do natural. A necessidade de tal integração se mostra na história do encontro entre Tao-hsin e Niu-t'ou Fa-jung (594-657).

De acordo com a lenda, Tao-hsin, o grande defensor da meditação, do trabalho e da espiritualidade comunitária, foi visitar Fa-jung, o famoso adepto do Ch'an que vivia recluso nas montanhas. Fa-jung vivia só nas montanhas entre os animais selvagens, enfatizando o naturalismo em vez da meditação comunitária, esperando com isso ser uma manifestação espontânea da atividade do Buda. Nesse aspecto, Fa-jung atuava de uma forma muito semelhante a um taoísta. Quando conversava calmamente com Fa-jung, Tao-hsin ouviu o rugido de um tigre nas proximidades e ficou manifestamente abalado (ou fingiu ficar). Fa-jung se riu e disse: "Ainda há isso em você". Quando Fa-jung saiu por um momento, Tao-hsin pintou o símbolo para "Buda" na rocha que Fa-jung usara para se sentar. Quando Fa-jung retornou para se sentar, viu o símbolo e hesitou. Tao-hsin replicou: "Ainda há isso em você". Segundo a tradição, Fa-jung se tornou então um aluno de Tao-hsin.

Nessa história vemos uma ênfase na necessidade de se integrar o social e o natural numa harmonia. Devemos nos sentir à vontade e em paz tanto com a natureza quanto com outras pessoas. Também devemos reconhecer que a natureza do Buda é onipresente e que afastar-nos da sociedade para encontrar o Buda é não ver o que está bem debaixo de nós.

Em resumo, no início do século VII, a escola Ch'an desenvolvia dois ideais que permaneceriam temas centrais em sua espiritualidade: a comunidade monástica e a harmonia com a natureza. Também por volta dessa época se manifestavam as primeiras indicações de um deslocamento sutil, passando da ênfase no *Sutra de Laṅkāvatāra* para a ênfase no *Sutra do Diamante*, um texto na tradição da perfeição da sabedoria (*prajñāpāramitā*). Os ensinamentos do próprio Fa-jung, por exemplo, interpretavam a iluminação em termos tanto do vazio

5. Lin-chi (m. 866), a partir do desenho de Soga Dasaku do final do século XV.

28   A ESPIRITUALIDADE BUDISTA

(*śūnyatā*) quanto da mente. Esse deslocamento na terminologia seria, em última análise, um elemento do cisma entre os ramos norte e sul da escola Ch'an.

Embora tanto o *Sutra de Laṅkāvatāra* quanto o do *Diamante* mantivessem a inefabilidade da iluminação, a ênfase dada à pureza da mente no *Laṅkāvatāra* parecia ter uma formulação mais positiva que a ênfase dada ao vazio no *Sutra do Diamante*. Essa diferença é relevante tanto para a prática quanto para a teoria. Se o foco de diana é a purificação da mente, pode haver gradações de pureza e pode ser necessária uma prática contínua, para que seja possível manter a pureza. Esse tipo de interpretação estava associado ao ramo do norte, fundado por Shen-hsiu (605-706) e enraizado na tradição do Laṅkāvatāra. O vazio, por outro lado, deve ser realizado totalmente, ou não realizado de forma alguma. Assim o ramo do sul, associado à Hui-neng (638-713) e ao *Sutra do Diamante*, enfatizava o caráter súbito da realização do vazio. Shen-hui (670-762) provocou o conflito entre a Escola do Sul e a do norte, após a morte de Shen-hsiu e Hui-neng. Sua apologética pretendia que somente seu mestre, Hui-neng, merecia o título de sexto patriarca, de forma que a tradição de Shen-hsiu deveria ser considerada como não-autêntica.

Considerada de uma distância histórica, a diferença filosófica reduzia-se a uma questão de ênfase. Mesmo os mestres da "iluminação gradual" no norte reconheciam a importância da conversão, o ponto de virada súbita no desenvolvimento espiritual de uma pessoa. E os praticantes da "iluminação súbita" no sul admitiam que a introvisão tinha de ser continuamente integrada à vida cotidiana. A escola Niu-t'ou (cabeça de boi), entre outras, conseguiu não se aliar com nenhuma dessas facções, vendo-se como compatível com a inspiração de ambas as tradições. Por que, então, a diferença entre o norte e o sul resultou num cisma, em vez de numa síntese? Um importante fator foi o político.

Por meio do patrocínio dado a Shen-hsiu pela imperatriz Wu, o ramo norte do Ch'an se tornou urbano, chegando à posição de religião do Estado. Ao tentar minar a base política do ramo do norte, pondo em questão a legitimidade de sua linhagem, Shen-hui colocava os dois ramos em posição de adversários, de modo que antigas diferenças de nuance passavam a ser teses fixas e rígidas. Pois, à medida que a estabilidade política da corte decaía, a Escola do Norte perdia sua base de sustentação. E o mesmo fazia a mais urbana linhagem de Shen-hui da Escola do Sul. No entanto, os centros rurais mais distantes e menos acadêmicos do ramo do sul não foram seriamente afetados. O ramo do norte foi gradualmente se extinguindo, enquanto o ramo do sul resistia, pelo menos no sentido de que todos os futuros patriarcas da escola Ch'an traçariam sua linhagem passando por Hui-neng, e não por Shen-hsiu. Acompanhando esse desenvolvimento, ocorria o deslocamento do estudo acadêmico do Ch'an nas cidades para a prática do Ch'an em meio às atividades cotidianas na região rural.

A fase seguinte de desenvolvimento da espiritualidade Ch'an foi resultado das repercussões do cisma. Em particular, o *Sutra de Laṅkāvatāra* passava a receber menos ênfase, juntamente com o ideal a ele associado de cultivo da mente, enquanto o papel da meditação também passava por reavaliação. No lugar das constantes sessões de meditação para purificação da mente, os mestres desenvolveram novas técnicas para provocar a manifestação súbita do estado de ausência da mente. A iluminação deixava de ser cultivada no saguão de meditação e passava a se manifestar subitamente em atividades de resto corriqueiras: lavar as tigelas, ouvir os bambus batendo contra uma pedra, observar as flores da ameixeira. Ma-tsu (709-788) – e famosos descendentes do darma como Nan-ch'uan (748-835), Chao-chou (778-897), Huang-po (?-850?), e Lin-chi (?-866?) – desenvolveram técnicas de choque como gritar, bater e o emprego de respostas irracionais para chocar seus estudantes, para que chegassem à compreensão do vazio. Sua meta preliminar era frustrar seus discípulos, levando-os à beira do colapso conhecido como a Grande Dúvida. Somente então eles podiam induzi-los a emergir da crise, para transcender toda egocentricidade ilusória e compreender como as coisas realmente são.

Técnicas assim radicais e desorientadoras funcionavam melhor num contexto de treinamento estável e mais amplo. As regras de Pai-chang Huai-hai (720-814) estabeleciam um sistema amplo de regulamentação de todas as atividades monásticas, pelo menos as que estavam fora da interação entre mestre e discípulo. Assim o comportamento dos mestres, aparentemente irracional e até mesmo bizarro, situava-se no interior de um ambiente altamente estruturado. Essa era a força da resistente linhagem Lin-chi (japonês, Rinzai).

Uma outra linhagem importante, que se mantém até o presente, é a de Ts'ao-tung (japonês, Sōtō). Essa tradição dava menos ênfase às técnicas de choque na linha de Lin-chi, e mais à própria meditação em si. Dois patriarcas fundadores, Tung-shan (807-869) e Ts'ao-shan (840-901), ficaram famosos pelo desenvolvimento da teoria dos cinco graus. Essa doutrina articulava em detalhe as relações quíntuplas entre o universal e o particular, ou o absoluto e o relativo (*cheng* e *p'ien*). A teoria delineava os vários estados de integração entre os dois elementos, o estado de iluminação representando a unidade completa. Ts'ao-shan escreveu extensos comentários sobre a teoria, usando terminologia tomada de empréstimo ao *I Ching*, ao confucianismo e a outras filosofias budistas chinesas.

No entanto, a sistematização representada pela teoria dos cinco degraus de forma alguma se restringia à escola Ts'ao-tung. O século VIII foi uma época na qual se desenvolveram vários conjuntos de categorias e sistemas no âmbito de todas as tradições da escola Ch'an. Esse interesse numa classificação era em parte uma resposta aos amplos sistemas filosóficos concebidos pelo budismo das escolas de Hua-yen e

T'ien-t'ai no século e meio precedente. Essas escolas budistas chinesas tinham, pela primeira vez, ultrapassado as idéias de seus predecessores indianos e desenvolvido interpretações da realidade de caráter distintamente chinês. Sua marca era o interesse em explicar a completa integração e harmonia de todas as coisas.

Dadas as tentativas insatisfatórias de explicar a doutrina Ch'an usando os sutras indianos de *Laṅkāvatāra* e do *Diamante*, era natural que os budistas da escola Ch'an se interessassem por idéias desenvolvidas em seu próprio país, em especial na medida em que elas podiam ajudar a articular o significado da harmonia vivenciada por meio da prática Ch'an. Assim, mesmo Lin-chi, por exemplo, revelava uma propensão à classificação que não estava presente em Ma-tsu ou Huang-po, empregando esquemas como a relação quádrupla entre convidado e anfitrião, os três mistérios e as quatro classificações (vinculando sujeito e objeto). Os antigos comentadores, assim como estudiosos mais recentes, assinalaram a influência de Hua-yen no desenvolvimento dessas categorias. Na verdade, Tsung-mi (780-841), um mestre da linhagem Ho-tse, integrava as filosofias de Hua-yen e da escola Ch'an de tal forma que se tornou um dos patriarcas de ambas as tradições.

Essa tendência a buscar para suas tradições raízes nativas, em vez de estrangeiras, afetou a visão da escola Ch'an de seus textos. Os sutras indianos passaram a receber menos ênfase e uma nova forma de tradição textual se desenvolveu por meio da compilação dos registros ou ditos (*yu-lu*) dos mestres do Ch'an. Embora em geral os próprios mestres não escrevessem, seus alunos anotavam o que eles diziam, registrando os textos postumamente e transmitindo-os às gerações futuras de estudantes do Ch'an.

Nos ditos registrados, encontramos o ponto alto de um processo que remonta aos primeiros dias do Ch'an. A essência da iluminação passava a se identificar à interação entre os mestres e os estudantes. O que quer que fosse a introvisão que diana podia trazer, sua verificação era sempre interpessoal. De fato, a iluminação passava a ser entendida não tanto como introvisão, mas como um modo de atuar no mundo com outras pessoas. É significativo, por exemplo, que Lin-chi deslocasse seu foco da terminologia da "mente pura" para uma ênfase na "*pessoa verdadeira sem posição*". Nesse aspecto, a espiritualidade Ch'an tinha se tornado completamente chinesa.

À medida que os registros da escola Ch'an se acumulavam, e tanto a escola Lin-chi quanto a escola Ts'ao-tung davam ênfase cada vez maior ao estudo dos *koan*s, os fragmentos dos registros passavam a ser reunidos separadamente, em antologias de *koans*. Assim, os pontos essenciais nos encontros anteriores entre mestres e estudantes do Ch'an tornaram-se o veículo das interações posteriores. Os mestres davam aos alunos *koans* específicos para reflexão e interpretação, da mesma

CH'AN

forma que os estudantes originais dos registros tinham alcançado a introvisão por ocasião da primeira emissão do *koan*.

As escolas Lin-chi e Ts'ao-tung em última análise divergiam quanto à ênfase que devia ser dada à prática com esses *koans*. No século XII, Hung-chih (1091-1157), da escola Ts'ao-tung, defendia o retorno à "iluminação silenciosa" da meditação, enquanto Ta-hui (1089-1163), seu rival da escola Lin-chi, criticava essa visão como um afastamento espúrio da compreensão da iluminação como atividade, e não quiescência. Uma vez que os dois mestres permaneceram em bons termos pessoais durante toda sua vida, a diferença era provavelmente, mais uma vez, uma questão de grau. Hung-chih se preocupava com o uso abusivo da prática com o *koan*, que poderia reduzi-lo a um mero jogo de palavras e ginástica verbal, enquanto Ta-hui queria impedir que a meditação degenerasse em escapismo. De qualquer forma, os descendentes desses dois mestres nem sempre foram assim generosos na avaliação de suas posições recíprocas e o debate foi até mesmo reacendido no Japão meio milênio mais tarde.

Um último estágio no desenvolvimento da espiritualidade Ch'an foi sua síntese com os ensinamentos da tradição da Terra Pura durante a dinastia Ming. O foco da tradição da Terra Pura estava no Buda A-mi-t'o (japonês, Amida) como a figura salvadora que ajudava os que expressavam sua fé nele. Ao expressar fé em A-mi-t'o pela visualização de sua forma gloriosa ou pronunciamento de seu nome, o budista devoto da Terra Pura alcançava a certeza do renascimento na Terra Pura. Nos primeiros dias do Ch'an, havia algumas práticas de meditação da Terra Pura tais como a contemplação da imagem de A-mi-t'o, mas elas acabaram desaparecendo, com o predomínio do Ch'an do sul.

No século X, no entanto, o budismo da Terra Pura havia se tornado uma importante força espiritual na China, e várias práticas da Terra Pura se introduziram nas comunidades Ch'an. Às vezes, essas práticas eram consideradas como equivalentes da prática Ch'an, às vezes, como complementos para os que não conseguiam êxito na disciplina Ch'an mais rigorosa, e às vezes eram simplesmente abominadas. Onde eram aceitas, uma interpretação corriqueira era a de que o Buda A-mi-t'o não era uma divindade salvadora transcendente da qual se dependia, mas um símbolo da natureza do Buda inerente à mente de cada pessoa. De qualquer forma, no final do século XIV, as práticas da Terra Pura eram aceitas em quase todos os templos Ch'an.

Revendo essa rica história, é muito fácil tomar as árvores pela floresta. É possível focalizar-se em demasia as diferenças entre as escolas e perder de vista seu núcleo comum. Na verdade, em seus piores momentos até os próprios budistas da escola Ch'an se envolveram em apologéticas dissidentes. Mas, se remontamos ao sorriso de Mahākāśyapa, podemos ver mais claramente o que caracterizava a especificidade da espiritualidade Ch'an em todas as suas manifestações históricas.

A escola Ch'an foi fundada não sobre um texto ou doutrina, nem mesmo sobre uma prática explicitamente definida. Ela se originou de um gesto e de uma resposta – o gesto de Śākyamuni girando a flor entre os dedos e o sorriso de Mahākāśyapa. A essência do Ch'an está nesse momento singular de encontro pessoal, no qual a introvisão do mestre toca a inerente pureza de ser do aluno. O aluno é modificado para sempre, ao ver a si e o mundo de uma nova perspectiva. Quer o sorriso signifique os anos gastos sentando-se em meditação ou uma súbita inversão na direção do que se estava fazendo, quer ele seja a expressão completa da iluminação ou apenas seu surgimento, quer represente a pureza da mente ou uma imersão no vazio, todas essas são considerações secundárias. A própria interação e a introvisão que ela desencadeia são a essência do Ch'an. Nesse ponto, não há desacordos.

III. OS QUATRO GRANDES MESTRES DA TRADIÇÃO CH'AN

Dale S. Wright

Quando, no ano de 833, o grande estudioso do budismo chinês Kueifeng Tsung-mi (780-841) completou sua descrição e avaliação detalhadas do budismo de tradição Ch'an de sua época – uma espécie de Ch'an à qual ele deu atenção particular, em especial por meio de sua crítica – foi o que ele chamou de escola "Hung-chou" (cf. *Zen no goroku* 8, 156). Esse título se referia a um novo estilo de espiritualidade Ch'an que tinha origem na região de Hung-chou, no centro-sul da China (hoje província norte de Chiang-si), e que em 833 rapidamente se disseminava por todo o sul da China. De acordo com Yanagida Seizan, o principal historiador desse movimento religioso, o que Tsung-mi temia – o predomínio dessa forma rural e aparentemente tosca de espiritualidade – já era algo consumado. Na verdade, retrospectivamente, podemos perceber que todas as versões Ch'an/Zen que hoje existem e que foram tão influentes na história cultural do Leste asiático desde o século X de alguma forma remontam sua origem e linhagem a esse Ch'an da escola Hung-chou.

As origens históricas são muitas vezes obscuras, especialmente neste caso. Como os interesses e práticas religiosas da escola Hung-chou tiveram origem e se vinculam à tradição Ch'an mais antiga do mosteiro da "Montanha do Leste" – seja a de Shen-hsiu e Shen-hui, seja a dos volumosos documentos sobre o Ch'an encontrados em Tun-huang – é uma questão intrigante. No entanto, está claro que a prática de ensino de um certo monge, o renomado Ma-tsu Tao-i (709-788), foi o que tornou o Ch'an da escola Hung-chou o principal interesse religioso da dinastia T'ang. Originalmente um monge de Szechwan, Ma-tsu, estabeleceu-se na região Hung-chou de Chiang-si, onde desenvolveu um estilo novo de prática e ensino do Ch'an. Recorrendo à força de sua origem rural, ele rejeitou a prática do antigo Ch'an – na verdade do budismo chinês em geral – de uma vida enclausurada de estudo, rituais e meditação, em favor de uma vida ativa de envolvimento em meio ao povo dessa região. Viajando de cidade em cidade e de templo em templo, ensinando publicamente e para as elites locais e com uma presença pouco erudita, mas bastante vigorosa, Ma-tsu convertia o povo dessa região a uma forma de espiritualidade nova e dinâmica. Segundo os registros, Ma-tsu ensinava a mais de cem monges que, espalhando-se pelas áreas adjacentes, se tornariam a próxima geração de mestres a propagar o estilo de Ch'an da escola Hung-chou.

No início do século IX, com a segunda e terceira geração de monges seguidores de Ma-tsu, o Ch'an da escola Hung-chou, ao que parece, havia se organizado em comunidades monásticas que manifestamente eram definidas e sustentadas, não só por seu próprio trabalho, mas também por aldeias e cidades cada vez mais prósperas, espalhadas pela

34 A ESPIRITUALIDADE BUDISTA

região rural de Chiang-si. Esses mosteiros, dos quais apenas vestígios existem ainda hoje, em geral se localizavam nos vales de montanhas, a cerca de quinze quilômetros de distância dos templos que os sustentavam nas cidades e aldeias. A mais famosa dessas instituições às vezes abrigava até mil praticantes, embora em geral seu número fosse menor. De acordo com a tradição, Pai-chang Huai-hai (720-814), talvez o discípulo mais importante de Ma-tsu, foi o primeiro a construir um novo conjunto de regulamentos monásticos apropriado a essa nova espécie de prática budista. Uma versão textual desse código, um pouco posterior e publicada em 1004, o *Ch'an-men-kuei-shih*, na *Transmissão da Lâmpada* (T 51.250-1), é a mais antiga versão disponível. O texto descreve a disposição das dependências do mosteiro, dando destaque ao saguão dos monges, onde todos os praticantes meditam, se alimentam e dormem. Ele discute a hierarquia e organização e estipula as regras de conduta para todos os praticantes. Esse e outros documentos também fazem alusão aos tipos de prática espiritual que caracterizam a comunidade, aos quais voltamos nossa atenção agora.

A palavra Ch'an significa meditação, e essa era sem dúvida a principal prática, assim como a característica descritiva, da tradição Ch'an em seu início. A meditação fora desde o início uma dimensão da prática budista, pelo menos em princípio se não de fato, mas os primeiros monges da escola Ch'an foram os primeiros na China a atribuir-lhe posição central. Sem suprimir completamente a meditação, o Ch'an da escola Hung-chou parece ter mais uma vez afastado da prática da contemplação o foco de interesse da escola. Sem dúvida, a meditação continuou a ter um papel em sua prática. Mas, mais freqüentemente que recomendá-la, a bibliografia do Ch'an de Hung-chou critica a prática da meditação ou, mais precisamente, critica a atitude de compreendê-la em termos da meditação que era praticada.

Uma história famosa numa das biografias do mestre de Ma-tsu, Nan-yüeh Huai-jang, na *Transmissão da Lâmpada*, tem tradicionalmente sido considerada a expressão mais vigorosa dessa atitude. Ma-tsu, um estudante ansioso por alcançar o progresso espiritual, sentava-se por longas horas em meditação. Um dia, observando sua absorção, seu mestre fez a pergunta óbvia: "Qual a grande virtude de se sentar em meditação?". Ma-tsu respondeu: "Alcançar a natureza búdica!". O mestre pegou então uma telha e começou a raspá-la contra uma pedra. Ma-tsu perguntou: "O que está fazendo?". "Fazendo um espelho". Ma-tsu perguntou novamente: "Como é possível obter-se um espelho raspando-se uma telha?". A história se encerra com a pergunta retórica de Huai-jang: "Como é possível alcançar-se a natureza búdica sentando-se em meditação?" (T 51.240c).

Que a meditação sem dúvida produziria esse resultado era uma suposição do Ch'an em seus primórdios. Mas, pelo menos na época de Ma-tsu, alguns mestres começaram a concluir que a interpretação que sustentava essa prática tinha o efeito de impedir a própria realização para a qual ela era dirigida. O que a prática destinada a alcançar tal meta pressupõe é que os seres humanos são desprovidos de algo fundamental, que há algo que só se alcança a partir de algum outro lugar. Mas isso era exatamente o que os mestres de Hung-chou negavam: "Uma vez que você já é fundamentalmente completo, não busque se desenvolver por meio de práticas espúrias" (*Ch'uan-hsin fa-yao*, T 48.379c).

Uma das máximas mais corriqueiras da escola Hung-chou oferece a explicação para essa mudança no modo de compreender a prática da meditação e toda outra prática: "Essa mente mesma é Buda!". O que Ma-tsu e outros transmitiam por meio dessa máxima é a idéia de que aquilo que parece ser a meta mais remota e transcendental é o que está, paradoxalmente, mais próximo de nós. Os monges da escola Hung-chou, assim como outros budistas antes deles, falavam da iluminação como um "retorno", um retorno e um encontro com nossa natureza mais profunda. Essa "natureza original", uma sintonia espontânea com o mundo, é o que é mais facilmente negligenciado no ato de se buscar alcançar uma meta remota. Assim Huang-po (m. 850), o mais célebre discípulo de Pai-chang, responde à questão – como se produz a mente iluminada? – da seguinte forma:

> A iluminação não é algo a se alcançar. Se neste momento você produz essa mente "que-não-alcança", persistentemente não alcançando nada, então essa *é* uma mente iluminada. A iluminação não é um lugar onde se resida. Por essa razão, não há nada para se alcançar. Assim, dizia (o Buda): "Quando eu me sentava quieto no domínio do Buda Dīpaṃkara, não havia a menor coisa que fosse alcançável" (Wan Ling-lu, T 48.385c; Blofeld, 83).

É o próprio ato de buscar que cria a distância ou separação que a busca procura superar. O pano-de-fundo pressuposto era um "dualismo" que separava o praticante da meta de sua prática e que dava suporte não apenas à prática da meditação, mas também a toda a prática budista. No entanto, mesmo a busca podia não ser rejeitada de uma forma dualista; de alguma forma, a postura apropriada estava além dos dois extremos, a busca e sua negação. Dessa forma, *O Amplo Relato de Pai-chang* (*Pai-chang kuang-lu*) afirma: "Um Buda é uma pessoa que não busca. Se você busca, isso vai destruí-lo. O princípio é o de não-busca. Busque-o e ele se perde. Se a pessoa se mantém na não-busca, isso ainda é o mesmo que a busca" (411). A advertência de não se buscar, na verdade difícil numa instituição centrada na busca espiritual, funcionava no sentido de orientar o praticante ao que já se encontra aqui, isto é, para o "corriqueiro", que anteriormente se esperava transcender. Essa reorientação da atenção para o "corriqueiro" e o "cotidiano" é talvez o tema mais característico do Ch'an da escola Hung-chou. Para eles, a "mente do Cotidiano é o Caminho". Dessa forma, a meditação não precisa ser uma atividade especial que requer seu próprio tempo, ambiente e postura. Todo momento da vida, estando-se "sentado, de pé, ou deitado", deve ser visto como

36 A ESPIRITUALIDADE BUDISTA

uma manifestação primordial da natureza búdica. Essa reorientação para o corriqueiro tornou possível uma transformação dramática da prática Ch'an – qualquer coisa podia ser considerada uma "prática", se por prática nos referimos, não a uma atividade em meio a outras, que realizamos em vista de uma meta predeterminada, mas apenas o que fazemos. De acordo com o ponto de vista mais tradicional de Tsung-mi, essa atitude ia longe demais, chegando mesmo a considerar "o movimento de um músculo ou o piscar de um olho" como um sinal da natureza do Buda. Uma santificação do corriqueiro significava que, para ser um budista, não era preciso falar uma língua clássica: a língua coloquial do dia-a-dia estava até mesmo mais próxima da sintonia fundamental no interior da qual, afinal, se reside por direito de nascimento. O trabalho manual que, pelo menos em parte, sustentava os mosteiros da escola Hung-chou podia igualmente ser tomado, não como algo servil e aviltante, mas como uma prática que expressava a natureza mais profunda da própria pessoa. "Cortar a madeira e carregar água", as tarefas mais corriqueiras durante a dinastia T'ang, deviam ser vistas como o próprio Caminho extraordinário. Dada essa inversão de prioridades budistas, o arrogante jovem monge, Lin-chi, podia dizer que o que seu mestre, Huang-po, tinha a transmitir-lhe "não era muito" (T 47.504c; Sasaki, 51).

Que o extraordinário não se encontrava em parte alguma, a não ser no âmbito do corriqueiro, era talvez o princípio mais importante do pensamento budista em geral durante a dinastia T'ang e foi, desse modo, expresso em diferentes formulações teóricas antes da época de Ma-tsu. A contribuição dos mestres da escola Hung-chou com relação a esse princípio foi dupla: em primeiro lugar, a compreensão de que o princípio tinha como resultado minar o formalismo teórico (e dualista) no interior do qual ele se estabelecia e, em segundo lugar, uma forma de integrar o princípio na vida cotidiana autêntica.

A integração do pensamento e compreensão Ch'an à vida cotidiana requeria não apenas um novo modo de agir, mas também um novo modo de falar. Nenhuma prática caracteriza tão nitidamente o Ch'an da escola Hung-chou quanto sua prática discursiva. Para abordar as espécies de retórica encontradas nas tradições literárias do Ch'an de Hung-chou, precisamos examinar rapidamente nossas fontes. Há um grande número de textos que transmitem essa espécie de Ch'an a nós. Eles são constituídos, não pelos escritos dos mestres de Hung-chou, mas por coletâneas de "máximas" lembradas e registradas, que circulavam em meio aos monges e leigos da área. Entre esses textos estão porções de discursos, sessões de perguntas-e-respostas, máximas não-contextualizadas e descrições de ações – em especial, os encontros entre os mestres do Ch'an – que circularam na escola na forma de manuscritos, até ser reunidos, revisados e impressos séculos mais tarde. Isso significa que nossas fontes para o acesso ao Ch'an da escola Hung-chou, assim como o de outras grandes épocas da espiritualidade, são historicamente mediadas. Compreendemos o Ch'an de Hung-chou hoje através do grande interesse e necessidade religiosa dos monges posteriores (no período inicial da dinastia Sung e depois), refletidos em seus projetos de coleta, revisão e publicação de textos.

Os mestres da escola Hung-chou não escreviam por razões ideológicas – eles rejeitavam a espécie de estudo formal que havia caracterizado a prática budista até sua época. Seguindo a crítica de Bodidarma à "dependência com relação às palavras e letras", eles buscavam um modo de libertar-se do fechamento e rigidez que a língua e os textos lhes sugeriam. Tendiam a salientar sua diferença com relação às tradições anteriores, a fim de dar origem a uma nova identidade para os monges praticantes. Num olhar retrospectivo, podemos ver que essas diferenças, embora reais, não eram tão grandes quanto afirmava a retórica da escola Hung-chou. A linguagem de Pai-chang e Huang-po, por exemplo, está entrelaçada de referências aos sutras budistas; é evidente que eles estavam acostumados a encerrar seus argumentos com a citação de um sutra, para com isso corroborar suas teses, como costumava ser a prática do discurso budista. Às vezes, o que era registrado como discurso do mestre era na verdade uma passagem extraída de um sutra ou algum outro texto. No entanto, um movimento no sentido de evitar a dependência com relação aos sutras começou a se desenvolver no Ch'an de Hung-chou. A linguagem coloquial desses monges constituiu também um distanciamento importante com relação à linguagem formal da tradição anterior. Muitos de seus críticos na época, inclusive Tsung-mi, consideraram esse afastamento com relação à tradição como um sinal de "ignorância", e não como uma realização.

Embora boa parte da retórica da escola Hung-chou seja contrária ao estudo, aos textos e à linguagem, seria um erro de nossa parte ler essa "linguagem" literalmente, sem reconhecer o papel fundamental que o estudo, os textos e a linguagem de fato desempenharam no Ch'an de tradição Hung-chou. A leitura, por exemplo, continuou a ser uma prática importante, embora tanto o que os monges da escola Hung-chou liam quanto a forma como eles o liam tenham passado por transformações. O modo de leitura teve seu foco deslocado, do conteúdo objetivo dos sutras para uma apropriação experimental e pessoal pelo leitor, enquanto o que era lido gradualmente passou dos sutras para os relatos sobre as palavras e ações dos mestres do Ch'an. Houve também uma ênfase maior no discurso falado, no ensino oral, nas sessões de perguntas e respostas e no que viria a ser conhecido como diálogos de confronto. Mas sempre que o discurso falado parece importante, ele inevitavelmente termina por ser registrado por escrito, em especial numa sociedade tão amplamente alfabetizada quanto a China havia se tornado. Sobre essa base surgiu um novo gênero de literatura budista em meio ao Ch'an de Hung-chou, os *yu-lu*, ou os textos de "Registro dos Discursos". Esses monges eram tão zelosos em se apropriar da linguagem de seus

6. *Huang-po (m. 849?).*   7. *Pai-chang (749-814).*

mestres e de outros renomados mestres do Ch'an, que eles mantinham cadernos de anotações pessoais para registrar observações e acontecimentos importantes. Esses cadernos por fim circulavam, primeiro em meio aos praticantes de um mesmo grupo e depois mais amplamente, tornando-se de fato novos sutras.

Embora esses monges em geral falassem e escrevessem sobre superar a ênfase na linguagem, nada nessas práticas indicava que isso era de fato o que faziam. Ao contrário, o foco na linguagem foi acentuado. Embora reduzissem o volume e a variedade de suas leituras, os monges praticavam a "leitura cerrada" ao extremo, tentando compreender e então incorporar a profundidade sugerida nas palavras. No final do século IX, ao que parece, era amplamente aceito que, sendo dado o foco apropriado e com a meditação sobre elas, certas palavras poderiam evocar uma súbita reviravolta e irrupção da percepção. Nas máximas registradas de Lin-chi, exemplos dessa linguagem são chamados "palavras transformadoras" (T 47.503a; Sasaki, 40). Muitos dos *yu-lu* são registros de relatos sobre esses episódios, por exemplo: "*Nessas palavras* [Pai-chang] vivenciou compreensão" (*Pai-chang yu-lu*, 409; ênfase minha).

Esse deslocamento no foco, do conhecimento do conteúdo do sutra ou tratado para a apropriação em profundidade do que foi dito, é significativo. Ele está em paralelo com o deslocamento do discurso orientado para a argumentação – ou "prova" – para a retórica que demonstra ou revela. Muitos dos textos da tradição Hung-chou contêm ambos os estilos, interconectados de formas interessantes, mas a tendência

CH'AN

histórica estava claramente na direção do último deles. De acordo com o *Pai-chang yu-lu* (409; Cleary, 19), quando Huang-po foi em busca da sabedoria da escola Hung-chou, a primeira coisa que perguntou não foi qual o sutra que o grande Ma-tsu estudava (o que num período anterior teria sido uma pergunta fundamental), mas quais eram seus ditos – aquilo de que, com todo seu estudo e prática, ele efetivamente se apropriara e que se tornara sua própria compreensão.

Esses "ditos", no entanto, assim como as palavras dos sutras, eram considerados como obstáculos à espiritualidade, se tomados como objetos do conhecimento, ou como de alguma forma suficientes em si mesmos. Os ditos indicavam, sugeriam ou evocavam, provocavam algo além deles mesmos, o que manifestamente não se alcançava por meio da referência direta. Eles não se referiam a qualquer objeto espiritual, mas, ao contrário, referiam-se indiretamente a revelação de algo que era anterior a toda conceitualização. Nesse contexto, a linguagem e seu conjunto de categorias conceituais pareciam soçobrar. O que eles buscavam encontrar estava além de todas as categorias, e mesmo além da negação delas; era algo que permanecia sempre no limiar da percepção, longe de seu foco, mesmo quando o adepto da espiritualidade buscava captá-lo. A compreensão disso levou os mestres da escola Hung-chou a negar suas próprias categorias religiosas – Buda, Mente e assim por diante – e então, indo ainda além, a negar essa negação. Assim, Pai-chang afirma: "A 'natureza' da existência fundamental não pode ser especificada na linguagem. Originalmente ela não é nem comum nem sagrada. Nem é degenerada nem pura. E não é nem vazia nem existente, nem boa nem má" (411). Com relação às referências, ao *que* é revelado na percepção espiritual como perigoso ou pelo menos enganador, os textos, muito freqüentemente, manifestam uma preocupação maior com a atitude ou postura requeridas para a revelação ocorrer do que com relação a sua "fonte" ou referente. "Se a afirmação e a negação, o semelhante e o dissemelhante, o principiado e o não-principiado e todo conhecer e sentir estão exauridos, incapazes de envolver você, então existe a espontaneidade livre em todas as situações" (411).

O desapego evocado nessa passagem é talvez o principal elemento da espiritualidade Hung-chou, ou pelo menos um pré-requisito para seus outros elementos. Abandonar as categorias e formas de percepção habituais era algo essencial ao desabrochamento de uma dimensão, no interior da qual poderia se manifestar uma percepção mais profunda. O que obstrui essa "percepção mais profunda" ou "natureza original" é a busca de segurança por meio da fixação e do enclausuramento. Buscando realizar a desobrigação e libertação, ao chamar a atenção para as formas de servidão humana, a retórica da escola Hung-chou emprega as seguintes metáforas verbais: mantendo, captando, fixando, obstruindo, perdendo e buscando, separando, diferenciando, nos protegendo e salvaguardando de ligações mais amplas.

40 A ESPIRITUALIDADE BUDISTA

O desapego requer que se "abandone" e "deixe ir", não tanto as coisas, mas, sobretudo a autocompreensão agrilhoada e presa às coisas, que ignora o pano-de-fundo mais primordial no interior do qual tanto o eu quanto as coisas têm sua existência. Assim, após estabelecer o "desapego como o princípio fundamental" (T 48.381c), Huang-po afirma que aquele que é "livre" não está "separado de todas as coisas" (384a). Que a liberdade não é uma fuga das coisas ou interesses nos leva de volta à preocupação da escola Hung-chou com o "corriqueiro". A liberdade, a natureza búdica, não pode ser alcançada em nenhuma outra parte a não ser no "cotidiano". Assim, não se trata tanto de uma questão de libertação de nossa situação presente quanto de um despertar para essa situação, bem como um senso profundo de *estar* situado ou contextualizado no interior de um todo mais amplo e envolvente.

Conquanto tenha às vezes a reflexividade (a reflexão sobre si próprio) como um elemento dessa reorientação, a espiritualidade de Hung-chou não consiste no foco sobre o eu ou a subjetividade, mas, ao contrário, ela busca descobrir um solo da experiência e da ação mais primordial que o da subjetividade. Nesse aspecto, o Ch'an de Hung-chou pode ser visto como em continuidade com o conceito budista básico de "não-eu". Embora o sentido exato em que o "não-eu" existe possa se modificar, e na verdade ele se modificou, esses monges e mestres compreendiam-se como situados numa tradição da espiritualidade que os chamava para uma dimensão "pré-subjetiva" – mais profunda e anterior à separação entre eu e mundo, sujeito e objeto. Assim, em continuidade com o mundo e, no entanto, sem perder sua individualidade e caráter único (na verdade acentuando-os), a prática do Ch'an de Hung-chou era vista como tornando possível um envolvimento aberto e receptivo com relação ao mundo. O caráter dessa receptividade era então visto em oposição radical com a disposição estreita e fechada que acompanha o centramento no próprio eu.

A polarização entre eu e mundo cede lugar à reciprocidade entre ambos, ou, nas palavras de Huang-po, uma "correspondência mútua" (*hsiang-ying*; T 48.383b). Viver numa tal correspondência significava que a motivação para a ação era derivada de uma fonte que estaria além das deliberações da subjetividade pessoal. Liberdade de movimento, dessa forma, significava algo totalmente diferente da liberdade de se mover como se deseja. Significava uma tal liberdade com relação à tirania dos desejos que era possível mover-se de acordo com o mundo em torno de si e, assim, ser movido por ele. Essa liberdade e espontaneidade do discurso e da ação se tornaram a marca característica da espiritualidade da escola Hung-chou.

Haveria um sentido em se falar de algo como a "fé" como requisito dessa mudança fundamental na compreensão e experiência da espiritualidade? Sem dúvida, e os mestres da escola Hung-chou ocasionalmente se referiam a algo assim. Isso não significa, no entanto, a exigência de fé ou crença num conjunto de proposições básicas. Essa "fé" tinha antes o caráter de uma forma de confiança, que torna possível e sustenta a disposição de abandonar a compreensão convencional do próprio eu. Ainda que a prática ampla do discurso crítico – uma retórica autonegadora – excluísse a possibilidade e necessidade de uma forte base doutrinária para a espiritualidade, certas doutrinas, mesmo que sujeitas à negação, eram claramente mantidas na forma da confiança: a confiança, por exemplo, em que o submeter-se a essas práticas de fato levaria à abertura a uma experiência mais autêntica, e não seu contrário. Esse estilo de fé da escola Hung-chou se expressa numa diversidade de formas: da invocação de Ma-tsu para que se afirmasse que "esta mente é o Buda" à acusação de Lin-chi de ausência de fé. Talvez a retórica da fé de Huang-po seja a mais radical. Seu "Registro dos Discursos" desenvolve imagens de uma pessoa suspensa diante de um abismo (T 48.380a), do soltar ambas as mãos (383b) e de um "salto" súbito (383c), abandonando a falsa segurança do auto-enclausuramento conceitual.

A concepção que prevalecia no budismo chinês nessa época era de que a iluminação ocorre subitamente, como um episódio de libertação e revelação. Sem precisar argumentar, sustentando essa concepção, os mestres da escola Hung-chou desenvolveram técnicas práticas para a evocação do "despertar súbito". Como vimos, muitas dessas técnicas eram lingüísticas, consistindo, entre outras coisas, na evocação de imagens da iluminação, em intensidade e quantidade cada vez maiores. No *Ch'uan-hsin fa-yao*, de Huang-po, por exemplo, podemos encontrar pelo menos quarenta diferentes termos ou imagens associadas ao evento da iluminação. Quando um ou outro desses fragmentos de linguagem evocavam um "despertar súbito", eles passavam a ser designados como "palavra transformadora" – uma palavra ou expressão por meio da qual se realizava uma experiência ou transformação súbita e radical. A verdade dessas expressões, dessa forma, era considerada uma função de seu poder de produzir uma tal revelação ou provocar uma "virada" fundamental, e não uma questão de se avaliar sua correspondência a um padrão disponível por outros meios. Não se acreditava que houvesse um tal padrão disponível.

As histórias sobre o ocorrer da iluminação, embora apareçam todas na forma lingüística, nem sempre relatam o que o mestre *dizia*. Algumas histórias enfatizam o que o mestre *fazia*. Essas histórias apresentavam as ações ou acontecimentos de forma a fazê-los "falar" por si mesmos. Um grito súbito, um tapa, o chutar de um objeto, ou um gesto inesperado, tudo isso era considerado como capaz de comunicar a mensagem do Ch'an da escola Hung-chou. Ampliando o domínio do significado da linguagem escrita para a falada e, depois, para a "linguagem" da ação, os monges começaram a ter consciência de todas as dimensões da vida de um mestre. Acreditava-se que os mestres famosos encarnavam a verdade da experiência Ch'an. Cada movimento, cada ato, portanto, podia ser visto como uma expressão da natureza do Buda. Mais que nunca na história de todo o budismo chinês, os mestres passaram a ser exemplos ou modelos do que ensinavam. Os monges buscavam aprender a linguagem de seus mestres, inclusive a linguagem do movimento, da expressão facial e dos gestos e moldavam a si próprios de acordo com ela.

Mais que em outros contextos, tornou-se claro que a forma de ensino do mestre era na verdade uma dimensão importante do que estava sendo ensinado. A linguagem "usada" na comunicação era parte do conteúdo comunicado. Em quase todos os sentidos, o mestre do Ch'an se colocava como uma imagem concreta daquilo que era buscado. Mas, uma vez que a meta dos monges era a "liberdade", meramente seguir o roteiro oferecido pelo mestre não seria suficiente. Os monges que reproduziam servilmente o estilo do mestre eram ridicularizados. De alguma forma, ao repetir a prática do mestre e tomá-lo como modelo concreto, o monge buscava uma experiência original, uma experiência que era verdadeiramente livre, pelo fato de ser sua própria experiência.

A questão de como podia se dar a "transmissão" de mestre a discípulo, e de geração a geração, era uma questão muito importante no Ch'an da escola Hung-chou. Sua conclusão de que a transmissão se dava diretamente, "de mente a mente", é a doutrina mais bem conhecida da escola. Antes dessa época, "transmissão" em geral significava o ensino das palavras e do conteúdo de um determinado sutra para a geração seguinte. As linhas de ascendência, ou linhagens, eram então identificáveis em termos da linguagem e do conteúdo doutrinal do sutra. Dada a crítica da escola Hung-chou ao conceito e à linguagem, e dado o fato de que a iluminação era compreendida em termos de liberdade, uma tal transmissão não era possível. Em vez disso, no decorrer de anos de treinamento e desenvolvimento da receptividade, era o próprio caráter da mente do mestre que era transmitido diretamente ao discípulo.

A "transmissão da mente" era então a participação criativa numa linha, ou fluxo, que ia do passado para o futuro, passando por uma "linhagem" de mestres do Ch'an. Uma vez que essa é a experiência da iluminação, nenhum ato de captar a transmissão da mente podia ter êxito. A pessoa se junta a essa "Mente Una", mas nunca a capta ou envolve, nem se coloca acima dela. Mais uma vez, esse acontecimento era visto como envolvendo tanto a passividade quanto a atividade, ou melhor, como situado para além dessa oposição. O monge recebe e enuncia as palavras do mestre e as pratica até que elas se tornem suas próprias palavras. No entanto, sendo a essência da transmissão a liberdade e a espontaneidade, a mera repetição das palavras e ações do mestre fracassava em alcançar a transmissão. A meta era falar e agir no espírito ou "mente" do mestre, mas por si próprio, livre e espontaneamente. Os que conseguiam fazê-lo eram considerados sucessores espirituais e buscavam transmitir essa capacidade à geração seguinte.

O *Pai-chang yu-lu* (409; Cleary, 19-20) nos conta que, pelo menos no início da dinastia Sung, a transmissão requeria "ir além" do mestre:

CH'AN

43

O mestre [Pai-chang] disse: "Você não continuará para suceder Ma-tsu?". Huang-po respondeu, "Não assim. Com sua revelação hoje, recebi uma imagem do funcionamento do grande poder de Ma-tsu. Mas eu não conheço Ma-tsu. Se fosse suceder Ma-tsu, eu, com isso, perderia os meus descendentes". O mestre disse: "Assim é, assim é. Quando nossa própria visão é a mesma que a do mestre, nosso poder diminui para a metade do poder do mestre. Quando nossa visão vai além da do mestre, então estamos preparados para a transmissão. Você claramente tem uma visão que ultrapassa a do mestre".

Onde a liberdade é a questão, o mero replicar é inadequado. Se Huang-po simplesmente fizesse "o que era feito" na linhagem de Ma-tsu, deixando de levar avante os ensinamentos até uma nova apropriação, ele não teria conseguido alcançar a transmissão e teria se revelado incapaz de ser um herdeiro da "mente" de Ma-tsu. Esse reconhecimento e santificação da mudança no Ch'an de Hung-chou permitiu ao movimento preservar seu caráter espontâneo e vigoroso durante muitas gerações. Mas ele também estabeleceu a plataforma histórica para mudanças que levariam para além do Ch'an da escola Hung-chou, até outras formas históricas. Como a tradição Hung-chou foi "transmitida" por todo o Leste asiático em épocas posteriores e como ela se transformou nesse processo, tornando-se, na verdade, toda a tradição Ch'an/Zen da forma como a conhecemos hoje, é um tema que merece ser objeto de outras pesquisas.

IV. O ENCONTRO DO CH'AN COM O CONFUCIANISMO

Julia Ching

A história da interação entre o budismo e o confucianismo na China é uma história bastante longa. O confucianismo era a tradição cultural nativa que prevalecia; o budismo chegou como um intruso e parecia se concentrar em preocupações bastante diferentes. O budismo ensinava o caminho da libertação do sofrimento, enfatizando a orientação monástica distanciada deste mundo, em busca da meta absoluta do nirvana enquanto o confucianismo enfatizava a família, as preocupações sociais e as responsabilidades políticas, orientando-se para a construção de um mundo humano melhor aqui e agora. Seu encontro foi algumas vezes marcado por controvérsias acerbas, pois o orgulho cultural e nacional tornava difícil para os confucianos aceitar uma religião estrangeira, enquanto no nível mais ideológico, os budistas criticavam os confucianos por serem demais apegados a este mundo e as suas relações impermanentes; por seu lado, os confucianos atacavam o que chamavam de escapismo e pessimismo budistas.

No decorrer de suas disputas, o budismo e o confucianismo aprenderam e emprestaram doutrinas reciprocamente. O budismo de tradição Mahāyāna foi especialmente bem sucedido na China. Sua visão central, a de que o nirvana deve ser encontrado em *samsara*, nesta vida e neste mundo, tornava-o mais aceitável que o budismo de tradição Theravāda. Com o tempo, o budismo passou por uma transformação no Leste asiático, adotando alguns dos valores que ele encontrou nessa vasta região.

Aproximação no Interior do Budismo

O Ch'an do budismo chinês, em especial tal como representado pela escola de Hui-neng (638-713), é conhecido por sua preferência pela liberdade de expressão e o respeito pelo natural, ambos levando a um certo desrespeito pelos sutras e as tradições do passado. Essas atitudes ajudaram um certo gênio criativo a se manifestar em discussões sobre a espiritualidade e o misticismo, bem como na arte e na cultura. Mas muitas das discussões foram perturbadas pelo cinismo iconoclasta e antiintelectual que acompanhava essas atitudes. Isso explica a oposição ao movimento Ch'an por parte dos mestres mais importantes. Por outro lado, eram feitos esforços no sentido de se reconciliar o movimento Ch'an com o resto do budismo de tradição Mahāyāna, em especial pela "união entre o budismo da meditação e o budismo dos sutras" (*Ch'an-chiao yi-chih*). Era para essa realização que Tsung-mi (780-841) – o monge da dinastia T'ang que primeiro estudou o Ch'an e que mais tarde se tornaria um patriarca da tradição Hua-yen – convocava. Seu *Ch'an-yüan chu-ch'üan chi-tu hsü* (T 48, nr. 2015) visava reconciliar

CH'AN   45

os ensinamentos da escola Ch'an com os de outras escolas budistas, em especial a escola Hua-yen[1].

As perseguições ao budismo, em especial a de 845, quase fez desaparecer a religião budista e tornou ainda mais urgente a tarefa de reconciliação no interior do próprio budismo. Durante o período Sung, uma época de renascimento cultural, o budismo recuperou-se de alguns dos reveses políticos que ele havia sofrido anteriormente. Com o apoio do Estado, o budismo pôde desfrutar de uma pequena revitalização, com a restauração de templos, a impressão do Cânone Budista, o surgimento das escolas T'ien-t'ai e Hua-yen e a contínua prosperidade do Ch'an da Terra Pura[2]. No período T'ang, o budismo havia se distinguido no domínio da especulação metafísica avançada; no período Sung, suas maiores realizações foram na esfera do desenvolvimento da espiritualidade prática. O Ch'an e o budismo da Terra Pura tinham uma certa reputação de ser avessos à teoria e até mesmo de ser antiintelectualistas. Eles agora se aproximavam ainda mais por um movimento sincrético que defendia o "cultivo duplo do Ch'an (meditação) e do *nien-fo* (j. *nembutsu*) (recitação do nome do Buda)".

Foi Yung-ming Yen-shou (904-975), autor do *Tsung-ching lu* (*O Registro do Espelho*), que buscou com maior empenho harmonizar as doutrinas das escolas T'ien-t'ai, Hua-yen e Wei-shih (Iogacara) com as das escolas Ch'an e da Terra Pura. Ele foi também o primeiro a defender o "cultivo duplo". Nessa prática conjunta, a invocação de *nien-fo* era vista como uma outra forma de meditação, que envolvia a visualização do Buda Amitābha e combinava o apoiar-se em si próprio (*tzŭ-li*; j. *jiriki*) com o apoiar-se num Outro-Poder (*t'a-li*; j *tariki*). O argumento era o de que, uma vez que *nien-fo* podia encerrar o pensamento discursivo, ele também podia conduzir à iluminação, uma meta Ch'an[3]. Considerar o *nien-fo* como uma forma de meditação não foi algo que se originou com Yung-ming Yen-shou. Outros budistas da tradição da Terra Pura tinham feito o mesmo, mas, ao contrário dele, não haviam feito esforços em promovê-lo junto a seus seguidores, nem haviam buscado essa meditação com a meta consciente de alcançar a iluminação, que agora recebia mais importância até mesmo que o renascimento na Terra Pura. A prática dupla era estimulada em especial por alguns membros da escola Ch'an que preferiam a Terra Pura ao Ch'an. Ela servia para integrar os seguidores do Ch'an ao movimento da Terra Pura do budismo devocional. Tal processo de integração do nível popular foi provavelmente responsável pelo desa-

1. Takeuchi Yoshio, *Takeuchi Yoshio Zenshū* 8, p. 162-163.

2. Kusumoto Bun'yū, *Sōdai jugaku no Zen shisō kenkyū* (*O Estudo do Pensamento Zen no Confucianismo Sung*), p. 12-22.

3. Yung-ming Yen-shou, *Wan-shan t'ung-kuei chi*, T 48.960-61. Yung-ming Yen-shou iniciou seu treinamento num mosteiro da escola T'ien-t'ai e é considerado tanto como um mestre do Ch'an da linhagem Fa-yen quanto um patriarca da Terra Pura.

46 A ESPIRITUALIDADE BUDISTA

parecimento posterior dos ensinamentos de tradição especificamente Ch'an, após o século XIII[4].

Debates no Interior do Budismo

Além desse sincretismo Ch'an/Terra Pura, o período Sung foi marcado por vigorosos debates no interior do Ch'an, que, como a mais forte das escolas budistas, estava ele próprio dividido em escolas, ou linhagens[5]. Concentrando-se em torno de questões práticas da espiritualidade, ambas as escolas Lin-chi e Ts'ao-tung prosperaram e seus ensinamentos rivais sobre a iluminação e como ela podia ser alcançada atraíram considerável atenção. A escola Ts'ao-tung enfatizava a iluminação silenciosa (*mo-chao*; j. *mokusho*, uma referência ao "brilho silencioso da luz interior") e a importância do sentar-se em meditação (*tso-ch'an*; j. *zazen*) como uma disciplina que pode conduzir à iluminação mística por meio da transformação gradual da vida e do caráter. A escola Lin-chi, ao contrário, buscava a iluminação súbita (j. *satori*) por meio do uso de gritos, pancadas e enigmas denominados *kung-an* (j. *koan*), considerados como uma ajuda para se provocar a experiência mística, sem que um preparo lento fosse necessário ou possível. E, se essas diferenças levavam a polêmicas, mestres importantes como Ta-hui Tsung-kao (1089-1163), do lado da escola Lin-chi, e Hung-chih Cheng-chüeh (1091-1157), do lado da escola Ts'ao-tung, continuaram a se respeitar profundamente[6].

As diferenças entre a escola Lin-chi e a escola Ts'ao-tung são às vezes representadas pelas palavras *mo-chao* e *k'an-hua*. *Mo-chao* (iluminação silenciosa) assinala a centralidade da meditação como exercício espiritual. Os adeptos da escola Ts'ao-tung eram cuidadosos em salientar que ela não significava inatividade ou passividade. Ao contrário, o silêncio em questão é a placidez do solo último da mente iluminada, que é naturalmente radiante e "brilhante". Eles consideravam a meditação silenciosa e as ações em silêncio da vida cotidiana preferíveis à ênfase constante no *koan*, ele próprio um enigma irracional e sem sentido. Hung-chih compara a meditação em silêncio aos esforços do "terceiro pássaro chocando o ovo" e descreve a luz interior "como um raio que penetra o passado e o presente" (T 48.72). Mas longe de se opor inteiramente aos *koans*, ele até mesmo compôs alguns deles.

K'an-hua (observando o *koan*) é uma expressão coloquial usada pela escola Lin-chi para descrever o esforço da atenção exigido na prática dos *koans*. Acredita-se que, ao colocar um problema que não pode ser resolvido pelo intelecto racional, os *koans* levem à dissolu-

---

4. Chang Chung-yuan, (trad.), *Original Teachings of Ch'an Buddhism*, p. vi.

5. Cf. Heinrich Dumoulin, *Zen Buddhism: A History I. India and China*, p. 243-264.

6. Cf. suas biografias em *Hsü ch'uan-teng lu* (*Complemento à Transmissão da Lâmpada*), T 51.649-54 e 579.

ção do limite entre o consciente e o inconsciente da mente humana e provoque uma experiência repentina, descrita metaforicamente como o florescimento de um lótus, ou o sol emergindo por trás das nuvens. Ta-hui insiste em que o praticante mantenha uma consciência espiritual alerta, quer sentado, quer se movendo, quer em repouso. "Quando surge um pensamento ilusório, você não precisa evitá-lo com energia; você tem apenas que evocar o 'Não' de Chao-chou (778-897)" (T 51. 899). Isso se refere à famosa resposta do monge Chao-chou à pergunta: "O cachorro tem a natureza do Buda?". Embora a filosofia Ch'an afirme que a natureza do Buda está presente em todas as criaturas, esse "Não" (*wu*; j. *mu*) é visto como apontando para uma verdade última[7]. Mas Ta-hui censura igualmente a dependência excessiva com relação aos *koans*:

> Há dois erros entre os que buscam o Tao hoje em dia [...]. Um deles é aprender palavras e sentenças demais e buscar fazer algo incomum com elas [...]. O outro é [...] abandonar todas as palavras e sentenças e manter sempre os olhos fechados, como se morto, e chamar isso de sentar-se em silêncio, contemplando a mente e silenciosamente refletindo a luz (*mo-chao*) (T 47. 895).

Em geral, os seguidores do Lin-chi acusavam a escola Ts'ao-tung de uma passividade na meditação que podia debilitar a mente, enquanto os adeptos da escola acusavam os seguidores do Rinzai de jogar um jogo perigoso, não apenas com a mente, mas também com toda a tradição da espiritualidade budista, ao permitir que experiências possivelmente ilusórias fossem confundidas com a iluminação. Isso não quer dizer que os budistas da escola Ts'ao-tung ignoravam totalmente os *koans*, ou que os budistas da tradição Lin-chi não praticavam a meditação. A diferença era muito mais de nuances na ênfase que de prática. Mas as nuances eram bastante importantes. Enquanto isso, um intercâmbio contínuo de monges chineses e japoneses, da metade do século XII em diante, levou também para o Japão essas duas escolas do budismo Zen (Rinzai e Sōtō), que são aí atuantes ainda hoje.

O vigoroso crescimento do budismo Ch'an durante a dinastia Sung se reflete numa bibliografia prolífera, que inclui coletâneas famosas como o *Pi-yen lu* (Registros do Penhasco Azul) (1125) e o *Wu-men kuan* (j. Mumonkan; A Barreira sem Portal) (1228). A controvérsia entre as escolas Ch'an e T'ien-t'ai inspirou grandes esforços históricos. Se, de um lado, davam pouca importância ao estudo dos sutras, de outro, os budistas da escola Ch'an buscavam eliminar toda aparência de heterodoxia e provar que eram eles os herdeiros legítimos do Buda histórico. Eles fizeram um histórico da transmissão das concepções da escola, elaborando linhagens supostamente corretas em obras como o *Ch'ing-te ch'uan-teng lu* (A Transmissão da Lâmpada, 1011), de

---

7. Cf. o diálogo anotado de Ta-hui, T 51.1998a.

Tao-yüan, e o *Ch'uan-fa cheng-tsung chi* (A Transmissão do Darma na Escola Verdadeira, 1061), de Ch'i-sung.

Embora tivesse menos seguidores que o Ch'an, a escola T'ien-t'ai se considerava a representante do budismo ortodoxo e respondeu com o *Shih-men cheng-t'ung* (A Linhagem Ortodoxa no Budismo), de Tsung-chien, e com o *Fo-tsu t'ung-chi* (O Registro dos Patriarcas Budistas) (1270), de Chih-p'an[8]. A proliferação de escritos do Ch'an estava em contradição direta com os princípios originais da escola Ch'an de não estabelecer diretrizes por escrito e de buscar uma intuição direta da mente, sem o apoio de outros meios. Apesar de sua utilidade para as gerações futuras, alguns viram nessa proliferação o início da decadência do verdadeiro espírito Ch'an.

Aproximação entre o Ch'an e o Confucianismo

O confucianismo também passou por uma renovação, ao buscar responder à ameaça a sua sobrevivência representada pelo budismo e o taoísmo. Os primeiros textos clássicos confucianos, inclusive o *Livro das Mutações*, o *Livro dos Poemas*, o *Livro da História*, o *Livro dos Ritos* e os *Anais da Primavera e Outono*, ainda eram estudados, mas o movimento se afastava da filologia, rumo a um interesse mais profundo por questões filosóficas, bem como pelo cultivo espiritual. Cada vez mais estudiosos confucianos preferiam se concentrar em torno dos Quatro Livros – os *Analetos* (*Conversas entre Confúcio e Seus Discípulos*), o *Livro de Mêncio* (*Conversas entre Mêncio e Seus Discípulos*), o *Grande Aprendizado* e a *Doutrina do Meio* (originalmente dois capítulos do *Livro dos Ritos*, o primeiro fazendo do cultivo moral e espiritual o início do bom governo, o último concentrando-se no equilíbrio e harmonia interior)[9]. Na tradição anglo-saxônica, esse novo movimento é às vezes denominado neoconfucianismo.

A aproximação entre o budismo e o confucianismo foi preparada por pessoas de ambos os lados. Mesmo ao criticar o budismo, os estudiosos confucianos continuaram a associá-lo, mesmo que apenas ocasionalmente, a monges budistas de talento. Na verdade, eles estavam especialmente abertos aos monges que faziam esforços intelectuais genuínos no sentido de repelir os ataques do confucianismo contra sua própria religião. Nesse aspecto, o ensaio de Tsung-mi denominado *Yüan-jen lun* (Sobre o Homem Original), uma defesa dos ensinamentos budistas contra as críticas bastante conhecidas de Han Yü (768-824), também abriram o caminho para um

---

8. Cf. Kamata Shigeo, *Chūgoku bukkyō shi*; Jan Yün-hua, Buddhist Historiography in Sung China, *Zeitschrift der Deutschen Morgenländischen Gesellschaft* 114 p. 260-381.

9. Cf. Peter N. Gregory, *Inquiry into the Origin of Humanity: An Annotated Translation of Tsung-mi's Yüan jen lun with a Modern Commentary*.

CH'AN 49

acordo com o confucianismo[10]. Suas próprias concepções sobre a origem da humanidade e das coisas e, em especial, sua afirmação de que "mesmo o *ch'i* primordial está condicionado pelas transformações da mente" (T 45.708-10), se tornaram pontos de partida para a elaboração filosófica, que seriam retomados por alguns dos maiores pensadores confucianos (ou neoconfucianos) das dinastias Sung e Ming[11].

O monge Ming-chiao Chi-sung (m. 1071), da dinastia Sung do norte, foi um incansável defensor das reivindicações do budismo da escola Ch'an, em particular de sua própria seita, Yün-men, contra outras escolas budistas, em especial a escola T'ien-t'ai. Mas, em outros aspectos, ele foi um digno sucessor de Tsung-mi. Ao defender o budismo contra os ataques do confucianismo, ele buscou mesclar os valores sociais e familiares do confucianismo com a espiritualidade e doutrina budistas. Ming-chiao Chi-sung ensinava que o "budismo e o confucianismo são basicamente um só", que os cinco preceitos do budismo (contra a violência, o roubo, o adultério, a desonestidade e a ingestão de bebidas alcoólicas), quando compreendidos corretamente, não passavam de outros nomes para as cinco virtudes constantes do confucianismo (benevolência, ou humanidade, retidão, propriedade, sabedoria e fidelidade)[12].

Entrar para um mosteiro, por exemplo, tornou-se um modo de praticar a devoção filial, quer pela obediência aos desejos dos pais, quer pela libertação de si próprio para alcançar méritos para sua família – em especial, para os parentes mortos –, quer por ambas as razões. Ming-chiao expressa isso da seguinte forma:

> O budista segue uma disciplina monástica e cultiva sua mente e coração [...] alcançando um alto grau de virtude. Ele também estende seu caminho (Tao) aos outros, querendo fazer bem a todos, sem distinção das coisas [...]. Embora não se case, ele serve aos pais com sua virtude. Embora destrua sua aparência [ao raspar a cabeça], ele serve os parentes com seu Tao (T 52.651).

Debates com o Neoconfucianismo

Os pensadores neoconfucianos ficaram impressionados com os paralelos entre suas próprias disputas e a controvérsia no interior do budismo entre as espiritualidades de Lin-chi e Ts'ao-tung. Chu Hsi (1130-1200) e Lu Chiu-yüan (1139-1193) eram jovens contemporâneos de Ta-hui e Hung-chih e seus desacordos e disputas revelam a conti-

10. Juntamente com os comentários oferecidos por Ch'eng Yi (1033-1107) e Chu Hsi (1120-1200), essas críticas se tornaram o currículo oficial para os exames para o serviço público, em 1313.

11. Cf. Fung Yu-lan, *Chung-kuo che-hsueh shih* (Uma História da Filosofia Chinesa), p. 796-799.

12. Cf. seu ensaio, *Yüan-tao* (Sobre o Tao original), T 522.649-51; também em *Zen no goroku* 14, p. 17-22.

50 A ESPIRITUALIDADE BUDISTA

nuidade de certas preocupações espirituais. Afirma-se que Chu Hsi, o grande filósofo e estudioso neoconfuciano, levava consigo apenas um livro – os diálogos anotados de Ta-hui – quando foi para a capital fazer seus exames para o serviço público[13]. Mas, no final de sua vida, Chu passou para uma posição muito mais próxima da escola de Ts'ao-tung. Além de criticar o budismo em geral por sua postura supostamente anti-social, Chu Hsi atacou o uso dos *koans*, criticando-o como uma atividade de fazer jogos com a mente até ela ficar "anestesiada" e não poder mais funcionar de forma apropriada. Afirma-se que o rival de Chu, Lu Chiu-yüan, teria se associado ao discípulo de Ta-hui, Fo-chao Te-kuang. Ele era um crítico do budismo menos veemente que Chu e mostrava em seus ensinamentos uma afinidade maior com a posição de Lin-chi[14].

A controvérsia entre Chu e Lu muitas vezes nos faz lembrar as disputas budistas relativas à iluminação súbita ou gradual. Na controvérsia entre os dois pensadores, a questão é o alcance da sabedoria, uma meta deixada de lado durante muitos séculos, que ambos concordavam ser importante, embora diferissem quanto ao método para alcançá-la. Chu insiste em interpretar as palavras do *Grande Aprendizado*, "investigar as coisas", como significando "buscar exaustivamente *li*, ou as essências das coisas", por meio do estudo assíduo dos clássicos e do mundo exterior, bem como pela meditação em silêncio. Lu Chiu-yüan considera esse método como fragmentário, uma vez que o método pressupõe que a sabedoria está associada com informações adquiridas por meio da instrução. Numa linguagem com ressonâncias budistas, ele fala de "resgatar a mente original". De acordo com ele, nem a instrução nem a meditação são absolutamente essenciais nessa busca. O que conta é persistência, a busca incessante pela sabedoria. E a sabedoria, naturalmente, é imanente à busca em si mesma – numa vida sábia, virtuosa[15].

Pode-se perceber claramente as influências budistas e taoístas no neoconfucianismo do período Sung. A associação dos pensadores neoconfucianos com os monges budistas eruditos está bem documentada e a influência budista sobre a filosofia neoconfuciana é por demais ampla para ser discutida aqui por completo. A própria preferência neoconfuciana pela discussão de questões relativas à mente (*hsin*) e à natureza (*hsing*) sugere uma inspiração budista. A filosofia neoconfuciana da

13. Tokiwa Daijo, *Shina ni okeru bukkyō to jukyō dōkyō* (Budismo, Confucianismo e Taoísmo na China), p. 379. Cf. E. Sargent, *Tchou Hi contre le Bouddhisme*.

14. Sobre o tema do confucianismo durante o período Sung e sua relação com o budismo, cf., em especial, Takeuchi Yoshio, *Takeuchi Yoshio Zenshū* 4, p. 266-309; K. Bun'yū, op. cit., p. 42-55, 403-427.

15. Julia Ching, The Goose Lake Monastery Debate (1175), *Journal of Chinese Philosophy*, 1974, p. 161-178, para as diferenças entre Chu e Lu sobre a questão da metodologia espiritual.

CH'AN

natureza humana parece dever muito a Tsung-mi. Em termos da espiritualidade, a importância atribuída à "tranqüilidade" e à meditação é uma outra indicação da influência budista. Ela é muito acentuada na vida e filosofia de Chou Tun-yi (1017-1073), Ch'eng Yi (1033-1107, embora ele fosse um crítico eloqüente do budismo) e Chu Hsi.

No entanto, o neoconfucianismo não é um budismo disfarçado, como algumas vezes se afirma. No caso de Chu Hsi, o mais importante dos pensadores do período Sung, podemos perceber tanto a amplitude quanto as limitações das influências budistas. Chu admitiu um interesse juvenil na doutrina Ch'an – mas como uma entre muitas preocupações de uma pessoa de imensa curiosidade intelectual. Ele conhecia pessoalmente o famoso monge da escola Ch'an, Ta-hui Tsung-kao, conhecia bem os diálogos anotados de Ta-hui, correspondia-se com Tao-ch'ien, discípulo de Ta-hui em linhagem direta, e parece ter conhecido uma série de obras budistas, inclusive o *Ch'uan-teng lu*[16].

De acordo com seu próprio relato, a conversão radical que o afastou do budismo Ch'an data de seu encontro com Li T'ung (1153), que o aconselhou a abandonar a busca abstrata. Chu mergulhou então na leitura das obras confucianas, até descobrir mais e mais "lacunas e inconsistências" nos escritos budistas pelos quais estivera atraído anteriormente. Ele passaria então a criticar o budismo Ch'an, por "proteger indiferentemente (a mente)", por oferecer enigmas, muitas vezes numa linguagem tosca e rude, e por negligenciar a instrução e a moralidade social.

Embora praticasse a meditação sentada, Chu Hsi se opunha ao esvaziamento completo da mente. Buscava, ao contrário, o esvaziamento da mente dos pensamentos perversos, bem como a prática de uma atitude de reverência (*ching*) no interior e fora da meditação. Chu Hsi ensina uma filosofia de essências, ou "princípios" (*li*). A palavra *li* é também uma palavra-chave do budismo da escola Hua-yen, na qual ela se refere ao númeno na medida em que oposto ao fenômeno. Mas ela adquire uma conotação moral adicional no neoconfucianismo. Chu distingue a busca ética neoconfuciana da busca pela iluminação na escola Ch'an: "Em geral, os ensinamentos dos sábios se baseiam na busca da mente por princípios (*li*) e na resposta às coisas e questões de acordo com esses princípios [...]. Mas os budistas buscam a mente com a mente [...] como se a boca devesse morder a si mesma, e o olho ver a si mesmo"[17].

Uma questão que surge em discussões sobre as espiritualidades é a do misticismo. O budismo em geral, e o budismo Ch'an em particular, pode sem dúvida ser chamado de uma religião mística. Conquanto

16. Ch'ing Chia-yi [Julia Ching], Zhu Xi yu Fojiao (Chu Hsi e o Budismo), em Zhu Ruikai (org.), *Song Ming sixiang he Zhonghua wenming* (O Pensamento de Sung-Ming e a Cultura Chinesa), p. 346-361.

17. Kuan-hsin shuo (Sobre o Observar a Mente), *Hui-an Chu Wen-kung wen-chi* (Escritos Reunidos de Chu Hsi), cap. 67.21b.

nem todo budista deva ser ou se tornar um místico, a religião em si mesma consiste numa busca pela iluminação mística. O confucianismo, ao contrário, se define principalmente em termos morais. Embora os estudiosos e pensadores neoconfucianos sem dúvida dessem destaque à busca espiritual e praticassem certos exercícios espirituais, inclusive a meditação, eles nunca faziam da iluminação mística a última meta de seus esforços. A meditação confuciana desenvolveu-se sob influência budista, mas sua orientação era sempre para o todo da vida, inclusive as responsabilidades sociais. Os confucianos enfatizavam o conhecimento do eu moral – das próprias forças e fraquezas – em vista de alcançar o desenvolvimento do próprio eu. Eles se concentravam em torno da compreensão do princípio do Céu (*t'ien-li*) dentro de nós e da supressão das paixões ou "desejos humanos" (*jen-yü*).

É verdade que a meditação confuciana não é apenas um exame de consciência. Ela é orientada para uma consciência mais elevada, por meio do esvaziamento do eu e de seus desejos, e é nisso que ela se assemelha à meditação budista. Expressando isso em termos paradoxais, a meditação confuciana, às vezes mencionada como "sentar-se em silêncio", situa-se em algum ponto entre duas outras formas: a concentração intelectual do pensamento discursivo e a concentração espiritual que assegura que não haja pensamento. A meditação confuciana busca a paz, sem fazer violência à natureza humana. Ela não requer que se alcance um estado de impassividade intelectual e emocional, e se apoia menos que a meditação budista e taoísta no uso de diferentes técnicas. Existiram místicos neoconfucianos; em geral eles foram influenciados pelo budismo, como é o caso de Wang Yang-ming (1472-1529). Em última análise, no entanto, mesmo ele foi muito mais um homem do mundo, um filósofo, estadista e soldado, que um monge com uma doutrina mística.

O cultivo moral e espiritual sempre foi valorizado no confucianismo; a iluminação mística ganhou importância muito mais tarde, devido à influência budista e taoísta sobre o neoconfucianismo. Superficialmente, a tensão entre o "cultivo" e a "iluminação" pode parecer semelhante à que existe entre ascetismo e misticismo, entre o apoiar-se em si próprio e a rendição a um poder superior. Mas a polaridade cultivo-iluminação representa também uma tensão interna na própria busca mística. O caminho do cultivo pode estar enraizado numa atitude básica de confiança e disposição de esperar pela luz – e mesmo de encontrar a luz na escuridão e no esperar – e isso implica alguma forma de apoio subconsciente numa força superior. Inversamente, o caminho da iluminação pode exigir que o próprio praticante induza, por seus próprios esforços, uma experiência sobrenatural súbita. Por trás dessas polaridades está o problema do "apego" ou "desapego", posto pela experiência espiritual. Quando o praticante busca a experiência por ela própria, ela pode se tornar vazia de conteúdo real. O apego à iluminação pode agrilhoar o espírito de tal forma que a preocupação com si próprio toma o lugar de toda possibilidade de auto-esquecimento. Por essa razão, os grandes mestres budistas e confucianos descreviam o cultivo autêntico de si próprio como próximo do "não-cultivo" – sugerindo a necessidade de uma atitude de desapego com relação aos próprios desejos mais profundos.

As discussões e debates neoconfucianos não eram uma simples repetição dos debates do budismo Ch'an. Os filósofos neoconfucianos estavam empenhados em dar uma resposta às necessidades políticas, sociais e intelectuais de sua época e tendiam a considerar como individualista a preocupação do budismo Ch'an com a busca ou resgate da natureza búdica. Os neoconfucianos estavam preocupados com a construção e reconstrução de uma *Weltanschauung* (visão de mundo) que incluísse a espiritualidade, mas a ampliasse numa cosmologia, metafísica, filosofia da natureza humana e também numa ética política.

Na verdade, os debates e discussões neoconfucianos sobre o cultivo moral e espiritual tornaram-se mais conhecidos que os debates budistas relativos à "iluminação silenciosa" ou o uso dos *koans*. O surgimento do neoconfucianismo foi expressão da aceitação, pelo confucianismo, de certos ensinamentos budistas – em especial, os do budismo Ch'an. Pode-se também assinalar, além disso, a decadência do Ch'an – talvez se possa mesmo falar em seu desaparecimento. Na China, a aproximação do Ch'an com a tradição da Terra Pura, de um lado, e com o confucianismo, de outro, terminaria por dissolver a identidade do próprio budismo Ch'an.

Para concluir, gostaríamos de observar que os grandes místicos de todas as religiões compartilham de uma experiência em comum da própria busca mística – a espera, a frustração e a alegria. Eles encontram um terreno comum nessa experiência, mesmo que tenham divergências quanto a sua interpretação teológica precisa. Todos os místicos se referem a um ponto de lembrança e concentração centrípetas, onde a imanência é vivenciada e a transcendência é percebida. É nesse ponto que a pessoa encontra o que é maior que ela própria, maior que seu coração e, mesmo assim, está no interior da mente e do coração. Os budistas podem denominar isso natureza búdica, os confucianos, o princípio do Céu (*t'ien-li*) ou o Grande Último (*t'ai-chi*) e o Deus dos cristãos.

Tanto a espiritualidade confuciana como a budista têm muito a ensinar ao mundo moderno, tão unificado tecnologicamente, tão fragmentado em termos políticos e tão sem rumo em termos espirituais. Ambos têm algo a dizer para os devotos das religiões ocidentais, inclusive ao cristianismo, que considera que o lugar da espiritualidade está no centro, e não na periferia da religião[18].

---

18. Cf. Julia Ching, *Confucianism and Christianity*, Tokyo, Kodansha International, 1977, p. 166-168.

BIBLIOGRAFIA

I. Um Esboço Histórico

ABE Chōichi. *Zen no sekai: kōan*. Tokyo: Chikuma Shobō, 1966.

BUSWELL, Robert. E. *The Formation of Ch'an Ideology in China and Korea: The Vajrasamādhi-Sūtra, a Buddhist Apocryphon*. Princeton: Princeton University Press, 1989.

DUMOULIN, Heinrich. *Zen Buddhism: A History*. 2 vols. New York: Macmillan, 1988, 1990.

GIMELLO, Robert M., e GREGORY, Peter N. (orgs.). *Studies in Ch'an and Hua-yen*. Honolulu: University of Hawaii Press, 1983.

GREGORY, Peter N. *Tsung-mi and the Signification of Buddhism*. Princeton: Princeton University Press, 1991.

HU SHIH. Ch'an (Zen) Buddhism in China, its History and Method. In: *Philosophy East and West* 3:1 (apr. 1953).

_____. The Development of Zen Buddhism in China. In: *The Chinese Social and Political Science Review* 15:4 (janeiro 1932).

LAI, Whalen e LANCASTER, Lewis (orgs.). *Early Ch'an in China and Tibet*. Berkeley Buddhist Studies 5. Berkeley: Asian Humanities Press, 1983.

MCRAE, John R. *The Northern School and the Formation of Early Ch'an Buddhism*. Honolulu: University of Hawaii Press, 1986.

TANAKA Ryōshō e SHINOHARA Hisao (orgs.). *Tonkō butten to zen*. Kōza Tonkō, v. 8. Tokyo: Daitō Shuppansha.

TANAKA. Ryōshō. *Tonkō zenshū bunken no kenkyū*. Tokyo: Daitō Shuppansha, 1983.

YAMPOLSKY, Philip. *The Platform Sūtra of the Sixth Patriarch*. New York: Columbia University Press, 1967.

YANAGIDA Seizan. *Shoki zenshū shisho no kenkyū*. Kyoto: Zen Bunka Kenkyūjo, 1967.

_____. Chūgoku zenshū shi. In *Kōza Zen*, vol. 3. Tokyo: Chikuma Shobō, 1967.

II. A Espiritualidade Ch'an

AITKEN, Robert (trad.). *The Gateless Barrier: The Wu-men Kuan (Mumonkan)*. San Francisco: North Point Press, 1990.

DUMOULIN, Heinrich. *Zen Buddhism: A History*. 2 vols. New York: Macmillan, 1988, 1990.

FOSTER, Nelson e SHOEMAKER, Jack (orgs.). *The Roaring Stream: A New Zen Reader*. Hopewell, NJ: Ecco Press, 1996.

HOOVER, Thomas. *The Zen Experience*. New York: New American Library, 1980.

KASULIS, Thomas. *The Zen Action, Zen Person*. Honolulu: University of Hawaii Press, 1981.

MIURA, Isshū e SASAKI, Ruth Fuller. *Zen Dust: The History of the Koan and Koan Study in Rinzai (Lin-chi) Zen*. New York: Harcourt, Brace, and World, 1966.

CH'AN   55

MORINAGA, Soko (trad.). *A Treatise on the Ceasing of Notions.* London: Zen Center, 1988.

NAN HUAI-CHIN. *The Story of Chinese Zen.* Boston-Tokyo: Tuttle, 1995.

PINE, Red (trad.). *The Zen Teaching of Bodidarma.* New York-Tokyo: Weatherhill, 1992.

POWELL, William F. (trad.). *The Record of Tung-shan.* Honolulu: University of Hawaii Press, 1986.

SEKIDA Katsuki (trad.). *Two Zen Classics:* Mumonkan *and* Hekiganroku. New York-Tokyo: Weatherhill, 1977.

SHENG-YEN, Ch'an Master (trad.). *Complete Enlightenment: Translation and Commentary on The Sutra of Complete Enlightenment.* Elmhurst, New York: Darma Drum Publications, 1997.

SHIBAYAMA Zenkei. *Zen Comments on the* Mumonkan. New York: Harper and Row, 1974.

WU, John C. H. *The Golden Age of Zen.* New York: Doubleday, 1996.

III. Os Quatro Grandes Mestres da Tradição Ch'an

PAI-CHANG YU-LU e Pai-Chang Kuang-Lu. In: *Ssu-chia yu-lu, Dai Nihon zokuzōkyō.*

BLOFELD, John. The Zen Teaching of Huang Po. New York: Grove Press, 1958.

CHANG Chung-yuan. *Original Teachings of Ch'an Buddhism.* New York:Vintage Books, 1971.

CLEARY, Thomas. *Sayings and Doings of Pai-chang.* Los Angeles: Center Publications, 1978.

SASAKI, Ruth F. *The Record of Lin-chi.* Kyoto: The Institute for Zen Studies, 1975.

IV. O Encontro do Ch'an com o Confucianismo

CHANG Chung-Yuan (trad.). *Original Teachings of Ch'an Buddhism.* New York: Grove Press, 1969.

CHING, Julia. The Goose Lake Monastery Debate (1175), *Journal of Chinese Philosophy,* 1974.

_____. *Confucianism and Christianity.* Tokyo: Kodansha Internacional, 1977.

_____. Zhu Xi yu Fojiao (Chu Hsi e o Budismo). In: ZHU Ruikai (org.). *Song Ming sixiang he Zhonghua wenming* (O Pensamento de Sung-Ming e a Cultura Chinesa). Shangai: Xuelin Press, 1995.

DUMOULIN, Heinrich. *Zen Buddhism: A History I. India and China.* New York: Macmillan, 1988.

FUNG Yu-lan. *Chung-kuo che-hsueh shih* (Uma História da Filosofia Chinesa). Shangai: Commercial Press, 1935. (Não incluída na tradução inglesa de Derk Bodde)

GREGORY, Peter N. *Inquiry into the Origin of Humanity: An Annotated Translation of Tsung-mi's Yüan jen lun with a Modern Commentary.* Honolulu: University of Hawai'i Press, 1995.

HSI, Chu. Kuan-hsin shuo (Sobre o Observar a Mente), *Hui-an Chu Wen-kung wen-chi* (Escritos Reunidos de Chu Hsi). Taipei: Chung-wen, 1972, v. 17.

HSÜ CH'UAN-TENG LU (Complemento à Transmissão da Lámpada), T 51.649-54 e 579.

56 A ESPIRITUALIDADE BUDISTA

JAN yün-hua. Buddhist Historiography in Sung China. *Zeitschrift der Deutschen Morgenländischen Gesellschaft* 114, 1964.

KAMATA Shigeo. *Chūgoku bukkyō shi*. Tokyo: Iwanami, 1978.

KUSUMOTO Bun'Yū. *Sōdai jugaku no Zen shisō kenkyū* (O Estudo do Pensamento Zen no Confucianismo Sung). Nagóia: Nisseido, 1985.

MING-CHIAO Chi-Sung. *Zen no goroku* 14. Tokyo: Chikuma Shobō, 1981.

SARGENT, E. *Tchou Hi contre le Bouddhisme*. Mélanges publiés par l'Institut des Hautes Études Chinoises. Paris: Presses Universitaires de France, 1957.

SASAKI, Ruth F. *The Record of Lin-chi*. Kyoto: The Institute for Zen Studies, 1975.

TAKEUCHI Yoshio. *Takeuchi Yoshio Zenshū* 4. Tokyo: Kadokawa, 1979.

TOKIWA Daijo. *Shina ni okeru bukkyō to jukyō dōkyō* (Budismo, Confucianismo e Taoísmo na China). Tokyo, 1930.

_____. *Takeuchi Yoshio Zenshū* 8. Tokyo: Kadokawa Shoten, 1985.

YUNG-MING Yen-shou. *Wan-shan t'ung-kuei chi*, T48.960-61.

Parte IV:
Coréia

16. Espiritualidade Budista no Período Silla

Sung Bae Park

Durante toda sua longa história, o budismo coreano sempre esteve envolvido com questões de sincretismo. Por um lado, essa tendência sincrética envolvia o intercâmbio com outros sistemas filosóficos e espirituais, em particular o confucianismo, o taoísmo e o xamanismo coreano nativo. Por outro, havia um processo sincrético interno, voltado para a reconciliação de escolas antagônicas de pensamento budista, num esforço por formar um todo único harmonioso. Empregando a terminologia tradicional do próprio budismo coreano, podemos dizer que a história do budismo coreano concentrou-se no esforço por criar uma doutrina budista abrangente, ou *t'ong pulgyo* (budismo da interpenetração total).

Quando consideramos o desenvolvimento do budismo *t'ong pulgyo* durante o período Silla, é inevitável nos concentrar no monge coreano Wŏnhyo (617-686 d.C.), uma das figuras mais importantes na história do budismo coreano e uma influência decisiva no curso da história do budismo no Leste asiático em geral. Com sua aplicação do princípio de *hwajaeng* (harmonização de todas as disputas) às questões budológicas centrais de sua época, Wŏnhyo formou o arcabouço conceitual no interior do qual se desenvolveria toda a discussão subseqüente sobre o budismo *t'ong pulgyo* até o presente.

O PANO DE FUNDO HISTÓRICO

O Período dos Três Reinos (37 a.C.– 668 d.C.)

Até o século VII d.C., a península coreana esteve dividida em três reinos separados: Koguryŏ (37 a.C.– 668 d.C.), Paekche (18 a.C.– 660 d.C.) e Silla (57 a.C.– 668 d.C.). Desses três reinos, o budismo penetrou primeiramente em Koguryŏ. Introduzido por monges chineses no final do século IV, o budismo foi rapidamente adotado pela aristocracia do país, recebendo amplo apoio do governo[1]. A classe governante de Koguryŏ era atraída pelo budismo, em parte devido aos poderes sobrenaturais a ele atribuídos como meio para fortalecer o reino contra ataques – o poderio de sua vizinha, a China, servindo como uma boa ilustração de sua eficácia mágica. Mas o budismo também oferecia à nobreza de Koguryŏ todo um sistema de cultura altamente desenvolvida e, com ele, uma visão filosófica elevada da realidade, bem como uma arte, arquitetura, música e literatura magníficas.

A essa altura, dois outros vigorosos sistemas filosófico-religiosos já haviam se introduzido na península coreana, vindo da China. O primeiro deles, o confucianismo, estava por demais associado ao sistema burocrático de exames no estilo chinês para ser atraente aos governos aristocratas dos reinos coreanos que, todos eles, estabeleciam a liderança por meio da linhagem familiar[2]. O segundo, o taoísmo, tinha maior êxito. Uma religião que enfatizava a quiescência, a magia, a alquimia interior e uma filosofia naturalista, seu panteão de deuses logo lançava raízes no complexo religioso arcaico do xamanismo coreano, formando o que pode ser denominado taoísmo xamânico. Durante certo tempo, essa criação híbrida eclipsaria o budismo e o confucianismo da península, tornando-se a religião básica do povo, em especial, do povo simples da região rural. A introdução do budismo na Coréia deve, dessa forma, ser compreendida, em última análise, no contexto de sua harmonização sincrética com o taoísmo xamânico já presente nos três reinos da primitiva Coréia.

---

1. Em 372, Shun-tao, um monge chinês, viajou para Koguryŏ a convite do rei Sosurim (r. 371-383), levando consigo textos e imagens sagradas. Em 375, um segundo sacerdote budista chinês, A-tao, foi para Koguryŏ e o governo erigiu para esses sacerdotes os primeiros dois templos budistas na Coréia, o *Songmunsa* e o *Ibullansa*. O budismo floresceu e, em vinte anos, havia nove templos budistas apenas na capital. Em 393 o rei Sosurim se converteu ao budismo. Isso estabeleceu um laço unificador profundo entre o budismo e o Estado, o que seria, daí por diante, a principal característica do budismo na Coréia.

2. O confucianismo, a tradição profunda de retificação social baseada nos ensinamentos de Confúcio (551-479 a.C.), penetrou na Coréia muito provavelmente no período inicial da dinastia Koguryŏ. Sabemos pelas crônicas *Samkuk Saki* (Crônicas dos Três Reinos) que, em 372 d.C., o segundo ano do reinado de Sosurim, foi fundada uma universidade nacional, dedicada aos estudos confucianos em Koguryŏ. Mas seria somente na dinastia Yi (1393-1910) que o sistema sociopolítico confuciano alcançaria uma posição de grande poder.

ESPIRITUALIDADE BUDISTA NO PERÍODO SILLA   61

Paekche logo seguia Koguryŏ na adoção do budismo[3], mas os desenvolvimentos em Silla levaram mais tempo, devido a seu isolamento geográfico e à resistência da aristocracia, que estava fortemente envolvida com o xamanismo nativo[4]. No início, o budismo se difundiu apenas nas áreas rurais, em meio ao povo simples, e não alcançou a classe governante, mas, assim como em Koguryŏ e Paekche, o governo de Silla terminaria por conceder seu apoio à nova religião.

A função política que o budismo assumiu em todos os três reinos coreanos pode ser vista em sua absorção gradual das influências confucianas. Por exemplo, o monge budista coreano Wŏn'gwang (531-630) expôs as Cinco Advertências Seculares, um código ético que foi adotado pelo corpo de jovens militares da elite de Silla conhecido como o Hwarangdo (Caminho da Flor): 1. servir seu rei com lealdade; 2. cuidar de seus pais com devoção filial; 3. tratar seus amigos com sinceridade; 4. ser corajoso na batalha; e 5. usar de discernimento ao tirar a vida. É surpreendente encontrar um monge da estatura de Wŏn'gwang enunciando convicções tão fundamentalmente confucianas. Percebemos aqui a característica tendência coreana de harmonização sincrética.

O próprio Hwarangdo era uma expressão importante do sincretismo filosófico-religioso da Coréia durante esse período. De uma forma que lembra os lendários cavaleiros da corte do rei Artur, essa sociedade de elite de guerreiros aristocratas era treinada num sistema rigoroso de cavalheirismo ético baseado em preceitos confucianos, mas também influenciado pela disciplina taoísta da paciência, solidão, simplicidade, satisfação e harmonia, assim como pela ética budista da compaixão. Os membros também eram iniciados nos mistérios religiosos budistas altamente secretos e se consagravam ao culto de Maitreya, a encarnação futura do Buda. E no entanto, apesar disso tudo, o Hwarangdo também tinha um caráter profundamente xamânico. O símbolo mais antigo do Hwarangdo era o emblema das duas belas jovens, que, segundo se acreditava, representavam *Mudangs*, ou divindades xamânicas femininas. Além disso, recorria-se regularmente aos membros do Hwarangdo para ajudar em casos de doenças ou possessão demoníaca, que eles resolviam com o emprego de cantos, danças e rituais xamânicos. Assim, encontramos no Hwarangdo uma notável harmonização

---

3. Em 385, treze anos após o budismo ter-se introduzido em Koguryŏ, um monge indiano chamado Marananta, ao voltar da China, foi para Paekche e foi acolhido abertamente pelo rei de Paekche, Chinmyu. Em um ano, um templo era erigido e, pouco tempo depois, o budismo se tornava a religião do Estado.

4. De acordo com a tradição coreana, o sacerdote e missionário chinês A-tao, que introduziu o budismo em Koguryŏ, mais tarde teria levado o budismo para Silla, durante o reinado de Nulji (417-457). No entanto, o budismo de A-tao se difundiu apenas em meio ao povo comum e não alcançou a classe governante. O segundo monge chinês a entrar em Silla foi Yüan-piao, um enviado da dinastia Liang, na China. Apesar da contínua resistência da aristocracia de Silla, o budismo de Yüan-piao foi bem recebido pela corte real, uma vez que estava institucionalizado, universalizado e dotado de livros sagrados, no qual todos poderiam ajudar a governar a nação.

62 A ESPIRITUALIDADE BUDISTA

sincrética entre xamanismo, confucianismo, taoísmo e budismo, todos mesclados num sistema único de disciplina interior e prática social.

Em geral, o reino de Silla se caracterizou por sua síntese entre o xamanismo nativo e a religião budista pouco antes importada, dando origem a uma cultura budo-xamânica. Pode-se na verdade chamar a coreanização do budismo Mahāyāna chinês de xamanização do budismo. Se não percebemos a harmonização sincrética do xamanismo com o budismo, levada a efeito inicialmente em Silla, é impossível compreender o caráter geral do budismo na Coréia. Mesmo hoje, a maioria dos templos budistas contém pequenos relicários xamânicos dedicados ao espírito da montanha local (*sanshin*), em geral retratado no altar numa pintura ou estátua de um velho sentado com um tigre, que é, ele próprio, um antigo símbolo taoísta que, por sua vez indica uma fusão coreana primitiva entre o budismo e o taoísmo xamânico.

A Dinastia Silla Unificada (668 – 933 d.C.)

Em 668 Silla tinha conseguido conquistar tanto Paekche quanto Koguryŏ, seus rivais na península. Em seguida, o reino voltou sua atenção para a organização dos Três Reinos num único Estado, o reino de Silla Unificado. Esse impulso à unificação política deu origem, ao mesmo tempo, a um desejo de unificação e síntese em outras dimensões da vida nacional, inclusive a religiosa e a filosófica. Durante esse período, as principais seitas do budismo chinês começaram a afluir à Coréia, inclusive a escola San-lun (c. Samnon), ou dos Três Tratados (Mādhyamika, na Índia); a escola Fa-hsiang (c. Yushik), ou da Marca do Darma (Iogacara); Ching-tu (c. Chongt'o) ou da Terra Pura; Ch'an (c. Sŏn); Hua-yen (c. Hwaŏm); e a escola esotérica Mi-chiao (c. Shinin/ Chin'on, Tantra, na Índia). A atmosfera cultural no início do reino de Silla Unificado não permitia que essas escolas mantivessem suas identidades como seitas separadas, no entanto, como o impulso rumo à unificação política criou ao mesmo tempo um desejo de unificação e síntese em outras dimensões da vida nacional, inclusive na vida religiosa e vida política, com o tempo as várias seitas budistas se fundiram numa única tradição unificada, contra o pano de fundo do taoísmo xamânico, uma tradição que viria a se caracterizar pela denominação *t'ong pulgyo*, o budismo da interpenetração total.

Dadas as tendências sincréticas do reino de Silla Unificado, talvez fosse inevitável que a escola Hwaŏm, com seu vasto sistema de metafísica, se tornasse a influência predominante sobre o pensamento budista coreano, fornecendo o arcabouço teórico para o desenvolvimento de um budismo completamente sincrético. Com base no *Sutra de Avataṃsaka*, traduzido pela primeira vez para o chinês em 418, a escola Hwaŏm foi estabelecida como escola na Coréia, durante o período inicial do reino de Silla Unificado, pelo monge coreano Uisang (605 – 672), um contemporâneo

8. *Maitreya, Período dos Três Reinos.*

9. *Estátua do Buda nas ruínas do Templo de Pori. Início do Período do Reino Unificado de Silla.*

ESPIRITUALIDADE BUDISTA NO PERÍODO SILLA 65

de Wŏnhyo, que também desempenhou um papel crucial na difusão dos ensinamentos da escola Hwaŏm. Foi sobretudo devido a Wŏnhyo que a escola Hwaŏm veio a se tornar a forma predominante do discurso filosófico do budismo coreano de tradição Kyo (estudos dos textos sagrados).

TEORIA DA HARMONIZAÇÃO

A maioria dos estudiosos da filosofia budista coreana concorda em que a meta perseguida por Wŏnhyo, durante toda sua vida, foi estabelecer bases doutrinais para o *t'ong pulgyo* por meio do princípio de *hwajaeng*, a harmonização de todas as disputas. Por meio do princípio de *hwajaeng*, Wŏnhyo tentou reconciliar as várias disputas doutrinais, unificando, assim, as perspectivas sectárias em conflito num único Darma – ou ensinamento – abrangente. Para se compreender o caráter altamente sincrético do pensamento budista coreano, é preciso então entender primeiramente a importância do princípio fundamental de *hwajaeng*, de Wŏnhyo. Esse princípio está por trás de todo o sistema e é mais explicitamente desenvolvido em seu *Simmun hwajaeng non* (Tratado da Harmonização de Todas as Disputas), em geral considerado sua obra filosófica mais original.

A menção mais antiga do princípio de *hwajaeng* na filosofia de Wŏnhyo, que chegou até nós, encontra-se numa inscrição no mosteiro de Koson, que diz em parte:

Quando se encontrava num pequeno relicário nos subúrbios a noroeste do castelo do rei, Wŏnhyo lia livros seculares como *O Livro das Predições* [...] e livros não-budistas que havia muito tinham sido rejeitados pelo mundo budista.

Por fim ele escreveu o *Simmun hwajaeng non*, uma parte do qual afirma: "Quando o Tathāgata estava no mundo, todos confiavam em seus ensinamentos perfeitos. Após a morte do Buda, no entanto, as opiniões das pessoas eram como chuva e as teorias vazias eram como nuvens subindo. Alguns diziam: 'eu estou certo, os outros estão errados'. Alguns respondiam: 'o meu é assim, mas o dos outros não é assim'. Por fim, as teorias e opiniões tornaram-se uma enchente [...]. A atitude de querer permanecer num vale profundo e evitar as grandes montanhas, ou de amar o vazio enquanto se odeia a existência, é muito semelhante à atitude de querer ir a uma floresta e evitar árvores. É preciso estar consciente do fato de que o verde e o azul são idênticos na essência e que o gelo e a água são idênticos na origem; um espelho reflete uma miríade de formas e as águas apartadas se mesclarão perfeitamente assim que forem reunidas". Assim, Wŏnhyo escreveu o *Simmun hwajaeng non*, que todos aceitam. Todos dizem que ele é excelente[5].

Embora o autor dessa inscrição se refira aos temas por trás do *Simmun hwajaeng non*, de Wŏnhyo, bem como a seu impacto, ele não discute a teoria nele contida. No entanto, dois aspectos dessa inscrição são dignos de nota. Em primeiro lugar, das muitas obras de Wŏnhyo apenas o *Simmun hwajaeng non* é mencionado. Isso poderia estar indicando que

---

5. Pulgyohak T'ongin Hoe (org.), *Wŏnhyo chonjip*, p. 383-384.

66 A ESPIRITUALIDADE BUDISTA

a idéia de harmonização era em geral reconhecida como central para o pensamento de Wŏnhyo. Em segundo lugar, e mais importante, estão as cinco analogias referentes à harmonização de disputas doutrinárias que, todas, expressam a crença de Wŏnhyo na unidade subjacente do pensamento budista. A primeira dessas analogias é a da floresta e das árvores, relativa à ignorância das pessoas que conhecem os nomes, mas não conseguem perceber o que os nomes realmente significam. A segunda e a terceira, sobre a relação entre o verde e o azul, o gelo e a água, indicam que a aparência das coisas pode variar, mas sua essência permanece a mesma. A quarta analogia, do espelho no qual uma miríade de formas se refletem, refere-se à relação entre uma essência e suas formas variadas. A quinta analogia, da água para a qual não é possível uma divisão real, refere-se à possibilidade de se harmonizar todas as disputas.

A menção seguinte às idéias de Wŏnhyo relativas ao princípio de *hwajaeng* encontra-se no *Che Punhwangsa Hyosong Mun* (Odes Funerais para Wŏnhyo do Mosteiro de Punhwang), composto por Ŭich'ŏn, estudioso e monge da dinastia Koryŏ. As observações de Ŭich'ŏn são de caráter mais geral que a inscrição no mosteiro de Koson:

> Wŏnhyo harmonizava as disputas de todas as pessoas, elucidando de forma penetrante a relação entre a essência e as marcas e envolvendo num todo o passado e o presente. Ele harmonizava todas as disputas e assim estabeleceu uma teoria extremamente imparcial para sua época [...]. Examinei todos os filósofos do passado, mas não há nenhum como Wŏnhyo (HPC 4.555a).

Conquanto Ŭich'ŏn seja considerado por estudiosos posteriores como a primeira pessoa a apreciar plenamente a importância de Wŏnhyo no desenvolvimento do budismo coreano, uma ampla pesquisa sobre Wŏnhyo somente teria início no século XX, quando foi publicado o *Wŏnhyo taesa chonjip* (Obras Reunidas do Grande Mestre Wŏnhyo), de Cho Myŏng-gi. No entanto, até o presente, quase toda a pesquisa sobre Wŏnhyo tem sido de conteúdo biográfico ou tem se dirigido apenas a tópicos muito específicos e muito poucos estudiosos têm se dedicado ao tópico central da filosofia de Wŏnhyo, a harmonização. O artigo de Park Chong-hong sobre o pensamento filosófico de Wŏnhyo, que se tornou disponível em 1966, foi a primeira discussão especializada sobre a teoria da harmonização, sob uma perspectiva filosófica[6].

Nesse artigo, Park tentou demonstrar que Wŏnhyo havia realizado uma reconciliação do antigo conflito Mādhyamika/Iogacara, ao sintetizar duas ideologias aparentemente contraditórias. Além disso, Park fez uma contribuição definitiva, ao elucidar a lógica que opera em toda a doutrina da harmonização de Wŏnhyo. De acordo com Park, o princípio de *hwajaeng* tem a função de estabelecer a interpenetração entre o

---

6. Park Chong-hong, Wŏnhyo ui chŏrhak sasang, *Han'guk sasang sa* (Uma História do Pensamento Coreano), p. 59-88.

ESPIRITUALIDADE BUDISTA NO PERÍODO SILLA

múltiplo e o um, com base nas doutrinas do budismo da escola Hwaŏm. Park desenvolve a lógica de Wŏnhyo dos opostos que se interpenetram em termos da relação entre "doutrina" (*chong*) e "essência" (*yo*) e por meio dos conceitos de "abrir" (*kae*) e "selar" (*hap*) a verdade. Aqui, o termo "doutrina" se refere ao desenvolvimento do um no múltiplo, enquanto o termo "essência" se refere à unificação do múltiplo no um. Quando a verdade está "aberta", ela se denomina doutrina; quando está "selada", ela se chama essência. A abertura da verdade é também chamada "aspecto do surgimento dos darmas", enquanto o selamento da verdade é também chamado de "aspecto da cessação dos darmas". Além disso, o aspecto do surgimento é às vezes designado como "a realização de miríades de virtudes", enquanto a cessação é às vezes denominada "o retorno à Mente 'Una'". Na concepção de Wŏnhyo, ainda que esses dois aspectos pareçam contraditórios eles se interpenetram livremente um no outro, sem qualquer obstrução.

PONTOS ESSENCIAIS DO *SUTRA DO NIRVANA*

Para clarificar o princípio de *hwajaeng*, é necessário analisar o modo como Wŏnhyo tenta harmonizar disputas específicas entre as seitas por meio da reconciliação de perspectivas aparentemente conflitantes. Numa seção de seu *Simmun hwajaeng non*, por exemplo, Wŏnhyo tenta sintetizar teorias contraditórias relativas à natureza inerente do Buda, uma questão central tanto para os próprios escritos de Wŏnhyo quanto para a bibliografia do budismo Mahāyāna no Leste asiático em geral. O ponto de convergência clássico da teoria da natureza do Buda é o *Sutra de Mahāparinirvāṇa*, no qual se baseia a escola nirvana chinesa. As ambigüidades presentes nesse sutra provocaram muitos debates sobre questões como qual é exatamente a natureza do Buda, onde ela se situa, como ela funciona, se ela já existe em ato ou é meramente uma potencialidade, se ela é posta em ato de forma gradual ou de forma súbita e se ela é inerente a todos os seres sencientes num mesmo grau.

Wŏnhyo elaborou dois comentários sobre o *Sutra de Mahāparinirvāṇa*, isto é, o *Yŏlban chong'yo* (Pontos Essenciais do *Sutra do Nirvana*), que chegou até nós na íntegra, e o *Yŏlban gyŏng so* (Comentário sobre o *Sutra do Nirvana*), que se perdeu. No *Yŏlban chong'yo*, ele classificou as diferentes perspectivas da natureza do Buda no interior da escola Nirvana em seis categorias, então tentou sintetizar essas categorias numa única doutrina abrangente, com base no conceito de mente-única.

Todas as concepções acima são tanto corretas como incorretas. Por que isso acontece? Porque a natureza do Buda não é nem "assim" nem "não assim". Do ponto de vista do "assim", todas as seis posições estão corretas, enquanto do ponto de vista do "não assim", todas estão incorretas. O que significa isso? Isso significa que os pontos de vista dos seis mestres podem na verdade ser subsumidos sob apenas duas categorias. O primeiro mestre assinala o efeito como uma futura potencialidade da natureza inerente do Buda, enquanto os outros

68 A ESPIRITUALIDADE BUDISTA

cinco se referem à causa como uma realidade atual (da natureza inerente do Buda). Entre esses cinco, há também duas espécies de inversão. O último mestre segue a verdade última (*paramārthasatya*), enquanto os quatro anteriores seguem a verdade convencional (*samvṛtisatya*). Estes quatro últimos não estão fora nem do eu subjetivo nem do darma objetivo. O primeiro mestre nesse grupo sustenta o eu subjetivo, enquanto os últimos três se baseiam nos darmas objetivos. Estes últimos nada são além de "acima" ou "abaixo". O último destes três focaliza a semente (consciência), já os outros dois focalizam a consciência atual, sobre a qual existem muitas opiniões diferentes, de acordo com a perspectiva (HPC 1.538b).

Wŏnhyo afirmava então que a Mente Una tem dois aspectos. Ela não é "degenerada e, no entanto, opera como se degenerada", e ela é "degenerada, sem ser degenerada". Dessa forma, a Mente Una é imaculada, embora participe dos seis níveis de degeneração, devido à permeação por *vāsanās*, herdada por causalidade cármica. Ela é, ao mesmo tempo, degenerada e pura. De acordo com sua análise, o sexto mestre compreende essa idéia de "Ser-tal/natureza do Buda" como "degenerada e, no entanto, pura", mas os outros cinco a descrevem apenas em termos de graus de degeneração. Mesmo a Mente Una participa de *samsara*, devido a sua permeação por *vāsanās* negativos (isto é, degenerações), ela ainda é capaz de compreender sua pureza original, devido a sua "permeação interna" por *vāsanās* positivos, que produzem o retorno ao estado imaculado de *nirvana*. Wŏnhyo continua:

> O sexto mestre diz que a natureza de Ser-tal, própria ao Buda, não é contaminada nem mesmo que esteja em meio à impureza; por que então a mente, seguindo a impureza, não manteve a natureza una? Para se entrar em contato com as condições e esperar seus resultados, é preciso que haja nascimento. A natureza do nascimento não é constituída de permeações exteriores. Daí, a semente por natureza. Isso reflete a sexta posição. Além disso, quando tal mente segue a impureza e cria surgimento e cessação fenomênicos, ela fica na posição de consciência e, no entanto, não perde a natureza de compreensão divina. Uma vez que não perde sua natureza, ela, em última análise, retorna à origem da mente. Isso constitui a quarta concepção. Agora, se a mente do surgimento e cessação segue a impureza e, devido a sua capacidade interior de permeação, cria duas espécies de carma, tais como a aversão ao sofrimento e o desejo de prazer, que são causas dessas atividades, isso se torna a origem que deve alcançar o fim último. Essa é a concepção do terceiro mestre. Assim, quando a Mente Una opera com a impureza, sempre que o faz, ela governa perfeitamente todos os darmas. Em resultado disso, ela é encarnada a cada momento. Daí, a encarnação. Isso corresponde à concepção do segundo mestre. Assim, quando a Iluminação Original dos seres sencientes opera, ela natural e necessariamente alcança o fim da Grande Iluminação. Daí, a Iluminação futura. Essa é a concepção do primeiro mestre (HPC 1.538c-539a).

Wŏnhyo conclui sua análise, afirmando que, no final, todos os seis mestres não conseguem compreender plenamente a natureza do Buda, articulando apenas uma descrição parcial dela, a partir de uma perspectiva particular. Ele compara as tentativas desses mestres de descrever a natureza do Buda a um grupo de homens cegos, tentando descrever um elefante apenas com base no tato, cada qual limitado à parte do elefante mais próxima de seu alcance. Eles não podem saber

10. *Imagens do Buda nas ruínas do Eremitério de Ch'ilbul, início do Período do Reino Unificado de Silla.*

como é o elefante como um todo e, no entanto, sua descrição parcial dele não descreve outra coisa senão o elefante. Da mesma forma, na medida em que a Mente Una é como o elefante – do ponto de vista de seus aspectos fenomênicos – cada uma das seis doutrinas acima descreve com precisão um estágio particular da contaminação da Mente Una por *vāsanās*, isto é, a permeação. Na medida em que a Mente Una não é como o elefante – do ponto de vista de seu aspecto absoluto – todas as seis descrições são incompletas, uma vez que a Mente Una é a realidade do Buda da não-discriminação. Dessa forma, as seis perspectivas a respeito da natureza inerente do Buda são, cada uma, parcialmente válidas no nível *saṃvṛti* (convencional), mas são em última análise incorretas no nível *paramārtha*. No nível *paramārtha*, a realidade da Mente Una está completamente despojada de natureza-própria, embora siga incansavelmente as condições e seja livre de todos os extremos.

O BUDISMO DE INTERPENETRAÇÃO TOTAL

De grande importância para os esforços de Wŏnhyo de harmonização doutrinária é seu sistema *p'an-chiao*, ou classificação dos vários ensinamentos budistas. A referência mais antiga a esse aspecto de seu pensamento aparece no famoso *Hua-yen t'an hsüan chi*, de Fa-tsang (643-712). Obras subseqüentes de estudiosos da escola Hua-yen, inclusive o *Hsin hua-yen lun*, de Li T'ung-hsüan, o *Kan-ting chi*, de Hui-yüan, e o *Hua-yen ching su*, de Ch'eng-kuan, todas elas citaram

70 A ESPIRITUALIDADE BUDISTA

essa passagem extraída de Fa-tsang, baseada no comentário de Wŏnhyo sobre o *Hwaŏmgyŏng* (*Sutra de Hua-yen*), que não chegou até nós. O texto de Fa-tsang é o seguinte:

> O mestre do darma Wŏnhyo, da dinastia Silla, escreveu um comentário sobre o *Sutra de Hua-yen*, no qual ele também estabeleceu o sistema *p'an-chiao* das Quatro Doutrinas como se segue: primeiro, os Ensinamentos Particulares dos Três Veículos, como o Ensinamento das Quatro Nobres Verdades e o *Sutra da Origem Dependente*; segundo, o Grande Ensinamento dos Três Veículos, como os ensinamentos dos textos de prajñā e o *Sutra de Sandhinirmocana*; terceiro, os ensinamentos particulares do Veículo Único, como o *Sutra da Rede de Brahmā* etc.; quarto, os Ensinamentos Completos do Veículo Único, isto é, o *Sutra de Hua-yen*, um ensinamento do bodisatva Samantabhadra.

Conquanto o sistema quádruplo de Wŏnhyo, o sistema *p'an-chiao*, seja derivado dos sistemas quíntuplos de Chih-yen e Fa-tsang – teorizadores importantes da escola Hua-yen chinesa –, ele claramente afirma que a escola Hwaŏm tem os ensinamentos doutrinais budistas mais abrangentes. No entanto, apesar da superioridade que Wŏnhyo atribui à escola Hwaŏm, é evidente que ele quer que seu sistema *p'an-chiao* seja compreendido como um conceito puramente filosófico, e não como um veículo de propaganda sectária. Isso pode ser visto na sentença de encerramento de seu *Comentário ao Sutra do Nirvana*: "Se alguém tenta ler a intenção do Buda, manifesta nos sutras, por meio de um sistema *p'an-chiao* sectário, isso é um erro sério". E, no prefácio seu *Hwaŏmgyŏng*, ele acrescenta:

> O ensinamento do campo-do-darma do não-impedimento originalmente não é darma nem não-darma, nem grande nem pequeno, nem um nem múltiplo. Uma vez que não é grande, ele se desintegra numa pequena partícula de poeira, mas permanece nada; uma vez que não é pequeno, ele se torna um vasto espaço, mas ainda deixa fora mais; uma vez que não é curto, ele pode conter as ondas kálpicas dos três mundos; uma vez que não é longo, ele entra por inteiro num momento; uma vez que ele não é nem dinâmico nem estático, *samsara* se torna nirvana e nirvana se torna *samsara*; uma vez que ele não é nem um nem múltiplo, um darma é todos os darmas e todos os darmas são um darma. Assim, o darma do não-impedimento cria o portal do darma para o domínio do darma e é aí que todos os bodisatvas entram e todos os budas dos três mundos existem [...]. Se alguém conseguir captar a essência do portal do darma, ele imediatamente conseguirá se manifestar através dos três mundos sem limites, antes que um único instante de pensamento tenha se passado. Além disso, ele colocará todos os mundos das dez direções numa única partícula de poeira.

Nessa passagem, Wŏnhyo apresenta sua interpretação básica da estrutura do *Hwaŏmgyŏng* e o método essencial de seu próprio sistema de pensamento Hwaŏm, uma lógica dialética que reconcilia as contradições e a interpenetração dos opostos em termos da relação entre a doutrina (*chong*) e essência (*yo*) e a abertura (*kae*) e o selamento (*hap*) da verdade.

Como explicado acima, o termo "doutrina" aqui se refere ao desdobramento do um no múltiplo e o termo "essência", à unificação do múltiplo novamente no um. Quando a verdade está aberta, ela é denominada doutrina; quando ela está selada, ela é denominada essência.

ESPIRITUALIDADE BUDISTA NO PERÍODO SILLA   71

Conseqüentemente, quando diz: "uma vez que (o ensinamento do campo-do-darma) não é vasto, ele se desintegra numa pequena partícula de poeira, mas permanece nada", Wŏnhyo está se referindo ao selamento da verdade em sua essência por meio da unificação do múltiplo no um. Inversamente, quando diz: "uma vez que não é pequeno, ele se torna um vasto espaço, mas ainda deixa fora mais", ele está se referindo à abertura da essência da verdade em doutrina, ou ao desdobramento do um no múltiplo. Igualmente, quando diz: "uma vez que não é curto, ele pode conter as ondas kálpicas dos três mundos", ele está se referindo à abertura da essência da verdade para a doutrina; ao passo que, quando diz: "uma vez que não é longo, ele entra por inteiro num momento", ele está se referindo ao selamento da verdade em sua essência.

Assim, quando Wŏnhyo escreve: "uma vez que não é nem dinâmico nem estático, *samsara* se torna nirvana e nirvana se torna *samsara*; uma vez que não é nem um nem múltiplo, um darma é todos os darmas e todos os darmas são um darma", ele está resumindo o jogo dialético entre a essência e a doutrina por meio do selamento e abertura da verdade. É essa dialética da interpenetração que oferece a infra-estrutura teórica para o *t'ong pulgyo* de Wŏnhyo, ou budismo da interpenetração total.

O TRATADO SOBRE O DESPERTAR DA FÉ MAHĀYĀNA

Durante muito tempo valorizado como a grande síntese das principais doutrinas budistas da tradição Mahāyāna, o *Tratado sobre o Despertar da Fé Mahāyāna* (um texto chinês apócrifo do século VI atribuído a Aśvagoṣa) é o texto de maior fecundidade do budismo Mahāyāna no Leste asiático[7]. Ele é também o objeto da obra mais importante de Wŏnhyo, o *Kisillon so* (Comentário ao Tratado sobre o Despertar da Fé Mahāyāna), também conhecido como o *Haedong so* (ch. Hai-dong shu, ou O Comentário Coreano). Embora tradicionalmente considerado um dos três comentários de maior autoridade a respeito do *Despertar da Fé*, o comentário de Wŏnhyo ainda não é amplamente conhecido, tendo sido eclipsado pela obra de Fa-tsang sobre o mesmo tema. No entanto, o próprio Fa-tsang fez grande uso de muitos dos escritos filosóficos básicos de Wŏnhyo, inclusive o *Kisillon so*.

Em seu comentário, Wŏnhyo argumenta que o *Despertar da Fé* foi originalmente um texto sem vínculos com nenhuma seita, que revelava um princípio hermenêutico fundamental, por meio do qual *hwajaeng* e *t'ong pulgyo* podem se realizar. Esse princípio está contido no conceito chinês de *ti-yung* (c. *ch'e-yong*), ou essência-função, fórmula. De acordo com Wŏnhyo, ao empregar a fórmula essência-função (ou substância-operação), todas as contradições dialéticas e os opostos polarizados (por

---

7. Cf. Yoshito S. Hakeda, *The Awakening of Faith, attributed to Aśvagoṣa*.

72 A ESPIRITUALIDADE BUDISTA

exemplo, o Um e o múltiplo, sujeito e objeto, *nirvana* e *samsara*) podem ser perfeitamente harmonizados, assim como afirma o budismo da escola Hwaŏm. *Ch'e* significa as dimensões invisíveis, universais e internas da realidade, enquanto *yong* significa suas dimensões visíveis, particulares e externas. *Ch'e* pode igualmente se referir ao aspecto imutável e estático da realidade, enquanto *yong* pode se referir a seu aspecto dinâmico, que continuamente responde a condições causais.

A finalidade de se empregar a fórmula *ch'e-yong* é mostrar a inseparabilidade, ou não-dualidade, de dois conceitos aparentemente contraditórios. A formulação do budismo da escola Mahāyāna se contrapõe ao *neng-so* (c. *nung-so*) dualista, ou uma formulação sujeito-objeto adequada à mente discriminadora comum dos seres sencientes. O *Sutra da Plataforma*, um outro texto importante do budismo do Leste asiático, contém uma análise famosa, que emprega a construção essência-função para ilustrar a inseparabilidade entre a meditação (*samādhi*) e a sabedoria (*prajñā*). Enquanto, de acordo com a construção *neng-so*, a meditação deve "preceder" o alcance da sabedoria, tornando a iluminação o "objeto" da prática, na construção *ch'e-yong* do budismo Mahāyāna, a meditação e a sabedoria, ou prática e iluminação, se tornam aspectos inseparáveis e simultâneos da mente do Buda da não-discriminação.

Eis como a formulação *ch'e-yong* da relação entre a prática e a iluminação é expressa por Hui-neng, patriarca da escola Ch'an, no *Sutra da Plataforma*:

> Bons amigos, meus ensinamentos sobre o Darma tomam como sua base a meditação (*ting*) e a sabedoria (*hui*). Nunca, sob nenhuma circunstância, cometam o erro de dizer que a meditação e a sabedoria são diferentes: elas são uma unidade, e não duas coisas. A própria meditação é a substância da sabedoria, a própria sabedoria é a função da meditação. No próprio momento em que há sabedoria, a meditação existe na sabedoria. No próprio momento em que há meditação, a sabedoria existe na meditação. Bons amigos, isso significa que a meditação e a sabedoria são semelhantes. Alunos, sejam cuidadosos em não dizer que a meditação dá origem à sabedoria, ou que a sabedoria dá origem à meditação, ou que a meditação e a sabedoria são diferentes entre si.

Hui-neng prossegue, então, desenvolvendo a analogia da lamparina (representando *ch'e*) e sua luz (representando *yong*):

> Bons amigos, como então são a meditação e a sabedoria semelhantes? Elas são como a lamparina e a luz que ela emite. Se há uma lamparina, há luz; se não há lamparina, não há luz. A lamparina é a substância da luz; a luz é a função da lamparina. Assim, embora tenham dois nomes, em substância, elas não são duas. A meditação e a sabedoria também são assim[8].

A interpretação do *Despertar da Fé* desenvolvida por Wŏnhyo também depende do emprego do dispositivo hermenêutico de *ch'e-yong*, como se pode ver logo no primeiro parágrafo de seu comentário:

8. Philip Yampolsky (trad.), *The Platform Sūtra of the Sixth Patriarch*, p. 135-137.

ESPIRITUALIDADE BUDISTA NO PERÍODO SILLA

A essência da doutrina Mahāyāna é em geral descrita como completamente vazia e muito misteriosa. No entanto, não importa quanto ela seja misteriosa, pode ela existir em alguma parte a não ser no mundo da miríade de fenômenos? Não importa o quanto seja vazia, ela ainda está presente na conversa das pessoas. Conquanto não exista em lugar nenhum, a não ser no mundo dos fenômenos, nenhum dos cinco olhos pode ver sua forma. Embora esteja sempre presente no discurso, nenhum dos quatro atributos explicativos ilimitados pode descrever sua forma. Pode-se desejar chamá-la de "grande", mas ela penetra no sem-interior e nada permanece. Pode-se chamá-la de "infinitesimal", mas ela envolve o sem-exterior sem exauri-lo. Pode-se dizer que ela é "algo", no entanto, por causa dela, tudo é vazio. Pode-se dizer que ela é "nada", contudo, por causa dela toda a miríade de coisas se origina. Não conheço seu nome, mas, se forçado a designá-la, eu a chamarei de "Mahāyāna" (T 44.202a-b).

A construção *ch'e-yong* claramente complementa a dialética de Wŏnhyo da abertura (*kae*) e selamento (*hap*), baseada na tradição Hwaŏm. Por exemplo, quando afirma: "Deseja-se chamá-la (a doutrina Mahāyāna) grande, mas ela penetra no sem-interior e nada permanece", Wŏnhyo está descrevendo o processo de selamento da verdade (*ch'e*); enquanto, quando afirma: "mas ela envolve o sem-exterior sem exauri-lo", ele está descrevendo o processo de abertura da verdade (*yong*). Novamente, a frase "por causa dela tudo está vazio" representa o selamento, enquanto a frase "no entanto, por causa dela toda a miríade de coisas se origina" representa a abertura.

Wŏnhyo prossegue, analisando diretamente a estrutura de *ch'e-yong* do *Despertar da Fé* em termos dessa dialética da abertura-selamento, doutrina-essência:

Porque essa é a intenção do tratado, quando ele é aberto, significados ilimitados e incomensuráveis são encontrados em sua doutrina. Inversamente, quando ele é selado, o princípio dos dois aspectos da Mente Una se revela como sua essência. No interior dos dois aspectos, uma miríade de significados está incluída sem confusão. Esses significados ilimitados são idênticos à Mente Una e já estão completamente integrados a ela. Assim, ele se abre e sela livremente, e estabelece e refuta sem restrições. Abrir sem tornar complexo, selar sem restringir, estabelecer sem ganhar, refutar sem perder – essa é a magnífica habilidade de Aśvagoṣa e a essência do *Despertar da Fé* (202b).

O conceito de *ch'e*, representando a essência universal da Mente Una, sela sem diminuir, enquanto *yong*, representando a função externa, se abre numa miríade de fenômenos sem se exaurir. Esses dois aspectos da essência e função, ou selamento e abertura, são ambos idênticos à Mente Una e, assim, se interpenetram livremente, sem obstruções.

Wŏnhyo aplica sistematicamente a fórmula soteriológica essência-função, agora compreendida em termos da lógica dialética do selamento e abertura, a quase todo problema levantado pelo *Despertar da Fé*. No início da terceira seção de seu comentário, ele interpreta o primeiro verso da invocação do tratado e divide o tesouro-do-Buda (*budaratna*) em dois elementos: 1. o mérito da mente do Buda e 2. o mérito do corpo do Buda. Ele então subdivide cada elemento em sua essência e

74 A ESPIRITUALIDADE BUDISTA

função. Empregando a fórmula da essência/função, ele analisa o texto referente ao mérito da mente do Buda da seguinte forma:

> Ao se exaltar a perfeição da mente do Buda, está-se louvando tanto sua função quanto sua essência. As palavras "aquele cujas ações são as mais perfeitas, aquele que se difunde por todas as dez direções" exaltam a função das ações do Buda [...]. As palavras "ele é onisciente" exaltam a essência da sabedoria do Buda. A função das ações do Buda se difunde em todas as direções, porque não há nenhum lugar em que a essência da sabedoria do Buda não penetre. A essência da sabedoria do Buda penetra em toda parte, daí ela ser "onisciente".

Nessa análise, Wŏnhyo emprega a fórmula essência-função para retratar a inseparabilidade entre as ações e a sabedoria do Buda. Aqui, a sabedoria iluminada, que compreende o vazio (*śūnyatā*), é a essência interna do Buda, enquanto as ações compassivas, que libertam todos os seres sencientes, são a função externa do Buda. Wŏnhyo prossegue, aplicando a fórmula essência-função à explicação do corpo do Buda: "O louvor à excelência da forma do Buda é duplo: 1. as palavras 'que tem forma mas é não-bloqueado' referem-se à miraculosidade da essência da forma do Buda; 2. a palavra 'onipotente' refere-se à perfeição da função da forma do Buda". Aqui, em concordância com os ensinamentos da escola Hwaŏm, Wŏnhyo identifica a essência interna do corpo do Buda com o não-bloqueamento, ou não-obstrução, e sua função externa com a liberdade completa. Em contrapartida, os comentários chineses sobre o *Despertar da Fé*, escritos por T'an-yen e Hui-yüan e anteriores aos de Wŏnhyo, não empregavam a fórmula essência-função em sua análise dessas passagens importantes. T'an-yen afirmava que a frase "cujas ações são as mais perfeitas e oniscientes" se refere ao corpo-de-verdade (*dharmakāya*), enquanto a frase "cujo corpo é não-bloqueado e completamente livre" refere-se ao corpo-de-recompensas (*saṃbhogakāya*). Hui-yüan, ao contrário, afirma que as "ações" e a "onisciência" nessa frase se referem à noção de "marcas do bom destino" e à sabedoria do Buda encarnado. Enquanto essas duas interpretações analisam as virtudes do *Buda-ratna*, empregando diferentes aspectos de outras doutrinas budistas bastante conhecidas, como a doutrina de *trikāya*, ou teoria dos três corpos, Wŏnhyo ilustra a inseparabilidade das duas virtudes aparentemente diferentes por meio do dispositivo hermenêutico do *ch'e-yong*.

A engenhosidade da análise de Wŏnhyo do *Despertar da Fé* fica evidente em sua aplicação da construção essência-função ao conceito de fé (ch. *Hsin*) do budismo Mahāyāna, o conceito que constitui o núcleo do tratado. A certa altura, Wŏnhyo emprega a construção *ch'e-yong* como um dispositivo hermenêutico para interpretar o significado do título do texto, *Ta-ch'eng ch'i-hsin lun*. Se o título chinês é traduzido para o inglês como *Treatise on the Awakening of Faith in Mahāyāna* (Tratado sobre o Despertar da Fé no Mahāyāna), como fizeram virtual-

ESPIRITUALIDADE BUDISTA NO PERÍODO SILLA 75

mente todos os tradutores, a palavra Mahāyāna (*ta-ch'eng*) – um termo sânscrito que significa "Grande Veículo" – se torna o objeto da "fé que desperta" (*ch'i-hsin*), com isso estabelecendo uma estrutura dualista sujeito-objeto totalmente estranha ao texto e ao budismo de tradição Mahāyāna em geral. Wŏnhyo é cuidadoso em assinalar que *ta-ch'eng* não é o objeto de *ch'i-hsin*, e que "Mahāyāna" representa uma essência interna – Mente Una, ou a Mente dos Seres Sencientes – enquanto "fé" representa sua função externa. Nas palavras de Wŏnhyo:

> Para concluir, "Mahāyāna" é a essência da doutrina desse tratado; enquanto "fé que desperta" é sua operação eficaz. Assim, o título é elaborado para revelar a unidade entre essência e função. Daí as palavras: "Tratado sobre o Despertar da Fé Mahāyāna" (T 44.203b).

Assim, Wŏnhyo se desfaz da construção sujeito-objeto, ou "fé-em", que predomina nas religiões teístas, e a substitui pela formulação *ch'e-yong* da fé, ou "fé-de". De acordo com Wŏnhyo, a fé é simplesmente a função externa da Mente Una e a expressão *ta-ch'eng* no título significa apenas: "a mente que funciona naturalmente", "a propriedade da mente que opera", ou "a mente de fé".

Uma leitura ainda mais direta do título do texto é obtida quando se segue a simples ordem natural dos caracteres chineses (*ta ch'eng ch'i-hsin*), que significa "o Mahāyāna desperta a fé", ou "a mente desperta a fé". Essa tradução está de acordo com uma das primeiras sentenças do tratado, que diz: "Há um princípio que pode despertar a raiz da fé Mahāyāna". Na medida em que o texto mais adiante especifica que, no caso, o termo "princípio" se refere à Mente Una, que é a Mente iluminada do Buda da não-discriminação, essa sentença na verdade significa: "Há uma Mente que pode despertar a raiz da fé Mahāyāna". Nessa sentença, a "Mente" é *ch'e* e a "fé" é *yong*, de modo que a Mente Una e a fé não podem separar-se.

Em seu *Kisillon so*, Wŏnhyo elabora essa afirmação nos seguintes termos:

> As palavras "existe um darma" se referem ao princípio da Mente Una. Se as pessoas conseguem compreender esse Darma, elas são impelidas a despertar a grande e abundante raiz da fé, daí as palavras "que podem despertar a raiz da Fé Mahāyāna". As marcas da "raiz da fé Mahāyāna" são análogas à descrição da fé dada na seção sobre a explicação do título. Uma vez a raiz estabelecida, imediatamente se penetra no caminho do Buda. Tendo-se adentrado o caminho do Buda, alcança-se tesouros inexauríveis.

A análise de Wŏnhyo da fé budista Mahāyāna em termos da fórmula essência-função, na qual a Mente Una é a essência e a fé é a função, pode ser considerada como uma de suas contribuições mais importantes aos estudos budistas. Nessa análise, ele demonstra que a fé na verdade não requer um objeto exterior, como pressuposto na construção "fé-em" do pensamento dualista. Ao contrário, da perspectiva da construção

76 A ESPIRITUALIDADE BUDISTA

essência-função, um ato de fé pode ser visto como uma forma de retorno da pessoa a sua própria mente verdadeira (Mente Una). Dessa forma, o contraste entre as estruturas da fé como "essência-função" e como "sujeito-objeto" resulta em implicações soteriológicas profundas. Enquanto a construção sujeito-objeto da fé pressupõe que a fé é meramente uma condição preliminar da iluminação, a concepção *ch'e-yong*, na qual a fé é percebida como uma operação externa de nossa própria mente, vê a fé e a iluminação como simultâneas e inseparáveis. Isso implica que, tão logo uma fé resoluta seja despertada, a Mente Una do Buda instantaneamente se realiza. Esse é o salto conceitual que oferece a base tanto teórica como prática para a doutrina da iluminação súbita, desenvolvida mais tarde, por exemplo, na harmonização sincrética de Chinul entre o budismo Hwaŏm e o budismo Sŏn.

Wŏnhyo prossegue então, descrevendo as características da fé Mahāyāna, empregando a formulação essência-atributos-função (*ch'e-sang-yong*) que aparece no *Despertar da Fé*, essencialmente uma variação da construção básica "essência-função", descrita anteriormente. O tratado estabelece a Mente Una e então a divide; primeiro, na dimensão absoluta da Mente Una, segundo, na dimensão fenomênica Mente Una. A seguir, ele explica essas duas dimensões da Mente Una em termos das Três Grandezas (*ch'e, sang* e *yong*). Aqui, *ch'e* significa a dimensão absoluta da Mente Una, enquanto *sang* e *yong* denotam aspectos diferentes da dimensão fenomênica. Empregando a fórmula essência-atributos-funções para distinguir entre os três componentes da fé Mahāyāna, Wŏnhyo escreve:

> Este tratado faz despertar a fé das pessoas, daí as palavras (em seu título) "Despertar (da) Fé". Fé é um termo que indica certeza. Aqui, fé se refere à certeza de que a Verdade realmente existe e que, quando a prática efetivamente alcança resultados, haverá méritos ilimitados. A fé em que a Verdade realmente existe é a fé na grandeza da essência (do Ser-tal). Uma vez que acreditamos que todos os darmas são inalcançáveis, também acreditamos que há realmente um mundo-do-darma da igualdade. A fé em que a prática pode alcançar resultados é a fé na grandeza dos atributos (do Ser-tal). Uma vez que (acreditamos em que os atributos do Ser-tal) possuem o mérito que pertence à essência, (mas) permeiam os seres sencientes, também acreditamos que sem dúvida retornaremos à Fonte, ao ser permeado pelos atributos (do Ser-tal). A fé na operação do mérito ilimitado é a fé na grandeza da operação (do Ser-tal), porque não há nada que o Ser-tal não faça. Se pudermos despertar essas três fés, poderemos penetrar no mundo do darma do Buda, produzir todos os méritos, ser livres de todos os estados demoníacos e alcançar o Caminho sem-par.

Nessa análise, Wŏnhyo define a fé como "um termo que indica ter certeza". Além disso, trata-se do ter certeza de se seguir as três verdades: 1. a Mente Una existe; 2. a prática alcança resultados; e 3. quando a prática alcançar resultados, haverá méritos ilimitados. A fé como uma forma de certeza significa a eliminação de todas as dúvidas e apegos errôneos. Nas palavras do próprio Wŏnhyo:

Os seres sencientes caem no mar da vida e da morte e demoram tanto para correr para a praia de nirvana, devido às dúvidas e aos apegos errôneos. Assim, "salvar os seres sencientes" significa que se deve ajudá-los a eliminar suas dúvidas e abandonar seus apegos errôneos [...]. Em especial, duas coisas são objeto de dúvida para os que seguem a fé Mahāyāna. A primeira é o Darma. Duvidar dele impede a determinação à prática. A segunda é o método. Duvidar dele impede a própria prática em si.

De acordo com Wŏnhyo, a dúvida com relação ao Darma se erradica com o estabelecimento do princípio da Mente Una; enquanto a dúvida com relação ao método se erradica com o estabelecimento da eficácia da prática. Por meio da eliminação da dúvida e do alcance da certeza, adquire-se a confiança resoluta da fé que "não-retrocede", ou "não-regride", o que significa alcançar o nível de *aniyata rāśi*, ou a "classe determinada"; o padrão para a "perfeição da fé" estabelecido em *O Despertar da Fé*. A primeira parte do tratado explica os princípios do não-retrocesso da fé em termos da Mente Una, de suas duas dimensões e das Três Grandezas, em benefício dos que não alcançaram o nível de *niyata rāśi*, ou a classe determinada. Mais adiante, o tratado explica os princípios do segundo nível inferior da fé, ou a "fé dos que ainda não retornaram à Mente Una". Esse conceito de um segundo nível da fé, ou um retrocesso da fé dos que ainda estão no nível de *aniyata rāśi*, ou a classe indeterminada, tem origem na teoria das quatro fés e cinco práticas, que se encontra no Capítulo Quatro do tratado, "Sobre a Fé e a Prática". O início do Capítulo Quatro afirma: "Vamos agora apresentar uma discussão da fé e da prática. Essa discussão tem em vista os que ainda não chegaram ao nível de *niyata rāśi*, ou a classe determinada". Assim, sabemos que essa segunda espécie de fé se destina aos que ainda estão num estado regressivo e podem "recair" a qualquer momento. Com relação aos que estão nesse estado, o tratado pergunta: "Que espécie de fé (eles devem ter) e como devem praticá-la?". A resposta é a seguinte:

Para resumir, há quatro fés. Quais são elas? A primeira consiste em acreditar na Fonte Última, ou concentrar a atenção, com a máxima disposição, no princípio do Ser-tal. A segunda consiste em acreditar que o Buda tem inúmeras virtudes perfeitas, ou pensar sempre em estar próximo ao Buda, fazer oferendas a ele e respeitá-lo. Além do mais, isso significa despertar a capacidade para a bondade, que significa desejar ter a onisciência que o Buda tem. A terceira consiste em acreditar que o Darma é a fonte de grandes benefícios, ou sempre pensar em praticar todas as perfeições. A quarta consiste em acreditar que o *saṅgha* pode praticar corretamente o ideal Mahāyāna de beneficiar tanto a si próprio quanto aos outros, ou exultar sempre em estar próximo à assembléia dos bodisatvas e buscar a prática genuína como ela faz.

Assim, as "quatro fés" descritas pelo tratado consistem na fé no Ser-tal, seguida pela fé nas Três Jóias, isto é, o Buda, o Darma e o *Saṅgha*. Tradicionalmente, tem-se acreditado que o estabelecimento de uma fé profunda nas Três Jóias é o próprio fundamento da vida religiosa budista, mas esse tratado tem o caráter único de romper com essa tradição, acrescentando um outro aspecto da fé, isto é, a fé profunda no princípio do Ser-tal.

78 A ESPIRITUALIDADE BUDISTA

Uma das grandes contribuições do comentário de Wŏnhyo ao tratado é o esclarecimento de que esse segundo modo da fé – a afirmação tanto do Ser-tal quanto das Três Jóias – é em si mesmo apenas uma forma externalizada e simbólica do modo primário da fé – a afirmação da Mente Una e das Três Grandezas. Rhi Ki-yong, um estudioso da filosofia de Wŏnhyo e autor de um livro intitulado *Wŏnhyo Sasang* (O Pensamento de Wŏnhyo), apresenta uma excelente sinopse da doutrina de Wŏnhyo do retorno às Três Jóias (*triratna*) e do papel central que ela desempenha em seu sistema de pensamento.

Como eixo central do budismo estão as "três rendições às Três Jóias (*triratna*)". O caminho mais curto para o pensamento budista de Wŏnhyo consiste em refletir sobre sua concepção de *triratna*:

> O Buda, o Darma e o *sangha*. A invocação do *Taesung kisillon so* oferece as seguintes características de seu pensamento: 1. o budismo consiste no retorno às Três Jóias (*triratna*) e no depender delas; 2. as Três Jóias nada mais são que a expressão exterior de *ilsim* (Mente Una); 3. o objeto do que Wŏnhyo pensava como religião é a Mente Una, cuja expressão exterior são as Três Jóias [...]. Wŏnhyo é particularmente enfático a esse respeito. Sua compreensão profunda da natureza essencial das Três Jóias fica explícita na explicação dos três retornos (*trisarana*), que ele apresenta em sua primeira invocação do *Taesung kisillon*: "aquilo ao que a Mente Una retorna nada mais é que as Três Jóias". Essa é uma importante contribuição para a concepção Mahāyāna das Três Jóias[9].

Rhi acrescenta que a doutrina de Wŏnhyo do retorno às Três Jóias (*triratna*) é um exemplo de seu princípio de *hwajaeng*, uma vez que ela reconcilia a concepção da escola Hīnayāna das Três Jóias, que as considera como objetos reais da fé, com a concepção Mahāyāna, que enfatiza a interioridade da qualidade simbólica das Três Jóias.

De acordo com Wŏnhyo, os que se encontram no nível de *aniyata rāśi*, que têm uma fé regressiva, estão apegados à estrutura dualista de *neng-so* (fé-em) e, em conseqüência, equivocadamente externalizam as Três Jóias (*triratna*) como "objetos" da fé. No entanto, os que se encontram no nível de *niyata rāśi*, que têm uma fé não-regressiva, são governados pela construção não-dualista de *ch'e-yong* (fé-de), de acordo com a qual a fé não requer um objeto, mas, ao contrário, é uma operação natural de suas próprias mentes. Nesse nível, a fé secundária dirigida ao exterior, à Ser-tal e às Três Jóias, é reconhecida como uma objetificação externalizada da fé primária, que é dirigida ao interior, à Mente Una e às Três Grandezas. Na concepção de Wŏnhyo, o Buda representa *ch'e* (essência), no nível absoluto da Mente Una, enquanto o Darma é *sang* (atributo) e o *sangha* é *yong* (função), no nível fenomênico da Mente Una. Assim, de acordo com o princípio de *hwajaeng* elaborado por Wŏnhyo, a Grandeza (essência, atributos e funções) e as Jóias (Buda, Darma e *sangha*) significam as dimensões interior e

9. Rhi Ki-yong, *Wŏnhyo Sasang* (O Pensamento de Wŏnhyo).

ESPIRITUALIDADE BUDISTA NO PERÍODO SILLA 79

exterior da Mente Una e, em última análise, são idênticas tanto em estrutura quanto em conteúdo.

O LEGADO DE WŎNHYO

Nós examinamos os esforços de Wŏnhyo em reconciliar as várias disputas doutrinais do período do reino de Silla Unificado, numa tentativa de criar um budismo amplo e completamente abrangente – *t'ong pulgyo*. Como afirmamos anteriormente, a perspectiva sincrética de Wŏnhyo estava em grande sintonia com o clima cultural geral de Silla, uma atmosfera que favorecia a síntese em todos os campos do esforço artístico e intelectual. Mas, mesmo após a queda de Silla, o sincretismo continuaria sendo a grande força motriz do budismo coreano, e a busca de *t'ong pulgyo* ainda ocuparia os pensadores budistas da dinastia que sucederia a dinastia Koryŏ, bem como os que viriam depois. Sob essa luz, a contribuição de Wŏnhyo é evidente: ao combinar o dispositivo dialético da essência-função com o da abertura-selamento, ele criou uma potente ferramenta de interpretação para o exame dos textos budistas, uma ferramenta que lhe permitia aplicar o princípio de *hwajaeng*, ou harmonização, a uma grande variedade de conflitos teóricos. Ao fazê-lo, ele estabeleceu a estrutura conceitual básica no interior da qual iria se desenvolver toda a discussão subseqüente da doutrina de *t'ong pulgyo*.

Mas seria um erro ver Wŏnhyo como preocupado primordialmente com a reconciliação das divergências entre as seitas. Seu interesse na harmonização vai muito além, pois ele foi um dos primeiros pensadores a confrontar a tensão latente no interior do budismo entre a teoria presente nos textos sagrados e a experiência da meditação – isto é, entre o estudo intelectual dos textos, baseado na linguagem, e o aprendizado direto, na experiência, ou meditação. Como se pode ver em sua discussão da idéia de fé, em seu comentário sobre o *Despertar da Fé*, Wŏnhyo tenta atingir um equilíbrio sutil e delicado entre uma série de opostos interconectados: entre o estudo dos textos sagrados e a meditação, entre a linguagem e a experiência direta, entre o intelecto e a intuição. Empregando o princípio de *hwajaeng*, ele mostra como ambos os lados da equação estão, em última análise, incluídos sob uma entidade mais abrangente da fé Mahāyāna, coexistindo separadamente e, no entanto, sendo completamente interpenetrantes. Numa análise final, podemos ver que é aí que se encontra o verdadeiro valor das reflexões de Wŏnhyo, pois a oposição entre teoria e prática vai além da simples divisão entre as escolas, tendo terminado por se tornar o foco de todas as tentativas posteriores de desenvolvimento da teoria de *t'ong pulgyo*.

80 A ESPIRITUALIDADE BUDISTA

BIBLIOGRAFIA

HPC = *Han'guk pulgyo chonso* (Obras Reunidas do Budismo Coreano). Seoul: Dongguk University Press, 1979.
TAEGAK KUKSA MUNJIP (Escritos Reunidos de Ŭich'ŏn). HPC 4.528-567.

Obras de Wŏnhyo

Hwaŏmgyŏng so (Comentário ao Sutra de Avataṃsaka). Um rolo (isto é, apenas o prefácio e o fascículo três). HPC 1.495-497.
KISILLON SO (Comentário a *O Tratado sobre o Despertar da Fé Mahāyāna*). T 44 N. 1844 202a-226a.
YŎLBAN CHONG'YO (O Essencial do Sutra do Nirvana). HPC 1.524-47.

Estudos

kim, Young-tae. Buddhism in the Three Kingdoms. In: The Korean Buddhist Research Institute (orgs.). *The History and Culture of Buddhism*, 35-74. Seoul: Dongguk University Press, 1993.

_____. *Introduction to the Buddhist History of Korea*. Seoul: Kyongsowon, 1986.

LANCASTER, Lewis R. & CHAI-SHIN Yu (orgs.). *Introduction of Buddhism to Korea: New Cultural Patterns*. Berkeley: Asian Humanities Press, 1989.

_____. *Assimilation of Buddhism in Korea: Religious Maturity and Innovation in the Silla Dynasty*. Berkeley: Asian Humanities Press, 1991.

LEE, Ki-Baik. *A New History of Korea*. Trad. Edward W. Wagner. Cambridge: Harvard University Press, 1984.

LEE, Peter H. (org.). *Sourcebook of Korean Civilization*. V. 1: *From Early Times to the Sixteenth Century*. New York: Columbia University Press, 1993.

PARK Chong-hong. Wŏnhyo ui chŏrhak sasang. Han'guk sasang sa (Uma História do Pensamento Coreano). Seoul: Ilshinsa, Han'guk Sasang Yon'guhoe (Associação para o Estudo do Pensamento Coreano), 1976.

PARK, Sung Bae. *Buddhist Faith and Sudden Enlightenment*. Albany: State University of New York Press, 1983.

PULGYOHAK T'ongin Hoe (org.). *Wŏnhyo chonjip*. Seoul: Dongguk Yokkyong Won, 1973.

RHI Ki-yong. *Wŏnhyo Sasang* (O Pensamento de Wŏnhyo). Seoul: Hongbŏpwon, 1978.

YAMPOLSKY, Philip (trad.). *The Platform Sūtra of the Sixth Patriarch*. New York: Columbia University Press, 1967.

YOSHITO S. Hakeda. *The Awakening of Faith, Attributed to Aśvagoṣa*. New York: Columbia University Press, 1969.

YU, Dong-shik. *Shamanism in Korea*. Seoul: Yonse University Press, 1975.

17. O Período Koryŏ

Robert E. Buswell Jr.

A transferência do poder político do reino de Silla Unificado para a dinastia Koryŏ, em 973, teve inicialmente pouco impacto sobre as então firmemente estabelecidas escolas budistas da península. Os primeiros monarcas da dinastia Koryŏ herdaram de seus predecessores do período Silla confiança na capacidade do budismo de garantir a segurança da nação. A fim de garantir a eficácia dessa proteção, a corte ordenou a adoração universal do Buda, patrocinou um grande número de projetos de construção de templos e deu apoio generoso à *ecclesia* budista, em termos tanto econômicos quanto políticos. Os monges budistas foram alçados a uma posição semi-aristocrática e conseguiram com isso uma oportunidade de ascensão secular, e, ao mesmo tempo permanecendo nas fileiras eclesiásticas. Um sistema de exame monástico, nos moldes do exame para o serviço civil, permitia aos estudantes, tanto das escolas de meditação (Sŏn) como das escolas doutrinais (Kyo), ascenderem ao topo da hierarquia eclesiástica e, assim, também obter acesso às fontes de poder secular. Se, de um lado, desenvolveu o nível educacional do *sangha* e promoveu uma considerável mobilidade social para um Estado semifeudal, de outro, esse sistema terminou por debilitar as aspirações espirituais do budismo, ao estimular o interesse por objetivos seculares. A isenção dos monges do trabalho, no sistema de corvéia e do serviço militar, fazia com que os mosteiros lotassem com pessoas em busca de ascensão pessoal ou para escapar às agruras do serviço agrícola e militar.

Um outro sintoma da crise foi o caráter cada vez mais turbulento dos debates entre as escolas Sŏn e Kyo, iniciados no período Silla. A

82 A ESPIRITUALIDADE BUDISTA

busca de uma solução para essas tensões entre as seitas iria ocupar os maiores representantes de ambas as tradições, inclusive Ŭich'ŏn (1055-1101), ao qual se atribui a fundação do ramo coreano da escola T'ien-t'ai (c. Ch'ŏnt'ae), e Chinul (1158-1210), o famoso exegeta da tradição Sŏn, cujas contribuições ao desenvolvimento do budismo do período Koryŏ superam por larga margem as de seus contemporâneos. O pensamento de Chinul, em particular, molda com tal profundidade todos os desenvolvimentos subseqüentes durante o período Koryŏ que forçosamente deverá ser o foco da atenção nesta seção. A busca de um "budismo ecumênico" (*t'ong pulgyo*), que foi a meta de todos os budistas do período Koryŏ, animou grande parte do desenvolvimento subseqüente da tradição e produziu uma forma ímpar de budismo na escola Chogye-chong, que daí por diante seria a escola predominante no budismo coreano. Essa escola mesclava a prática Sŏn com a teoria filosófica das escolas de tradição Kyo, em especial a de Hwaŏm (ch. Hua-yen).

ABORDAGENS SINTÉTICAS

Ŭich'ŏn e Chinul representam duas perspectivas diametralmente opostas a partir das quais se podia buscar a reconciliação entre as escolas Sŏn e Kyo. Enquanto Ŭich'ŏn, formado no pensamento de tradição Hwaŏm e Ch'ŏnt'ae, tentava incorporar o pensamento Sŏn ao Kyo, Chinul era um ardoroso defensor da abordagem Sŏn e buscava mesclar o pensamento Kyo à tradição Sŏn. Cada qual a seu próprio modo buscou restaurar o que viam como uma harmonia fundamental entre a exegese doutrinal e o desenvolvimento da meditação. O sucessor de Chinul, Chin'gak Hyesim (1178-1234), mais tarde sugeriria a expansão dessa tendência sincrética, de modo a envolver as "Três Religiões" do budismo, confucianismo e taoísmo, assim antecipando a aproximação que seria tão proeminente na religião durante a dinastia Chosŏn.

A principal preocupação presente nesse sincretismo era buscar um terreno comum sob as abordagens divergentes do empreendimento religioso budista. Tanto os filósofos da tradição Sŏn como os da tradição Kyo reconheciam haver uma unidade essencial, ora denominada mente una, ora natureza-do-Buda (s. *buddhadhātu*), ora percepção sobrenatural (*yongji*), ora o domínio da realidade (s. *darma-dhātu*), que harmonizava a diversidade das concepções religiosas. Cada uma dessas diferentes abordagens podia ser vista como uma expressão singular do mesmo todo. Como freqüentemente observa Chinul em seus tratados, citando o exegeta Ŭisang (625-668), da escola Hwaŏm do período Silla, "No interior do um há tudo e no interior do múltiplo há o um. O um é precisamente tudo; o múltiplo é precisamente o um" (KZ 216, citando Ŭisang). Os homens do Leste asiático, em geral, e os coreanos, em particular, concebiam a doutrina budista como uma massa de ensinamentos muitas vezes díspares, adaptados às

11. Chinul (1158-1210).

84 A ESPIRITUALIDADE BUDISTA

diferentes necessidades, capacidades e temperamentos. As dissensões entre as escolas rivais eram vistas como resultado do prender-se a uma dessas interpretações particulares do Darma como uma verdade absoluta, e rejeitar a validade de todas as outras abordagens. O Buda havia advertido que as posições intelectuais baseadas na opinião especulativa inevitavelmente ocasionavam conflitos, faccionalismos e orgulho, assim impedindo a apreensão do Darma supremo, que transcende a todas as concepções limitadoras. O Buda afirmava que ele próprio não tinha concepções que fossem suas: era o mundo que estava em conflito com ele, dizia, e não ele com o mundo[1]. O Darma era uma balsa que podia transportar as pessoas através do rio do nascimento e morte até a "margem oposta" do nirvana; mas, após essa balsa ter servido a seu propósito, era errado apegar-se a ela a ponto de tomá-la e carregá-la nas costas[2]. Usar o Darma para vencer os rivais religiosos ia contra a finalidade especificamente salvífica e era mais perigoso para esses antagonistas do que uma total ignorância do Darma. Evitar a controvérsia baseada em concepções especulativas era essencial ao êxito da própria vocação espiritual.

A harmonização de relatos conflitantes sobre a doutrina e a prática budistas podia salientar as perspectivas de avanço espiritual, mostrando que as disputas sectárias ocorriam apenas porque as pessoas não haviam penetrado na fonte de seu próprio ser. Assim escreve Ŭich'ŏn:

A doutrina estabelecida pelos santos valorizava a prática da meditação. (Essa doutrina) não é algo que deva ser meramente expresso pela boca, mas deve, na verdade, ser praticada pelo corpo. Como pode (a prática) ser considerada algo tão inútil quanto o fruto da cabaceira, que colocado de lado (e nunca ingerido)?[3].

Chinul confirma esse diagnóstico:

O que o Mundialmente Honrado (o Buda) disse com seus lábios é Kyo; o que os patriarcas (do Sŏn) transmitiram com suas mentes é Sŏn. A mente e as palavras do Buda e dos patriarcas não podem se contradizer. Como você não consegue penetrar na fonte e, ao contrário, complacente em seus hábitos, erroneamente fomenta a disputa e passa o dia inteiro de um modo fútil?[4].

A aproximação entre a meditação e a doutrina empreendida por Ŭich'ŏn e Chinul foi uma tentativa de restaurar uma atitude apropriada com relação ao Darma. Ambos se empenharam em resolver o conflito que assolava a Igreja do período Koryŏ, combatendo as posições rivais do Sŏn e do Kyo: de um lado, que a compreensão doutrinal não servia para fim algum na conquista da libertação espiritual, como insistiam

1. *Sutta-nipāta* xxii, 94.
2. I. B. Horner, (trad.), *The Middle Length Sayings* I.
3. *Si sinch'am hakto Ch'isu, Taegak kuksa munjip*; a analogia é uma alusão a *Analectos* XVII, 17.
4. Prefácio a Kim Chigyŏn (org.). *Hwaŏn-ron chŏryo*, p. 2-3 e 16.

O PERÍODO KORYŎ

85

as facções mais radicais no âmbito da tradição Sŏn, de outro, que uma base firme de conhecimento dos textos sagrados era essencial, para que a meditação fosse eficaz, como defendia a escola Kyo.

A abordagem de Ŭich'ŏn do sincretismo budista baseava-se na simbiose, que para ele existia entre o estudo doutrinal e a prática da meditação formal. Para aperfeiçoar a compreensão do estudante do budismo, ele desenvolveu um currículo rigoroso, que conduzia o estudante através de uma série de textos extraídos das tradições Hīnayāna, Iogacara, Tathāgatagarbha e Hua-yen. Ao demonstrar as afinidades entre essas diferentes camadas da bibliografia filosófica budista, ele conseguiu reconciliar as explicações díspares da doutrina budista e, com isso, mitigar os conflitos sectários entre as escolas Kyo. A motivação para o estudo do budismo era, no entanto, tão importante quanto seu conteúdo. Estudar apenas a fim de aumentar o próprio conhecimento ou para competir com rivais enfraquecia o verdadeiro propósito do Darma como um auxiliar da libertação:

eu observo que a atual geração de estudantes estuda todo o dia sem saber por que está estudando. Alguns se perdem em heterodoxias tendenciosas; outros se perdem na busca da fama e da fortuna; alguns são arrogantes; outros são preguiçosos; alguns são ambivalentes (quanto a seu estudo). Dessa forma, mesmo no final de suas vidas, eles serão incapazes de encontrar o caminho (que conduz à iluminação)[5].

A justificação do estudo só é evidente quando, por um compromisso pessoal, ele se vincula à busca da iluminação. Ŭich'ŏn estava tentando garantir um papel para a prática da meditação formal no interior do escolasticismo Koryŏ, sabendo que era apenas por meio da experiência pessoal da meditação que se realizaria a aproximação que ele buscava entre o Kyo e o Sŏn.

Mas a meditação não teria eficácia a menos que fosse baseada num profundo conhecimento doutrinal. Essa era a principal dúvida de Ŭich'ŏn com relação à escola Sŏn, com sua ênfase quase exclusiva na meditação. Como um ávido bibliófilo, que havia colecionado milhares de volumes dos exegetas do Leste asiático, Ŭich'ŏn tinha aversão às afirmações vociferantes do Sŏn, que rejeitava os textos sagrados como inautênticos e afirmava que seu conhecimento não tinha papel algum no cultivo espiritual:

o que era chamado Sŏn no passado foi uma abordagem que amadureceu a meditação das pessoas, enquanto elas se apoiavam no Kyo. O que hoje se chama Sŏn é falar sobre o Sŏn, enquanto se abandona o Kyo. Falar sobre o Sŏn hoje é compreender o nome, mas esquecer o tema; praticar o Sŏn (corretamente) é se basear nas explicações dos textos sagrados e compreender seu significado (por meio da prática da meditação)[6].

5. *Si sinch'am hakto Ch'isu, kwon* 16.
6. Posfácio a *Pieh-ch'uan-hsin fa i*, HTC n. 949.101.323.7.

12. O Buda Śākyamuni. Período Koryŏ.

O PERÍODO KORYŎ

Ŭich'ŏn persistentemente apoiou as escolas Kyo, em detrimento da escola Sŏn, dando ao Kyo sua última oportunidade de restabelecer a importância que tivera no período de Silla Unificado. Após sua morte prematura na idade de quarenta e sete anos, no entanto, a escola Kyo sucumbiu ao inevitável. Incapaz de se contrapor ao predomínio da escola Sŏn, ela manteve um papel apenas subsidiário no budismo do período Koryŏ, após a época de Chinul.

Como praticante da meditação Sŏn, que mantinha, no entanto, um forte interesse pelos ensinamentos dos textos sagrados da tradição Kyo, Chinul começou sua reconciliação dos dois ramos do budismo, tentando dar credibilidade à abordagem Sŏn dos sutra. No prefácio a seus *Extratos da Exposição do Sutra de Avataṃsaka*, ele relata os acontecimentos que conduziram a essa visão sincrética. Por longo tempo, ele tivera fé profunda na abordagem da escola Sŏn e exercera sua prática sob a pressuposição da escola de que se podia alcançar a natureza búdica simplesmente pelo aprofundamento da introspecção, até que a natureza numenal da mente fosse percebida. Mas, quando perguntou a alguns estudiosos da escola Hwaŏm sobre seu sistema contemplativo, disseram-lhe que o adepto do Hwaŏm devia meditar sobre o estado plurivalente de interação que ocorre entre todos os objetos fenomênicos no universo – o estado que a escola Hwaŏm denominava "interpenetração não-bloqueada entre todos dos fenômenos" (*sasa muae*; ch. *shih-shih wu-ai*). Chinul percebia que uma abordagem assim orientada para o exterior perturbaria a concentração da mente. Mas se fosse possível controlar, por meio da introspecção, a tendência da mente a observar as coisas sempre em termos de si própria – se fosse possível eliminar a tendência subjetiva a injetar o ego no processo perceptivo – então esses fenômenos seriam naturalmente vistos como em interação entre si, e o estado de interfusão infinita descrito pela escola Hwaŏm seria realizado sem esforço. Não conseguindo resolver suas dúvidas sobre a questão por meio do debate com mestres reconhecidos, Chinul reexaminou os textos budistas, buscando uma passagem que pudesse comprovar a afirmação da escola Sŏn de que a iluminação podia ser alcançada por meio da introspecção. Foi no *Sutra de Avataṃsaka*, o principal texto da própria escola Hwaŏm, que ele encontrou essa comprovação: "Exatamente o mesmo acontece com a sabedoria do Tathāgata. Ela está completa no corpo de todos os seres sencientes. Só que as pessoas comuns, que estão sob a ilusão, não têm consciência dela"[7]. A partir daí, ele se convenceu das afinidades entre os ensinamentos dos textos sagrados do budismo – em particular as interpretações da escola Hwaŏm desses ensinamentos – e as práticas da escola Sŏn. Uma leitura subseqüente do comentário de Li T'ung-hsüan (635-730) ao *Sutra de Avataṃsaka* revelaria um método pelo qual as pessoas comuns poderiam, já no início da prática,

---

7. *Ta-fang-kuang fo hua-yen ching*, T 10.272c (n. 279).

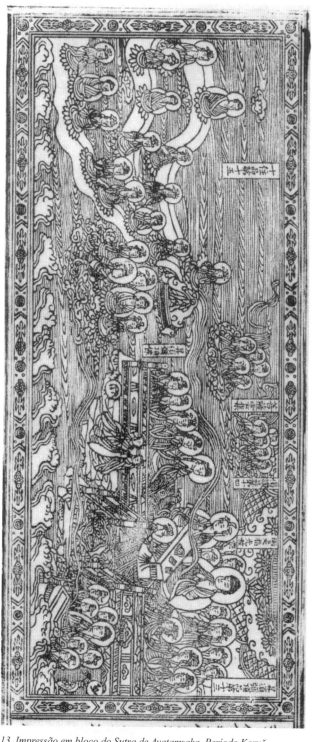

13. Impressão em bloco do Sutra de Avataṃsaka, Período Koryŏ.

O PERÍODO KORYŎ

despertar para sua natureza inata do Buda. Isso provava para Chinul que as afirmações dos mestres do Sŏn, que eram inspiradas em suas experiências da iluminação, podiam ser confirmadas nos sutra que foram ostensivamente transmitidos pelo próprio Buda. Isso mostrava que a transmissão esotérica, mente-a-mente, do Sŏn tinha a mesma autoridade que qualquer dos textos sagrados do budismo. Uma vez que as palavras do Buda e a transmissão da mente dos patriarcas não podiam ser contraditórias, os passos da prática delineados pelas escolas Sŏn e Kyo diferiam apenas na medida em que se destinavam a pessoas em diferentes estágios do desenvolvimento espiritual.

Chinul foi fundamentalmente um mestre do Sŏn que defendeu a autenticidade da transmissão esotérica da escola. Mas ele pôde apoiar-se na filosofia Hwaŏm para explicar o conteúdo da experiência Sŏn da iluminação e defendê-la contra as acusações de heterodoxia. A leitura dos textos sagrados sugeriu a Chinul que a experiência engendrada pela meditação Sŏn era de fato idêntica à compreensão direta e súbita do domínio da realidade (*darma-dhātu*), tal como ensinava na escola Hwaŏm. Para rebater as acusações de que a introspecção Sŏn nada mais era que uma afasia glorificada, Chinul salienta no *Alcance Súbito e Completo da Natureza Búdica* (KZ 200-266), que a natureza búdica, tal como interpretada no Sŏn, não significa uma visão passiva de sua própria natureza; ela é antes a aplicação dinâmica de todas as qualidades trazidas à luz nessa visão. Essa percepção da natureza não-dual fundamental, que é idêntica tanto nos seres sencientes ignorantes quanto nos budas iluminados, traz à luz dois aspectos dessa natureza: a função fenomênica (*yong*), que manifesta os objetos nos domínios sensoriais em toda sua diversidade, e a essência numenal (*ch'e*), que é a fundação autônoma, luminosa e perfeita do *darma-dhātu*. É por meio desses dois aspectos que a natureza se manifesta em meio a toda a pluralidade e, assim, realiza a interpenetração não-bloqueada de todos os fenômenos. Uma vez que o funcionamento dessa natureza própria é não-bloqueado em todos os aspectos e uma vez que seu funcionamento na esfera fenomênica nunca se separa de sua essência numenal, se alguém se voltar para o fulgor que emana da natureza iluminada, a falsidade se extinguirá, as atividades da mente serão purificadas e a miríade de fenômenos se revelará em sua existência num estado de harmonia perfeita. Em conseqüência, a interfusão perfeita de todos os fenômenos, como ensina a escola Hwaŏm, não se distingue da natureza fundamental dos seres sencientes e, se essa natureza for alcançada pela prática do Sŏn, a visão Hwaŏm da iluminação será também espontaneamente alcançada.

Inversamente, Chinul também tentou combater a noção que prevalecia entre os adeptos do Sŏn de que as escolas especulativas, em especial a escola Hwaŏm, estavam envolvidas apenas com a filosofia especulativa e não tinham interesse na prática da meditação. A escola Sŏn valorizava o uso mínimo de palavras e tentava manter a apresentação de seus ensinamentos na forma mais simples e despretensiosa possível. Muitos dos estudantes do Sŏn pressupunham que, como esse estilo conciso era a antítese das descrições conceituais prolíficas que prevaleciam nas escolas especulativas, sua retórica estava mais próxima da realidade não-conceitual. A filosofia especulativa, como produto dos processos de conceitualização do pensamento, apenas mantinha a tendência à discriminação, que era considerada a força que impedia os seres de compreender a natureza iluminada, não diferenciada. Chinul, no entanto, alertava os adeptos do Sŏn de que as descrições conceituais empregadas no ensino teórico na verdade destinavam-se a estimular o estudante a buscar alcançar a natureza búdica, a mesma meta visada pela prática da escola Sŏn. As descrições doutrinais destinavam-se aos seres sencientes dotados de menor capacidade, que ainda não eram capazes de engendrar o desapego radical, até mesmo do próprio pensamento, exigido pelo Sŏn. Dessa forma, essas descrições podiam instilar a compreensão apropriada do caminho e antecipar os resultados por segui-lo, estimulando, assim, os estudantes a ter confiança em sua capacidade de se aplicar em sua prática. No final, essas descrições convencionais deveriam ser abandonadas, a fim de se alcançar o acesso direto à verdade não-conceitual. O próprio Chinul não hesitou em usar o pensamento Hwaŏm como uma ferramenta heurística para explicar sua própria escola. Sempre salientando a função utilitária da teoria Hwaŏm, ele, no entanto, nunca defendeu a contemplação clássica da escola Hwaŏm ortodoxa, mas, ao contrário, estimulou a introspecção que buscava a essência fundamental do próprio *darma-dhātu*.

INTROSPECÇÃO E NATUREZA DO BUDA

A perspectiva sincrética de Chinul baseava-se em sua equiparação do ensinamento da escola Hwaŏm de que a natureza búdica pode ser alcançada já no início da prática com a doutrina Sŏn; de que a natureza búdica podia ser alcançada subitamente, pela simples visão da própria natureza original. Como corolário disso, Chinul via uma correspondência entre, de um lado, o postulado de Li T'ung-hsüan de que as mentes dos seres sencientes, que operam por meio de distinções, são originalmente idênticas à sabedoria fundamental da natureza búdica e, de outro, a tese Sŏn de que a "mente é o Buda". A unidade essencial entre o Kyo e o Sŏn será reconhecida quando for percebida a sabedoria latente da fulguração universal – a qualidade da senciência mais fundamental para todos os seres "sencientes". Essa visão é alcançada por meio da capacidade de introspecção, ou "contra-iluminação" (*panjo*): o voltar-se para a mente em si mesma e a verificação, por meio disso, da verdade da própria natureza búdica inata. Assim, a aproximação entre as seitas, forjada por Chinul, baseava-se na experiência direta da natureza-mente, e não simplesmente numa hipótese ou prova lógica. A visão de uma

O PERÍODO KORYŎ

realidade não mais caracterizada pelas distinções da mente, não mais restringida pelas limitações inerentes à conceitualização, reconcilia todos os pontos de vista rivais e consuma o ecumenismo.

As abordagens analíticas da verdade são em geral evitadas pela escola Sŏn. Embora os mestres da escola, inclusive Chinul, muitas vezes empreguem conceitos doutrinais, a fim de explicar o budismo de uma forma que permita às pessoas dotadas de menor capacidade compreendê-lo por si mesmas, eles o fazem com o único propósito de instigar o estudante a pôr a teoria em prática por meio da introspecção da própria mente, e não para comunicar posições ainda mais teóricas. As descrições destinadas a oferecer uma perspectiva teórica logicamente consistente, que delimite e separe o verdadeiro do falso, são inerentemente incapazes de expressar uma posição ampla, que possa abranger todos os pontos de vista possíveis. A limitação de toda perspectiva desse tipo e o apego a essa perspectiva – engendrado pela ignorância – inevitavelmente irão enredar seu defensor em dissensões e disputas, em vez de conduzi-lo à própria verdade. Como diz Chinul, "quando os dotados de menor capacidade espiritual se prendem às palavras, tudo se torna diferente. Quando os que são capazes compreendem apropriadamente, tudo se torna o mesmo" (KZ 218). Daí, um dos principais resultados das concepções especulativas é que a pessoa se vê impelida a entrar em conflito com os que sustentam concepções diferentes.

É por meio da introspecção – "voltando-se para a irradiação da mente", ou "voltando-se para a irradiação que emana da mente para sua fonte" – que se sobrepuja a compreensão conceitual limitada e se pode ter uma visão direta da interpenetração não-bloqueada de todos os fenômenos.

Se você puder de repente esquecer as diferenças de interpretação teórica dos ensinamentos verbais estabelecidos e, sentado em silêncio numa sala isolada, esvaziar seu coração e limpar seus pensamentos, voltar-se para a irradiação de sua própria mente e retornar a sua fonte, então você poderá considerar a natureza pura da mente sublime que, no imediato momento-do-pensamento, parece ser a iluminação original que está envolvida na degeneração, a iluminação original da pureza da natureza, o *dharma-dhātu* não-bloqueado, a Sabedoria Latente do Buda, ou Buda Vairocana. Onde o número e os fenômenos, o eu e o outro são idênticos, qualquer uma dessas alternativas se justifica (KZ 217).

Em vez de defender uma nova posição conceitual a partir da qual confronta-se o pluralismo das concepções religiosas, Chinul propunha elevar o debate a um nível inteiramente diferente. Seu foco em torno da "natureza pura da mente" era um critério absolutamente novo para a avaliação das posições teológicas, que exigia a confirmação empírica direta de sua validade, e não a mera sustentação especulativa.

A introspecção era uma técnica que voltava para a mente em si mesma o impulso habitual da mente para o mundo exterior dos

92   A ESPIRITUALIDADE BUDISTA

sentidos, até que fosse descoberta a fonte fundamental da mente, a sabedoria da fulguração universal. Fazer a irradiação inerente à mente voltar a sua fonte significava compreender instantaneamente que sempre fomos completamente iluminados e que somente a crença equivocada de que não ser iluminados é que impedia a percepção disso. Seus adeptos

> podem acompanhar a luz e se voltar para a mente, as degenerações que por vastas eras residiram no solo da ignorância se tornam a sabedoria do fulgor universal de todos os budas [...]. Todos eles são inteiramente sua própria essência e não, coisas externas (KZ 218).

A introspecção é o meio de mostrar a unicidade essencial de todos os fenômenos externos e a fusão que existe entre o número e todas as particularidades. Ela engendra a perspectiva ampla que, ao absorver todas as diferenças, pode resolver todos os conflitos e tensões tanto no interior de nós mesmos quanto em nossas interações com o ambiente exterior. A compreensão direta da própria iluminação inata que se alcança por meio da introspecção é, portanto, a experiência que revela as preocupações que os empreendimentos teóricos e de meditação tinham em comum no interior do budismo.

O papel central da introspecção na escola Sŏn coreana atesta a permanência da tradição do Tathāgatagarbha no budismo do Leste asiático. A utilidade dessa técnica exige a presença de uma natureza iluminada intata, isto é, a natureza búdica no interior de cada indivíduo, que meramente precisa ser restaurada a sua primazia original. Em vez de buscar eliminar as tendências nocivas da mente ou criar tendências salutares, a introspecção meramente "volta-se" para essa realidade profundamente oculta e, no entanto, sempre-presente, permitindo-lhe reafirmar-se. À medida que a natureza iluminada ressurge, são resolvidos todos os problemas causados pelo afastamento com relação à esfera fenomênica e a plena força potencial inerente a essa natureza resgata a capacidade de se exprimir livremente. Com base nessa ontologia da mente, Chinul desenvolveu as primeiras três abordagens importantes da prática espiritual budista: uma fé proléptica na compreensão da verdade da própria natureza búdica, que se baseava exclusivamente na interpretação de Li T'ung-hsüan (635-730) do pensamento Hua-yen chinês. A escola Sŏn coreana afirma que a natureza búdica é imanente em todos os momentos, em todos os seres; o estudante precisa apenas permitir que ela se manifeste livremente. Não há necessidade de buscar fora de si a natureza búdica, pois ela nada mais é que a própria mente: "A natureza búdica existe no presente, bem dentro de você; por que você a procura lá fora, em vão?" (KZ 141). Em conseqüência, "Se você quer conhecer a fonte de todos os budas, desperte para o fato de que sua própria ignorância é originalmente o Buda" (KZ 207, citando Li T'ung-hsüan). Essa convicção da própria iluminação inerente oferece

O PERÍODO KORYŎ   93

um estímulo vital para a prática. O destino último de todos os seres
sencientes – alcançar a iluminação, ou natureza búdica – está fitando-os
em rosto durante todo o tempo em que são sencientes. Resta apenas
afastar-nos das buscas ilusórias que continuam a nos enredar no ciclo
sem-fim do nascimento e morte e voltar-nos para nós próprios na fé,
para que esse destino se cumpra.

DESPERTAR SÚBITO/CULTIVO GRADUAL

A igreja Sŏn do período Koryŏ derivava dessa concepção do
inatismo da natureza búdica uma estratégia soteriológica especial: o
"despertar súbito/cultivo gradual". Essa abordagem tinha suas raízes
na longa controvérsia no âmbito do budismo do Leste asiático quanto
a se a iluminação era alcançada instantaneamente ou por um processo
de desenvolvimento gradual. Os coreanos aceitavam a estratégia do
despertar súbito/cultivo gradual como a abordagem mais apropriada
para a maioria das pessoas, pois ela oferecia a explicação mais ampla e
praticável dos processos que governavam a prática e a gnose. Embora
o valor de outras abordagens não fosse posto em questão, sua viabili-
dade como um instrumento da prática era questionável. Na Coréia, a
concepção de que o despertar súbito inicial tinha de ser seguido por um
cultivo gradual foi inicialmente defendida por Chinul, que o adotou com
base nos textos dos exegetas chineses, e por Tsung-mi (780-841), considerado o Quarto Patriarca tanto da escola doutrinal Hua-yen quanto
da escola Ch'an de Ho-tse. O despertar e o cultivo eram subdivididos:
o despertar da compreensão e o despertar da compreensão direta são
distinguidos, assim como o cultivo do não-pensamento e o cultivo
provisório, que lida com todas as questões. Para finalidades heurísticas,
podemos abordar o despertar e o cultivo separadamente, na prática, no
entanto, eles teriam de funcionar simbioticamente.

A abordagem da escola Ho-tse, tal como formalizada por Tsung-mi,
envolvia um despertar inicial da compreensão, que produzia a compreensão correta tanto da natureza quanto das características dos
darmas, assim como dos aspectos absolutos e convencionais dos fenômenos. Esse despertar, que ocorre instantaneamente, permite ao
estudante saber que ele de fato é inatamente iluminado e idêntico em
princípio a todos os budas.

> Exatamente o que é o despertar súbito? Devido à ilusão sem-começo, você en-
> tende que a materialidade é o corpo, que os pensamentos ilusórios são a mente e que
> ambos juntos são o eu. Mas se você encontra um conselheiro espiritual que explica o
> significado de conceitos como a imutabilidade e adaptabilidade da mente, você pode
> despertar abruptamente para o fato de que sua própria mente verdadeira é originalmen-
> te calma e vazia de todas as dualidades; ela é o próprio *dharmakāya*. Essa não-dualida-
> de do corpo e mente é o eu verdadeiro; não existe a menor diferença entre ele e todos os
> budas. Em conseqüência, diz-se que o despertar é súbito (KZ 278, citando Tsung-mi).

94 A ESPIRITUALIDADE BUDISTA

A ilusão de servidão e o alcance do despertar súbito são comparados a um homem livre que sonha que está encarcerado e que, pelo simples despertar desse pesadelo, veria que de fato sempre foi livre. Nesse esquema, o despertar inicial da compreensão permite que se perceba a natureza verdadeira da mente e o próprio potencial para a iluminação. Essa compreensão é, no entanto, completamente confirmada apenas após o despertar da compreensão direta, o ponto mais alto da própria vocação, quando vivenciamos a iluminação plena por nós mesmos. Nesse ponto, o conhecimento passivo de nosso próprio potencial de iluminação é transformado numa capacidade dinâmica de nos inspirar nessa iluminação, para guiar também outros seres rumo à libertação.

É por meio do processo de cultivo gradual que a compreensão alcançada através do próprio despertar inicial pode permear a totalidade do próprio ser, conduzindo em última análise ao despertar da compreensão direta. Os padrões habituais de pensamento e ação desenvolvidos durante inúmeras vidas anteriores estão tão completamente enraizados que há pouca esperança de que sejam levados a um fim abrupto. Para se modificar a força inercial deles é preciso um longo processo de cultivo gradual, que só pode se iniciar quando se alcançou a compreensão por meio do despertar inicial. O cultivo inicial é descrito da seguinte forma:

> Mesmo após você ter subitamente despertado para o fato de que sua mente verdadeira é exatamente o mesmo que todos os budas, por muitas eras você terá equivocadamente concebido a materialidade como sendo o eu. Uma vez que seus hábitos se tornaram uma segunda natureza, é extremamente difícil abandoná-los de uma hora para outra. Por essa razão, ao mesmo tempo em que se apoia em seu despertar, você deve exercer o cultivo gradual. Uma vez que não existem mais degenerações a se eliminar, você terá alcançado a natureza búdica. No entanto, não existe uma natureza búdica que se possa alcançar fora dessa mente verdadeira. Dessa forma, embora deva exercer o cultivo gradual, você despertou previamente para o fato de que as degenerações são originalmente vazias e que a natureza da mente é originalmente pura. Assim, ao eliminar o insalubre, você está eliminando sem eliminar nada; enquanto cultiva o saudável, você está cultivando sem cultivar nada (KZ 280, citando Tsung-mi).

No entanto, somente o cultivo que se segue ao despertar será eficaz, pois então se terá reconhecido por meio do despertar inicial que o cultivo não é uma precondição necessária do alcance da iluminação, como foi equivocadamente afirmado pelas chamadas escolas gradualistas do budismo, que o Sŏn coreano invariavelmente condenava. Uma vez que o despertar da compreensão revelou, no próprio início da prática, que a mente é inatamente pura e livre de todas as degenerações, essas degenerações se eliminam ao mesmo tempo em que se sabe que não há aí realmente nada que precise ser eliminado. De modo análogo, também se desenvolvem as qualidades saudáveis da mente, ao se compreender que não há nada que precise ser desenvolvido. Essa interpretação do cultivo é semelhante ao acalmar gradual das ondas (as degenerações) após o cessar do vento que as agitava (a ignorância fundamental da própria natureza búdica inata): está-se simplesmente permitindo que um processo natural se complete.

Uma vez que o cultivo gradual se realiza enquanto se permanece consciente da natureza não-diferenciada da mente, o cultivo pode incluir dois tipos distintos, mas ao mesmo tempo complementares, de prática. São eles o cultivo do não-pensamento, que está em conformidade com a natureza não-conceitual e numenal da mente, e o cultivo que lida com todas as questões e que torna possível o desenvolvimento das infinitas qualidades saudáveis inerentes a essa natureza, a fim de ajudar outros seres. Porque o adepto sabe que a iluminação não é um produto do cultivo, a prática pode significar manter um estado passivo de não-pensamento, no qual o indivíduo deve simplesmente manter a mente num estado indiferenciado, não-conceitual. O não-pensamento compele o adepto a desenvolver um desapego radical com relação ao processo de conceitualização e à visão limitadora, criada pelo processo, da natureza da própria mente. O cultivo que lida com todas as questões é o aspecto dinâmico da prática; nele, a força inerente a essa natureza numenal é utilizada para corrigir as formas de se interagir com o mundo e para intensificar a própria capacidade de ensinar os outros seres. Mas como é simplesmente a aplicação da natureza numenal, essa abordagem não precisa envolver processos de pensamento discriminativos, como na interpretação das escolas gradualistas dessa espécie de prática. Desse modo, o cultivo gradual que se segue ao despertar dá um lugar na prática para o desenvolvimento ativo de todas as qualidades positivas do bodisatva e para a supressão dos traços negativos, enquanto ainda se mantém a mente num estado espontâneo e indiferenciado.

Essa relação entre as formas mais passivas e as mais dinâmicas do cultivo é possível devido ao ensinamento acima mencionado, relativo à essência (*ch'e*) e função (*yong*) da natureza-mente unitária. Pelo uso dessa distinção, o não-pensamento podia ser considerado como a essência do cultivo que lida com todas as questões, enquanto o cultivo que lida com todas as questões seria a função do não-pensamento. Na medida em que sua atuação pode diferir, porque se compreendeu, no primeiro momento do despertar, que ambos se baseiam na natureza indiferenciada da mente, é possível envolver-se em ambos os tipos de cultivo e, ao mesmo tempo, nunca se afastar dessa unidade essencial.

O CULTIVO SIMULTÂNEO DA CONCENTRAÇÃO E DA SABEDORIA

A simbiose entre as abordagens passiva e dinâmica da prática conduziam, por sua vez, à segunda das três principais abordagens da meditação ensinadas na escola Sŏn do período Koryŏ, isto é, o cultivo duplo da concentração (*samādhi*) e da sabedoria (*prajñā*). *Samādhi* e *prajñā* (juntamente com *śīla*, ou moralidade) eram os principais constituintes do desenvolvimento espiritual ensinado nos textos sagrados do budismo. A prática se iniciava com o aprendizado de como delimitar o alcance da própria resposta aos estímulos externos por meio do refreamento moral (*śīla*). Em seguida, o praticante da meditação devia começar a controlar a volição que conduzia à ação, por meio da concentração da mente (*samādhi*). A força da mente engendrada por meio de *samādhi* devia, por fim, se aplicar ao exame de si próprio e de seu próprio mundo, e das interrelações que se produziam entre os dois e a sabedoria (*prajñā*). Ao se aprender sobre os processos de governar a vida, podia-se usar *prajñā* para ver as coisas como elas verdadeiramente eram – e não a partir do próprio ponto de vista subjetivo e tendencioso – e, com isso, cortar os laços (em especial, a cobiça) que nos confinam ao círculo contínuo de *samsara*. Essa era a iluminação e a libertação. Como essa descrição de *samādhi* e *prajñā* nos textos sagrados apresentava a iluminação como o produto final de um longo processo de desenvolvimento, os budistas da escola Sŏn coreana, assim como suas contrapartidas chinesas, a consideravam uma abordagem inferior e gradualista, que não podia ser o cultivo correto, porque não era marcada pelo despertar súbito inicial.

Em suas tentativas de encontrar um papel na prática Sŏn para essa explicação tradicional de *samādhi* e *prajñā*, os coreanos descreviam uma forma relativa dessas duas faculdades, que podia ser usada durante o cultivo gradual que se seguia ao despertar. Nessa interpretação, *samādhi* e *prajñā* deviam ser usados no combate às formas variantes das degenerações. O *samādhi* podia controlar os pensamentos errantes, criando uma estabilidade da mente que tornaria possível ao *prajñā* penetrar o véu de ignorância e expor a natureza verdadeira dos fenômenos. O *prajñā* podia despertar a mente da letargia e ajudar o praticante da meditação a permanecer atento a sua prática. Havia, no entanto, uma interpretação muito mais sofisticada do *samādhi* e do *prajñā*, extraída do *Sutra da Plataforma* e atribuída ao sexto patriarca do Ch'an, Hui-neng (638-713), que constituía o que a escola Sŏn coreana denominava uma forma absoluta de *samādhi* e *prajñā*, hoje identificada à essência e função da natureza própria da mente em si. *Samādhi* e *prajñā* eram considerados como qualidades inatas da mente, descobertas por meio do despertar súbito inicial para nossa própria natureza iluminada e não-dual. *Samādhi* passou a significar a essência da mente e se caracterizava pela calma e tranqüilidade. *Prajñā* significava o funcionamento da mente e se caracterizava pelo estar alerta. Mas, como a essência e a função da mente não se diferenciavam, o *samādhi* era de fato a essência do *prajñā*: assim a mente podia estar calma e, mesmo assim, simultaneamente, alerta. Da mesma forma, o *prajñā* era o funcionamento do *samādhi*: assim a mente podia estar alerta e, mesmo assim, sempre calma.

O PERÍODO KORYŎ

Como propriedades inerentes da mente, não qualidades a ser aperfeiçoadas, *samādhi* e *prajñā* tinham eficácia em todos os níveis da prática. No início da prática, na ocasião do despertar do pensamento da iluminação (*bodhicittotpāda*), essas capacidades eram denominadas calma (*śamatha*) e introvisão (*vipaśyanā*), respectivamente; quando a prática continuava naturalmente em todas as situações, elas eram denominadas *samādhi* e *prajñā*; e com o alcance da natureza búdica, eram denominadas nirvana e bodi.

> Da ativação inicial de *bodhicitta* [a aspiração à iluminação] até o alcance da natureza búdica, existe apenas calma [=*samādhi*] e apenas consciência [=*prajñā*], imutável e incessantemente. É somente de acordo com sua posição respectiva [no caminho da prática] que suas designações e atributos diferem levemente (KZ 111, seguindo Tsung-mi).

Uma vez que os praticantes adiantados da meditação poderiam permanecer centrados na natureza própria e, assim, chegar sem esforço à comunhão com a essência (*samādhi*) e função (*prajñā*) da natureza, eles poderiam permanecer simultaneamente ativos e passivos em meio a todas as atividades. Quando a atividade e a tranqüilidade eram assim equiparadas, todos os esforços de se lidar com as degenerações como sendo em última análise reais eram tornados desnecessários. De modo análogo, quando todas as diferenciações do pensamento retornavam naturalmente a sua fonte indiferenciada e quando todos os pensamentos estavam em conformidade com o caminho, o estudante, mesmo quando confrontado com os efeitos das ações passadas, estaria cultivando o *samādhi* e o *prajñā* como um par. O *samādhi* e o *prajñā* da natureza própria não exigiam nenhum esforço para se manter, pois, uma vez que alcançassem o equilíbrio, operavam automaticamente e sem esforço. É essa interpretação dessas capacidades que a escola Sŏn denominava a simultaneidade do *samādhi* e do *prajñā* e que constituía o que a escola mais comumente descrevia como "ver a natureza" (*kyonsŏng*; ch. *chien-hsing*; j. *kenshō*) (cf. KZ 152).

HWADU

Vimos a influência importante exercida no desenvolvimento do budismo do período Koryŏ por exegetas como Li T'ung-hsüan e Tsung-mi, que tinham vínculos estreitos com as escolas doutrinais de budismo. No entanto, na síntese que por fim se realizaria entre o Kyo e o Sŏn, durante o período Koryŏ, havia um outro elemento que provinha de fontes explicitamente Ch'an: a investigação da "frase crítica" (*hwadu; c. hua-t'ou*). Tratava-se de uma nova forma de meditação exclusivamente Ch'an, que foi desenvolvida no interior da linhagem Lin-chi chinesa por mestres como Yüan-wu K'o-ch'in (1063-1135) e Ta-hui Tsung-kao (1089-1163). A sistematização de Ta-hui da prática *hwadu* influenciou fortemente as obras posteriores de Chinul. Chinul, distan-

98 A ESPIRITUALIDADE BUDISTA

ciado apenas a uma geração de Ta-hui, foi o primeiro adepto da escola Sŏn a ensinar a técnica *hwadu* formal na península. Os sucessores de Chinul impulsionaram a investigação da técnica em meio à vanguarda da prática budista coreana e, hoje, virtualmente todos os praticantes do Sŏn na Coréia ainda praticam a meditação *hwadu*.

As primeiras obras de Chinul não tratavam da técnica *hwadu* e ela somente receberia um lugar de destaque em sua obra-prima, *Extratos da Coletânea do Darma e Registro Especial da Prática*, publicada em 1209, apenas um ano antes de sua morte. Mesmo nesse texto, ele hesita em prescrever a prática *hwadu* a qualquer um, mas apenas aos praticantes da meditação mais excepcionais. Embora o estudante mais talentoso pudesse alcançar um despertar aparente por meio da investigação do *hwadu*, Chinul temia que o despertar tivesse valor apenas enquanto o praticante estivesse totalmente absorto na meditação. Tão logo o praticante se afastasse do estado de concentração e voltasse a se envolver com a ação, sua falta de uma compreensão prévia da natureza e características da mente o predisporia a equivocadamente considerar as degenerações como sendo reais. Assim, até mesmo para os que tivessem se iniciado na prática *hwadu*, Chinul ainda recomendava o uso de técnicas budistas mais tradicionais, como a forma relativa de *samādhi* e *prajñā*, sempre que as tendências degeneradas da mente se manifestassem. A prática *hwadu* era então colocada no interior do esquema do despertar súbito/cultivo gradual.

Na obra de Chinul, *Solucionando as Dúvidas sobre a Observação do Hwadu*, publicada postumamente, parece ter ocorrido uma cristalização de sua concepção dessa técnica da linhagem Lin-chi. Nós não encontramos mais a atitude liberal com relação às escolas teóricas e a discussão hesitante dos ensinamentos da escola Sŏn que caracterizavam suas obras anteriores. Chinul não atua mais como o apologeta do Sŏn, tentando defender a perspectiva Sŏn por meio da busca de paralelos nos textos sagrados. Em sua obra, Chinul aceita plenamente a interpretação de Ta-hui para o Ch'an e busca provar que, em termos de técnica, eficácia e ortodoxia budista, a abordagem *hwadu* é superior a todas as outras formas de meditação budista. A mudança de atitude de Chinul prenuncia a eclipse final da influência de Tsung-mi na tradição coreana e o resultante predomínio dos métodos de Lin-chi.

O termo *hwadu* significa literalmente a "cabeça (*tu*) do discurso (*hwa*)" e se refere ao tópico, tema principal ou frase crítica que aparece num *kongan* (j. *koan*). Assim, no *kongan* popular, no qual Chao-chou Ts'ung-shen (778-897), em resposta à pergunta "Um cachorro tem ou não a natureza do Buda?", diz "*Não!* Um cachorro não (*mu*)", a frase crítica, ou *hwadu*, seria apenas a palavra *mu*. Na investigação da prática *hwadu*, o estudante aprende a se concentrar exclusivamente na palavra *mu* e, com isso, a pôr um fim no processo incessante de conceitualização. Como a "cabeça do discurso", a técnica *hwadu* podia ser tomada

O PERÍODO KORYŎ

metaforicamente como conduzindo ao "ponto alto do discurso", ou "o ponto no qual o discurso se exaure em si mesmo". Uma vez que o discurso sempre foi considerado pelos budistas como a simples verbalização dos processos internos do pensamento e da imaginação, investigar o *hwadu* conduz aos próprios limites do pensamento em si mesmo e atua como uma cura para a tendência inveterada à conceitualização. Assim, a investigação do *hwadu* aperfeiçoa instantaneamente o cultivo do não-pensamento, que conduz ao despertar da compreensão direta no esquema soteriológico de Tsung-mi, mas sem exigir que o cultivo seja mantido durante um período de cultivo gradual. Dessa forma, o *hwadu* oferecia um atalho para a iluminação.

O *hwadu* serve para catalisar uma renúncia radical das tendências da mente à conceitualização. A maioria das formas de meditação budista exige isso, mas o *hwadu* é a única a fazer disso o aspecto fundamental de sua prática. A técnica *hwadu* busca repudiar todas as esperanças e desejos que a mente dualista sempre acalentou e, dessa forma, é um dispositivo destinado a remover a mais sutil das degenerações, até mesmo as que parecem surgir do desejo de compreender o budismo ou de alcançar a iluminação. Deve-se simplesmente manter o *hwadu* diante de si próprio em todas as ocasiões e durante todas as atividades, até que ele tenha finalmente nos penetrado e o domínio incondicionado tenha sido descoberto. Como diz Chinul:

> Se quiser compreender o princípio do atalho, você deverá vislumbrar subitamente o pensamento uno [do *hwadu*] – então e somente então você compreenderá o nascimento e a morte. Isso se denomina o acesso do despertar. No entanto, você não deve reter nenhum pensamento à espera desse despertar. Se retiver um pensamento que simplesmente espere pelo despertar vislumbre, então você nunca o alcançará por uma eternidade de eras. Você precisa apenas abandonar, de uma vez, a mente cheia de pensamentos ilusórios e invertidos, a mente das distinções lógicas, a mente que ama a vida e odeia a morte, a mente do conhecimento e das concepções, da interpretação e da compreensão e a mente que exulta na quietude e se afasta da perturbação. Somente quando tiver abandonado tudo, você realmente estará olhando para o *hwadu* (KZ 337-38, citando Ta-hui).

Chinul distinguia entre dois tipos de exame do *hwadu*: a investigação do significado do *hwadu* e a investigação apenas da palavra em si. Tomando novamente o *hwadu mu* como exemplo, o estudante investigando o significado poderia considerar a pergunta: "Com que intenção na mente Chao-chou diz que um cão não tem a natureza do Buda? As escrituras afinal não proclamam que todos os seres sencientes são inatamente iluminados?". Como esse tipo de investigação é intelectualmente mais palatável (lit. tem sabor), é mais fácil para o principiante empreendê-lo. Embora esse tipo de exame não seja explicitamente descrito por Ta-hui, mesmo ele observa que quando se lêem os sutra ou as histórias sobre as experiências de iluminação dos mestres da escola Ch'an, é possível não "compreendê-los claramente" (KZ 336),

100 A ESPIRITUALIDADE BUDISTA

o que sugere que também ele admitia alguma forma de investigação do significado. De qualquer forma, uma vez que esse tipo de exame não poria um fim definitivo nos processos conceituais do pensamento e, assim, não permitiria ao pensamento retornar a sua fonte pré-conceitual, ele tinha de ser no final abandonado, em favor de uma investigação da palavra. Nessa abordagem mais avançada, o estudante não deve se preocupar com os motivos de Chao-chou para dizer "não" e se concentrar apenas na própria palavra. Como essa abordagem não leva o estudante a uma série de pensamentos relativos ao *hwadu*, ela pode produzir a experiência do não-pensamento, que dá início ao despertar da compreensão direta e à iluminação plena.

Esses tipos de investigação correspondem à distinção que a tradição Ch'an traça entre "palavras mortas" e "palavras vivas". O significado do *hwadu* seria a palavra morta, pois ele não conduz o estudante a abandonar a compreensão conceitual: isto é, os processos de pensamento normais, caracterizados pelas distinções. Apesar de seu valor passageiro na intensificação da investigação do *hwadu*, focalizar a palavra morta permite que o "obstáculo da compreensão" permaneça e, assim, deixa o estudante sujeito às dez falhas na investigação *hwadu*, relacionadas por Ta-hui e adaptadas por Chinul. Dados com referência ao *hwadu mu*, vários desses obstáculos à prática se aplicam a cada *hwadu*: 1. Não compreender que o *mu* (não) significa quer "sim" quer "não"; 2. Não considerá-lo em relação à teoria doutrinal: por exemplo, talvez o cão não tenha a natureza do Buda porque sua mente está tomada pela ignorância; 3. Não ponderar logicamente sobre seu significado; 4. Não tentar inferir o significado do *hwadu* dos gestos que um mestre possa fazer, como levantar as sobrancelhas ou piscar os olhos; 5. Não usar o raciocínio para imaginar as respostas ao *hwadu*: 6. Não se ocupar no interior da tenda da indiferença, como fizeram os seguidores da chamada "iluminação silenciosa", ou escola Ts'ao-tung; 7. Não considerar o *hwadu* lá onde ele é objeto da atenção, procurando entender como a própria mente funciona; 8. Não buscar provas da resposta ao *hwadu*, por meio do exame das palavras; 9. Não entender o *mu* como significando "nada" nem "não-existência"; 10. Não permanecer num estado de ilusão da mente, esperando passivamente a chegada da iluminação (cf. KZ 338, 244-45). Se ocorrer qualquer uma dessas falhas, eles devem ser imediatamente eliminados, mas sem fazer a suposição de que teria ocorrido algo de real que precisaria ser eliminado. Uma tal suposição permitiria que mais distinções penetrassem na prática, assim agravando as falhas. A maioria das falhas envolve tentativas de encontrar uma resposta ao *hwadu* por meio do raciocínio. Os coreanos não buscavam respostas aos *kongans*, nem esperavam que o estudante conhecesse toda uma série de *kongans* antes que a iluminação pudesse ser alcançada. Todo *kongan* era tão bom quanto qualquer outro, pois todos faziam retornar à fonte do próprio pensamento. Assim, não havia

O PERÍODO KORYŎ

necessidade de o praticante da meditação mudar de *hwadu* no decorrer de sua meditação, como nas escolas japonesas de tradição Rinzai, ao contrário, ele devia se aprofundar cada vez mais num único *hwadu* até alcançar a plena compreensão direta. O *hwadu* servia como mera ferramenta para dar fim à conceitualização.

Somente quando a investigação do estudante passava para a "palavra viva", a investigação da palavra, é que as falhas acima podiam ser evitadas e a verdadeira prática *hwadu* começava. Essa palavra viva é descrita como a arma que esmaga o conhecimento teórico e a concentração limitadora: Hyesim, discípulo de Chinul, explicava que o *hwadu* destrói a consciência ativadora fundamental (ch. *yeh-shih*), que cria a bifurcação entre sujeito e objeto e conduz o desafortunado indivíduo à ilusão e os desejos. Somente quando se faz cessar a consciência ativadora por meio da não-conceitualização é que se pode alcançar a iluminação. A força que impele a mente na direção desse alcance é a perplexidade ou a sensação de assombro – na terminologia da escola Ch'an, a "sensação de dúvida" – que resulta da investigação do *hwadu*. Esperava-se que após refletir vezes sem parar "Por que Chao-chou disse não?", o estudante por fim ficaria frustrado com sua incapacidade de encontrar uma solução e aceitaria que todas as possibilidades de compreender a pergunta por meios racionais estavam completamente esgotadas. A essa altura, somente permaneceria a sensação de dúvida. Assim, a dúvida é a expressão última da honestidade espiritual, fazendo a pessoa se render a sua própria ignorância e fazendo-a aceitar que não é possível captar o significado verdadeiro do *hwadu*. Somente essa rendição produz o desapego radical com relação até mesmo aos próprios padrões de pensamento que permite que o despertar ocorra.

A dúvida podia surgir também como o desenvolvimento natural de uma busca profunda do significado das passagens difíceis das conversas de um mestre do Sŏn ou dos textos sagrados:

> Quando você lê os sutra ou as histórias sobre a iluminação (lit. a entrada para o caminho) dos mestres antigos e não os entende claramente, sua mente fica intrigada, frustrada e "sem sabor" – como se você estivesse mastigando uma barra de ferro. Quando isso ocorre, você deve investir toda sua energia. Em primeiro lugar, não deixe a perplexidade desaparecer, pois esse é o ponto em que o intelecto não pode atuar e que o pensamento não pode alcançar; essa é a estrada na qual a distinção se interrompe e a teorização se encerra (KZ 336, citando Ta-hui).

A intensidade da dúvida de uma pessoa depende de se ela está investigando o significado da palavra. A dúvida que se desenvolve a partir da investigação do significado conduz apenas ao despertar da compreensão, pois não liberta a mente da compreensão intelectual. A dúvida produzida pela investigação da palavra, no entanto, conduz ao despertar da compreensão direta e, assim, à plena iluminação. À medida que a dúvida se intensifica, os processos "normais" não mais conseguem operar e a conceitualização se interrompe. A tensão que a dúvida cria no intelecto finalmente força o pensamento a implodir, produzindo uma pressão interna tão intensa que faz "explodir" a "massa de dúvidas". Essa explosão faz cessar os processos ordinários de conceitualização, que são todos dependentes de um ponto de vista limitador – o senso do ego. As distinções artificiais que se criam entre o eu e o outro se desintegram e a pessoa se torna consciente dos muitos níveis da inter-relação simbiótica que existem entre ela própria e todas as outras coisas do universo. Na visão coreana, a iluminação é justamente essa visão da interconexão universal. Assim, os budistas do período Koryŏ podiam afirmar que a experiência da iluminação engendrada por meio da prática Sŏn tinha seu análogo preciso no ensinamento Hwaŏm da "interpenetração não-bloqueada de todos os fenômenos" (*sasa muae*) e oferecia uma base para a união dos dois sistemas num nível gnoseológico.

Alinhando-se às tentativas de Chinul de reconciliar tendências divergentes no interior do budismo de sua época, os budistas do período Koryŏ buscaram fazer do *hwadu* uma ferramenta de amplo alcance da meditação que podia ser empregada pelos estudantes em todos os níveis do desenvolvimento espiritual. Embora o próprio Chinul estivesse interessado na abordagem de Ta-hui da prática Ch'an, no final ele parece ter se desiludido da capacidade da grande maioria dos praticantes da meditação de investigar a palavra, e não o significado do *hwadu*. Mesmo em *Solucionando as Dúvidas sobre a Observação do Hwadu*, sua manifestação mais veemente em apoio à abordagem de Ta-hui, Chinul lamenta:

> Raramente se vê e raramente se ouve hoje em dia os que manifestaram essa sabedoria da compreensão direta (alcançada por meio da investigação da palavra). Em conseqüência, devemos hoje valorizar a abordagem que investiga o significado do *hwadu* e, com isso, produzir a sabedoria e o conhecimento correto (KZ 253).

Assim, embora o interesse dos budistas do período Koryŏ se voltasse cada vez mais para a prática do *hwadu*, ela, no entanto, jamais suplantou completamente a soteriologia do despertar súbito/cultivo gradual de Tsung-mi, que buscava produzir o "conhecimento e visão corretos".

Os ensinamentos dos Três Portais Misteriosos, um novo princípio hermenêutico adaptado de Lin-chi I-hsüan (m. 866), eram empregados tanto para distinguir os diversos níveis do discurso Sŏn quanto para diferenciar a retórica Sŏn da que era usada nas escolas Kyo. O primeiro desses níveis era o "mistério da essência", no qual os exegetas da escola Sŏn podiam usar uma retórica que lembrava a das escolas doutrinais, para descrever a meta religiosa do budismo e o processo que conduzia a ela. Assim, tanto Ta-hui quanto Chinul podiam oferecer a seguinte descrição da iluminação: "Através de sistemas sem-fim, a própria pessoa e os outros não estão separados sequer pela ponta de um fio de cabelo; os

O PERÍODO KORYŎ 103

períodos de dez vezes, do começo ao fim, não se separam do momento do pensamento presente" (KZ 240)[8]. Como uma explicação como essa seria mais acessível ao estudante médio, ela era um recurso apropriado para iniciar uma pessoa na prática Sŏn. A maioria dos praticantes da meditação precisava da mediação dos conceitos para poder fazer progressos, pois, sem ela, eles simplesmente se "sentam cochilando, com suas mentes nubladas, seus esforços todos em vão, ou então deixam sua mente vagar na agitação e confusão durante sua prática da meditação" (KZ 264). O principiante deve vir a perceber que sua percepção equivocada fundamental, de que ele e seu mundo estão poluídos pelas degenerações, provém de sua própria ignorância. Mas essa ignorância se baseia, ela própria, na natureza pura da mente, no ser-tal essencial a partir do qual toda multiplicidade se desenvolve – daí, a expressão "mistério da essência". O estudante compreende então que é necessário apenas um reajuste de sua percepção equivocada para que essa natureza inerente do ser-tal se manifeste. Com essa compreensão, pode-se iniciar o treinamento, convencido da própria capacidade de êxito.

O primeiro portal misterioso é um meio apropriado, destinado a instilar as concepções corretas nos iniciantes, dando-lhes fé em sua vocação e em sua capacidade de realizá-la. À medida que a compreensão do estudante amadurece, no entanto, um outro passo deve ser tomado, para garantir que essa compreensão não se torne um obstáculo para a compreensão direta da verdade. A compulsão a se conceitualizar todas as nossas experiências é uma das tendências mais profundamente enraizadas da mente; ela vicia a capacidade da pessoa de vivenciar os fenômenos em seu caráter único, em vez de em termos de pré-concepções.

O segundo portal misterioso, o "mistério da palavra", visa restaurar o nível direto da cognição. "Palavra" aqui significa o *hwadu*, que naturalmente ainda é uma palavra, e assim envolve pelo menos um mínimo de conceitualização. Mas, como o *hwadu* é muito mais "conciso" que as descrições, muitas vezes em perífrase, empregadas no primeiro portal misterioso e, dessa forma, depende muito menos de conceitos para transmitir seu significado, ele está muito mais próximo de responder a uma experiência não-conceitual do domínio incondicionado. É por isso que os escritores da tradição Ch'an posterior descrevem o *hwadu* como um dispositivo homeopático, que emprega uma pequena dose de veneno (a palavra ou conceito que constituía o *hwadu*), a fim de curar uma doença virulenta (a conceitualização). O *hwadu*, dessa forma, produz "visão e conhecimento purificadores", que afrouxam o apego da mente às descrições conceituais emitidas no primeiro portal.

---

8. Esse relato da iluminação tem um paralelo preciso no ensinamento da escola Hua-yen da "penetração não-bloqueada de todos os fenômenos" e na verdade é extraído literalmente de Li T'ung-hsüan, o exegeta Hua-yen, tão importante para o sincretismo de Chinul. Cf. seu uso por Ta-hui em KZ 213.

A investigação contínua do *hwadu* ajuda a acostumar a mente à experiência do não-conceitual e a libertá-la da necessidade de se apoiar em conceitos. No entanto, o mero fato de se investigar o *hwadu* ainda pode deixar a impressão equivocada de que se está tentando produzir as causas que conduzirão à iluminação, isto é, que existem condições específicas que produzem a compreensão direta do incondicionado. Essa dependência com relação aos próprios esforços é o mais sutil dos apegos, que afasta o estudante da experiência do incondicionado e gera a idéia equivocada de que a verdade é de alguma forma externa a ele próprio, algo a se alcançar, em vez de algo a ser simplesmente aceito. Chinul lamenta:

> É trágico. As pessoas têm estado iludidas por tanto tempo. Elas não reconhecem que suas próprias mentes são os budas verdadeiros. Não reconhecem que suas próprias naturezas são o darma verdadeiro. Querem buscar o darma, mas ainda procuram os santos, lá longe. Querem buscar o Buda, mas não observam suas próprias mentes. Se elas aspiram ao caminho da natureza búdica, ao mesmo tempo em que se prendem obstinadamente ao sentimento de que o Buda está fora da mente ou o darma está fora da natureza, então, mesmo que se passem eternidades tão numerosas quanto pontos de poeira [...] suas aflições somente irão aumentar [...]. Em conseqüência, você deve saber que fora dessa mente não existe uma natureza búdica que se possa alcançar (KZ 141).

É necessário um último elemento catalisador para provocar o reconhecimento da falácia de "tentar", de acreditar que se vai se fazer iluminado, e despertar a coragem de abandonar tudo – inclusive toda pretensão com relação à própria prática ou sejam quais forem os estados de consciência mais elevados que possam ter sido alcançados por meio dessa prática – e "se afastar um passo do marco de cem pés", rumo à compreensão direta do incondicionado. O terceiro portal misterioso, o "mistério no mistério", é esse catalisador. Esse portal inclui pausas, silêncios e outras expressões não-verbais do funcionamento translingüístico da mente iluminada, todos eles podendo ser empregados pelos mestres da escola Sŏn, a fim de chocar o estudante e tirá-lo da complacência induzida pela atividade conceitual "normal" da mente. Daí, por fim, mesmo "a visão e o conhecimento purificadores" do *hwadu* ter de ser abandonados, para que a verdadeira compreensão direta ocorra. Muitas vezes esse elemento catalisador pode ser simplesmente o choque que resulta de um estímulo do ambiente, como um som repentino. Ou mesmo os golpes e reprimendas intencionalmente aplicados pelos mestres do Sŏn, para impelir o estudante a abandonar o apego até mesmo ao eu. A experiência direta e intuitiva do domínio incondicionado ao qual esse portal dá acesso induz a uma súbita compreensão direta do *darma-dhātu* e confere ao estudante a capacidade de se envolver na prática sem ser perturbado ou afetado por degenerações ou concepções equivocadas de qualquer espécie. Como esse terceiro mistério abandona a compreensão conceitual sancionada nos dois portais anteriores, ele

O PERÍODO KORYŎ 105

chega o mais próximo possível, em termos convencionais, da descrição do domínio incondicionado que está além dos conceitos.

A retórica Sŏn, dessa forma, avançou das descrições catafáticas da pureza inata da mente no primeiro portal misterioso, passando pelas descrições mais apofáticas do segundo portal, até chegar às formulações radicalmente não-conceituais do terceiro, cuja catáfase vivencialmente baseada sanciona a catáfase conceitualmente baseada do primeiro portal. Foi por meio desses três portais que a tradição Sŏn *kanhwa* (Sŏn da observação do *hwadu*) da escola Lin-chi pôde ser incorporada à abordagem soteriológica de Tsung-mi do despertar súbito/cultivo gradual, sendo essa nova síntese então combinada com os ensinamentos teóricos da escola Hwaŏm. Essa síntese seria uma marca característica do budismo coreano, do período Koryŏ em diante.

Após Chinul, o budismo do período Koryŏ passa a se concentrar de forma cada vez mais manifesta em torno do Sŏn *kanhwa*, o estilo de prática emblemático da escola Lin-chi chinesa desde a época de Ta-hui. Os vínculos entre a tradição Sŏn coreana e a escola Lin-chi chinesa foram estimulados não apenas devido a suas afinidades contemplativas naturais, mas também devido a exigências políticas, pois a Coréia ficou sob a suserania da dinastia mongólica de Yüan, após a metade do século XIII.

Dois mestres coreanos representativos da tradição Sŏn no final do período Koryŏ, T'aego Pou (1301-1382) e Naong Hyegŭn (1320-1376), viajaram para a China, em busca da transmissão dos mestres da escola Lin-chi da dinastia Yüan, mas, curiosamente, após já ter alcançado a iluminação na Coréia. Dessa forma, essas peregrinações não necessariamente sugerem que havia deficiências na tradição coreana nativa, nem que os mestres buscavam promover alguma espécie de consolidação formal entre a escola Chogye-chong coreana e a escola Lin-chi chinesa, como sustentam alguns estudiosos. Ao contrário, eram tentativas de confirmar a autenticidade da tradição nativa do budismo aos olhos dos burocratas do governo coreano sob o domínio da dinastia Yüan. Ao receber a sanção da escola ortodoxa chinesa, os mestres do Sŏn do final do período Koryŏ obtinham legitimidade para continuar com seus esforços de revitalização dos ensinamentos e práticas da escola Sŏn.

Apesar desses vínculos genealógicos estreitos entre a escola Lin-chi chinesa e o Sŏn do final do período Koryŏ, a maioria dos ensinamentos da escola Sŏn nesse período provém sobretudo de Chinul. Tanto os textos de Pou quanto os de Hyegŭn enfatizam repetidamente a "interfusão (*wŏnyung*) entre o Sŏn e o Kyo", uma ênfase que está em paralelo com a síntese entre o Sŏn e o Hwaŏm, forjada por Chinul. Essa ênfase sincrética do budismo do período Koryŏ aparece até mesmo no nível institucional, no estabelecimento, em 1356, de Wŏnyung-pu (Serviço de Interfusão) como um veículo oficial do governo para a fusão do que restava da escola Sŏn das Nove Montanhas com o Chogye-chong.

No entanto, em nítido contraste com a escola Lin-chi chinesa, que reconhecidamente segue uma abordagem soteriológica do despertar súbito/cultivo súbito, o principal esquema *mārga* dos mestres da escola Sŏn do final do período Koryŏ inabalavelmente continua sendo o despertar súbito/cultivo gradual de Chinul. Talvez a principal diferença entre o Sŏn coreano da metade do período Koryŏ e o do final do período fosse o predomínio da ênfase, no final do Koryŏ, na meditação *hwadu*, em detrimento dos outros tipos de prática Sŏn também ensinados por Chinul. Mas essa ênfase de fato já se manifestava nas últimas obras de Chinul e está claramente presente nos textos de seu sucessor, Hyesim. Assim, mesmo a ênfase no Sŏn *kanhwa* do final do período Koryŏ deve tanto a Chinul e à escola Chogye coreana quanto aos mestres da escola Lin-chi da dinastia Yüan. Dessa forma, existe claramente, na escola Chogye coreana do Sŏn, uma continuidade de abordagem que, em última análise, deriva em sua maior parte de Chinul e que a distingue de todas as escolas budistas do Leste asiático.

OS CÂNONES BUDISTAS DO PERÍODO KORYŎ

Foi durante a dinastia Koryŏ que o budismo coreano realizou um de seus maiores feitos culturais: a compilação e publicação de duas edições separadas do cânone budista escrito, o *P'alman taejangyong*. Afirma-se que os budistas indianos teriam redigido oralmente o cânone, imediatamente após o *parinirvāṇa* do Buda, e que os chineses, com seu amor à literatura escrita, teriam compilado seus próprios cânones manuscritos, logo no início da história de sua própria tradição. Tratava-se de um Tripiṭaka da dinastia Ch'en que, em 565, se tornava a primeira coletânea canônica completa a ser introduzida na Coréia. Catálogos desses primeiros cânones manuscritos nos mostram que neles estavam incluídas traduções de sutra indianos e da Ásia central, tratados doutrinais e livros educacionais. As tecnologias de impressão xilográfica, que evoluiriam a partir do século VII em diante, finalmente dariam origem à primeira moldagem do Tripiṭaka budista em pranchas de madeira: a edição K'ai-pao do período Sung do Norte, comumente conhecida como Shu-pen (edição Szechwan), completada em 983. Essa edição foi enviada ao reino Koryŏ em 991 e serviu de base para a primeira moldagem em pranchas de um cânone Koryŏ, iniciada em 1011.

O catalisador direto da produção desse Tripiṭaka foi a invasão, em 1010, do reino Koryŏ pelas forças de Khitan Liao. Compelido a fugir da capital de Kaesŏng, o rei Hyŏnjong (r. 1009-1031) prometeu que faria entalhar todo o cânone budista em pranchas de madeira, caso o exército invasor fosse repelido. Dez dias mais tarde, afirma-se, as forças de Khitan Liao voluntariamente se retiraram. Em cumprimento a sua promessa, Hyŏnjong deu início a esse imenso projeto, que culminaria cerca de quarenta anos mais tarde na publicação da primeira edição

O PERÍODO KORYŎ

107

Koryŏ do cânone. Assim, foi o valor atribuído ao cânone de talismã protetor contra ameaças externas à nação que deu impulso a sua compilação. Como a "palavra do Buda" (*buddhavacana*) era considerada a expressão das forças certas no mundo (*dharmatā*), a preservação e disseminação de todas as palavras num cânone carregava um imenso poder que, sentia-se, podia derrotar todos os agressores. Essa atitude de todos os coreanos com relação a seu cânone é uma continuação da ideologia da proteção nacional (*hoguk sasang*) que foi um aspecto extremamente importante do Budismo Silla Unificado.

Os cânones budistas da China e da Coréia eram cânones abertos, que permitiam uma ampla expansão, em comparação com os tripiṭakas indianos. Todo material que representasse a "palavra do Buda" era considerado apropriado para inclusão. Mas os habitantes do Leste asiático consideravam como palavras do Buda não apenas a reafirmação desses ensinamentos por outros indivíduos iluminados, mas até mesmo sua própria visão pessoal. Assim, havia uma justificativa para a inserção contínua de novos materiais. Uma política particularmente liberal era seguida por Ŭich'ŏn. Os primeiros a catalogar os textos budistas chineses e que tiveram a tarefa de determinar a autenticidade textual haviam limitado os textos canônicos principalmente aos materiais indianos. O principal critério da autenticidade era a prova da origem estrangeira de um texto, quer fornecendo-se indícios da existência de um arquétipo em sânscrito ou alguma outra língua indiana, quer oferecendo-se indicações lingüísticas claras de que sua tradução fora feita a partir desse arquétipo. No entanto, Ŭich'ŏn sentia que os autores e exegetas nativos do Leste asiático tinham feito contribuições fundamentais para o pensamento budista, equiparáveis a suas contrapartidas na Índia, o que garantia a inclusão também de seus textos no cânone. A menos que o cânone fosse aberto de modo a acomodar essas obras, elas estavam fadadas, temia Ŭich'ŏn, a ser por fim deixadas de lado e ficar perdidas para a posteridade. Para impedir um tal destino, Ŭich'ŏn enviou agentes por todo o Leste asiático, em busca de textos budistas, e ele próprio retornou de uma viagem de catorze meses pela China da dinastia Sung, com cerca de três mil fascículos de textos. Em 1090, ele publicou o catálogo dessa coletânea, intitulado *Sinp'yŏn chejong kyojang ch'ongnok* (Catálogo Abrangente de Textos de Todas as Escolas), que relacionava cerca de 1.010 títulos em 4.740 fascículos. No prefácio a esse catálogo, Ŭich'ŏn esclarece as razões por trás dessa compilação:

> Embora [catálogos anteriores] incluam textos e tratados (traduzidos de línguas indianas), uma vez que omitem alguns dos tratados e comentários [de autores do Leste asiático, eu estava preocupado, temendo que] eles não teriam a oportunidade de circular. Daí, [...] considerei meu dever pessoal buscar os vestígios de seus ensinamentos. Por quase vinte anos agora, tenho tratado com diligência (dessa busca) e nunca a abandonei[9].

9. *Sinp'yŏn chejong kyojang ch'ongnok so*, T 55.1165c21-24 (n. 2184).

108 A ESPIRITUALIDADE BUDISTA

Os xilógrafos de cada um desses textos foram entalhados e Ŭich'ŏn denominou sua coletânea *Suplemento ao Cânone* (*Sokchanggyŏng*). Os blocos tanto do Tripiṭaka Koryŏ quanto de seu *Suplemento* foram guardados no Mosteiro de Puin, próximo à atual T'aegu. Qualquer que fosse a proteção oferecida pelo primeiro cânone Koryŏ, ela infelizmente durou pouco. Em 1231, os mongóis invadiram a península, forçando a família real a fugir para o exílio na ilha de Kanghwa. Encontrando pouca resistência, os mongóis assolaram a península e, no decurso da pilhagem, queimaram todos os xilógrafos do cânone e seu *Suplemento*, uma ação destinada tanto a desmoralizar suas vítimas coreanas quanto a eliminar toda eficácia apotropaica residual dos xilógrafos. Os mongóis somente se retiraram após assegurar-se de seu domínio da política na península.

Completamente humilhados e determinados a nunca mais permitir que sua nação fosse novamente devastada, os coreanos decidiram mais uma vez compilar um Tripiṭaka. Yi Kyu-bo (1168-1241), célebre estadista e incentivador do budismo, fez uma invocação durante uma cerimônia dando início ao segundo projeto, na qual ele indica que o cânone devia servir como foco de proteção nacional, investido, pela fé, da capacidade de proteger contra invasores futuros. Mas sua prece também revela com que profundidade o budismo havia penetrado a psiquê nacional, em sua explicação do senso notavelmente equânime de missão com o qual os coreanos se empenharam na tarefa hercúlea de entalhar novamente o cânone:

A boca dourada e os dizeres de jade [do Buda] estão originalmente livres da produção ou destruição. O que foi devastado é o receptáculo, e nada mais. A produção e destruição de um receptáculo não passa de um acontecimento natural. Destruído, ele deve ser refeito: isso também é apropriado. E como isso é muito mais verdadeiro no caso de um reino e dos lares que honram e adoram o darma do Buda![10]

O controle editorial do projeto foi dado a Sugi (fl., metade do século XIII), um monge sobre o qual pouco se conhece. Sugi se inspirou nos três principais cânones, para organizar o novo Tripiṭaka Koryŏ: a primeira edição Koryŏ, cujas cópias impressas ainda existiam; o Tripiṭaka K'ai-pao do período Sung, que fora a base da primeira edição Koryŏ; e o cânone khitan, que fora publicado por volta de 1031-1055 e havia sido levado para a Coréia em 1083. Em estilo e formato, o segundo cânone Koryŏ seguia o cânone K'ai-pao e a primeira edição Koryŏ. O novo cânone incluía cerca de 1.512 títulos em 6.791 fascículos; mas, devido a uma política editorial diferente, os textos que Ŭich'ŏn havia incluído em seu *Suplemento* não foram reimpressos e, como ele temia, muitos se perderam para a história. Cada bloco individual era feito com madeira dura, especialmente tratada para proteção contra deformações,

10. Yi Kyu-bo, Taejang kakp'an kunsin kigo-mun, *Tongguk Yi sangguk chip*19a 7-10.

O PERÍODO KORYŎ   109

e tinha sessenta e oito centímetros e meio de comprimento, vinte e cinco centímetros e meio de largura e dois centímetros e meio de espessura, com texto entalhado de ambos os lados. Os 81.258 xilógrafos desse segundo Tripiṭaka Koryŏ ainda estão guardados até hoje no Mosteiro de Haein, num saguão especialmente projetado para garantir regularidade na circulação do ar e a umidade.

Apesar da semelhança, em termos de formato, com seu predecessor no país, os textos do segundo cânone Koryŏ têm um paralelo mais próximo com os do cânone khitan, que, em sua seleção de textos e precisão editorial, era célebre por toda a região como o principal Tripiṭaka de sua época. A tentativa de Sugi e seus associados de produzir um cânone que fosse criticamente impecável e indicativo das aspirações mais altas da elite intelectual coreana sugere que os líderes da dinastia Koryŏ esperavam restaurar o orgulho nacional, produzindo um cânone que superasse até mesmo o maior dos tripiṭakas do Leste asiático.

Dado o clima da intelectualidade nativa na Coréia da época, era inevitável que os coreanos da dinastia Koryŏ empreendessem a compilação de seu próprio Tripiṭaka. Eles eram os herdeiros de uma florescente tradição intelectual budista e buscavam oferecer as bases para uma fé budista culta. Para preservar a plena eficácia, inerente à palavra do Buda, era necessário, acreditavam eles, que o cânone, como um registro preciso desse discurso sagrado, não fosse corrompido com interpolações textuais ou erros de transcrição, com materiais espúrios ou outras distorções de conteúdo, autoria ou origem.

O cuidado com o qual Sugi e seus associados levaram a cabo seu dever está documentado em um registro em trinta fascículos dos procedimentos editoriais empregados na compilação do cânone, o *Koryŏ-kuk sinjo taejang kyojŏng pyŏllok* (Notas de Comparação da Nova Gravação do Grande Cânone do Reino de Koryŏ)[11]. As explicações precisas de Sugi sobre as principais variantes textuais de cada texto sagrado oferecem uma documentação valiosa para as revisões xilográficas do cânone, que não mais existem. As descrições de Sugi da metodologia por ele seguida no preparo de suas edições revelam-nos que ele foi um organizador inteligente e competente, que evitou muitos dos erros da crítica textual ocidental nos estágios iniciais de sua arte. Sugi foi muito mais habilidoso e judicioso no estabelecimento dos textos que, por exemplo, Erasmo (1466-1536), o pai da crítica textual ocidental, ao editar o Novo Testamento. Sugi rejeitou a estratégia de Erasmo de seguir a maioria dos manuscritos, bem como outras técnicas duvidosas, como aderir sem crítica ao manuscrito supostamente "melhor" ou "mais antigo".

De todos os cânones ocidentais da crítica textual, Sugi segue de forma mais persistente os da probabilidade intrínseca (isto é, a aceitação das versões que parece se encaixar melhor no contexto) e da *brevior*

---

11. *Koryŏ-kuk sinjo taejang kyojŏng pyŏllok, Koryŏ taejanggyŏng.*

110 A ESPIRITUALIDADE BUDISTA

lectio praeferenda verbosiori (a versão mais curta deve ser preferida à mais longa). Na verdade, a reputação de precisão do cânone Koryŏ é tão sólida que suas edições dos textos sagrados foram adotadas palavra por palavra na edição japonesa moderna do Tripiṭaka, *Taishŏ shinshū daizōkyō* (T), compilada no Japão entre 1922 e 1934, que relegou todas as versões alternativas de outros cânones a notas de rodapé. Dessa forma, dificilmente seria um exagero considerar Sugi, que viveu alguns séculos antes de Erasmo, como o religioso mais antigo a praticar a arte formal da crítica textual. Toda a pesquisa budológica moderna empregando materiais do Leste asiático é essencialmente devedora do cuidado com que Sugi e sua equipe editorial estabeleceram o Tripiṭaka coreano, o legado permanente do período Koryŏ da cultura budista.

BIBLIOGRAFIA

Fontes

KZ = BUSWELLV JR., Robert E., *The Korean Approach to Zen: The Collected Works of Chinul*. Honolulu: University of Hawai'i Press, 1983. Publicado em forma concisa como *Tracing Back the Radiance: Chinul's Korean Way of Zen*. Honolulu: University of Hawai'i Press, 1991.

KORYŎ-KUK sinjo taejang kyojŏng pyŏllok, Koryŏ taejanggyŏng, Seoul: Tongguk University, 1976, v. 38, 512a-725a (n. 1402).

LEE, Peter H. (org.). *Sourcebook of Korean Civilization*. V. 1: *From Early Times to the Sixteenth Century*. New York: Columbia University Press, 1993.

SI SINCH'AM hakto Ch'isu. In: *Taegak kuksa munjip*. Seoul: Universidade de Kon'guk, 1974, *kwon* 16.

YI KYU-BO, Taejang kakp'an kunsin kigo-mun, *Tongguk Yi sangguk chip*. Seoul: 1958, k. 25, 19a7-10.

Estudos

BUSWELL, Robert E., Jr. Ch'an Hermeneutics: A Korean View. In: LOPEZ Jr., Donald S. (org.). *Buddhist Hermeneutics*. Honolulu: University of Hawai'i Press, 1988.

HŎ HŬNGSIK. *Koryŏ pulgyosa yŏn'gu*. Seoul: Ilch'ogak, 1986.

HORNER, I. B. (trad.). *The Middle Length Sayings* I. Pali Text Society, 1976.

_____. Chinul's Systematization of Chinese Meditative Techniques in Korean Sŏn Buddhism. In: GREGORY, Peter N. (org.). *Traditions of Meditation in Chinese Buddhism*. Honolulu: University of Hawai'i Press, 1986.

KEEL, Hee-sung. *Chinul: The Founder of the Korean Sŏn Tradition*. Berkeley: Berkeley Buddhist Studies Series, 1984.

KIM Chigyŏn (org.). *Hwaŏn-ron chŏryo*. Tokyo: Seifu Gakuen, 1968.

LANCASTER, Lewis R.; PARK, Sung-bae (orgs.). *The Korean Buddhist Canon: A Descriptive Catalogue*. Berkeley-Los Angeles: University of California Press, 1979.

O PERÍODO KORYŎ

_____; SUH kikun; YU chai-shin (orgs.). *Buddhism in Koryŏ: A Royal Religion*. Berkeley: Institute of East Asian Studies, 1996.

PARK, Sung Bae. *Buddhist Faith and Sudden Enlightenment*. Albany: State University of New York Press, 1983.

YI CHONGIK. *Kankoku bukkyō no kenkyū. Kōrai Fujō kokushi o chūshin to shite*. Tokyo: Kokusho Kankōkai, 1980. O mais amplo estudo sobre Chinul numa língua asiática.

18. A Espiritualidade Budista na Coréia Moderna e Pré-moderna

Henrik H. Sørensen

O Budismo, tendo dominado a vida espiritual na Coréia durante toda a dinastia Koryŏ (935-1392), sofreu um revés, com a ascensão da dinastia Chosŏn (1392-1912), que era controlada por uma classe de intelectuais confucianos. Desde o início da dinastia, os confucianos monopolizaram o controle político e econômico do país e deram início à eliminação do budismo. Embora não proibido nem perseguido diretamente, o budismo ficou seriamente enfraquecido. Como as terras dos templos foram confiscadas e os templos em todo o país ficaram sujeitos ao pagamento de impostos, o *saṅgha* budista defrontou-se com graves dificuldades econômicas. Os monges foram, além disso, convocados para o trabalho de corvéia e, em certos casos, os templos foram obrigados a contribuir com várias espécies de mercadorias para os líderes locais mais fortes. Mesmo então, o budismo continuou sendo a maior religião atuante no país, até a virada do século atual[1].

Após 1875, a Coréia passou a chamar a atenção das potências coloniais, inclusive o Japão, que foi o primeiro país estrangeiro a estabelecer bases na península. Sendo eles próprios budistas, os japoneses utilizaram a religião como veículo para seus objetivos políticos na Coréia. Por meio de vários esforços missionários e pressões políticas, eles conseguiram repelir as medidas antibudistas implementadas pelos

---

1. Para uma apresentação geral do budismo coreano sob a dinastia Chosŏn, cf. Takahashi Tōru, *Richō bukkyō*.

114 A ESPIRITUALIDADE BUDISTA

confucianos em 1895[2]. Em 1910, a Coréia foi anexada pelo Japão e, com isso, seu budismo ficou sob o controle político do governo colonial.

O renascimento budista, que começou a tomar forma no final do último século e, embora não causado exclusivamente por influência japonesa, sem dúvida deve muito a ela. É um fato inegável que o budismo japonês fez muito no sentido de estimular uma confiança e auto-estima crescentes em meio aos budistas coreanos e, apesar de nem todos os esforços dos missionários e seus simpatizantes ser acolhidos com igual entusiasmo por parte do *saṅgha* coreano, havia um sentimento generalizado e boa-vontade e colaboração. Do lado negativo, a enorme influência japonesa e as tentativas incessantes de controlar o budismo coreano resultaram na cisão deste último. A Lei dos Templos (*sach'al yŏng*; j. *jisetsu rei*) de 1911, imposta pelos japoneses sobre as comunidades budistas coreanas, era destinada a colocar todo o controle dos templos diretamente nas mãos do governador geral japonês. Não é preciso dizer que essa lei foi causa de enormes problemas para o *saṅgha* coreano[3].

Após a libertação do Japão em 1945 e, em particular, após o fim da Guerra da Coréia em 1951, o budismo coreano entrou num período de crescimento. Isso se expressou numa proliferação de escolas e seitas budistas, das quais hoje existem mais de vinte denominações oficialmente registradas, com suas próprias sedes e templos subsidiários. A Ordem Chogye (Chogye Chonglim) é a maior dentre as escolas budistas na Coréia atual. Ela foi fundada oficialmente em 1962 por monges tradicionalistas que reconquistaram o poder tomado pela antiga facção pró-japonesa durante o governo de Syngman Rhee (1948-1960), o primeiro presidente da República da Coréia[4]. A Ordem de Chogye é às vezes considerada como tendo origem no período Koryŏ médio, em virtude de um equívoco ocasionado pelo nome que ela compartilha com o budismo Sŏn coreano tradicional; na verdade, ela é sobretudo um amálgama político e sectário de várias linhas de transmissão colaterais, que constituíram a tradição budista Sŏn que prevaleceu durante a última metade da dinastia Chosŏn. Hoje, a Ordem Chogye, com sua sede no Templo Chogye, em Seul, controla a vasta maioria dos templos budistas na Coréia, inclusive a maioria dos monumentos históricos importantes, sendo também responsável pela maior parte das atividades em meio aos leigos, inclusive o trabalho missionário no exterior. A ordem é bastante forte em termos econômicos, embora sua infra-estrutura e poder executivo sejam muitas vezes enfraquecidos

2. Cf. Henrik H. Sørensen, *Japanese Buddhist Missionaries and their Impact on the Revival of Korean Buddhism at the Close of the Chosŏn Dynasty*, p. 46-62.

3. O texto completo da lei encontra-se reproduzido no U Chŏngsang e Kim Yŏngt'ae, *Hanguk pulgyo sa*, p. 175-189.

4. Para uma discussão a esse respeito, cf. Robert E. Buswell, *The Zen Monastic Experience: Buddhist Practice in Contemporary Korea*, p. 30-33.

A ESPIRITUALIDADE BUDISTA NA CORÉIA MODERNA E PRÉ-MODERNA   115

pelos interesses diversificados e contraditórios das várias linhagens e famílias de templos que a constituem.

O BUDISMO COREANO SOB A DINASTIA CHOSŎN

Durante o período Chosŏn, surgiram diversos monges budistas importantes, que contribuíram de diversas formas para a preservação e continuidade da tradição. Entre eles estava Hŏung Pou (1510?-1566)[5], que durante sua juventude recebera uma educação confuciana tradicional. Ele ganhou projeção durante o reinado da Rainha Munjŏng (?-1565), um período em que o budismo foi amplamente apoiado pela corte[6]. Sob muitos aspectos, Pou foi um homem de sua época e o tipo de budismo que ele promovia refletia a harmonização e a aproximação crescentes entre a meditação (Sŏn) e os ramos doutrinais (Kyo), nos quais o budismo estava dividido[7].

Hŏung Pou também tinha um profundo interesse pelas práticas budistas esotéricas conhecidas na Coréia como *milgyo* e as discutiu em sua importante obra, o *Suwŏl toryang konghwa pulsa yŏhwan binju mongchung mundap* (Questões e Respostas em Sonho entre Convidado e Anfitrião sobre Bodimanda da Lua Aquática Imaginária e as Questões Budistas Ilusórias)[8]. Essa obra, na forma de um diálogo entre o autor e um interlocutor imaginário, é basicamente uma discussão sobre o significado e valor verdadeiros dos rituais budistas. Numa importante passagem, Pou discute a compatibilidade entre o *milgyo* e o Sŏn, da seguinte forma:

> Agora, com relação à Mente Una (*ilsim*), ela é a essência miraculosa dos dez mil fenômenos. Os dez mil fenômenos são a atividade espiritual da Mente Una. Fora da mente não há fenômenos e fora dos fenômenos não há mente. Daí a mente ser os fenômenos e os fenômenos ser a mente. Essência e função estão completamente fundidas. Uma vez que o Espelho da Mente é sem obstruções, a atividade espiritual das três sabedorias (*samban*) está de acordo com a visão completa da Mente Una (HPC 7.596c).

Aqui Pou discute a natureza do Buda (*pulsŏng*), ou mente do Buda, como a origem e fundamento de todos os fenômenos. De acordo com a doutrina Sŏn/Hwaŏm tradicional, a não-obstrução mútua do aspecto

---

5. Para um exame de sua vida e ensinamentos, cf. Nukariya Kaiten, *Chosŏn sŏngyo sa*, p. 466-474.

6. Os méritos de Pou como mestre budista tornaram-se conhecidos da Rainha Viúva em 1548 e, pouco depois, eles se encontraram. Pou menciona isso num poema encontrado em *Hŏung tang chip* (HPC 7.548a).

7. Um exame rápido dessa obra revela-nos uma compreensão ampla dos ensinamentos e da bibliografia de ambas as escolas. A grande admiração que ele nutria pelo *Sutra de Avataṃsaka* pode ser vista em seu *Hwaŏm kyŏng huba*. Cf. Nanam chapchŏ, HPC 7.579b-580a.

8. Para uma rápida discussão seu texto, cf. Henrik H. Sørensen, A Bibliographical Survey of Buddhist Ritual Texts from Korea, p. 159-200 (verbete 56).

14. *Pintura Samjang no Templo de Yonju. Período Chosŏn.*

duplo dessa mente, isto é, sua essência (*ch'e*) e função (*yŏng*) constituem a lógica subjacente a essas declarações. De fato, isso significa que os fenômenos físicos são na verdade feitos de "matéria mente", isto é, eles são não-substanciais. Isso parece levar a doutrina Iogacara da "mente-única" a seu limite lógico, sem dúvida levando-a um pouco além de seu significado original. No entanto, para um budista coreano do século XVI, era justamente essa redução doutrinária que tornava possível a identificação entre o cultivo da mente da escola Sŏn e as práticas rituais:

> O darma-mente é não-dual, miraculosamente transformador e eterno e, assim, não pode ser captado pelo intelecto. Então, entoar e manter de forma uniorientada o *dhāraṇī* denominado "Virtude ilimitada e majestosa do Ser-tal, brilho, milagre vitorioso e força" que nosso Buda ensinou[9]. Quais são as três virtudes que exige esse mantra transformador do alimento? "Virtude ilimitada e majestosa do Ser-tal" é a virtude libertadora, "brilho" é a virtude do *prajñā* e "milagre vitorioso" é a virtude do Dharmakāya. Com relação à "força", ela é a força e função dessas três virtudes. *Dhāraṇī* significa controlar e manter (*ch'ongji*). O controle e a manutenção das três virtudes simplesmente repousam na Mente Una. As três virtudes da Mente Una, o darma e o Milagre Completo (*wŏnmyŏ*) não têm uma essência diferente (HPC 7.598a-599b).

Essa passagem expressa como a mente indivisa do praticante e os mantras que ele entoa não são dois: eles estão unificados, não

---

9. Esse *dhāraṇī* é ensinado pelo Buda Śākyamuni a Ānanda no importante *Chiu pa yen k'ou e kuei t'o lo ni ching* (T 21.464c).

A ESPIRITUALIDADE BUDISTA NA CORÉIA MODERNA E PRÉ-MODERNA   117

apenas ao compartilhar da mesma essência, mas por ser uma e a mesma coisa. A realidade comum por trás tanto do Sŏn quanto do *milgyo* é a Mente Una. Assim Pou estabeleceu um terreno doutrinal em comum, no qual ele podia justificar a prática combinada dos dois tipos de budismo.

O maior e mais influente monge budista do período Chosŏn foi sem dúvida Hyŭjŏng (1520-1604), também conhecido como Sŏsan Taesa[10]. Nem um grande pensador nem também um inovador, ele deve ser visto, sobretudo, como um modelo importante da tradição budista coreana. Embora normalmente considerado como pertencendo à linhagem Imje (Rinzai) do Sŏn coreano, Hyŭjŏng não ensinava uma forma "pura" do Sŏn Patriarca (*chosa sŏn*), de acordo com a tradição Imje. Assim como Hŏung antes dele, Hyŭjŏng defendia a combinação da meditação Sŏn com os estudos doutrinais. Apesar de sua reputação como mestre do Sŏn, ele também pode ser denominado um literato, dada sua fértil produção em ensaios religiosos, exortações, inscrições, liturgias e poesias, de diferentes espécies. Com relação ao tipo de Sŏn que ele representa, não há uma indicação clara de que seu método de instrução se harmonizasse com o modelo do despertar súbito, seguido do cultivo gradual, que era defendido por Chinul. Uma passagem no popular manual do Sŏn por ele escrito, o *Sŏnga kugam* (O Espelho da Tartaruga da Família do Sŏn; HPC 7.634c-647b), afirma:

> Os que estudam o Caminho devem primeiro, por meio das palavras verdadeiras do Kyo, ter clareza sobre os dois significados, a permanência e a impermanência, que são a natureza e a característica de sua própria mente. Então eles devem entender os dois portais da iluminação súbita, seguida pelo cultivo gradual, que são, respectivamente, o início e o fim de sua própria prática. Seguindo isso, eles podem abandonar os significados doutrinais e assumir o pensamento uno, que aparece diante de suas mentes. Somente então, eles serão capazes de investigar o Sŏn com cuidado e alcançar os resultados (HPC 7.636b).

Aqui Hyŭjŏng afirma que todo praticante do Sŏn deve adquirir familiaridade com os aspectos doutrinais do budismo, antes de iniciar a meditação *kongan*. A avaliação positiva da "iluminação súbita seguida do cultivo gradual" (*tonŏ chŏmsu*) revela-o como um herdeiro de Chinul. Ele de forma alguma rejeita o budismo doutrinal, mas o vê como um meio temporário ou estágio preparatório que pode ajudar a avançar na prática.

Os textos de Hyŭjŏng também revelam a influência de Chinul sobre sua concepção do Sŏn e do Kyo, embora ele raramente os cite diretamente. No *Sŏnga kugam*, ele se exprimia:

---

10. Para um estudo sobre os discípulos e ensinamentos de Hyŭjŏng, cf. Yi Yŏngcha, Chosŏn chung hugi ŭi sŏnp'ung, em *Hanguk sŏn sasang yŏngu* (doravante indicado por HSSY), p. 339-410.

118 A ESPIRITUALIDADE BUDISTA

A transmissão da Mente pelo Buda nas Três Locações tem o Sŏn como sua substância[11]. O que ele disse em toda sua vida constitui o portal do Kyo. Dessa forma, diz-se que o Sŏn está na Mente do Buda, enquanto o Kyo é sua voz (HPC 7.635b).

Aqui Hyŭjŏng mostra-se um defensor veemente tanto do estudo dos textos sagrados quanto da prática da meditação Sŏn. É interessante observar que várias das seções finais do *Sŏnga kugam* são dedicadas à crítica dos adeptos, tanto do Sŏn como do Kyo, que teimosamente sustentam ser certo somente o seu caminho. Hyŭjŏng indica os defeitos encontrados nos monges de ambas as seitas. Apesar disso, como Hyŭjŏng considerava (assim como Chinul) o Sŏn superior ao Kyo, mais tarde se atribuiria a ele ter defendido a "rejeição do Kyo e a entrada para o Sŏn" (*sagyo ipsŏn*)[12]. À luz das fontes, esse rótulo superficial não faz justiça nem a Hyŭjŏng nem a seus ensinamentos do Sŏn, que eram essencialmente ecumênicos e se harmonizavam tanto com o Sŏn quanto com o Kyo.

Das fontes que chegaram até nós, sabemos que, além do Sŏn, Hyŭjŏng ensinava a invocação da Terra Pura (*nyŏmbul*), assim como o uso de mantras (*chinon*), de acordo com as práticas budistas esotéricas. Que ele dava um enorme valor às práticas da Terra Pura destinadas ao renascimento em Sukhāvatī fica evidente em diversos de seus escritos, mas talvez em nenhuma outra passagem esse valor seja mais claramente expresso que no *Sŏnga kugam*:

> Alguém disse: "Sua própria mente é a Terra Pura, daí, não ter sentido buscar renascer na Terra Pura! Sua própria natureza é Amitābha, assim, não há razão para querer vê-lo!". Essas palavras parecem verdadeiras, mas não são! Esse Buda (Amitābha) não tem desejo nem ódio; nós (seres normais), no entanto, temos ambos. O Buda transforma os infernos numa flor de lótus, com um simples girar de sua mão, mas nós, devido à força do carma, sempre nos preocupamos com a possibilidade de cair nos infernos, longe de poder transformá-lo numa flor de lótus! O Buda é capaz de ver incontáveis sistemas de mundo, como se estivessem diante de seus olhos, mas nós nem sequer somos capazes de ver as coisas do outro lado da parede, quanto mais, ver os mundos das dez direções como se estivessem diante de nossos olhos! Dessa forma, embora a natureza de todos nós seja (na realidade) o Buda, na prática, somos apenas seres sencientes. Assim, a teoria e sua aplicação prática estão tão distantes entre si quanto a distância entre o céu e a terra (HPC 7.640c-641a).

Sem dúvida Hyŭjŏng tinha plena consciência das diferenças que separavam a prática do Sŏn e a do *nyŏmbul*, mas como um mestre de

11. De acordo com o Sŏn coreano tradicional, Śākyamuni ensinava o darma não-verbalizado, o que constitui a base para a afirmação de que ele é uma "transmissão especial, fora dos ensinamentos estabelecidos", isto é, o budismo doutrinal. Afirma-se que os ensinamentos não-verbalizados de Śākyamuni teriam sido apresentados em três diferentes ocasiões em sua vida. De acordo com o mestre do Sŏn Pyŏksong Chiŏm (1464-1534), são eles: 1) o aparecimento do Stūpa Precioso no *Sutra de Saddharmapuṇḍarīka*; 2) Śākyamuni segurando a flor de lótus no Pico do Abutre; e 3) sua entrada no nirvana (cf. HPC 7.387c).

12. Cf., por exemplo, Shin Pŏpin, Hyŭjŏg ŭi sagyo ipsŏn kwan, *Hanguk Pulgyo hak* 7, p. 123-142.

A ESPIRITUALIDADE BUDISTA NA CORÉIA MODERNA E PRÉ-MODERNA   119

ambas as tradições, ele também conhecia suas forças e fraquezas respectivas. Seus ensinamentos do Sŏn expressam a "iluminação súbita" e ele insiste na importância da invocação da Terra Pura como um "cultivo gradual". Também isso está de acordo com a abordagem de Chinul. O imenso valor que ele atribui ao budismo da Terra Pura no *Sŏnga kugam* revela-nos que ele considerava-o indispensável ao cultivo espiritual, juntamente com a prática do Sŏn.

A defesa que Hyŭjŏng faz do budismo esotérico é mais pronunciada em suas composições litúrgicas, mas ela também pode ser encontrada no *Sŏnga kugam*: "Com relação à prática de recitação de mantras, ela é feita porque o carma antigo é difícil de interromper, enquanto o carma atual pode ser regulado por meio do autocultivo. Por essa razão, é necessário recorrer a seu poder espiritual" (HPC 7.640a-b). Sua compreensão e avaliação das práticas esotéricas são muito semelhantes à atitude do budismo da Terra Pura. Os mantras ajudam o praticante a lidar com o carma acumulado nas vidas passadas. Ao contrário de Pou antes dele, Hyŭjŏng não desenvolveu um método de filosofia especial para integrar o Sŏn às práticas esotéricas. De fato, ele de certa forma pressupunha as práticas esotéricas como válidas e, em suas obras, podemos vê-lo empregá-las com relativa freqüência[13].

Durante os séculos XVII e XVIII, as práticas vinculadas ao budismo da Terra Pura, como parte da tradição Kyo, tornaram-se cada vez mais populares, a tal ponto que tendiam a eclipsar a tradição Sŏn, de resto dominante. Esse desenvolvimento foi uma conseqüência natural dos ensinamentos expostos por Hyŭjŏng e seus numerosos discípulos, muitos dos quais eram praticantes do *nyŏmbul*. Mesmo alguns dos bastiões do Sŏn – como o Susŏn de Chinul, conhecido durante o período Chosŏn como o Templo de Songgwang, na província Chŏlla do sul, ou o Templo de Ssangye, em monte Chiri – ficaram sob a influência das práticas da Terra Pura. Foi menos um caso de a prática Sŏn ser suplantada pelo *nyŏmbul*, que de uma prática combinada de ambos os métodos, como era a norma também no budismo chinês da época. Esse desenvolvimento pode facilmente ser observado nas obras de Sŏngch'ŏng (1631-1700), um mestre na linha de transmissão de Hyŭjŏng. Em seu *Chŏngt'o posŏ* (Escritos Preciosos sobre a Terra Pura; HPC.8.485a-511a), pode-se encontrar o seguinte:

> Os que praticam o Sŏn alcançam o Grande Despertar, com o quê, eles se libertam da roda de *samsara*, sempre em movimento. Esse é sem dúvida o (caminho) supremo! No entanto, os que conseguem alcançá-lo, não são sequer dois ou três dentre uma centena (de praticantes). Se eles cultivarem a Direção Oeste (as práticas da Terra Pura), então escaparão da roda de *samsara* em movimento, assim como os outros, mas por um atalho, assim como os outros. E, dentre dez mil, não haverá um único que não tenha êxito. Se os praticantes não cultivarem o carma que conduz à (ao renascimento na)

13. Cf. seu *Unsu tan*, HPC 7.743c-752a, e o *Sŏn sŏrwi*, HPC 7.737a-743b.

120 A ESPIRITUALIDADE BUDISTA

Terra Pura do Oeste, eles não podem evitar ser levados junto pelas condições cármicas. Mesmo que sejam mestres no *Vinaya* e no Sŏn, vivendo numa cabana coberta com grama verde e sendo bem versados no ser-tal, todos eles se erguerão e cairão na roda em movimento. Isso sem dúvida deve ser temido! (HPC 8.486a-b)

Se, de um lado, fica claro que Sŏngch'ŏng basicamente seguia os ensinamentos do Sŏn e do budismo da Terra Pura, tal como expostos por Hyŭjŏng, por outro, ele deu um passo adiante na determinação de qual dos dois seria superior. Embora aceitando o Sŏn, em teoria, como a abordagem suprema para a libertação, Sŏngch'ŏng obviamente não atribuía a ele muito valor prático. Como vimos, o peso do carma passado era uma carga grande demais, até mesmo para o mais sincero praticante do Sŏn e, dessa forma, suas chances de escapar à roda da transmigração eram simplesmente demasiado pequenas. Para Sŏngch'ŏng e muitos outros budistas dos séculos XVII e XVIII, dos dois caminhos, a fé na Terra Pura do Buda Amitābha continha a promessa suprema de salvação espiritual.

Durante o último século do período Chosŏn, o budismo Sŏn gradualmente voltou a ganhar proeminência, em parte graças à atitude relativamente positiva do rei Chŏngjo (1776-1800) com relação ao budismo em geral, mas, sobretudo, graças ao ressurgimento dos estudiosos budistas do Sŏn, juntamente com uma crescente relação entre os intelectuais confucianos e os monges budistas. Um episódio central nesse desenvolvimento, foi a controvérsia deflagrada por uma publicação de Paekp'a Kungsŏn (1767-1852), o *Sŏnmun sugyŏng* (Espelho-de-Mão da Tradição Sŏn; HPC 10.514c-527c). Buscando estabelecer uma nova ideologia Sŏn, essa obra propunha uma interpretação original das famosas Três Frases (ch. *san-chü*)[14] e das Três Sutilezas (ch. *sanhsüan*)[15] atribuídas a Lin-chi I-hsüan (m. 867). Paekp'a subsumiu toda a doutrina e prática Sŏn às Três Frases. Ele esclareceu seu pensamento numa representação gráfica conhecida como o *Samju to* (Mapa das Três Frases; HPC 10.517-519). Aqui, a primeira frase é identificada com o

14. A origem das Três Frases se encontra na célebre compilação do período T'ang denominada *Lin-chi lu* (O registro de Lin-chi) (T 47, n. 1585), na qual aparece o seguinte relato:
Quando (o Mestre ensinava) no saguão, um monge perguntou: "Qual é a primeira frase?". O mestre respondeu: "Quando o Selo dos Três Essenciais for levantado, a marca em vermelho ficará clara, não permitindo a deliberação que separa o anfitrião do convidado". O outro perguntou: "Qual é a segunda frase?". O mestre respondeu: "Como poderia o significado miraculoso permitir a Asaṅgha perguntar isso? Como poderiam as bolhas combater e obstruir o movimento atual?". O outro perguntou: "Qual é a terceira frase?". O mestre disse: "Olhe para as figuras do teatro de marionetes, seus movimentos todos vêm do homem que está atrás!" (T 47.497a).
15. De acordo com Lin-chi, as Três Sutilezas são as seguintes: "As palavras de cada uma (das Três) Frases têm Três Entradas Sutis; cada Entrada Sutil tem Três Essenciais, assim como funcionamentos e meios apropriados. Todos vocês amigos, aqui, como vocês entendem isso?" (T 47.497a).

A ESPIRITUALIDADE BUDISTA NA CORÉIA MODERNA E PRÉ-MODERNA 121

chamado Sŏn Patriarca (c. *chosŏn*), a expressão máxima do Sŏn, na qual o Selo da Mente é transmitido de mestre a mestre no interior da tradição. Ela é idêntica ao absoluto para além das palavras, também conhecido como o vazio verdadeiro (*chingong*). A segunda frase, Paekp'a interpretava como indicando o Sŏn Tathāgata (*yoraesŏn*), a espécie de Sŏn ensinada nos sutras. A terceira frase, ele via como representando o Sŏn Racional (*uiri sŏn*) – um termo de sua própria invenção. Ao explicar essa divisão tripla, ele afirma:

> Com relação à primeira frase, ela é apropriada para os que são dignos de tomar os budas e os patriarcas como seus mestres (Sŏn Patriarca) [...]. Com relação à segunda frase, ela é apropriada para os que são dignos de tomar os homens e deuses como seus mestres (Sŏn Tathāgata) [...]. Com relação à terceira frase, ela é apropriada para os que, embora buscando, não são capazes de compreendê-la (Sŏn Racional) (HPC 10.514c-515b).

A introdução do conceito de Sŏn Racional sem dúvida se contrapõe aos ensinamentos tradicionais do Sŏn, e Paekp'a provavelmente tinha clara consciência de que estava desafiando a tradição estabelecida. De qualquer forma, sua nova interpretação das Três Frases de Lin-chi resultava num misto curioso entre o Sŏn e o Kyo. A "transmissão da mente nas três locações" era colocada sob a segunda frase; assim, o ato do Buda de "segurar a flor" e os "quarenta e nove anos de ensino sem emitir uma palavra" eram identificados ao Sŏn Tathāgata. Paekp'a colocava o *kongan* "Qual é o significado de o Bodidarma vir do oeste?" sob o Sŏn Racional.

As afirmações de Paekp'a provocaram uma série de mestres do Sŏn e um contra-ataque foi desfechado, primeiramente por Choŭi Ŭisun (1786-1866), em seu *Sŏnmun sabyon mano* (Quatro Argumentos da Tradição Sŏn contra as Palavras Abundantes; HPC 10.820b-830b)[16]. Ele lida da seguinte forma com a questão central das três espécies de Sŏn:

> Os antigos tinham palavras extraordinárias, eles não tinham a denominação "Sŏn extraordinário". Eles tinham apenas a palavra "racional" (*ŭiri*), mas não a denominação "Sŏn Racional". Os antigos mestres de nossa família (Sŏn), que desejassem esclarecer seus alunos, iriam falar disso primeiro e dizer-lhes que não deviam seguir os ensinamentos verbalizados, após o quê, eles transmitiam a mente com a mente. Isso é o que queremos dizer com o Sŏn Patriarca e foi assim que eles o ensinaram [...]. As pessoas comuns (primeiro) ouvem as palavras e depois falam sobre o significado. Apoiadas nas palavras, elas compreendem o princípio (*ri*). É isso que queremos dizer com o Sŏn Tathāgata. Ele consiste em seguir o significado e o princípio dos ensinamentos verbalizados e então penetrar na iluminação e deve ser chamado de Sŏn do Significado e Princípio. Esses dois – o Sŏn além (dos ensinamentos estabelecidos) e o Sŏn Racional – são como indicam os nomes que eles anteriormente receberam; assim, as pessoas os chamaram de Sŏn Tathāgata e Sŏn Patriarca, respectivamente. De acordo com seus métodos, eles foram denominados Sŏn do Significado e Princípio e Sŏn além [dos ensinamentos estabeleci-

16. Para uma discussão dos pontos essenciais do debate, cf. Han Kidu, Chosŏn malgi ŭi sŏn non, HSSY, p. 339-481.

122 A ESPIRITUALIDADE BUDISTA

dos]. Foi assim que ele foi universalmente explicado na antiga transmissão monástica (HPC 10.827c-828a).

Alinhado com a tradição, Choŭi aceitava a divisão em Sŏn Patriarca e Sŏn Tathāgata como auto-evidente, mas se opunha à idéia do Sŏn Racional como um nível adicional do Sŏn conceitualizado, defendida por Paekp'a. Tal como ele o via, esse terceiro tipo de Sŏn nunca fora ensinado antes na tradição Sŏn e, dessa forma, era essencialmente heterodoxo. Uma vez que o Sŏn Tathāgata já incluía as abordagens intelectual e conceitual, acrescentar o Sŏn Racional ao sistema original iria perturbar sua lógica inerente e tornar necessária a formulação de um novo conjunto de valores. Para Choŭi, a forma como Paekp'a combinava as Três Frases de Lin-chi com as três espécies de Sŏn era errada em princípio, uma vez que ela não só se opunha à hermenêutica ortodoxa do Sŏn Imje coreano, mas também estabelecia um novo sistema que não tinha uma fundamentação apropriada. Após a publicação do *Sŏnmun sabyon mano*, seguiu-se uma "batalha de livros" virtual, na qual os seguidores de Paekp'a e Choŭi se atacaram reciprocamente. Os tradicionalistas prevaleceram por longo período e o esquema dos três tipos de Sŏn foi abandonado.

Nos últimos anos da dinastia Chosŏn, surgiu em meio às fileiras dos tradicionalistas um líder budista carismático, o mestre do Sŏn, Kyŏnghŏ (1849-1912)[17]. Kyŏnghŏ iniciou sua vida budista como um pregador popular, mas terminou por abandonar o estudo dos textos sagrados, para se dedicar à meditação profunda. Após vários meses de confinamento solitário, ele vivenciou um grande despertar e compôs o seguinte *Odo ka* (Canto do Despertar):

> A beleza da montanha é o olho de Mañjuśrī,
> E o som da água é o ouvido de Avalokiteśvara.
> Quando ouço o mugido do touro e o relincho do cavalo,
> Então ouço o discurso de Samantabhadra.
> Todos os Changs e Yis são fundamentalmente Vairocana,
> Budas e Patriarcas, Sŏn e Ky –
> Como podem eles diferir, se não pela discriminação dos homens?
> O homem de pedra toca a flauta,
> E o cavalo de madeira acena a tempo.
> Os homens comuns não conhecem sua própria natureza, mas dizem apenas:
> "O plano mais alto não é meu destino"[18].

Nesse canto é descrito um estado não-dual, no qual o praticante vivencia a manifestação do *darma-dhātu*, o domínio da realidade. Embora

---

17. Para um estudo desse monge e seus ensinamentos, cf. Henrik H. Sørensen, The Life and Thought of the Korean Sŏn Master Kyŏnghŏ. Para uma coletânea de seus textos, cf. *Kyŏnghŏ pŏbŏ* (Ditos Registrados de Kyŏnghŏ).

18. Idem, p. 48-49.

15. Mestre do Sŏn Kyŏnghŏ (1849-1912).

124   A ESPIRITUALIDADE BUDISTA

empregando um vocabulário Sŏn puro, o canto recorre livremente ao *Sutra de Avataṃsaka*, para suas idéias fundamentais.

Após seu despertar, Kyŏnghŏ viajou por todo o país, restabelecendo e reconstruindo os antigos centros de treinamento, bem como organizando retiros. Ele se empenhou incansavelmente em infundir nova força à tradição Sŏn e presidiu um grande número de assembléias. Também se correspondeu com um grande número de seguidores e, numa carta a um monge, deu a seguinte instrução sobre como meditar com um *hwadu*[19]:

> Às vezes, quando se está investigando o *hwadu*, é como estar indo contra uma corrente a plena vela. Às vezes, o *hwadu* parece distante e insípido; às vezes, a mente está cansada e preguiçosa. Mas então, por outro lado, isso não é realmente da conta de ninguém. Não há nada a fazer, a não ser se ater firmemente ao *hwadu* e fazer o extraordinário. A coisa correta a fazer é reunir as próprias energias, nem rápido demais nem lento demais. Ficar alerta e tranqüilo, firme e constante. Sua respiração deve ser regular e você não deve nem estar com fome nem estar saciado. Mantenha o nariz em nível e os olhos (semicerrados). Mantenha uma disposição harmoniosa e as costas eretas; então não podem surgir obstruções[20].

Essa instrução é característica do estilo de ensino de Kyŏnghŏ: simples e direto, com ênfase na aplicação prática.

O que talvez seja da maior importância é sua dedicação especial aos leigos. No decorrer de sua vida, ele estabeleceu diversas sociedades budistas que incluíam leigos, juntamente com monges e monjas. Num sermão público, ele afirmou:

> Para os homens de concepções e capacidades normais, não é uma questão de ser um monge ou um leigo, homem ou mulher, velho ou jovem, sábio ou tolo, nobre ou mesquinho; também não é uma questão de se ele se encontra integrado ou rejeitado, distante ou próximo, separado ou junto, se é o primeiro ou o último – todos estão aptos a entrar (na prática do Sŏn). Isso porque todos têm uma casa do tesouro ilimitada que não é diferente da do Buda. São somente os que, nos sucessivos *kalpas*, não encontraram conselhos ou bons amigos (*kalyānamitras*) que devem se arrastar pelos Mundos Triplos, percorrendo os quatro modos do renascimento[21].

Nesse discurso dirigido ao budista comum, ele salienta a doutrina da natureza do Buda presente em todos os seres sencientes, como a fonte primária de toda a prática, e depois assinala a importância de se ter um bom mestre para mostrar o caminho. Embora não houvesse nada realmente novo na forma de Sŏn defendida por Kyŏnghŏ, por meio de seu trabalho incessante, ele veio a exercer uma enorme influência na revitalização do budismo coreano tradicional, que teve início após a supressão do decreto antibudista, em 1895.

19. Um *hwadu* é o ponto central de um *kongan*, isto é, o tópico sobre o qual o praticante da meditação se aplica.
20. Idem, p. 129.
21. Idem, p. 219-220.

A ESPIRITUALIDADE BUDISTA NA CORÉIA MODERNA E PRÉ-MODERNA   125

O BUDISMO COREANO SOB A OCUPAÇÃO JAPONESA (1910-1945)

Um dos desenvolvimentos importantes no interior do budismo coreano durante os primeiros anos da ocupação japonesa da península foi o surgimento de um movimento de reforma, que buscava modernizar o budismo coreano, alinhando-o ao budismo japonês, de modo que a religião pudesse se defrontar de modo mais eficiente com os problemas da vida moderna. Esse renascimento intelectual e acadêmico do budismo coreano, que se iniciou imediatamente após a anexação japonesa, foi encabeçado por homens como Yi Nŭnghwa (1869-1943) e Han Yŏngun (1879-1944)[22]. Ele foi diretamente estimulado por um contato estreito com instituições de ensino superior e intelectuais japoneses[23].

Uma das questões importantes foi a modernização do sistema do *sangha* budista tradicional, considerado ultrapassado e incapaz de renovar o papel do budismo na sociedade coreana. A fim de realizar uma reforma duradoura do budismo tradicional, Han Yŏngun propôs uma revisão completa de quase todas as facetas da religião, inclusive da concepção da finalidade e dever do budismo coreano, da educação dos membros do *sangha*, da prática da meditação, do ensino doutrinal, da recitação, dos rituais, da organização monástica, da ética, da questão do celibato, da economia e da administração dos templos. Para obter uma melhor compreensão de suas idéias, ele escreveu extensamente sobre a modernização do budismo coreano, uma questão abordada com enorme detalhamento em sua principal obra, o *Chosŏn pulgyo yusin non* (Ensaios sobre a Reforma do Budismo Coreano)[24]. No *Non sŭngnyŏ chi kyoyuk* (Ensaio sobre a Educação dos Monges), lemos o seguinte:

> Para as pessoas que desejam poder escolher por si próprias, é necessário que elas primeiro se eduquem. A civilização nasce da educação. A educação é a flor da civilização e a civilização é o fruto da educação [...]. Considere-se o essencial do estudo: deve-se fazer da sabedoria, a base do estudo; da autolibertação do próprio pensamento, sua regra universal; e do princípio da verdade, seu objeto. Se algum desses três aspectos estiver faltando (no estudo), não haverá sabedoria nem princípio de verdade e o resultado será apenas muitas palavras![25]

De acordo com a concepção de Han, a reforma do budismo coreano poderia se realizar por meio da infusão de um novo significado nos ensinamentos tradicionais. Ele via o budismo como consistindo em dois tipos

---

22. Para dois curtos estudos sobre essa importante figura do budismo coreano pré-moderno, cf. An Pyŏng-jik, Han Yong-un's Liberalism: An Analysis of the *Reformation of Korean Buddhism*, *Korea Journal*, p. 13-18, e Kim Uchang, Han Yong-un and Buddhism, *Korea Journal*, p. 19-27.

23. Cf. Henrik H. Sørensen, Korean Buddhist Journals during the Early Japanese Colonial Rule, *Korea Journal*, p. 17-27.

24. Publicado por Pulgyo sŏgwan, Keijŏ, 1913.

25. Han Yŏngun, *Chosŏn pulgyo yusin non*, p. 17-18.

126 A ESPIRITUALIDADE BUDISTA

básicos de ensinamentos: *P'yŏngdŭng chuwi* (a doutrina da igualdade) e *Kuse chŭwi* (a doutrina da salvação universal). Seguindo a primeira delas, a reforma podia se erigir sobre a idéia de que todos os seres sencientes são igualmente dotados da mesma natureza iluminada. Uma utilização moderna da segunda instilaria maior consciência social com relação às pessoas que constituem a sociedade coreana. Han via a primeira das duas doutrinas como oferecendo a base da forma budista de democracia, isto é, uma filosofia da igualdade, enquanto a segunda representaria a implementação prática desse ideal. Para se alcançar isso, a comunidade de monges e monjas teria de abandonar sua habitação nas montanhas remotas, que lhes eram tão caras, e ir para as cidades, a fim de cumprir seu dever religioso para com as pessoas em geral. Somente se tornando uma religião verdadeiramente popular, em pé de igualdade com o cristianismo, o budismo poderia se defrontar com os desafios do mundo moderno[26].

Embora fosse um franco defensor da secularização do budismo, Han Yŏngun, entretanto, mantinha uma atitude bastante severa com relação à prática do Sŏn tradicional. Isso sem dúvida se devia a sua associação com respeitados mestres do Sŏn como Kyŏnghŏ e seu discípulo Mangong (1872-1946). No entanto, ele tinha uma atitude extremamente crítica com relação ao modo formal e estático como o Sŏn era praticado em muitos dos templos nessa época e se referia a esse problema da seguinte forma:

> Como é diferente o modo como as pessoas de hoje praticam o Sŏn! Enquanto as pessoas de antigamente mantinham suas mentes tranqüilas, as de hoje somente se preocupam com uma habitação tranqüila. Enquanto as pessoas de antigamente mantinham suas mentes estáticas, as de hoje mantêm somente seus corpos assim. Se uma pessoa se preocupa apenas com um lugar tranqüilo para habitar, isso somente significa uma rejeição do mundo; e se apenas mantém o corpo imóvel, a pessoa é meramente autocomplacente. O budismo é um ensinamento destinado ao mundo, uma religião dedicada à libertação dos seres sencientes! Sendo assim, não devem os seguidores do Buda evitar a autocomplacência e a rejeição do mundo?[27]

Há nessa passagem uma crítica levemente velada aos monges tradicionais, que valorizavam a vida ascética, ocultos nas montanhas e longe das cidades e aldeias. Han os censura abertamente, por apegar-se a seu estilo de vida e não preocupar-se em entrar nas cidades e aldeias para instruir o povo comum na prática do budismo. A plataforma essencial desse ataque é o apelo ao ideal do bodisatva em seu aspecto ativo.

Entre as muitas propostas de reforma feitas por Han Yŏngun, a que causou maior atrito e ressentimento em meio à comunidade budista coreana tradicional foi sua insistência em que o *saṅgha* celibatário fosse substituído por uma nova instituição baseada em sacerdotes casados. Pode parecer que essa sugestão, um tanto extravagante, era

26. Idem, p. 12-15.
27. Idem, p. 26.

A ESPIRITUALIDADE BUDISTA NA CORÉIA MODERNA E PRÉ-MODERNA 127

uma conseqüência natural de suas concepções da necessidade de tornar o budismo mais acessível aos coreanos comuns. No entanto, está claro que Han tomara a idéia de empréstimo ao sistema do "sacerdote local" budista, que havia se desenvolvido no Japão sob a Restauração Meiji e que fora em grande parte responsável pela secularização e perda de independência do *sangha* budista japonês[28].

O esforço de Han Yŏngun por uma modernização do budismo coreano terminaria por fracassar. Embora o governo japonês na Coréia desse apoio a suas idéias relativas aos sacerdotes casados e depois também as implementasse, a facção tradicionalista dos monges coreanos, que era ainda bastante forte, rejeitou não apenas sua "reforma do *sangha*" mas, também, a maioria de suas outras idéias. Para esses monges, Han não passava de um colaboracionista corrupto, que apenas buscava sua própria glorificação por meio da introdução de um programa de reformas duvidoso e intragável, com uma orientação inequivocamente japonesa que, a seus olhos, podia apenas minar a integridade do budismo coreano. No entanto, a facção tradicionalista no interior do *sangha* foi totalmente incapaz de revigorar o budismo coreano e, com exceção de mudanças estruturais e administrativas na administração do templo, assim como o desenvolvimento das seitas na década de 1930, não ocorreram mudanças importantes no arcabouço espiritual da religião.

Mais tarde, como editor da revista budista *Pulgyo* (budismo), de tendência pró-reforma, Han Yŏngun, hoje mais moderado e menos abertamente pró-Japão em sua abordagem, continuou a veicular suas idéias para uma reforma do budismo coreano, nos editoriais dessa publicação. Com exceção de um grupo de jovens budistas, sua influência na comunidade budista coreana perdeu a força e, na época de sua morte, em 1944, suas tentativas de uma reforma budista estavam praticamente esquecidas[29].

No entanto, o surgimento de um novo movimento espiritual, fora da tradição ortodoxa, terminaria por envolver os desdobramentos das idéias de Han. O budismo Wŏn, que é considerado quer como uma forma de budismo coreano modernizado quer simplesmente como um novo movimento religioso, foi fundado pelo extremamente carismático Pak Chŏngbin (1891-1943) durante a última metade da ocupação da Coréia pelo Japão[30]. Pak, que é conhecido por seu nome budista de

28. Idem, p. 58-63.

29. Ironicamente, Han Yŏngun é aclamado na moderna Coréia como um grande patriota e "defensor da liberdade", por seu envolvimento no Movimento de Independência contra os japoneses, de 1º de março de 1919, e também por sua poesia altamente sentimental. Seu papel mais controverso como expoente de uma forma ajaponesada de budismo coreano tem sido em geral ignorado.

30. Para uma útil introdução à história do budismo Wŏn, cf. Mark Cozin, Wŏn Buddhism: Origin and Growth of a New Korean Religion, em Laurel Kendall e Griffin Dix (orgs.), *Religion and Ritual in Korean Society*, p. 171-184.

128 A ESPIRITUALIDADE BUDISTA

So T'aesan, fundou sua nova ordem como um movimento de reforma budista. Um olhar de relance em seus ensinamentos nos revela sua grande dívida com relação ao programa de reformas formulado por Han Yŏngun. Assim como Han, ele promoveu vigorosamente a secularização do budismo e via os leigos como a base de sua ordem. Está fora do âmbito deste artigo discutir os detalhes da reforma de So T'aesan das doutrinas e práticas budistas, que é muito mais sistematizada e sincrética que a sugerida por Han Yŏngun[31].

A conseqüência prática da reforma de So T'aesan foi a secularização completa do budismo. Ele a concentrou em torno da família como o centro da prática. Em conseqüência, a moral social e a ética familiar, com uma inspiração claramente confuciana, desempenham um papel predominante em seu sistema:

O Grande Mestre disse: "Um lar é como uma nação em tamanho reduzido e uma nação é a reunião de lares. Um lar é como uma pequena nação e, ao mesmo tempo, é uma unidade básica de um grande país. Dessa forma, aquele que é capaz de administrar um lar com perfeição pode governar bem uma sociedade ou uma nação. Além disso, se cada membro de uma família puder administrar bem um lar, uma nação naturalmente será governada de forma ordenada. Dessa forma, o chefe de um lar deve reconhecer que seu papel, ou obrigação, como chefe é um papel grande e importante"[32].

Num outro exemplo manifesto da presença da ética familiar confuciana, encontramos So T'aesan elogiando o princípio da devoção filial como uma virtude cardeal:

O Grande mestre disse: "Aquele que oferece devoção filial aos pais e ama os irmãos em sua casa raramente age mal com relação a outras pessoas. Mas aquele que nunca oferece devoção filial e provoca a hostilidade entre seus irmãos e irmãs, não pode agir bem com relação a outras pessoas. Assim, no confucianismo se diz que a 'devoção filial é a conduta básica entre todas as condutas' e que 'um súdito leal certamente se encontra num lar que é conhecido por um filho que mantém devoção filial'. Essa é sem dúvida uma verdade bem enunciada"[33].

Os principais funcionários religiosos da ordem são o clero, isto é, sacerdotes casados e irmãs leigas celibatárias. No entanto, é evidente que é o devoto leigo que constitui a base e a espinha dorsal do budismo Wŏn. Pode-se perceber isso no código ético da ordem, que incorpora apenas uma versão bastante modificada dos dez preceitos budistas básicos tradicionais, sobre os quais se coloca uma superestrutura que consiste em conceitos da moral confuciana adaptados. Em seus primeiros escritos, So T'aesan defendia para seus seguidores uma vida de celibato. Com o passar do tempo, no entanto, tem havido na ordem

31. Para um excelente estudo comparativo do pensamento desses dois homens, cf. Han Kidu, *Pulgyo yusin non* kwa *Pulgyo shinnon*, p. 233-257.
32. The Scripture of Won Buddhism, 198 (seção 42).
33. Idem, 181 (seção 11).

A ESPIRITUALIDADE BUDISTA NA CORÉIA MODERNA E PRÉ-MODERNA   129

uma tendência crescente ao sacerdócio não celibatário. Hoje é raro encontrar no budismo Wŏn praticantes do sexo masculino que sejam celibatários, mas eles ainda existem.

Em princípio, existe igualdade entre os dois sexos no budismo Wŏn. Isso é repetidamente afirmado nas diretrizes de So T'aesan, em especial, em seu ensinamento dos Quatro Essenciais (*sayo*)[34]. Por exemplo, em sua discussão do terceiro essencial, podemos ler:

> Após o casamento, a vida financeira deve ser administrada independentemente; marido e mulher não devem apenas se dedicar ao amor, mas devem também tornar sua meta principal cumprir seus deveres e obrigações.
>
> Todas as outras questões devem ser administradas de acordo com os casos envolvidos e a doutrina (*pŏp*). Homens e mulheres não devem se discriminar uns aos outros, como no passado, mas sim se tratar bem, de acordo com o que fazem[35].

Mais adiante, ele prescreve:

> As mulheres, como os homens, devem ser educadas o suficiente para poder trabalhar na sociedade.
>
> Os homens e as mulheres devem trabalhar diligentemente em suas ocupações, para poder viver com conforto. Eles devem ser iguais no desempenho de seus deveres e obrigações para com suas famílias e nação[36].

Na superfície, essas diretrizes de igualdade entre os homens e mulheres são bastante impressionantes, levando-se em conta o tempo e o lugar. Infelizmente isso se dá apenas na teoria. O papel das mulheres no budismo Wŏn é ainda inferior ao dos homens e, como tal, reflete o padrão atual da sociedade coreana como um todo. Há basicamente dois ideais relativos às mulheres na ordem. O primeiro deles é o de mãe, que na verdade não é diferente do antigo ideal confuciano da esposa e mãe devotada e abnegada, cujo supremo propósito na vida é a dedicação ao marido e aos filhos e a submissão aos parentes por afinidade. O outro, é o de irmã leiga, essencialmente uma funcionária religiosa da ordem budista Wŏn, de modo muito parecido com as irmãs de caridade no cristianismo. No entanto, elas não podem se casar, mas vivem idealmente toda sua vida em completa dedicação à ordem. Elas são de fato monjas celibatárias e dedicam-se em especial a atividades sociais práticas, tais como o ensino e o serviço social, mais que às práticas de meditação e o ensino doutrinal, tal como acontece nos mosteiros budistas tradicionais em todo o país.

Pode-se argumentar que o budismo Wŏn conseguiu realizar uma reforma do budismo coreano tradicional, pelo menos com relação à

34. Os Quatro Essenciais são: 1. Alcançar a Auto-suficiência; 2. Colocar o Sábio como a Base; 3. Educar os Filhos e Filhas de Outros; e 4. Respeitar Aqueles (que realizam) o Bem Público. Cf. *Chŏnsŏ*, p. 39-46.

35. Texto Sagrado, p. 22. Chŏnsŏ, p. 40-41.

36. *Chŏnsŏ*, p. 22, 41.

130 A ESPIRITUALIDADE BUDISTA

dimensão social. Ele estabeleceu uma Universidade que está em plena atividade e é, para os padrões coreanos, moderna, além de hospitais, escolas, jardins de infância, berçários, centros de treinamento e igrejas, sempre mantendo os ideais budistas de autocultivo, tais como estabelecidos por So T'aesan. Assim, muitas das propostas defendidas por Han Yŏngun tornaram-se realidade para os seguidores do budismo Wŏn e não se pode negar que o que temos hoje é um movimento completamente voltado para os leigos, com suas normas e valores firmemente baseados na vida da unidade familiar coreana tradicional.

No nível prático existem muitos aspectos do budismo Wŏn que foram retomados do cristianismo. Entre eles está a instituição de sacerdotes casados, de uma liturgia, de organizações de caridade e de uma visão bastante puritana do comportamento humano. Deve-se notar que o movimento foi a primeira organização budista coreana a estabelecer hospitais e escolas públicas como instituições de caridade, guarnecidos com pessoal constituído principalmente por irmãs leigas. Dessa forma, os budistas Wŏn desenvolveram o ideal do bodisatva abnegado em bases completamente sociais, ao mesmo tempo em que se empenhavam em modernizar a sociedade coreana.

O budismo Wŏn surgiu após 1945 como um movimento relativamente forte e estreitamente integrado, e continua se expandindo desde então. No entanto, os patriarcas que sucederam So T'aesan fizeram muito pouco no sentido de modificar a herança espiritual herdada do fundador e as doutrinas do budismo Wŏn se desenvolveram muito pouco. Esse tem sido um dos principais obstáculos a um desenvolvimento maior do movimento, uma vez que o que pretende ser uma forma moderna de budismo se funda, sobretudo, num sistema que tem permanecido basicamente sem mudanças desde a década de 1930.

O BUDISMO COREANO DESDE 1945

Como o Sŏn ainda é a expressão predominante do budismo na Coréia, a meditação tem permanecido no centro do treinamento monástico durante a maior parte do último século, embora não mais desfrute da mesma popularidade em meio aos membros do *saṅgha*.

No passado, quase todos os grandes mestres budistas alcançavam sua posição pela personificação do ideal tradicional do asceta, dedicando décadas de suas vidas a um treinamento rigoroso, inclusive muitos anos de meditação intensa. Embora esse ideal raramente seja imitado hoje em dia, tanto a Ordem Chogye quanto a Escola T'aego o promovem oficialmente como a forma mais direta de realização espiritual. No nível principiante, a meditação Sŏn é realizada numa sala especial – o *Sŏnbang* – que é reservada para essa finalidade. Vivem aí de vinte a cinqüenta monges, meditando na postura de pernas cruzadas, por até doze horas diárias, durante períodos de três meses reservados à meditação (*hyŏlche*), duas

16. Mestre do Sŏn Kusan Suryŏng (1908-1983).

132 A ESPIRITUALIDADE BUDISTA

vezes ao ano, no verão e no inverno. Tendo treinado no *Sŏnbang* durante vários anos, o adepto sério normalmente passa mais cinco a dez anos num pequeno eremitério, onde aperfeiçoa sua meditação, esperando-se que ele alcance alguma forma de despertar espiritual.

A meta do treinamento Sŏn é, naturalmente, alcançar a iluminação e tornar-se um líder da comunidade budista, a fim de garantir a continuidade da tradição. Se as exigências para se alcançar o nível de mestre do Sŏn eram ainda muito rigorosas vinte anos atrás, hoje é raro encontrar monges que tenham passado pelo programa inteiro de treinamento Sŏn, inclusive o treinamento monástico básico sob um mestre qualificado, a meditação prolongada em isolamento solitário, o despertar espiritual (*kansŏng*, o "ver a natureza") e a sanção oficial de um mestre reconhecido. Apesar disso, as concepções e atitudes em torno do Sŏn são ainda dominadas pela visão medieval tradicional. Hoje o título de Mestre da Meditação (*sŏnsa*) freqüentemente é conferido por um professor a um discípulo de confiança, ou um monge mais velho, não importa o grau de sua percepção espiritual. Essa desvalorização do título inevitavelmente levou a um declínio na qualidade dos chamados mestres do Sŏn, muitos dos quais ostentam sua falta dessa percepção em textos publicados e palestras públicas.

Embora o budismo na Coréia tenha velhas contas a acertar com o confucianismo pela repressão sofrida durante a dinastia Chosŏn, há particularmente pouco antagonismo a se perceber entre as duas tradições hoje. Isso sem dúvida se deve à confucianização geral da sociedade coreana, que afetou também a estrutura do *saṅgha* budista. A influência confuciana sobre o budismo não é óbvia à primeira vista, mas se torna gradualmente manifesta quanto mais se lida com o budismo coreano. O sistema de hierarquias nos templos torna automaticamente venerável o monge velho apenas porque ele é velho – em contraste com o budismo chinês, no qual tem precedência a seriedade do compromisso religioso. Esse é somente um aspecto da influência confuciana. Na verdade, todo o código de comportamento monástico tem muito mais relação com a ética confuciana do que com o *Vinaya* budista. Isso pode ser uma explicação indireta de por que a atitude com relação aos preceitos budistas tradicionais em geral não é muito séria em meio ao *saṅgha* coreano. Provavelmente a baixa posição das mulheres no budismo coreano também deva ser vista como um reflexo das normas confucianas. Em todo caso, com relação à igualdade dos sexos, parece que a filosofia Mahāyāna do vazio e da interrelação universal vem sendo seriamente negligenciada[37].

Uma vez que o Sŏn domina a paisagem do budismo coreano atual, são suas práticas, e as doutrinas a elas vinculadas, que se mantêm como

---

37. Para um estudo extremamente informativo sobre a vida num templo do budismo Sŏn coreano atual, cf. Buswell, *The Zen Monastic Experience*.

A ESPIRITUALIDADE BUDISTA NA CORÉIA MODERNA E PRÉ-MODERNA   133

o núcleo espiritual da tradição. Embora seja de se esperar que a prática do Sŏn coreano tenha passado por uma considerável modificação, análoga à do budismo Zen japonês no século XIX, ela de alguma forma conseguiu manter-se surpreendentemente próxima do ideal clássico derivado do período Koryŏ, ao passo que o tipo de Sŏn altamente sincrético e diversificado que foi corrente durante a dinastia Chosŏn não pode mais ser encontrado. Naturalmente, a prática contemporânea do Sŏn é uma restauração do "Sŏn puro", centrado na meditação com um *kongan* ou *hwadu*, de acordo com a escola ortodoxa de Lin-chi (K. Imje), introduzida da China da dinastia Yüan (1279-1368) próximo ao final do período Koryŏ. Apesar de se tratar de duas correntes adversárias do Sŏn no budismo coreano de hoje – a do despertar "súbito-súbito", defendida por Sŏngch'ol e seus adeptos sediados no Templo Haein, e a do despertar "súbito-gradual", defendida pelos que seguiam os ensinamentos de Chinul – na prática efetiva, todos eles usam o sistema *kongan* que se originou com o importante mestre do Ch'an chinês, Tahui Tsung-kao (1088-1163). Assim, as diferenças entre as duas correntes do Sŏn são, sobretudo, questões de doutrina e linhagem.

Sobre a prática *hwadu* básica, Kusan Suryŏng (1908-1983), um importante mestre do Sŏn, diz o seguinte:

> Na meditação Sŏn, o fator-chave está em manter um senso constante de questionamento. Assim, após tomar o *hwadu* "O que é isso?", tente manter sempre o questionamento: "O que é ver?" "O que é ouvir?" "O que é mover estas mãos e pés?", e assim por diante. Antes de o senso inicial de questionamento diminuir, é importante fazer a pergunta novamente. Dessa forma, o processo de questionamento pode continuar sem interrupções, com cada nova pergunta sobrepondo-se à anterior. Além disso, você deve tentar fazer com que essa sobreposição seja suave e regular. Mas isso não significa que você deva apenas repetir mecanicamente a pergunta como se fosse um mantra. É inútil apenas dizer a você mesmo, dia e noite, "O que é isso?" "O que é isso?". A chave está em sustentar o senso de questionamento, e não a repetição das palavras. Uma vez essa investigação iniciada, não haverá espaço para o tédio. Se a mente permanece quieta, o *hwadu* não será esquecido e o senso de questionamento continuará ininterruptamente. Dessa forma, o despertar será fácil[38].

A cada quinze dias, durante os três meses de retiro para meditação (*kyŏlche*), é comum o mestre do Sŏn de um determinado templo de treinamento dar instruções formais para a assembléia de monges praticantes. Esses pronunciamentos têm duas finalidades: em primeiro lugar, trata-se de discursos de encorajamento, estimulando os monges a se empenhar melhor em seu cultivo espiritual, e em segundo lugar, destina-se a dar aos praticantes adiantados uma oportunidade de formalmente travar com o mestre um, assim chamado, "combate do darma" (*mundap*), no qual eles testam sua própria percepção contra a dele. Numa dessas ocasiões, o mestre do Sŏn, Hyŏbŏng (1888-1966),

38. Cf. Kusan Sunim, *The Way of Korean Zen*, p. 61.

134 A ESPIRITUALIDADE BUDISTA

tendo subido ao assento alto, bateu nele três vezes com seu bastão e dirigiu-se à assembléia com as seguintes palavras:

"Este ano é um novo ano, este mês é um novo mês e este dia é um novo dia! Há alguém nesta grande assembléia que possa dizer uma nova palavra?". A grande assembléia permaneceu em silêncio. Após algum tempo ter-se passado, o mestre disse: "Com o Olho da Sabedoria, vocês podem ver que ela é irreal e não pertence ao mundo! Com o Olho do Darma vocês podem ver que ela não é do mundo e não é real! Com o Olho do Buda, vocês podem ver os dois níveis do real e do irreal. Quando todos os vivos e mortos entram em contato com os três olhos, eles não podem permanecer (isto é, sua natureza real será revelada). Alguém tem uma idéia sobre isso?". A grande assembléia permaneceu em silêncio. Após certo tempo, o mestre disse: "Alguém disse: 'Śākyamuni entrou no nirvana e Maitreya entrou em seu caixão!'" (isto é, não há ninguém iluminado por perto). Após isso, ele desceu do assento[39].

Essa forma bastante complexa de discurso é típica da espécie de pronunciamento que o mestre do Sŏn emite. Ela se destina a produzir uma ruptura com o pensamento discursivo e introduzir os que ouvem diretamente no domínio da iluminação. As perguntas do mestre à assembléia visam a provocar uma reação nos praticantes individuais, por meio da qual eles podem abrir suas mentes para a realidade além das palavras, a natureza inerente do Buda (*pulsŏng*).

Outros aspectos da fé e dos ensinamentos budistas tradicionais ainda estão em grande parte intactos no budismo Sŏn contemporâneo e questões como o carma, o renascimento, a ética e virtualmente todos os tópicos que fazem parte do domínio invisível dos espíritos são muitas vezes apresentados diretamente a partir do contexto da cultura coreana medieval. Na passagem que se segue temos um excelente exemplo de como a doutrina do renascimento era ensinada por Sŏngch'ol numa lição sobre uma leitura do Darma ministrada no Templo de Haein, em 1981:

A psicologia ocidental, com base na obra de Freud, divide a mente humana em três níveis: o consciente, o consciente latente, ou pré-consciente, e o subconsciente, ou inconsciente. Freud naturalmente estabeleceu as teorias sobre o inconsciente, mas foi Sir Alexander Cannon que de fato desenvolveu um amplo trabalho sobre o tema. Ele recebeu o título de cavaleiro na Inglaterra e foi um notável palestrante em institutos, em cinco nações européias. Talvez suas maiores contribuições tenham sido as investigações relativas a vidas anteriores. Inicialmente, como cientista, ele havia negado a validade tanto do espírito quanto da reencarnação. Mas, utilizando a hipnose como método de investigação, ele persistentemente se deparou com relatos sobre vidas passadas, ao aplicar o procedimento de regressão hipnótica. Ele trouxe algumas pessoas até mesmo de um período tão antigo quanto o Império Romano e muito do que ele registrou foi comprovado por meio de documentação histórica. Com base no que foi coletado a partir de um total de 1.382 pacientes, ele publicou um livro, *The Power Within* (O Poder Interior), em 1952[40].

---

39. *Hyŏbong ŏrok* (Ditos Registrados de Hyŏbong), ed. Hyŏbong mundo hoe (Songgwang sa, 1975), p. 19-20.

40. Cf. Ver Sŏng-chol, *Echoes from Mt. Kaya*, p. 69.

A ESPIRITUALIDADE BUDISTA NA CORÉIA MODERNA E PRÉ-MODERNA   135

Sŏngch'ol apresenta toda uma concepção budista do renascimento baseada na tradição e tenta aumentar sua credibilidade pelo recurso, absolutamente pseudocientífico, às provas da hipnose. Mais adiante, ele chega mesmo a recorrer ao médium americano Edgar Cayce:

> Cayce tinha muito a dizer sobre causa-e-efeito com relação a vidas anteriores. Um dos casos estudados era o de um casal que tinha um casamento extremamente infeliz e, por meio da regressão hipnótica, Cayce descobriu que numa vida anterior eles haviam sido inimigos. Em alguns casos, casais que tinham um casamento feliz revelaram ter tido um relacionamento pai-filho em vidas anteriores. Achamos isso difícil de acreditar, mas é dessa forma que a causa-e-efeito pode funcionar[41].

Apesar desse recurso à tradição ocultista ocidental, o eixo da argumentação do mestre está rigorosamente de acordo com o budismo coreano medieval. Apresentada de forma direta, sem o mínimo grau de sofisticação, ela não apresenta a ambigüidade habitual ou a distância irônica que caracteriza a atitude do budismo Sŏn com relação a doutrinas dogmáticas.

No entanto, também podemos encontrar a questão do renascimento tratada de uma forma um tanto mais sutil, como na seguinte explicação oferecida por Kusan:

> Quando o corpo envelhece, ele morre, e obtemos um outro corpo. É exatamente como trocar nossas roupas velhas. A mesma sensação boa que temos ao trocar nossas roupas velhas por novas também está aí, quando o velho corpo é trocado por um novo. Se entenderem e compreenderem a Mente, vocês se livrarão dos sofrimentos vinculados ao nascimento e morte. O buda do passado já se foi, o buda do futuro ainda não chegou. O buda do presente é justamente onde vocês alcançam a iluminação e este mundo não é mais *samsara*, mas a própria Terra Pura.

Vemos aqui a questão de o renascimento receber uma inversão radical. O tema central não é se o renascimento ocorre ou não, mas o que é aquele que renasce. Na passagem que se segue, é explicada a Mente do Buda como a qualidade subjacente além do renascimento:

> Este corpo está submetido ao nascimento e morte; no entanto, a Mente não é nascida com o corpo, nem morre com ele. Na medida em que o trabalho do *hwadu* é buscar realizar a Mente, não se segue que o corpo deve morrer para se alcançar sua realização. É possível realizar a Mente enquanto ainda se está vivo. Realizar a Mente é idêntico à realização do nirvana e, por essa razão, não há necessidade de se preocupar com a vida e a morte[42].

Essa explicação sobre o aspecto absoluto da mente humana, isto é, a natureza do Buda, que é inata e, assim, não é afetada pelo renascimento, revela uma tendência do Sŏn a enfatizar a realização em detrimento da fé, tornando assim a busca espiritual uma parte mais íntima da experiência cotidiana do praticante.

---

41. Idem, p. 71.
42. Extraído de uma série de conversas realizadas em Copenhagen, em julho de 1982.

OBSERVAÇÕES FINAIS

O budismo coreano é a religião predominante na Coréia e, apesar de suas comunidades monásticas ter-se degenerado consideravelmente nas duas últimas décadas, ele ainda tem seguidores leigos muito ativos. No entanto, as transformações cada vez mais rápidas da sociedade moderna afetaram também a prática do budismo. As comunidades monásticas, vivendo em isolamento nas montanhas remotas, são uma coisa do passado. O budismo não desceu das montanhas até as cidades, como desejava Han Yŏngun; ao contrário, as cidades alcançaram as montanhas.

A maioria dos grandes mosteiros e templos na Coréia passou por modificações em diversos aspectos, inclusive a aquisição de transporte motorizado, telefone, televisão, vídeo, máquinas de lavar roupas. Muitos dos monges agora possuem seus próprios carros e hoje são comuns até mesmo os eremitérios privados. Em número cada vez maior, turistas e leigos budistas em geral visitam os templos, forçando muitos deles a funcionar como hotéis e prestar outros serviços que têm muito pouco a ver com o budismo. A crescente importância das associações budistas leigas também permitiu que de muitos templos e mosteiros se voltassem para a organização de cursos de meditação para o público em geral. Se é evidente que a forma de vida monástica está em declínio, o budismo leigo está, manifestamente, se expandindo em tamanho e dedicação, o que parece indicar uma mudança geral, e mais popular, na expressão da espiritualidade budista coreana.

BIBLIOGRAFIA

AN PYŎNG-JIK. Han Yong-un's Liberalism: An analysis of the *Reformation of Korean Buddhism*. *Korea Journal* 19:12 (1979) 13-18.

BUSWELL, Robert E. *The Zen Monastic Experience: Buddhist Practice in Contemporary Korea*. Princeton University Press, 1992.

COZIN, Mark. Wŏn Buddhism: Origin and Growth of a New Korean Religion. In: KENDALL, Laurel; DIX, Griffin (eds.). *Religion and Ritual in Korean Society*. Korea Research Monograph (UC Berkeley) 12 (1987) 171-84.

DUMOULIN, Heinrich. Contemporary Buddhism in Korea. In: DUMOULIN, H.; John C. Maraldo (orgs.). *Buddhism in the Modern World*. New York: MACMILLAN Collier, 1976, 202-14.

HAN KIDU. *Pulgyo yusin non* kwa *Pulgyo shinnon*. In: *Ch'angchak kwa ch'ŭp'yŏng*. Seoul: Ch'angchak kwa ch'ŭp'yŏng sa, 1976, 233-57.

_____. Chosŏn malgi ŭi sŏn non. In: Pulgyo munhwa yŏnguwŏn (org.). *Hanguk sŏn sasang yŏngu*. Seoul: Tongguk Taehakkyo ch'ulp'an pu, 1984, 411-81.

HPC = *Hanguk pulgyo chŏnsŏ* v. 7-11. Seoul: Tongguk Taehakkyŏ ch'ulp'an sa, 1986-1993.

HYŎBONG MUNDO HO (org.). *Hyŏbong ŏrok*. Songgwang sa, 1975.

KIM UCHANG. Han Yong-un and Buddhism. *Korea journal* 19:12 (1979) 19-27.

A ESPIRITUALIDADE BUDISTA NA CORÉIA MODERNA E PRÉ-MODERNA   137

KUSAN SUNIM. *The Way of Korean Zen*. Trad. Martine Fages. Tokyo: Weatherhill, 1985.

KYŎNG HŎ PŎBŎ (Ditos Registrados de Kyŏngho). Seoul: Kyŏnghŏ Sŏn'n Sŏnsa pŏbŏ chip Kanhaeng hoe, 1981.

LEE YOUNG HO. The Ideal Mirror of the Three Religions: The *Samga kwigam* of Hyŭjŏng. *Korea Journal* 33:3 (1993) 56-66.

MOK JEONG-BAE. Buddhism in Modern Korea. *Korea Journal* 33:3 (1993) 23-49.

NUKARIYA KAITEN. *Chosŏn sŏngyo sa*. Trad. Chŏng Hogyŏng. Seoul: Poryŏn Kak, 1978.

SHIM JAE-RYONG. Buddhist Responses to Modern Transformation of Society in Korea. *Korea Journal* 33:3 (1993) 50-55.

SHIN PŎPIN, Hyŭjŏng ŭi sagyo ipsŏn kwan. *Hanguk pulgyo hak* 7 (1982) 123-142.

SONG-CHOL. *Echoes from Mt. Kaya*. Won-tek (org.). trad. Brian Barry. Seoul: Lotus Lantern International Buddhist Center, 1988.

SØRENSEN, Henrik H. The Life and Thought of the Korean Sŏn Master Kyŏnghŏ. *Korean Studies* 7 (1983) 9-33.

_____. Korean Buddhist Journals during the Early Japanese Colonial Rule. *Korea Journal* 30:1 (1990) 17-27.

_____. Japanese Buddhist Missionaries and Their Impact on the Revival of Korean Buddhism at the Close of the Chosŏn Dynasty. In: KALLAND Arne; SØRENSEN, Henrik H. (orgs.). *Perspectives on Japan and Korea. Nordic Proceedings in Asian Studies* n. 1. Copenhagen: 1991, 46-62.

_____. A Bibliographical Survey of Buddhist Ritual Texts from Korea, *Cahiers d'Extrême Asie* 6 (1991-92) 159-200.

TAKAHASHI TŌRU. Richō bukkyō. Tokyo: Kōyōsha, 1929.

PAL KHN CHON (trad.). *The Scripture of Won Buddhism* (Wŏn Pulgyo Kyojon) 2ª edição. Iri: Won Kwang Publishing, 1988.

U CHŎNGSANG; Kim Yŏngt'ae. *Hanguk pulgyo sa*. Seoul: Chinsu Tang, 1968.

WŎN PULGYO CHŎNGHWA AS (org.). *Wŏn pulgyo chŏnsŏ*. Iri: Wŏn pulgyo ch'ulp'an sa, 1992.

YI YŎNGCHA, Chosŏn chung hugi ŭi sŏnp'ung. In: Pulgyo munhwa yŏnguwŏn (org.). *Hanguk sŏn sasang yŏngu*. Seoul: Tongguk Taehakkyo ch'ulp'an pu, 1984, 339-410.

Parte V:
Japão

19. Fundamentos

I. O NASCIMENTO DO BUDISMO JAPONÊS

Hanayama Shinshō e Hanayama Shōyū

O Budismo propagou-se em meio ao povo japonês por meio dos imigrantes coreanos e chineses no início do século VI. O reconhecimento imperial da nova religião tem início com a famosa história relatada na crônica japonesa *Nihonshoki*: em 552 (mais provavelmente 538), Sŏng-myŏng, o rei de Paekche, ansioso por fortalecer sua aliança com o Japão contra os Estados coreanos vizinhos de Silla e Koguryŏ, presenteou o imperador Kinmei (r. 531-571) com uma imagem em bronze do Buda Śākyamuni, folhada em ouro, alguns estandartes rituais e alguns textos sagrados budistas, acompanhados por uma carta, na qual ele insistia na propagação do budismo:

Esse ensinamento é a melhor de todas as doutrinas existentes. No entanto, é difícil de explicar ou compreender. Nem o duque de Chou nem Confúcio puderam compreendê-lo. Esse ensinamento é capaz de produzir felicidade e recompensas em quantidades infinitas, sem limites. Ele na verdade leva-nos a vislumbrar o bodi sublime[1].

O imperador ficou encantado e exclamou: "Jamais ouvi falar de um ensinamento mais elaborado [...]. Jamais vi algo tão luminoso e belo

---

1. Para uma outra tradução, cf. W. G. Aston, *Nihongi: Chronicles of Japan from the Earliest Times to A.D. 697*. T.P.J.S., Supl. I (London: 1896), v. 2, p. 66, reproduzida em Wm. Theodore de Bary *et al.* (orgs.), *Sources of Japanese Tradition*, v. 1, p. 91.

142 A ESPIRITUALIDADE BUDISTA

quanto essa imagem do Buda". Consultou então seus vassalos, para saber se devia aceitar ou não essa nova religião vinda do continente. Houve uma acalorada discussão da questão em meio aos clãs. O clã Soga, que estava a cargo das questões estrangeiras e militares, defendia a aceitação da nova fé, enquanto os clãs Mononobe e Nakatomi, que estavam a cargo dos rituais Shintō, opunham-se a ela, alegando que a aceitação de uma religião estrangeira ofenderia os *kami* – ou divindades – Shintō nativos, que protegiam o país havia tanto tempo. O resultado desse debate foi o imperador dar ao clã Soga permissão oficial para adotar o budismo.

Apesar do fato de que os japoneses haviam seguido e preservado a tradição Shintō como a única religião oficial por um longo período de tempo, o budismo rapidamente floresceu e substituiu o Shintō como a religião oficial no curto período de cinqüenta anos. Esse êxito devia-se mais a fatores culturais e políticos do que às virtudes do budismo, que lhe conquistariam a popularidade em períodos posteriores: sua tolerância, racionalidade e profundidade filosófica – essas qualidades não atraíram a atenção nesse período inicial. A nova religião desfrutava do patrocínio da Casa Imperial e na verdade era praticada por alguns dos imperadores, a começar pelo imperador Yōmei (r. 585-587). Uma vez que se tornou um instrumento político na disputa entre os progressistas sogas e os conservadores mononobes, ela compartilhou do triunfo dos sogas.

À população, o budismo oferecia um refúgio mais seguro em meio às freqüentes epidemias e fomes do que podia ser oferecido pelos *kami* nativos, e acreditava-se que ele tinha eficácia mágica em afastar desastres e calamidades, curando doenças e trazendo segurança e prosperidade para a nação e os indivíduos. A cultura japonesa nessa época ainda estava pouco desenvolvida e o esplendor da arte budista tinha um grande atrativo para os membros da corte japonesa. Os japoneses admiravam o budismo como um aspecto da civilização superior do continente.

O filho do imperador Yōmei, Shōtoku (574-622), tem a posição lendária de pai fundador do budismo japonês. Com a idade de dezenove anos, ele tornou-se príncipe regente da imperatriz Suiko (r. 593-628). Em 594 ele promulgou um Decreto Imperial que estimulava a população a aceitar e cultivar os Três Tesouros do budismo. Essa foi a primeira vez que uma religião foi recomendada sob o nome de um imperador na história do Japão. Em 604 ele promulgou a Constituição em Dezessete Artigos, um conjunto de instruções morais para os oficiais governamentais, baseadas tanto nos ensinamentos budistas e confucianos como na fé nativa em uma origem divina do imperador. Nesse documento os ideais budistas de igualdade e harmonia são aplicados à administração do Estado. Ele expressa as atitudes de um *darma rajá* (monarca do darma) budista:

Artigo I

A harmonia deve ser valorizada e deve-se respeitar a escusa de uma oposição gratuita. Todos os homens são influenciados pelo faccionalismo e poucos são os inteligentes. Assim, há alguns que desobedecem a seus senhores e pais ou que mantêm rixas

FUNDAMENTOS 143

com as aldeias vizinhas. Mas quando os de cima são harmoniosos e os de baixo são amistosos, e há concordância na discussão das questões, a concepção correta das coisas alcança espontaneamente aceitação. Pois o que há aí que não pode ser realizado?

Artigo II
Prestar homenagens sinceras aos três tesouros. Os três tesouros, isto é, o Buda, a Lei e as ordens monásticas, são o refúgio final dos quatro seres gerados e são os objetos supremos da fé em todos os países. Poucos homens são completamente maus. Eles podem ser ensinados a segui-los. Mas se eles não se empenham em ir até os três tesouros, por que meios sua corrupção será corrigida?

Artigo IX
A boa-fé é o fundamento do certo. Que em tudo haja boa-fé, pois nela sem dúvida consiste o bem e o mal, o êxito e o fracasso. Se o senhor e o vassalo observam a boa-fé reciprocamente, o que é que não pode ser alcançado? Se o senhor e o vassalo não observam a boa-fé reciprocamente, tudo, sem exceção, termina em fracasso.

Artigo X
Vamos abandonar o ódio e evitar olhares enraivecidos. Também não fiquemos ressentidos quando outros diferem de nós. Pois todos os homens têm coração e cada coração tem suas próprias inclinações. Seu certo é nosso errado e nosso certo é seu errado. Não somos inquestionavelmente sábios, nem eles são inquestionavelmente tolos. Somos todos simplesmente homens comuns. Como pode uma pessoa estabelecer uma regra por meio da qual distinguir o certo do errado? Pois somos todos nós, uns com os outros, sábios e tolos, como um anel que não tem fim. Dessa forma, embora outros cedam à raiva, que nós, ao contrário, temamos nossas próprias faltas e, mesmo que somente nós estejamos certos, sigamos a multidão e ajamos como ela.

Artigo XVII
Decisões sobre problemas importantes não devem ser tomadas por apenas uma pessoa. Eles devem ser discutidos com muitos. Mas pequenos problemas têm menos importância. Não é necessário consultar várias pessoas. Só no caso da discussão de coisas importantes, quando há suspeita de que podem dar errado, é que se deve analisar os problemas em conjunto com outros, de modo a chegar à conclusão correta[2].

Shōtoku também patrocinou a fundação de sete templos antigos, inclusive o de Shitennō-ji (na atual Osaka), em 593, que se tornou o centro de atividades de assistência social no Japão, e Hōryū-ji (em Nara), em 607, que se tornou o centro dos estudos budistas.

Shōtoku foi, também, célebre como um estudante profundo da filosofia budista e autor de oito volumes de comentários sobre os sutras do *Lótus*, de *Vimalakīrti* e de *Śrīmālādevī*. Esses comentários são conhecidos como *Sangyō-gisho* (Comentários sobre os Três Textos Sagrados). Essa obra, assim como a Constituição, reflete a ênfase característica do budismo japonês e influenciou profundamente seu desenvolvimento, em especial por meio de sua recepção na escola Tendai de Saichō. A escolha desses três textos sagrados, em meio às muitas versões chinesas dos textos de tradição Mahāyāna trazidos para o Japão, é por si só significava. No *Sutra de Śrīmālādevī* (j. *Shōmangyō*), a rainha Śrīmāla discute as verdades e práticas fundamentais do budismo do veículo único, ou Ekayāna,

2. Adaptado de Aston, *Nihongi*, v. 2, p. 128-133, em de Bary, *Sources*, v. 1, p. 48-51.

144 A ESPIRITUALIDADE BUDISTA

na presença do Buda Śākyamuni, que aprova cada uma de suas afirmações. A escolha desse sutra pode ter sido em vista de prestar homenagem à imperatriz Suiko, uma vez que ele revela a personalidade exemplar de uma rainha budista devota. O *Sutra de Vimalakīrti* (j. *Yuimagyō*) era popular em meio aos devotos leigos do budismo Mahāyāna e estabelecia normas para os budistas leigos, como o próprio príncipe Shōtoku. O *Sutra do Lótus* (J. *Hokkekyō*) expõe de forma lúcida a filosofia Ekayāna e sempre foi considerado no Japão como um dos sutra mais importantes, em especial nas escolas Tendai e Nichiren. O prefácio ao *Hokkegisho* apresenta essa filosofia da seguinte forma:

> Śākyamuni apareceu neste mundo para expor os ensinamentos desse *Sutra do Lótus*, de modo que todos os seres sencientes, sem qualquer distinção, pudessem ser capazes de um dia alcançar a suprema e verdadeira iluminação por meio da prática das disciplinas fundamentais voltadas para isso. No entanto, os seres sencientes, devido à insuficiência de bons méritos acumulados em suas vidas passadas e devido a sua natureza ignorante por nascimento – e, sobretudo, devido a vários fatores como a época e o ambiente que os impediam de acolher os ensinamentos Mahāyāna – não estavam preparados para receber os supremos ensinamentos que expunham as causas e condições de Ekayāna.
>
> Em vista disso, Śākyamuni usou como recurso pregar os Três Veículos (dos *śrāvakas*, *pratyekabuddhas* e bodisatvas), dando às pessoas os meios de alcançar a iluminação de acordo com suas próprias condições. Daí por diante, ele pregou a doutrina de *śūnyatā*, ou a não-substancialidade que transcende a todas as formas, e recomendou às pessoas que a estudassem e praticassem; mais tarde ele pregou a doutrina do caminho do meio e esclareceu os méritos de desméritos das doutrinas Hīnayāna e Mahāyāna. Os seres sencientes gradualmente foram se tornando capazes de compreender os ensinamentos de forma mais profunda, após ouvir e praticá-los durante um longo período de tempo. Por fim ele pregou o Grande Veículo Único, apresentando a verdade última do ponto de vista de Dharmakāya, o Corpo Verdadeiro do Buda dotado de todo tipo de virtude. Assim ele conduziu todos os seres sencientes igualmente à única grande iluminação[3].

Ekayāna ensina que a iluminação pode ser alcançada universal e igualmente por todos os seres sencientes, sem distinção entre múltiplo e uno, leigo e sacerdote, homem e mulher, ou mesmo entre humanidade e outros seres sencientes. Ele ensina que todas as boas ações têm igual virtude e que todos os seres sencientes no final alcançam a iluminação absoluta, ou natureza búdica. Essa natureza búdica absoluta nada mais é que Dharmakāya, a manifestação da própria verdade, que possui a sabedoria suprema e a vida eterna. Dharmakāya transcende o tempo e o espaço e é livre da mudança e do nascimento e morte.

Embora esses comentários se apóiem em modelos chineses, são freqüentes os traços de originalidade. Por exemplo, o capítulo treze do *Sutra do Lótus* faz uma relação dos vários objetos que um bodisatva não deve buscar – reis, hereges, esportistas, assassinos, monges, monjas, leigos, mulheres – e incentiva, no lugar disso, a concentração da mente,

---

3. Hanayama Shinshō (org.), *Shōtoku Taishi: Hokkegisho*, v. 1, p. 9-12. Para uma tradução moderna, cf. Nakamura Hajime (org.), *Shōtoku Taishi*, p. 311-332.

17. Pintura de Shōtoku Taishi, século XIX.

num lugar calmo. No comentário, no entanto, mesmo essa meditação é colocada entre as coisas que não devem ser buscadas[4]. Para se propagar o budismo Ekayāna, é preciso resistir à atração da solidão. Aquele que deseja compartilhar o destino da nação real e conduzir o povo na vida cotidiana não deve adotar a vida de eremita. Pensar que a meditação num lugar recluso é o único modo de se alcançar a iluminação verdadeira é uma concepção falsa, que não consegue perceber que não há contradição entre ser e não-ser, real e irreal, vir-a-ser e não-vir-a-ser, bem e mal, santo e ignorante, na vida de prática de acordo com o *Sutra do Lótus*. Essa não-dualidade deve ser encontrada na vida mundana, tanto quanto na vida de reclusão, e a preocupação estreita da tradição Hīnayāna com esta última deve ser rejeitada pelos aspirantes ao caminho do Buda. Ênfases análogas se encontram no *Sutra de Vimalakīrti*, que ensina que não há uma realidade absoluta separada dos fenômenos e afirma como seu ideal a vida prática do bodisatva leigo. O *Sutra de Śrīmālādevī* também ensina que a natureza dos seres sencientes é intrinsecamente pura e que eles podem, sem distinção, se tornar o Buda; o sutra enfatiza que as mulheres podem se tornar o Buda tanto quanto os homens.

Podemos concluir com uma lista das características distintivas do budismo japonês, antecipadas nos escritos atribuídos ao príncipe Shōtoku.

---

4. H. Shinshō (org.), *Shōtoku Taishi: Hokkegisho*, v. 2, p. 178-208.

146 A ESPIRITUALIDADE BUDISTA

Em primeiro lugar, o pensamento Ekayāna baseia-se na idéia de que todos os seres são dotados da natureza búdica, ou o potencial para a iluminação. Embora algumas das escolas de tradição Mahāyāna defendessem o ensinamento dos Três Veículos, correspondendo aos três níveis da capacidade humana para a iluminação, somente as que aceitaram o ponto de vista Ekayāna floresceram no Japão. Dessa forma, o budismo japonês enfatizava que o caminho para a natureza búdica estava aberto a todos e não podia ficar confinada apenas aos que observam a disciplina monástica.

Em segundo lugar, o budismo Mahāyāna sempre se ocupou com o significado e o espírito dos ensinamentos mais do que com a adesão rigorosa aos preceitos formais e à doutrina tradicional. Os japoneses interpretaram todos os ensinamentos e as disciplinas da espiritualidade budista e basearam sua prática nessa compreensão. Assim nenhuma seita japonesa atual segue efetivamente os ensinamentos e as disciplinas do budismo original e nenhuma seita japonesa jamais impôs disciplinas tão rigorosas quanto às observadas pelos monges que seguiam a tradição Theravāda no Sudeste asiático. Devido a isso, o budismo japonês tem sido freqüentemente criticado como um tipo degenerado de budismo.

Em terceiro lugar, no contexto tolerante do budismo japonês, as distinções entre sacerdotes e leigos, masculino e feminino, foram desaparecendo no decorrer da história. A meta das práticas religiosas tanto para sacerdotes como para leigos era a vida de um bodisatva cujo amor e compaixão com relação a todos os seres é ilimitada, exceto que, dos sacerdotes, também se esperava que desempenhassem um papel como líderes na sociedade.

Em quarto lugar, no budismo de tradição Theravāda, o processo de se tornar um Buda originalmente exigia um esforço quase sobrehumano durante um período imensuravelmente longo de acumulação de virtudes e méritos no decorrer de incontáveis transmigrações. No budismo japonês, ao contrário, acreditava-se que essa meta suprema podia ser alcançada tanto na vida presente quanto na futura. Embora o caminho para a natureza búdica seja diferente em cada tipo de budismo japonês, a maioria das seitas enfatiza que a libertação com relação ao ciclo de nascimentos e mortes pode ser alcançada no período de uma única vida e que não é necessário esperar por ciclos sem-fim de nascimentos e mortes, nem praticar austeridades rigorosas.

Em quinto lugar e por fim, até o final do período Muromachi (1338-1573) o budismo no Japão identificou-se com o bem-estar da nação. O culto e a prática budistas eram vistos como a base da prosperidade e da paz. Os acontecimentos nacionais anuais e a vida cotidiana do povo tornaram-se estreitamente entrelaçados com os ensinamentos budistas. Os sacerdotes budistas eram convidados a conduzir preces e ritos religiosos pelo bem-estar da nação e muitos sacerdotes proeminentes atuavam como consultores do governo. As estreitas relações religiosas,

FUNDAMENTOS   147

econômicas e políticas entre o budismo e o Estado resultaram na mistura da religião importada com o Shintō nativo e durante o período Heian (794-1192) surgiu um tipo original de budismo, que usava tanto o tipo de culto Shintō quanto o budista.

Os primeiros quatro desses traços caracterizam o budismo japonês até hoje, mas a aproximação estreita entre o budismo e o Estado chegou ao fim com a Restauração Meiji, em 1868.

BIBLIOGRAFIA

DE BARY, Wm. Theodore et al. (org.). *Sources of Japanese Tradition*. New York: Columbia University Press, 1958, v. I.

DURT, Hubert. Clichés canoniques bouddhiques dans les légendes sur les débuts du bouddhisme au Japon. *Cahiers d'Extrême-Asie* 1 (1985), p. 11-20.

HANAYAMA Shinshō (org.). *Shōtoku Taishi: Hokkesgisho*. Tokyo: Iwanami, 1975, v. 1.

KAMSTRA, J. H. *Encounter or Syncretism?: The Initial Growth of Japanese Buddhism*. Leiden: Brill, 1967.

NAKAMURA Hajime (org.). *Shōtoku Taishi*. Tokyo: Chūō Kōronsha, 1970.

TAMURA ENCHŌ. The Influence of Silla Buddhism on Japan during the Asuka-Hakuhō Period. In: SHIN-YONG Chun (org.). *Buddhist Culture in Korea*, Seoul: International Cultural Foundation, 1974, p. 55-79

VISSER, M. V de. *Ancient Buddhism in Japan*. Leiden: Brill, 1935.

148 A ESPIRITUALIDADE BUDISTA

II. O IMPACTO DO BUDISMO NO PERÍODO NARA

Thomas P. Kasulis

Em nossa descrição da espiritualidade japonesa durante o período Nara (710-794), vamos nos concentrar no modo como o budismo influenciou as instituições sociais, a vida intelectual e a prática religiosa. Tentaremos mostrar como essas três esferas culturais interagiam, oferecendo a base do desenvolvimento futuro da religião japonesa.

A Institucionalização do Budismo na Sociedade Nara

Para entender a dinâmica do Japão durante o período Nara, é preciso considerar a fragilidade da cultura na época. Em primeiro lugar, o Japão apenas começava a sair de seu estado de pré-escrita. O sistema de escrita fora introduzido apenas três séculos antes, provindo do continente. Devido às diferenças sintáticas entre o chinês e o japonês, os caracteres chineses não eram realmente adequados para transposição para o japonês e, durante todo o período Nara, o estilo de escrita da língua nativa (no chamado estilo *man'yōgana*) era ainda um tanto variável. Dessa forma, a maioria dos intelectuais japoneses simplesmente achava mais fácil escrever em chinês. Uma vez que o chinês e o japonês têm estruturas lingüísticas radicalmente diferentes, os intelectuais do período Nara estavam na verdade expressando seus pensamentos e sentimentos numa língua totalmente heterogênea a sua língua nativa. Essa situação exemplifica um sério dualismo presente na cultura Nara: a tensão entre o chinês e a língua nativa.

Um outro exemplo desse dualismo está em que, quando a corte Nara decidiu narrar a história do país, foram escritos dois textos diferentes, o *Kojiki* e o *Nihonshoki* (ou *Nihongi*), o primeiro, em japonês, e o último, em chinês. De modo análogo, foram elaboradas duas compilações da poesia japonesa, patrocinadas pelo governo imperial, uma em chinês (o *Kaifūsō*) e outra na língua nativa (o *Man'yōshū*). Mesmo em se tratando de justificar a autoridade do imperador, havia duas teorias independentes. Uma das teorias pode ser encontrada, por exemplo, na Constituição em Dezessete Artigos, que data do início do século VII. Ela fornece uma explicação basicamente confuciana para uma hierarquia política em última análise fundada no imperador como agente dos céus. O *Kojiki*, por outro lado, enfatizava a autoridade da família imperial como derivada de sua linhagem sagrada, como descendente direta de Amaterasu, o *kami* do sol.

As crianças filhas de aristocratas aprendiam o chinês por meio da memorização laboriosa e da atividade de copiar diferentes textos: algumas poesias, mas sobretudo histórias e os primeiros clássicos confucianos, em especial os que defendiam virtudes como a devoção filial e a lealdade ao imperador. Assim o confucianismo era um veículo impor-

FUNDAMENTOS 149

tante, para o senso dos aristocratas, de moralidade, ordem sociopolítica e estilo literário. Por outro lado, ele não era visto como uma tradição religiosa acompanhada por uma prática espiritual, mas apenas como uma justificação para a harmonia social. Por meio de sua influência, a idéia de um Estado centralizado floresceu na mentalidade japonesa. O século VII presenciou o surgimento da primeira constituição japonesa, bem como uma série de reformas agrárias que visavam retirar o poder financeiro e político dos clãs e colocar os militares e a cobrança de tributos sob a égide da corte. Essas reformas não foram inteiramente bem-sucedidas, mas o plano de centralizar a autoridade sob o imperador sem dúvida teve avanços significativos. O estabelecimento de Nara como capital permanente constituiu uma outra fase desse processo.

Anteriormente ao período Nara, a corte estabelecia uma nova sede com a ascensão de cada novo imperador. Hoje em geral se supõe que essa prática era o resultado de um ritual de purificação, que a morte do imperador significava uma degeneração do velho palácio e um novo tinha de ser construído. No entanto, a idéia de um Estado permanente requeria um centro permanente. Assim, Nara foi escolhida para ser o lar do governo japonês e a cidade foi construída de acordo com o projeto da capital chinesa da época, Ch'ang-an. Nara deveria servir de centro para o Estado japonês que surgia. Deveria ser uma cidade esplêndida, cuidadosamente planejada num padrão quadriculado. No entanto, a construção da cidade nunca foi completada, pois a capital seria novamente transferida para Quioto, no final do século VIII.

O projeto de Nara incluía a construção de templos budistas em diversos pontos estratégicos – uma indicação significativa da posição que a religião havia alcançado. A história oficial da introdução do budismo no Japão se concentra em torno de uma obra de arte budista, o Buda de bronze presenteado ao Imperador por um governante coreano. Na religião japonesa nativa, que pode ser considerada uma tradição proto-Shintō, não havia imagens dos seres sagrados, os *kami*. Assim, a idéia de uma estética religiosa era assombrosamente nova para os japoneses e, daí por diante, o budismo ficaria intimamente associado com a arte japonesa. Se o confucianismo serviu como veículo para o desenvolvimento literário e moral, foi o budismo que levou os japoneses a desenvolver um gosto profundo pela música, dança, pintura, arquitetura e escultura. O budismo, assim como o confucianismo, estava associado com a alta cultura da China. Isso por si só seria uma razão para sua proeminência no planejamento da cidade de Nara.

No entanto, houve uma outra razão para essa proeminência, uma razão talvez ainda mais reveladora da natureza da espiritualidade do período Nara: a conexão do budismo com a magia, ou o que é melhor designado pelo termo taumaturgia (operação de milagres). A partir dos poucos registros das primeiras visitas chinesas ao arquipélago japonês que chegaram até nós, parece que o Japão da pré-escrita era xamanís-

150   A ESPIRITUALIDADE BUDISTA

tico e oracular – o grande sacerdote ou sacerdotisa que servia como governante tanto político quanto religioso. O antigo termo *matsurigoto* se referia tanto ao ritual como ao governo. As imagens sagradas, os encantamentos e os rituais da nova religião atraíram o lado taumatúrgico bem como o lado estético dos japoneses. Eles supriam a corte com uma bateria de rituais para a prosperidade e preservação do país, desempenhando, assim, um papel no surgimento do Estado japonês tão importante quanto o do confucianismo e do proto-Shintō. O confucianismo oferecia a justificativa moral e política, o Shintō, a justificativa teológica ou mitológica e o budismo o poder taumatúrgico para sua proteção e sustentação. Este suporte trípode do Estado continuou até o período moderno, embora nas diferentes épocas as três tradições não tenham sido necessariamente iguais em suas funções de sustentação.

Para especificar mais precisamente o papel institucional do budismo nas questões de Estado no período Nara, podemos considerar o caso do imperador Shōmu. Em 741, ele decretou que cada província devia estabelecer seu próprio templo nacional (*kokubunji*) e instituiu um sistema hierárquico de relações entre os templos, que culminava no ponto focal do budismo do período Nara, o templo denominado Tōdai-ji, o "Grande Templo do Leste" da nova capital. Para criar um ponto central para esse sistema de templos budistas, sustentado pelo governo imperial, Shōmu fez com que uma estátua em bronze do Buda Birushana (s. Vairocana), pesando 450 toneladas, fosse forjada para o templo de Tōdai-ji. Para a cerimônia de consagração em 757, ele convidou budistas de todo o mundo então conhecido. Ele próprio passou por uma iniciação como leigo, na qual formalmente declarou-se um "servo dos três tesouros do budismo". Esse foi um ato imperial sem precedentes. No entanto, ao tomar o nome de iniciação de Roshana, uma outra variante de "Vairocana", Shōmu podia querer associar a si próprio e seu poder com o do grande Buda moldado em bronze. Vairocana era a luz central de todo o universo, um Buda cuja irradiação brilhava em toda parte. Ao estabelecer um templo budista oficial em cada canto do império e fazer de si o principal budista no Japão, Shōmu estava reforçando sua posição política. A institucionalização do budismo acompanhava passo a passo a institucionalização do Estado japonês.

Todos esses fatores conduziram à urbanização e politização do budismo do período Nara. Ficava cada vez mais difícil aos políticos manter-se livres da influência budista. Os estudiosos e monges budistas foram assumindo posições cada vez mais poderosas como conselheiros do trono. Por exemplo, a filha de Shōmu, a imperatriz Kōken (718-770), ficou fascinada pela taumaturgia exibida por um monge do tipo Rasputin, chamado Dōkyō, e quase lhe passou o trono. Devido a incidentes como esse, o potencial político do budismo era bem compreendido e ele tornou-se parte tão enraizada das intrigas no

FUNDAMENTOS   151

período Nara que o único modo de a corte escapar a sua influência era mudar a capital – primeiro para Nagaoka e depois permanentemente para Heiankyō (Kyōto) – e começar tudo de novo. Quando estabeleceu a nova capital, o imperador Kanmu não permitiu que as escolas budistas de Nara se mudassem. Essa estratégia teve êxito total, pelo menos por um tempo. Mais tarde, no entanto, as novas escolas do período Heian seriam novamente envolvidas na cena política.

A Contribuição Intelectual das Escolas do Período Nara

Algumas das influências budistas mais duradouras no Japão foram de ordem mais rigorosamente intelectual. De fato, pode-se afirmar que, pelo menos até o período Tokugawa (1615-1867), a história filosófica japonesa foi dominada pelo pensamento budista. Esse domínio tem suas raízes no período Nara. O budismo de Nara era formalmente dividido em seis seitas, ou escolas (*shū*). Para merecer a denominação oficial de *shū*, um grupo budista precisava da permissão do governo. Assim, não é de surpreender que muito do que era espiritualmente importante no budismo do período Nara ocorresse fora dessas seis escolas. Cada escola era mais uma orientação filosófica no interior da tradição budista que uma seita abrangente, envolvendo um sistema doutrinal, um conjunto correlato de práticas e um grupo de devotos adeptos. Não era incomum um determinado monge ser reconhecido como líder de mais de uma seita numa mesma época. Essa tolerância através de linhas doutrinais era reforçada pela aceitação, logo no início, do *Sutra do Lótus*, que ensina que todos os caminhos budistas são em última análise um só. As seis escolas são Ritsu, Kusha, Jōjitsu, Sanron, Hossō e Kegon. Cada uma tinha um conjunto complexo de doutrinas e teorias, importadas indiscriminadamente da China e destinadas a ter pouca influência permanente sobre a espiritualidade japonesa. No entanto, no conjunto de doutrinas podemos encontrar certos temas budistas que serviram como pontos focais importantes para o pensamento religioso japonês, tanto no período Nara quanto mais tarde.

A escola Ritsu é realmente mais litúrgica que filosófica. Ela se baseia na tradução chinesa do *Vinaya*. À medida que o budismo tomou raízes no Japão e o povo se converteu à nova religião, surgiram perguntas sobre a forma apropriada de iniciação, sobre as restrições na dieta, os preceitos morais, a vida monástica e assim por diante. Uma vez que ninguém no Japão podia responder a essas perguntas com alguma autoridade, especialistas em liturgia, provenientes do continente, eram levados ao país e assim se estabeleceu a escola Vinaya (Ritsu). Em termos de filosofia, a escola tem pouco a dizer, exceto que a estrutura da prática religiosa e moral é fundamental: deve-se aderir rigorosamente aos ritos e preceitos. Para manter certo controle sobre a nova religião florescente, o governo aceitava esse ponto e insistia em que todos os

152 A ESPIRITUALIDADE BUDISTA

monges fossem ordenados por um mestre Ritsu numa "plataforma de preceitos" (*kaidan*) designada pelo governo. Em todo o Japão havia apenas três desses *kaidan* e todos eram filiados ao templo de Tōdai-ji. Assim, para obter estatuto oficial, os membros das outras cinco escolas de Nara tinham de se ordenar sob os auspícios de um mestre Ritsu num local patrocinado pelo governo. Essa foi mais uma forma pela qual o budismo foi institucionalizado no Japão.

A escola Kusha também se baseia na tradução chinesa de um texto indiano, o *Abhidharma-kośa* de Vasubandhu. O termo *Kusha* é na verdade a tradução japonesa de *kośa*. O texto está associado com as escolas Sarvāstivāda e Sautrāntika da tradição budista do sul (Hīnayāna), em especial com a Sarvāstivāda. A escola Jōjitsu se baseia na tradução chinesa do *Śāstra de Satyasiddhi* de Harivarman, um texto representativo do ponto de vista Sautrāntika. Dessa forma, essas duas escolas têm em comum um caráter e um conjunto de interesses filosóficos. De importância especial são suas interpretações específicas dos darmas, ou fenômenos. Como todos os budistas, as escolas Kusha e Jōjitsu defendem que a existência se caracteriza pela impermanência (*mujō*). De um ponto de vista analítico, no entanto, o problema está em explicar a natureza das coisas, ou darmas. Se as coisas estão sempre em fluxo, sua aparência é ilusória ou real? A escola Kusha sustenta que os darmas existem realmente, mas sua duração é momentânea. Por um curtíssimo momento, eles vêm a ser e perecem. Durante esse momento, mas somente nesse momento, eles subsistem em virtude de sua "natureza própria" (*jishō*). Essa "natureza própria" é a base de sua realidade e o fundamento de nossa experiência das coisas. Contra essa ênfase na doutrina Sarvāstivāda, a escola Jōjitsu adota o ponto de vista Sautrāntika: ela rejeita a noção de "natureza própria" e sustenta que a afirmação de uma substancialidade, mesmo que assim momentânea, vai contra a idéia budista de impermanência. Essa posição radical conduz ao ensinamento de que os darmas são "vazios" (*kū*), não reais. Por que então vivenciamos um mundo de coisas e não meramente um vazio? A resposta da escola Jōjitsu é que existem dois níveis de verdade, a absoluta e a convencional. Quando nos baseamos na compreensão de que todos os darmas são em última análise vazios, ainda assim podemos tratá-los como tendo significado convencional. De fato, a escola Jōjitsu analisa 84 espécies de darmas. Ironicamente, a escola Kusha, que afirma a realidade dos darmas, relaciona apenas 75.

As outras três escolas do período Nara são derivadas da tradição Mahāyāna. A escola Sanron desenvolveu-se a partir do que originalmente era a tradição Mādhyamika indiana, a escola Hossō, da tradição Iogacara indiana, e a Kegon, da tradição Hua-yen chinesa. Como escolas da tradição Mahāyāna, todas elas mantêm, por exemplo, o ideal do voto do bodisatva e a doutrina dos três corpos do Buda. O ideal do botisatva enfatiza a iluminação universal, em vez da individual. Isto

FUNDAMENTOS 153

é, a pessoa completa se detém no estágio final do próprio processo de iluminação, a fim de ajudar os outros, fazendo o voto de não entrar no nirvana até que todos os seres sencientes possam juntos alcançar a iluminação. Essa imagem coletiva da iluminação atraiu os japoneses de tal forma que a escola Hossō chegou a ser criticada por acreditar que havia alguns poucos indivíduos que eram intrinsecamente tão corrompidos que a iluminação era impossível para eles.

A doutrina dos três corpos do Buda afirma que o Buda opera em três diferentes capacidades, ou dimensões: como pessoa histórica que ensina neste mundo; como ser sublime num domínio celestial, que transfere seu próprio mérito, a fim de ajudar outros; como princípio universal cuja presença espiritual permeia todo o universo. O Buda histórico, que viveu na Índia dois milênios e meio atrás, foi uma manifestação do primeiro tipo; os budas e bodisatvas miraculosos, como Amida, Yakushi e Kannon, que tão freqüentemente são o objeto da devoção e o tema da expressão artística, são em geral considerados manifestações do segundo tipo; o terceiro tipo de manifestação é em geral considerado impessoal e sem forma, mas serve como base metafísica que torna possível toda espiritualidade.

Com base no ideal do bodisatva e na teoria dos três corpos, não é de surpreender que as formas de budismo de tradição Mahāyāna em última análise predominassem no Japão. A escola Mahāyāna atraía mais diretamente a compreensão japonesa do budismo como uma força social aglutinadora, como uma fonte de poder taumatúrgico e como um veículo de expressão estética. Sem dúvida, apesar da base em comum, as escolas de tradição Mahāyāna do Japão do período Nara têm suas diferenças filosóficas nitidamente definidas. Podemos mais uma vez expressar o núcleo dessas diferenças referindo-nos a suas concepções distintas da natureza do darma.

A escola Sanron (Triplo Tratado), que se baseia em textos da tradição Mādhyamika, vê as distinções entre os darmas como baseadas em distinções lingüísticas e conceituais, e não nas próprias coisas. Um corolário disso é o de que todo ponto de vista que pode ser expresso é relativo, convencional e insatisfatório como afirmação filosófica sobre a realidade. Todo conceito é considerado, em última análise, "vazio" (*kū*) e útil apenas como convenção e dispositivo prático. Assim, da mesma forma que a escola Jōjitsu, a perspectiva Sanron leva a um dualismo entre o relativo e o absoluto, embora esse dualismo seja definido de modo um pouco diferente. Para a escola Sanron, o dualismo provém da diferença de perspectiva entre a compreensão conceitual dos darmas e a intuição direta da realidade por meio da sabedoria, ou *prajñā* (em japonês, *e* ou *hannya*). A escola Jōjitsu, por outro lado, enfatiza a diferença ontológica entre os dois domínios. A posição da escola Sanron é sobretudo epistemológica, enquanto a da escola Jōjitsu é mais metafísica. Devido à preferência japonesa pela tradição Mahāyāna e devido à semelhança no

154   A ESPIRITUALIDADE BUDISTA

geral entre a escola Jōjitsu e Sanron da idéia de vazio, a escola Jōjitsu seria mais tarde absorvida na escola Sanron. Por meio de sua lógica dialética, sua ênfase no vazio e seu interesse nos limites e possibilidades da linguagem, a perspectiva Sanron desempenhou um papel importante no desenvolvimento da filosofia japonesa, mesmo nunca tendo alcançado um grande número de adeptos enquanto grupo religioso.

Como desenvolvimento de uma tradição Iogacara, a escola Hossō (aspecto do darma) enfatiza o lado mental ou fenomênico dos darmas. Assim, em vista de simplesmente aceitar ou rejeitar a realidade dos darmas, ela afirma sua realidade como idéia. Isso está em contraste com a ênfase no vazio, presente nas escolas Jōjitsu e Sanron, e supôs-se uma afinidade entre as doutrinas Kusha e Hossō. De fato, no final do período Nara, a escola Kusha foi formalmente absorvida por sua parceira de tradição Mahāyāna. Seguindo a linha Dharmapāla da tradição Iogacara, a escola Hossō reconhece oito níveis de consciência: cinco formas extrospectivas e uma introspectiva forma sensorial de percepção, uma consciência egocêntrica ilusória, que deve, em última análise, ser desconectada, e uma consciência "receptáculo" transpessoal, que serve como fundamento para toda experiência. Se a ação contaminadora da sétima consciência puder ser eliminada, a oitava consciência será purificada e a pessoa alcançará a iluminação. A escola Hossō teve êxito um pouco maior que a Sanron como seita religiosa, e continua hoje com cerca de cinqüenta mil seguidores japoneses. No entanto, assim como a escola Sanron, o principal impacto da escola foi filosófico. A análise da experiência ou consciência, assim como a suposição de uma base pura da mente, ou núcleo, continuou sendo um tema importante na história do pensamento japonês.

A sexta das escolas formalmente reconhecidas no período Nara é Kegon, uma escola derivada da tradição Hua-yen chinesa. O texto central dessa tradição é a tradução chinesa do *Sutra de Avataṃsaka*. A escola Kegon se destaca por seus sistemas intricados e abrangentes de análise dos quatro diferentes domínios do darma, das dez espécies de relações, das cinco divisões dos ensinamentos budistas, dos dez estágios da iluminação e assim por diante. Apesar dessa complexidade, o ensinamento central da escola com relação aos darmas é simples e surpreendente. A escola Kegon sustenta uma concepção harmoniosa da totalidade da existência, na qual cada darma tem seu próprio lugar individual, mas é também uma parte inseparável do todo. Uma metáfora predileta é a da rede de Indra. O universo é comparado com uma vasta rede e cada darma é uma gema na interseção das cordas. Embora cada darma seja um indivíduo, ele tem um número infinito de facetas, cada qual refletindo uma das outras jóias, ou darmas. Assim a imagem sugere tudo-em-um e um-em-tudo. Esse é o domínio da percepção mais profunda: a interpenetração de coisa com coisa (*jiji-muge*). Vale a pena observar que a escola Kegon considera essa concepção mais

18. Miroku Bosatsu, Período Nara.

156 A ESPIRITUALIDADE BUDISTA

profunda que a da interpenetração do princípio (ou substrado) com a coisa (*riji-muge*). Isso significa que a escola Kegon em última análise rejeita toda transcendência ontológica ou epistemológica; o mundo das coisas, tal como ele é, é o domínio da iluminação. Embora o pensamento Kegon tenha sido sempre profundamente respeitado pelos japoneses como um dos pináculos do pensamento do Leste asiático, ele não conquistou adesão popular no Japão, provavelmente devido à extrema complexidade de ensinamentos e por adotar práticas religiosas não tão características e originais quanto sua filosofia. A tradição Kegon ainda se mantém hoje como seita religiosa, mas é apenas um pouco maior que a escola Hossō.

As seis escolas do período Nara desempenharam um papel crítico na introdução no Japão de teorias budistas sobre temas como a impermanência, a natureza da conceitualização, a análise da mente e a harmonia das coisas concretas. Para as pessoas do próprio Japão do período Nara, o efeito do pensamento budista foi talvez menos dramático que os efeitos da arte, da taumaturgia e da institucionalização budistas. No entanto, no distanciamento privilegiado em que nos encontramos, podemos ver no budismo do período Nara as raízes de idéias que mais tarde dominariam o pensamento japonês. Indo além dos mitos do proto-Shintō e dos valores sociais do confucianismo, os japoneses desse antigo período encontraram no budismo o interesse pela análise da realidade, estivesse essa realidade, em última instância, fundada em princípios metafísicos ou na mente, fosse ela transcendente ou imanente. Nessa perspectiva, a filosofia budista do período Nara permitiu aos japoneses familiarizar-se com um novo vocabulário e introduziu uma nova metodologia crítica para a compreensão de si próprios e de seu mundo.

O Impacto do Budismo sobre a Prática Religiosa

Ao examinar as características institucionais e filosóficas do budismo do período Nara, nosso foco central foi especialmente os desenvolvimentos no âmbito da capital. Isto é, consideramos o budismo até agora como um desenvolvimento sobretudo urbano. Nas montanhas, no entanto, o budismo tinha um significado totalmente diferente e não podemos compreender plenamente a espiritualidade do período Nara sem considerar as tradições religiosas que nele floresceram.

Já mencionamos que os japoneses desse período estavam interessados em forças taumatúrgicas. Para eles, as montanhas eram um lugar de treinamento ascético e de práticas mágico-religiosas, bem como o lar de diversos espíritos da floresta e poderosos *kami*. Assim, não é de surpreender que, enquanto a filosofia budista avançou rumo à cidade, o ascetismo budista se deslocou para as montanhas. No período Nara, houve dois predecessores do que mais tarde seria conhecido como os

FUNDAMENTOS 157

yamabushi (ascéticos da montanha) e os praticantes do *shugendō* (uma forma de sincretismo Shintō-budista combinado com o ascetismo da montanha que existe até hoje).

Um centro importante dessas práticas foi a área de Yoshinō, uma região montanhosa adjacente à planície de Yamato, na qual Nara se situa. Situado em Yoshinō estava Hisosan-ji, um templo central para a influente escola Jinenchi (sabedoria natural). Ela não estava entre as seis escolas de Nara formalmente reconhecidas, mas também não era considerada herege. O templo de Hisosan-ji era na verdade usado como um centro de retiro por alguns dos maiores líderes das seis escolas de Nara. Gomyō (749-834), da escola Hossō, Tao-hsüan (699-757), das escolas Ritsu e Kegon, e Dōji (674-744), da escola Sanron, eram visitantes regulares. Mestres da taumaturgia – provavelmente entre eles Dōkyō, que tanto fascinara a imperatriz Kōken – costumavam periodicamente buscar o retiro nas montanhas, a fim de renovar seus poderes. Esse fenômeno pode ser correlacionado ao fato de que as seis escolas de Nara pareciam ser principalmente centros de estudo mais que de prática religiosa. Isto é, mesmo os líderes proeminentes das seis escolas estabelecidas buscavam nas tradições das montanhas boa parte de sua disciplina religiosa. Isso nos leva a interpretar a espiritualidade do período Nara como tendo dois focos separados, mas inter-relacionados, de atividade religiosa: as escolas filosóficas institucionais da capital e os cultos xamânicos, taumatúrgicos e ascéticos das montanhas. Este último foco merece um exame complementar.

Os cultos nas montanhas em seu período inicial são hoje em geral denominados "esoterismo miscelânico" (*zōmitsu*) ou "esoterismo antigo" (*komitsu*). Essa terminologia serve para distingui-los dos "ensinamentos esotéricos" (*mikkyō*) altamente sistemáticos a partir do período Heian, mas ao mesmo tempo reconhece os dois como fases de uma única tradição. Justamente devido a sua natureza esotérica, muitas das práticas dessas antigas religiões das montanhas eram transmitidas oralmente e, para caracterizá-las, os estudiosos têm de se apoiar numa documentação dispersa. No entanto, algumas das características gerais da tradição são claras. A doutrina básica do grupo Jinenchi, por exemplo, parece ter sido a de que a mente tem capacidades inatas, em geral não-realizadas, que podem ser desenvolvidas por meio de meditações especiais, de práticas de visualização e de encantações. Por meio dessas técnicas, supõe-se que a mente se abra para possibilidades mais profundas, isto é, a sabedoria latente pode se manifestar naturalmente. Kūkai (774-835), fundador da escola esotérica Shingon, deu início à prática dessas técnicas pouco depois do final do período Nara. De acordo com um relato seu, ele se retirou para as montanhas de Yoshinō, para cantar um encantamento sagrado (*dhāraṇi*) um milhão de vezes. Em resultado dessa prática, ele esperava ser capaz de memorizar e interpretar qualquer passagem de quaisquer textos sagrados budistas.

Esse exemplo nos mostra a que ponto até mesmo o desenvolvimento intelectual estava vinculado à prática taumatúrgica.

As montanhas eram o lar dos *kami* e o local destinado a diversos ritos de purificação. De acordo com os mitos proto-Shintō registrados no *Kojiki*, as rochas, rios e árvores tinham genealogias e eram outrora capazes de falar e de se mover. Dado esse contexto, não é de surpreender que uma concepção romantizada da natureza apareça na poesia do período Nara. No *Man'yōshū*, por exemplo, os poemas muitas vezes assumem um vínculo sentimental, até mesmo espiritual, entre os mundos humano e natural. Assim, é provável que desde os primeiros anos, após o surgimento do budismo no Japão, o treinamento espiritual budista fosse praticado nas montanhas, lado a lado com as antigas práticas nativas. A clarividência taoísta e os ritos alquimistas sem dúvida eram também praticados. Havia pouca sistematização filosófica em meio a essas religiões das montanhas, mas elas manifestamente se conjugavam em torno de uma série de pressuposições em comum. Os praticantes das montanhas em geral concordavam em que a introvisão deriva principalmente da disciplina religiosa auto-imposta, mais que do estudo filosófico. Em segundo lugar, eles acreditavam que viver em proximidade com o mundo natural primitivo produzia benefícios espirituais, que não podiam ser encontrados na vida sofisticada da cidade. Em terceiro lugar, eles acreditavam que havia um assombroso poder espiritual latente na mente e nas forças físicas da natureza.

Este último ponto nos leva de volta à questão da taumaturgia como parte constituinte da justificativa da institucionalização do budismo na capital. Como vemos agora, a taumaturgia, tão admirada na corte, era cultivada nas tradições das montanhas, em localidades como Yoshinō, e derivava delas. Assim não podemos, em última análise, separar nossa abordagem da institucionalização do budismo na cidade, do desenvolvimento dos cultos ascéticos nas montanhas. A esse respeito, precisamos de uma visão holista da espiritualidade Nara, que possa mostrar como o fenômeno único do budismo simultaneamente afetou três dimensões da cultura: suas instituições, sua filosofia e sua prática religiosa. A chave para a resposta japonesa ao budismo no período Nara está no fato de que a cultura ainda estava num estágio de formação. A tênue soberania do imperador se defrontava com o perigo interno dos clãs poderosos, nos quais não se podia confiar, e a ameaça externa do poder militar da China sob a dinastia T'ang. Para minimizar a percepção de sua fragilidade, era do interesse da corte apresentar a imagem de uma sociedade estável, próspera e florescente. O sistema nacional de templos, o forjar do grande Buda, a escrita de crônicas históricas; a antologização da poesia e o próprio planejamento de uma grande capital permanente foram todos parte de um programa (talvez apenas semiconsciente) de relações públicas.

FUNDAMENTOS 159

O apoio imperial das escolas filosóficas, literárias e acadêmicas de Nara também se encaixa nesse esquema. Talvez as complexas doutrinas só fossem compreendidas plenamente pelos especialistas estrangeiros e por uns poucos estudiosos japoneses de maior talento, mas o próprio fato de o Japão poder reconhecer e aceitar um nível assim alto de pensamento estrangeiro, era uma realização cultural que merecia prestígio internacional. Isso não quer dizer que a cultura do período Nara fosse mera imitação, uma tentativa superficial de vestir uma sociedade primitiva nos trajes de uma civilização superior. No entanto, boa parte das realizações culturais do Japão do período Nara era reconhecidamente imitativa, mais que autóctone – uma demonstração pública, mais que uma forma criativa de expressão própria. A corte aceitava o budismo como parte de sua imagem de refinamento. Como signo de sua riqueza e poder, ela investiu seus recursos em artefatos budistas: na escultura, arquitetura, pintura, música e rituais. Para encontrar as marcas mais profundas da espiritualidade japonesa, é preciso afastar o olhar da cidade e voltá-lo para as montanhas.

Nas montanhas, longe da imagem de relações públicas da corte de Nara, podia florescer uma forma distinta de consciência religiosa japonesa. Aí, as diferentes tradições de disciplina espiritual, quer nativas quer estrangeiras, podiam se encontrar num terreno comum, fora do domínio do controle governamental, sem necessidade de plataformas oficiais de ordenação ou de reconhecimento formal das escolas. Sem dúvida, esses grupos nas montanhas incluíam muitos dos desajustados da cidade: os que não podiam viver numa sociedade submetida à lei, os que estavam loucos ou obcecados pela magia negra e os que simplesmente queriam fugir. Mas eles também incluíam aspirantes espirituais genuínos, que desejavam escapar às regulamentações da sociedade Nara a fim de impor a si próprios um regime mais exigente, aqueles cujo desejo de cultivo espiritual não podia ser atendido no clima de intriga política e de distrações urbanas e os que se retiravam para as montanhas para poder se defrontar consigo próprios. Esses eram os verdadeiros budistas espirituais da época e, para seu crédito, a corte de Nara reconheceu seu carisma, mesmo que apenas na forma da taumaturgia.

Falando em termos técnicos, esses grupos nas montanhas não podiam ser claramente identificados como budistas. As práticas eram adotadas muitas vezes sem um comprometimento claro com a doutrina budista e havia muitas práticas sincréticas cujas origens não podem ser definitivamente determinadas. Aqui encontramos um outro dualismo do período Nara: a cidade adotava as doutrinas budistas sem uma prática claramente definida, enquanto as montanhas adotavam práticas sem uma doutrina claramente definida. Obviamente, era necessária uma fusão da espiritualidade da montanha com a filosofia da cidade. As práticas podiam então ser interpretadas em termos budistas e as doutrinas podiam receber uma prática por meio da qual podiam ser experimentadas e vivenciadas diretamente. Sem essa síntese, o budismo japonês estaria sempre cindido. Enquanto as práticas nas montanhas fossem despidas de uma filosofia sistemática, os habitantes das cidades as veriam como nada além de taumaturgia. Enquanto as escolas de Nara não tivessem um compromisso com a prática espiritual, os ascetas das montanhas as veriam como empreendimentos meramente acadêmicos.

Durante o período Nara, a grande síntese jamais ocorreu, mas no final do período, Saichō vivia num eremitério em monte Hiei e Kūkai vivia nas montanhas de Yoshinō. Os dois viriam a ser, respectivamente, o fundador do budismo Tendai japonês e o fundador do budismo Shingon japonês, os dois grandes desenvolvimentos religiosos da era Heian que se seguiu. É importante observar que os dois chegaram a sua iluminação espiritual inicial durante retiros nas montanhas. A seguir, foram para a China estudar a doutrina. Ao retornar ao Japão, eles avaliaram criticamente os sistemas de pensamento e prática de todas as escolas de budismo conhecidas e por fim institucionalizaram suas escolas em mosteiros nas montanhas, onde a doutrina e a prática estavam estreitamente relacionadas. Além disso, tanto a escola Tendai quanto a escola Shingon desenvolveram seus próprios ensinamentos esotéricos (*mikkyō*), criando sistemas coerentes. Ao fazê-lo, elas cumpriram a promessa da espiritualidade Nara, não apenas ao correlacionar a prática e o pensamento budistas, mas também ao integrar a taumaturgia à religião, com isso dando à realização de milagres um lugar legítimo no âmbito do budismo japonês. Assim, o budismo do período Heian, na verdade todo o budismo japonês posterior em geral, se desenvolveu a partir de uma síntese dos elementos da espiritualidade Nara.

FUNDAMENTOS 161

III. A TRANSFORMAÇÃO JAPONESA DO BUDISMO

Royall Tyler

Embora o budismo tenha entrado no Japão há muito tempo, sua origem estrangeira foi muitas vezes objeto de debate. Em certas ocasiões na história do Japão, o budismo foi acusado abertamente de ser estrangeiro; enquanto em outras, os devotos budistas lamentaram o vão que os separava da terra e do tempo do Buda. Assim a "niponização" do budismo tem sido uma preocupação constante.

Naturalmente, assim como o beisebol japonês, o budismo japonês inevitavelmente adquiriu características próprias. Mas ao que realmente o termo "niponização" se refere? A questão pode ser abordada de várias formas. Pode-se perguntar qual foi o budismo que os japoneses receberam e o que esse mesmo budismo teria se tornado em outros lugares. Infelizmente perguntas como essas são extremamente difíceis de responder. Na época em que alcançou o Japão, na metade do século VI d.C., o budismo tinha aproximadamente mil anos de tradição, tinha penetrado em quase toda a Ásia e era absolutamente diversificado. Além disso, tendo percorrido tão longo tempo e tão longa distância, ele aprendera a se dirigir às diferentes necessidades religiosas de povos inteiros: por exemplo, à necessidade de respostas para questões últimas, à necessidade de recorrer a objetos de fé e à necessidade de proteção contra os infortúnios. Muitos estilos e níveis do budismo haviam penetrado no Japão já em épocas anteriores.

Uma outra abordagem, adotada por alguns importantes estudiosos japoneses, consiste em celebrar a profundidade dos textos filosóficos budistas e os profundos impulsos espirituais que devem ter inspirado sua composição. Esses estudiosos passam então a observar o Japão budista primitivo e a traçar, a partir do que encontram, conclusões pessimistas sobre o caráter nacional japonês. Lê-se referências compungidas aos "benefícios deste mundo" ou à "magia e encantação". No entanto, considerando-se o que a religião prática tem sido em geral em todo o mundo, essa crítica pode ser injusta. Sem dúvida, niponização não é realmente sinônimo de degradação.

Uma outra escola de pensamento aplaude os desenvolvimentos subseqüentes como expressões desejáveis do gênio nativo. O período Heian (794-1185) presenciou realizações de grandes monges como Kūkai (774-835), o fundador da escola Shingon, e Saichō (767-822), o fundador do Tendai japonês. Os autores podem evocar esses personagens em termos do surgimento de um budismo propriamente japonês. Então, no período Kamakura (1185-1333), surgiram as escolas budistas que ainda são proeminentes no Japão moderno: o ensinamento original da Terra Pura de Hōnen (1133-1212) e Shinran (1173-1262); o Zen; o budismo muitas vezes intransigente de Nichiren (1222-1282). Não é de surpreender que certos aspectos dessas escolas foram chamados

162 A ESPIRITUALIDADE BUDISTA

não apenas de originais, mas também exclusivamente japoneses; no entanto esse caráter japonês, embora intensamente percebido, é difícil de ser comprovado. Os termos da argumentação escapam a uma definição satisfatória.

A abordagem que aqui adotarei para o tema da niponização é direta. Assim como outros povos absorveram uma religião originalmente estrangeira, os japoneses naturalmente incorporaram o budismo em seu próprio mundo. A niponização, nesse sentido, corresponde aos processos que, em outros lugares, transformaram Le Puy ou Santiago de Compostela em centros de peregrinação, ou situaram uma cena pintada da natividade numa paisagem francesa medieval. Isto é, seu tema é universal, embora suas formas precisas dependam inevitavelmente de acidentes históricos e geográficos.

O Período Inicial

O budismo alcançou oficialmente a corte japonesa vindo da Coréia em 538 ou 552 d.C. Embora encontrasse uma certa resistência inicial, no início do século VII, ao que parece, estava firmemente estabelecido. Sustentado por todo o peso da civilização continental, o budismo desfrutou de um prestígio que em nenhuma parte é mais visível que na famosa dedicatória do Grande Buda de Tōdai-ji, em 752. A visão do imperador Shōmu de uma rede de templos por toda a nação e centrada em Tōdai-ji foi importante, tanto em termos políticos como em termos religiosos. Ela sem dúvida representou um importante esforço no sentido de incorporar o budismo ao tecido da vida japonesa.

Enquanto isso, monges como o pregador carismático Gyōki (668-749) difundiam a fé budista em meio à população. Uma vez que Gyōki ensinava sem aprovação oficial, suas atividades permaneceram ilegais até que ele simplesmente se tornou famoso demais para que o governo pudesse condená-lo. Isso dá um significado maior a seu entusiasmo e ao de outros como ele. A vida de homens como esses mostra-nos que já no século VIII o budismo havia se tornado uma força poderosa em todos os níveis, tanto oficiais quanto não-oficiais, da civilização japonesa. Além disso, nessa época, os monges que atuavam em meio ao povo não apenas difundiam a religião. Eles construíam estradas, pontes e reservatórios e traziam para as províncias o conhecimento de campos como a arquitetura e a medicina. O budismo era então tão moderno quanto as idéias de Voltaire e Diderot na Europa do século XVIII.

E quanto às divindades nativas japonesas conhecidas como *kami*? Nesses primeiros séculos, elas deviam, de um lado, ser reverenciadas (como os humanos) pela excelência dos ensinamentos budistas, mas, de outro, também detestadas, por sua condição inferior. Um documento do final do século VIII relata como um monge erigiu uma grande imagem do Buda no relicário de um *kami*. O *kami* falou então através de um médium e disse: "Por incontáveis kalpas cometi graves pecados, assim fui recompensado com o nascimento no domínio dos *kami*. Agora quero me refugiar nos Três Tesouros, a fim de me livrar de meu corpo de *kami*". Esse *kami* e outros semelhantes se sentiam desesperadamente não-iluminados. Sem dúvida essa atitude estava de acordo com a de muita gente de visão mais ampla – gente que, na presença dos ensinamentos budistas e tudo o que eles representavam, sentia sua terra como irremediavelmente atrasada e provinciana. *Kami* como esse pediriam para ser ajudados em seu caminho por gestos de devoção tipicamente budistas como o copiar de sutras, a confecção de imagens do Buda e a construção de templos. Nesse espírito, teve início a simbiose entre o budismo e o Shintō que permaneceria característica da religião japonesa até a era moderna.

Nesse período inicial, a niponização do budismo pode ser vista também na tendência crescente a "budicizar" a paisagem japonesa. Certos monges das grandes instituições patrocinadas pelo governo dedicavam-se ao retiro em pequenos templos nas montanhas, onde realizavam práticas e encontravam manifestações divinas não necessariamente incluídas nos melhores textos canônicos. Suas experiências ajudavam a aprofundar as raízes do budismo no Japão. Outros monges, perambulando pelo país, "abriam" incontáveis montanhas sagradas à influência budista: primeiro ao escalá-las, depois ao erigir templos nelas. Cada um desses "desbravadores da montanha" obteve a permissão e o apoio dos *kami* das montanhas locais. Um notável exemplo é En no Gyōja (m. 700?), que subjugou os poderes aborígenes das montanhas Ōmine, aí estabeleceu uma divindade de estilo manifestamente tântrico peculiar ao local e, assim, "abriu" essa importante região a séculos de prática ascética profundamente matizada pelo budismo.

Budismo Exotérico-Esotérico

À medida que os séculos se passaram, os budistas japoneses naturalmente foram adquirindo confiança em seu domínio coletivo da tradição. Inicialmente um texto ou prática eram valorizados na medida em que eram aprovados pelos melhores mestres do continente aos quais os japoneses tinham acesso. Com o tempo, no entanto, os japoneses construíram seu próprio corpo de escritos, que vieram a se colocar como uma autoridade intermediária entre o budismo japonês e suas fontes em última análise continentais. Os estudiosos da escola Hossō, por exemplo, podiam citar as obras de Zenju (723-797) ou Gomyō (750-834); os da escola Tendai, as de Saichō ou Annen (841-ca. 890). Esse corpo cada vez maior de obras budistas japonesas é um aspecto da niponização. Também o são as linhas de sucessão cada vez mais longas até os principais estabelecimentos budistas no Japão; assim como o desenvolvimento de subseitas (correntes) no interior das principais

19. Kannon de onze rostos, Período Kamakura, Japão.

FUNDAMENTOS 165

escolas budistas, cada qual com seu próprio fundador japonês e sua própria história em solo japonês.

Uma outra faceta importante da niponização foi o surgimento do "budismo exotérico-esotérico" (*kenmitsu bukkyō*), um estilo de budismo que sem dúvida se devia mais às circunstâncias histórias que ao caráter nacional japonês. Esse termo, útil agora para descrever o fenômeno, nunca foi oficial. As pessoas na época falavam das diferentes escolas então correntes no Japão (Shingon, Tendai, Hossō etc.); ou, mais tipicamente, das tradições dos diferentes templos (monte Kōya, monte Hiei, Kōfuku-ji etc.). Na verdade, no entanto, a maior parte das instituições budistas do período Heian, fosse qual fosse a "escola" que proclamassem, praticava uma forma de *kenmitsu bukkyō*. Esse "budismo exotérico-esotérico" era uma combinação do budismo esotérico (*mikkyō*) com uma ou outra forma de budismo "exotérico", como a tradição do *Sutra do Lótus* da escola Tendai (monte Hiei) ou a tradição Iogacara de Hossō (Kōfuku-ji). A fusão esotérico-exotérico sem dúvida teve início no período Nara, quando os textos e práticas esotéricas entraram pela primeira vez no Japão. No entanto, ela realmente desenvolveu-se no período Heian, após Kūkai e Saichō, quando o esoterismo se enraizou no budismo japonês. Mas o budismo esotérico e o exotérico não se harmonizavam muito bem. Talvez não apenas o precedente histórico, mas, também, a pura incompatibilidade entre os dois tenham tornado urgente afirmar constantemente sua unidade (*dōitsu*) – uma unidade impossível de se captar em termos de lógica. De qualquer forma, a relação paradoxal entre os dois talvez esteja vinculada à que havia no *kenmitsu bukkyō* entre os budas e os *kami* nativos.

O Sincretismo Shintō-Budista

Os *kami*, que outrora haviam sido seres sencientes atormentados, famintos por iluminação, surgiram durante o período Heian como representantes da própria iluminação. Essa evolução está em paralelo com a crescente autoconfiança do Japão como país budista. Nesse processo, os *kami* foram assistidos por seus devotos, que os cobriram com as atenções budistas. Hachiman, uma divindade extremamente importante que, entre outras coisas, protegia Tōdai-ji, reivindicou, em 783, o título de bodisatva. Outras divindades importantes mais tarde fariam o mesmo. Também aumentou a compreensão de que tais *kami* eram *gongen* (manifestações provisórias, ou avatares) das grandes divindades budistas. Por exemplo, uma inscrição datada de 1011 identifica a divindade da montanha Ōmine como um *gongen* de Śākyamuni.

O conceito de *gongen* está estreitamente vinculado ao de um *kami* como o *suijaku* (traço manifesto abaixo) de um Buda ou bodisatva particular. A divindade budista em questão é então denominada o *honji* (solo original ou fonte) desse *kami*. Os termos *honji* e *suijaku* provêm

166 A ESPIRITUALIDADE BUDISTA

de comentários da tradição Tendai sobre o *Sutra do Lótus*, mas esse seu significado é específico ao Japão. É difícil determinar quando teve início a interpretação *honji-suijaku* da relação entre os budas e os *kami*. A documentação proveniente da arte (sobretudo as imagens budistas vinculadas aos relicários) sugere um período muito anterior ao que pode ser comprovado por meio dos registros escritos. No entanto, está claro que os vínculos *honji-suijaku* haviam se tornado comuns por volta de 1100. No século XIII eles haviam se tornado corriqueiros. Todos os *kami* dotados de alguma importância eram vistos como manifestando nesta terra a iluminação de um certo Buda ou bodisatva. Não que os *kami* e os budas fossem alguma vez confundidos entre si. Eles eram homenageados em estabelecimentos separados e seus rituais básicos eram totalmente diferentes. No entanto, a relação estreita entre eles era manifestamente visível, não apenas nos ritos budistas realizados expressamente para os *kami*, mas também nos templos budistas associados com todos os relicários importantes. Em muitos casos, o templo dominava completamente o relicário e seu grupo de sacerdotes especializados. Nessas circunstâncias, tanto "Shintō" quanto "budismo" se tornam termos um tanto insatisfatórios. Certas imagens budistas, iconograficamente bastante normais, podem ser identificadas graças às inscrições ou outras indicações como sendo na verdade retratos de *kami* específicos.

Uma questão central dessa forma sincrética de fé era determinar com rigor a contrapartida *honji* de um *kami*; pois então a "natureza verdadeira" do *kami* poderia ser corretamente captada. De onde podia ser extraído tal conhecimento? Em geral, ao que parece, de sonhos de inspiração divina. Assim, por exemplo, Nichizō, um monge do século X, visitou um certo relicário, com a finalidade de descobrir os *honji* dos *kami*. Um relato afirma: "Havia uma tempestade violenta e a escuridão baixava. Então disse uma voz, de dentro do santuário: 'O Buda Bibashi'. O assombrado Nichizō avançou e ficou diante de um velho que tinha o rosto de uma criança". O Bibashi (s. Vipaśyin) desse exemplo de um período bastante precoce nunca atraiu muitos adeptos. Nem também Fukūkenjaku (s. Amoghapāśa), identificado até o século X como o *honji* de um outro *kami* importante. Com o tempo, esses primeiros *honji* tornaram-se obsoletos e foram substituídos por divindades budistas mais importantes. No século XII, por exemplo, um monge inspirado ouviu uma voz do céu proclamar que Śākyamuni, e não Fukūkenjaku, era o *honji* desse *kami*. Outros *honji* populares eram Amida (s. Amitābha), Dainichi (s. Mahāvairocana), ou várias formas de Kannon (s. Avalokiteśvara).

A importância desses vínculos *kami*-buda estava em que os *kami* tornavam a iluminação acessível a seres comuns no Japão – seres para os quais as divindades budistas não-mediadas poderiam parecer demasiado impressionantes ou remotas. Não que as divindades budistas não

FUNDAMENTOS   167

tivessem um culto direto. Milhares de templos eram dedicados a elas e alguns dentre eles eram o destino de peregrinações populares. Pessoas devotas, ou pessoas em situação aflitiva, se voltavam naturalmente para Amida, por exemplo, ou para as várias formas de Kannon. De fato, a introdução dos Kannon na paisagem japonesa, muitas vezes nas montanhas, é em si mesma um aspecto da niponização da fé budista. Mas é sua particularidade com referência aos *kami* que encontramos em inúmeros escritos sobre como o Buda eterno "abranda sua luz" e se "mistura com a poeira", a fim de tornar possível aos seres sencientes conceber a aspiração à iluminação. Assim, havia a convicção generalizada de que, por meio dos *kami*, as clementes divindades budistas infundiam com a luz mais pura as dimensões mais nobres do mundo japonês, em outros aspectos inculto.

Esse mundo era inculto em particular devido ao fato de o Japão ser um lugar tão distante dos locais onde o Buda vivo ensinara e da época em que ele vivera. Os budistas japoneses jamais esqueceram essa distância e o pensamento a respeito dela inspirou duas atitudes opostas: desespero quanto ao fosso entre o Japão e a fonte dos ensinamentos budistas, e a confiança em que os ensinamentos verdadeiros brilhavam abundantemente no próprio Japão. Ambas as atitudes encontraram expressão vívida nas obras de um estudioso, um monge famoso por sua defesa do *kenmitsu bukkyō* contra a devoção exclusivista da Terra Pura, que surgiu durante sua vida. Trata-se de Jōkei (Gedatsu Shōnin, 1155-1213), do templo de Kōfuku-ji, em Nara. Jōkei escreveu:

> Pessoas como eu, numa terra pequena e na época tardia [da Lei], não são nascidas para encontrar o vivo [Shaka, isto é, Śākyamuni]; nem vão conhecer seus locais sagrados. Para essas pessoas, é como se os Ensinamentos do Senhor Shaka fossem transmitidos em vão.

No entanto, Jōkei encontrava consolo em sua própria "terra pequena", graças precisamente ao *kami* Kasuga, que protegia Kōfuku-ji. Jōkei era um profundo devoto desse *kami*, cujo monte sagrado fica próximo ao templo, e escreveu de forma comovente sobre sua fé no poder vivo do *kami*. Reconhecendo a posição do *kami* como um bodisatva (declarada pelo *kami* numa visão que teria ocorrido em 937), Jōkei exclamou: "Irei eu então – ínfimo, mau e ignorante como sou – declará-lo um guia indigno?". Ele a seguir invocou uma inspiração ainda mais alta, esse complexo de cinco *honji* dos *kami*: "E no entanto o quanto mais dignas", escreveu, "suas fontes compreendidas interiormente são Shaka, Yakushi, Jizō, Kannon e Monju!". De fato, para Jōkei e outros da época, o monte sagrado do *kami* Kasuga era um paraíso múltiplo, onde os paraísos de Śākyamuni, Miroku (s. Maitreya), Kannon, Monju (s. Mañjuśrī) e outros podiam ser encontrados, como se sobrepostos uns aos outros. Nesse aspecto o monte não era de forma alguma único, pois muitos outros no Japão eram vistos igualmente como paraísos, graças a seus próprios *kami* locais. Assim Jōkei podia esperar ser finalmente recebido nesse paraíso que outrora fora peculiar ao *kami* Kasuga, e isso como um ensinamento universal, assim como os ensinamentos do próprio Buda. Ele escreveu:

> Quando o momento (de minha morte) chegar, (o *kami*) aparecerá em meu quarto, preenchendo-me, corpo e mente, com sua paz profunda [...]. Então, as relíquias que tenho revelarão novamente seus milagres e o Ensinamento Verdadeiro, no qual me refugio, fará recair sobre mim seu poder. Já Śākyamuni [...] e Miroku [...] aparecem diante de meus olhos, em boas-vindas.

Palavras como essas revelam de forma vívida como era urgente afirmar que também o Japão era uma terra santificada pela plena manifestação do Buda; pois a alternativa era habitar na insignificância e pobreza espiritual do Japão. Naturalmente, nem todos os monges sentiam o dilema de forma tão aguda. Jōkei, no entanto, estava longe de ser o único e pode-se dizer que sua fé condensa em si de forma perfeita o espírito do sincretismo Shintō-budista. Esse sincretismo permaneceu como parte integrante do fundo em comum das doutrinas budistas japonesas em seu nível mais popular, até que o governo Meiji decretasse a separação absoluta entre o Shintō e o budismo, no início da década de 1870.

Enquanto isso, na própria época de Jōkei e pouco depois, surgiam os três novos tipos de budismo já mencionados: o Zen, a fé exclusivista da Terra Pura e os ensinamentos do ardoroso Nichiren. Nenhum dos três estava muito interessado nos *kami*. Os dois primeiros certamente tinham um colorido japonês, mas, ao reivindicar validade universal, estavam se recusando a dar importância à tensão que monges como Jōkei haviam sentido tão agudamente. Por outro lado, Nichiren, extremamente sensível ao dilema, foi inspirado a declarar que o budismo estava morto na Índia e a afirmar que o Japão era o centro do budismo vivo. De fato, no final de sua vida, ele declarou-se a única voz verdadeira do eterno Śākyamuni. Com isso, ele deu ao tema do Japão como uma terra iluminada talvez sua expressão suprema.

20. Período Heian

I. SAICHŌ

Umehara Takeshi

Os Personagens na história do budismo japonês que exerceram grande influência sobre a posteridade, por meio das novas seitas que fundaram, encontram-se principalmente no século IX e entre os séculos XII e XIII – os momentos decisivos da história do budismo japonês. Sendo denominado de acordo com os centros políticos de sua época, o novo budismo, que substituiu no século IX o budismo do período Nara, é denominado budismo Heian, enquanto os movimentos que surgiram no século XII são denominados budismo Kamakura. Saichō (767-822), conhecido postumamente como Dengyō Daishi, juntamente com Kūkai (Kōbō Daishi, 774-835), é um dos fundadores do budismo Heian, que difere das antigas escolas Nara em dois aspectos.

Em primeiro lugar, o budismo Nara era uma religião urbana, estabelecido quase que exclusivamente na capital. Em oposição a esse modelo, o budismo Heian optou pelo refúgio nas montanhas como seu centro de atividades. Saichō fez do monte Hiei sua base para a prática budista. Esse era um local bastante remoto na época, uma vez que a capital ainda se localizava em Nara. Kūkai, de sua parte, escolheu o distante monte Kōya como sua sede, embora tenha se aproximado de imperadores e propagado seus ensinamentos em Quioto, a nova capital. O refúgio nas montanhas tinha um significado duplo para os budistas japoneses. De um lado, era visto como um lugar de pureza, longe da

170 A ESPIRITUALIDADE BUDISTA

corrupção das sociedades humanas, e quem não tivesse praticado o ascetismo por um longo período num tal lugar de pureza não poderia se tornar um budista verdadeiro. Mas havia uma outra razão para sua escolha: para os japoneses, a floresta nas montanhas fora outrora a residência dos espíritos dos mortos, um lugar sagrado.

A segunda diferença entre o budismo Heian e o budismo Nara estava em que, enquanto as escolas do período Nara apoiavam-se nos *śāstras*, os comentários sobre os ensinamentos budistas compostos por Nāgārjuna, Vasubandhu e outros patriarcas indianos, o budismo do período Heian fazia dos próprios sutras o núcleo de seus ensinamentos – o *Sutra do Lótus*, no caso de Saichō, e o *Sutra de Mahāvairocana* (*Dainichikyō*), no caso de Kūkai. Esse deslocamento do budismo fundado nos *śāstras* para o budismo baseado nos sutras indica uma transformação real da religião.

Afirma-se que Saichō teria nascido numa aldeia do bairro de Shiga ao pé do monte Hiei, em 767, e teria pertencido ao clã de Mitsu-no-obito, de origem imigrante chinesa. Seu nome pessoal era Hirono. Partiu de lá aos catorze anos e, em 785, com a idade de dezessete anos, recebeu sua ordenação inicial como *shami*. Em 787 recebeu a ordenação formal plena – a licença para atuar como monge budista – mas logo se retirou para a solidão em monte Hiei, para dedicar-se a uma vida inteiramente consagrada ao ascetismo e à contemplação. Nos votos escritos que compôs nessa ocasião, Saichō descreve a si próprio como o mais tolo entre os tolos, o mais louco entre os loucos. Aqui e agora, ele promete dedicar todos os seus esforços à realização dos cinco desejos nele despertados por sua fé e conferir o mérito disso a todas as pessoas:

1. Enquanto não for capaz de elevar as seis bases internas (*indriya*) da visão, audição, olfato, paladar, tato e pensamento a um estado de pureza, como a do Buda, não realizarei boas ações em benefício de outras pessoas.

2. Enquanto não puder alcançar uma mente irradiando verdade, não praticarei nenhuma ocupação ou trabalho.

3. Enquanto não puser perfeitamente em prática a vida pura de acordo com os preceitos, não tomarei parte de nenhuma das funções de um oficiante do templo.

4. Enquanto não tiver alcançado uma mente plena de sabedoria, não me envolverei em nenhum relacionamento mundano; no entanto, após chegar a um estado que se assemelhe à pureza das seis bases, terminarão essas restrições de minha atividade.

5. Os méritos que eu reunir por meio da prática ascética neste mundo não serão para meu próprio benefício apenas, mas serão estendidos a todos, para que absolutamente todos possam alcançar a suprema iluminação[1].

A seriedade do jovem Saichō na busca do caminho fica manifesta em todo esse documento, escrito numa época em que o budismo Nara havia alcançado a mais extrema corrupção. A dependência de sucessivos

1. Kiuchi Gyōō, *Saichō to tendai kyōdan*, p. 59.

20. Recipiente de rolo de papiro com sutra, período Heian.

21. Capítulo 5 do Sutra do Lótus, período Heian tardio.

172 A ESPIRITUALIDADE BUDISTA

imperadores com relação ao budismo deu origem a muitos sacerdotes corruptos, que buscavam seus próprios interesses e cultivavam suas conexões com o poder. Dōkyō, em particular, obteve as graças da imperatriz Kōken (r. 749-758 e 764-770) e o título de Sacerdote Imperial. Ele conquistou para si a autoridade tanto religiosa quanto secular e exerceu-a de forma tirânica. Com a morte da imperatriz, Dōkyō perdeu sua posição, mas o budismo Nara não estava em condição de se recuperar rapidamente do choque que ele lhe infligira.

Embora ordenado no templo de Tōdai-ji, em Nara, o jovem Saichō se afastara do mundo e fora para monte Hiei, fugindo do budismo degenerado da capital, a fim de erigir um novo budismo, rigoroso e purificado. No entanto, por uma mudança irônica do destino, esse jovem anacoreta logo alcançaria grande proeminência como o homem de sua época. O imperador Kanmu (r. 781-806) sentia que, para salvar a política das malhas de um budismo corrupto, seria necessário fazer a capital mudar de Nara. Em 784, o terceiro ano de seu reinado, ele mudou a capital para Nagaoka e, quando isso se revelou um fracasso, finalmente mudou a capital para o local da atual Quioto, em 794. Há relatos de que Saichō teria encontrado o imperador Kanmu pela primeira vez no ano dessa segunda mudança de capital. O imperador parece ter ficado profundamente impressionado por esse jovem sacerdote que mostrara sua retidão e seriedade de propósitos ao escolher seu centro de atividades num local tão longe quanto possível da corrupção do budismo Nara – em monte Hiei, a oeste da nova capital. Em 797 o imperador fez de Saichō um dos *Naigubusō*, ou sacerdotes da corte; afirma-se que no ano seguinte Saichō teria emitido dez palestras sobre o *Sutra do Lótus*, para as quais muitos dos sacerdotes dedicados ao estudo do budismo foram convocados a vir de Nara. Assim, por meio do patrocínio inesperado do imperador, o jovem monge desconhecido de repente se tornava famoso[2].

Em 804 Saichō viajou como estudante visitante oficial para a China da dinastia T'ang e permaneceu na sede do budismo de tradição T'ien-t'ai em monte T'ien-t'ai. Aí ele foi iniciado na escola T'ien-t'ai por Hsing-man, um discípulo de Chan-jan (711-782), o sexto (ou nono) patriarca da escola T'ien-t'ai, que havia restaurado a tradição. Kūkai também era membro do grupo de emissários para a China nesse ano, mas sua posição era diferente da de Saichō. Pode-se dizer que Saichō era considerado como um professor cujo rápido retorno era exigido, enquanto Kūkai era tratado como um brilhante estudante pesquisador; suas instruções foram para estudar na China durante vinte anos. Em nítido contraste com a devoção de Saichō à escola T'ien-t'ai, que tinha

2. Sobre a instituição das palestras sobre o *Sutra do Lótus*, cf. Willa Jane Tanabe, The Lotus Lectures: *Hokke hakkō* in the Heian Period, *Monumenta Nipponica* 39, p. 393-407.

PERÍODO HEIAN

associações antiquadas com o período Sui (581-618), Kūkai seguiu imediatamente para a capital, Ch'ang-an, e mergulhou no estudo da moda mais recente em budismo na época, a tradição esotérica Shingon.

Saichō retornou ao Japão em 805. A morte de seu patrono, o imperador Kanmu, em 806, levou a uma súbita mudança, que deteriorou ainda mais a situação de Saichō. Até então sob a forte influência de Saichō e seu patrono imperial, o budismo Nara estava agora em posição de desfechar um contra-ataque. Kūkai retornou da China dois anos depois de Saichō e sua presença na capital, a partir de 809, tornou ainda mais difícil a situação de Saichō. Saichō considerava o sistema T'ien-t'ai (Tendai) de Chih-i (538-597) como a forma ideal do budismo, mas via dificuldades na propagação exclusiva desse credo doutrinalmente superior e moralmente rigoroso. Após a morte do imperador Kanmu, a sucessão terminou sendo transferida de seu filho, o imperador Heizei (r. 806-809), ao irmão mais novo, o imperador Saga (r. 809-823), em circunstâncias que deram origem a conflitos entre as figuras mais importantes. Nesse período de instabilidade, a doutrina atraía muito pouco a mente dos aristocratas; eles queriam, ao contrário, uma religião prática, que trouxesse prosperidade e segurança para suas famílias e a derrota para seus inimigos.

Saichō percebeu que a escola esotérica estava bem preparada para atender essa necessidade; também ficara sabendo que Kūkai havia trazido da China muitos sutras tântricos. Tomou de empréstimo a Kūkai alguns desses textos e, em 813, foi para o templo de Takaosan-ji receber das mãos de Kūkai o Matrix Kanjō (batismo esotérico). Isso trouxe fama imediata para Kūkai. Desenvolveu-se uma rivalidade entre os dois homens, o resultado inevitável de suas diferenças em termos de doutrina e personalidade. Kūkai colocou a escola Tendai de Saichō num nível inferior ao budismo esotérico, e mesmo abaixo da escola Kegon. Seus nomes, que com toda probabilidade eles próprios escolheram, revelam a oposição diametral de suas personalidades: o termo Saichō significa "o mais puro" e reflete seu ideal de alcançar o estado interior mais puro; Kūkai significa "céu e mar" e sugere uma expansão infinitamente ampla desses elementos, que podiam tolerar uma certa mescla com algumas impurezas. Após o discípulo predileto de Saichō, Taihan, ir visitar Kūkai e nunca mais voltar e após Kūkai repetidamente se recusar a emprestar textos tântricos para consulta, a relação entre os dois foi rompida.

Pouco antes da morte do imperador Kanmu, Saichō havia obtido do palácio imperial um subsídio para manter a cada ano dois sacerdotes como estudantes oficiais da escola do Lótus, de tradição Tendai. Para se tornar sacerdotes, eles tinham de receber ordenação ou no templo de Tōdai-ji ou no de Yakushi, em Shimotsuke. Os sacerdotes Nara eram naturalmente relutantes em conceder qualificações sacerdotais a discípulos de Saichō, que eles consideravam estar se intrometendo

174 A ESPIRITUALIDADE BUDISTA

em seus privilégios reconhecidos. Assim, após anos de estudo e disciplina ascética sob orientação direta de Saichō, muitos de seus discípulos eram obrigados a deixá-lo e a submeter-se a sacerdotes Nara, para poder adquirir suas qualificações formais. Manifestamente, se a escola Tendai quisesse se equiparar em força ao budismo Nara era necessário um *kaidan* (plataforma para a transmissão dos preceitos, local da ordenação) independente. Para pedir o estabelecimento de tal plataforma de observância rigorosa à doutrina Mahāyāna, Saichō compôs três tratados, o *Sange gakushō shiki*, em seis, oito e quatro partes, respectivamente. Trata-se de conjuntos de regulamentos para a seita Tendai e seus estudantes. O mais controverso deles é o tratado em quatro partes, no qual Saichō defendia o estabelecimento de uma plataforma no templo de Enryaku-ji, em monte Hiei, que poderia conceder qualificações para o sacerdócio equivalentes às de Tōdai-ji e de Yakushi-ji e, ao mesmo tempo, enfatizava a diferença entre os preceitos da tradição Hīnayāna e os da tradição Mahāyāna, e afirmava que as plataformas nos templos Nara eram plataformas Hīnayāna que não podiam transmitir os preceitos necessários aos seguidores da doutrina Mahāyāna. As escolas de tradição Mahāyāna ainda usavam as regras da escola Hīnayāna, sem modificações. A anomalia criada pela falta de plataformas de tradição Nara poderia ser corrigida por uma plataforma Mahāyāna que transmitiria não apenas as regras da escola Hīnayāna, os 250 preceitos plenos da pureza, conferidos por dez homens de grande virtude, como os mandamentos essenciais, mas também os preceitos específicos à escola Mahāyāna, isto é, os dez preceitos pesados e os quarenta e oito preceitos leves, considerados como os preceitos essenciais por figuras como o Buda e o bodisatva Mañjuśrī, e não por meros seres humanos.

Na verdade, afirmava Saichō, os 250 preceitos que regulavam os detalhes da vida cotidiana não tinham virtualmente nenhum significado fora de seu contexto indiano original e tinham se tornado na época desnecessariamente incômodos. Ele levantava questões sobre a prática efetiva dos sacerdotes que haviam aprendido esses numerosos e detalhados preceitos, pois, apesar de sua severidade, o estado do budismo na época caracterizava-se por uma abundância de sacerdotes corruptos e relapsos. Essa situação exigia uma simplificação drástica dos preceitos. Os "dez mandamentos" do budismo, que se impunham tanto a sacerdotes quanto a leigos, proibiam matar, roubar, fornicar, mentir, consumir álcool, usar cosméticos, assistir a espetáculos teatrais, dormir em camas grandes, comer fora do horário das refeições e usar ouro, prata ou jóias. Saichō substituiu os cinco últimos, que ele via como definições da virtude externa num contexto indiano, por preceitos contra vícios universais, destinados a moldar uma ética interior: 1. não falar sobre os pecados dos quatro tipos de seres vivos; 2. não vangloriar a si próprio e difamar os outros; 3. não nutrir ressentimento

PERÍODO HEIAN   175

ou malevolência; 4. não permitir que a raiva conduza ao ódio; 5. não desprezar as Três Jóias. A finalidade dessa revisão era voltar o praticante para sua própria e verdadeira natureza interior, a mente pura no interior da mente, à qual preceitos meramente exteriores jamais podem conduzir. É imperativo que o praticante se submeta constantemente a um auto-exame severo, praticando a conversão do coração, até que, por meio desse arrependimento, ele retorne à mente pura que é sua própria natureza verdadeira. As aspirações reformadoras que Saichō aqui expressa lembram as de Lutero ou Calvino.

Ao que parece, Saichō estava afirmando que ninguém em meio ao clero budista, e menos ainda entre os que pertenciam ao clero de Nara, estava qualificado para discutir os preceitos e que somente ele estava qualificado para isso. Não se tratava de uma questão simplesmente doutrinal. O estabelecimento de uma plataforma em monte Hiei de acordo com as exigências de Saichō seria um duro golpe para a posição privilegiada de Nara e para a sobrevivência de muitos dos templos de devoção Nara. Liderados por Gomyō (749-834), os defensores de Nara dedicaram toda sua energia à tarefa de refutar Saichō. Seu principal argumento era o de que Saichō não podia comprovar sua afirmação de que plataformas Mahāyāna de observância pura existiam na Índia, China e Japão antigo; nenhum sutra oferecia provas de sua existência. Em resposta, Saichō argumentou com base em vários sutras e em sua própria experiência na China, mas é preciso admitir que seus adversários tinham uma linha de argumentação mais forte, pois as fontes indianas e chinesas não oferecem a menor prova documental em apoio a essa afirmação e seu apelo à situação nos templos chineses parece se basear em equívocos.

Além disso, os templos erigidos no Japão por Shōtoku Taishi, Gyōki (668-749) e outros antes da chegada de Chien-chen (j. Ganjin, 688-763), fundador do templo de Tōshōdai-ji em Nara, não podiam ter sido templos Mahāyāna de observância rigorosa, como afirmava Saichō, pois os preceitos da escola Mahāyāna ainda não haviam sido introduzidos formalmente no país. No entanto, o surgimento de uma afirmação dessa espécie no âmbito do budismo Mahāyāna é de interesse profundo. Assim como a entrada do cristianismo no mundo germânico levou ao aprofundamento da dimensão interior que culminou no movimento religioso denominado protestantismo, também o budismo, ao chegar ao Japão, abandonou sua preocupação com leis externas e se tornou uma religião da auto-purificação interior por meio da conversão do coração.

A controvérsia com Nara ocupou a maior parte das energias de Saichō em seus últimos anos de vida, dando origem a obras como o *Shugo kokkai shō* (Defesa da Pátria-mãe) e o *Kenkairon* (Clarificação dos Preceitos). Na controvérsia, ele revelava notável lucidez e capacidade de reunir provas a partir de inúmeros sutras, aniquilando completamente seus adversários. Os japoneses não apreciam controvérsias

176 A ESPIRITUALIDADE BUDISTA

e os embates acalorados entre pontos de vista opostos são raros em sua história. As refutações meticulosas e inflexíveis de Saichō são uma exceção que se poderia explicar pela gravidade das questões em jogo; no entanto, Hōnen, em meio a condições análogas no budismo Kamakura, evitava uma refutação assim exaustiva. Saichō continuou a dirigir à Corte Imperial pedidos freqüentes de instalação da plataforma independente. A permissão para esse estabelecimento somente chegaria um pouco depois de sua morte. O resultado dessa elevação do budismo Tendai à paridade com as escolas Nara foi exatamente o que os budistas de tradição Nara temiam: o budismo Tendai, de suas bases num refúgio nas montanhas e em proximidade estreita com a capital, juntamente com a escola Shingon de Kūkai, superou completamente o budismo antigo, a partir de então destinado ao declínio irremediável.

Saichō, assim como a maioria dos pensadores budistas, não tinha a intenção de estabelecer uma nova doutrina. Seu único objetivo era construir um baluarte dos ensinamentos Tendai sistematizados por Chih-i, que ele via como a forma mais ortodoxa do budismo.

Duas doutrinas são centrais para a escola Tendai. A primeira é a teoria dos Cinco Períodos e Oito Ensinamentos. Essa teoria tentava dar solução às inconsistências entre os inúmeros sutras atribuídos ao Buda no decorrer de séculos. Ela o fazia ao atribuí-los a diferentes períodos, situados entre o momento em que o Buda alcançara a iluminação e o primeiro ensinamento por ele transmitido, com a idade de 38 anos, e sua entrada final no nirvana, com a idade de oitenta. A teoria podia então determinar qual dos sutras tem primazia com relação aos demais e transmite a mensagem essencial do Buda. Impulsionado pelo desejo natural de elucidar a confusão gerada pela tradução e importação para a China de tantos sutras de tradição Hīnayāna e Mahāyāna, Chih-i estudou muitos deles e, após reflexão profunda, dividiu-os em cinco grupos: o grupo Kegon, o grupo Agon (*āgama*), o grupo dos textos sagrados expandidos (*vaipulya*), o grupo da Perfeição da Sabedoria e o grupo do Lótus. Todos eles eram coletâneas autênticas dos ensinamentos do Buda, mas o último deles era aquele em que ele expunha seus ensinamentos de forma direta e plena e, assim, desfrutava de autoridade superior.

A segunda doutrina é a de que "um pensamento é três mil mundos". Os dez domínios que constituem esse mundo, isto é, inferno, *preta*, animal, *asura*, humano, deva, *śrāvaka*, *pratyekabuddha*, bodisatva e buda, são vistos como cada um contendo em si todos os dez domínios, constituindo cem mundos. Cada um desses mundos, por sua vez, possui os dez aspectos da aparência externa, características internas, corpo total, poder inerente, função, origem, condições, realidade resultante, manifestações dela e interrelação com os nove aspectos anteriores. Aos mil mundos assim produzidos se acrescenta a teoria da divisão tripla do universo no mundo dos cinco constituintes psicofísicos (*skandhas*), da entidade subjetiva (o mundo humano) e do mundo-recipiente (a habitação

PERÍODO HEIAN   177

terrena da humanidade). Assim, numa fração de segundo, três mil mundos são pensados como contidos simultaneamente no interior da mente. Essa teoria, que lembra a monadologia leibniziana, reconhece o livre-arbítrio humano e concede aos seres humanos a possibilidade de ir tanto para o inferno como para o Buda, ao mesmo tempo em que oferece um imperativo prático, ao ajudá-los a se voltar para esta última direção.

A ideologia Tendai de Saichō apresenta afinidades claras com os comentários atribuídos ao príncipe Shōtoku, que atribuíam primazia aos sutras do *Lótus* e de *Śrīmālādevi*, os únicos sutras nos quais é exposta a teoria de um veículo único (*ekayāna*). Embora o budismo se inicie com os discípulos diretos, os *śrāvakas*, que alcançaram a iluminação após ouvir a voz do próprio Buda, e os *pratyekabuddhas*, que após a extinção do Buda alcançaram a iluminação sob sua influência, a tradição Mahāyāna via os ensinamentos desses discípulos como excessivamente negativos. Esses discípulos haviam visto o mundo humano como sofrimento, e o desejo, como a raiz do sofrimento e tinham buscado extinguir esse desejo por meio de uma vida de reclusão dedicada aos preceitos, à meditação e ao cultivo da sabedoria. Ao fazê-lo, eles haviam encontrado apenas o ponto de vista do "pequeno veículo". Os seguidores do "grande veículo", ou Mahāyāna, adotaram o ponto de vista do bodisatva que volta para o meio da humanidade sofredora. Os bodisatvas não são prisioneiros do desejo, nem também ficam presos à rejeição do desejo. Eles vivem perpetuamente na liberdade do vazio.

Quando se tornou a forma dominante do budismo na China, o Mahāyāna passou a ver a tradição de seu ponto de vista, como recaindo numa das três formas, respectivamente: o budismo *śrāvaka*, *pratyekabuddha* e bodisatva. Este último era superior aos outros dois. Mas o *Sutra do Lótus* mostra que já se encontrava em andamento um movimento para reunificar essas três formas num budismo de um veículo único, não mais desqualificando os seguidores dos dois caminhos inferiores como objetos da salvação, mas dando-lhes um lugar na economia geral do veículo único. Esse movimento era inspirado por uma preocupação com a unidade e a igualdade. Ele recusava-se a manter o budismo em seu estado de divisão e buscava tornar a salvação acessível igualmente a todos os seres humanos.

Saichō não estava preocupado exclusivamente com a doutrina Tendai; ele também tornou monte Hiei um centro do "estudo combinado dos quatro ensinamentos", os outros três sendo o tantrismo, o Zen e o Vinaya. Na verdade, ele conseguiu tornar monte Hiei uma espécie de Universidade. Se, ao contrário de Kūkai, ele não produziu obras desenvolvendo doutrinas sistemáticas, muitas das doutrinas que se desenvolveriam posteriormente teriam sua origem em monte Hiei e no âmbito da escola Tendai. A mais central dentre todas elas foi a notável doutrina de que a natureza do Buda está no interior de todos os seres vivos; a doutrina esotérica da escola Tendai desenvolvida por

Ennin (794-864) e Enchin (814-891), que difere o esoterismo da tradição Shingon; o pensamento *nenbutsu* da Terra Pura, desenvolvido por Genshin e depois por Hōnen e Shinran; e as filosofias Zen de Eisai e Dōgen. Paradoxalmente, esses frutos do empreendimento educacional de Saichō ultrapassaram a própria escola Tendai e conduziram a seu declínio. Nichiren irritadamente rejeitou essas seitas florescentes e exigiu o retorno aos ensinamentos originais do Buda Śākyamuni e à forma ortodoxa do budismo japonês, baseada no *Sutra do Lótus*.

A escolha de Saichō do refúgio nas montanhas como centro budista deu origem a uma fusão entre o budismo e a sensibilidade religiosa japonesa tradicional, para a qual essas moradias sagradas dos espíritos eram tão importantes; essa fusão deu origem ao movimento Shugendō. O êxito do budismo da Terra Pura a partir do século X também pode ser atribuído à associação entre a residência nas montanhas dos espíritos que haviam partido e o paraíso ao qual as pessoas iriam após a morte. É evidente que Saichō, independentemente de seu grau de originalidade como pensador, foi o budista que exerceu maior influência sobre a posteridade. Afirmando dele o que Windelband afirma de Kant, podemos dizer que todo o budismo japonês anterior é nele sumarizado e que tudo que se seguiu proveio dele.

II. KŪKAI

Paul B. Watt

Kūkai, ou Kōbō Daishi (Grande Mestre Que Difundiu o Darma), como é também conhecido, ocupa um lugar único na história japonesa. Reverenciado como o fundador da seita Shingon, ele é também um dos grandes líderes culturais do Japão[3]. Suas atividades abrangiam campos variados como a caligrafia, a arquitetura, a assistência social, a educação pública, a lexicografia, a literatura e a teoria literária. Menos de um século após sua morte, começou a se difundir a crença de que esse grande homem não havia morrido, mas continuava vivendo num estado de meditação incessante, protegendo os que colocam sua fé nele e aguardando a vinda do futuro Buda, Maitreya. A partir do período Kamakura (1185-1333), as lendas sobre ele eram transmitidas por todo o país e, no decorrer de séculos, Kūkai arrebatou os corações de milhões de japoneses de forma tão completa que o título de Grande Mestre, embora tivesse sido conferido a muitos mestres budistas pela corte japonesa, passou a se referir primeiramente e sobretudo a ele.

Biografia

Kūkai nasceu na ilha de Shikoku na província de Sanuki, na atual cidade de Zentsūji[4]. O ano de seu nascimento em geral aceito é 774, mas também há documentos que corroboram a data de 773[5]. Seu pai era Saeki Tagimi; sua mãe descendia da família Atō. Tanto os Saeki quanto os Atō eram proeminentes na região e desempenhavam papéis importantes na vida cultural e política da nação. Com a idade de quinze anos (788), Kūkai foi para a capital com seu tio por parte de mãe, Atō Ōtari, e dele recebeu sua instrução nos clássicos chineses. Ōtari era um estudioso renomado e servia como tutor do príncipe Iyo, um filho do imperador Kanmu. Com a idade de dezoito anos, Kūkai entrou para a Universidade do Estado, onde continuou seus estudos dos clássicos confucianos, em especial o *Livro da Poesia*, o *Livro da História* e

---

3. O nome Shingon, significando literalmente "Mundo Verdadeiro", refere-se aos encantamentos (*dhāraṇis* ou mantras) usados nos rituais e na meditação tântrica.

4. Nosso conhecimento da vida de Kūkai é dificultado por lacunas importantes nas fontes primárias. Entre os escritos do próprio Kūkai, as fontes biográficas mais importantes são *Sangō shiiki* (Indicações das Metas dos Três Ensinamentos) e *Shōrai mokuroku* (Memorial Apresentando uma Lista de Sutras e Outros Itens recentemente Importados), ambos traduzidos em Hakeda, *Major Works*, e no *Seireishū* (Obras Reunidas em Prosa e Poesia), em *Kōbō Daishi zenshū* III, p. 385-560. Outros textos anteriores comumente consultados são o *Nijū gokajō goyuigō* (Testamento em Vinte e Cinco Artigos), atribuídos a Kūkai, e o *Kūkai Sōzu den* (Biografia de Kūkai Sōzu), atribuído a seu discípulo Shinzei (780-860).

5. Para uma discussão desses documentos, cf. Miyasaka Yūshō, Kōbō Daishi no shōgai, em *Kūkai no jinsei to shisō* (Kōza Mikkyō 3), p. 81-82.

180 A ESPIRITUALIDADE BUDISTA

os *Anais da Primavera e do Outono*. Uma vez que Kanmu decidira mudar a capital de Nara para Nagaoka em 784 (antes de finalmente estabelecê-la em Quioto, em 794), em geral se supõe que Kūkai estava em Nagaoka durante esse período[6].

Não se sabe exatamente quando Kūkai passou a se interessar seriamente pelo budismo, mas em suas *Indicações sobre as Metas dos Três Ensinamentos*, concluídas quando tinha 24 anos de idade, ele declara que, após entrar na universidade, encontrou "um certo monge budista" que lhe mostrou um texto sagrado denominado *Kokūzō gumonji no hō*[7]. O texto contém um *dhāraṇi*, ou encantamento, do mesmo nome, que, se recitado um milhão de vezes, confere ao praticante miraculosos poderes de memória e compreensão. Kūkai aparentemente ficara insatisfeito com seus estudos confucianos e, de acordo com as *Indicações*, concluíra que também o taoísmo ensinava pouca coisa de importância duradoura. Dessa forma, o encontro com o monge deu-lhe o estímulo de que necessitava para se afastar da universidade, o que ele fez contra os desejos de sua família. Depois disso, Kūkai deixou a capital e, como um asceta budista leigo, envolveu-se na prática do *gumonji no hō* em áreas remotas da região rural. Ao assumir o modo de vida de um asceta errante, Kūkai estava se juntando à tradição dos chamados *shidosō*, ou monges ordenados em caráter privado, que ficavam fora da estrutura eclesiástica oficial e que durante décadas o governo estivera tentando colocar sob seu controle. O êxito posterior da escola Shingon, assim como da escola Tendai, em parte se deveu a incorporação dessa linha de budismo popular.

Há poucas informações sobre as atividades de Kūkai desde a época em que ele escreveu as *Indicações* até sua partida para a China, com a idade de 31 anos. Ao que parece, ele continuou a viver como asceta budista, vivendo nas montanhas de Yoshinō e na península de Kii, ao sul da capital. Durante esses anos, ele também deve ter lido um farto material budista. As *Indicações* por si só revelam sua familiaridade com os 26 textos budistas, inclusive os grandes textos sagrados da tradição Mahāyāna, como os sutras do *Lótus* e de *Avataṃsaka*[8], por outro lado, o conhecimento que ele mostrou durante sua estada na China e nos anos seguintes confirma que ele deu continuidade a esses estudos.

---

6. Watanabe Shōkō e Miyasaka Yūshō argumentaram, no entanto, que ele pode ter estado em Nara, pelo menos durante os anos de estudo na universidade. Em apoio a esse ponto de vista, eles observam que é incerto se a universidade chegou a ser mudada para Nagaoka e que a mudança do foco da atenção de Kūkai para o budismo, que ocorreu por volta dessa época, pode ser mais facilmente concebida como tendo ocorrido em Nara, onde a influência budista ainda era forte. Cf. seu *Shamon Kūkai*, p. 32.

7. Hakeda, *Major Works*, p. 102. Essa obra havia sido traduzida para o chinês pelo mestre do Tantra Śubhākarasiṃha, em 717, e foi levada para o Japão no ano seguinte.

8. Idem, p. 23.

PERÍODO HEIAN   181

Nesse período Kūkai também encontrou o texto tântrico, ou esotérico, o *Sutra de Mahāvairocana* (j. *Dainichikyō*). Essa obra indiana do século VI ou VII foi traduzida para o chinês em 725 e, em 736, uma cópia chegava ao Japão. Ao contrário do material tântrico que havia chegado anteriormente ao Japão e que salientava as técnicas para a aquisição de poderes mágicos, o *Sutra de Mahāvairocana* se baseava na filosofia madura do budismo de tradição Mahāyāna e ensinava um método para o alcance súbito da iluminação budista. No entanto, o tipo de meditação que ele defendia exigia o domínio de numerosos *mudrās*, ou gestos manuais, e *dhāraṇis* (ou mantras) e envolvia o uso de um mandala, ou diagrama sagrado. Embora Kūkai percebesse que esse texto representava o ápice dos ensinamentos budistas, havia muita coisa que ele não conseguia compreender. Assim, ele decidiu viajar para a China, na esperança de encontrar um mestre que pudesse responder a suas perguntas. Em 803, ele havia se tornado oficialmente um monge budista e, em 804, apesar do fato de ser ainda uma figura relativamente desconhecida, conseguiu ser nomeado para uma missão governamental que estava para seguir para a China[9]. Sua intenção era de lá permanecer por vinte anos.

Dos quatro navios que partiram em 804, somente o primeiro e o segundo sobreviveram à perigosa jornada. Kūkai estava no primeiro, que transportava a liderança da missão, assim como Tachibana Hayanari, que seria posteriormente lembrado, juntamente com Kūkai e o imperador Saga, como um dos três grandes calígrafos do Japão. Saichō (767-822), o fundador do budismo Tendai, estava na segunda embarcação. Desviados de sua rota por uma tempestade, o navio do embaixador chegou à província sul de Fukien no oitavo mês de 804. Não acostumadas a lidar com enviados estrangeiros, as autoridades locais recusaram à embaixada autorização para ancorar. Foi somente quando Kūkai escreveu ao governador da província em favor da missão que eles foram tratados como representantes oficiais do governo japonês e receberam permissão para viajar até Ch'ang-an, onde chegaram quase ao final do décimo segundo mês. A cidade que encontraram era um dos grandes centros urbanos do mundo, atraindo pessoas de todas as partes do continente asiático.

Na China do início do século IX, o budismo esotérico já havia conquistado um grande número de seguidores, entre os quais estavam incluídos imperadores e altos oficiais. Sua introdução sistemática havia ocorrido quase um século antes. Em 716 o mestre indiano Śubhākarasiṃha (637-735) chegou a Ch'ang-an e, com a ajuda de seu discípulo chinês I-hsing (683-727), traduziu o *Sutra de Mahāvairocana*. Um segundo

---

9. Não se conhece a data exata da entrada de Kūkai para o clero, mas é provável que ele o tenha feito em 803, pouco antes de partir para a China; cf. Miyasaka, Kūkai no shōgai, em *Kūkai no jinsei to shisō*, p. 93-94.

182 A ESPIRITUALIDADE BUDISTA

mestre esotérico, Vajrabodhi (671-741), alcançou Ch'ang-an em 719 e, juntamente com seu discípulo, Amoghavajra (705-774), fez traduções parciais do *Sutra de Vajraśekhara* (j. *Kongōchōkyō*) – mais precisamente denominado *Sutra* de *Tattvasaṃgraha*. Esses dois sutras mais tarde forneceriam os textos que seriam básicos para a fundação da seita Shingon no Japão. Embora se acredite que esses textos, e as práticas de meditação a eles associadas, foram transmitidos separadamente na Índia, na China – pelo menos na época dos discípulos de Amoghavajra – apareceram uns poucos indivíduos que haviam recebido ambas as transmissões, dentre os quais o mais notável era Hui-kuo (746-805), de Ch'ing-ling-ssu, que mais tarde seria o mestre de Kūkai. No Japão a seita Shingon reconhece duas linhagens de patriarcas, uma delas associada ao *Sutra de Vajraśekhara*, a outra, ao *Sutra de Mahāvairocana*. Em ambas as linhagens, Hui-kuo é considerado como o Sétimo Patriarca e Kūkai como o Oitavo.

Em Ch'ang-an, Kūkai permaneceu com a embaixada até que ela partiu para o Japão no segundo mês de 805[10]. Saichō retornou nessa época, mas Kūkai permaneceu, tomando residência em Hsi-ming-ssu, um templo onde os estudantes japoneses, no passado, costumavam se alojar. Talvez tenha sido por volta dessa época que Kūkai se encontrou com Prajñā e Muniśri, dois monges indianos com os quais ele estudou o sânscrito e a religião indiana. Prajñā também deu a ele textos traduzidos e em sânscrito, que Kūkai depois levaria para o Japão.

No final do quinto mês de 805, ou ao início do sexto, Kūkai finalmente se encontrou com Hui-kuo, que imediatamente o aceitou como discípulo e, preocupado com sua própria saúde precária e com o fato de que ainda não tinha designado seu herdeiro, deu início imediato ao treinamento de Kūkai. No sexto mês, Kūkai recebeu o *abhiṣeka*, ou iniciação ritual, nas técnicas de meditação associadas ao *Sutra de Mahāvairocana*; no sétimo, foi iniciado nas técnicas vinculadas ao *Sutra de Vajraśekhara*; no oitavo, recebeu a ordenação como mestre budista esotérico. Hui-kuo também fez com que mandalas fossem preparados, textos sagrados fossem copiados e implementos rituais fossem forjados e os passou para Kūkai. Percebendo que seu discípulo I-ming levaria adiante a tradição na China, deu a Kūkai instruções de retornar ao Japão, para lá transmitir seus ensinamentos. Hui-kuo morreu pouco depois, no décimo segundo mês de 805. No início de 806, Kūkai foi escolhido para compor o epitáfio para o túmulo de Hui-kuo, uma honra que indica a alta posição que ele ocupava junto aos seguidores de seu mestre. Após reunir outros materiais, Kūkai, levando a sério as palavras do mestre, partiu para o Japão,

10. Hakeda data a partida da embaixada e a mudança de Kūkai para Hsi-ming-ssu do terceiro mês de 805 (*Major Works*, p. 31), mas o próprio Kūkai afirma no *Shōrai mokuroku* que esses acontecimentos tiveram lugar no segundo mês (*Kōbō Daishi zenshū* I, 69, 98).

PERÍODO HEIAN

no oitavo mês de 806, seguindo junto com a embaixada de Takashina Tōnari, que chegara a Ch'ang-an alguns meses antes.

Kūkai chegou em Kyūshū no décimo mês de 806. Aí ele compôs o *Shōrai mokuroku*, no qual fez um curto relato de suas atividades na China, descreveu as características principais do budismo esotérico que ele agora desejava ensinar e estabeleceu a lista dos sutras e outros materiais que havia reunido. Confiou esse documento a Takashina, como seu relatório para a corte, mas não recebeu resposta durante três anos. Nesse ínterim, foi obrigado a permanecer em Kyūshū. Embora, ao que parece, Kūkai se inquietasse com a atitude da corte com relação a um monge que havia retornado dezoito anos antes da data prevista, aparentemente a instabilidade política na capital e a grande popularidade que Saichō então desfrutava foram as causas da demora. Em 809, o imperador Heizei (r. 806-809), um patrono de Saichō, se afastou do poder e o novo imperador Saga deu ordens para que Kūkai se mudasse para Takaosan-ji, um templo situado nos subúrbios ao norte de Quioto. Na época, o templo de Takaosan-ji, mais tarde conhecido como Jingo-ji, era o centro do mundo Buda de Quioto. De 809 a 823, ele seria o principal templo ao qual Kūkai estaria associado.

Uma vez de volta à capital, Kūkai deu início a um vigoroso e permanente esforço de propagação do budismo esotérico. Logo conseguiu forjar um relacionamento estreito com o imperador Saga, presenteando-o com exemplares de sua caligrafia e executando rituais budistas esotéricos para a proteção do Estado. Um indicador da estima que Kūkai rapidamente alcançou, não apenas na corte, mas, também, na comunidade budista Nara, foi sua nomeação em 810 como *bettō*, ou chefe administrativo, do grande templo de Tōdai-ji, em Nara. Essas nomeações foram feitas pelo governo, sob a consulta a líderes da comunidade budista (em 811, Kūkai foi nomeado *bettō* do templo de Otokuni-dera, situado na periferia sul da capital, e em 829, de Daian-ji, em Nara).

No início de seu período em Takaosan-ji, Kūkai também se beneficiou do apoio de Saichō. Também Saichō havia estudado o budismo esotérico na China, além de outros ensinamentos budistas, e era considerado como autoridade nessas questões já antes de Kūkai retornar. No entanto, Saichō reconhecia o conhecimento superior de Kūkai e solicitou-lhe o empréstimo de textos esotéricos e iniciações complementares na tradição. Que um monge assim eminente recorresse a ele em busca de ensinamentos deve ter contribuído dramaticamente para a ascensão de Kūkai. Mas havia um limite até onde Kūkai sentia que podia atender às solicitações de Saichō e, em 816, seu relacionamento desmoronava. Talvez não seja coincidência que, no mesmo ano, Kūkai solicitasse à corte terras em monte Kōya – um local que ele havia visitado em sua juventude – para ser o lugar em que ele estabeleceria seu próprio centro para a prática da meditação budista esotérica. O pedido foi atendido e, embora outras responsabilidades impedissem

184 A ESPIRITUALIDADE BUDISTA

Kūkai de permanecer por muito tempo nas montanhas, seus discípulos levaram adiante a construção planejada (durante esses anos, Kūkai também serviu como conselheiro para o imperador e como supervisor para os reparos na represa de Mannō no Ike, um reservatório em sua província natal).

Como mais um meio de levar adiante a causa do budismo esotérico, Kūkai também escreveu nessa época as primeiras obras nas quais ele sistematicamente defendia a superioridade dessa forma do budismo. O *Benkenmitsu nikyōron* (A Diferença entre Budismo Exotérico e Esotérico), provavelmente concluído em 815, é a única delas que pode ser datada com alguma certeza, mas seu *Sokushin jōbutsu gi* (Alcançando a Iluminação Neste Mesmo Corpo), seu *Shōji jissō gi* (Os Significados do Som, da Palavra e da Realidade) e seu *Unji gi* (Os Significados da Palavra *Hūṃ*) são também considerados produtos dessa mesma época[11].

Após a morte de Saichō em 822, Kūkai não teria rivais na comunidade budista japonesa. Em 823 o imperador Saga colocou-o como encarregado de Tō-ji, um templo oficial situado na entrada sul para a capital. Kūkai imediatamente tomou medidas no sentido de fazer dele mais um centro de treinamento do budismo esotérico. Em 823 ele compilou o *Sangakuroku*, um currículo de estudos budistas esotéricos para monges que iriam residir no templo. Pela primeira vez, as palavras "seita Shingon" aparecem num documento e, na verdade, em seu título original, *Shingonshū shogaku kyūritsuron mokuroku*[12]. O novo imperador, Junna (r. 823-833), aprovou o currículo e concedeu a Kūkai cinqüenta estudantes que deveriam seguir seu programa de estudos. Para aumentar ainda mais o prestígio do templo de Tō-ji, Kūkai reuniu aí muitos dos materiais que ele trouxera consigo da China. Boa parte desses materiais pode, ainda hoje, ser lá encontrada, juntamente com obras de arte religiosas atribuídas a Kūkai ou concluídas sob sua direção durante esse período.

Kūkai se envolveu numa grande variedade de atividades em Tō-ji. Foi responsável pela direção das construções nesse local e em monte Kōya; atribui-se a ele ter atraído chuva para a capital por meio da execução de rituais esotéricos em 824 e 827; em 828, fundou Shugeishuchi-in, ou Escola de Artes e Ciências, a primeira instituição educacional no Japão aberta a estudantes sem consideração de sua posição econômica ou social. Acredita-se que o dicionário que ele compilou, o *Tenrei banshō myōgi*, o mais antigo dicionário existente no Japão, era empregado nessa escola. Sua realização mais importante nesse período, no entanto, foi a elaboração do *Jūjū shinron* (Dez Estágios

11. As tradições para todas essas obras podem ser encontradas em Hakeda, *Major Works*. Kūkai conclui seu *Bunpitsu ganshin shō* (Os Essenciais da Poesia e da Prosa) e um esboço do *Bunkyō hifun ron* (A Casa do Tesouro Secreto dos Espelhos da Poesia) por volta dessa época.

12. Texto em *Kōbō Daishi zenshū* I, p. 105-122.

PERÍODO HEIAN

do Desenvolvimento da Mente). Escrito em resposta à ordem imperial de que todas as seitas deveriam se submeter a uma declaração de seus ensinamentos, a obra se coloca como a súmula final de seu pensamento; nela, ele delineia o crescimento da consciência religiosa, desde seu nível mais baixo até seu pleno florescimento na mente do praticante do Shingon. Também compilou uma edição condensada de sua obra sob o título de *Hizō hōyaku* (Chave Preciosa para o Repositório Secreto)[13].

Em 831 a saúde de Kūkai começou a se deteriorar e em 832 ele se retirava para o monte Kōya. Seu pedido de que se providenciasse uma capela Shingon no palácio foi atendido e, em 835, a corte deu permissão para que três monges fossem ordenados anualmente em monte Kōya. Kūkai morreu no final desse ano e, em vez de ser cremado, foi enterrado na montanha, vestido com seus trajes.

Pensamento e Prática

Kūkai parece ter-se envolvido na busca da verdade religiosa desde a juventude. Enquanto perseguia essa meta, seu pensamento foi tomando forma numa dimensão raramente vista na história budista japonesa. O primeiro estágio desse desenvolvimento é representado pelas *Indicações sobre as Metas dos Três Ensinamentos*; o segundo, pelo *Benkenmitsu nikyōron* e outros escritos do período de Takaosan-ji; e o terceiro, pelo *Jūjū shinron*. Nas *Indicações*, uma obra que em muitos pontos se assemelha estreitamente à literatura dramática mais que à literatura filosófica, o jovem Kūkai avaliava as pretensões do confucianismo, do taoísmo e do budismo, atribuindo a este último o ensinamento mais profundo. Não se tratava de um repúdio ao confucianismo e ao taoísmo, pois, também eles, são "os ensinamentos dos Sábios"; no entanto, somente o budismo, concluía ele, leva em consideração a absoluta transitoriedade da vida e oferece um caminho de libertação do sofrimento, que envolve todos os seres sencientes.

Tendo ligado seu destino ao budismo, Kūkai se viu confrontado com uma diversidade de ensinamentos budistas a partir dos quais escolher. Ele confessa ter chorado "muitas vezes diante da encruzilhada"[14], ao estudar suas diversas formas, mas sua busca chegou a um fim, ao encontrar o budismo esotérico. Embora a falta de materiais torne difícil determinar até onde seu pensamento é devedor de Hui-kuo, em geral se concorda que o sistema que Kūkai articulou em suas obras do período de Takaosan-ji é criação exclusivamente sua. Ao distinguir o budismo esotérico do exotérico (isto é, todas as formas anteriores da religião),

13. O título completo da versão não condensada é *Himitsu mandara jūjū shinron* (texto em *Kōbō Daishi zenshū* I, p. 125-414). Uma tradução da *Chave Preciosa* encontra-se em Hakeda, *Major Works*.

14. Hakeda, *Major Works*, p. 27.

186 A ESPIRITUALIDADE BUDISTA

ele enfatiza, em primeiro lugar, que, enquanto o budismo exotérico fora ensinado pelo próprio Buda histórico e era adaptado de acordo com a capacidade dos que o ouviam, o budismo esotérico era ensinado pelo "corpo" último do Buda, ou Dharmakāya, Mahāvairocana, e constitui a verdade final; em segundo lugar, enquanto o budismo exotérico ensinava que o alcance da iluminação leva um período de tempo indefinido, o budismo esotérico ensina uma prática que conduz ao "alcance verdadeiro da iluminação neste mesmo corpo" (*sokushin jōbutsu*).

Por trás da primeira afirmação de Kūkai está a doutrina tradicional da escola Mahāyāna dos três corpos (*trikāya*) do Buda. Em sua história inicial, o budismo Mahāyāna havia desenvolvido a concepção de que o Buda histórico era uma espécie de "corpo de aparição", ou *nirmāṇakāya*, cujo papel era disseminar os ensinamentos budistas no mundo temporal. Todos os sutras eram atribuídos a ele. O budismo Mahāyāna reconhecia também a existência de outros budas, os chamados "corpos do êxtase", ou *saṃbhogakāyas*, que revelavam uma versão mais completa dessa mensagem aos bodisatvas, seres de realização espiritual avançada. Em relação à fonte desses dois tipos de Buda, o *Dharmakāya*, ou corpo do Darma – um outro nome do Ser-tal ou a própria verdade absoluta – a concepção Mahāyāna comum era de que ele não pregava e de que nada podia ser predicado a seu respeito. Em contraste com essa concepção, Kūkai identificava o Buda Mahāvairocana, o Buda central da tradição esotérica que ele havia herdado, com o Dharmakāya e argumentava que ele efetivamente faz pregação. Em seu sentido mais estreito, essa pregação assumia a forma dos *dhāraṇis* e mantras dos textos budistas esotéricos, mas Kūkai também assinalava que, uma vez que Mahāvairocana nada mais é que o corpo, fala e mente do próprio universo, para o iluminado, todo o cosmos está continuamente pregando a verdade última. Kūkai expressava essa concepção do universo na doutrina dos Seis Grandes Elementos (*roku-dai*) – terra, água, fogo, ar, espaço e consciência – que constituem todos os budas, seres sencientes e mundos materiais e que também constituem o corpo e mente de Mahāvairocana e existem em um estado de harmonia eterna[15]. A fala de Mahāvairocana se origina das "vibrações" dos cinco primeiros desses elementos[16]. Assim o universo é visto em última análise como Mahāvairocana envolvido num processo contínuo de automanifestação. A finalidade desse processo é vista como dupla: o próprio deleite de Mahāvairocana e a edificação de todos os seres sencientes. Da perspectiva dessas duas finalidades, Mahāvairocana é concebido como existindo de quatro formas: 1. como o Dharmakāya em Estado Absoluto (*jishō hosshin*); 2. como o Dharmakāya no Êxtase e Participação (*juyō hosshin*), isto é, como ele existe para seu próprio

15. Idem, p. 229-230
16. Idem, p. 240.

22. Pintura em papiro de Kōbō Daishi, século XIV.

23. Estátua contemporânea do perdão lendário de Kōbō Daishi ao rico avarento que o insultara, Emon Saburō.

188   A ESPIRITUALIDADE BUDISTA

deleite e, na forma de diferentes budas, para orientação dos bodisatvas; 3. como o Dharmakāya em Transformação (*henge hosshin*), isto é, como ele existe para orientação de pessoas comuns na forma do Buda histórico; e 4. no Dharmakāya em Emanação (*tōru hosshin*), isto é, como ele existe para guiar os habitantes dos infernos e os seres não-humanos[17].

Em defesa do budismo exotérico tem-se assinalado que as doutrinas das seitas T'ien-t'ai e Hua-yen implicam uma concepção análoga do universo como corpo do Buda cósmico e que essas seitas também ensinam que é possível alcançar a iluminação nesta vida[18]. No entanto, Kūkai sustentava que, embora seus ensinamentos sejam profundos, essas seitas são deficientes na área da prática. O que a meditação Shingon oferece não é apenas uma visão de nossa contemplação, mas um tipo de meditação que permite a participação direta na "experiência espiritual mais íntima" do Dharmakāya e, com isso, "o alcance da iluminação neste mesmo corpo". A transformação do indivíduo que disso resulta envolve não apenas a mente, o que era enfatizado pelas escolas exotéricas, mas também o corpo.

A meta da meditação Shingon é a realização de uma união preexistente entre o corpo, a fala e a mente de Mahāvairocana – designados como os Três Mistérios (*sanmitsu*) porque são sutis e difíceis de compreender – e o corpo, a fala e a mente do praticante. Cada um desses pontos de correspondência é representado simbolicamente na meditação Shingon. Os *mudrās* que o praticante forma com as mãos simbolizam o elemento do corpo; os *dhāraṇis* e mantras, que ele recita, representam o elemento da fala de Mahāvairocana; os mandalas, a partir dos quais são selecionados os objetos de concentração, representam os vários estados e formas da mente que os acompanham e nos quais Mahāvairocana se manifesta. Essas manifestações são mais comumente retratadas como budas e bodisatvas.

Embora a meditação Shingon empregue uma diversidade de mandalas, os dois mais importantes são inquestionavelmente o Mandalas do Ventre, ou Matrix (*taizō*), baseado no *Sutra de Mahāvairocana*, e o Mandala do Diamante (*kongōkai*), derivado do *Sutra de Vajraśekhara*. Na interpretação de Kūkai, juntos, esses mandalas representam dois aspectos inseparáveis de Mahāvairocana. O Mandala Matrix, cujo principal símbolo é o Lótus, significa seu Corpo de Princípios (*rishin*), ou "aquilo que deve ser compreendido". O Mandala do Diamante, simbolizado pelo *vajra*, ou relâmpago, representa seu Corpo de Sabedoria (*chishin*), ou "aquilo que compreende". Esses dois aspectos

---

17. Idem, p. 83.

18. Cf., por exemplo, de Bary et al. (orgs.), *Sources of Japanese Tradition* I, p. 137, e Miyasaka Yūshō e Umehara Takeshi, *Bukkyō no shisō* 9: *Seimei no umi* (*Kūkai*), p. 55-56.

PERÍODO HEIAN

de Mahāvairocana se distinguem como expedientes conceituais para o praticante – para o qual eles também representam a natureza verdadeira e capacidades de introvisão do próprio praticante – mas Kūkai repetidamente afirmava que eles são fundamentalmente não-duais (*richi funi*). O estudante do Shingon é guiado em sua meditação por um Mestre Budista Esotérico, o único que tem autoridade para transmitir essas técnicas intricadas e poderosas. No entanto, mesmo que tenha êxito em alcançar uma experiência de união com Mahāvairocana no interior do contexto meditativo, o estudante ainda não alcançou a meta final de seu treinamento. Kūkai concebia uma outra forma de "prática", no contexto da vida cotidiana, em que o ideal era a conformidade com os Três Mistérios de Mahāvairocana em cada ação do corpo, fala e mente[19].

Cinco anos antes de sua morte, Kūkai escreveu o *Jūjū shinron* e seu sumário, o *Hizō hōyaku*. Na medida em que essas obras também afirmam a superioridade do budismo esotérico, elas compartilham de um solo em comum com os escritos do período de Takaosan-ji. Mas o *Jūjū shinron* é melhor compreendido como uma última síntese abrangente de todo esse pensamento. Ao descrever nessas obras o desenvolvimento da consciência religiosa, Kūkai toma como ponto de partida três estados não-budistas da mente. No primeiro, o ser humano encontra-se inteiramente controlado pelos desejos mais baixos; no segundo, aparece um senso de moralidade; no terceiro, o indivíduo nutre a esperança de renascimento numa existência celestial. Kūkai associa o segundo estágio ao confucianismo e o terceiro, sobretudo, ao taoísmo e várias formas de hinduísmo.

Kūkai situa as escolas budistas exotéricas nos estágios de quatro a nove. O quarto e quinto estágios correspondem ao budismo de tradição Hīnayāna, no qual o indivíduo compreende, de um lado, que não existe um eu permanente e, de outro, que o renascimento se deve à ação do carma. Do sexto ao nono estágios correspondem às principais escolas de tradição Mahāyāna (Iogacara, Mādhyamika, T'ien-t'ai e Hua-yen). Kūkai assinala que, quando se progrediu até esse ponto, "as máculas que cobrem a mente foram completamente removidas"[20], mas é no budismo Shingon, no décimo estágio, que somos capazes de "abrir o repositório interior e aí receber os tesouros"[21]. Embora os ensinamentos do Shingon se situem acima de todos os outros, o *Jūjū shinron* enfatiza o valor de todos os estágios anteriores de consciência religiosa como pontos de partida para a plena iluminação. Mesmo o estágio mais baixo é visto como trazendo em si as sementes da natureza búdica. Essa linha

---

19. Cf. seu *Dainichikyō kaidai*, em *Kōbō Daishi zenshū* I, p. 659, e a discussão dessa passagem por Takagami Kakushō, *Mikkyō gairon*, p. 100.

20. Hakeda, *Major Works*, p. 160.

21. Idem, p. 161.

190 A ESPIRITUALIDADE BUDISTA

de argumentação aparece nas obras anteriores, mas nunca de forma tão proeminente quanto nessas últimas obras-primas.

A religião ensinada por Kūkai teve um imenso impacto sobre o Japão de sua época. Atraídos pela beleza de sua obra de arte, pelo ar de mistério que envolvia seus rituais e pela eficácia de sua mágica, os aristocratas da capital deram ao budismo esotérico uma calorosa recepção. Na verdade, o budismo Shingon tornou-se tão popular entre eles que, para poder competir, os sucessores de Saichō se apressaram em pôr em destaque os elementos esotéricos do Tendai. No final, o centro Tendai em monte Hiei ultrapassou o de monte Kōya em sua influência como veículo para a disseminação do budismo esotérico. No entanto, nas gerações posteriores a Kūkai, a seita Shingon fundou templos por todo o país e atraiu uma grande massa de adeptos, tanto em meio à população em geral quanto em meio à aristocracia. Esse êxito foi em parte devido ao apelo do sincretismo entre budismo e Shintō, nele presente. No Shintō *Ryōbu*, ou Dual, como ele era conhecido, os deuses do Japão eram identificados como manifestações dos budas e bodisatva dos Mandalas Matrix e do Diamante.

III. FUNDAMENTOS DO BUDISMO HEIAN NO BUDISMO KAMAKURA

David Lion Gardiner

Entre as mudanças de paradigma enfatizadas nas narrativas históricas tradicionais do budismo japonês, a que mais se destaca é o surgimento do chamado "novo" budismo do período Kamakura (1185-1333). Se, de um lado, muitos estudiosos agora perguntam se é correto chamar essa mudança de "reforma", de outro, são poucos os que negam que as escolas da Terra Pura, Zen e Nichiren, que são as principais formas da fé budista sectária desse período até hoje, apóiam sua base doutrinal sobretudo na retórica da reforma. Mas a imagem de uma reforma pode induzir-nos a não perceber as continuidades entre o budismo Heian e budismo Kamakura e, assim, ignorar a presença nas novas escolas de fortes ressonâncias do passado.

Os estudos especializados sobre o período enfrentam um problema desafiador: eles devem usar a valiosa pesquisa desenvolvida pelos estudiosos japoneses – quase todos eles ordenados numa dessas seitas – e, ao mesmo tempo, resistir às distorções introduzidas pelas tendências específicas que cada escola está propensa a adotar com relação a sua própria história. Uma distorção muito freqüente, introduzida pela retórica da reforma, é a de pôr em destaque os ensinamentos de um punhado de "fundadores" que não representam adequadamente a grande diversidade da época. Evitando emitir juízos a esse respeito, tentarei focalizar algumas questões doutrinais de especial importância espiritual, que podem servir para esclarecer as discussões sobre esse período. Minha apresentação, no entanto, tenderá ao reconhecimento das continuidades existentes em todo o budismo medieval[22].

Cada um dos personagens mais importantes comumente considerados como representantes do novo budismo no período Kamakura – Hōnen, Shinran, Nichiren, Dōgen – foi originalmente ordenado em monte Hiei como monge da escola Tendai. Esses pensadores formularam suas novas doutrinas e práticas em resposta a problemas que eles vieram a identificar como centrais para a teoria e prática budista, tal como encontradas em monte Hiei. A escola Tendai é muitas vezes mencionada como o "solo de nascimento" do budismo Kamakura. A variedade de textos e práticas disponíveis aos monges dessa escola eclética, no final do período Heian, era tão ampla que sua capacidade de gerar as diversas formas que surgiriam durante o período Kamakura não aparece como uma surpresa. O ecletismo remonta ao fundador da

22. Para perspectivas que se contrapõem às narrativas tradicionais, cf. James H. Foard, In Search of a Lost Reformation: A Reconsideration of Kamakura Buddhism, *Japanese Journal of Religious Studies* 7, p. 261-291, e Robert E. Morrell, *Early Kamakura Buddhism: A Minority Report*.

192   A ESPIRITUALIDADE BUDISTA

escola Tendai, Saichō (767-822), que promoveu o estudo das tradições T'ien-t'ai chinesa, Preceitual (Ritsu), Ch'an e esotéricas.

Da mesma forma, não é de surpreender o surgimento no interior do Tendai de grandes diferenças relativas a questões de doutrina e prática. Os fundadores das novas escolas rompiam com a tradição passada de formas muito variadas, mas compartilhavam de uma preocupação com relação a aspectos dos ensinamentos Tendai vinculados à idéia de iluminação original (*hongaku*). Embora nenhuma delas elaborasse seus ensinamentos em contradição explícita com as teorias originais da iluminação, a influência dessas teorias pode ser detectada em cada caso.

Hōchibō Shōshin, um Barômetro da Época

Um monge da escola Tendai do início do período Kamakura, que não foi um fundador de nenhuma nova escola importante, foi categórico em sua condenação das teorias relativas à idéia de *hongaku*. Seu nome era Hōchibō Shōshin (atuante entre 1165-1207) e seus textos oferecem um padrão para se compreender algumas das questões-chave de sua época[23]. Shōshin também foi uma espécie de reformador, mas, em contraste com os fundadores acima mencionados, sua ambição parece ter sido reviver as formas tradicionais de estudo de monte Hiei. Era conhecido como um dedicado estudante dos textos sagrados, a tal ponto que todas as biografias a seu respeito relatam como, imerso em leituras, ele ignorou completamente a Guerra de Genpei que assolou Quioto de 1180 a 1185. Seu grande interesse, ao que parece, foi o caráter e a qualidade do estudo e prática monástica. Um de seus escritos, em particular, o *Comentário sobre o Significado Profundo do Sutra do Lótus* (*Hokke gengi shiki*, um comentário sobre o *Fa-hua hsüan-i* de Chih-i, o fundador chinês da escola T'ien-t'ai), desenvolve uma crítica dos pressupostos das teorias relativas à idéia de *hongaku* e argumenta que essas teorias minam as formas tradicionais de prática budista.

Shōshin condena o que ele vê como jargão doutrinal sobre a suposta imanência da iluminação budista, tomando como alvo a frase "Buda original e naturalmente iluminado" (*honrai jikaku butsu*). Essa frase inclui os dois glifos chineses que constituem a expressão "iluminação original" (*hon* significa original e *gaku* significa iluminação) e pode ser compreendida como uma elaboração desse significado. Shōshin ataca a frase por razões tanto filosóficas quanto textuais, mas o núcleo de sua crítica está em que os defensores da idéia de *hongaku* negam a verdade essencial de que a iluminação budista depende do esforço e das percepções de cada um, em outras palavras, depende da *prática*.

---

23. Sobre Shōshin, cf. Tamura Yoshirō, Critique of Original Awakening Thought in Shōshin and Dōgen, *Japanese Journal of Religious* Studies 11, p. 243-66.

24. *Pátio do templo de monte Hiei.*

194 A ESPIRITUALIDADE BUDISTA

Uma das principais fontes textuais por ele citada é o *Despertar da Fé*, que oferece uma explicação influente da distinção entre iluminação original (*hongaku*) e iluminação incipiente (*shikaku*). Shōshin assinala que o texto trata da iluminação original como um princípio (*ri*) residente no interior dos grilhões da ignorância que caracterizam *samsara*, o ciclo de morte e renascimento. Trata-se de um potencial que pode ser ativado e, quando ativado pela prática espiritual (uma ativação conhecida como "iluminação incipiente"), pode manifestar-se como iluminação completa (*kukyō kaku*), que não é mais apenas um princípio, mas iluminação *real* (*ji*). Essa distinção entre princípio (*ri*) e realidade (*ji*) é central para a crítica de Shōshin. Segundo ele, os defensores das doutrinas da iluminação original confundem os dois, ao considerar como a própria iluminação budista algo que é meramente um potencial para ela. Shōshin explica detalhadamente que a iluminação original não pode significar um Buda real, que existiria independentemente das cadeias da ignorância (*hi betsu-u butsu*). Ele contrapõe os termos relativos à idéia de *hongaku* um a um, a realidade oca (*ji*) contra o princípio (*ri*), o cultivado (*shu*) contra o natural (*ji*, também interpretado como *mizukara*) e o manifesto (*gen*) contra o original (*honrai*).

Um outro texto ao qual Shōshin recorre é o *Sutra do Lótus*. Para mostrar que a iluminação budista é uma conquista real que resulta do cultivo deliberado de práticas específicas, ele cita o Buda, que teria dito nesse sutra: "Oh bons homens desde que realmente alcancei a iluminação budista, passaram-se incalculáveis, ilimitados [...] *kalpas*". Numa outra passagem, o Buda explica que essa longa existência é algo que ele teria "alcançado após o cultivo de uma longa prática"[24]. As frases *realmente alcancei* (*jitsu jō*) e *alcançado após o cultivo de uma longa prática* (*kushu shotoku*) mostram que a iluminação budista não é um princípio universal e atemporal que se possa discutir frivolamente. Ao contrário, ela é um estado de ser pessoal e enraizado temporalmente, que resulta dos métodos de contemplação tradicionais, tranformando a pessoa ignorante numa pessoa iluminada.

Shōshin critica o que ele considera uma erroneamente concebida afirmação total do mundo relativo, que mina toda justificativa para as convenções da prática religiosa e para os princípios éticos, nos quais essa prática deve se basear. Embora Shōshin talvez exagerasse ao avaliar até onde a doutrina de *hongaku* levava de fato ao antinomianismo, outros pensadores do período Kamakura compartilhavam de sua insatisfação – mesmo que não de sua impaciência – com certos elementos dessa doutrina. Em forte contraste com a tendência em depreciar a prática religiosa que caracterizava o pensamento de *hongaku*, por sua certeza complacente de que a meta da iluminação budista já se encontra

24. Leon Hurvitz (trad.), *Scripture of the Lotus Blossom of the Fine Dharma*, p. 237, 244.

PERÍODO HEIAN

imanente, os pensadores da tradição da Terra Pura, Hōnen e Shinran, declaravam a impossibilidade de alcançar a meta, mesmo quando se tem o apoio das práticas convencionais. A impotência do indivíduo não deixava alternativa, a não ser depender do Outro-Poder do voto do Buda Amida. Por reconhecer a realidade de *samsara* e da ignorância, bem como a necessidade de recorrer a algum método particular para a libertação, Shōshin está muito próximo da atitude de Hōnen. Sabe-se, de fato, que ele compareceu a um dos primeiros encontros de Hōnen em Ōhara e depois se envolveu na prática do *nenbutsu*, adotada pela Terra Pura, de recitação do nome de Amida.

O Pensamento de Hongaku e a Prática em Saichō e Kūkai

A crítica de Shōshin às afirmações simplistas de alguns defensores do pensamento de *hongaku* sobre a iluminação budista imanente era destinada ao que ele via como superestimar da proximidade da meta. Sua abordagem da soteriologia budista recai numa categoria conhecida na escola Tendai como "girar para cima" (*jōten*), que significa que ela dá ênfase ao imperativo de freqüentar as práticas efetivas (causas) que conduzem à iluminação budista. Nesse aspecto, Shōshin é um bom representante do pensamento Tendai clássico e, por isso mesmo, do pensamento dos dois "fundadores" do budismo Heian, Saichō e Kūkai.

Embora se apoiassem firmemente na doutrina da natureza inerente do Buda, essas duas figuras, no entanto, demonstravam uma alta consideração pelo cultivo cuidadoso de práticas específicas. De fato, os estabelecimentos monásticos fundados por cada um deles, o mosteiro de monte Hiei, por Saichō, em Quioto, e o de monte Kōya, por Kūkai, ao sul dos morros, próximos à prefeitura de Wayakama, eram retratados por seus respectivos fundadores como oferecendo aos praticantes do caminho Mahāyāna os fundamentos extremamente necessários do treinamento contemplativo. Ambos escreveram a respeito da ausência de uma prática budista sincera nos templos estabelecidos da antiga capital de Nara e expressavam sua preferência pelo treinamento dos monges na calma relativa de um ambiente nas montanhas. Ambos também desejavam promover a prática do budismo esotérico, embora não inteiramente pelas mesmas razões, e no final do período Heian, eram a prática e a teoria de Taimitsu (esoterismo Tendai) e Tōmitsu (esoterismo Shingon) que provavelmente mais bem caracterizavam o espírito do budismo Heian[25].

---

25. Sobre as abordagens de Saichō e Kūkai do budismo esotérico, cf. Paul Groner, *Saichō: The Establishment of the Tendai School*; Ryūichi Abe, Saichō and Kūkai: A Conflict of Interpretations, *Japanese Journal of Religious Studies* 22, p. 103-137; e minha dissertação, Kūkai and the Beginnings of Shingon Buddhism, em esp. p. 169-225.

De modo significativo, a crítica de Shōshin do pensamento de *hongaku* era explicitamente dirigida aos praticantes do *shingon*. Esse termo não deve ser compreendido como designando unicamente os membros da escola Shingon de Kūkai, mas antes referindo-se a um grupo particular de praticantes do budismo esotérico (ou do mantra, que é o significado original do termo *shingon*) em ambas as escolas que manifestavam as tendências imanentistas antinômicas, tão causticamente criticada por ele. É como se o equilíbrio cuidadoso entre teoria e prática incentivado por Saichō e Kūkai – e mesmo pela maioria dos estudiosos budistas da China do período Sung e T'ang, como Chih-i e Fa-tsang (cujas obras, bem como as de seus discípulos, eram lidas por Saichō e Kūkai) – se rompesse em algumas das fileiras das gerações subseqüentes de ambas as escola. O paradigma central das tradições esotéricas era a prática dos Três Mistérios (*sanmitsu*) do corpo, fala e mente no uso ritual dos *mudrā* (gestos corporais), do mantra (a emissão de fórmulas sagradas) e dos *mandala* (os diagramas cósmicos representando divindades), com o objetivo de encarnar a própria essência e poder dos mistérios do Buda em nosso próprio ser. Tanto nas escolas de tradição Tendai como nas de tradição Shingon, a prática dos Três Mistérios envolvia procedimentos rituais complexos e uma gama de instrumentos litúrgicos. A prática esotérica exigia a execução disciplinada do que era visto como os "atos" do Buda, com a finalidade de manifestar as qualidades inerentes do Buda do praticante. Uma vez que a prática é moldada de acordo com as qualidades que se imaginam ser as do estado exaltado da própria iluminação búdica, ela é designada como método "súbito". Era sobretudo num ambiente caracterizado pela prática reconhecidamente "súbita" que deveria ser nutridos os defensores do pensamento de *hongaku* visados por Shōshin. De acordo com Shōshin, para eles, a prática mais súbita não seria prática de forma alguma. Shōshin temia que uma afirmação assim radical do mundo como já sendo completo resultaria em inércia espiritual.

Quanto à escola Tendai de Saichō, seu compromisso com os ideais do caminho Mahāyāna do bodisatva – o praticante budista que faz voto de buscar a iluminação em vista de ajudar outros seres – se evidencia nas *Sange gakushō shiki* (Regras para os Estudantes da Escola da Montanha), escritas em 818, nas quais ele expressa o desejo de que o complexo do templo Enryaku-ji, em monte Hiei, produzisse monges que seriam servos, mestres e tesouros da nação. Nesse texto, ele apresentava seu plano para que todos os monges da escola Tendai treinassem nas montanhas durante doze anos, enquanto se envolviam, ao mesmo tempo, no estudo contínuo dos textos e rituais. Saichō insistia em que os 250 preceitos tradicionais dos monges fossem mantidos, acrescentando-se a eles dez preceitos derivados de um texto da tradição Mahāyāna, que eram de natureza mais espiritual e estabeleciam os deveres de compaixão da prática do bodisatva.

PERÍODO HEIAN

Mais tarde ele proporia que os monges da escola Tendai abandonassem a cerimônia-padrão de ordenação, na qual os 250 preceitos eram apresentados, argumentando que os dez preceitos do bodisatva eram suficientes para garantir a pureza de sua prática religiosa. Sua motivação para isso muitas vezes é mal interpretada. O problema estava em que as ordenações eram administradas no templo de Tōdai-ji, patrocinado pelo governo. Saichō queria obter independência administrativa da agência do governo que os controlava. Ele não estava suprimindo como inútil a tradição preceitual budista, com um milênio de idade. Embora seu desprezo pela plataforma de ordenação de Tōdai-ji possa ter indiretamente contribuído para um relaxamento das atitudes com relação aos compromissos éticos formais incorporados nos preceitos, seus princípios éticos pessoais e institucionais eram essencialmente tradicionais e conservadores.

Enquanto o programa de Saichō era explicitamente eclético, incorporando formalmente dois ramos da prática – *shikan-gyō* (meditação da concentração e da introvisão, baseada no sistema criado por Chih-i, fundador do T'ien-t'ai) e *shana-gyō* (baseada nos ensinamentos esotéricos do *Dainichikyō*) – o programa de Kūkai para os monges do Shingon era mais exclusivo e se concentrava inteiramente em práticas budistas esotéricas.

No entanto, assim como Saichō, Kūkai permitia que seus estudantes recebessem os preceitos monásticos básicos conferidos na ordenação em Tōdai-ji e, novamente como Saichō, complementava-os com preceitos esotéricos especiais, conhecidos como *sanmaya-kai*. Embora Kūkai incentivasse seus monges no Shingon a limitar-se aos textos e contemplações peculiares à tradição esotérica, sua escola é muitas vezes considerada como tendo uma abordagem do budismo relativamente universalista, uma vez que ele afirmava o valor inerente de todas as outras escolas de estudos e práticas budistas, uma posição mais claramente expressa em seu famoso *Jūjū shinron* (Tratado dos Dez Estágios da Mente). Nesse tratado, Kūkai enfatizava as importantes contribuições feitas ao avanço da humanidade rumo à iluminação, não apenas pelos vários ensinamentos budistas, mas também por doutrinas não-budistas. Ainda que mais tarde fosse criticado pelos adeptos de outras escolas por fazer do Shingon o estágio final do desenvolvimento espiritual de um indivíduo, sua sistematização expressa uma visão religiosa notavelmente ampla.

Saichō e Kūkai aceitavam a doutrina da iluminação inerente (que tem proximidade com a da presença universal da natureza búdica) e construíram seus sistemas de práticas apoiados nessa teoria. Os extensos debates que Saichō e o monge Tokuitsu, da escola Hossō, encetaram por meio de tratados sobre a questão da natureza búdica deixam claro que nem todos em sua época defendiam essa concepção. Para Kūkai, a questão não era tão central quanto para Saichō, mas sua apresentação da teoria budista esotérica era inequivocamente clara ao atribuir a condição de "originalmente existente" (*honnu*) aos Três Mistérios do Buda no interior de todos os seres. Uma vez que ele foi o primeiro a elaborar as doutrinas budistas esotéricas que impregnariam de tal forma a prática religiosa, cujo o período Heian terminaria por ser reconhecido como o estágio da "esoterização" (*mikkyōka*) da religião japonesa, sua formulação deve ser considerada como muito influente. Assim, é importante observar que ele equilibrava cuidadosamente sua teoria da imanência com as prática exigidas.

Uma das características interessantes da abordagem de Kūkai da idéia de "iluminação original" é a de que ele não apenas afirmava que os seres humanos são intrinsecamente dotados das virtudes do Buda, mas, também, atribuía ao Buda supremo (especificamente sua essência espiritual mais refinada conhecida como o corpo-do-Darma) qualidades de um corpo, fala e mente ativamente divinos – características que eram negadas pela maioria dos budistas a essa suprema dimensão da realidade. Uma das doutrinas mais célebres de Kūkai era a afirmação da "pregação" desse corpo-do-Darma (*hosshin seppō*). Em conseqüência, Kūkai apresentava a visão não apenas de um domínio humano repleto de sementes da perfeição, mas também de um domínio do Buda envolvido em atividades miraculosas. A prática budista esotérica dos Três Mistérios é, dessa forma, destinada a ser a prática do que os budas fazem (cf. meus comentários abaixo sobre a semelhança com a avaliação de Dōgen da meditação sentada). Ela é considerada como prática e ensinamento "súbitos", tanto porque afirma permitir alcançar a iluminação completa neste corpo (*sokushin jōbutsu*), em oposição a muitas vidas, quanto porque sua prática se baseia na meta[26].

O Pensamento de Hongaku nos Fundadores das Novas Escolas Kamakura

Em comparação com o otimismo que caracterizava o pensamento de *hongaku*, a atitude dos fundadores do budismo Kamakura (em especial Hōnen, Shinran e Nichiren) com relação à condição humana era em geral menos encorajadora. Havia uma sensação generalizada de que o Japão estava entrando num período de declínio, que os budistas identificavam como *mappō*. Essa idéia desempenha um papel decisivo no budismo do período Kamakura, embora seja rejeitada por Dōgen, uma vez que ela submete o caminho budista ao relativismo histórico. Em sua defesa da eficácia da prática budista, Shōshin não invoca a idéia de

---

26. Sobre a teoria de Kūkai da pregação do corpo-do-Darma, cf. minha dissertação Kūkai and the Beginnings of Shingon Buddhism. Essa doutrina constitui o núcleo da dissertação e é analisada em todo o trabalho tanto da perspectiva filosófica quanto da perspectiva histórico-política.

PERÍODO HEIAN

mappō, ainda que sua censura à exuberância excessiva traga uma nota sombria. A adoção por Shinran do conceito de *mappō* o levou a rejeitar a eficácia de seus contemporâneos em toda prática budista destinada à iluminação. Não apenas os "budas originalmente iluminados" foram descartados como ficções, mas até mesmo a iluminação tradicional em "tempo real", alcançada com dificuldade e tão valorizada por Shōshin, também foi considerada como uma coisa do passado. Aspirar a tal meta era subscrever o "ensinamento do caminho dos santos" (*shōdōmon*), que não podia mais ser seguido pelos seres de capacidade inferior da época posterior.

Cada um dos grandes fundadores do budismo Kamakura selecionou uma prática particular bem definida como o núcleo da vida budista, uma prática que, em cada caso, não era vista como meio para um fim, mas como a expressão de uma fé profunda numa visão particular da salvação. Essa seletividade (*senjaku*) muitas vezes é contrastada com a visão mais eclética e universal da prática budista, que caracterizou a escola Tendai durante a maior parte do período Heian. O espírito inerente a essas novas abordagens específicas pode ser representativo das transformações que na época estavam ocorrendo no Japão. As condições sociais estavam mudando, à medida que o centro da vida cultural e política se deslocava de Quioto para a nova capital, Kamakura, sede do novo governo militar (*bakufu*) de Minamoto Yoritomo, a partir de 1185 – o governo dos cortesãos dando lugar ao governo dos samurais administradores-guerreiros. Ao mesmo tempo, as pessoas no Japão se tornavam conscientes de uma nova independência política e cultural com relação ao continente. Em vários níveis, os japoneses tinham não apenas demonstrado sua capacidade de adotar com êxito elementos da cultura chinesa, mas também estavam cada vez mais confiantes em sua capacidade de se descartar de modelos estrangeiros anteriormente respeitados, em favor dos novos padrões nativos que surgiam. Havia um novo individualismo, que era refletido nos novos sistemas de prática religiosa. O lado mais sombrio dessa época de instabilidade era um senso de insegurança e frustração, exacerbado quando as mudanças eram interpretadas como sintomáticas do declínio, como no esquema *mappō* predominante. A escolha de uma prática relativamente simples em meio a um cardápio de inúmeras práticas, muitas vezes complexas, pode ter sido uma resposta a essa insegurança. Mesmo a ênfase de Shōshin, no fato e na realidade, em relação e contra a teoria e o princípio, pode ser lida como uma resposta a necessidades de indivíduos historicamente determinados.

No entanto, as narrativas históricas tradicionais podem ter salientado indevidamente a relação que se afirmou existir entre as novas circunstâncias sociais, o pensamento *mappō* e as práticas promovidas pelos fundadores da escola Kamakura. Se a transferência física da capital de Quioto para Kamakura claramente marcou o início de uma nova era de domínio militar, até onde esse deslocamento no governo foi causa direta do sentimento generalizado de mal-estar e inadequação é algo que talvez tenha sido superestimado. Para as muitas pessoas que tinham intimidade com a sociedade da corte, a perda, após quatro séculos, de Quioto como a sede do governo sem dúvida dava origem a ajustes difíceis. Mas sabe-se que o poder político real já havia saído – já no século X e de diferentes formas – das mãos da família imperial para as de outras elites aristocratas e provinciais. Assim, o alinhamento tradicional das "mudanças sociais" com uma "reforma" pode ser em parte considerado um produto da reconstrução da história pelas seitas, que apresentariam de forma mais dramática o surgimento de novas formas de budismo e atenuariam a presença de continuidades com relação às tradições do período pré-Kamakura.

Apesar de todas essas diferenças entre o budismo do período Heian e o do período Kamakura, seria um erro minimizar a influência das doutrinas do pensamento de *hongaku* sobre os fundadores da seita Kamakura e sobre os períodos seguintes. Freqüentemente se observou que Dōgen, o fundador da escola Zen Sōtō, foi levado a estudar o Zen na China, impulsionado pelo paradoxo presente numa doutrina central do pensamento de *hongaku*: se todos nós possuímos a natureza do Buda, por que todos os patriarcas do passado acharam necessário envolver-se na prática da meditação e cultivar o caminho budista? A famosa resposta de Dōgen a essa pergunta, aparentemente obtida somente por meio da prática assídua da meditação *zazen* (meditação sentada), foi que a meditação não constituía um meio para um fim; ela não provocava a iluminação; ao contrário, ela era uma expressão, a única expressão verdadeira, da própria e inerente natureza iluminada. Assim, quando nos envolvemos na prática da meditação *zazen*, manifestamos nossa natureza búdica. De fato, quando nos envolvemos em qualquer uma das práticas tradicionais de preservação dos preceitos ou meditação, somos budas em virtude de estar fazendo o que todos os budas do passado fizeram. Mas isso não é tão fácil quanto parece, pois Dōgen acrescenta a condição de que nossa prática não deve ser mesclada com a intenção de "formar um Buda", mas deve permanecer livre desse pensamento dualista. Assim, sua célebre máxima do "apenas sentar-se" (*shikan taza*) envolve tanto a sabedoria quanto a meditação: enquanto é "apenas" sentar-se, sem se pressupor qualquer causa eficiente ou qualquer auto-felicitação – tendo abandonado todo apego tanto ao corpo quanto à mente (*shinjin datsuraku*) – são o corpo-do-Buda e a mente-do-Buda que estão presentes em sua plenitude. A passagem para a afirmação radical de Dōgen de nossa iluminação inerente é a exortação às formas tradicionais de cultivo que ela implica. Dessa forma, sua defesa do esforço diligente na busca do caminho (*kufū bendō*) está em forte contraste com a espécie de complacência espiritual que Shōshin atribuía aos defensores da idéia de *hongaku*. A abordagem de Dōgen da doutrina da iluminação original possui uma sutileza que Shōshin não encontra nas idéias de seus adversários.

Também para Shinran existe um sentido importante no qual um conceito de "salvação inerente" opera no centro de sua visão soteriológica. Uma diferença entre Shinran e seu mestre Hōnen encontra-se em sua interpretação idiossincrática do papel de pronunciar o nome do Buda (*Namu Amida Butsu*). Para Shinran, não há qualquer elemento de eficácia envolvido na prática do *nenbutsu*. A razão está em que nossa salvação já foi garantida por Amida; pronunciar nosso louvor a ele no *nenbutsu* deve ser considerado simplesmente uma expressão de nossa profunda gratidão pela grande compaixão do Buda. Como tal, isso apenas expressa o fato de que já fomos salvos. Ao entoar o nome do Buda, estamos manifestando nossa fé na verdade do Outro-Poder. O *nenbutsu* não assegura nossa salvação, ele a confirma.

Nichiren, o fundador da escola que recebe seu nome, enfatizava o poder do entoar o título do *Sutra do Lótus* (*Myōhō renge kyō*) e fez disso sua prática central. Ele compartilha, juntamente com os fundadores do Zen e do budismo da Terra Pura, de uma confiança exclusiva na prática simples, aliada a uma retórica que minimiza a importância da teoria abstrata e privilegia a prática. No entanto, a despeito dos esforços de muitos dos estudiosos da escola Nichiren, no sentido de retratá-lo como completamente livre da influência do pensamento de *hongaku*, ele afirma a imediatez da realidade suprema em seu ensinamento de que entoar a frase sagrada (o *daimoku*) em e por si só realiza a iluminação budista.

O Ensinamento do Veículo Único

Muito mais importante que o pensamento de *hongaku* é uma outra formulação doutrinal da escola Tendai que prevalecia na percepção dos fundadores da escola Kamakura, isto é, a teoria do Veículo Único do Buda, que representa uma forte corrente subterrânea de continuidade com o pensamento budista do período Heian. O ensinamento do Veículo Único (*ichijō*) exposto no *Sutra do Lótus*, apresentado como o ensinamento final e mais confiável da busca do Buda Śākyamuni, rejeita todas as doutrinas anteriores sobre os caminhos do *arhat* e do *pratyekabuddha* (duas versões da santidade budista que representavam, juntamente com a iluminação budista, as metas últimas para os aspirantes da religião) como instrumentos destinados a conduzir os ouvintes mais fracos ao caminho budista. Uma vez convertidos ao caminho, eles seriam informados (pelo ensinamento do *Sutra do Lótus*) de que o *arhat* e o *pratyekabuddha* são metas inferiores (do "veículo inferior", ou Hīnayāna), superadas pela iluminação budista sublime à qual estão destinados, e de que eles na verdade já se encontram no "veículo maior" (ou Mahāyāna). Assim, a mensagem central do sutra é a de que a verdadeira finalidade dos ensinamentos do Buda nada mais é que ajudar todos os seres a avançar até o estágio supremo da iluminação budista.

Se muitos budistas estavam sob a impressão de que havia três veículos ou caminhos que os budistas podiam seguir, o sutra revela que dois deles (ou, dependendo da interpretação, todos os três, com o novo veículo sendo um quarto veículo) eram meras ficções, produzidas pela compaixão do Buda pelos seres que perderiam o interesse na prática budista, caso soubessem desde o início que a meta era demasiado alta. Assim, todos os praticantes estão destinados a se tornar budas e nada menos que isso; essa é a conseqüência do Veículo Único do Buda. Essa concepção dos ensinamentos budistas obrigava todo sistema de prática budista a alinhar seus métodos com o princípio dos ensinamentos do Veículo Único. Em outras palavras, a prática deve ser adequada a seres que possuem a natureza búdica; ela deve evitar descrições excessiva-mente dualistas da condição do praticante (em oposição à ignorância com relação à iluminação), a fim de refletir a proximidade da meta. Em termos filosóficos, as práticas desse tipo são designadas como "súbitas", não apenas porque se supõe que elas engendram o despertar rapidamente (embora isso possa ser uma afirmação), mas, ao contrário, porque se baseiam na meta que é vista como já imanente; também no budismo indiano existia uma distinção como essa, entre as práticas, ou veículos, baseadas na *causa* (*hetuyāna*), ou a condição efetiva dos seres sencientes, e as baseadas no *efeito* ou *finalidade* (*phalayāna*), que é a pureza e sabedoria da iluminação.

Na medida em que muitas das formas de budismo Mahāyāna se consideravam representantes da doutrina do Veículo Único, elas tam-bém eram ensinamentos "súbitos" que possuíam uma tensão inerente em termos de como articular a relação sutil entre causa (prática) e efeito (iluminação budista). A escola T'ien-t'ai (precursora da escola Tendai na China) não estava sozinha na pretensão de representar o Veículo Supremo do Buda: a escola Hua-yen, o Ch'an e o budismo esotérico, todos se viam como expressão do Veículo Único. No Japão do período Heian, a escola Tendai era a principal representante do budismo do Veículo Único e, nas várias práticas desenvolvidas em seu âmbito – in-clusive as meditações clássicas baseadas nos precedentes do T'ien-t'ai, da Terra Pura, do Zen e das disciplinas do budismo esotérico – ela se debatia com o mesmo problema básico: como encontrar uma prática apropriada ao Veículo Único do Buda.

A mesma preocupação se manifestava na escola Shingon esoté-rica fundada por Kūkai, sendo que a maioria das práticas esotéricas, tanto do Tendai quanto do Shingon, era moldada por essa sensibilidade teórica. Os fundadores da escola Kamakura podem ter divergido enor-memente, com relação a seus predecessores, quanto aos estilos de sua prática e talvez também em sua sensibilidade histórica, mas a teoria subjacente do supremo e súbito Veículo Único do Buda permaneceu uma força constante e eficaz na articulação de suas respectivas visões religiosas.

A seletividade dos fundadores da escola Kamakura era mais que uma mera preferência por um estilo particular de budismo com relação a outros; ela era o compromisso com uma prática como *a única e verdadeira* prática budista, como a melhor expressão possível do Veículo Único do Buda e uma rejeição clara de outras práticas, consideradas inadequadas. Em contraste com essa ênfase na simplicidade, as escolas dominantes, o Tendai e o Shingon, adotavam práticas que eram não apenas complexas, mas também diversificadas, tanto em termos da variedade como no sentido de que as gradações de práticas eram reconhecidas. Tanto na meditação da concentração e da introvisão do Tendai quanto nas práticas dos Três Mistérios, adotadas em ambas as escolas, eram exigidos de todo aquele que pretendesse dominar as práticas, suficiente tempo livre, diligência e memória, a fim de colher seus benefícios. Isso era particularmente verdade no caso da prática esotérica, que, no final do período Heian e em virtude de sua teoria atraente e liturgia sedutora, dominava de tal forma a cultura monástica – e até mesmo a cultura aristocrática – que se tornava o paradigma budista dominante. Assim como fizera Shōshin, ao destacar os excessos dos praticantes do mantra, em sua crítica das abominações do pensamento de *hongaku*; em parte foi em resposta às extravagâncias, e talvez mesmo à pomposidade de certos aspectos da prática esotérica, que os reformadores da escola Kamakura formularam seus sistemas budistas de uma forma assim tão pouco ornamentada. Novamente é preciso observar o contexto social: tem-se argumentado que as novas formas de budismo destinavam-se às necessidades do grande número de pessoas comuns e de soldados que agora estavam interessados na prática budista e que não podiam facilmente se identificar com os fins nobres e os meios elaborados do caminho budista clássico, tal como desenvolvidos nos mosteiros do período Heian.

A Unidade do Budismo Japonês Medieval

Assim como a tradição Tendai em monte Hiei ofereceu o solo sobre o qual novas escolas se desenvolveriam, também certas características gerais da religião do período Heian serviram de base para a religião Kamakura. Kuroda Toshio desenvolveu uma importante teoria sobre essas continuidades, que vê todas as escolas de budismo dos períodos Kamakura e Heian (inclusive as escolas estabelecidas anteriormente, no período Nara) como herdeiras de padrões profundamente enraizados de pensamento e ação religiosa, que ele denominou o "sistema exotérico-esotérico" (*kenmitsu taisei*). Entre as características desse sistema estaria uma tendência fundamental à adoção de modelos de prática formulados nos sistemas esotéricos das tradições Shingon e Tendai, mesmo no âmbito das chamadas escolas exotéricas, que utilizam métodos taumatúrgicos para a pacificação de espíritos, proteção com relação a calamidades e obtenção de bem-estar material. Kuroda mostra que a entoação do *nenbutsu* do período pré-Kamakura, por exemplo, era em geral empregada para a pacificação de espíritos e que essa orientação apotropaica jamais foi completamente eliminada.

Kuroda observou que um outro exemplo de uma característica predominante na espiritualidade budista medieval é a fusão entre as divindades nativas (denominadas Shintō) e as divindades budistas nos sistemas devocionais. De fato, ele mostrou que nem mesmo nos textos medievais o termo Shintō pode ser encontrado como designação para uma tradição doutrinal e liturgicamente distinta do budismo. A fusão entre objetos de adoração budistas e nativos (conhecidos em japonês como *shinbutsu shūgō*), que atravessa tanto os limites temporais quanto os das seitas, foi em parte ocultada pelos esforços feitos durante o período Meiji (final do século XIX) no sentido de demarcar claramente a fronteira entre as tradições nativas e as estrangeiras, com finalidades nacionalistas. Isso deixou obscuras as realidades da prática e da fé religiosa medieval, ao criar, para todos os efeitos, o mito da manutenção paralela de duas tradições distintas em toda a história japonesa. Essa precoce realização moderna e uma divisão anterior do budismo em nítidas divisões eclesiásticas por seitas, levada a efeito pelo xogunato Tokugawa no início do século XVII, são os dois grandes acontecimentos da história japonesa que Kuroda considera responsáveis por boa parte das atuais concepções equivocadas sobre a religião nos tempos pré-modernos.

Além disso, a teoria de Kuroda inclui uma visão abrangente da relação entre a religião e o mundo político mais amplo, de acordo com a qual as fortes estruturas de apoio mútuo, desenvolvidas no período Nara, continuam em vigor no decorrer de toda a era medieval. As perspectivas de Kuroda também podem ser aplicadas a considerações sobre afinidades doutrinais, que permitem compreender até mesmo a prática Zen em termos rituais que revelam fortes ressonâncias com as teorias budistas esotéricas. Em resumo, Kuroda desafiou as histórias budistas tradicionais, ao vislumbrar uma unidade na ideologia religiosa do Japão medieval, que abrangia diferentes períodos, escolas, doutrinas e práticas. Como muitas teorias, sua tendência à generalização pode torná-la vulnerável a críticas, mas ela ofereceu um vigoroso estímulo para se repensar as narrativas tradicionais[27].

---

27. Cf. o texto fundamental de Kuroda, The Development of the *Kenmitsu* System as Japan's Medieval Orthodoxy, *Japanese Journal of Religious Studies* 23, p. 233-269. Para mais informações a respeito da natureza combinadora da prática religiosa japonesa, cf. Allan C. Grapard, *The Protocol of the Gods: A Study of the Kasuga Cult in Japanese History*; Sobre Dōgen e o ato da meditação como um ritual, cf. Carl Bielefeldt, *Dōgen's Manuals of Zen Meditation*, p. 133-160, 169-170.

Conclusão

Por fim, vamos colocar uma questão muito discutida nos anos recentes: como avaliar o papel desempenhado pelo pensamento de *hongaku* na religião e cultura japonesas? De acordo com Shōshin, os teorizadores da doutrina *hongaku* acreditavam que o Veículo Único do Buda tinha, havia muito, transportado todos a seu destino glorioso, que a iluminação búdica universal já era um fato consumado e que, para os que compreendiam esse fato, o mundo imediatamente aparecia como um campo de seres iluminados. Como vimos, a espécie de complacência presunçosa que pode resultar dessa afirmação elementar era estranha a Saichō e Kūkai e a pessoas como eles. Embora as tradições budistas esotéricas sem dúvida estimulassem uma visualização criativa, que vê todos os seres e mesmo todos os fenômenos como manifestações do Buda cósmico, essa visão oferecia um contexto para a prática, e não uma desculpa para negligenciá-la. A antiga máxima japonesa, "mesmo a grama e as árvores alcançam a iluminação budista" (*sōmoku jōbutsu*), refletindo o pensamento de *hongaku*, dá expressão poética a uma estética da perfeição, a uma visão da participação num mundo que é essencialmente bom e sagrado. Críticos como Shōshin viam as teorias ligadas ao pensamento de *hongaku* como nocivas para a prática budista japonesa, na medida em que ofereciam às pessoas apoio doutrinal para uma espécie de megalomania espiritual. Mas parece pouco plausível que tal tradição textual teórica, fundada numa metafísica Mahāyāna sofisticada e enraizada, sobretudo num ambiente monástico, pudesse ser responsável por uma decadência generalizada, como algumas vezes se afirmou. Alguns podem ter se escondido por trás de algum emblema proclamando sua "iluminação original", esperando, com isso, legitimar estilos de vida desprovidos de ética. Mas é evidente que os autores de muitos dos textos do pensamento de *hongaku* estavam conscientes dos perigos da afirmação acrítica do mundo relativo e estavam preocupados em marcar um delicado caminho do meio. Muitos dos autores do período Heian e Kamakura combinam uma fidelidade à teoria de *hongaku* com o cuidado pela preservação das práticas religiosas prescritas. Os críticos das teorias de *hongaku* precisam ir além da insinuação, para revelar as instâncias efetivas da relação causal que eles dizem existir entre essas doutrinas e o comportamento inaceitável[28].

---

28. Para abordagens de alguns dos textos Tendai de teoria de *hongaku* que manifestamente não negam a necessidade da prática religiosa, cf. Jacqueline Stone, Medieval Tendai *Hongaku* Thought and the New Kamakura Buddhism: A Reconsideration, *Japanese Journal of Religious Studies* 22, p. 17-48; Paul Groner, A Medieval Japanese Reading of the *Mo-ho chih-kuan*: Placing the *Kankō ruijū* in Historical Context, *Japanese Journal of Relegious Studies 22*, p. 49-81.

Sobre as críticas ao pensamento *hongaku*, cf. Ruben L. F. Habito, The Logic of Non-duality and Absolute Affirmation: Deconstructing Tendai *Hongaku* Writings, *Japanese Journal of Religious Studies* 22, p. 83-101. O "budismo crítico" de

206 A ESPIRITUALIDADE BUDISTA

Tamura Yoshirō celebra o ponto alto filosófico do pensamento de *hongaku* e interpreta sua influência generalizada na cultura japonesa em termos de uma afirmativa atitude com relação a aspectos particulares do cotidiano[29]. Assim, a filosofia religiosa japonesa iria diferir do pensamento chinês pelo fato de que este último, embora também muito preocupado com as aplicações concretas ao mundo humano, tem um interesse profundo na determinação de princípios ou normas universais (j. *ri*). Aparentemente o valor último de *ri* teve menos importância no Japão do que a preocupação em verificar que todo sistema de doutrina ou prática era a melhor expressão ou instanciação (j. *ri*) possível de uma verdade universal. O cuidadoso equilíbrio entre princípio e expressão existente na China foi perturbado no Japão em favor da expressão. Pode-se concluir que o que animou as tradições budistas do Japão dos períodos Heian e Kamakura foi o desejo de encontrar a expressão mais perfeita do princípio do Veículo Único do Buda. Essa conclusão enfatizaria ainda mais as continuidades entre os dois períodos. Também poderia, como acontece com muitas generalizações, revelar-se uma redução essencialista de uma realidade complexa, mas isso não nos impediria de empregá-la por seu valor heurístico, em particular ao se buscar superar o efeito distorcedor dos preconceitos materializados nas narrativas históricas específicas.

BIBLIOGRAFIA

I. Saichō

DE BARY, William Theodore, et al. (orgs.). *Sources of Japanese Tradition*. New York: Columbia University Press, 1958.

GRONER, Paul. *Saichō: The Establishment of the Japanese Tendai School*. Berkeley Buddhist Studies Series 7. Seoul: Po Chin Chai, 1984.

KIUCHI Gyōō. *Saichō to tendai kyōdan*. Tokyo: Kyōikusha, 1978.

MATSUNAGA, Daigan; MATSUNAGA, Alicia. *Foundation of Japanese Buddhism I*. Los Angeles-Tokyo: Buddhist Books International, 1974.

PETZOLD, Bruno. *Tendai Buddhism*. Yokohama: International Buddhist Exchange Center, 1979.

ROBERT, Jean-Noël. *Les doctrines de l'école japonaise Tendai: Gishin et le Hokke-shū gi shū*. Paris: Maisonneuve et Larose, 1990.

SWANSON, Paul L. (org.). Tendai Buddhism in Japan. *Japanese Journal of Religious Studies* 14:2-3 (jun.-sep., 1987).

TAMURA Yoshirō. Tendaishū. *The Encyclopedia of Religion* 14. p. 396-401.

Hakamaya Noriaki e Matsumoto Shirō fez da tradição do pensamento de *hongaku* seu alvo principal; cf. Jamie Hubbard e Paul L. Swanson (orgs.), *Pruning the Bodhi Tree: The Storm Over Critical Buddhism*.

29. Tamura Yoshirō, Japanese Culture and the Tendai Concept of Original Enlightenment, *Japanese Journal of Religious Studies* 14 (1987), p. 203-210.

PERÍODO HEIAN

TANABE, Willa Jane. The Lotus Lectures: *Hokke hakkō* in the Heian Period, *Monumenta Nipponica* 39 (1984).

UI Hakuju. A Study of Japanese Tendai Buddhism. *Philosophical Studies of Japan* 1 (1959), p. 33-74.

WEINSTEIN, Stanley. The Beginnings of Esoteric Buddhism in Japan: The Neglected Tendai Tradition. *Journal of Asian Studies* 34 (1974), p. 177-191.

(*traduzido para o inglês por Joseph S. O'Leary*)

II. Kukai

DE BARY, Wm. Theodore, et al. (orgs.). *Sources of Japanese Tradition.* New York: Columbia University Press, 1958, v. 1, p. 13-51.

HAKEDA, Yoshito S. *Kūkai: Major Works, Translated, with an Account of His Life and a Study of His Thought.* New York: Columbia University Press, 1972.

_____. *Shingon himitsu yuga.* Gendai Mikkyō Kōza. Tokyo: Daitō Shuppansha, 1975.

KATSUMATA Shunkyō. *Mikkyō no Nihonteki tenkai.* Tokyo: Shunjūsha, 1970.

_____. *Kōbō Daishi no shisō to sono genryū.* Tokyo: Sankibō, 1981.

KITAGAWA, Joseph. Master and Savior. In: *Studies of Esoteric Buddhism and Tantrism.* Kōyasan: Universidade de Kōyasan, 1965, p. 1-26.

Kōbō Daishi Zenshū. Kōyasan: Universidade de Kōyasan, 1965, 8 vols.

MIYASAKA Yūshō; Umehara Takeshi; Kanaoka Shūyū (orgs.). *Kūkai no jinsei to shisō.* Tokyo: Shunjūsha, 1976.

_____ ; Umehara Takeshi. *Bukkyō no shisō* 9: *Seimei no umi (Kūkai).* Tokyo: Kadokawa Shoten, 1968.

_____ et al. (orgs.). *Kōbō Daishi Kūkai zenshū,* I-IV, VI-VII. Tokyo: Chikuma Shobō, 1983.

_____ . Kōbō Daishi no shōgai. In: *Kūkai no jinsei to shisō* (Kōza Mikkyō 3). Tokyo: Shunjūsha, 1976.

TAKAGAMI Kakushō. *Mikkyō gairon.* Tokyo: Daiichi Shobō, 1937.

WATANABE Shōkō; Miyasaka Yūshō. *Shamon Kūkai.* Tokyo: Chikuma Shobō, 1967.

III. Fundamentos do Budismo Heian no Budismo Kamakura

Fontes

BIELEFELDT, Carl. *Dōgen's Manuals of Zen Meditation* Berkeley: University of California Press, 1988.

COMMENTARY on *the Profound Meaning of the Lotus Sūtra (Hokke gengi shiki).* Um comentário de Shōshin sobre o *Fa-hua hsüan-i* de Chih-i. In: *Nihon bukkyō zensho.* V. 22.

FOARD, James H. In Search of a Lost Reformation: A Reconsideration of Kamakura Buddhism. *Japanese Journal of Religious Studies* 7 (1980).

GARDINER, David Lion. *Kūkai and the Beginnings of Shingon Buddhism.* Stanford University, 1995.

208 A ESPIRITUALIDADE BUDISTA

GRAPARD, Allan C. *The Protocol of the Gods: A Study of the Kasuga Cult in Japanese History.* Berkeley: University of California Press, 1992.

GRONER, Paul. *Saichō: The Establishment of the Tendai School.* Berkeley: University of California Press, 1984.

_____. A Medieval Japanese Reading of the *Mo-ho chih-kuan*: Placing the *kankō ruijū* in Historical Context. *Japanese Journal of Religious Studies* 22 (1995).

HABITO, Ruben L. F. The Logic of Non-duality and Absolute Affirmation: Deconstructing Tendai *Hongaku* Writings. *Japanese Journal of Religious Studies* 22 (1995).

HAKEDA, Yoshito S. (trad.). *The Awakening of Faith Attributed to Aśvaghoṣa.* New York: Columbia University Press, 1967.

HURVITZ, Leon (trad.) *Scripture of the Lotus Blossom of the Fine Dharma.* New York: Columbia University Press, 1976.

HUBBARD, Jamie; SWANSON, Paul L. (orgs.). *Pruning the Bodhi Tree: The Storm Over Critical Buddhism.* Honolulu: University of Hawai'i Press, 1997.

KURODA. The Development of the *Kenmitsu* System as Japan's Medieval Orthodoxy. *Japanese Journal of Religious Studies* 23 (1996).

MORRELL, Robert E. *Early Kamakura Buddhism: A Minority Report.* Berkeley: Asian Humanities Press, 1987.

PROFOUND *Meaning of the Lotus Sūtra (Fa-hua hsüan-i)* por Chih-i (T 68 n. 1716). Tradução parcial em SWANSON, Paul, *Foundations of T'ien-t'ai Philosophy*, p. 157-256. Berkeley: Asian Humanities Press, 1989.

REGULATIONS *for Students of the Mountain School (Sange gakushō shiki)* por Saichō (T 74 n. 2377). In: *Dengyō Daishi zenshū*, V. 1. Seleção de textos traduzidos em DE BARY, Wm. Theodore et al. (orgs.), *Sources of Japanese Tradition.* New York: Columbia University Press, 1958. V. 1, p. 127-132.

RYŪICHI Abe. Saichō and Kūkai: A Conflict of Interpretations. *Japanese Journal of Religious Studies* 22 (1995).

STONE, Jacqueline. Medieval Tendai *Hongaku* Thought and the New Kamakura Buddhism: A Reconsideration. *Japanese Journal of Religious Studies* 22 (1995).

TAMURA Yoshirō. Critique of Original Awakening Thought in Shōshin and Dōgen. *Japanese Journal of Religious* Studies 11 (1984).

_____. Japanese Culture and the Tendai Concept of Original Enlightenment. *Japanese Journal of Religious Studies* 14 (1987).

TREATISE *on the Ten Stages of the Mind (Jūjū shinron)* por Kūkai (T 77 n. 2425). In: KATSUMATA Shunkyō (org.), *Kōbō Daishi chosaku zenshū.* Tokyo: Sankibō Busshorin, 1969. V. 1.

21. Terra Pura

I. PRIMEIROS LÍDERES DA TERRA PURA

Tamaru Noriyoshi

A primeira menção no Japão ao *Grande Sutra de Sukhāvatīvyūha*, um dos textos básicos do budismo da Terra Pura, ocorre nos textos atribuídos ao príncipe Shōtoku (574-622). Existe uma tradição segundo a qual ele acreditava no céu de Tuṣita de Maitreya, que nessa época não se distinguia claramente da Terra Pura de Amida. Uma pintura famosa em sua memória, o *Tenjukoku mandara* (Mandala da Terra Celestial da Longevidade), é um dos primeiros testemunhos dessa fé. Também durante o período Nara há testemunhos dispersos da fé na Terra Pura. Por exemplo, o monge Chikō da escola Sanron (Mādhyamika) criou uma representação bastante conhecida da Terra Pura, o *Jōdo mandara*, sendo que os textos básicos da escola da Terra Pura eram estudados por muitos monges em diferentes ocasiões.

No entanto, seria somente no período Heian, em especial em sua última metade, que a tradição da Terra Pura viria a desempenhar um papel importante, estabelecendo-se gradualmente na sede da escola Tendai em monte Hiei. Após retornar da China, o abade Ennin (794-864) estabeleceu em monte Hiei a prática do *jōgyō-zammai*, o perpétuo entoar do nome de Amida com acompanhamento musical[1]. Essa era uma das quatro

---

1. Para os textos básicos sobre essa prática, cf. Luis O. Gómez, *Land of Bliss:* The Paradise of the Buddha of Measureless Light, p. 19 e 148.

210 A ESPIRITUALIDADE BUDISTA

formas do *samādhi* praticado na tradição Tendai. Para essa finalidade, Ennin conseguiu a construção de um saguão especial no pátio do templo, abrigando uma grande estátua de ouro de Amida e adornado com pinturas representando a Terra Pura. Diversos templos nas vizinhanças da capital seguiram esse exemplo. Também o abade Ryōgen (912-985), que desfrutava de grande prestígio como restaurador do centro de monte Hiei após a devastação pelo incêndio, era um devoto de Amida e escreveu um comentário sobre textos do budismo da Terra Pura.

Por larga margem, o promotor mais influente do budismo da Terra Pura foi o discípulo de Ryōgen, Genshin (942-1017). Ele não gostava da atmosfera mundana de monte Hiei e se retirou para as proximidades de Yokawa, para se dedicar à prática do *nenbutsu*. Defendia a meditação sobre a imagem de Amida e a paisagem da Terra Pura como um meio de alcançar o nascimento nessa terra magnífica. Em 985 ele compôs o *Ōjōyōshū* (Pontos Essenciais do Nascimento na Terra Pura), uma coletânea de passagens de textos budistas referentes à Terra Pura[2]. Essa foi a primeira obra teórica importante no Japão abordando idéias sobre a Terra Pura e que também exerceu uma influência duradoura sobre a literatura e a arte, com sua vívida descrição da Terra Pura e do inferno.

Durante todo o período Heian, monte Hiei manteve vínculos estreitos com a aristocracia, em particular com os Fujiwara, e o culto a Amida se difundiu rapidamente nesses círculos. Talvez o exemplo mais bem conhecido seja o caso de Fujiwara Michinaga (966-1027) e seu filho Yorimichi. Michinaga, como regente do imperador, era o virtual governante do país. Quando ele ou seus parentes se encontravam ameaçados por alguma doença ou morte, ele recorria de forma bastante indiscriminada a vários meios mágicos, inclusive ao culto a Amida (tal como ele o compreendia). Fujiwara também acreditava em *raikō* (ou *raigō*), o aparecimento de Amida e dos bodisatvas que o acompanhavam, para receber os que morriam e afirma-se que ele teria feito executar um ritual especial junto a seu leito de morte. Seu filho Yorimichi erigiu o famoso templo de Byōdō-in, no qual a Terra Pura do oeste era retratada em toda sua glória em esculturas e pinturas.

Paralelamente a essa linha de desenvolvimento aristocrática, havia uma disseminação popular das idéias da Terra Pura, liderada pelo monge Kūya (ou Kōya, 903-972). Nascido na família imperial, de uma mãe que não era de origem Fujiwara, ele submeteu-se à ordenação inicial na província de Owari e se dedicou a uma vida de *shami* (s. *śrāmaṇera*, noviço) itinerante. Viajou pela região rural do país, realizando obras sociais como a construção de estradas, pontes e poços. Em 938 entrou na cidade de Quioto para pregar o *nenbutsu* aos habitantes e, em conseqüência disso, veio a ser conhecido como *ichi no hijiri* (homem

---

2. Para esse texto, cf. Allan A. Andrews, *The Teaching Essential for Rebirth:* A study of Genshin's Ōjōyōshū.

TERRA PURA

santo da praça do mercado), ou *Amida hijiri* (homem santo ensinando Amida). *Hijiri* eram homens que não tinham ordenação formal, mas adotavam o modo de vida budista e, ao que parece, havia um grande número deles nessa época. O pensamento da Terra Pura deu uma direção à amorfa tradição *hijiri* que, por sua vez, se tornou um veículo poderoso de sua difusão em meio ao povo comum[3]. Especialmente característico de Kūya era o fato de ele combinar o *nenbutsu*, a entoação do nome de Amida, com formas populares de dança, de modo que seus ensinamentos às vezes são chamados de *nenbutsu* dançante[4]. Em 948 ele recebeu formalmente a ordenação Tendai em monte Hiei, recebendo o novo nome de Kōshō, mas preferiu ser chamado de Kūya pelo resto de sua vida e manter o título de *shami*. Mais tarde, um outro monge itinerante da escola Tendai, Ryōnin (1072-1132), usaria seu talento vocal para propagar o *nenbutsu* por meio de cantos.

A devoção a Amida no âmbito das escolas budistas tradicionais, em especial a escola Tendai, assim como sua versão popular representada por Kūya e Ryōnin abriram o caminho para Hōnen (1133-1212), o fundador da escola Jōdo (Terra Pura). Para explicar a popularidade do budismo da Terra Pura no final do período Heian e início do período Kamakura, é preciso levar em conta também um outro fator, isto é, a doutrina de *mappō*. Essa doutrina, cuja origem indiana é obscura e que recebeu maior elaboração na China, previa um declínio do Darma budista em três estágios sucessivos[5]. Ela afirmava que o ensinamento genuíno se mantivera por um período de mil anos após a morte do Buda, seguidos por outros mil anos nos quais o budismo recebeu adesão apenas exterior, levando ao estágio final, em que não havia mais nem prática nem realização alguma. Numa das contagens, acreditava-se que esse último estágio do *mappō* tinha começado no ano de 1055. O fato de que a sociedade do último período Heian tenha sido assolada por terremotos, períodos de fome e guerras entre grupos poderosos parecia confirmar essa doutrina. Por sua perspectiva pessimista da humanidade e da história, a doutrina tanto fomentava o desejo de uma reforma budista como oferecia uma base teórica para tal reforma. A doutrina *mappō* era uma característica incorporada a quase todas as escolas budistas do período Heian tardio e é contra esse pano-de-fundo que muitos dos novos movimentos do período Kamakura devem ser interpretados.

3. Cf. Dennis Hirota (trad.), *Plain Words on the Pure Land Way:* Sayings of the wandering monks of Medieval Japan. Kyoto: Ryukoku University, 1989, x. Um estudo importante é o de Ichiro Hori, On the Concept of *Hijiri* (Holy Man), *Numen* 5, p. 128-160; 199-232.

4. Cf. Ōhashi Shunnō, *Odori nenbutsu*, p. 51-70; Gorai Shigeru, *Odori nenbutsu*, p. 79-94.

5. Sobre as origens da doutrina, cf. Jan Nattier, *Once upon a Future Time:* Studies in a Buddhist prophecy of decline.

212 A ESPIRITUALIDADE BUDISTA

Hōnen: sua Vida e Ensinamentos

Entre os líderes religiosos mais célebres do período Kamakura, Hōnen foi o que surgiu primeiro. Nascido na província de Mimasaka (hoje prefeitura de Okayama) em 1133, ele vivenciou muito cedo, na infância, a tragédia da vida humana. Quando tinha nove anos de idade, seu pai, Uruma Tokikuni, um oficial imperial da localidade, se envolveu numa briga com o administrador de uma propriedade próxima e foi ferido mortalmente durante um ataque noturno pelo adversário. Esse episódio resume a situação no final do período Heian, uma época em que o poder passava da nobreza para as classes guerreiras. Após a morte do pai, a família se dispersou. Hōnen fugiu para um templo nas proximidades e se colocou nas mãos do sacerdote responsável. Sem dúvida essa experiência influenciaria em muito seu destino futuro. Segundo a hagiografia de Shunjō (m. 1335), as palavras do pai, ao morrer, teriam sido as seguintes:

> Não permita que isso envenene seu coração e o conduza à vingança contra meu inimigo [...]. Esse infortúnio foi o resultado de algum pecado meu num estado de existência anterior. Se nutrir ódio por seu inimigo, você nunca ficará livre de inimigos. Assim, não faça isso, meu filho, mas abandone sem demora a vida mundana e se torne um sacerdote[6].

Em conseqüência, com a idade de treze anos, o menino foi enviado a monte Hiei, para receber treinamento budista.

Em monte Hiei, ele inicialmente estudou sob a orientação de Jihōbō Genkō (desconhecido, exceto pelo nome), que ficou assombrado com seu rápido domínio do *Shikyōgi* (Sobre as Quatro Doutrinas; T 46, nr. 1929), o compêndio de Chih'i de ensinamentos Tendai[7]. Dois anos mais tarde, ele se tornou um discípulo de Kōen (m. 1169), um célebre estudioso, e foi ordenado formalmente como monge. No entanto ele não conseguiu se ajustar à atmosfera que prevalecia em monte Hiei, onde os distúrbios provocados pelos monges guerreiros de Enryaku-ji e as disputas pela função de abade ocupavam a cena central. O mosteiro havia se transformado num local de exibição de fama e riqueza para monges de origem nobre e tinha perdido totalmente sua antiga distinção como local de prática religiosa. Um dia Hōnen expressou o desejo de se retirar para a solidão da floresta, mas Kōen o aconselhou a ler antes os sessenta volumes do cânone T'ien-t'ai. Hōnen realizou essa gigantesca tarefa entre os quinze e os dezoito anos de idade. Afirma-se que ele leu o Tripiṭaka mais quatro vezes no decorrer de sua vida. No final dos três anos, ele se retirou para a área Kurodani de monte Hiei, uma base dos *nenbutsu*

---

6. Harper Havelock Coates e Ryugaku Ishizuka, *Hōnen: The Buddhist Saint*; reimpressão: New York-London, Garland Publishing, 1981, p. 103-104. Cf. *Hōnen Shōnin gyōjō ezu* (*Zoku nippon emonogatari taisei*, p. 1-3: *Hōnen Shōnin eden*).

7. H. H. Coates e R. Ishizuka, op. cit., p. 131.

TERRA PURA

hijiri, que praticavam a meditação da Terra Pura defendida por Genshin em seu *Ōjōyōshū*. Aí Hōnen juntou-se a um grupo liderado por Jigenbō Eikū (m. 1179), o sucessor de Ryōnin, e recebeu o nome de Hōnenbō Genkū, do qual a designação popular Hōnen é uma abreviação.

Enquanto permaneceu em Kurodani, ele também teve a oportunidade de visitar Nara, para estudar os ensinamentos das escolas de Nara, conhecendo Zōshun (1104-1180), de Kōfuku-ji, Keiga, da escola Kegon (1103-1185), e alguns estudiosos da escola Sanron. Seu último comentário foi: "Há muitos sistemas doutrinais no budismo, mas tudo dito e feito, há apenas as três disciplinas dos preceitos, concentração e sabedoria"[8]. Nessa ocasião ele provavelmente se deparou com a devoção da Terra Pura, que havia sido ensinada em Nara por Yōkan (1033-1111), Chinkai (1091-1152) e Jippan (m. 1144). Enquanto a tradição Tendai usava o *nenbutsu* como uma prática de meditação e Genshin havia salientado a visualização da Terra Pura, esses mestres, inspirados por Shan-tao (613-681), davam ênfase maior ao Outro-Poder e à garantia de salvação contida no Voto Original de Amida.

Durante esses anos, Hōnen buscou incansavelmente um ensinamento que atendesse a suas necessidades espirituais e lhe trouxesse paz de espírito. Via-se atormentado pela percepção de que quanto mais se aplicava às três disciplinas, mais ele se via fracassando: "eu, por mim, não posso observar sequer um único preceito, não posso aprofundar minha concentração e não posso alcançar a sabedoria, suprimindo minhas paixões". Sobre essa longa busca, ele escreveria mais tarde:

> Que lamentável! O que devo fazer? Ficou claro que um homem como eu não é um recipiente para as três disciplinas. Existirá, além das três disciplinas, um caminho apropriado para mim, uma disciplina praticável por alguém com meu caráter? Perguntei a um sem-número de sábios; visitei um grande número de estudiosos; no entanto, não encontrei nenhum que me ensinasse, nenhum amigo que me mostrasse o caminho. Assim, em minha aflição, me enterrei no Tripiṭaka e com tristeza adotei os escritos sagrados[9].

Com a idade de 24 anos, seu desespero o impeliu a passar uma semana no saguão de Shaka, em Saga, na periferia de Quioto. Esse era um centro de devoção freqüentado pelos *hijiri*, onde muitas pessoas anônimas chegavam em busca de consolo e cura. Hōnen, ao que parece, havia descoberto que seus próprios problemas não poderiam ser resolvidos meramente por uma libertação individual. Eles estavam ligados, em sua raiz, aos sofrimentos das pessoas que iam para esse lugar em busca de salvação.

O momento decisivo da vida de Hōnen ocorreria somente muitos anos mais tarde, em 1175, quando, por acaso, ele leu a seguinte

8. Idem, p. 185.
9. Idem, p. 186.

214 A ESPIRITUALIDADE BUDISTA

passagem no *Kuan-ching shu*, de Shan-tao (613-681), um comentário ao *Sutra da Meditação*:

Quer andando quer parado, quer sentado, quer deitado, apenas repita o nome de Amida com todo o seu coração. Nunca interrompa essa prática, mesmo por um momento. Esse é o trabalho que infalivelmente resulta em salvação, pois está de acordo com o Voto Original do Buda[10].

Como o próprio Hōnen relata no último capítulo do *Senchaku-hongan-nenbutsu-shū* (comumente conhecido como Senchakushū, Tratado sobre a Seleção do *Nenbutsu* do Voto Original)[11], a passagem levou-o à compreensão de que o *nenbutsu* era justamente o que ele por tanto tempo buscara. Graças a esse encontro com as palavras de Shan-tao, Hōnen, então com 42 anos de idade, foi atraído para uma luz que lhe permitiu encontrar uma vida religiosa verdadeira, marcada pelo crescimento espiritual. Abandonou outras formas de prática e passou a se concentrar exclusivamente na entoação do nome de Amida. É a prática denominada *senju nenbutsu* (prática exclusiva do *nenbutsu*), central para os ensinamentos de Hōnen. No mesmo capítulo, ele aclama Shan-tao como seu verdadeiro mestre, instigando seus leitores a se apoiar unicamente em Shan-tao e chamar seu *Kuan-ching shu* de "um guia para a Terra Oeste" e "os olhos e pés dos praticantes"[12].

Nessa época, Hōnen deixou monte Hiei e estabeleceu-se em Ōtani, na periferia leste de Quioto, onde passou a viver daí por diante, exceto pelos anos de exílio no final de sua vida. Após essa mudança para mais perto da cidade, ele começou a propagar suas idéias em público e a atrair seguidores de todas as camadas: monges, nobres, soldados e gente comum. Sua fama crescente parece ter atraído a atenção das escolas tradicionais. Isso conduziu a um debate dogmático em Ōhara, um subúrbio de Quioto, no ano de 1186, entre Hōnen e alguns dos principais monges budistas, inclusive Kenshin (1131-1192), um abade da escola Tendai do último período. Nesse meio tempo, Hōnen havia conseguido conquistar o apoio de vários patronos aristocratas, dos quais o mais famoso e influente foi o regente Fujiwara, Kujō Kanezane (1147-1207), que serviu na corte imperial durante os anos turbulentos de conflito civil entre as famílias Taira e Minamoto, até ser afastado de sua posição de influência em 1196, devido a intrigas políticas. Seu apoio deve ter aumentado o prestígio de Hōnen. Foi a seu pedido que Hōnen compilou o *Senchakushū*, em 1198.

No entanto, esse êxito despertou a suspeita dos grupos budistas tradicionais, que buscaram reprimir o movimento por meio de pressões

10. Idem, p. 187.

11. Uma tradução do *Senchakushū* para o inglês, elaborada por Tesshō Kondō e Morris J. Augustine, foi publicada em *The Pure Land* 5 (1983); nova série 1-4 (1984-87).

12. *The Pure Land* n. s. 4 (1987), p. 123-124.

TERRA PURA

governamentais. Em resultado disso, os últimos anos da vida de Hōnen foram marcados por uma série de episódios violentos. Em 1204, o grupo Tendai de monte Hiei apresentou uma petição às autoridades, solicitando que fosse proibida oficialmente a prática exclusiva do *nenbutsu*. Hōnen tentou apaziguar os adversários, apresentando um Compromisso em Sete Artigos, assinado por ele próprio e vários de seus principais discípulos, no qual ele negava ter qualquer intenção de se opor às doutrinas das escolas estabelecidas[13]. Embora isso produzisse uma calma temporária, no ano seguinte um ataque semelhante foi desfechado pelo templo de Kōfuku-ji, em Nara. Essas críticas, aliadas à má conduta de alguns de seus seguidores, finalmente levaram à catástrofe de 1207, quando a corte imperial foi forçada a tomar medidas drásticas: seu movimento foi proibido, alguns de seus principais discípulos foram executados ou banidos e o próprio Hōnen foi exilado para a ilha de Shikoku. Embora tenha sido perdoado em 1211, recebendo permissão para retornar a Quioto, Hōnen morreu no ano seguinte.

A mais importante contribuição de Hōnen são os ensinamentos de *senchaku* (seleção; termo que se lê como *senjaku*, na tradição Jōdo Shinshū) e *senju* (prática exclusiva)[14]. *Senchaku* significava, dizia ele, adotar e abandonar: adotar o *nenbutsu* e abandonar outras formas de prática budista. Essa atitude seletiva tinha poucos precedentes – se é que tinha algum – no budismo, que sempre fora predominantemente sincrético tanto na China quanto no Japão, harmoniosamente combinando várias formas de treinamento. A tradição Tendai, por exemplo, combinava a meditação, o *nenbutsu* e uma ênfase nos preceitos. Hōnen enfatizava, ao contrário, a necessidade de se escolher. Uma seletividade desse tipo pode ser encontrada em outros líderes do período Kamakura, como Dōgen e Nichiren.

O *Senchakushū*, no qual esse ensinamento é apresentado, é um dos clássicos do budismo japonês. Embora composto de forma convencional, como uma coletânea de passagens extraídas de diferentes textos sagrados, seguidas por um comentário, essa obra exibe uma lógica coerente: a lógica do "ou... ou". Em primeiro lugar, Hōnen dividia todo o budismo entre o Caminho Sagrado (*shōdō*), como ele designava os ensinamentos das escolas estabelecidas, e a Terra Pura. Ele orientava seus leitores a escolher esta última. Era uma escolha entre uma prática difícil e uma prática fácil, entre a confiança no próprio poder e a confiança no poder de um outro, entre várias práticas (*zōgyō*) e a Verdadeira Prática (*shōgyō*). Isso é claramente afirmado nos dois primeiros capítulos, que se baseiam nos textos de Shan-tao e de seu predecessor, Tao-ch'o (m. 645).

13. Sumarizadas em Daigan e Alicia Matsunaga, *Foundation of Japanese Buddhism II*, p. 63-64.

14. Sobre as muitas razões pelas quais o *nenbutsu* é escolhido por Śākyamuni, por Amida, pelos três sutras e pelo praticante, cf. *The Pure Land* n.s. 4 (1987), p. 115-118.

216 A ESPIRITUALIDADE BUDISTA

A libertação com relação aos ciclos de nascimentos e mortes, que é a meta do budismo, pode ser alcançada por meio de dois famosos ensinamentos, o do Caminho Sagrado e o do Renascimento na Terra Pura. No primeiro deles, a pessoa se dedica à prática, para alcançar o despertar na vida presente. No entanto:

> Nos dias de hoje é difícil alcançar a Iluminação pelo Caminho Sagrado. Uma das razões disso está em que a passagem do Grande Iluminado está agora num tempo muito distante no passado. Uma outra razão está em que o princípio último é profundo, enquanto a compreensão humana é superficial[15].

Mas, como esse método se baseia em princípios filosóficos profundos e complexos, é difícil compreendê-los por nossa própria capacidade, nesta época tão distante do Buda histórico.

Em oposição a isso, está o caminho fácil da escola da Terra Pura, que se pode seguir tendo-se fé no Buda Amida, confiança em seu poder e desejo sincero de nascer em sua Terra Pura. Em termos práticos, essa distinção corresponde à distinção entre a prática diversificada e a Prática Verdadeira. Existem muitos modos de se praticar o budismo, como a recitação de sutras, a contemplação e homenagem ao Buda, a invocação do nome do Buda, a doação de oferendas, a doação de esmolas, a observação dos preceitos. À medida que essas práticas são executadas com o objetivo de alcançar o nascimento na Terra Pura, elas constituem a Prática Verdadeira, enquanto em todas as outras ocasiões elas não passam de práticas diversificadas. Além disso, mesmo na Prática Verdadeira, somente o *nenbutsu* fixa a causa do nascimento na Terra Pura, enquanto todas as outras ações são meramente auxiliares.

Esse ensinamento, que declarava todas as práticas até então defendidas pelas escolas estabelecidas como meramente auxiliares e insistia na escolha da invocação de Amida como prática exclusiva, era revolucionário nessa época. Mas, para Hōnen, ele não tinha nada de arbitrário, pois recebia fundamentação sólida em um texto sagrado, o *Grande Sutra de Sukhāvatīvyūha*, no qual o futuro Buda Amida escolhe essa prática, em seu décimo oitavo voto:

> Possa eu não atingir o despertar prefeito se, ao alcançar a iluminação budista, algum dentre a massa dos seres vivos nas dez regiões do universo sinceramente desejar renascer em minha terra com alegria, confiança e felicidade e trouxer à mente essa aspiração mesmo por dez momentos de pensamento e, ainda assim, não alcançar o renascimento lá. Disso estão excluídos somente aqueles que cometeram os cinco pecados abomináveis e os que degradaram o Darma Verdadeiro[16].

Hōnen, seguindo Shan-tao, interpreta essa passagem como sendo um voto que Amida fazia, de salvar todos os que invocassem seu nome.

---

15. *The Pure Land* 5:1 (junho de 1983), p. 2-3.
16. L. O. Gómez, op. cit., p. 167.

25. Amida Chegando às Montanhas. Rolo do período Kamakura, Japão.

218 A ESPIRITUALIDADE BUDISTA

Se, portanto, o próprio Buda escolheu o *nenbutsu*, então certamente também nós devemos fazer o mesmo. Hōnen admite que "a intenção sagrada do Buda é difícil de se interpretar e impossível de se compreender plenamente"[17], mas sugere que, numa era de degeneração como a nossa, a prática do Caminho Sagrado não é possível para a pessoa comum. Ele sumariza da seguinte forma os pontos centrais de seus ensinamentos no capítulo de conclusão do *Senchakushū*:

> Caso deseje se separar imediatamente dos nascimentos e mortes, dos dois métodos superiores, deixe de lado o Caminho Santificado (Caminho Sagrado), escolha a Terra Pura e entre nela. Se desejar entrar na Terra Pura, das duas práticas, a prática diversificada e a Verdadeira, abandone a diversificada, escolha a Verdadeira, e se converta a ela. Se desejar realizar a Prática Verdadeira, das duas, a das ações Verdadeiras e a das auxiliares, deixe de lado as auxiliares, escolha a prática que fixa corretamente a causa do nascimento e se concentre nela exclusivamente. A prática que fixa corretamente a causa do nascimento consiste em invocar o nome do Buda. Se você invocar seu nome, você certamente nascerá na Terra Pura. Isso é assim por causa do voto do Buda[18].

Os Discípulos de Hōnen

Embora seus ensinamentos envolvessem uma ameaça em potencial à existência das escolas estabelecidas e, em resultado, dessem origem a muita controvérsia nas décadas e séculos seguintes, é pouco provável que Hōnen pretendesse fundar uma nova escola independente, em oposição às antigas. Apesar do radicalismo de suas idéias, ele próprio vivia como um monge budista tradicional, permanecendo como sacerdote Tendai durante toda sua vida e observando rigorosamente os preceitos do *vinaya*. Tinha a reputação de ser um estudioso erudito, versado nas doutrinas das diferentes escolas, um mestre exemplar da ordenação e um celebrante de ritos esotéricos. Embora salientasse a importância de se invocar o nome de Amida, em vez da meditação da visualização à maneira de Genshin, Hōnen parece ter mantido até o final de sua vida um grande interesse nessa forma de meditação aparentada com o transe, pois deixou registros de sua própria visão de Amida e da Terra Pura, conhecidos como *Sanmai Hottokuki*[19]. Incorporou à sua vida pessoal elementos antigos e novos, mantendo uma relação bastante ambivalente com as escolas estabelecidas. Pode-se detectar em seus ensinamentos uma ambigüidade análoga e uma série de questões cruciais que não são resolvidas claramente, como a relação entre o *nenbutsu* e outras práticas e os meios de se alcançar o nascimento na Terra Pura; se apenas uma invocação era suficiente ou se muitas invocações eram aconselháveis;

17. *The Pure Land* 5:2 (dezembro de 1983), p. 21.
18. Cf. *The Pure Land* n.s. 4 (1987), p. 118-119.
19. Ishii Kyōdō (org.), *Hōnen Shōnin zenshū*, p. 863-867. Uma tradução para o inglês encontra-se em Winston L. King, Honen's Visualizations of the Pure Land, *The Pure Land* n.s. 4 (1987), p. 126-41.

TERRA PURA

e exatamente quando o nascimento na Terra Pura estava garantido. O esclarecimento desses pontos foi deixado a seus discípulos e isso favoreceu o surgimento de uma grande diversidade de pontos de vista entre eles e fez com que seus seguidores não constituíssem uma organização rígida, mas um movimento com ligações frouxas, no qual pessoas de diferentes tipos podiam participar livremente.

Entre os sucessores de Hōnen, o mais famoso representante da ortodoxia Jōdoshū é Shōkōbō Benchō (1161-1238), que em geral é considerado como o segundo patriarca da escola da Terra Pura. Ele se tornou discípulo de Hōnen em 1199. Recebeu diretamente de Hōnen seus ensinamentos durante cinco anos, sendo um dos primeiros a receber permissão para fazer uma cópia do *Senchakushū*. Mais tarde ele retornaria a Chinzei (hoje Fukuoka), onde nascera, e aí fundaria uma importante base da devoção da Terra Pura. Enfatizando a importância central do *nenbutsu*, ele também admitia a possibilidade de se nascer na Terra Pura por uma série de outras práticas, com base no vigésimo voto de Amida, que promete o renascimento a todos os que "fixarem seus pensamentos no renascimento em minha terra, cultivarem todas as raízes da virtude e persistentemente se dedicarem à virtude desejando ser renascidos em minha terra"[20]. Essa posição moderada e ecumênica permitia-lhe manter o vínculo com o Tendai. O grupo, denominado Chinzei-ha, mais tarde se tornaria o ramo mais importante da seita.

Zennebō Shōkū (1177-1247) também desenvolveu vínculos com o Tendai. Shōkū, nascido numa família aristocrata, entrou para o grupo de Hōnen com a idade de catorze anos. Devido a seu talento notável, foi escolhido como um dos assistentes na composição do *Senchakushū*. No período da perseguição, em 1207 e 1227, conseguiu escapar graças a suas relações com autoridades ligadas à escola Tendai. Manteve vínculos estreitos com a aristocracia de Quioto, durante toda sua vida. Embora salientando o significado do *nenbutsu* e da fé pessoal, Shōkū interpretou de modo filosófico outras práticas e variações do *nenbutsu*. Fundou o ramo Seizan-ha, cujo sucessor mais famoso foi o "santo peregrino" (*yugyō shōnin*), Ippen (1239-1289), fundador da seita Ji da Terra Pura e pregador do *nenbutsu* dançante no estilo de Kūya.

Kakumyōbō Chōsai (1184-1266) foi um dos mais jovens discípulos de Hōnen. Juntou-se ao grupo de Hōnen em 1202 e, cinco anos mais tarde, acompanhava o mestre rumo ao exílio. Após a morte de Hōnen, continuou a estudar sob muitos mestres importantes de outras escolas, inclusive Dōgen. Influenciado pelas concepções das escolas Hossō e Tendai, afirmou que outras práticas que não a do *nenbutsu* também estavam de acordo com o Voto Original de Amida e tinham igual valor. Isso parece muito distante da posição de seu mestre e não

20. L. O. Gómez, op. cit., p. 168.

220 A ESPIRITUALIDADE BUDISTA

seria considerado por gerações posteriores como um ensinamento ortodoxo da Terra Pura.

Sobre o problema de uma ou muitas invocações do nome de Amida,
dois importantes discípulos de Hōnen mantiveram concepções contras-
tantes. Ryūkan (1148-1227), nascido em Quioto e educado em monte
Hiei, associou-se ao movimento num momento bastante tardio de sua
vida, provavelmente por volta de 1204. Defendia a concepção de "muitas invocações" (*tanengi*) e afirma-se que ele entoava o *nenbutsu* 84 mil
vezes ao dia. De fato, foi o próprio Hōnen que deu o primeiro exemplo
da prática de muitas entoações. Além disso, Ryūkan afirmava que o
nascimento na Terra Pura era fixado somente no momento da morte,
de modo que o estado de mente do praticante nesse momento tornava-
se absolutamente importante. Assim, a prática durante toda a vida era
uma preparação para esse instante decisivo. Sua defesa acalorada dos
ensinamentos de Hōnen, numa obra que não chegou até nós, tornou-se
um pretexto para a segunda perseguição do movimento, em 1227, mais
uma vez instigada pela poderosa instituição em monte Hiei.

O defensor da concepção oposta, denominada *ichinengi*, foi
Jōkakubō Kōsai (?1163-?1247). Segundo relatos, ele teria sido um
sacerdote da escola Tendai antes de entrar em contato com Hōnen. Já
durante a vida de Hōnen, Gyōkū e outros defendiam uma concepção
análoga. Mas, como alguns deles tendiam a ir a extremos – abandonando os preceitos fundamentais, com base na convicção de que o
nascimento na Terra Pura estava assegurado – seu comportamento deu
aos adversários do movimento um pretexto para a perseguição de 1207.
Afirma-se que Hōnen expulsou Gyōkū da seita. A mesma afirmação
é feita com relação a Kōsai, que não é considerado um pensador Jōdo
ortodoxo[21]. Mas a concepção de Kōsai tinha uma orientação mais filosófica que a de Gyōkū. Provavelmente influenciado pelo ensinamento
Tendai da iluminação nesta vida, ele insistiu na garantia do nascimento
aqui na terra e por meio de uma invocação. Sua abordagem apresenta
semelhanças inegáveis com a de Shinran (1173-1262), o discípulo
mais famoso de Hōnen, que também foi repudiado pela ortodoxia da
tradição Jōdoshū.

---

21.   H. H. Coates; R. Ishizuka, op. cit., p. 784.

TERRA PURA

II. O LEGADO ESPIRITUAL DE HŌNEN

Fujimoto Kiyohiko

O desenvolvimento da vida espiritual de Hōnen apóia-se no dinamismo profundo de seu contato com "Amida (o Imensurável)", revelado sobretudo nos dois tipos distintos de experiência, que se seguem. Em primeiro lugar, seus encontros, em sonhos, com Shantao, que ele vivenciou duas vezes, com a idade de 43 anos e com a idade de 65. O primeiro sonho ocorreu pouco depois da revelação espiritual que ele alcançou com a leitura do *Comentário ao Sutra da Meditação*, do mestre chinês. Esse sonho deixou-o com a convicção indelével de que Shan-tao era seu salvador e mestre humano. Hōnen teve o segundo sonho, ao escrever o *Senchakushū*, o fruto da maturação de sua fé no *nenbutsu* recitativo. Esses dois encontros em estado de sonho com seu mestre permitem perceber o impulso vital presente na doutrina de Hōnen da Terra Pura, em outras palavras, o modo como, em sua vida, a doutrina gradualmente floresceu na forma de acontecimentos espirituais.

Em segundo lugar, estão as experiências de *nenbutsu zanmai* vivenciadas por Hōnen. Sua prática de recitar o *nenbutsu* mais de sessenta mil vezes por dia deu origem por vezes a vivências espirituais no mais profundo de sua psiquê. Essas vivências estão cristalizadas em seu *Senchakushū*, que pode ser lido como uma estimativa da realidade espiritual por ele experimentada. Nicolau de Cusa (1401-1464) observa: "Diz-se que o termo 'Deus' provém do verbo *theoro* (vejo); pois o próprio Deus está presente em nosso domínio, por assim dizer, como a visão está no domínio da cor". Fala-se que se alcançou o *samādhi* (j. *sanmai*) quando, após a mente ter ficado calma e serena por meio do *nenbutsu* e ter surgido a sabedoria e percepção verdadeiras, sente-se e vê-se o domínio do Buda diante dos próprios olhos. O *samādhi* é então uma experiência extremamente intensa de nossa capacidade de visão. Essa visão, surgindo espontaneamente e sem ser provocada, como resultado da recitação repetida do *nenbutsu*, é central para a experiência religiosa de Hōnen.

O Registro da Experiência do Samādhi de Hōnen

No *Saihō shinan shō* (Instruções Escritas sobre o Oeste), do qual existe uma cópia manuscrita que se atribui ao próprio Hōnen (o chamado *Takada-bon*), há um capítulo que registra suas experiências do *samādhi*. Em frases como "o Shōnin escreveu isso durante sua vida" (no início do capítulo) e "este é um registro da própria mão de Shōnin" (final do capítulo), o texto afirma ser baseado em anotações do próprio Hōnen e está impresso entre as obras de Hōnen como o *Sanmai Hottokuki*. As anotações abrangem o período de 1198, quando Hōnen,

222 A ESPIRITUALIDADE BUDISTA

então com 65 anos, compôs o *Senchakushū*, até 1206, quando estava com 73. Nas anotações do ano de 1198 ele diz:

> No sétimo dia do primeiro mês, iniciei minha prática do *nenbutsu* como sempre. Durante esse dia tive algumas visões claras (da Terra Pura). Foi tudo muito natural e claro. No segundo dia, eu naturalmente realizei a visualização da água. No sétimo dia de minha prática *nenbutsu*, tive uma visão da seção de visualização do chão de lápis-lazuli. Na manhã do quarto dia do segundo mês, o chão de lápis-lazuli apareceu-me em detalhe. Seis dias mais tarde, à noite, tive uma visão dos pavilhões guarnecidos com jóias. Eles me apareceram de novo na manhã do sétimo dia. Do primeiro dia do primeiro mês até o sétimo dia do segundo mês, durante trinta e sete dias, recitei o *nenbutsu* constantemente, sete mil vezes por dia. Com sua força, obtive as cinco visualizações da água, do chão, das árvores guarnecidas com jóias, dos tanques guarnecidos com jóias e dos pavilhões guarnecidos com jóias [...]. Na manhã do vigésimo segundo dia do nono mês, o chão apareceu para mim clara e distintamente. Ao redor, o chão formava terraços em cerca de sete ou oito níveis. Depois disso, no final da noite e na manhã do vigésimo terceiro dia, tive novamente essa visão clara e distinta.

Esse é um relato detalhado dos vários elementos do paraíso aparecendo naturalmente por si próprios durante a prática do *nenbutsu*, após a repetição contínua do *nenbutsu* ter produzido um estado de concentração calma e serena. Essas experiências espirituais não eram então obtidas pelo próprio poder de Hōnen, mas apareciam sobrenaturalmente, vindas de fora. Elas não eram buscadas como fruto de sua repetição do *nenbutsu*, mas eram manifestações espontâneas e não provocadas de sua vida contemplativa profunda.

O registro do ano de 1200 traz os seguintes relatos: "No segundo mês, cinco visões da Terra Pura, entre as quais o *chisōkan* (visão da terra) surgiram livremente, de acordo com meus estados mentais, independentemente do que eu estava fazendo". "No quarto dia do primeiro mês, os grandes corpos dos três Venerados apareceram a mim". Disso aprendemos que, em sua constante prática do *nenbutsu*, Hōnen alcançava um estado de residência lúdica na Terra Pura e de encontro com o Buda: "Ao mesmo tempo em que me empenhando exclusivamente em dizer o Nome de Amida, vejo as glórias da Terra Pura. Que maravilhoso!".

O ano de 1201 traz o seguinte registro:

> Na última parte da noite do oitavo dia do segundo mês, ouvi sons de pássaros e a música de harpas, flautas e assim por diante. Mais tarde, dia a dia, eu conseguia ouvir à vontade esses sons e ouvi, por exemplo, os sons de uma flauta da corte. Todas as espécies de sons. No quinto dia do primeiro mês, o rosto do bodisatva Mahāsthāmaprāpta, grande o suficiente para ser o rosto de uma figura de cinco metros de altura, apareceu por trás da estátua do bodisatva. E no sexto dia, tive novamente essa visão, mas agora, pela primeira vez, havia um chão de lápis-lazuli azul dos quatro lados de onde eu me sentava, por cerca de um nível.

Por fim, em 1206, há o registro da seguinte experiência do *samādhi*: "No quarto dia do primeiro mês, enquanto praticava o *nenbutsu*, os

TERRA PURA

grandes corpos dos três Venerados apareceram. Aconteceu de novo no dia seguinte".

Para Hōnen, as experiências do *samādhi* selavam sua convicção religiosa, como ele próprio testemunhava ao escrever no *Senchakushū*: "Eu me apoio unicamente em Shan-tao, uma vez que ele é aquele que apareceu a mim no *samādhi*". Essas experiências do *samādhi* seguem um padrão. As visões dos ornamentos do paraíso, descritas acima, são denominadas e fazem parte das "recompensas apropriadas e dependentes" e das "concepções provisórias e verdadeiras". Seu conteúdo e ordem remontam às treze visualizações do bem contemplativo no *Sutra da Meditação*.

Essas experiências produziam em Hōnen um estado de alegria e certeza, no qual a Terra Pura como experiência e a Terra Pura num sentido ontológico podem ser ditas vir juntas. Palavras de seus últimos anos atestam como era vívido para ele o céu da Terra Pura:

> Rejubilo-me pelos anos acumulando, pronto para derrubar, pois vejo a Terra Pura por fim se aproximando. Sentir minha vida enfraquecer a cada noite faz-me ver que logo poderei deixar para trás esta terra corrompida. Vejo o fim da vida como o fim do triste nascimento-e-morte e espero que o momento da morte seja o fim de todos os tormentos. Anseio pelo momento em que for para a Terra Pura e me sentar no trono do lótus do Bodisatva Kannon, que veio me receber. O nascimento na Terra Pura é algo que não pode vir rápido o suficiente, vocês sabem. Tenho pressa em terminar esta vida. Como amo o Paraíso! Possa esta vida terminar rápido!

Essas palavras manifestam a alegria de Hōnen, na expectativa do nascimento na Terra Pura. Elas são como que o efervescer de seu anseio ardente pelo paraíso do Buda Amida. Para seus discípulos, a própria existência do fundador é um despertar do espírito da vida; é porque sente esta vida transbordar dentro de si que ele pode declarar: "eu certamente retornarei ao Paraíso, uma vez que sou alguém que originalmente estava lá".

A recitação exclusiva do Nome significa que a vida humana, a cada momento, em cada uma de suas respirações, é uma passagem para a experiência da Terra Pura do Buda Namu Amida; e, na visão dos "adornos da Terra Pura", o caráter ontológico da Terra Pura é evocado. Não se trata meramente de uma Terra Pura explicada; com a recitação contínua do *nenbutsu*, Namu Amida Butsu, como seu ponto de convergência, realiza-se a relação de chamado-e-resposta entre o eu que pronuncia o *nenbutsu* e o Buda Amida; pode-se dizer que é precisamente esse "ponto de convergência" que manifesta a Terra Pura. É por isso que a experiência do *nenbutsu* de Hōnen se cristalizava no estado mental que ele descrevia nas seguintes palavras: "Quando vivo, os méritos do *nenbutsu* se acumulam; quando morro, vou para a Terra Pura. Em ambos os casos não há com que se preocupar com este mundo; tanto a vida quanto a morte são despojados de espinhos".

224 A ESPIRITUALIDADE BUDISTA

Quando foi banido para Shikoku, com a idade de 74 anos, Hōnen pôde consolar seus discípulos com as palavras: "Montanhas e mares podem nos separar, mas temos a certeza de nos encontrar novamente nessa Terra Pura. O homem é um ser que continua vivendo, mesmo quando se cansa da vida, e morre, mesmo quando ama a vida". Aí ele claramente expressava sua idéia da "reunião na Terra Pura". Para todas as pessoas com quem entrava em contato em sua jornada para o local de exílio, ele encontrava as palavras que reverberavam em seus corações: "Todos os lugares em que é ouvido o som da recitação do *nenbutsu*, Namu Amida Buda, seja alto seja baixo, e até mesmo as cabanas dos pescadores e mergulhadores em busca de pérolas, são sagrados para mim". Essas palavras atestavam a consciência serena de que todo local em que é ouvido o *nenbutsu* está em sintonia com a vida do Buda Amida, o sopro do espírito. Foi porque puderam perceber intuitivamente essa sua atitude que as pessoas encontraram em Hōnen a imagem de um salvador.

O Legado Doutrinal

Tudo isso nos mostra como a doutrina da Terra Pura, tal como atestada por Hōnen, gradualmente ganhou forma por meio de suas experiências do *samādhi*. Em outras palavras, foi com a experiência de Hōnen do *nenbutsu* como sua realidade interior, e a partir dela, que o sistema doutrinal do *nenbutsu* recitativo encontrou expressão. Foi do núcleo da experiência do *samādhi* que nasceu o legado doutrinal de Hōnen.

O conteúdo da doutrina do *nenbutsu* recitativo, tal como Hōnen o estabeleceu com base nos três sutras da Terra Pura, pode ser sumarizado da seguinte forma: pessoas comuns, que não podem suprimir suas paixões, alcançam o nascimento no paraíso da Terra Pura por meio do Poder do Voto do Buda Amida, se recitarem o *nenbutsu*.

1. A meta da fé é a Terra Pura, isto é, o mundo do cumprimento dos votos de Amida, como ensinado no *Sutra da Vida Imensurável* e no *Sutra de Amida* (Grande Sutra da Terra Pura e Pequeno Sutra da Terra Pura). Este mundo, que fica a países imensuráveis a oeste, tem "forma", isto é, as três espécies de adornos.

2. O objeto da fé é o Buda Amida, isto é, o corpo pleno do Buda que foi aperfeiçoado em resultado do cumprimento dos votos do Bodisatva Dharmākara, como ensinado no *Sutra da Vida Imensurável*.

3. Os meios da fé são o *nenbutsu*, isto é, a forma do *nenbutsu* selecionado no Voto Original de Amida para a salvação dos mortais comuns (*bonbu*), isto é, o *nenbutsu* recitativo.

Hōnen ensinava que precisamente o décimo oitavo voto, o voto do nascimento por meio do *nenbutsu*, era destinado à salvação dos mortais comuns. Ele o denominava o "Voto Primitivo do Rei". Com

Hōnen, que era profundamente consciente de si como um mortal comum, a escola da Terra Pura se caracterizava por uma doutrina e prática salvíficas adaptadas às capacidades dos mortais comuns. Os mortais comuns sempre concretizam seus pensamentos em coisas que têm uma forma e vivem no âmbito de um projeto que se caracteriza pelo imaginativo (pensando por meio de imagens concretas), pelo receptivo (respondendo a um chamado) e pelo vocal (emitindo seus pensamentos). Para ter uma realidade enraizada nesse projeto essencial das pessoas comuns, a doutrina deve indicar uma direção e apresentar uma forma. É exatamente isso que faz a doutrina do nascimento em *nenbutsu* no Paraíso Oeste de Amida. Hōnen, adaptando-se à natureza e capacidades das pessoas comuns, salientava enfaticamente o caráter de "ter-forma" da Terra Pura, o caráter histórico-pessoal do Buda Amida e o caráter receptivo e vocal do *nenbutsu*. Ele costumava recomendar aos discípulos a recitação do *nenbutsu* "em meio à paixão, se a paixão surgir"; "como você é por nascimento: se um bom homem, como um bom homem; se um mau homem, como um mau homem". Pois foi tendo em vista os mortais comuns que Amida escolheu o *nenbutsu* como a prática para se tornar "corretamente situado".

O *Senchakushū* explica as qualidades e a facilidade do *nenbutsu* recitativo em cinco pontos:

1. O *nenbutsu*, como a prática para o Nascimento, tem prioridade com relação a tudo mais.

2. O *nenbutsu* é a prática, indicada no Voto Original, que conduz todos os seres sencientes ao Nascimento em completa igualdade, uma vez que pode ser praticado sempre, em toda parte e por qualquer um, sem impedir outras práticas.

3. O Santo Nome de Amida envolve todas as forças e virtudes interiores e exteriores do Buda Amida.

4. O pensamento (lembrança) e a voz (recitação) são uma mesma coisa.

5. Respondendo sempre aos atos em pensamentos, palavras e ações dos que dizem o *nenbutsu*, o Buda Amida salvará todos e, quando estiverem morrendo, virá encontrá-los e levá-los para sua Terra Pura.

O que o *nenbutsu* recitativo ensinado por Hōnen oferece é o seguinte: igualdade para todas as pessoas em seu relacionamento pessoal com o Buda Amida; a possibilidade de viver num mundo de chamado-e-resposta, no qual o pensamento e a voz se correspondem e uma resposta é obtida sempre que se chama; quando a vida presente chega a seu fim, há a perspectiva de nascimento na Terra Pura, guiado pelo próprio Buda Amida. Essa doutrina da salvação pulsa com uma percepção profunda e universal da realidade da condição humana.

226 A ESPIRITUALIDADE BUDISTA

Jōdoshū: os Herdeiros do Legado

Como as raízes de grama que se espalham naturalmente sobre a terra, o *nenbutsu* de Hōnen penetrou nos corações de pessoas comuns e anônimas. A doutrina foi acolhida como uma dádiva de salvação, como uma chuva depois de um período de estiagem, para pessoas que viviam neste mundo de pecado e degeneração, oprimidas ainda mais pela consciência do advento dos Últimos Dias. Ela injetava uma riqueza espiritual em suas vidas, em meio à instabilidade econômica e política. Os que colocavam sua confiança em Hōnen iam de conselheiros e cortesãos, nobres e guerreiros a prostitutas, pescadores e assim por diante. Podemos ver a figura de Hōnen movendo-se entre essas pessoas, recomendando-lhes a prática do *nenbutsu* numa atmosfera coloquial e oferecendo-lhes os meios de salvação. Esse início conduziu naturalmente à formação de uma "seita" religiosa na forma de uma comunidade de pessoas que compartilhavam da mesma fé.

Paralelamente às divergências doutrinais entre os principais discípulos – Shōkō Benchō, Kōsai, Ryūkan, Zennebō Shōkū e Shinran – a doutrina de Hōnen do *nenbutsu* foi se ramificando em diferentes escolas, cada qual enfatizando um aspecto diferente. Pode-se afirmar que essa diversidade testemunha a grandeza da personalidade e doutrina de Hōnen, mas ela também revela que a experiência do *nenbutsu* pode assumir diferentes formas, de acordo com a pessoa.

A linhagem ortodoxa da tradição Jōdoshū deriva do Benchō. Em seu *Tetsu Senchakushū*, um comentário ao *Senchakushū*, ele tentou alinhar a doutrina de seu mestre com o budismo em geral, ao definir seus conceitos centrais com base nos tratados de Nāgārjuna. Apesar desses esforços de acomodação, a obra na verdade capta a doutrina e prática de Hōnen de uma forma abrangente (*tetsu*). Ryōchū (1199-1287), que se tornou discípulo de Benchō em 1236 e estudou sob sua orientação, tendo exercido suas atividades na região de Kantō como representante ortodoxo da comunidade de Hōnen, seguiu o exemplo de Benchō, interpretando a doutrina de Hōnen à luz de conceitos básicos do budismo. O discípulo de Ryōchū, Ryōe Dōkō (?-1330/1), reuniu os sermões, tratados doutrinais, cartas e outros materiais produzidos por Hōnen, em seu *Kurodani Shōnin gotōroku* (Registro das Palavras do Santo de Kurodani), com a intenção de conservá-los para a posteridade. Dessa forma, gradualmente foi se formando uma linhagem da tradição Jōdoshū, com Hōnen como fundador, Benchō como segundo patriarca e Ryōchū como terceiro patriarca, no interior da qual os textos e sermões de Hōnen foram preservados e catalogados.

O sétimo patriarca, Shōgei (1341-1420), ao estabelecer no interior da doutrina de tradição Jōdoshū as duas linhas de "preceitos" e "doutrinas", pretendia elevar sua escola de uma posição de dependência a uma posição autônoma. Shōgei estabeleceu um sistema para a educação dos sacerdotes da escola e organizou um código de rituais próprios para a escola em seu *Gojū sōden* (Transmissão Quíntupla). Dessa forma, o legado espiritual de Hōnen foi transmitido e desenvolvido sistematicamente como o sistema doutrinal de uma escola independente.

No período Edo, foi formulado o código básico da tradição Jōdoshū moderna, denominado *Genna jōmoku* (Regulamentos da Era de Genna), e, sob o patrocínio do regime Tokugawa, foi sistematizada a estrutura da seita e de seus templos, tendo como seus bastiões o templo de Zōjō-ji, na área de Kantō, e o de Chion-in, na área de Kansai. No entanto, sob a salvaguarda desse patrocínio político e econômico, a doutrina gradualmente foi se tornando complexa e intelectualizada. Ela se afastou da doutrina que fora capaz de cativar os corações das pessoas comuns em suas vidas presentes. Estava perdida a "guirlanda" do *nenbutsu* recitativo de Hōnen, em outras palavras, a prática de um meio de salvação feito sob medida para os mortais comuns. Esse problema está estreitamente vinculado à questão de como a doutrina de Hōnen da Terra Pura foi transmitida e desenvolvida durante o período do "país fechado" (*sakoku*) e no redemoinho da modernização do Japão no período Meiji e depois.

O Legado na Era Moderna

Durante os três séculos de isolamento político, a tradição Jōdoshū se organizou de forma eficiente como um corpo religioso, mas com essa consolidação como seita, sua doutrina tendeu a assumir um caráter conservador e apologético. No entanto, um movimento de revitalização da doutrina mumificada da Terra Pura foi iniciado por pessoas como Ninchō (1645-1711), Munō (1683-1719) e Tokuhon (1758-1816). Esse movimento de revitalização dos chamados grupos Shase-ha e Jōdoritsu enfatizava a prática dos preceitos e promovia um estilo de vida normativo para os praticantes do *nenbutsu*.

No início do período Meiji, desencadeou-se um movimento iconoclasta antibudista (*haibutsu kishaku*); contra o budismo e seus templos em todo o Japão e a influência do Shinto estatal logo se tornou forte. Enquanto isso, a nova política de "país aberto" permitia ao pensamento e religião ocidentais penetrar no Japão como se uma barragem estivesse sendo aberta. A tarefa de modernização do budismo tornou-se a ordem do dia. Em termos concretos, isso aconteceu sobretudo pelo confronto com o cristianismo. Nesse confronto, rapidamente emergiram duas reações opostas: uma de rejeição e uma de absorção entusiasmada do pensamento ocidental, inclusive do pensamento cristão. Um líder religioso da tradição Jōdoshū na época, Ugai Tetsujō (1804-1891), convencido de que o entusiasmo em adotar a cultura ocidental significaria a rejeição do budismo, pregava a erradicação da doutrina estrangeira e promovia, juntamente com outros, uma polêmica anticristã (*haijaron*).

228 A ESPIRITUALIDADE BUDISTA

No entanto, vários movimentos de renovação da fé, ávidos por infundir vida nova na transmissão dos ensinamentos de Hōnen, optaram por ir na mesma direção da modernização do Japão. Por volta de 1920, surgiam no interior da tradição Jōdoshū o "Iluminismo" (*kōmyōshugi*) de Yamazaki Bennei (1859-1920) e o "Simbiotismo" de Shiio Benkyō. Yamazaki Bennei destacava como essência da doutrina de Hōnen da Terra Pura a acolhida do adepto sob os raios de luz do Buda Amida. Uma vida de luz se tornava, então, o tema central: passar pela vida presente de uma forma espiritual, acreditando em Amida como o único "Grande Pai" e alcançando a luz espiritual do Amida da misericórdia e sabedoria, para finalmente penetrar na luz eterna. Merece ser notada sua adoção de termos cristãos: ele invoca Amida com as palavras "Oh, Grande Pai", traduz a natureza-do-Buda como "espiritualidade", a compaixão do Buda, como "graça", o Voto Original, como "a Vontade Sagrada", e também emprega termos como "o Espírito" ou "o Grande Espírito". Por seu lado, Shiio Benkyō orientou a doutrina de Hōnen da Terra Pura na direção da ação social. A religião, ensinava ele, não visa meramente à libertação do indivíduo, ela deve libertar socialmente e realizar uma Terra Pura de simbiose verdadeira.

Essas duas visões se distanciam de modo radical: enquanto o Iluminismo se concentra em torno do núcleo da tradição Jōdoshū, promovendo a experiência individual do *nenbutsu*, o Simbiotismo lê a realização de uma simbiose social no budismo de Hōnen. No entanto, elas compartilham de um ponto de vista importante: a idéia de que a doutrina de Hōnen não se refere meramente a um mundo futuro após a morte, mas ao contrário, é um guia para se viver racional e eficientemente como indivíduo na sociedade. Em especial na era Taishō (1912-1926) e até a metade da era Shōwa (1926-1989), ambos os movimentos atraíram muita atenção como formas modernas da fé Jōdoshū, atuando como um forte estímulo à revisão da compreensão tradicional da doutrina da Terra Pura de Hōnen. Eles atraíram muitas pessoas talentosas e estão vivos ainda hoje.

De 1964 em diante, o principal templo da escola, o templo de Chion-in, vem promovendo o movimento denominado *otetsugi* (de mão a mão): atividades destinadas à adaptação e revitalização do *nenbutsu* de Hōnen em nossa cultura atual. Trata-se de um notável movimento da fé apoiado pela própria organização. Nos três movimentos religiosos acima descritos, podemos observar uma contribuição da doutrina *nenbutsu* de Hōnen à modernização do budismo japonês e o significado inovador do legado espiritual de Hōnen no presente.

III. O CAMINHO DE SHINRAN

Alfred Bloom

Shinran (1173-1262) é reverenciado como o fundador do Jōdo Shinshū. O nome significa: escola do ensinamento verdadeiro (a essência) da (tradição da) Terra Pura. Shan-tao (613-681), o mestre chinês da Terra Pura, empregava o mesmo termo para descrever seus próprios ensinamentos.

Vida e Caráter de Shinran

A vida de Shinran desenvolveu-se em meio ao torvelinho que acompanhou o declínio da exaurida era aristocrata Heian (794-1185) e o despontar de uma mais vigorosa, e às vezes brutal, era guerreira do período Kamakura (1185-1333). Nascido na família Hino, um ramo do clã Fujiwara, Shinran entrou para a vida monástica com a idade de nove anos, juntamente com seu pai e dois irmãos, em resultado das mudanças sociais e dos destinos políticos da família. Iniciou seus estudos e sua prática como monge em monte Hiei e teria recebido sua ordenação sob a tutela do abade Jien. Um aristocrata e poeta, Jien (1155-1225), assim como seu irmão mais velho Kujō Kanezane, tinha simpatias pelo movimento da Terra Pura liderado por Hōnen. Shinran, além de adquirir a erudição budista que mais tarde caracterizaria seus textos, também tinha experiência nas práticas tradicionais da Terra Pura de monte Hiei, pois servira como *dōsō*, um sacerdote do templo, no Saguão do *Nenbutsu* Perpétuo (*jōgyō-zammaidō*), que Ennin havia fundado e no qual eram realizados serviços memoriais em benefício dos mortos da realeza e da aristocracia.

Após 28 anos de disciplina e prática, Shinran passou por uma profunda inquietação espiritual quanto a sua futura redenção, ou iluminação. No esforço de superar essa crise, ele iniciou um período de meditação intensa no templo de Rokkakudō, em Quioto. Segundo a crença popular, o templo fora fundado pelo príncipe Shōtoku e abrigava as relíquias de Kannon (Avalokiteśvara), o Bodisatva da Compaixão. Durante cem dias Shinran contemplou sua vida. No nonagésimo quinto dia, teve uma visão em sonho, na qual Kannon aparecia para ele, anunciando que tomaria uma forma feminina como sua auxiliar.

Em conseqüência dessas experiências, em 1201 Shinran deixou monte Hiei e entrou para a comunidade de Hōnen da Terra Pura em Yoshimizu, no centro de Quioto. O motivo para sua saída foi uma percepção profunda de sua própria inadequação e fracasso espiritual. Embora tivesse praticado e estudado por cerca de vinte anos, percebeu que não poderia satisfazer os ideais rigorosos da prática Tendai. Não chegara a uma certeza maior do que na época em que iniciara de sua iluminação final. Buscou alívio para a dor dessa desilusão consigo mesmo

26. *Shinran (1173-1262).*

nos ensinamentos da Terra Pura e foi enormemente incentivado pelo próprio Hōnen, que o assegurou de que mesmo a pior pessoa, mesmo um pecador como ele, estava envolvida pela compaixão incondicional do Buda Amida. Shinran passou o resto de sua vida explorando as implicações profundas do princípio de Hōnen da prática exclusiva do *nenbutsu* (*senju nenbutsu*).

Shinran estudou por seis anos com Hōnen. Durante essa época, aplacou suas dúvidas e se tornou um dos principais discípulos de Hōnen, que lhe deu permissão para copiar sua obra monumental, o *Senchakushū*, o manifesto que estabeleceu os ensinamentos da Terra Pura como uma seita independente. Shinran também traçou um retrato do mestre. Nessa época, Hōnen, em resultado de um sonho, mudou o nome de Shakku, que ele lhe dera anteriormente, para Zenshin. Somente mais tarde Shinran adotaria o nome pelo qual é hoje conhecido. As mudanças no nome refletem o desenvolvimento da condição ou compreensão espiritual. O alto apreço de Hōnen por Shinran foi plenamente retribuído. Shinran constantemente afirmava em seus textos que era meramente um discípulo fiel de Hōnen, transmitindo o significado verdadeiro de seus ensinamentos e, quando discordava de outros discípulos, era porque eles tinham interpretado o mestre de forma incorreta.

Em 1207, aparentes indiscrições de alguns dos discípulos de Hōnen levaram à dissolução da comunidade e ao exílio de Quioto, para Hōnen e seus principais discípulos, inclusive Shinran. O senso agudo de justiça de Shinran revelou-se em sua crítica franca às autoridades do governo, às instituições budistas em monte Hiei e Nara e aos estudiosos confucianos que haviam tramado o desencadear dessa perseguição. Shinran mostrou que não foi feita uma investigação séria das acusações. Hōnen foi enviado a Tosa, em Shikoku, enquanto Shinran seguiu para Kokubu, em Echigo, na região da atual Niigata. Eles jamais se veriam novamente.

Talvez tenha sido nessa época que Shinran se casou com Eshin-ni. Sua visão de Kannon em sonho pode ter sido um presságio desse casamento, pois embora haja várias teorias sobre a identificação e número de esposas de Shinran, Eshin-ni é a única historicamente conhecida e seu papel em sua vida foi o de uma auxiliar fiel. Seu casamento produziu uma família com seis filhos e estabeleceu o padrão para o clero budista Shin daí por diante. Temos uma coletânea de cartas escritas por Eshin-ni que contém muitas informações sobre suas condições de vida, estado de saúde e relacionamentos familiares. Essas cartas, descobertas em 1921, confirmam a presença de Shinran em monte Hiei e que ele de fato foi discípulo de Hōnen. Elas são importantes, na ausência de registros da associação de Shinran com Hōnen nas fontes de tradição Jōdoshū, que reivindica linhagem direta a partir de Hōnen.

Em seu sonho, Shinran também vislumbrara o sofrimento das massas nas distantes províncias japonesas de leste. Essa visão tornou-se realidade quando, após cinco anos de exílio, o banimento foi suspenso e Shinran se mudou com a família para a aldeia de Inada, em Kashima (hoje, a prefeitura de Ibaraki). Viveu aí mais de vinte anos, de 1212 a 1235, propagando os ensinamentos da Terra Pura em meio aos camponeses e aldeães, longe dos centros de poder político e cultural. Levava uma vida tranqüila, cultivando a percepção espiritual e o pensamento religioso. Gradualmente, no entanto, conquistou diversos discípulos, criando uma comunidade nascente. Alguns estudiosos sugeriram que, durante seu longo período de residência nessa área, o número de seus seguidores teria chegado a milhares.

Shinran passou os últimos trinta anos de sua vida em Quioto, sobrevivendo inicialmente com meios modestos. Viveu por algum tempo com um irmão, recebendo donativos de seguidores que iam visitá-lo. Nos últimos anos, sua esposa retornou a Echigo, seu lar de origem, para lá viver seus últimos anos. Foi a filha de Shinran, Kakushin-ni (1224-1283), que cuidou dele no final da vida. Em seus últimos anos de vida, a fim de manter a fé de seus seguidores, Shinran foi forçado a repudiar seu filho mais velho, Zenran, que, ao que parece, distorceu o pensamento de Shinran numa disputa com os discípulos no leste. Por outro lado, alguns dos ensinamentos mais importantes de Shinran foram articulados nesse período final. Morreu tranqüilamente em 1262, na idade avançada de noventa anos.

232 A ESPIRITUALIDADE BUDISTA

Shinran era tido em altíssima estima pelos que o conheciam bem. Numa carta a sua filha, Eshin-ni relata que ela uma vez o viu num sonho como a manifestação do Bodisatva Kannon. Além disso, de acordo com a biografia do terceiro abade Kakunyo (*Godenshō*), um discípulo Ren'i, o teria visto num sonho como uma encarnação virtual do Buda Amida. Talvez a fonte mais esclarecedora para a avaliação do caráter de Shinran sejam seus próprios textos. Sua principal obra teórica, o *Kyōgyōshinshō*[22], juntamente com seus comentários, apresenta um conhecimento amplo da tradição e uma visão crítica extremamente penetrante. Versado no uso da linguagem, delineou nuances sutis de significado para os termos budistas, a fim de expressar suas novas concepções e justificar sua reinterpretação do budismo. Foi um poeta, dando expressão lírica aos ensinamentos na forma de *wasan* (hinos no estilo japonês). As pessoas podiam cantar ou recitá-los como auxiliar para a memória e, com isso, receber os ensinamentos numa forma compreensível às pessoas iletradas.

As cartas de Shinran mostram suas respostas ponderadas às perguntas dos discípulos e aos problemas da heresia. Escreveu a seus discípulos em termos elogiosos, manifestando grande respeito por eles, independentemente de sua posição social. Era um igualitarista, empregando termos *dōbō dōgyō*, que significam o irmão menor companheiro e praticante (no caminho). Seus ensinamentos não traem qualquer distinção de classe, pois todas as pessoas recebem sua fé igualmente do Buda Amida. Não era agressivo nem excessivamente peremptório na divulgação de seus ensinamentos, mas mostrava grande simpatia e empatia pelas pessoas, chorando ao saber da morte de um discípulo ou trabalhando para tornar os ensinamentos acessíveis às pessoas comuns, por meio de explicações cuidadosas. Reafirmava a tradição, mas suas experiências religiosas pessoais abriram seus olhos a novas possibilidades de interpretação. Seu pensamento incorpora uma visão universal da compaixão incondicional e sabedoria não-discriminadora do Buda Amida, transcendendo todas as distinções sociais, sexuais, morais e religiosas.

Seus Ensinamentos

Ao abordar a consideração dos ensinamentos de Shinran, devemos observar que sua interpretação desafiava a tradição budista como um todo, representada sobretudo pela tradição Tendai, que ele estudara na juventude, e as várias linhas de ensinamentos da Terra Pura propagados pelos sucessores de Hōnen, bem como os ensinamentos gerais da

22. O nome completo do texto é *Ken jōdo-shinjitsu-kyō-gyō-shō-monrui*, que significa "Uma Coletânea de Passagens sobre o Ensinamento, Prática, e Compreensão Verdadeiras da (Tradição da) Terra Pura".

Terra Pura, que fazem parte de todas as principais escolas da tradição Mahāyāna. Shinran enfatizava em particular a expressão "ensinamentos verdadeiros da Terra Pura" (Jōdo Shinshū). Não a empregava como o nome específico de seu movimento, uma vez que não tinha a intenção explícita de iniciar uma nova seita. No entanto, o caráter crítico específico de seus ensinamentos naturalmente daria origem mais tarde a uma seita independente, que afirmava promover os verdadeiros ensinamentos da Terra Pura dentre todos os representantes dessa tradição.

Como já mencionado, Shinran afirma em seus textos que sua interpretação representa o significado verdadeiro dos ensinamentos de Hōnen, enraizados na história do budismo da Índia até a China, da Coréia até o Japão. Esses ensinamentos são apresentados como uma alternativa a todas as outras formas do budismo, que têm caráter essencialmente elitista e são em geral inacessíveis às pessoas comuns, tanto no estilo da prática como na complexidade dos ensinamentos. Isto é, eles não são verdadeiramente universais, já que não estabelecem os leigos como iguais aos monges.

A fim de legitimar seus ensinamentos, Shinran estabeleceu uma linhagem espiritual que oferecia uma base para sua própria posição. Designou sete grandes mestres: Nāgārjuna (século II ou III) e Vasubandhu (século IV), na Índia; T'an-luan (476-542), Tao-ch'o (562-645) e Shan-tao (613-681), na China; Genshin (942-1017) e Hōnen (1133-1212), no Japão, como os elos da transmissão da doutrina da Terra Pura, culminando em seus próprios ensinamentos. De acordo com Shinran, cada mestre tinha visões importantes do significado dos Votos Originais do Buda Amida e confirmava que o modo de se renascer na Terra Pura e de se alcançar a iluminação, por meio do *nenbutsu* da fé verdadeira, era o significado central dos ensinamentos de Śākyamuni. Shinran não acreditava que estava inventando essa tradição. Ele se via como alguém que compartilhava da compreensão correta dessa tradição, com base em sua própria experiência e estudo. Historicamente haviam existido diversas linhas de transmissão dos ensinamentos da Terra Pura da China para o Japão. No entanto, Shinran vai além dos dados históricos, para atribuir um significado budológico à transmissão como a manifestação do Voto de Amida na história humana. Ele expressa isso em seu Hino da Fé Verdadeira (*Nenbutsu-shōshinge*), no *Kyōgyōshinshō*.

Os ensinamentos de Shinran espelham sua experiência religiosa durante sua longa residência no mosteiro em monte Hiei e sua associação com Hōnen, bem como sua vida subseqüente em meio a habitantes das regiões rurais e das cidades nas províncias de leste. Em resultado de suas variadas experiências, Shinran desenvolveu uma interpretação original do budismo tradicional e dos ensinamentos da Terra Pura, que transformou o significado da vida religiosa e abriu uma nova alternativa para o desdobramento da percepção religiosa budista no curso da história.

234   A ESPIRITUALIDADE BUDISTA

Essencialmente, Shinran baseava suas interpretações em sua forte convicção de que a iluminação final não podia ser alcançada por uma prática ou disciplina automotivada, auto-imposta (buscando forças em si próprio). Percebia, em resultado de seu próprio desespero e desilusão, que a paixão e o egoísmo inerradicáveis e disseminados, que conduziam sua vida também, tornavam ineficazes as práticas religiosas. Percebeu com suas próprias experiências que a atividade humana está envolvida com os interesses do ego, colocando-o fundamentalmente contra a meta da espiritualidade budista – para livrar o Eu desse interesse do ego. Declarou:

> Embora eu me refugie no Jōdo Shinshū
> É difícil ter uma mente da verdade.
> Sou falso e inverdadeiro,
> Sem a mínima pureza da mente.
>
> Nós homens em nossas formas externas
> Mostramos sabedoria, bondade e pureza.
> Uma vez que a ambição, raiva, maldade e falsidade são freqüentes,
> Estamos cheios unicamente de lisonjas.
>
> Com nossas más naturezas a subjugar,
> Nossas mentes são como víboras e escorpiões.
> Como a prática da virtude está misturada ao veneno,
> Nós a chamamos de prática falsa e vazia[23].

Shinran afirmava que era impossível ao ego purificar-se o suficiente para alcançar a iluminação tal como definida pelas várias tradições budistas de sua época. Em conseqüência, ele rejeitava as instituições de tradição Tendai de monte Hiei, onde diversas abordagens da prática pressupunham esse esforço.

A busca de Shinran o conduziu a Hōnen, que afirmava que o *nen-butsu* (aqui, a recitação do nome do Buda Amida) tinha sido concedido pelo Buda para pessoas degeneradas como as da Última Era (*mappō*), a fim de tornar-lhes possível nascer na Terra Pura, onde podiam alcançar a pureza e a iluminação. No entanto, Shinran terminou por compreender que essa prática tinha os mesmos pressupostos de toda abordagem budista em geral. Assim, ela pode ser exercida por si só, como um esforço autônomo para se alcançar a pureza.

Ele via que, para poder ser verdadeiramente assegurada e alcançada por todos, como ensinara Hōnen, a libertação deveria ser resultado exclusivamente do esforço do Buda e não deveria depender em nada do esforço humano, finito e instável. Dessa forma, Shinran enfatizava o princípio do Outro-Poder absoluto, expresso no cumprimento dos 48 votos originais do Buda Amida e dos ideais a eles associados, descritos no *Grande Sutra da Terra Pura*. De acordo com esses votos, se não

---

23. Alfred Bloom, *Shinran's Gospel of Pure Grace*, p. 28-29 (Shinran shōgyō zenshō 2.527).

conseguir estabelecer uma condição espiritual particular para todos os seres, o Buda não aceitará a iluminação suprema apenas para si próprio. De acordo com o sutra, todos os votos foram cumpridos perfeitamente. Dessa forma, a realização espiritual de todos os seres está assegurada, graças ao poder dos votos cumpridos pelo Buda.

Shinran levou essa concepção a sua conclusão lógica: todos os aspectos da experiência e realidade religiosa resultam do poder dos votos de Amida. Seus textos pretendem tornar clara essa concepção e oferecer uma interpretação ampla da existência religiosa. Em conseqüência, seguindo a perspectiva geral do budismo de tradição Mahāyāna, ele considerava a soteriologia da Terra Pura de dois pontos de vista, a saber, o aspecto da ida (para a Terra Pura, *ōsō*) e o do retorno (da Terra Pura, *gensō*). O aspecto da ida concentra-se em torno do caminho para o renascimento na Terra Pura, enfatizando a fé em Amida e a recitação do *nenbutsu*. O aspecto do retorno trata da realização final, ou a meta e fim do processo soteriológico. Shinran dava forte ênfase a esse aspecto, a fim de mostrar que a busca da iluminação não é meramente um esforço egoísta, mas se encerra, em última análise, no trabalho pela libertação e iluminação de todos os seres. Além disso, todo o processo se baseia no Outro-Poder absoluto, que se enraíza nos votos do Buda.

No contexto do processo de ida para a Terra Pura, Shinran reinterpretava o budismo e os ensinamentos da Terra Pura segundo essa concepção do Outro-Poder. Ele afirmava que a fé e a experiência religiosa se caracterizam por duas dimensões comumente designadas como os Dois Tipos de Fé Profunda (*nishujinshin*). De um lado, há a consciência e compreensão da degeneração espiritual e incapacidade da pessoa e, de outro, a correspondente sabedoria e compaixão incondicional do Buda Amida, que envolve os seres e nunca os abandona. De fato, quanto mais profunda a consciência do próprio eu corrompido, mais absoluta e envolvente é a certeza da compaixão do Buda.

Na dialética dos Dois Tipos de Fé Profunda, a questão da fé é central. O conceito de fé ou confiança é, talvez, a contribuição mais característica de Shinran ao desenvolvimento do pensamento da Terra Pura. Ele é crucial para a compreensão da prática e da soteriologia em seu pensamento.

Shinran interpretava o *Grande Sutra da Terra Pura* (que segue o padrão do Buda tradicional com relação à prática) de acordo com sua concepção de um Outro-Poder absoluto. Ele interpretava a referência à fé no décimo oitavo voto e a passagem sobre seu cumprimento, indicando que as três disposições: sinceridade, fé e aspiração ao nascimento na Terra Pura são uma unidade que resulta da doação (transferência) pelo Buda Amida de sua virtude infinita à pessoa. Ele também lia o texto chinês do Sutra de uma forma lingüística japonesa, pelo acréscimo da desinência verbal honorífica *seshimetamaeri* ao termo *ekō*, que normalmente indica a transferência feita pelos fiéis

236 A ESPIRITUALIDADE BUDISTA

do mérito de uma ação para sua meta. Essa mudança na leitura gramatical altera o teor do texto, fazendo com que toda transferência de virtude seja apenas da parte do Buda. As pessoas comuns não podem contribuir para sua própria libertação por meio de virtude ou mérito. A fé pode ser descrita como uma confiança persistente concedida por Amida.

Além do princípio do Outro-Poder absoluto fundado nessa passagem, Shinran elevou a concepção de Amida, ao afirmar que ele é o Buda Eterno, com base no cumprimento do décimo segundo e décimo terceiro votos, nos quais o bodisatva Dharmākara prometeu tornar-se o Buda da luz, compaixão, sabedoria e vida imensurável. Em virtude desses votos, o bodisatva tornou-se o Buda Amida. O nome Amida é uma transliteração japonesa do nome sânscrito Amitāyus, ou Amitābha, nomes que significam, respectivamente, Vida Eterna e Luz Infinita.

No entanto, Shinran empregava, para se referir a Amida, o termo *kuonjitsujō*, um termo da tradição Tendai, que indicava a eternidade absoluta do Śākyamuni do *Sutra do Lótus*, capítulo dezesseis. Esse termo indicava que o Buda Śākyamuni descrito nesse capítulo não tinha início nem fim, em contraste com outros budas, que ou tinham um início e um fim, ou um início, mas não um fim. Ao aplicar a doutrina do *Sutra do Lótus* ao Buda Amida, Shinran sabia estar indo além da concepção do *Grande Sutra da Terra Pura*, como indica o seguinte *wasan*:

> Desde que Amida se tornou um Buda,
> Dez kalpas se passaram. Assim (o sutra) diz.
> Mas Ele parece ser um Buda
> Mais Velho que os inumeráveis e minúsculos kalpas[24]

O sutra em si mesmo ensina que Amida alcançou a iluminação budista por meio de sua prática pura e sincera em cinco kalpas, ou eras de tempo, e dez kalpas se passaram desde então no antigo passado mítico. Shinran vê a história do sutra como reveladora do significado ou natureza verdadeira da realidade inconcebível e sem formas. O Buda Amida simboliza a natureza eterna do Buda que permeia o cosmos e se manifesta na aspiração à iluminação ou realização plena, que está presente em todos os seres. Amida é, em conseqüência, a luz/sabedoria irrestrita e universal, que irrompe pela escuridão espiritual, que, no entanto, é em si mesma sem forma ou cor. De fato, Amida tem forma, representada em imagens ou pinturas, mas simultaneamente, como sabedoria última, não tem uma forma. A fé/confiança é a compreensão da natureza do Buda que se exprime na aspiração por tornar-se o Buda para a libertação de todos os seres.

24. *Jōdo Wasan*, n. 88. *Shinshū Seiten*, p. 190.

TERRA PURA

Dessa forma, Shinran concebe o processo soteriológico como o funcionamento dinâmico da própria realidade. Não se trata de uma força externa com relação à qual dirigimos nossa confiança. Ao contrário, trata-se de um movimento espontâneo no interior da pessoa, por meio do qual a confiança em Amida é despertada no momento em que se percebe a futilidade dos esforços pessoais e se compreende intuitivamente que a libertação é possível unicamente por meio do voto do Buda. Para Shinran, de acordo com sua compreensão do Outro-Poder, a fé/confiança é a compreensão da natureza do Buda, ou a mente verdadeira do Tathāgata.

Embora Shinran não negue a experiência consciente da fé como "minha" fé, ou crença, ele a coloca num contexto espiritual mais fundamental, no qual a mente verdadeira da intenção benevolente de Amida e a promessa de libertação de todos os seres, tal como expressa em seus votos, se manifestam na experiência humana como fonte de nossa própria confiança pessoal. Shinran considera isso como um "giro da mente", ou conversão por meio da qual nossos próprios olhos espirituais se abrem para a verdade dos votos do Outro-Poder. A tradição da Terra Pura em geral ensinava que a fé na recitação meritória do nome era eficaz para se alcançar o nascimento na Terra Pura. Shinran, no entanto, fala de uma transformação interior de nossa própria mente, por meio da qual surge uma confiança firme em que o Buda nos acolheu e nos dá a garantia de nossa libertação. Não se trata meramente de uma crença como adesão intelectual, mas sim de uma forte convicção interior como consciência da verdade auto-evidente dos votos.

Essa conversão e convicção não se produzem por meio de abstração. Elas têm origem na existência religiosa e no ensino e encontros com os mestres. Aqui Shinran mais uma vez transforma a compreensão tradicional. Na concepção budista em geral, os ensinamentos da Terra Pura eram considerados como *upāya*, isto é, como um dispositivo oferecido pelo Buda, por meio do qual as pessoas que não podem se envolver nas disciplinas espirituais mais árduas e rigorosas podem alcançar o nascimento na Terra Pura por meio da prática fácil de recitação do nome. As práticas essenciais conduzindo à iluminação eram a meditação e a vida no mosteiro. Em conseqüência, a prática da Terra Pura era um caminho para a iluminação considerado subsidiário e subordinado.

Shinran, no entanto, inverteu essa relação. Ele afirmava que as práticas tradicionais do "Caminho Santo" no mosteiro, isto é, a meditação e a moralidade, eram o *upāya*. Assim como em seu próprio caso, essas práticas, resultantes do fracasso, desespero e frustração espiritual, abrem os olhos das pessoas a seu estado espiritual verdadeiro e torna-as capazes de confiar plenamente nos votos de Amida.

Revendo sua própria experiência, Shinran fala disso como um "giro através dos três votos" (*sangan tennyū*). Ele se via como tendo vivido através dos três votos, que simbolizavam a diversidade de

238 A ESPIRITUALIDADE BUDISTA

abordagens espirituais no budismo. O décimo nono voto – para aquele que "resolve buscar o despertar, cultiva todas as virtudes e aspira com persistência renascer em minha terra" – é o voto que ensina o caminho para o nascimento na Terra Pura por meio do cultivo da meditação e da moralidade. Pode corresponder também a sua experiência como monge em monte Hiei. O vigésimo voto, para os que "ouvem meu nome, fixam seus pensamentos no renascimento em minha terra, cultivam todas as raízes da virtude e dedicam persistentemente à virtude, desejando renascer em minha terra", é considerado como o alcance do nascimento por meio da prática do *nenbutsu* e pode corresponder a seu serviço como *dōsō* no Saguão do Nenbutsu Perpétuo. O décimo oitavo voto, para os que "trazem à mente essa aspiração mesmo que por dez momentos de pensamento", corresponde ao estágio da fé verdadeira, o estágio em que os olhos de Shinran se abriram para o fato de que o voto, e não a prática gerada por nós mesmos, era a causa e a base da libertação[25]. Nesse processo, os caminhos orientados pela prática do budismo tradicional também são preliminares e constituem um preparativo para o cumprimento do voto de Amida.

Com base nessa compreensão, Shinran posicionava seus ensinamentos com relação a outras seitas do budismo da época. Ele seguia a prática budista geral de classificação crítica das doutrinas, desenvolvendo um sistema denominado "dois pares e quatro níveis" (*nisōshijū*). Os dois pares são: horizontal (*ō*), que simboliza o Outro-Poder, e vertical (*shu*), que depende do empenho pessoal. O segundo par é "sair longitudinalmente" (*shutsu*), ou gradualmente, e "transcender" (*chō*), subitamente, ou imediatamente. Por meio de várias combinações desses termos, Shinran classificou todas as formas de budismo, dando destaque a seu ensinamento do Outro-Poder absoluto. Assim, em sua concepção: 1. a seita Hossō representa a abordagem gradualista e baseada no esforço pessoal da iluminação (*jushutsu*); 2. a tradição da Terra Pura em geral e os demais discípulos de Hōnen, cujas interpretações Shinran contestava, empregam a prática do *nenbutsu* baseada no Outro-Poder, de uma forma gradualista e baseada no esforço pessoal, para a purificação e o alcance de méritos – isto é, a prática é oferecida pelo Buda, mas é empregada de uma forma baseada no esforço pessoal (*ōshutsu*); 3. as seitas Zen, Tendai, Shingon e Kegon são tradições súbitas ou diretas (*juchō*); 4. em contraste com todos os outros, os ensinamentos de Shinran são o Outro-Poder absoluto e transcendente, ou imediato (*ōchō*).

Podemos observar a abordagem crítica de Shinran para a religião de sua época no *Kyōgyōshinshō*. Os cinco capítulos iniciais da obra explicam e demonstram a interpretação de Shinran do caminho para a iluminação e a plenitude final do devoto. Eles apresentam a verdade

---

25. Para o texto contendo os votos, cf. Luis O. Gómez (trad.), *Land of Bliss: The Paradise of the Buddha of Immeasurable Light*, p. 167-168.

dos ensinamentos da Terra Pura. O sexto capítulo focaliza a avaliação de Shinran dos caminhos alternativos. Enquanto os cinco primeiros capítulos proclamam a fé de Shinran na doutrina da Terra Pura, o sexto capítulo elabora uma crítica ao ambiente religioso da época.

Usando uma diversidade de textos da tradição budista, Shinran emprega o simbolismo da Terra Pura para mostrar que as práticas baseadas no esforço pessoal conduzem a níveis inferiores de plenitude. Shinran rejeita a confiança das práticas religiosas populares na prece e na adivinhação para alcançar efeitos mágicos. Ele mostra que os deuses do cosmos estão subordinados ao Buda e são seus auxiliares. De acordo com Shinran, é importante compreender o caráter espiritual da época. Assim, ele cita extensamente o *Mappō tōmyōki*, tradicionalmente atribuído a Saichō (Dengyō Daishi). Delineando as condições da última era do declínio do Darma, o texto afirma que, mesmo que não mantenham os preceitos, os monges devem ser respeitados, porque representam o darma. Shinran usa o texto para criticar a Ordem Budista da época e talvez também para defender sua própria decisão de se casar publicamente e deixar de seguir os preceitos monásticos.

Nesse último capítulo, Shinran também apresenta sua perspectiva com relação à unidade dos ensinamentos da Terra Pura, apesar das diferentes expressões que ele recebe e das interpretações conflitantes. Ele distingue o ensinamento manifesto, superficial (*kenshō*), do ensinamento oculto, implícito (*onmitsu*). Embora apresentem diferenças em sua abordagem da prática, os sutras da Terra Pura se assemelham, por se basear no cumprimento dos votos de Amida, que buscam a libertação de todos os seres.

Em todos os seus escritos, Shinran afirma que essa compreensão dos ensinamentos da Terra Pura oferece garantia imediata de que o Buda Amida envolve o Outro-Poder absoluto nesta vida, pela experiência transformadora da confiança no voto. Essa garantia é formulada no décimo primeiro voto: "Que eu não possa alcançar o despertar perfeito se, após alcançar a iluminação budista, os seres humanos e os deuses em minha terra não tiverem a certeza do despertar e de infalivelmente alcançar a libertação". Na interpretação de Shinran, isso significa que o devoto imediatamente entra para a companhia do verdadeiramente assegurado (*shōjōju*) e alcança o estágio de não-retrogressão (no caminho do bodisatva do budismo tradicional), assim como alcança imediatamente o nirvana após a morte.

Shinran também afirma que, ao alcançar essa condição, a pessoa é "igual ao Tathāgata" (Buda) ou a Maitreya, o futuro Buda. Nessa expressão, igualdade não significa identidade presente. Ao contrário, ela indica que as causas de nossa iluminação futura foram firmemente estabelecidas e certamente serão realizadas. De fato, nós virtualmente somos budas. Shinran ilustra isso mencionando a figura de Maitreya que, embora ainda um bodisatva, em geral é mencionado como Buda

240 A ESPIRITUALIDADE BUDISTA

Maitreya, uma vez que a causa de ele se tornar o próximo Buda já está estabelecida. Com esses conceitos, Shinran transformou a orientação para o futuro do nascimento na Terra Pura para uma certeza presente que é dada ao conhecimento por meio da experiência da fé. Além disso, ele sugeria a igualdade espiritual de todos os devotos, que são, eles próprios, budas virtuais. Por isso afirmava que não tinha discípulos, pois todos eles tinham recebido sua fé igualmente do Buda Amida.

A condição elevada do devoto contrapõe-se ao princípio do budismo Shingon e Tendai de que nos tornamos budas neste mesmo corpo (*sokushin jōbutsu*) em resultado das práticas desenvolvidas por essas seitas. De acordo com Shinran, alcançamos nossa condição e garantia espiritual por meio dos votos de Amida, e não por nossos próprios esforços.

Em linha com sua ênfase na natureza altruísta da existência religiosa, Shinran dedica a quarta seção de sua obra a mostrar que a plenitude humana significa que retornamos a este mundo após a morte para trabalhar pela libertação dos outros, assim como os bodisatvas, que recusam entrar no nirvana, a menos que todos os outros seres compartilhem disso com eles. Isso se baseia no vigésimo segundo voto de Amida, que se refere ao favor especial para "aqueles que, devido aos votos que fizeram no passado de, sem qualquer esforço, trazer todos os seres vivos à maturidade espiritual, vestir a armadura dos Grandes Votos, agregar as raízes da virtude e libertar todos esses seres".

Além disso, em linha com sua perspectiva do altruísmo da existência religiosa, Shinran também ensina, na quinta seção, que nos tornamos budas imediatamente, ao entrar na Terra Pura da Verdadeira Recompensa estabelecida pelos décimo segundo e décimo terceiro votos. Em essência, ambos os aspectos da plenitude são altruístas, uma vez que, ao nos tornar Budas e alcançar o Nirvana, nos identificamos com a realidade salvífica que constantemente trabalha em favor da libertação de todos os seres.

Para Shinran, no entanto, o altruísmo da fé não é meramente uma questão do futuro. Embora negue que possamos nos tornar budas nesta vida, Shinran constantemente descreve a mente verdadeira do Buda, que é a essência da fé, como a mente benevolente que busca o bem-estar e a libertação dos outros. Ele afirma que a verdadeira confiança/fé é a mente adamantina (uma mente de convicção firme). A mente adamantina é a mente que aspira a tornar-se o Buda e essa mente deseja salvar todos os seres e trazê-los ao nascimento na Terra Pura[26]. Ele expressava o espírito altruísta da fé numa fórmula tomada de empréstimo ao mestre chinês Shan-tao: para retribuir a benevolência do Buda, ele ensina às pessoas a fé que ele próprio recebeu (*jishinkyōninshin*)[27].

---

26. Capítulo sobre a Fé, *Kyōgyōshinshō* (Jōdō Shinshū Seiten), p. 252.
27. Idem, p. 261.

TERRA PURA

Como vimos, o processo soteriológico estabelecido pela interpretação de Shinran dos ensinamentos da Terra Pura salienta sua fundação no Outro-Poder absoluto. Embora os indivíduos não possam contribuir com seu próprio esforço para alcançar sua plenitude final, Shinran não queria dizer que eles deviam ser inativos ou passivos na vida religiosa. O ponto central é o significado da atividade religiosa. Para Shinran, a vida religiosa é uma expressão de gratidão pela compaixão do Buda e a garantia de nossa iluminação final por meio de nossa fé/confiança nos votos do Buda. A manifestação concreta dessa gratidão é a recitação do nome do Buda Amida (*nenbutsu*). No entanto, a gratidão não se exaure com essa recitação. Ao contrário, a fé/confiança é marcada por uma preocupação benevolente em compartilhar os ensinamentos e viver positivamente com os outros. Para Shinran, a existência ética não é destinada à conquista de méritos, mas sim um meio pelo qual a compaixão do Buda se torna real no mundo.

O próprio Shinran era muito sensível a questões de justiça. Ele também percebia a distribuição desigual da justiça e afirmava num verso que, quando um rico vai à corte, é como jogar uma pedra na água, enquanto, para um pobre, é como jogar água sobre uma pedra. Criticava o clero e as instituições budistas por sua submissão ao Estado e por promover as práticas mágicas populares. Assim, os membros do clero eram exteriormente budistas, mas interiormente pagãos (*gedō*). De fato, eles não representavam a compaixão e a sabedoria budistas. Apesar do caráter manifestamente extramundano dos ensinamentos da Terra Pura, Shinran dava mais atenção à vida religiosa neste mundo, insistindo com seus seguidores em que respeitassem as outras fés; em que fossem benevolentes com os adversários; em que dissessem o *nenbutsu* pelo bem-estar da sociedade e em que não obstruíssem a difusão do darma pela ação anti-social.

Em conclusão, há um grande número de aspectos da concepção de Shinran da religião que são histórica e religiosamente relevantes para o estudo da religião e da espiritualidade. Em primeiro lugar, a interpretação de Shinran da realidade religiosa é ampla. Ela oferece uma base cósmica para o processo soteriológico, uma compreensão da condição humana e uma aspiração das pessoas pela plenitude última; também estabelece um fundamento para a experiência e subjetividade religiosas como fontes de uma compreensão de si próprio assim como da garantia e confiança na verdade dos ensinamentos.

Shinran rejeitava as práticas budistas tradicionais, inclusive a recitação quantitativa do *nenbutsu*, como meio de se alcançar a iluminação final. Observava com realismo a natureza generalizadamente egoísta e degenerada da existência humana, que impregna até mesmo a prática religiosa. Ao mesmo tempo em que tentava superar o caráter egocêntrico dos esforços religiosos, pondo em destaque a natureza em última análise altruísta do processo soteriológico, Shinran também ensinava

242 A ESPIRITUALIDADE BUDISTA

que todas as pessoas, não importando o quanto más, estão envolvidas pela compaixão do Buda e, dessa forma, têm esperança de poder sobreviver. De acordo com sua concepção da universalidade do Voto, o acesso à realidade religiosa não depende de aspectos acidentais da vida, como a posição social, o gênero, as capacidades físicas ou intelectuais, ou mesmo as conquistas morais e espirituais. Shinran se preocupava sobretudo com o *koroko*, ou o estado da mente que está por trás de toda atividade humana – e não com fatores exteriores que podem dar origem à arrogância e a atitudes de superioridade.

A abordagem de Shinran envolvia uma relação igualitária com seus seguidores, embora eles o tivessem em altíssima conta como seu mestre. Tinha autoridade, sem ser autoritário. Rejeitava o uso de práticas mágicas como meio de se obter benefícios e segurança na vida, embora simpatizasse com as pessoas que sentiam necessidade de tais métodos. Tentava libertar as pessoas da exploração e dos medos religiosos. Confortava os que sentiam profundamente sua fraqueza espiritual, observando que foi para essas pessoas que o Buda fez seus votos com compaixão incondicional. Ele é, talvez, mais célebre, sobretudo por seu êxito em deslocar a ênfase religiosa da forma da prática para o espírito da prática. Transformou a religião tradicional japonesa, de uma busca em grande parte utilitária por benefícios pessoais, materiais e espirituais, em uma expressão de gratidão pela garantia da iluminação e no desafio de tornar a compaixão uma realidade na sociedade.

Rennyo

Os textos de Shinran ofereciam os fundamentos de um novo movimento. No entanto, ele não designou um sucessor específico. Alguns de seus discípulos já eram líderes de grupos com considerável número de seguidores. Kakushin-ni, sua filha, criou um relicário-mausoléu, que todos os seguidores podiam visitar e onde podiam compartilhar suas lembranças do mestre. Ao legar o relicário a toda a comunidade Shin, ela estipulou que o guardião deveria ser sempre um descendente de Shinran. Com isso, se iniciou a prática de sucessão hereditária da abadia. O neto de Kakushin-ni, Kakunyo (1270-1351), trabalhou incansavelmente pela unificação e institucionalização do movimento sob o controle de Hongan-ji, como o relicário passou a ser denominado após ser transformado num *jiin*, ou templo. Dez ramos tiveram origem no movimento, mas o ramo de Hongan-ji, por meio de Kakunyo e mais tarde Rennyo, tornou-se o principal defensor do budismo Shin, terminando por ultrapassar outros ramos importantes, como o Bukkōji-ha e o Takada-ha, tanto em número quanto em influência.

Embora Shinran não inspirasse um movimento de massas em sua própria época, o espírito de seu pensamento foi transmitido através dos

TERRA PURA

séculos até o oitavo abade, Rennyo (1415-1499), que distilou a essência desse pensamento e eloqüentemente o propagou com simplicidade. Enquanto Shinran afirmava representar a compreensão verdadeira das concepções de seu mestre, Hōnen, contra outros adversários ou sucessores, Rennyo, como herdeiro da tradição de Hongan-ji, afirmava estar mantendo o verdadeiro espírito e ensinamentos de Shinran, entre as várias facções que haviam desenvolvido o budismo Shin. O legado de Shinran passou por transformações, com a passagem do tempo, a institucionalização e a mudança de condições enfrentada pela comunidade Shin. Rennyo pretendia revitalizar o destino de um estagnado Hongan-ji, que sofria forte competição por parte de outros segmentos do budismo Shin.

Muitas vezes designado como o "Restaurador do Shinshū", Rennyo consolidou a obra de Shinran de abertura de um novo caminho no budismo – um caminho destinado às pessoas simples do campo ou da cidade, que não podiam se dedicar às rigorosas práticas e disciplinas monásticas que constituíam o meio para iluminação no budismo tradicional, uma vez que estavam presas a sua terra, ao trabalho ou a suas famílias. Esse caminho trazia esperança às vidas de um vasto número de pessoas e se tornou a base de uma instituição eclesiástica influente e altamente elaborada, que se mantém até o presente no Japão e em ramificações no Ocidente.

Rennyo viajava por aldeias e cidades, atraindo um grande número de seguidores e convertendo templos de tradição Tendai, Shingon e de variantes do Shin para a liderança do ramo Hongan-ji. O principal veículo dessa transmissão dos ensinamentos foram suas cartas, que tratavam de muitas questões que a instituição budista Shin tinha de enfrentar, devido a seu crescimento. Essas cartas atestam a clareza e a seriedade da orientação de Rennyo. Como Shinran, ele tinha uma sensibilidade profunda com relação à pessoa comum. Embora não fosse, talvez, tão erudito quanto Shinran, era um pensador que podia articular os ensinamentos e adaptá-los às mentes dos que o ouviam.

Rennyo seguia seus predecessores na defesa do alcance universal da compaixão de Amida, para além do merecimento pessoal e do caráter não-mágico dos ensinamentos da tradição Shin. No entanto, teve de instituir regras (*okite*) para restringir as tendências anti-sociais ou o mal admitido (antinomianismo), que pode resultar da compreensão equivocada do lugar da vida ética nos ensinamentos de Shinran da libertação pelo Outro-Poder por meio exclusivamente da fé/confiança. Para Shinran e Rennyo, a ética é uma importante condição posterior à fé, como uma resposta agradecida pela libertação recebida.

Rennyo, no entanto, deu à ética uma definição mais clara, ao distinguir entre o nível de *buppō* (buda-darma), isto é, a dimensão espiritual da fé e do nascimento na Terra Pura, e *ōbō* (darma real), a dimensão secular e mundana dos requisitos éticos confucianos promovidos pelo

244 A ESPIRITUALIDADE BUDISTA

clã, pela família e pelo governo. Por meio de nossa fé religiosa, aspiramos ao nascimento na Terra Pura e temos garantia dele, enquanto na sociedade nos conformamos com as leis e os princípios das relações humanas transmitidos por meio da cultura.

Esse dualismo impregna os ensinamentos da escola Shin e seu papel na sociedade até hoje. Em sua ênfase, Rennyo era categoricamente mais extramundano que Shinran, pondo em destaque a brevidade e a fragilidade da vida, descritas de forma eloqüente em sua carta sobre as Cinzas Brancas, que é usada nos serviços funerais de tradição Shin. Em sua visão da condição humana, esse texto salienta a necessidade de se recorrer ao apoio no Buda, para a busca da libertação.

Em contraste com o caráter mais técnico e erudito de boa parte dos textos de Shinran, as cartas de Rennyo simplificavam a compreensão da fé, empregando o termo *anjin* (mente serena, pacífica ou tranqüila) com mais freqüência que o termo *shinjin* (a mente devota, confiante). De acordo com alguns estudiosos, o termo *shinjin* tem um significado mais individualista, enquanto *anjin* reflete uma perspectiva mais comunitária, por meio da qual o envolvimento do Voto de Amida está assegurado pela participação da pessoa na comunidade. Em sua explicação da relação entre o devoto e o Buda, Rennyo empregava a fórmula *ki-hō-ittai*, que indica a unidade ou união entre a pessoa e o darma (ou o Buda). O conceito de *anjin* se baseia na unidade entre o devoto e o Buda no contexto da comunidade. Ele é simbolizado e expresso na fórmula *namu-amida-butsu* (eu me refugio no Buda Amida), ou *nenbutsu*, na qual *namu* se refere ao ser que está livre de paixões e busca o refúgio e a *Amida-butsu*, o Buda que envolve. A fé é a atitude de dependência e confiança indicada na frase muito usada por Rennyo: *tasuke-tamae-to-tanomu*. Rennyo interpretava essa popular súplica ao Buda por salvação, como um reflexo dos anseios do coração que é impulsionado pelo Outro-Poder a aspirar pelo nascimento na Terra Pura. A recitação do *nenbutsu* articula nossa gratidão pela fé que recebemos.

Os ensinamentos de Shinran, mesmo não visando a uma institucionalização, lançaram as bases de um movimento popular da Terra Pura cuja força se encontrava na convicção de seus membros, mais que nas grandes propriedades de terras ou nos vínculos políticos. Eles se caracterizam por uma devoção entusiasmada, que nutre uma esperança vívida na plenitude última por meio do nascimento na Terra Pura, por uma gratidão profunda pela compaixão do Buda Amida e pela tradição que transmitiu os ensinamentos, bem como por um respeito com relação a todas as forças, divinas e humanas, que ordenam e asseguram a vida no mundo. Essa devoção e fé têm nutrido o movimento através dos muitos desafios e mudanças no decorrer da história japonesa e continua sustentando a comunidade até hoje.

BIBLIOGRAFIA

I. Primeiros Líderes da Guerra Pura

ANDREWS, Allan A. *The Teaching Essential for Rebirth*: A Study of Genshin's Ojōyōshū. Tokyo: Sophia University, 1973.

COATES, Harper Havelock; RYUGAKU Ishizuka. *Hōnen: The Buddhist Saint*. Kyoto, 1925; reimpressão: New York-London: Garland Publishing, 1981.

DAIGAN; MATSUNAGA, Alicia. *Foundation of Japanese Buddhism* II. Los Angeles-Tokyo: Buddhist Books Internacional, 1976.

GÓMEZ, Luis O. *Land of Bliss*: The paradise of the Buddha of measureless light. Honolulu: University of Hawaii Press, 1996.

GORAI Shigeru. *Odori nenbutsu*. Tokyo: Heibonsha, 1988.

HIROTA, Dennis (trad.). *Plain Words on the Pure Land Way*: Sayings of the wardering monts of Medieval Japan. Kyoto: Ryukoku University, 1989. x.

HŌNEN Shōningyōjō ezu (Zoku nippon emonogatari taisei, p. 1-3: *Hōnen Shōnin eden)*. Tokyo: Chūō Kōrōn, 1981.

HORI, Ichiro. On the Concept oh *Hijiri* (Holy Man). *Numen* 5 (1958).

ISHII Kyōdō (org.). *Hōnen Shônin zenshu*. Kyoto: Heiraku-ji, 1974.

NATTIER, JAN. *Once Upon a Future Time*: Studies in a Buddhist prophecy of decline. Berkeley: Asian Humanities Press, 1991.

ŌHASHI Shunnō. *Odori nenbutsu*. Tokyo: Daizō shuppansha, 1974.

II. O Legado Espiritual de Hōnen

HATTORI Shōon. *Hōnen Shōnin and Buddhism*. Tokyo: Jodo Shu Press, 1992.

ISHII Shinpo. *Hōnen. The Luther of Japan*. Tokyo: Executive Bureau of the Jōdo-Sect and the International Buddhist Society, 1940.

JŌDOSHŪ shi (História do Jōdoshū). Kyoto: Jōdoshū Kyōgakukyoku, 1965.

KING, Winston L. Hōnen's Visualizations of the Pure Land. *The Pure Land* n.s. 4 (1987), p. 126-141.

SAIHŌ shinan shō. Teihon Shinran Shōnin zenshū. Kyoto: Hōzōkan, 1980. V. 5.

SHIIO Benkyō zenshū (Obras Reunidas de Shiio Benkyō). Tokyo: Sankibō Busshorin, 1974.

SHIMAZAKI Bennei. *Shūso no hizui* (Pele e Medula do Fundador). Osaka: Kōmyō Shūyōkai, 1990.

WAKIMOTO Tsuneya (org.). *Kindai Nippon no shūkyō undō shisō* (O Pensamento dos Movimentos Religiosos Japoneses Modernos). Tokyo: Monbushō Kakenhi Hojokin Hōkokusho, 1980.

(traduzido para o inglês por Jan van Bragt)

III. O Caminho de Shinran

Fontes

SHINRAN shōgyō zenshō. Kyoto: Kōkyō Shoin, 1953.

HIROTA, Dennis (trad.). *Tannisho: A Primer*. Kyoto: Ryukoku University, 1986.

246   A ESPIRITUALIDADE BUDISTA

KYŌGYŌSHINSHŌ (Jōdō Shinshū Seiten). Kyoto: Hongan-ji Shuppanbu, 1988.

UEDA, Yoshifumi (org.). *The True Teaching, Practice and Realization of the Pure Land Way:* A translation of Shinran's Kyōgyōshinshō. Série de traduções do budismo Shin. Kyoto: Hongwanji International Center, 1983-1990. 4 volumes.

JŌDO Wasan, n. 88. *Shinshū Seiten*. San Francisco: Buddhist Churches of America, 1978.

Estudos

BLOOM, Alfred. *The Life of Shinran Shōnin:* The journey to Self-acceptance. Berkeley: Institute of Buddhist Studies, 1994.

_____. *Shinran's Gospel of Pure Grace*. Tucson: University of Arizona Press, 1965.

DOBBINS, James C. *Jōdo Shinshū: Shin Buddhism in Medieval Japan*. Bloomington: Indiana University Press.

GIRA, Dennis. *Le sens de la conversion dans l'enseignement de Shinran*. Paris: Maisonneuve et Larose, 1985.

GÓMEZ, Luis O. (trad.). *Land of Bliss:* The Paradise of the Buddha of immeasurable Light. Honolulu: University of Hawai'i Press, 1996.

KIKUMURA Norihiko. *Shinran: His Life and Thought*. Los Angeles: Nenbutsu Press, 1972.

NIHON Bukkyō Gakkai (org.). *Bukkyō ni okeru shin no mondai*. Kyoto: Heiraku-ji Shoten,1973.

ROGERS, Minor L.; ROGERS, Ann T. *Rennyo: The Second Founder of Shin Buddhism*. Berkeley: Asian Humanities Press, 1991.

TAKAHATAKE, Takamichi. *Young Man Shinran:* A reappraisal of Shinran's life. Waterloo-Ontário: Wilfrid Laurier University Press, 1987.

UEDA Yoshifumi e HIROTA, Dennis. *Shinran: An Introduction to His Thought*. Kyoto: Hongwanji International Center, 1989.

22. A Espiritualidade de Nichiren

Laurel Rasplica Rodd

A principal mudança religiosa ocorrida no período Kamakura

resultou de uma nova afirmação: a de que um indivíduo de qualquer posição social ou eclesiástica poderia imediatamente colher os plenos benefícios da salvação budista, ou benefícios menores como saúde e prosperidade, por meio de alguma forma de devoção pessoal direta a um determinado Buda, bodisatva, sutra ou santo[1].

Um dos indivíduos que praticavam e pregavam a nova vida religiosa era Nichiren, nascido em 1222 numa família humilde do leste do Japão, longe dos centros de influência política e religiosa. Quando se pensa no papel de Nichiren na história religiosa do Japão, é sua personalidade desafiadora e turbulenta que o levou a uma vida de conflito com o governo e outros ramos do budismo que vêm à mente primeiro, mas ele próprio via esses conflitos como a conseqüência de sua vida espiritual, uma espiritualidade tão importante para ele, que ele sentia a responsabilidade de trabalhar para estabelecê-la por todo o Japão, independentemente das oposições e do perigo para si mesmo.

Quando acompanhamos as mudanças no modo como Nichiren compreendia seu papel religioso, temos a sorte de encontrar uma grande quantidade de material autobiográfico deixado por ele e por meio do qual podemos seguir o desenvolvimento de sua vida espiritual. Em especial em seus últimos anos, Nichiren escreveu copiosamente

1. James Foard, In Search of a Lost Reformation..., p. 261.

248 A ESPIRITUALIDADE BUDISTA

para seus seguidores, descrevendo e interpretando os acontecimentos que o conduziram em última análise à convicção de que ele próprio tinha herdado o papel do bodisatva Jōgyō (Viśiṣṭacāritra), cuja missão era proteger o *Sutra do Lótus* e propagá-lo no Japão. Esses relatos revelam um homem se confrontando com textos religiosos contraditórios e com os acontecimentos tumultuosos de sua vida e sua época, em busca de reconciliá-los. Mesmo quando os fatos podem ser contestados, ficamos com um registro vívido da interpretação e reinterpretação contínua de Nichiren de seu próprio papel religioso e de sua postura espiritual. O foco da espiritualidade de Nichiren era sua leitura pessoal do *Sutra do Lótus* (*Saddharmapuṇḍarīka Sutra*) e sua certeza crescente, à medida que se desdobravam os acontecimentos de sua vida, de que o sutra era uma revelação do destino do mundo e que ele próprio estava reencenando os acontecimentos mencionados no sutra. Ele veio a acreditar que era de fato um *gyōja*, alguém que "lia o sutra com sua vida".

TENDAI, SHINGON E NICHIREN

Quando jovem, Nichiren foi enviado para estudar no templo da seita Tendai local, Kiyosumi-dera, onde aprendeu a rezar para o Buda Amida e para as divindades esotéricas e a compreender as doutrinas básicas do Tendai. A seita Tendai se baseia em um sistema no qual as contradições presentes nos vários textos budistas são explicadas como verdades parciais ou acomodações destinadas a orientar públicos de diferentes capacidades de compreensão. O *Sutra do Lótus* e o *Sutra do Nirvana* são vistos como o ponto alto e a essência dos ensinamentos, mas todos os outros sutras também são estudados e praticados como apropriados para os indivíduos em diferentes estágios da iluminação. Os sacerdotes da escola Tendai em Kiyosumi-dera ensinaram a Nichiren uma diversidade de práticas, inclusive o culto a Amida e as práticas esotéricas secretas. O conflito entre sua fé cada vez maior no *Sutra do Lótus* e o culto a Amida logo levaria Nichiren a abandonar suas orações a Amida, mas a influência da prática e das idéias esotéricas viria a dominar sua sincretização pessoal da filosofia Tendai e a determinar o método de adoração que ele defendia para seus seguidores.

No décimo terceiro século, Kiyosumi-dera fazia parte do ramo esotérico Sanmon do Tendai e o principal objeto de adoração era o bodisatva Kokuzō (Ākāśagarbha), a figura central do mandala de Taizōkai. Esse bodisatva da sabedoria tão vasta quanto o espaço, sentado ereto sobre um lótus e sustentando a espada da sabedoria e a jóia da cessação dos desejos, desempenhou um papel central nas visões e sonhos do jovem Nichiren, que mais tarde escreveria: "Desde muito jovem, eu rezava para o bodisatva Kokuzō para que fizesse de mim o homem

A ESPIRITUALIDADE DE NICHIREN

mais sábio no Japão"[2]. Ao meditar sobre esse bodisatva, Nichiren sentiu vibrar sua vocação em tenra idade.

A afinidade de Nichiren com a tradição esotérica fica clara a partir de diversos aspectos de seu pensamento. A doutrina budista exotérica era a pregada pelo Buda histórico; ela era adaptada ao nível de seus públicos, enquanto a doutrina esotérica era a pregada pelo Buda eterno, sem o uso de simplificações ou modificações pedagógicas. O fundador da tradição esotérica japonesa, Kūkai, tinha traçado a transmissão da doutrina desde o Buda Dainichi até ele próprio e Nichiren viria depois a acreditar que havia recebido os ensinamentos diretamente do Buda Prabhūtaratna, o Buda eterno apresentado no *Sutra do Lótus*. A doutrina exotérica afirma que a experiência da iluminação transcende a linguagem, enquanto a doutrina esotérica afirma que a transmissão lingüística é possível via "palavras verdadeiras", ou mantras. A tradição exotérica acredita que a iluminação é um processo gradual que leva eras e eras para se alcançar. Na tradição esotérica, a prática apropriada capacita a pessoa a se unir instantaneamente com a natureza eterna do Buda e alcançar a iluminação. Na tradição exotérica, os seres sencientes se classificam de acordo com sua capacidade espiritual. Na tradição esotérica, todos os seres sencientes são considerados capazes de alcançar a iluminação, auxiliados por mantras, obras de arte e várias práticas físicas e mentais. As escolas esotéricas de budismo ensinavam que se podia alcançar a natureza búdica, ou iluminação neste mesmo corpo e nesta mesma vida (*sokushin jōbutsu*), sem ter que passar pela aparência da morte e renascimento no nirvana. O meio para se alcançar essa iluminação eram mudrās e posturas de meditação, mantras, mandalas e técnicas de meditação, e a razão por que o *sokushin jōbutsu* era possível estava em que todos os seres sencientes já possuem um caráter original espiritualmente iluminado (*hongaku*), que eles devem apenas realizar. Embora não aceitasse todas as práticas e ensinamentos esotéricos, Nichiren na verdade incorporou um mantra, um mandala e o conceito de *sokushin jōbutsu* em sua fé e prática.

Mantras, mandalas e mudrās são usados para inculcar hábitos de pensamento esotérico. O mantra é um instrumento para evocar ou produzir algo na mente, uma fórmula sagrada, ou encantamento mágico, para trazer à mente a visão e a presença interior de um deus. Ele é usado para ajudar o praticante a vivenciar a presença do absoluto, ou Dharmakāya. No mantra, ouve-se a voz do Dharmakāya vinda do próprio corpo. Os mandalas (ilustrações esquemáticas), assim como os mantras, auxiliam nos níveis supra-racionais da experiência e são empregados para ajudar os estudantes a alcançar diferentes níveis de percepção. Nichiren escolheu o título do *Sutra do Lótus* como a base tanto para o mantra quanto para o mandala, instruindo seus seguidores

---

2. Daigaku Rishō e Shūgaku Kenkyūjo (orgs.), Zenmui sanzō shō, *Shōwa teihon Nichiren Shōnin ibun*, p. 473 (doravante, esta obra será citada como *Ibun*).

250 A ESPIRITUALIDADE BUDISTA

a recitar "Namu Myōhōrengekyō" (Homenagem ao *Sutra do Lótus*) e criando um mandala que consistia no título do *Lótus* cercado pelos nomes dos vários budas, bodisatvas e figuras religiosas.

Na tradição Tendai, existe uma longa história de exegeses do título, a começar na Índia, com Vasubandhu, mas se desenvolvendo, sobretudo na China. Foram feitos esforços no sentido de descrever todo o conteúdo doutrinal de um sutra no âmbito do próprio título. A tradição teve continuidade no Japão, com Saichō, Ennin e Enchin, sendo também a base da convicção de Nichiren de que todos os méritos e ensinamentos do *Lótus* se expressam no âmbito dos cinco caracteres chineses que formam o título, a mera vocalização do título sendo equivalente ao entoar de todo o sutra.

Um outro aspecto dos estudos exegéticos do *Lótus* era a divisão crítica do sutra em metades denominadas *honmon* e *shakumon*. A primeira metade do *shakumon*, trata do Buda Śākyamuni histórico, ou de sua manifestação. A segunda metade, que fala do Śākyamuni eterno, foi denominada *honmon*. Cada seção contém um capítulo-chave que, segundo se acredita, expressa sua essência. No *shakumon*, esse capítulo é o segundo, "Dispositivos Apropriados", nos quais o Buda histórico revela seu método de aproximação dos ensinamentos, ou verdades parciais, para conduzir gradualmente os seres sencientes à iluminação. A essência do *honmon* está no capítulo dezesseis, "O Tempo de Vida do Tathāgata", no qual o Buda eterno revela sua existência desde o começo dos tempos e mostra que o Buda histórico nada mais é que uma de suas manifestações.

A teoria da iluminação original (*hongaku shisō*), enfatizando que todos os seres sencientes são budas intrinsecamente, foi influente em meio a todos os novos movimentos do budismo Kamakura e foi fundamental para a filosofia de Nichiren. A "ênfase na experiência do encontro direto com o Dharmakāya foi um fator que contribuiu para o teor radicalmente empírico do período subseqüente em muitas das escolas japonesas do budismo de tradição Mahāyāna"[3], inclusive a de Nichiren. "A experiência espiritual mais íntima não é a experiência de um outro mundo, mas uma experiência enraizada neste mundo"[4]. O foco neste mundo e no indivíduo que já alcançou a iluminação estimulou em Nichiren um hábito de introspecção e de atenção a si próprio e aos acontecimentos da vida que ele vivia.

O conceito de *hongaku* foi introduzido na escola Tendai japonesa por Saichō e seria mais tarde associado com a segunda metade do *Sutra do Lótus*, o *honmon*, em contraste com o *shakumon*, que apresenta a teoria da iluminação gradual. Nichiren, naturalmente, enfatizava os ensinamentos do *honmon*, assim como a tradição esotérica

3. David Edward Shaner, *The Bodymind Experience in Japanese Buddhism*, p. 79.
4. Idem, ibidem.

A ESPIRITUALIDADE DE NICHIREN 251

Tendai. Ele colocava toda sua fé no Śākyamuni eterno e absoluto e em suas palavras tais como registradas no *Lótus*. Após a morte de Nichiren, uma polêmica quanto à ênfase exclusiva no *honmon* versus a ênfase igual nas duas seções deu origem a uma cisão entre seus seguidores.

A ênfase de Nichiren no Buda absoluto ou eterno assemelha-se à idealização do Daichini na tradição Shingon. Ambos representam não um anseio por um Outro, mas uma busca interior – pois o absoluto tanto no pensamento Shingon quanto no de Nichiren é efetivamente a base de nosso próprio ser. Nichiren acreditava que a iluminação era possível para todos os seres, porque eles precisam reconhecer sua própria natureza e, em resultado disso, o mundo em que esses seres vivem – este mundo – pode se transformar no paraíso. Ele interpretava o *sokushin jōbutsu* em uma dimensão ampla, dizendo com freqüência a seus seguidores que a nação podia se tornar o paraíso, se todos os seus cidadãos se voltassem para o *Lótus* e seus ensinamentos. Por outro lado, sentia ser essencial que todas as outras fés e práticas fossem deixadas de lado para se alcançar esse fim.

PRIMEIROS ESTUDOS E CONVICÇÕES

Após sua ordenação em 1237, Nichiren partiu numa viagem de estudos, determinado a aprender "todos os ensinamentos do Buda que haviam sido levados ao Japão, todas as discussões dos bodisatvas e comentários dos mestres"[5]. Mas enquanto estudava, ficou desconfortavelmente consciente das contradições entre os sutras e entre as pretensões à superioridade de cada um deles.

Cada uma dessas seitas ensina que certos sutras e certos comentários fornecem a compreensão de todos os textos sagrados budistas e a plena compreensão do que dizia o Buda [...]. Mas minhas dúvidas são difíceis de dissipar. Quando olho para este mundo, vejo cada seita elogiando a si própria, mas um país tem apenas um rei [...]. Não acontece o mesmo com os textos sagrados budistas? Em que sutra se deve acreditar? Qual é o rei dos sutras?[6].

Por fim, ele descobriu duas passagens que apaziguaram suas dúvidas. Ele leu no *Sutra do Nirvana*: "Siga os ensinamentos, não os homens; o significado, não a palavra; a sabedoria verdadeira, não a compreensão superficial". Nichiren compreendeu que podia se apoiar na doutrina aprendida com os sutras e que não precisava de um mestre humano para interpretá-los. O *Sutra do Nirvana* convenceu-o da verdade das palavras do Buda Śākyamuni na introdução do *Sutra do Lótus*, anunciando que pregava a lei "de formas variadas", de acordo

5. Myōhō amagozen gohenji, *Ibun*, 1535.
6. Hōonshō, 1193-1194.

com a natureza e necessidades dos seres vivos, mas que estava agora, no *Sutra do Lótus*, revelando a Verdade.

Ao ler o *Lótus*, Nichiren descobriu o que deve ter sido uma revelação surpreendente para os estudantes do Buda histórico: "Preguei a Lei de muitas formas, criando muitos meios, mas nesses mais de quarenta anos ainda não revelei a verdade". Em outras palavras, todos os ensinamentos anteriores ao *Lótus* foram veículos para os ensinamentos ou dispositivos apropriados (*hōben*), destinados a conduzir gradualmente os discípulos para mais perto da verdade. O Lótus em si mesmo é uma ampla alegoria religiosa: nele, o Buda senta-se em meditação. Por fim, uma luz é emitida de sua testa e se difunde, iluminando as dez direções do universo. Essa iluminação é recebida como um sinal de que um grande ensinamento, revelando a verdade de toda vida no universo, está para ser pregado. Cada mundo envia um representante para ouvi-lo e eles chegam ao lugar chamado Pico do Abutre, onde são apresentados à verdade suprema, uma verdade grande o suficiente para explicar a lei causal, em existência antes do início dos tempos, mas ainda assim específica o suficiente para ser relevante para a causa e o efeito do curto período de vida subjetiva de uma pessoa.

Nichiren retornou ao lar, para começar a pregar a verdade do *Sutra do Lótus* e compor o primeiro de seus ensaios doutrinais, resumindo seus estudos religiosos. O "Ensaio sobre o Alcançar da Iluminação Budista com Este Mesmo Corpo" (*Kaitai sokushin jōbutsugi*)[7] mostra a profunda influência que ele recebeu dos ensinamentos esotéricos. O conceito do alcançar a iluminação budista com este corpo se tornaria uma característica fundamental de sua última filosofia. No entanto, sua insistência na verdade una e na prática una rapidamente entrou em conflito com os seguidores de Amida em seu distrito de origem e ele foi forçado a fugir para Kamakura.

PRIMEIRAS PREGAÇÕES EM KAMAKURA

Em Kamakura, Nichiren começou a atrair discípulos, entre eles, o primeiro a ser ordenado por ele próprio. As seitas estabelecidas tinham designado saguões de ordenação (*kaidan*), nos quais os novos monges eram oficialmente aceitos na comunidade, mas Nichiren – que de forma alguma fazia parte do corpo religioso estabelecido – ensinava que o que importava era a certeza interior, a força da fé e os esforços de converter os outros à fé e de "viver o *Sutra do Lótus*", tendo muitas vezes escrito que ele e seus discípulos eram sacerdotes "sem votos" (*mukai*). No entanto, Nichiren acreditava que a doutrina por ele pregada era um retorno aos ensinamentos originais do Tendai e que seu movimento fazia parte da ordem Tendai.

7. *Ibun*, p. 1-15.

A ESPIRITUALIDADE DE NICHIREN

A seus seguidores, Nichiren explicava que todos os outros sutras eram adaptações e ensinamentos preliminares, que abriam o caminho para o *Sutra do Lótus*. Ele lembrava-os de que, no *Sutra do Lótus*, o Buda Śākyamuni prometia que o *Lótus* seria ensinado a todos durante o *mappō*, a era final do Darma, uma era que muitos no Japão acreditavam já ter-se iniciado. Ao ler o *Lótus*, Nichiren escolheu o nome pelo qual nós o conhecemos hoje: *nichi* (sol), sugerindo a luz brilhante que "ilumina a escuridão de todos os seres" (Capítulo 21, "Os Poderes Sobrenaturais do Tathāgata"), e *ren* (lótus), para o bodisatva que emerge impoluto pelo mundo assim como o lótus emerge da água barrenta (Capítulo 15, "Jorrando da Terra"), deixando claro seu desejo de atuar como um bodisatva na difusão da verdade do *Sutra do Lótus*.

Assim como Kūkai, que levou os ensinamentos do Shingon esotérico para o Japão, Nichiren não podia deixar de se identificar em parte "com uma era anterior da história japonesa, na qual os fenômenos naturais, como a luz, o ar e o céu eram glorificados como objetos de adoração"[8]. Acreditava que os deuses (*kami*) permeavam a natureza, incentivando e participando de cerimônias que buscavam aplacá-los. No entanto, tanto ele quanto Kūkai eram intelectuais cujas capacidades analíticas intelectuais os capacitavam a sistematizar doutrinas e a se aprimorar em seus estudos. Suas doutrinas eram uma mescla entre o arcaico e o intelectual, pois eles internalizavam a noção Shinto tradicional de que os *kami* estavam incorporados em várias características da paisagem e dos elementos da natureza. Assim como Kūkai, Nichiren sentia um vínculo especial com Amaterasu, a deusa-sol e progenitora do povo japonês, "que participa e compartilha da mesma realidade que aquela em que ela brilha"[9]. O Estado no qual Nichiren nasceu fazia parte do Relicário de Ise, o grande relicário de Amaterasu. Onde Kūkai associava Amaterasu com Dainichi, que, como a manifestação do Dharmakāya, permeia todas as coisas, Nichiren via um vínculo com o Buda eterno revelado no *Sutra do Lótus*.

O primeiro vínculo com os deuses japoneses e sua contínua importância para Nichiren vinculam-se aos modos como o budismo incorporou os deuses locais ao se difundir: eles eram considerados como protetores dos ensinamentos verdadeiros e dos fiéis e eram às vezes vistos como manifestações alternativas dos budas e bodisatvas. Mais tarde o conceito seria conhecido no Japão como *honji-suijaku*. *Honji* é o "solo fundamental" ou a "natureza fundamental" de todas as coisas. *Suijaku* é o "traço" ou a manifestação fenomênica da natureza fundamental. O Capítulo Dezesseis do *Sutra do Lótus*, o capítulo central sobre o *honmon*, constitui a base do desenvolvimento da teoria de *honji-suijaku* no Japão. Ele fala do Buda eterno, que é concebido como

8. D. E. Shaner, op. cit., p. 68.
9. Idem, p. 69.

254 A ESPIRITUALIDADE BUDISTA

honj, e do Buda histórico, que é concebido como *suijaku*, a emanação do Buda eterno. Quando o budismo entrou em contato com as divindades Shinto, a religião popular japonesa foi aos poucos passando a conceber os budas e bodisatvas como aparecendo neste mundo na forma das divindades Shinto, para salvar todos os seres.

Nichiren, ao se convencer da verdade do *Sutra do Lótus*, recusou-se a admitir para as outras formas de budismo o direito de sequer existir. Não existem indicações de que ele próprio se envolvesse em ações sacrílegas contra Amida e Kannon, como na acusação de 1271, mas não há dúvida de que alguns de seus discípulos tenham adotado esse tipo de ação. No entanto, com relação aos deuses nativos, Nichiren se viu confrontado com um problema. Ele instintivamente identificava os *kami* com o próprio Japão, estando profundamente consciente de sua importância para as massas. Usando a teoria de *honji-suijaku*, Nichiren tratava todos os deuses Shinto como uma manifestação do Buda eterno do *Lótus* e acreditava que os deuses tinham a obrigação de proteger os seguidores do *Lótus* e punir seus inimigos, como descrito no sutra. Defrontado com heresias em todo o país, Nichiren podia apenas concluir que os deuses haviam abandonado a nação e retornado a suas habitações celestiais. A atitude de Nichiren com relação aos *kami* era ambivalente: ele buscava sua ajuda e, no entanto, censurava-os por negligenciar seus deveres, oscilando entre o ressentimento por sua negligência e a certeza de que eles o protegiam, assim como protegiam os que acreditavam no *Lótus* contra o mal. Essa ambivalência no pensamento do próprio Nichiren foi a fonte de ainda uma outra cisão em meio a seus seguidores, após sua morte.

No ano em que Nichiren chegou a Kamakura, 1254, ocorreu um grande número de calamidades: epidemias, secas, fomes, tufões, incêndios, terremotos, conspirações e sublevações políticas e fenômenos aterradores como eclipses e o aparecimento de cometas. Nichiren, com sua crença literal em que todos os seres podiam alcançar o paraíso e a iluminação budista nesta mesma vida, presenciou esses acontecimentos com horror. O budismo parecia estar florescendo. As cerimônias e serviços públicos eram comuns; a filantropia crescia. Mais que nunca, as pessoas comuns estavam envolvidas com a prática e a fé budista. E, no entanto, ainda havia imenso sofrimento.

Desde a introdução do budismo no Japão, no século VI, ele fora aceito tanto como uma ferramenta política quanto como meio de se alcançar a salvação individual; tanto como um meio de melhorar este mundo quanto como um meio de se alcançar uma condição melhor na próxima vida. Diversos sutras, inclusive o *Sutra do Lótus*, eram conhecidos como "sutras de proteção da nação" (*chingo kokka kyō*). Cada um desses sutras promete a proteção de vários deuses ao país que reverencia o sutra. Nichiren sonhava com a ascensão de um governante ideal, um sábio budista-confuciano que acreditasse no Darma e que conduziria o país até a fé. Para ele, duas obrigações se uniam: o dever confuciano de

27. *Retrato de Nichiren, pintado por Fujiwara Chikayasu em 1282.*

colocar sua sabedoria a serviço do governante e o caminho do bodisatva de trabalhar pela salvação de todos. Ele pôs-se a compor um memorial para o xogunato, no qual recomendaria o sutra da proteção da nação que prometia ser o mais eficaz para a época: o *Sutra do Lótus*.

Essa atitude era uma confirmação do senso de missão de Nichiren. Ele começou a apregoar que a seita Tendai representava o budismo verdadeiro e que, durante a era de *mappō*, somente o *Lótus* podia oferecer salvação. Afirmava que a razão por que a família imperial havia sido forçada a sofrer humilhação política e militar fora o fato de que o Japão deixara de prestar homenagens ao *Lótus* e havia permitido que ensinamentos hereges dominassem o país, fazendo com que os deuses protetores o abandonassem. Essa era uma mensagem que Nichiren viria a transmitir pelo resto de sua vida.

Em Kamakura, Nichiren pregava nas casas de leigos ou em locais de reunião pública, começando a atrair discípulos, ao mesmo tempo em que continuava com sua própria leitura e meditação. A fim de advertir os governantes quanto à causa dos desastres por que o país estava passando, Nichiren apresentou o *Risshō ankokuron* de 1260 a Hōjō Tokiyori, ex-regente e ainda uma potência por trás do trono. Nele, Nichiren argumentava que as calamidades que recaíam sobre a nação se deviam ao retorno dos deuses protetores aos céus, em resultado da popularidade de ensinamentos que não eram apropriados para a época. Para salvar o Japão, os governantes devem dar um fim à here-

256 A ESPIRITUALIDADE BUDISTA

sia Amidista e prestar homenagens ao *Lótus*. Se medidas não fossem tomadas, previa Nichiren, uma invasão estrangeira e distúrbios civis iriam ocorrer. Embora evitasse denunciar a seita Zen que era praticada pelos Hōjō, Nichiren era oficialmente ignorado. No entanto, sua cabana foi atacada por devotos Amidistas e Nichiren teve que fugir da cidade, retornando a Kamakura no ano seguinte, para retomar sua pregação. Os Amidistas então recorreram ao governo de Kamakura, a fim de fazer com que Nichiren fosse acusado de difamação, um crime punível com a morte ou prisão. Nichiren foi exilado para Izu, mas Hōjō Shigetoki ficou doente e morreu em menos de um ano, o que Nichiren interpretou como uma punição divina. Em 1263, Hōjō Tokiyori morreu e Nichiren foi perdoado, voltando novamente para Kamakura. No ano seguinte apareceu um grande cometa, que Nichiren interpretou como mais um presságio de catástrofe.

O "PRATICANTE DO *SUTRA DO LÓTUS*" NO EXÍLIO

Durante seu exílio em Izu, Nichiren encontrou nos textos sagrados a força de que precisava para enfrentar a perseguição em razão dos ensinamentos que ele pregava. Estava impressionado com duas passagens do *Sutra do Lótus*, que pareciam aplicar-se a sua vida. Numa delas, o Buda adverte: "Este texto tem muitos inimigos, mesmo agora quando o Tathāgata está presente. E como irá ficar pior após seu nirvana!"[10].

O outro texto fala dos três tipos de inimigos que apareceriam "após a passagem do Buda à extinção, numa era terrível e desastrosa": "homens ignorantes", "monges de uma sabedoria distorcida, seus corações servis e deformados" e "eremitas orgulhosos, que afirmam estar trilhando o Caminho Verdadeiro, mantendo a humanidade numa situação vil, porque cobiçam o lucro e o sustento"[11]. Nichiren reconhecia-os em meio a seus inimigos e sentia que a profecia do sutra estava sendo cumprida em sua vida, que ele estava "lendo" o sutra com cada uma de suas ações. Ele exultava com seu papel:

> Por mais de 240 dias, vivi o *Sutra do Lótus* cada dia e noite. Foi em vista dessa escritura que nasci no mundo e sofro o exílio. É precisamente nascer e sofrer pelo sutra o que se denomina ler e praticar o sutra, ao se andar, sentar, ficar em pé e deitar [...]. Embora outros que nasceram como homens se exercitem no despertar a mente de *bodi* e esperem pela salvação na próxima vida, os homens comuns são diligentes em sua prática apenas de duas a quatro horas em cada 24. No entanto, mesmo quando não estou consciente de pensar no sutra, estou lendo o sutra. Mesmo quando não estou vendo o sutra, estou vivendo suas palavras. Durante a era de *mappō* raramente havia

10. L. Hurvitz, Preachers of Dharma, *Scripture of the Lotus Blossom of the Fine Dharma*.
11. Fortitude, idem.

A ESPIRITUALIDADE DE NICHIREN 257

uma pessoa que praticasse os ensinamentos do sutra durante as 24 horas do dia, mesmo que essa prática fosse sem esforço consciente, como é a minha[12].

Nichiren havia se descoberto como um *gyōja* do *Sutra do Lótus*, um praticante "que vive o sutra, cumprindo suas predições em sua vida". Ao ler no *Lótus* a história do bodisatva Jōfugyō (Sadāparibhūta), que foi desprezado e vilipendiado, "atacado com varas e bordões, com paus e pedras"[13], por praticar o *Lótus*, Nichiren recuperou o entusiasmo. Examinando sua própria vida à luz da narrativa, Nichiren gradualmente foi se identificando com Jōfugyō. Logo estava proclamando que "não existe ninguém mais que seja punido por reverenciar o *Sutra do Lótus*. Nenhum dos que afirmam manter os preceitos do sutra tem vivido as predições nele contidas. Somente eu li o sutra com minha vida"[14].

A identificação com esse bodisatva, e com outras figuras e episódios descritos no *Lótus*, tornou-se um importante fator na interpretação de Nichiren de suas próprias experiências e na configuração de suas atividades. Em Jōfugyō, ele encontrou mais alguém que sofrera perseguição com perseverança heróica. Mais uma vez, leu as partes do sutra que prometiam proteção a seus propagadores, intrigado porque os *kami*, que pela teoria de *honji-suijaku* eram vistos como bodisatvas, deveriam tê-lo protegido e punido os que o perseguiram. Na época em que escreveu o *Risshō ankokuron*, Nichiren havia resolvido essa contradição:

> Porque todos voltaram as costas para a verdade e todas as pessoas reverteram ao mal, os bons *kami* abandonaram o país e se foram e os sábios partiram e não retornaram. Em razão disso, vieram os demônios e espíritos maus e aconteceram calamidades e dificuldades[15].

Enquanto no exílio, em Izu, Nichiren desenvolveu sua própria análise do *Lótus* e redefiniu o que ele considerava como sua missão, com base em sua concepção religiosa. Isso mais tarde se tornaria a base sobre a qual seus seguidores fundariam seitas de tradição Nichiren. Na concepção de Nichiren, existem cinco aspectos do *Lótus*: os ensinamentos (*kyō*) – a doutrina; o objeto (*ki*) dos ensinamentos – os hereges; o tempo (*ji*) – o momento presente da era *mappō*, o momento crucial para a salvação; o mestre (*shi*) – Nichiren chegou à conclusão de que ele devia ser o mestre com a responsabilidade de pregar aos hereges (uma convicção confirmada pelas perseguições por ele sofridas e que ele interpretou como o cumprimento das profecias do sutra); o país (*kuni*) – o Japão, o país em que os outros quatro componentes estavam presentes, impregnados de heresias durante o período *mappō*, mas possuindo o

12. Shionshō, *Ibun*, p. 246-247.
13. L. Hurvitz, op. cit., cap. 20, p. 281.
14. Nanjō Hyōeshichirō dono gosho, *Ibun*, p. 327.
15. *Ibun*, p. 209-210.

258 A ESPIRITUALIDADE BUDISTA

Lótus e Nichiren e, dessa forma, a terra escolhida[16]. Essa formulação foi a base do senso de destino de Nichiren, bem como do que seria visto como seu nacionalismo. O Japão era o solo sagrado, devido a seu potencial para as reformas, mas estava sob ameaça de destruição, caso ignorasse suas advertências. O nacionalismo de Nichiren estava, dessa forma, confinado ao sonho de se estabelecer um estado budista, com isso tornando o Japão o núcleo de uma comunidade mundial de seguidores do *Lótus*, como a Índia fora outrora o centro do mundo budista.

O DAIMOKU, OU MANTRA

À medida que o número de leigos convertidos foi aumentando, Nichiren começou a estimulá-los a recitar o título (*daimoku*) do *Sutra do Lótus* como substituto para a recitação do *nenbutsu* (a invocação do nome do Buda Amida), que era incentivada pelos Amidistas. Assim como os que entoavam o *nenbutsu*, Nichiren afirmava que a salvação se alcançava exclusivamente pelo entoar do título sagrado do *Lótus*. Apesar da afinidade manifesta com o movimento *nenbutsu*, em sua escolha da prática da entoação, a postura de Nichiren se baseia na tradição Tendai e pode ser considerada como uma evolução do pensamento Tendai. Dois conceitos fundamentais da escola Tendai estão em sua base: a teoria da iluminação original (*hongaku shisō*) e a tradição da exegese do *Sutra do Lótus*.

O conceito Tendai de *ichinen sanzen* (um pensamento equivale a três mil mundos) era um outro componente no desenvolvimento do pensamento de Nichiren. Ele estava convencido de que sua convicção pessoal, de que o *Lótus* devia ser propagado em sua época, era na verdade a percepção subjetiva do Buda eterno do sutra. Ele concebia o universo do Buda eterno como revelado em sua percepção individual. A doutrina metafísica de *ichinen sanzen* se expressava na prática religiosa da entoação dos cinco caracteres do título. Essas cinco letras eram vistas como contendo os três mil mundos do absoluto. A autorreflexão era o meio de se eliminar as camadas de ignorância, para se revelar a iluminação original. E a entoação do título do *Lótus* devia atuar como um meio entre o homem ignorante e o objeto de sua veneração, o absoluto no interior dele.

No conceito de *ichinen sanzen*, Nichiren via o destino do indivíduo como inseparavelmente vinculado ao destino da sociedade. Seu esforço por compreender o mundo ideal se baseava na noção de que o mal e os sofrimentos da sociedade poderiam ser reduzidos ao mal e aos sofrimentos do indivíduo e vice-versa. Se os indivíduos pudessem ser salvos, o resultado seria uma sociedade perfeitamente harmoniosa. Alcançar a iluminação budista com este corpo e tornar este mundo a

16. Kyokijikokushō, Liun, p. 241-246.

A ESPIRITUALIDADE DE NICHIREN

ideal Terra do Buda: esse ensinamento ampliava a esperança de salvação de modo a incluir os que estavam fora da igreja estabelecida, inclusive os guerreiros, os homens do campo das classes inferiores e as mulheres, uma vez que reduzia a distinção entre sacerdotes e leigos.

A AMEAÇA MONGOL E O EXÍLIO EM SADO

O ano de 1268 presenciou a primeira ameaça dos mongóis, que já haviam forçado a corte chinesa ao exílio e tomado o controle da Coréia, aparentemente em cumprimento à profecia que Nichiren havia lançado ao xogunato, em 1260. Sua reputação cresceu, assim como sua própria convicção da confiabilidade de sua leitura do *Sutra do Lótus*. Mais uma vez, ele celebrou o xogunato, acrescentando um prefácio: "Eu o disse seis anos atrás. Até agora minhas predições se revelaram verdadeiras. Não irá o futuro também me confirmar? Este ensaio contém profecia"[17]. Ele renovou seu ataque aos Amidistas e acrescentou as práticas Zen e Ritsu a sua lista das heresias que seriam a causa do desastre enfrentado pelo Japão. Em 1271 os esforços violentos de Nichiren e seus seguidores, em busca de livrar o Japão das heresias, levaram a uma segunda prisão e exílio, desta vez na remota ilha de Sado, no norte, enquanto seus seguidores foram presos e dispersados. A estrada saindo de Kamakura levava aos pátios de execução e Nichiren estava convencido de que sua jornada iria se encerrar ali. Quando ele e seus guardas conseguiram passar, Nichiren sentiu que um milagre acontecera e que havia renascido. Durante o exílio em Sado, ele se voltou novamente para os textos sagrados, a fim de decifrar o significado desses acontecimentos:

> Como explica o sutra, "Vezes e vezes, ele será abandonado e muitas vezes censurado e com isso seus graves pecados serão apagados e ele alcançará a iluminação budista". Assim, eu devo sofrer. É por meio da minha punição pelo governo que minha fé no *Sutra do Lótus* se revela. Quando a lua desaparece, sabemos que voltará a crescer; quando as marés baixam, não há dúvida de que voltarão a subir. É justamente por isso que sei que, se sou perseguido, tenho virtude[18].

O encontro de Nichiren com a morte foi traumático e, após sua fuga, ele se sentiu renascido e com convicções mais fortes que nunca.

Nichiren chegou a Sado no início do inverno de 1271. Confinado a um pequeno templo abandonado durante um inverno extremamente frio e sob muita neve, ele gradualmente conquistou convertidos que o ajudaram a sobreviver. Seu ensaio *Kaimokushō* inclui as famosas palavras: "Serei o pilar do Japão; serei os olhos do Japão; serei o navio do Japão"[19] – a proclamação de Nichiren de sua aceitação do

17. Ankokuron okugaki, *Ibun*, p. 443.
18. Toki dono gohenji, *Ibun*, p. 503.
19. *Ibun*, p. 535-609.

260 A ESPIRITUALIDADE BUDISTA

papel de salvador do Japão. Sua leitura do *Lótus* começou a se concentrar em torno das descrições do bodisatva Jōgyō, que havia feito o voto de proteger e pregar o *Lótus*. Jōgyō era um líder da miríade de bodisatvas que emergiram da terra para ouvir o Buda histórico revelar que ele de fato era iluminado desde o início dos tempos e que a vida do Śākyamuni histórico era meramente uma manifestação dos meios apropriados para conduzir os seres à iluminação. Os bodisatvas que emergiram da terra revelaram-se como os que foram convertidos pelo Buda eterno no passado inconcebível, sendo que o Buda confiou-lhes a tarefa de propagar o sutra no futuro.

Nichiren havia declarado que o *Lótus* era o único sutra verdadeiro para a era de *mappō* no Japão. Agora, afirmava que, embora o Śākyamuni histórico fosse o líder de todos os seres sencientes durante sua vida, na era de *mappō*, Nichiren (que lia o sutra com sua vida e encenava o papel de Jōgyō) era o líder dos fiéis.

Na primavera, Nichiren teve permissão para residir com uma família numa fazenda em Ichinosawa e o número de seus seguidores em Sado aumentou. Em 1272, uma segunda profecia parecia se cumprir, quando um importante membro do governo bakufu de Kamakura, o meio-irmão de Tokimune, Tokisuke, foi acusado de conspiração à revolta. Em 1273, durante sua permanência em Sado, Nichiren primeiramente criou a principal imagem de seu movimento na forma do *daimandara* (grande mandala), ou *honzon* (o principal objeto da adoração e da meditação). Tratava-se de uma representação caligráfica dos caracteres "Namu Myōhōrengekyō" (Homenagem ao *Sutra do Lótus*), circundados pelos nomes dos budas Śākyamuni e Prabhūtaratna, acompanhados dos bodisatvas que emergiram da terra para proteger o *Lótus* sob a liderança de Jōgyō. No nível seguinte, estão os vários santos e os bodisatvas da tradição Mahāyāna. Por fim, no nível mais baixo, estão situados os deuses japoneses Amaterasu e Hachiman e várias outras divindades, juntamente com Chih-i e Saichō. Aqui se vê a cristalização final do pensamento de Nichiren. Anteriormente, ele havia se considerado como o sucessor espiritual de Chih-i e Saichō, mas agora na mandala, como a encarnação de Jōgyō, Nichiren se coloca diretamente na companhia de Śākyamuni. Nichiren agora se via como uma figura central da história religiosa, com uma missão prevista no *Sutra do Lótus*, séculos antes. Em 1272, ele escrevia a um discípulo:

> Digo que, quando os dois budas, sentados lado a lado no stūpa adornado com muitas jóias, convocaram o bodisatva Jogyō, foi como se Nichiren fosse (ele próprio encarregado) propagar os cinco caracteres do *daimoku*. Não é Nichiren o emissário do bodisatva Jōgyō? Também você, seguindo Nichiren, como um praticante do *Sutra do Lótus*, vincula isso ao povo[20].

20. *Ibun*, p. 673.

A ESPIRITUALIDADE DE NICHIREN

Esse é o ponto alto da tendência crescente de Nichiren a interpretar o *Lótus* literalmente como profecia para sua vida e época, que ele veria como o clímax do drama descrito no sutra. Ao se identificar com o bodisatva Jōgyō, Nichiren estabelecia uma percepção de si próprio como alguém que tinha um papel importante e único no restabelecimento do Darma no Japão e no mundo.

RETIRADA PARA O MONTE MINOBU

Enfrentando a ameaça dos mongóis, o xogum talvez sentisse que precisava de todo apoio que pudesse encontrar. Mesmo antes do perdão, um membro da família reinante, Tokimori, havia enviado uma espada a Nichiren, solicitando a execução de rituais; Nichiren respondeu, oferecendo palavras de incentivo a sua fé. Em 1274, Nichiren foi perdoado e recebeu permissão para retornar a Kamakura, mas após uma terceira tentativa de converter o xogunato a suas crenças, terminou por se retirar para um eremitério nas montanhas, para formar seu rebanho e se preparar para o paraíso por vir, após a destruição das seitas hereges e a conversão de todos. O monte Minobu é cercado por picos escarpados e cobertos por densa floresta. Para Nichiren, ele representava o Pico do Abutre, onde Śākyamuni havia pregado a verdade absoluta do *Sutra do Lótus*. Nichiren consolava seus fiéis com promessas de que iriam renascer no paraíso do Pico do Abutre, se não fossem transformados nesse paraíso durante suas próprias vidas.

No inverno, o monte Minobu era quase inacessível e Nichiren sofreu enormemente durante o primeiro ano no eremitério, com um pequeno grupo de discípulos. Logo após ele se retirar para o monte Minobu, no décimo mês do ano de 1274, os mongóis tentaram sua primeira invasão ao Japão, mas foram barrados pela ocorrência de tufões. Nichiren interpretou isso como mais um aviso e começou a ver os mongóis como instrumentos do Buda, "mensageiros do céu (que) punirão os inimigos daqueles que vivem o *Lótus*"[21]. O número de discípulos aumentou e, em 1278, havia de quarenta a sessenta deles, vivendo no monte Minobu. Finalmente a comunidade se desenvolveu num centro também para seguidores leigos, com ritos e serviços religiosos realizados tanto para os leigos como para os monges. O famoso templo de Kuon-ji desenvolveu-se a partir disso. Após uma segunda tentativa de invasão frustrada, em 1281, Nichiren se manteve em silêncio. Estava doente desde a epidemia de disenteria, em 1278. Morreu em outubro de 1282, a caminho das fontes termais de Hitachi, próximo a sua antiga casa. Foi cremado e suas cinzas foram levadas para o monte Minobu.

21. *Ibun*, p. 830.

262 A ESPIRITUALIDADE BUDISTA

O LEGADO

O budismo no período Kamakura deixava de ser uma espiritualidade de caráter recluso e individual e se tornava um chamado a uma "espiritualidade coletiva", na qual a participação no ministério exigia um envolvimento direto no mundo; passava de espiritualidade que via a salvação como libertar-se do mundo, a uma espiritualidade do libertar-se para o mundo. Nichiren participou dessa mudança, ao passar da concepção de desenvolvimento espiritual desenvolvida pelas antigas formas do budismo, com seu foco na disciplina individual, a uma concepção de progresso espiritual interrelacionado e mesmo interdependente, que Nichiren almejava para si, seus discípulos e todos os cidadãos de sua terra.

Seu sentimento de destino e a intensidade de suas convicções foram transmitidos aos adeptos das seitas de Nichiren e do *Lótus* do século XII. Entre as diversas práticas por eles adotadas estão o xamanismo e outras práticas semimágicas, a busca da perfeição do indivíduo por meio de uma vida altruísta e a reforma da sociedade, além de práticas inspiradas no *Sutra do Lótus* e na vida e escritos de Nichiren. Os esforços individuais para ampliar a fé e a prática do budismo são enfatizados. Algumas seitas emularam o senso de crise e de missão de Nichiren, rejeitando firmemente outras formas de budismo e buscando incessantemente levar seu público à conversão. O modelo de introspecção e meditação de Nichiren deixou um legado de espiritualidade e fé pessoais para todos os seus seguidores.

BIBLIOGRAFIA

ANESAKI Masaharu. *Nichiren the Buddhist Prophet*. Cambridge: Harvard University Press, 1916.

CH'EN, Kenneth. *Buddhism in China*. Princeton: Princeton University Press, 1972.

FOARD, James H. In Search of a Lost Reformation: A Reconsideration of Kamakura Buddhism. *Japanese Journal of Religious Studies* 7/4 (1980), p. 261-291.

HURVITZ, Leon. Chih-i: An Introduction to the Life and Ideas of a Buddhist Monk. *Mélanges chinois et bouddhiques* 12 (1960-1962), p. 1-372.

_____. *Scripture of the Lotus Blossom of the Fine Dharma*. New York: Columbia University Press, 1976.

KABUTOGI, Shōkō. *Hokkekyō to Nichiren Shōnin*. Kyoto: Heiraku-ji Shoten, 1956.

KATŌ Bunnō et al. (trads.). *The Threefold Lotus Sutra*. New York: Weatherhill, 1975.

_____. *Nichiren*. Tokyo: Chūō Kōronsha, 1970.

KINO Kazuyoshi; Umehara Takeshi. *Eien no inochi* (Bukkyō no shisō 12). Tokyo: Kadokawa Shoten, 1969.

KIRK, James. Nichiren Reads the Lotus. Texto não publicado, 1983.

A ESPIRITUALIDADE DE NICHIREN 263

KIYOTA Minoru. *Shingon Buddhism: Theory and Practice.* Tokyo: Buddhist Books International, 1978.

KUBOTA Shōbun. *Nichiren: Sono shōgai to shisō.* Tokyo: Kōdansha, 1967.

MASUTANI Fumio. *Nichiren: Shokan o tōshite miru hito to shisō.* Tokyo: Chikuma Shobō, 1967.

_____. *Shinran, Dōgen, Nichiren.* Tokyo: Shibundō, 1956.

MATSUNAGA, Alicia; MATSUNAGA, Daigan. *Foundations of Japanese Buddhism* II. Tokyo: Buddhist Books International, 1976.

MIYAZAKI Eishū. *Nichiren to sono deshi.* Tokyo: Mainichi Shinbunsha, 1971.

MIYAZAKI Eishū, Motai Kyōkō (orgs.). *Nichiren Shōnin kenkyū.* Kyoto: Heiraku-ji Shoten, 1972.

MOCHIZUKI Kankō (org.). *Kindai Nihon no hokke bukkyō.* Kyoto: Heiraku-ji Shoten, 1963.

_____. *Nichiren kyōgaku no kenkyū.* Kyoto: Heiraku-ji Shoten, 1968.

RISSHŌ Daigaku; SHŪGAKU Kenkyūjo (orgs.). *Shōwa teihon Nichiren Shōnin ibun.* Minobu: Minobu Kuon-ji, 1959-1965. 4 volumes.

RODD, Laurel Rasplica. *Nichiren: Selected Writings.* Honolulu: University Press of Hawai'i, 1980.

SHANER, David Edward. *The Bodymind Experience in Japanese Buddhism: A Phenomenological Perspective on Kūkai and Dōgen.* Albany: SUNY Press, 1985.

SUZUKI Ichijō. *Nichiren Shōnin ibun no bungakuteki kenkyū.* Tokyo: Sankibō, 1965.

TAKAGI Yutaka. *Nichiren: Sono kōdō to shisō.* Tokyo: Hyōronsha, 1970.

_____. *Nichiren to sono montei.* Tokyo: Kōbundō, 1965.

TAMURA Yoshirō. *Kamakura shinbukkyō shisō no kenkyū.* Kyoto: Heiraku-ji Shoten, 1965.

_____. *Nichiren shū* (Nihon no shisō 4). Tokyo: Chikuma Shobō, 1969.

TAMURA Yoshirō e MIYAZAKI Eishū (orgs.). *Kōza Nichiren.* Tokyo, Shunjūsha, 1972-1973. 5 volumes.

TOKORO Shigemoto. *Kamakura bukkyō.* Tokyo: Chūō Kōronsha, 1967.

_____. Nichiren. *Gendai shūkyō kōza.* Tokyo: Sōbunsha, 1954. V. 1.

_____ . *Nichiren no shisō to Kamakura bukkyō.* Tokyo: Fuzanbō, 1965.

TOKORO Shigemoto; Takagi Yutaka. *Nichiren* (Nihon shisō taikei 14). Tokyo: Iwanami Shoten, 1970.

23. Zen

I. UM ESBOÇO HISTÓRICO

Philip Yampolsky

Embora a escola Zen tenha florescido na China durante o período T'ang e diversos mestres do Zen tenham ido para o Japão durante essa época, foi somente no período Kamakura que o Zen se estabeleceu no Japão como uma escola budista independente. Três homens em particular podem receber os créditos pela introdução precoce do Zen no Japão: Myōan Yōsai, em geral conhecido como Eisai (1141-1215), Dainichi Nōnin (que morreu por volta de 1196) e Dōgen (1200-1253). Eisai é reverenciado como o fundador da escola Rinzai e Dōgen, como o fundador do Zen de tradição Sōtō. Dainichi Nōnin permanece uma figura obscura, embora tenha desempenhado um papel importante por um curto período, no início da história religiosa de Kamakura.

Eisai e Dainichi Nōnin

O *Genkō shakusho* (1322), a primeira coletânea japonesa de biografias de personagens budistas, deu destaque a Eisai e estabeleceu sua reputação como o primeiro a levar o Zen de tradição Rinzai para o Japão, mas suas contribuições são de importância relativamente pequena, no âmbito da história dessa tradição. Ele foi para monte Hiei em 1154, onde estudou os ensinamentos da escola Tendai, inclusive as doutrinas esotéricas. Seguiu para a China em 1168, onde fez uma rápida visita aos locais sagrados da escola T'ien-t'ai (Tendai), tendo também reunido textos da escola. Em seu retorno, trabalhou pela revitalização da escola Tendai, com ênfase particular na manutenção dos preceitos. Estava convencido de que o Zen, que ele acreditava ser a escola dominante na China, era essencial para essa finalidade. Em 1187, presumivelmente após um amplo estudo do chinês em Kyūshū, voltou para a China, com a intenção de seguir depois para a Índia, mas não conseguiu receber autorização da corte Sung para viajar pela Ásia Central, uma jornada que, de qualquer forma, dificilmente seria possível na época. Em vez disso, estudou a doutrina Zen sob a orientação de Hsü-an Huai-ch'ang, da linhagem Huang-lung (Ōryō) do Zen de tradição Rinzai, uma linhagem que na época tinha menos importância que a linhagem Yang-chi (Yōgi), à qual mais tarde todos os monges da tradição Rinzai – tanto os chineses que foram para o Japão quanto os japoneses que estudaram na China – fariam remontar suas linhagens.

Tendo recebido autorização de Hsü-an, Eisai retornou ao Japão em 1191, fundou um templo em Kyūshū e passou a propagar os ensinamentos da escola Zen. Em 1194 tentou estabelecer um templo Zen em Quioto, mas se deparou com a oposição da escola Tendai em monte Hiei, que considerava sua ênfase no *zazen* como um desvio. Empreendeu esforços sem êxito no sentido de persuadir do valor do Zen as autoridades estabelecidas da escola Tendai, no *Shukke taikō* (Pontos Essenciais da Vida Monástica, 1192) e no *Kōzen gokoku ron* (Propagação do Zen em Defesa do País, 1198). Esta última obra é uma espécie de memorial ao trono. Seu tema principal é o de que os preceitos devem ser mantidos neste nosso mundo degenerado. Eisai conclama ao retorno do Zen do Buda, o Zen puro. Não como a "transmissão separada, fora das escrituras" (*kyōge betsuden*) proclamada por outras escolas de tradição Zen. Ele cita copiosamente textos sagrados, mas não menciona nenhuma passagem extraída de obras da escola Zen, exceto o *Ch'an-yüan ch'ing-kuei*, de 1103 (*Zen'on shingi*), e o *Tsung-ching lu*. Essas obras não são compilações típicas da escola Zen: a primeira delas trata dos preceitos e regulamentos monásticos, a última é um enorme compêndio de obras heterogêneas, algumas das quais provenientes de fontes Zen.

Em 1199, Eisai mudou-se para Kamakura, onde conseguiu o apoio do xogunato que acabava de se estabelecer. Apoiado pelo xogum Minamoto Yoriie, fundou templos Zen em Kamakura (o Jufuku-ji) e Quioto (o Kennin-ji). Mas seria um erro vê-lo como um simples fundador de templos Zen. Ele era um sacerdote da escola Tendai, que estava determinado a restabelecer a antiga proeminência de sua escola e a resgatar a adesão rigorosa aos preceitos budistas. Era um escritor fértil, mas somente uma de suas obras, o *Kōzen gokoku ron*, se concentra em torno do Zen. A escola que ele fundou, Yōjōryū, é de tradição exclusivamente Tendai. O templo de Kennin-ji, que ele fundou em 1202, é hoje um templo Zen. Na época de Eisai, os ensinamentos das tradições Tendai e Shingon eram oferecidos juntamente com os da escola Zen. Todos os discípulos de Eisai ensinavam uma combinação de Zen com o esoterismo da escola Tendai.

Enquanto Eisai estava na China, um sacerdote chamado Dainichi Nōnin atuava em Settsu e na área de Quioto. Sua escola era chamada de Nihon Daruma-shū. Sabemos pouco sobre Nōnin, exceto que havia estudado em monte Hiei e que se anunciava como um mestre do Zen que alcançara a iluminação por si só. Como não tinha linhagem a reivindicar, era vulnerável ao ataque do clero budista estabelecido. Em 1189, enviou para a China dois de seus discípulos, Renchū e Shōben, para estudar com Fo-chao Te-kuang (1121-1203), um destacado sacerdote da escola Ta-hui do Zen de tradição Rinzai, com uma declaração por escrito de seu conhecimento do Zen. O mestre chinês respondeu enviando um retrato de Bodidarma e uma declaração oficial sancionando o conhecimento de Nōnin. Em 1194, de acordo com o *Hyakurenshō*, o clero budista estabelecido em monte Hiei conseguiu banir tanto o Zen de Nōnin quanto o de Eisai. Eisai ficou irritado por seu Zen ser equiparado ao de Nōnin e isso, de acordo com um estudo recente, foi o que o inspirou a compor o *Kōzen gokoku ron*, que acompanha a exposição das concepções de Eisai com uma crítica severa ao Zen ensinado por Nōnin. Na seção três, podemos ler:

> Pergunta-se: algumas pessoas negligentemente chamam o Daruma-shū de seita Zen. Mas elas mesmas dizem que não há preceitos a seguir, nem práticas a exercer. Desde o início, não há paixões; desde o início, somos iluminados. Assim, não praticamos, não seguimos preceitos. Comemos, quando estamos com fome, descansamos, quando estamos cansados. Por que praticar o *nenbutsu*, por que fazer oferendas, por que oferecer pouco alimento, por que reduzir o alimento? Como pode ser isso?

A resposta de Eisai era a de que os adeptos da escola Nihon Daruma-shū eram aqueles que os sutras descrevem como tendo uma concepção falsa do vazio; não se deve falar com eles e deve-se ficar tão longe deles quanto possível.

Até recentemente, tínhamos pouco conhecimento do que ensinava a escola de Dainichi Nōnin, mas há alguns anos foram publicadas duas obras que podem ser atribuídas à escola Daruma. Trata-se de textos pequenos que fornecem uns poucos detalhes. Um deles é conhecido como o *Kenshō jōbutsu ron* (Vislumbrando Sua Própria Natureza e se Tornando Buda) e detalha com simplicidade as iluminações dos primeiros patriarcas, advertindo contra a dependência com relação a palavras e frases. Com freqüência, o texto cita as obras canônicas, explicando o significado essencial de se olhar para sua própria natureza e com isso se tornar Buda. A segunda obra, conhecida como o *Shōtō shōkaku ron* (Alcançar o Despertar do Bodisatva), parece ser

268 A ESPIRITUALIDADE BUDISTA

destinada ao uso cerimonial e contém versos de transmissão, além de várias fórmulas de saudação.

O texto se refere a Te-kuang como o quinquagésimo na linha de sucessão, a partir de Bodidarma, entre os que penetraram em suas próprias naturezas e se tornaram budas; o que o identifica como uma composição ligada à tradição Daruma-shū. A obra oferece informações detalhadas sobre Bodidarma, derivadas das fontes bibliográficas chinesas mais recentes na época e anuncia que os ensinamentos de Bodidarma foram transmitidos durante 618 anos até aquela data (1189), quando chegou ao Japão. Uma segunda tese doutrinal é a de que todos os nomes dos budas e sábios, todos os sutras e, na verdade, todas as coisas, são nomes diferentes para a mente e que os seres sencientes são eles próprios budas. Uma terceira tese importante é a de que Daruma-shū tem o poder de reduzir os crimes, causar boa sorte, proteger de desastres, além de trazer serenidade e prazer; há uma coloração distinta do conceito de recompensas e benefícios na vida presente.

Os conteúdos desses dois livros, os comentários no *Kōzen gokoku ron*, de Eisai, e menções ocasionais na bibliografia da época – Nichiren, por exemplo, em seu *Kaimokushō*, condena especificamente Nōnin juntamente com Hōnen – são tudo o que conhecemos da escola Daruma-shū de Nōnin. A obra enfatizava um Zen que fazia poucas exigências a seus praticantes e que atendia as necessidades da população comum. Não sabemos o que aconteceu a Nōnin. Segundo um relato, ele era membro da família Taira e tio de Taira no Kagekiyo, também conhecido como Akubyō, que, segundo alguns, teria ido a Quioto para matar Yoritomo e, assim, eliminar a desgraça que havia recaído sobre sua família; Kagekiyo buscou refúgio com o tio, após Yoritomo descobrir a trama. Quando Nōnin deixou a casa para comprar saquê, Kagekiyo, suspeitando de uma trama, o matou.

Nōnin deixou um discípulo famoso, um sacerdote chamado Kakuan, que dirigia um templo em Tōnomime (a atual Sakurai, em Nara). Não se sabe com certeza o que aconteceu com esse templo; pode ter sido destruído pelos monges do templo de Kōfuku-ji, em Nara. O herdeiro de Kakuan, Ekan, mudou-se para o templo de Hajaku-ji, em Echizen. Foi lá que Ekan levou um grupo de monges a se juntar a Dōgen no templo de Kōshō-ji, em Fukakusa. Assim, um grupo de monges, outrora associado com uma escola famosa por sua falta de preocupação com o treinamento e os preceitos, juntou-se à comunidade rigorosamente regulamentada estabelecida por Dōgen.

Dōgen e o Zen Sōtō

Dōgen talvez seja hoje a figura mais reverenciada no Zen japonês. Fundador do Zen de tradição Sōtō, ele é reverenciado como um gênio religioso e um pensador dotado de profunda visão religiosa. Era de origem aristocrata. Seu pai foi um alto oficial do governo e sua mãe pertencia à célebre família Fujiwara. Quando criança, recebeu educação escolar completa. Mas seu pai morreu quando ele tinha dois anos e a mãe, quando ele tinha sete. A mãe queria que ele adotasse a vida religiosa e, apesar das tentativas de um tio de encaminhá-lo para uma carreira acadêmica, ele entrou para a escola Tendai em monte Hiei quando tinha doze anos. Inquieto com problemas doutrinais como a contradição entre a iluminação inata e a adquirida, foi estudar com o destacado monge Kōin, em Onjō-ji, que o encaminhou para Eisai, no templo de Kennin-ji, onde nessa época os estudos esotéricos seguiam rigorosamente a escola Rinzai do Zen baseado em *koans*. Eisai talvez tenha deixado Quioto, indo para Kamakura; em todo caso, não é provável que se interessasse por um jovem acólito. Foi sob a orientação de um aluno de Eisai, Myōzen (1185-1225), que Dōgen realizou seus estudos. Em 1223, juntamente com Myōzen, Dōgen seguiu para a China. Seus encontros iniciais com vários mestres da escola Lin-chi (Rinzai) foram um desapontamento para ele; não conseguiu encontrar um mestre com o qual se sentisse em sintonia. Às vésperas de retornar ao Japão, teve notícias de que um novo sacerdote tinha sido nomeado abade no templo de T'ien-t'ung, onde Dōgen inicialmente havia estudado ao chegar à China. O novo abade, T'ien-t'ung Ju-ching (Tendō Nyōjō, 1163-1228) e seu jovem discípulo japonês tornaram-se amigos imediatamente. A prática nesse mosteiro era extremamente rigorosa, o que era do agrado de Dōgen. Dōgen recebeu sanção de seu mestre, mas permaneceu mais dois anos, para aperfeiçoar seus conhecimentos.

Em seu retorno da China, em 1227, Dōgen exerceu sua prática inicialmente no templo de Kennin-ji, mas sentiu-se insatisfeito com essa mistura de Zen e ensinamentos esotéricos. Em 1231, ameaçado pelos monges de monte Hiei, mudou-se para Fukakusa, a sul de Quioto, onde fundou um saguão de meditação no estilo Sung, o Kōshō-ji, no qual eram enfatizadas a prática Zen e a observância rigorosa dos preceitos. Ao que parece, ele atraiu alguns alunos, virtualmente todos pertencentes à escola de Dainichi Nōnin. Koun Ejō (1198-1280) foi o primeiro a chegar, em 1234. Ele havia sido um monge do templo em monte Hiei, tendo estudado uma grande variedade de ensinamentos e se tornara discípulo de Kakuan, em Tōnomine. Um outro grupo de ex-discípulos de Nōnin, liderado por Kakuzen Ekan (m. 1251), tinha ido para o templo de Hajaku-ji, em Echizen, um centro do Tendai da escola Hakusan, um grupo asceta montanhês, que serviu como refúgio para a escola Daruma-shū. Em 1241, esse grupo, sob a liderança de Ekan, Tettsū Gikai (1219-1309), Gien (m. 1314) e Gijun (s.d.), foi estudar com Dōgen.

Em 1243, Dōgen de repente passou seu templo em Quioto para um obscuro discípulo e seguiu para as regiões remotas de Echizen, com o apoio de Hatano Yoshishige, um oficial do xogunato Kamakura em

270 A ESPIRITUALIDADE BUDISTA

Quioto, que lhe oferecera uma área na propriedade da família, na região. Tem havido muita discussão sobre as razões pelas quais Dōgen teria deixado Quioto. O motivo – juntamente com a pressão exercida pelas seitas budistas mais antigas – provavelmente foi o fato de o templo de Tōfuku-ji, de tradição Rinzai, ter-se estabelecido em larga escala na área de Higashiyama, situada muito próximo. O templo era patrocinado pela família Fujiwara, com a qual o próprio Dōgen estava associado, e por Enni Ben'en (1202-1280), também conhecido por sua obra póstuma com o título de Shōitsu Kokushi – um destacado sacerdote do ramo Yōgi do Zen de tradição Rinzai, convidado a se tornar o primeiro abade do templo. Enni tinha estudado na China e obtido a sanção de um mestre famoso, Wu-chun Shih-fan (1178-1249), tendo retornado ao Japão em 1241. Foi um dos primeiros dos muitos sacerdotes japoneses que estudaram na China no século XIII e que, juntamente com os sacerdotes chineses que foram para o Japão, viriam a formar a base da elite Zen de Quioto e Kamakura que mais tarde se organizaria no Gonzan, ou sistema das Cinco Montanhas.

Em Echizen, onde um grande número de seus discípulos estudara anteriormente, Dōgen ficou a princípio em vários templos e, por fim, se fixou em Eihei-ji, o templo com o qual ele está mais estreitamente associado. Embora ainda bastante jovem, Dōgen estava com a saúde debilitada e, assim, passou a direção dos negócios do templo a seu culto discípulo Koun Ejō, a fim de se concentrar em seus escritos, em particular o *Shōbōgenzō*, a obra em razão da qual ele se tornou merecidamente famoso. Cada capítulo dessa obra tem um título individual e, muitas vezes, uma indicação da data, assim podemos dizer a que período de sua vida ele pertence. Ejō auxiliou Dōgen em toda a compilação e bem pode ter ampliado o texto, após a morte de Dōgen. Na época em que Dōgen se mudou para Echizen, cerca de quarenta capítulos, aproximadamente metade da obra, estavam concluídos. Há uma mudança abrupta no tom de seus escritos, após esse ponto. Ele outrora elogiara o budismo leigo e defendera o estudo do Zen por mulheres; agora ele achava que o Zen só podia ser estudado por monges que haviam deixado seus lares. Ele deliberadamente ignorara as distinções das seitas no Zen; agora ele começava a defender a escola Sōtō.

Por volta da época em que se mudou de Quioto, Dōgen recebeu da China uma cópia do *yu-lu*, ou ditos anotados, de seu mestre, Ju-ching. A obra deixou Dōgen furioso, pois sentia que os textos haviam sido reunidos sem qualquer cuidado e não representavam verdadeiramente os ensinamentos de seu mestre. Escreveu em tom acerbo sobre os incompetentes mestres do período Sung e acrescentou ataques bastante severos à escola Rinzai e ao famoso mestre Ch'an, Ta-hui. Normalmente comentários desse tipo teriam recebido uma resposta rápida dos partidários do Rinzai; no entanto, eles não ouviram falar do ataque de Dōgen, porque as cópias manuscritas do *Shōbōgenzō* eram distribuídas privadamente e a obra permaneceu sem publicação até o final do período Tokugawa. A publicação da versão em 95 capítulos teve início em 1796 e foi concluída em 1811. Os ditos de Dōgen, anotados sob o título *Eihei kōroku*, tiveram uma distribuição bastante ampla e continham os ataques violentos ao Zen de tradição Rinzai que se encontram no *Shōbōgenzō*.

Dōgen morreu durante uma visita a Quioto, em 1253. Ejō, que era dois anos mais velho que Dōgen, assumiu o templo de Eihei-ji. Devido à saúde debilitada, ele delegou os negócios do templo a Tettsū Gikai, em 1267. Gikai fora o encarregado da cozinha, um posto importante, tanto em Kichijō-ji quanto em Daibutsu-ji, os templos nos quais Dōgen ficara antes da fundação de Eihei-ji e, em Eihei-ji, ele também ocuparia um posto oficial. Em 1251, seu velho mestre Ekan, às portas da morte, passou a Gikai o certificado de sucessão na escola Nihon Daruma. De acordo com relatos, nessa época, ele pediu que lhe mostrassem o certificado que Dōgen havia recebido de Ju-ching, mas esse privilégio foi-lhe negado. Quando foi para Quioto receber cuidados médicos, Dōgen prometeu a Gikai que lhe mostraria o certificado e transmitiria o darma em seu retorno; mas Dōgen morreu em Quioto, deixando a promessa sem cumprir. Gikai ficou então sob a orientação de Ejō como seu mestre e Ejō o enviou para estudar em vários templos Rinzai, em Quioto e Kamakura. Em 1259, foi para a China sob a dinastia Sung, viajou extensamente e, ao retornar, trouxe consigo projetos de arquitetura para os edifícios do templo de Eihei-ji. Em 1267, Ejō ficou doente e passou o templo para Gikai.

A nomeação de Gikai encontrou a resistência de uma facção que se concentrava em torno de Gien (m. 1314) e Chi-yüan (Jakuen, 1207-1299), que fazia objeções a suas tentativas de se aproximar do templo e buscar obter seguidores locais, introduzindo elementos do budismo esotérico. O grupo alegava que o estilo simples e austero implantado por Dōgen estava sendo violado. Essa disputa, conhecida como *sandai sōron*, ou a disputa da terceira geração, continuou por cinco anos, até que Gikai, junto com seus seguidores, finalmente deixou Eihei-ji, seguindo para Kaga (hoje, Ishikawa), onde, sob a proteção de Togashi Iehisa, transformou, em 1283, um antigo templo Tendai, o Daijō-ji, num templo da seita Sōtō. Enquanto isso, Gien e Chi-yüan mantinham um controle precário de Eihei-ji. A partir dessa época até o final do período Muromachi, não houve comunicação entre os descendentes de Gikai e os de Gien e Chi-yüan. Eihei-ji perdeu o apoio da família Hatano e caiu numa situação de total falta de manutenção, virtualmente deixando de existir. No entanto, a escola enraizada nos ensinamentos de Gikai e seus descendentes se disseminou por todo o Japão, dominando a escola Sōtō, que cresceu enormemente em prosperidade e popularidade, no decorrer dos séculos.

Keizan Jōkin (1268-1325), o herdeiro de Gikai, é considerado um dos dois fundadores do Sōtō e era até recentemente reverenciado como

272 A ESPIRITUALIDADE BUDISTA

um patriarca de posição igual à de Dōgen. Nascido em Echizen, ele se tornou um monge sob a orientação de Ejō, no templo de Eihei-ji; passou a estudar com Gikai, após a morte de Ejō. Com a idade de dezoito anos, partiu para estudar com vários mestres associados com diferentes escolas de tradição Rinzai. Em 1295, recebeu sanção de Gikai e em 1302 tornou-se o segundo abade do templo de Daijō-ji. Em 1311, nós o encontramos no templo de Jōjū-ji, em Kanazawa; em 1313, com o patrocínio de Shigeno Nobunao, ele fundou o templo de Yōkō-ji, em Kaga, e o de Sōji-ji, em Noto, mas logo passou esses templos a seus discípulos Meihō Sotetsu (1277-1350) e Gazan Jōseki (1275-1366). Morreu com a idade de 58 anos, em 1325.

Podemos observar que quase nenhum desses mestres da escola Sōtō nem seus sucessores foram para a China, ao contrário da prática das escolas de tradição Gozan. Assim, a grande ênfase na bibliografia chinesa bem como a herança chinesa estavam em grande parte ausentes. Um grande número deles estudou sob a orientação de mestres da escola Rinzai durante curtos períodos de tempo, indicando mais uma liberdade de movimento em meio aos vários templos de tradição Zen do que a influência dos ensinamentos da escola Rinzai. Uns poucos mestres da escola Sōtō parecem ter-se associado à escola Hattō do Zen de tradição Rinzai, que se desenvolveu no templo de Kōkoku-ji, em Wakayama. Essa escola, fundada por Shinchi Kakushin (Hattō Kokushi, 1207-1298), tinha muitos elementos esotéricos em seus ensinamentos. Ela teve a infelicidade de se associar com a corte sul e, assim, não sobreviveu ao desagrado dos governantes da dinastia Ashikaga, durante o período Muromachi.

Keizan não fez qualquer tentativa de preservar o estilo austero de Dōgen, ao contrário, buscou ampliar seu grupo religioso. À medida que se ampliava, o grupo incorporava elementos do budismo antigo e recebia um colorido esotérico característico. Muitos dos primeiros monges haviam começado seu trajeto religioso no bastião da escola Tendai em monte Hiei. A área em torno do templo de Eihei-ji era um centro da fé Tendai de tradição Hakusan; alguns dos templos tomados pelos monges da escola Sōtō eram originalmente templos de tradição Hakusan e deram continuidade a formas de adoração praticadas localmente. Por exemplo, no templo de Yōkō-ji, Hakusan gongen é adorado e a principal estátua é a de Kannon, como em outros templos de tradição Hakusan. Keizan incorporou elementos das religiões montanhesas, crenças da tradição Hakusan em Kannon, diversas divindades guardiãs locais pertencentes ao Shinto e práticas ascéticas dos monges Shugendō montanheses. Os templos associados com formas mais antigas de budismo foram gradualmente convertidos em templos de linhagem Sōtō. Um padrão análogo seria seguido mais tarde por líderes da escola Sōtō e, em razão disso, a escola atrairia líderes de todas as escolas de budismo e revitalizaria templos como novos locais

ZEN

atrativos para a devoção. A escola Sōtō também conquistou o apoio popular, por sua ênfase nas obras e serviços públicos: a construção de pontes, a escavação de fontes quentes, os projetos de irrigação, a cura de doenças e a expulsão de espíritos malignos e dragões perigosos. Também se fazia um esforço consciente no sentido de educar a população e prestar-lhe serviços.

Os poucos *goroku* da seita Sōtō desse período refletem essa abordagem popular; eles consistem em grande parte em homilias emitidas em funerais, serviços memoriais, versos e curtas passagens. Escritos em linguagem simples e legível, eles são dirigidos não apenas à classe guerreira, mas também à população em geral. Diferem por completo da elegância elaborada dos *goroku* e outras obras literárias dos templos de tradição Gozan. Dos sete volumes de *goroku* na tradição Sōtō, encontrados no *Sōtōshū zensho* e sua continuação, somente um deles data dos períodos Muromachi (1333-1467) e Sengoku (1467-1568). Embora uns poucos autores sejam conhecidos por seu talento literário, havia pouca preocupação com a expressão escrita nesse período. Entre as obras impressas utilizadas nos templos estavam obras básicas da tradição Sōtō, como o *Sandōkai*, o *Hōkyō zanmai* e o *Goi kenketsu*, assim como livros adotados tanto pela tradição Rinzai quanto pela tradição Sōtō, como o *Hekiganroku*, o *Daie sho*, o *Keitoku dentō roku* e o *Zenrin-ruiju*. Em algumas ocasiões, partes do *Shōbōgenzō* de Dōgen e do *Denkōroku* de Keizan circularam na forma de manuscritos.

Até a metade do período Muromachi, os templos Sōtō mantinham um estilo de vida laborioso, que provavelmente pouco diferia do estilo de outros templos Zen. O dia era dividido em três períodos de trabalho e quatro de meditação *zazen*. Em cada ano havia dois períodos de três meses – verão e inverno – de prática intensificada, um encontro anual de monges de todo o país, conhecido como *gokōe*, e um período de oito dias no início do décimo segundo mês, conhecido como *rōhatsu sesshin*, no qual se praticava a meditação contínua, dia e noite. Na metade do período Muromachi a prática do *sanzen*, ou a visita ao mestre do Zen para uma entrevista, havia se deteriorado. Da mesma forma que nas escolas de tradição Gozan e nos templos de Daitoku-ji e Myōshin-ji, os livros de respostas em *koans* circulavam amplamente. Os monges praticantes conheciam as respostas que seus predecessores haviam formulado e as memorizavam; a prática do *koan* se desenvolveu numa forma rígida, perdendo toda sua vitalidade. Enquanto isso, tornaram-se extremamente populares por todo o país, assembléias como as de *gokōe* e *jukaie* (recepção dos preceitos), que originalmente eram destinadas a ajudar na prática da meditação e do *sanzen*, e nas quais até mil monges poderiam participar ao mesmo tempo. Uma vez que o público em geral tinha permissão para comparecer, esses encontros ajudavam na restauração ou manutenção dos templos e, ao mesmo tempo, permitiam transmitir ao povo um conhecimento geral das formas do Zen, da prática do *sanzen* e das funções cerimoniais. Na assembléia *jukaie*, um templo convidaria um sacerdote famoso ou mestre do *vinaya* para emitir preceitos dos *daimyō* para o povo, a pessoas comuns; com centenas de participantes recebendo os preceitos, ocasiões como essas eram um veículo eficiente de educação e de promoção da escola Sōtō.

No período Sengoku, a escola Sōtō recebeu a proteção das famílias Imagawa e Tokugawa e se difundiu ainda mais. No final do período Muromachi, os descendentes da escola de Keizan haviam começado a se interessar pelo templo de Eihei-ji, com o qual não tinham qualquer ligação desde a disputa da terceira geração. A partir da década de 1490, o templo de Eihei-ji passava a ser designado como *kompon dōjō* (local básico de prática), sendo designados para ele abades que descendiam da linhagem Keizan.

O Zen de Tradição Rinzai e as Escolas do Sistema Gozan

Durante o século XIII e início do século XIV, o Zen de tradição Rinzai floresceu em Quioto e Kamakura, com o apoio do xogunato de Kamakura. Muitos dos monges japoneses que visitaram a China nesse período eram de formação Tendai ou Shingon e defendiam um Zen mesclado com elementos do budismo esotérico, enquanto outros resgatavam um Zen baseado em *koans* num estilo rigorosamente Sung. Os monges chineses que iam para o Japão freqüentemente exibiam a orientação literária do Zen do período Sung, reforçada por seu recurso freqüente à comunicação escrita, devido à barreira da língua. Os monges da escola Zen logo obtiveram o patrocínio tanto da Corte Imperial quanto do xogunato, o que lhes permitiu resistir à pressão exercida pelas escolas de budismo estabelecidas.

Os monges viajavam livremente entre Quioto e Kamakura, residindo em templos construídos com apoio do império e do xogunato. Em Quioto, o Zen tendia a se combinar com as doutrinas esotéricas com as quais os membros cultos da corte estavam familiarizados. Em Kamakura, os monges chineses, convidados pelos regentes Hōjō, transmitiam um ensinamento simplificado. Esses primeiros sacerdotes se associavam aos templos em Quioto e Kamakura que, mais tarde, no período Ashigaka, se organizariam numa hierarquia de templos conhecida como Gozan, ou Cinco Montanhas, numa imitação do sistema que havia se estabelecido na China do período Sung. Um dos primeiros monges de renome na transmissão do Zen foi Enni Ben'en, que foi para a China em 1235 e se tornou herdeiro de Wu-chun Shih-fan. Em 1241, ele retornou ao Japão, trazendo consigo mil livros que abordavam tanto o budismo quanto o confucianismo. Ben'en ensinava o Zen com uma forte mescla de esoterismo, no complexo do templo de Tōfuku-ji. Seu contemporâneo Shinchi Kakushin foi para a China em 1249 e se tornou o herdeiro de Wu-men Hui-k'ai (1185-1260), o compilador do

Wu-men kuan (Mumonkan; A Barreira sem Portal). Retornando em 1254, ele fundou um templo em Wakayama, mas era freqüentemente chamado a Quioto pelo imperador, para ensinar o Zen. Também ele combinava o Zen com doutrina esotérica. Sua escola floresceu durante várias gerações, mas foi suprimida pelo xogunato Ashikaga, por ter apoiado o imperador Godaigo durante a restauração Kenmu.

Lan-hsi Tao-lung (Rankei Dōryū, 1213-1278) estudou na China sob a orientação de diversos famosos mestres do Zen. Em 1246, com a idade de 33 anos, foi para o Japão, com um grupo de monges amigos seus. Em 1253, tornou-se o primeiro abade do templo de Kenchō-ji, em Kamakura, e conquistou um amplo grupo de seguidores em meio à classe guerreira de Kamakura. Ensinava um Zen rigoroso, despido de elementos esotéricos, que salientava a adesão aos regulamentos monásticos. Em 1259, foi chamado para o templo de Kennin-ji em Quioto, que ele alinhou com seu estilo mais puro de Zen chinês. Dois anos mais tarde, voltou a Kamakura, mas foi exilado duas vezes para as províncias, devido a difamações por seguidores descontentes. Durante 33 anos no Japão, Tao-lung contribuiu significativamente para o estabelecimento do Zen como uma escola independente.

Um outro sacerdote chinês que teve grande impacto no Japão foi Wu-hsüeh Tsu-yüan (Mugaku Sogen, 1226-1286). Teve na China uma carreira de destaque, obtendo a sanção do famoso mestre Wu-chun e mais tarde visitando muitos mestres, em busca de aprofundar seus conhecimentos. Quando, em 1279, Hōjō Tokimune enviou monges à China, para convidar um grande mestre, Tsu-yüan foi escolhido para ir para o Japão. Chegando a Kyūshū em 1282, foi recebido por Enni Ben'en, que também havia estudado com Wu-chun, e logo foi para o templo de Kenchō-ji, em Kamakura. Tokimune estudou sob sua orientação e construiu o templo de Engaku-ji, fazendo de Tsu-yüan seu abade. Foram os numerosos discípulos de Tsu-yüan que se empenharam no desenvolvimento do Zen de tradição Gozan do período Ashikaga.

O Zen de Kamakura, associado com os regentes Hōjō, e o Zen de Quioto, associado com a aristocracia e com a corte imperial, cresceu em popularidade, em especial em meio às classes da elite. À medida que conquistava reconhecimento e superava a hostilidade das escolas budistas mais antigas, o Zen passava a exercer uma grande influência política e literária e se organizava cada vez mais com base no sistema Gozan, que fora levado da China para o Japão no final do período Kamakura e chegaria a uma forma fixa durante o período Muromachi. No âmbito dessa classificação hierárquica dos principais templos de tradição Rinzai de Kamakura e Quioto, cada templo tinha sua própria hierarquia, ou linhagem de descendência com relação ao líder do templo, ou abade. Além disso, as escolas literárias tão manifestamente associadas com o sistema Gozan tinham cada uma sua própria linhagem, freqüentemente com escolas subordinadas ou subsidiárias. Muito freqüentemente

276 A ESPIRITUALIDADE BUDISTA

sacerdotes famosos desempenhavam papéis importantes ou dominantes em todas as três hierarquias separadas.

Quando os monges japoneses da escola Zen começaram a chegar à China no início do século XIII, o Zen de tradição Sung passou a ser dominado pela escola que descendia de Ta-hui Tsung-kao (1089-1163). Muitos desses sacerdotes chineses que haviam chegado ao Japão no período Kamakura pertenciam à escola rival menor de Hu-ch'iu Shao-lung (1077-1136). Quando, por sua vez, os sacerdotes japoneses enviavam seus estudantes para a China, era em geral sob a orientação de sacerdotes dessa escola que eles trabalhavam. A escola Hu-ch'iu, no entanto, estava ela própria dividida em duas facções, a de P'o-an Tsu-hsien (1132-1211) e a de Sung-yüan Ch'ung-yüeh (1132-1202), sendo que as disputas entre essas facções se estenderam até o Japão e estão por trás de certos antagonismos entre as escolas de tradição Gozan. Enni Ben'en e Musō Soseki (1275-1351) pertenciam à escola de P'o-an, enquanto a escola de Ōtōkan, associada com os templos de Daitoku-ji e de Myōshin-ji, que estavam fora do sistema Gozan, descendiam da escola de Sung-yüan.

A essa altura, a escola Ta-hui do Zen de tradição Sung havia se associado estreitamente com a corte Sung, com altos oficiais e com a intelectualidade. Nessa época, os neoconfucianos que haviam passado nos exames para o serviço civil, tornaram-se estudantes do Zen e é provável que um bom número dos que haviam estudado, mas não conseguiram passar nesses exames, também tenham se voltado para o Zen. Com o estabelecimento do sistema Wu-shan (Gozan), durante a dinastia Sung do Sul, a escola Ta-hui assumiu a primazia. O sistema burocrático chinês penetrou nos templos da escola Zen em todo o país e desenvolveu-se um sistema altamente organizado de classificação e administração dos templos. Embora na escola Ta-hui predominasse o Zen chinês, quando os monges japoneses inicialmente chegaram ao país, a maioria deles estudava sob a orientação de mestres associados com a escola de Hu-ch'iu. No entanto, com o aparecimento de Wu-chun Shih-fan, a escola Ta-hui também teve acesso aos círculos aristocráticos. A atmosfera aristocrática desse Zen era muito atraente para as famílias governantes do Japão, os Hōjō e os Ashikaga.

O xogunato Ashikaga, estabelecido por Takauji (1305-1358) após a queda do regime Hōjō em 1333, viu essa forma de Zen altamente organizado como ideal para seus propósitos e a adotou quase que integralmente. Não apenas suas instituições eram adaptáveis aos templos Zen do Japão, mas elas também serviam a um propósito político, pelo fato de que não apenas os templos das cidades, mas também os das províncias serviam para ampliar a dignidade e a autoridade da casa Ashikaga. Foram tomadas diversas medidas para a organização do Zen e promoção dos interesses do xogunato. Inicialmente, seguindo a sugestão do mestre do Zen da escola Rinzai, Musō Soseki, a partir de

1338, Takauji e seu irmão Tadayoshi fundaram templos oficiais nas 36 províncias e em duas ilhas. Oficialmente denominados Ankoku-ji pelo imperador Kōgon em 1345, esses templos serviam para enfatizar a presença política dos Ashikaga nas províncias e para conferir importância aos senhores provinciais. Além dos templos de Ankoku-ji, que eram todos templos de tradição Zen, também foram fundados nas províncias pagodes conhecidos como rishō-tō. Dedicados aos espíritos dos guerreiros que haviam morrido desde o conflito civil da era Genkō (1331-1333), esses pagodes localizavam-se no interior dos distritos de templos de tradição Tendai, Shingon e Ritsu e serviam também para acentuar o poder dos Ashikaga. Nesse aspecto, os Ashikaga seguiam diretamente o modelo chinês, pois o governo Sung havia estabelecido templos Zen oficiais em todas as províncias. Após a morte de Takauji, os templos de Ankoku-ji e de rishō-tō perderam sua importância e, quando se tornou xogum, Yoshimochi deixou-os definhar. Muitos deles se tornaram templos designados especificamente no âmbito do novo sistema Gozan adotado.

Menções ocasionais ao sistema Gozan são encontradas no final do período Kamakura (antes de 1333). Seria somente no período Muromachi que o sistema entraria em pleno uso oficial. A primeira menção a ele ocorre em 1299, quando o templo de Jōchi-ji, em Kamakura, recebeu estatuto oficial. Em 1310 outros templos de Kamakura – o Kenchō-ji, o Engaku-ji e o Jufuku-ji – alcançaram classificação como Gozan, o que indicava uma certa aceitação oficial desse sistema antes do final do período Kamakura. As primeiras classificações de templos de tradição Gozan tanto em Quioto quanto em Kamakura eram muitas vezes objeto de disputa e freqüentemente mudavam quando as preferências do xogunato mudavam ou sacerdotes proeminentes exerciam sua influência. Em 1334, a classificação era: 1. Nanzen-ji; 2. Tōfuku-ji; 3. Kennin-ji, todos os de Quioto; 4. Kenchō-ji; e 5. Engaku-ji, de Kamakura. Quando o xogunato Ashikaga foi completamente estabelecido, os templos foram classificados de modo a servir a propósitos imediatos. Musō Soseki persuadiu Takauji a fundar o templo de Tenryū-ji em honra ao imperador Godaigo (r. 1318-1339) e foi classificado no sistema Gozan. Em 1341, Takayoshi revisou novamente a classificação, acrescentando dois templos aos cinco originais, de modo que o modelo chinês foi na prática abandonado e o sistema Gozan se tornou simplesmente um meio de indicação da classificação dos templos. Outras revisões foram feitas em 1377 e em 1382, quando, pela primeira vez, os templos de Kamakura foram classificados acima de seus correspondentes em Quioto.

Classificados logo abaixo dos templos em posição Gozan estavam os Jissetsu, ou os "dez templos". Aqui, novamente, a organização Sung foi transposta para o Japão, também no último período Kamakura. Esses dez templos se localizavam nas províncias e sua classificação mudou freqüentemente durante o período Muromachi. Em 1341, Tadayoshi estabeleceu uma classificação dos dez templos, que foi revisada em 1358, para permitir uma divisão igual de templos entre o Japão oriental e o ocidental. Com o passar dos anos, houve um grande número de mudanças na posição dos templos e, em 1380, Yoshimitsu revisou radicalmente a classificação, acrescentando seis novos templos, perfazendo um total de dezesseis. Mais uma vez era abandonado o conceito chinês original dos dez templos e o sistema Jissetsu se tornou meramente uma classificação dos templos. Isso estimulou os templos mais poderosos nas províncias a se apressar em reivindicar uma posição como Jissetsu e seu número foi aumentando gradualmente. Em 1486, havia 46 templos classificados como Jissetsu; mais tarde cerca de sessenta templos obteriam essa classificação.

Abaixo da classificação Jissetsu estava uma outra classificação de templos, conhecida como *shozan*; aqui novamente o sistema Sung chinês era usado como modelo. Quando alcançou pela primeira vez o poder, Ashikaga bakufu colocou oficiais para supervisionar os principais templos por todo o país. Para o Zen, com o qual Ashikaga tinha um vínculo especialmente estreito, foram designados oficiais especiais que deviam administrar os complexos de templos. Inicialmente os oficiais com formação militar eram designados como supervisores, mas, à medida que Ashikaga foi consolidando sua posição, o controle dos templos de tradição Zen foi sendo gradualmente transferido para os próprios sacerdotes. Com o surgimento de Shun'oku Myōha (1311-1388), a figura central na escola Musō de Zen de tradição Gozan que então predominava, a administração foi consolidada nas mãos dos sacerdotes. Myōha foi nomeado líder do *sōroku*, a mais alta posição administrativa no sistema Gozan: esse posto controlava todas as questões do Zen de tradição Gozan. A intenção de Ashikaga parece ter sido controlar toda a atividade da escola Zen, inclusive os templos de tradição Sōtō e os que estavam fora do sistema Gozan, associados com os templos de Daitoku-ji e Myōshin-ji, mas esse amplo controle central nunca foi alcançado. O *sōroku* se localizava no interior dos recintos do templo de Shōkoku-ji, em Quioto. Em 1383, foi fundado um templo conhecido como Rokuon-in nos recintos do templo de Shōkoku-ji e o *Rokuon-sōroku*, como veio a ser designado, supervisionava a nomeação dos principais sacerdotes, estabelecia a elevação na classificação e regulamentava os procedimentos cerimoniais. Além disso, os sacerdotes eram freqüentemente requisitados na elaboração de documentos relativos ao comércio e a questões estrangeiras.

Entre os sacerdotes associados ao Gozan há muitos nomes famosos, em grande parte personagens ligados à literatura ou homens que estavam estreitamente associados com o xogunato Ashikaga. Dentre eles, o mais famoso era Musō Soseki. Nascido numa família aristocrata, Musō entrou para o budismo com tenra idade. Um estudante talentoso mergulhou nos textos budistas e também leu extensamente obras confucianas e taoístas. Com a idade de dezoito anos, foi para o templo de Tōdai-ji, em Nara, onde recebeu os preceitos. Insatisfeito com o budismo acadêmico, voltou-se para o Zen, visitando diversos mestres em Quioto e Kamakura, inclusive sacerdotes vindos da China, mas não conseguiu encontrar ninguém com quem se sentisse em afinidade. No final, encontrou Kōhō Kennichi (1241-1316), que tentou demovê-lo de sua preocupação com os textos sagrados e literários. Fracassando em seus esforços, Soseki passou três anos em isolamento numa província distante e finalmente retornou a Kennichi em 1305. Dessa vez, recebeu a sanção de seu mestre. Soseki não fez nenhuma tentativa de viajar e estudar na China.

Representando o Zen de tradição literária, Soseki foi objeto de críticas severas por parte de alguns de seus contemporâneos. O diário do imperador Hanazono (r. 1308-1318) reproduz algumas críticas a Soseki, muito pouco lisonjeiras, feitas por Shūhū Myōchō (Daitō Kokushi, 1282-1338), afirmando que a interpretação de Soseki estava no mesmo nível das escolas de ensinamentos. Myōchō afirmava que se um sacerdote do calibre de Soseki se tornasse abade de algum templo importante, o Zen certamente seria destruído. Soseki tinha um imenso número de seguidores, bem como o livre acesso à Corte Imperial e ao xogunato. Seu estilo de Zen buscava uma acomodação entre o Zen e as escolas de ensinamentos, em particular as de ensinamentos esotéricos. Isso estabeleceu o estilo de todos os templos de tradição Gozan e contribuiu enormemente para sua ênfase nas composições literárias. Aos poucos o ensino do Zen foi se tornando altamente formalizado, à medida que as funções literárias e políticas dos sacerdotes da tradição Gozan foram obtendo supremacia.

Ōtōkan

Entre os templos em Quioto estavam alguns que ensinavam um Zen rigoroso, baseado em *koans* e importado da China, e evitavam o acréscimo de outras formas de budismo. Os mais importantes deles eram o templo de Daitoku-ji e o de Myōshin-ji. O tipo de Zen aí ensinado, conhecido como escola Ōtōkan (com base nos nomes de seus três fundadores, Daiō Kokushi, Daitō Kokushi e Kanzan), foi predominante na escola Rinzai do século XVII em diante, e é a única forma de Rinzai que existe ainda hoje. O fundador da linhagem é Nanpo Jōmyō (Daiō Kokushi, 1235-1309). Jōmyō iniciou seus estudos sob a orientação de Lan-hsi Tao-lung em Kamakura, indo para a China em 1259. Aí ele estudou com Hsü-t'ang Chih-yü (1185-1269), que tinha vínculos estreitos com a corte imperial Sung. Após sua sanção, ele retornou a seu antigo mestre em Kamakura, em 1267. Passou mais de trinta anos em Kyūshū e mais tarde seria chamado a Kamakura pelos Hōjō, para assumir o posto de principal abade do templo de Kenchō-ji. Seus ensi-

280 A ESPIRITUALIDADE BUDISTA

namentos seguiam um estilo rigoroso, baseado nos *koans* de seu mestre chinês e não incluíam elementos do budismo esotérico. Seu principal herdeiro foi Shūhō Myōchō (Daitō Kokushi). Myōchō mantinha um rigoroso estilo Sung de Zen (embora nunca tenha ido para a China) e provavelmente foi o primeiro a criar um programa sistemático de estudo de *koans* no Japão. Após receber a sanção de seu mestre, passou cerca de vinte anos em isolamento, finalmente se tornando um mestre. Foi o fundador do templo de Daitoku-ji e teve vínculos com o imperador Hanazono e a Corte Imperial. Fora ele que fizera as críticas extremamente acerbas à interpretação Zen de Musō Soseki.

Após Shūhō, Tettō Gikō (1295-1369) assumiu a direção de Daitoku-ji. Gikō ampliou o templo, trabalhou em ligação estreita com os membros da congregação e estabeleceu templos subsidiários na área próxima a Quioto. O imperador Godaigo concedera ao templo de Daitoku-ji a classificação como Gozan em 1333, mas ela fora anulada em conseqüência das objeções feitas por outros templos do sistema Gozan, que assinalavam que o método de nomear sucessores para o cargo de abade em Daitoku-ji diferia dos seus. Uma vez que o estilo de ensino em Daitoku-ji diferia consideravelmente do estilo dos templos classificados como Gozan, ele não recebia apoio de Ashikaga bakufu e ficou por algum tempo numa situação de extrema deterioração. O templo voltou a prosperar quando Ikkyū Sōjun (1394-1481) se tornou abade.

Ikkyū é um dos mais famosos sacerdotes japoneses, sobretudo por suas excentricidades. Era filho do imperador Gokomatsu, mas sua mãe, por razões desconhecidas, foi obrigada a deixar a corte antes de seu nascimento, de modo que ele nunca se tornou um príncipe imperial. Tornou-se um acólito com a idade de cinco anos, mostrando talento para a composição de poesias chinesas e dedicando-se incansavelmente aos estudos. Com a idade de vinte anos, foi praticar o Zen sob a orientação de Kasō Sōdon (1352-1428) no templo de Daitoku-ji e, após um período de treinamento severo, alcançou a iluminação com a idade de 26 anos, despertado, de acordo com relatos, pelo ruminar das vacas, enquanto ele se sentava em meditação num pequeno barco. Ikkyū foi um crítico persistente do que ele via como a ambição e corrupção dos monges. Seu *Jikai shū* (Autocensuras), escrito na forma poética chinesa, está repleto de críticas ferozes a Yōsō Sōi (1379-1458), o sucessor de Kasō como abade de Daitoku-ji. Yōsō é acusado de fazer comércio com o Zen, de vender certificados atestando a iluminação de membros da congregação, de seduzir mulheres nos recintos do templo. Ikkyū se sentia afrontado pelo fato de Yōsō ter recebido do imperador o título de *zenji*, mestre do Zen, quando seu próprio mestre não havia recebido essa distinção. O próprio Ikkyū não teria nenhuma relação com as formalidades do Zen. Rejeitou o tão valorizado certificado de iluminação e viveu uma vida de liberdade, embora passasse os últimos oito anos de sua vida como abade de Daitoku-ji. Sua poesia encontra-se reunida sob o título de *Kyōun-shū* (Coletânea da Nuvem Louca), a designação que ele adotou como pseudônimo. Muitos dos versos contêm significados duplos ou recomendam uma vida de dissipação. Ikkyū visitava abertamente as áreas freqüentadas por homossexuais e cultivava vínculos profundos com mulheres, sobre todas as quais ele fala em seus versos.

O templo de Daitoku-ji foi destruído em 1468, durante a Guerra de Ōnin, assim como a maioria dos templos em Quioto. A reconstrução teve início em 1473. No final do período Muromachi e no período Sengoku, templos subsidiários do Daitoku-ji se disseminaram pelo país, muitas vezes ocupando templos que outrora estavam vinculados ao sistema Gozan. Enquanto isso, uma escola centrada em torno de Kanzan Egen (1277-1360), no templo de Myōshin-ji, atraía os estudantes desencantados com as modas literárias e com a ausência da prática Zen nos templos do sistema Gozan. Kanzan era um homem extremamente simples, vivendo em grande pobreza. Num período tardio de sua vida, ele se tornou o principal discípulo de Shūhō Myōchō e, por recomendação de Myōchō, o imperador Hanazono estudou o Zen sob sua orientação. Enquanto os discípulos de Daiō e Daitō Kokushi compilaram *goroku*, ou os registros de seus mestres, Kanzan não deixou nenhum registro, porque se recusava a fazer preleções e, assim, não deixou materiais a ser registrados.

Myōshin-ji não foi inicialmente um templo importante, mas meramente um subtemplo de Daitoku-ji. Além disso, quando a família Ōuchi se rebelou contra os Ashikaga em 1399, Yoshimitsu confiscou todas as propriedades do templo e transferiu os prédios para outra parte e os monges se dispersaram pelo país, porque o abade responsável por Myōshin-ji tinha vínculos estreitos com a família Ōuchi. Durante algum tempo, o templo deixou de existir, mas em 1432 uma parte dos precintos retornou ao templo, os monges foram chamados de volta e o templo finalmente foi restaurado. O principal arquiteto da restauração foi o sétimo abade, Nippō Sōshun (1368-1448), que foi chamado a Quioto; ele era proveniente da área próxima à atual Nagóia, por onde muitos dos sacerdotes do templo haviam se dispersado. Seguiu-se uma série de abades que colocaram o templo sobre sólida base fiscal e obtiveram o apoio dos *daimyōs* locais por todo o país; o templo continuou então a prosperar e se expandir. Desde o início do século XVI, desenvolveu-se um conflito entre o templo de Daitoku-ji e o de Myōshin-ji e, por um tempo, o contato entre os dois templos cessou por completo. Como o templo de Myōshin-ji era agora mais poderoso que o de Daitoku-ji, os monges deste último se sentiam ameaçados e se colocavam numa atitude de autodefesa. Em 1509, quando Myōshin-ji foi designado pela Corte Imperial como um templo no qual os abades tinham permissão para usar túnicas roxas, Daitoku-ji, que já havia sido privilegiado com essa honraria, protestou veementemente, mas de nada adiantou.

282 A ESPIRITUALIDADE BUDISTA

Myōshin-ji continuou a receber o apoio de diversos *daimyōs*, durante o período Sengoku, e passou a ocupar, um após outro, os templos de tradição Gozan, Jissetsu e *shozan*. Entre seus êxitos nas províncias também estavam poetas, atores e outras pessoas ligadas à arte, comerciantes, médicos e pessoas de todas as camadas. Assim como as seitas de tradição Sōtō antes dele, Myōshin-ji preocupou-se em se apresentar ao povo comum, em adotar as crenças locais e em realizar serviços budistas e oferecer preces que agradavam as massas. A prática Zen tradicional, que fora tão característica da escola, foi sendo negligenciada, as seções de perguntas-e-respostas foram se tornando mais formalizadas e *missan-chō*, os registros secretos das entrevistas na forma de *koans*, circulavam amplamente da mesma forma que nos templos do sistema Gozan. Os templos passaram a se assemelhar cada vez mais às instituições do Tendai e do Shingon e o espírito e as qualidades do Zen foram se tornando cada vez mais difíceis de discernir.

Com o advento dos Tokugawa bakufu, no início do século XVII, o budismo como um todo ficou sob rigoroso controle do governo, foi estabelecido um sistema de templos principais e subsidiários e todas as fases da vida budista passaram a ser rigorosamente regulamentadas. O governo Tokugawa era de orientação confuciana e o budismo se viu exposto a ataques freqüentes. Embora seja muitas vezes descrito como marcado por um declínio acelerado do budismo, o período se caracterizou por uma reavaliação criativa de sua fé pelos budistas e por uma ênfase em questões teóricas. O Zen não foi exceção. Tanto a escola Rinzai quanto a Sōtō produziram diversas figuras de grande destaque, que conseguiram revitalizar os ensinamentos e conduzir a novas direções ou restaurar parte do vigor que possuíam quando chegaram ao Japão.

ZEN 283

II. A ESPIRITUALIDADE MONÁSTICA DE DŌGEN MESTRE DO ZEN

Tsuchida Tomoaki

Dōgen (1200-1253) foi um dos reformadores e fundadores da tradição budista japonesa, em sua revitalização e reforma na virada do século XIII. Juntamente com o budismo da Terra Pura, desenvolvido por Hōnen e outros, o Zen centrado na meditação, introduzido por Eisai e Dōgen, ajudou os fiéis budistas a compreender as dimensões transcendentais da espiritualidade humana, para as quais o Buda e os grandes mestres da história haviam apontado. Entre os mestres espirituais mais respeitados que o Japão já teve, Dōgen continua a impor admiração ainda hoje e seu pensamento religioso e filosófico continua merecendo estudo sério.

A Vida de Dōgen

Dōgen nasceu em janeiro de 1200 numa família aristocrata. Seu pai teria sido o nobre Kuga Michichika e sua mãe, uma filha do principal conselheiro do imperador, Kujō Motofusa. Quando Dōgen tinha três anos de idade, seu pai, um político atuante, morreu e, quando tinha oito anos, também sua mãe – fatos não mencionados por ele em nenhum de seus escritos. Assim como outros homens de sua idade pertencentes à aristocracia, Dōgen muito provavelmente recebeu educação nos clássicos chineses e na poesia *waka* japonesa.

Sua formação aparentemente deveria abrir-lhe o caminho para uma carreira política, mas, com a idade de treze anos, entrou no noviciado de um dos templos do complexo de Enryaku-ji em monte Hiei. Em 1214, ao que parece, Dōgen visitou o templo de Kennin-ji em Quioto, o primeiro mosteiro Zen inaugurado por Myōan Eisai (1141-1215) em 1203[1]. Em Kennin-ji, no ano de 1217, Dōgen se tornou aluno de Myōzen (1184-1225), discípulo de Eisai e, por fim, foi confirmado como seu sucessor. Em 1223 Myōzen levou Dōgen e outros para a China, para continuar seus estudos em mosteiros de tradição Zen. Dōgen visitou vários mosteiros junto com Myōzen e, após a morte deste, continuou visitando vários mestres até que chegou a T'ien-t'ung Ju-ching (1163-1228) pela segunda vez, no templo de Ching-te-ssu em monte T'ien-t'ung. Nesse local ele recebeu de Ju-ching o certificado como sucessor de direito na linhagem Ts'ao-tung (j. Sōtō) da tradição Zen.

Dōgen retornou ao Japão em 1227, levando consigo as cinzas de seu mestre Myōzen e uma coleção de obras budistas, bem como a

---

1. Eisai havia introduzido a linhagem Rinzai (ch. Lin-chi) do budismo Zen proveniente da China em 1191 e, desde então, atuou no sentido de restaurar o budismo no Japão por meio da meditação Zen.

284 A ESPIRITUALIDADE BUDISTA

grande aspiração de transmitir o que ele considerava a tradição autêntica do Caminho do Buda. Enquanto estava no porto de desembarque de Kawajiri, na província de Higo (atual prefeitura de Kumamoto), ilha de Kyūshū, Dōgen escreveu um tratado intitulado *Fukanzazengi*, exortando as pessoas ao *zazen*, ou meditação sentada (de pernas cruzadas). No ano seguinte, retornou ao templo de Kennin-ji em Quioto, mas em 1230 foi forçado a partir – acredita-se que por pressão do templo de Enryaku-ji – para um pequeno templo no sul de Quioto, onde escreveu o *Bendōwa* (Uma Palestra sobre o Estudo do Caminho). Em 1233, inaugurou o Kōshō Hōrin-ji, um novo templo no qual ele começou a ensinar e a escrever para os monges que vinham estudar e praticar com ele. Entre os que se juntaram a sua nova ordem estavam Koun Ejō (1198-1280), que se tornaria o assistente de maior confiança de Dōgen e o segundo abade do templo de Eihei-ji após a morte de Dōgen[2], e Tettsū Gikai (1219-1309), mais tarde parceiro de Ejō e futuro terceiro abade de Eihei-ji.

No decorrer dos dez anos seguintes, Dōgen atuou ensinando e escrevendo nesse templo e no templo de Ropparamitsu-ji, também em Quioto. Sua ordem continuou a crescer até que, em 1243, após o encerramento do retiro de verão, ele e seus discípulos tiveram que abandonar Hōrin-ji. Desta vez eles saíram de Quioto, indo para um local remoto nas montanhas de Echizen (atual prefeitura de Fukui). Ao que parece, eles foram forçados a se mudar por imposição de Enryaku-ji, a principal das instituições budistas na Capital Imperial, que, desse local, policiava os novos budistas e os que buscavam reformas (Enryaku-ji também ajudou na punição de Hōnen e seus seguidores, entre eles Shinran). O próprio Dōgen não menciona as razões dadas para essa difícil saída nem o que estava por trás dela. Em todo caso, a saída de Hōrin-ji foi facilitada por um chefe guerreiro, Hatano Yoshishige, que tinha ouvido o sermão de Dōgen (*Shōbōgenzō zenki*) no ano anterior e ofereceu-lhe um lugar em seu feudo. Esse foi manifestamente um momento importante da vida de Dōgen, mas também um divisor de águas na história da tradição budista japonesa: pela primeira vez era fundado fora das grandes cidades um mosteiro dedicado à vida contemplativa, atuante e plenamente desenvolvido. O chefe guerreiro deu apoio a Dōgen e sua ordem, doando um templo, o Daibutsu-ji (*daibutsu* significa grande Buda), e um conjunto de textos sagrados budistas (*tripiṭaka*).

Em seu novo mosteiro, Dōgen dava continuamente sermões e palestras, tendo fundado uma ordem monástica. Em 1246 ele deu novo nome ao templo: Eihei-ji (*eihei* significa paz eterna)[3]. Esse foi o início de uma nova

---

2. Ejō anotou os ditos de Dōgen nesses primeiros anos, de por volta de 1235 até 1238, compilando-o numa obra conhecida como *Shōbōgenzō zuimonki* (A Quintessência do Verdadeiro Darma como a Ouvi).

3. Eihei era também a denominação da era (ch. Yung-p'ing) na China, em cujos oito anos (65 d. C.), de acordo com a lenda, o budismo foi introduzido na China pela primeira vez.

ordem budista ou, na visão de Dōgen, a inauguração do genuíno Caminho do Buda no Japão. Desde esse momento, Eihei-ji tem sido o principal templo da seita Sōtō, uma das maiores seitas budistas no Japão.

Em agosto de 1247, Dōgen viajou para Kamakura por ordem do regente Hōjō Tokiyori (1227-1263), para aí ministrar ensinamentos ao regente e outros. Retornou a Eihei-ji em março do ano seguinte, para cuidar de seu próprio mosteiro; em 1249, encarnado o verdadeiro espírito monástico, prometeu nunca mais deixar Eihei-ji. Sua saúde começou a declinar por volta de 1252 e ele morreu em agosto do ano seguinte, com a idade de 53 anos. Quando abade de Eihei-ji, Dōgen era chamado de Eihei Dōgen; ele também é às vezes designado por seu nome póstumo, Kigen. Em 1879, recebeu o título honorário de Jōyō Daishi, concedido pelo imperador Meiji.

Dōgen era um monge contemplativo que insistia na meditação sentada em silêncio e, no entanto, deixou muitos escritos. O mais importante deles é o *Shōbōgenzō* (A Essência do Darma Verdadeiro do Buda) que, juntamente com diversos outros manuscritos que chegaram até nós, parece representar os escritos originais de Dōgen, e o *Eihei kōroku*, uma coletânea de sermões, palestras e comentários, registrados e publicados por seus discípulos. Além disso, temos *Hōkyōki*, as memórias de seus dias na China, *Fukanzazengi*, *Gakudō yōjinshū* (Conselhos para o Aprendizado do Caminho), *Tenzo kyōkun* (Instruções para o Chefe da Cozinha do Mosteiro), além de uma série de regras monásticas, para cuja composição Dōgen deve ter dedicado boa parte de seus últimos dias, a fim de, pela primeira vez no Japão, dar à vida monástica do Zen uma base firme.

A Prática Budocêntrica de Dōgen

A espiritualidade de Dōgen, tal como revelada no *Shōbōgenzō* e em outros escritos, gira em torno de três pontos. Em primeiro lugar, trata-se de uma prática completamente voltada para o Buda. A espécie de meditação praticada pelo Buda e seus seguidores no decorrer de muitas gerações destina-se a atestar a verdade do ser. Os atos de fala ou de comunicação oral da verdade entre mestre e discípulo destinam-se a ser de natureza transcendental, como entre um buda e um buda; e a fidelidade às atividades rotineiras da vida monástica cotidiana é compreendida como parte da busca do budismo. Em resumo, o Caminho do Buda de Dōgen significa que cada indivíduo deve realizar e incorporar a natureza búdica, tornar-se um Buda.

Em contraponto com o pano de fundo da tradição budista japonesa, na qual os fundadores das seitas tendem a ser o foco primário da veneração (às vezes até mesmo eclipsando a figura do Buda Śākyamuni), a espiritualidade de Dōgen se destaca por seu foco no Buda. Para Dōgen, o Buda tinha vivido não muito tempo antes e, na verdade, ele é ainda visível nos grandes mestres. Por meio da genealogia dos

286 A ESPIRITUALIDADE BUDISTA

mestres, que remontava suas origens ao Buda, os herdeiros legítimos da sucessão – como Dōgen também se considerava – podiam sentir um vínculo estreito com o próprio Buda.

Em segundo lugar, a espiritualidade de Dōgen se enraíza firmemente no *Sutra do Lótus* e outros textos sagrados que, para ele, transmitiam as palavras bem como o espírito do Buda. Isso difere enormemente de muitos mestres chineses do Zen, que se gabavam da "transmissão de coração a coração" e de uma posição "não dependente das palavras e da letra dos textos sagrados" (frases raramente empregadas por Dōgen) e tendiam a desdenhar, e mesmo ridicularizar, o papel das formulações e explicações da transcendência encontradas nos textos sagrados. Que Dōgen era extremamente versado no *Sutra do Lótus* fica manifesto no modo como o *Shōbōgenzō* é interpolado por palavras e expressões nele encontradas. Além disso, Dōgen passou seus primeiros anos em Enryaku-ji, o centro de budologia de tradição Tendai (ch. *T'ien-t'ai*), que se baseava nos escritos de T'ien-t'ai Chih-i (538-597) sobre o *Sutra do Lótus* (a budologia da escola T'ien-t'ai era uma síntese filosófico-religiosa da doutrina e prática que incluía a meditação Zen).

Em terceiro lugar, Dōgen estava resolutamente comprometido com uma forma de monismo transcendental que unia dinamicamente a transcendência e a imanência (assim como o conhecimento e a fé) na ação. Essa ação centrava-se na meditação na posição de pernas cruzadas, ou do "lótus", e na vida no mosteiro, que, na avaliação de Dōgen, era a mesma espécie de vida que fora vivida pelo Buda e seus primeiros discípulos, assim como pelos grandes mestres do Zen na China. Toda tendência a fazer do Buda ou de suas palavras um objeto de nosso próprio uso não precisa ser transcendida pelo agir como o Buda, isto é, pelo meditar e falar como o Buda fazia (para começar, essas ações jamais podem ser transcendidas).

O Significado da Prática

Dōgen começou sua busca da verdade numa tenra idade. Como simples noviço, ele tinha suas dúvidas sobre o significado da ascese religiosa: se os seres são dotados de uma natureza do Buda inata, por que, no passado, no presente e no futuro, os budas voltam as costas para o mundo e vão em busca do bodi? Era uma pergunta relativa ao ser um budista, mas, mais que isso, era uma pergunta sobre o significado de uma vida humana que degenera e morre tão rápido. Não apenas a vida de seus próprios parentes, mas a de centenas de pessoas a sua volta estavam sob constante ameaça durante os anos tumultuosos do início do período Kamakura (1200-1333). Esse foi um momento crucial da história japonesa: o momento em que o antigo regime da aristocracia se desmoronava. Em seu lugar despontou uma classe guerreira, sob a liderança de Minamoto Yoritomo (1147-1199), que, por volta de 1192, formou o xogunato em Kamakura, longe da sede do antigo regime em Quioto.

28. Dōgen (1200-1253).

288 A ESPIRITUALIDADE BUDISTA

Também em termos da espiritualidade, despontava uma nova era para o budismo institucional. As escolas budistas outrora firmemente estabelecidas em Nara e Quioto estavam em declínio, embora ainda recebessem apoio e reconhecimento oficial. Por exemplo, em 1193, uma das figuras religiosas mais altamente consideradas na época, Jōkei, da escola de Hossō-shū (*Vijñānavāda*, Escola da Consciência-Única), deixou o templo de Kōfuku-ji, o templo mais poderoso em Nara, desgostoso com sua degeneração religiosa e moral. Numerosos homens santos (*hijiri*) faziam experiências com todas as espécies de ascetismo, longe dos grandes templos. Em 1191 Myōan Eisai (ou Yōsai) introduziu uma nova escola de budismo proveniente da China, a linhagem Lin-chi (Rinzai) do Zen, que, sob o patrocínio do xogunato, aos poucos foi sendo aceita também em Quioto. A mudança mais notável, no entanto, foi o surgimento do movimento da fé Amida sob a liderança de Hōnen (Genkū, 1133-1212) e seus seguidores. Apesar da repressão oficial, que incluiu o exílio de Hōnen, Shinran e outros em 1207, o movimento difundiu-se tanto em meio às instituições estabelecidas quanto em meio ao povo simples. Essa idéia de fé estava orientada para uma dependência total e "quietista" com relação aos poderes salvadores do Buda Amida, muitas vezes a ponto de negligenciar os estudos e as práticas religiosas budistas, às vezes chegando às margens do antinomianismo. Muitos fizeram objeções a esse movimento de massas, em especial estudiosos acadêmicos e praticantes do ascetismo rigoroso, como Jōkei e Myōe (Kōben, 1173-1232), da escola Kegon. Mas, apesar de toda a oposição, uma nova era despontava, na qual eram questionados os métodos antigos e se buscava uma religiosidade mais existencial e de mais fácil compreensão.

Nesse ambiente, a mente perceptiva do jovem Dōgen continuava em busca de uma resposta a seu problema, mas ninguém a sua volta podia lhe oferecer uma resposta satisfatória. Ele seguiu para a China em 1223, no período da Grande Song, como acompanhante de seu mestre Rinzai, Myōzen. Enquanto ainda a bordo do navio, em Ming-chou (Ning-po na província de Che-chiang), à espera de permissão para o desembarque, Dōgen encontrou um velho monge de 61 anos de idade, chefe da cozinha num templo a cerca de trinta quilômetros de distância. Havia viajado toda essa distância em busca de um vegetal especial, que estava sendo transportado no navio, vindo do Japão. Dōgen ficou impressionado com esse monge e pediu-lhe que se demorasse por mais um tempo, para que pudessem visitá-lo, mas o monge recusou o convite, explicando que, apesar de sua idade avançada, tinha sido encarregado desse importante trabalho, a serviço do Caminho do Buda. Dōgen ficou profundamente comovido e compreendeu que não apenas a meditação e o estudo, mas até mesmo o trabalho de preparar os alimentos para os monges seus companheiros, fazia parte da vida budista.

Mais tarde, durante sua estada no templo de Ching-te-ssu em monte T'ien-t'ung, próximo a Ningbo, Dōgen encontraria um outro monge como esse. Numa tarde quente de verão, o chefe da cozinha, um velho monge de 68 anos de idade, estava ao ar livre, secando vegetais marinhos sob o sol escaldante. Dōgen sentiu pena dele e perguntou-lhe por que não deixava seus subordinados fazer o trabalho. O velho respondeu: "Por que outro momento eu deveria esperar?". Em outras palavras, o momento certo para se fazer o que deve ser feito é esse mesmo momento.

Dōgen incluiu esses dois episódios em seu *Tenzo kyōkun*, escrito em 1237 para seus próprios monges no templo de Kōshō-ji, em Quioto, para mostrar não apenas que o trabalho na cozinha é uma forma importante da prática budista, mas também que viver como um discípulo do Buda é abraçar o Caminho do Buda em todos os aspectos da vida – mesmo nas atividades de cozinhar, servir e comer. Em 1239 Dōgen formulou instruções detalhadas para seus discípulos sobre como lavar o rosto, a boca (*Shōbōgenzō senmen*) e fazer a toalete (*Shōbōgenzō senjō*), uma vez que mesmo essas tarefas cotidianas deveriam ser executadas de uma forma que beneficiasse o seguidor do Buda. Se executados de uma forma religiosa, mesmo esses atos podiam ajudar a transcender o mundano e ver o Buda.

Uma frase que, em seus escritos, Dōgen freqüentemente cita como apropriada para sua espiritualidade é extraída do diálogo entre o Sexto Patriarca, Hui-neng (638-723) e seu sucessor Huai-jang (677-744):

– Recorre-se ainda às práticas budistas e ao testemunho da iluminação?

– Não é que não existam práticas ou iluminação, mas sim que elas não podem ser degeneradas.

Dōgen amplia essa idéia no *Bendōwa* (1231), um de seus primeiros tratados, uma espécie de manifesto escrito após ele retornar da China e se fixar num templo em Quioto. Num esboço geral sobre sua forma de abordar o Caminho Verdadeiro para a Iluminação Budista, ele diz:

> Seria uma concepção herege pensar que as práticas e o testemunho da iluminação não são uma só coisa; na verdade do Buda, as palavras e a iluminação são uma e a mesma coisa. A prática neste mesmo momento é realizada na iluminação; assim, o esforço do iniciante por encetar o Caminho é o todo da iluminação inata. É por isso que ensinamos a não esperar a iluminação fora das práticas.

A convicção de que cada ação como discípulo do Buda e o testemunho último (da iluminação)[4] são uma só coisa e são inseparáveis é fundamental para o Caminho do Buda de Dōgen.

---

4. Dōgen quase sempre emprega a palavra *shō* para indicar o alcançar do *bodi*, em vez de *satori* ou *go* (ch. *wu*). Este último termo, no entanto, é abordado no *Shōbōgenzō daigo* (Grande Iluminação), onde é contraposto à concepção extremamente comum de *go* como uma experiência que ocorre uma só vez. "Budas e mestres saltam da esfera da iluminação (*daigo*) e a grande iluminação é a essência última que provém, de forma transcendente, dos budas e mestres".

29. Monjas da escola Sōtō sentadas em meditação, em Nisōdō, Nagóia, Japão.

No *Shōbōgenzō* há um capítulo denominado *Gyōbutsuigi* ("A Prática é a Majestade do Buda"). O título contém um termo surpreendente, cunhado por Dōgen, *gyōbutsu*, que pode significar "colocar a iluminação budista em ação", ou "Buda em ação". A idéia é a de que quando se conhece e compreende o *bodi* como *bodi*, fica-se preso à iluminação. De fato, os budas no Caminho do Buda não esperam pelo *bodi*; somente enquanto age, o buda pode verdadeiramente compreender as ações no Caminho Transcendente do Buda. A mera compreensão, não importa o quanto sejam elevadas as noções de buda ou darma que ela contenha, pode não ser mais que uma armadilha ou tentação. É nesse espírito que o Zen de tradição Sōtō proclama que a "forma solene (*igi*) é o Buda-darma e a forma apropriada (*sahō*, como no ritual) é a doutrina (da escola Sōtō)". Toda e qualquer ação deve ser destinada a ajudar a transcendência. Cada um deve testemunhar a verdade de ser que o Buda revelou. Tudo deve ser sacralizado.

Cultivando o Caminho com o Corpo e a Mente Juntos

Dada a ênfase de Dōgen na ação apropriada e no decorrente ultrapassamento do dualismo entre o domínio do Buda e o domínio deste mundo, segue-se naturalmente que sua idéia de aprender o caminho deve envolver tanto o corpo quanto a mente e o coração. É justamente isso o que encontramos no capítulo denominado *Shinjin gakudō* ("O Corpo-Mente Ensina o Caminho"), no *Shōbōgenzō*.

O corpo-mente, tal como Dōgen o compreende, tem dois aspectos: ele é o ser por inteiro da pessoa que busca a verdade e que segue o caminho do Buda, ele é a compreensão do eu verdadeiro em unidade com todos os seres no universo. Isso significa que o que percebo como meu corpo e o que percebo como minha mente têm de primeiro ser "abandonados", para que o corpo-mente se torne real. É isso o que ocorre no aprendizado do Caminho, ou antes, quando o Caminho é *compreendido* no corpo-mente (como veremos abaixo, esse aprendizado do Caminho, com o corpo e mente/coração, a fim de compreender a si mesmo juntamente com os outros, está em ressonância com outras noções japonesas dos "caminhos", ou vocações especializadas).

Essa compreensão do eu e dos seres numa unidade (a terra e os seres sencientes compreendem o *bodi* simultaneamente com a compreensão da verdade por aquele que busca o Buda) chama a atenção para as vozes de um rio, para as cores, sempre em mudança, de uma montanha, para o aprendizado com o desabrochar de uma flor de ameixeira e assim por diante – todos os seres manifestam e falam do Buda-darma como parte de sua permanente compreensão[5]. Somente em nosso pecado, quando estamos mergulhados na inércia sem fé, é que somos impedidos de ver essa unidade entre a verdade da vida e a verdade dos outros seres. O Zen de Dōgen abre horizontes para a unidade dos seres no universo que estão em consonância com o *ethos* japonês tradicional e ao mesmo tempo favorecem uma intensificação do esteticismo que valoriza a "flor e os pássaros, o ar e a lua".

Vendo o Buda

Para Dōgen, foi de máxima importância o certificado de transmissão oficial do darma (*shisho*: certificado escrito de sucessão de mestre a discípulo) que ele recebera do mestre chinês Ju-ching – uma prática Zen, encontrada na China e em outros locais, destinada à confirmação da autenticidade dos herdeiros-do-darma. Não se tratava apenas de uma legitimação de seu direito na linhagem Sōtō. Essa prática significava que – na linhagem iniciada com o Buda Śākyamuni e continuada em sucessão ininterrupta de mestre a discípulo, chegando a Ju-ching e, por fim, ao próprio Dōgen – havia uma transmissão da natureza búdica que dava a Dōgen uma comunicação calorosa, pessoal e direta com todos os seus predecessores, inclusive Śākyamuni. Isso deve ser compreendido como parte da insistência mais geral de Dōgen em que viver e lutar como o Buda nos torna capazes de nos encontrar com o próprio Buda.

Dessa forma, o *Shōbōgenzō kenbutsu* (Vendo o Buda) rejeita – e a rejeição se repete em outros textos – a tendência na China, e em especial no Japão, de elevar os fundadores de seitas particulares, como Lin-chi ou

---

5. Existem diversos capítulos no *Shōbōgenzō* que abordam isso, como o *Keisei sanshoku* (Os Sons do Rio, As Cores da Montanha), o *Sansuikyō* (Montanhas e Rios como o Sutra do Buda) e o *Baika* (Flor de Ameixeira), nos quais o encontro com seres na "natureza" ajuda aquele que busca compreender a verdade do Buda.

292 A ESPIRITUALIDADE BUDISTA

Yün-men (ou mesmo Kōbō Daishi [Kūkai], da seita Shingon, Shinran, da seita Jōdō Shin, e assim por diante no Japão), a posições de honra que às vezes chegavam a ultrapassar a do próprio Buda Śākyamuni. O Caminho do Buda de Dōgen era sobretudo uma "imitação do Buda", um viver e agir como o Buda Śākyamuni, em particular, como o Senhor do *Sutra do Lótus*. Esse modo de ver o Buda diferia da concepção do Buda Amida própria ao budismo de tradição Jōdō (Terra Pura), tal como retratam diversos quadros na época de Dōgen e depois. Na prática devocional de invocar o nome *"namu-amida-butsu"*, estava presente a convicção dos budistas da Terra Pura de que o Buda Amida, com seu séquito sagrado, apareceria no leito de morte do fiel, para recebê-lo em seu paraíso no Oeste. O "ver" de Dōgen é um pouco mais místico, mas trata-se de um misticismo situado no exercício concreto de práticas semelhantes às do Buda e na relação interpessoal com o próprio mestre, mais que numa aparição antecipada junto ao leito de morte.

Entre os capítulos do *Shōbōgenzō* que abordam o desabrochar de uma flor como símbolo da manifestação da verdade do ser, existe um capítulo intitulado *Kūge* (literalmente, flor vazia, ou ilusória). A metáfora se encontra em diversos sutras budistas, mas se tornou amplamente conhecida por meio do *Shou-leng-yen-ching*, um texto que desfrutou de enorme popularidade na China a partir do século VIII, embora inicialmente Dōgen, entre outros, duvidasse de sua autenticidade. No sutra, *kūge* (ch. *k'ung-hua*), uma flor ilusória, que aos olhos dos insanos apareceria no ar, equivalia à busca do exterior iluminado de nossa própria mente, embora sejamos, desde o princípio, inatamente dotados de uma mente pura, semelhante à do Buda. Isso nos lembra o jovem Dōgen lutando contra a espécie de imanentismo que eclipsaria a transcendência.

Se, como afirmam alguns budistas, as coisas a nossa volta são vazias e despojadas de ser próprio independente, então o mesmo acontece, diz Dōgen, com a "iluminação inata". Devemos examinar sempre de forma radical aquilo que acreditamos estar vendo, para saber se é algo ilusório ou não, para saber se está realmente sendo visto ou apenas imaginado. O desabrochar dos seres, embora não necessariamente visível ao olho físico, pode ser distorcido por predisposições e condicionamentos no nível conceitual. Ou, novamente, ao praticar e avançar no Caminho do Buda podemos descobrir que estamos agindo cegamente e, sabendo o que significa a cegueira, podemos aprender a nos ver situados neste mundo e, ao mesmo tempo, sempre o transcendendo. Dessa forma podemos ver o Buda no desabrochar dos seres que coexistem com aquele que vê, com aquele que anda no Caminho do Buda.

A Prática Budocêntrica

Surge a pergunta: por que Dōgen insiste na meditação sentada (*zazen*), quando existem tantas outras formas de abordar a verdade do Buda. Na época de Dōgen, por exemplo, vemos a síntese pela escola Shingon das práticas ritualistas, de meditação com mandalas e da concentração na invocação de palavras sagradas (mantras), bem como a concentração, do budismo de Amida, exclusivamente no entoar do nome de Amida. Entre essas duas práticas, existe toda uma gama de outras ações supostamente eficazes, ou atos de acumulação de méritos.

A resposta era simples: *zazen* é o portal verdadeiro para a verdade do Buda porque Śākyamuni, o Grande Mestre, praticou essa forma de meditação, testemunhou em seu favor e a transmitiu como o método supremo. Não apenas os budas no passado, no presente e os budas por vir, mas também os grandes mestres do Oeste (Índia) e no Leste a praticaram e alcançaram o *bodi*. E mais, a meditação nessa posição é a mais serena (*Shōbōgenzō bendōwa*).

A meditação na posição sentada é o centro do que foi transmitido pelo Buda a seus discípulos, de um mestre a outro através das gerações, sem interrupção nem modificações. Em sua busca da plena adesão ao Caminho do Buda em todos os aspectos da vida, Dōgen chegou a recorrer a textos de tradição Hīnayāna, que tratavam de preceitos budistas – textos que eram em grande parte ignorados por outros budistas japoneses da escola Mahāyāna – em busca de regras e formas de prática concretas. Viver como o Buda era para ele de uma importância tão grande que, mesmo tendo a vida monástica em tão alto apreço, ele insistia em que não se deveria levar em consideração a posição social, idade ou sexo entre os filhos do Buda em sua busca pela verdade. Pensemos aqui, por exemplo, no *Shōbōgenzō raihai-tokuzui* (Curvar-se e Alcançar a Essência Última [do que o mestre tem a transmitir])[6]. Citando exemplos reais de monjas e leigos fiéis que foram grandes mestres, ele escreve:

Os que alcançaram a verdade (darma) são todos nada menos que um Buda autêntico e os outros não devem ver neles as pessoas que eles foram anteriormente. Eles me vêem de uma forma completamente nova e eu os vejo justamente quando o "aqui e agora (do testemunho da verdade última) sem dúvida penetra no aqui e agora". Por exemplo, uma monja que recebeu e mantém a essência do Darma Verdadeiro deve receber homenagem de todas as classes de santos e bodisatvas que virem prestar reverência e perguntar a ela sobre a verdade. Como pode um homem ser superior? Assim como o firmamento é o que ele é, assim como a terra, a água, o fogo e o ar (os quatro elementos) são o que são e assim como a consciência-volição-noção-percepção-forma (material) (os cinco agregados que constituem o corpo e a mente de todos os seres sencientes do mundo) é o que é, assim também as mulheres. Os que alcançaram a verdade podem ver que é assim. Em todo caso, o que se deve respeitar é o alcançar a verdade: não tem sentido tergiversar sobre se é um homem ou uma mulher. Essa é a lei última do Caminho do Buda.

6. Esse título se refere ao episódio lendário no qual Bodidarma perguntou a Hui-k'o, o segundo na linha de descendência como patriarca, o que ele havia alcançado como discípulo; Hui-k'o se curvou em silêncio, recebendo assim a confirmação de Bodidarma de que tinha alcançado a própria essência (*zui*, substância) do Mestre.

Buddhatā e o Alcance da Iluminação

Dōgen não emprega a palavra *go* (ch. *wu*; j. *satori*; despertar, iluminação) com a mesma freqüência que *shō* (ch. *cheng*; certificar, testemunhar, atestar). A frase do *Grande Sutra do Nirvana* "Todos os seres sencientes são dotados da natureza do Buda" é freqüentemente citada na China e no Japão em apoio à idéia de que todos os seres são igualmente dotados do mesmo potencial de se tornar Buda. Essa idéia, por sua vez, tendia a reificar essa potencialidade e a identificá-la com a capacidade de percepção inata a cada indivíduo. Uma visão assim "gnóstica" da psiquê levaria, no entanto, a uma recusa da transcendência, razão por que Dōgen a considerava herege. Para ele, a própria noção de "todos os seres sencientes" já indica uma dimensão transcendente revelada pelo Buda. Todos os seres vivos são, de ponta a ponta, seres do Buda. Isto é, os seres são transcendentes e estão sempre transcendendo. Eles estão em transcendência *em ato*, não meramente em nossa percepção ou compreensão do que poderia ser a natureza búdica ou como seria a iluminação.

A verdade que o Buda e outros mestres descobriram e atestaram está aberta a nós, desde que seja realizada nos seres e por meio deles. Nossa existência, ação e conhecimento – isto é, nossa abertura-na-fé para a dimensão transcendental – se realiza no tempo. Os seres existem no tempo; eles existem como tempo. O Buda e outros mestres também são conhecidos por nós no tempo, pelo fato de que todos os seres estão co-presentes no tempo e se comunicam entre si pela ação do Buda. Ao participar da ação concreta do Caminho do Buda, nossa existência, exatamente da forma como ela é, ocasiona um transcender, uma participação no Agora Externo. Não há como se afastar da realização da verdade do Buda, qualquer que seja nossa condição na vida. Todos os seres são banhados de ponta a ponta pela luz que o tempo do Buda continuamente irradia.

Nesse sentido, não há um fim no Caminho do Buda, não há como estabelecer uma natureza búdica por meio de palavras e conceitos. Há somente a vida, sempre e continuamente em transcendência, que encetamos como viajantes no Caminho do Buda, em comunhão com os budas e mestres e todos os seres a nossa volta, que sempre falam da verdade do Buda e a tornam manifesta, atraindo-nos com força para ela.

Falar

Os discursos, sermões e reflexões de Dōgen foram compilados no *Shōbōgenzō* (75 fascículos originais, mais doze novos e cerca de outros oito). Foram registrados em japonês, na forma em que ele os emitiu oralmente para sua congregação em Quioto e, mais tarde, em Echizen. Nessa época, a maior parte dos escritos formais dos intelectuais japoneses era normalmente traduzida para o chinês (Dōgen não havia sido treinado para apenas ler em chinês, ele também tinha domínio do chinês falado. Ele também escreveu trabalhos em chinês, entre eles o *Eihei kōroku*, o *Fukanzazengi*, o *Gakudō yōjinshū* e suas memórias da China, o *Hōyōki*).

No entanto, assim como os mestres do Zen na China, que ensinavam na língua vernacular cotidiana, Dōgen preparava seus discursos em japonês, uma vez que a maioria deles era destinada à apresentação oral para sua congregação. Ainda assim, o *Shōbōgenzō* é manifestamente de difícil compreensão[7]. Em parte, isso se deve ao fato de que suas sentenças contêm uma grande variedade de expressões Zen no chinês vernacular. Mas, de forma mais fundamental, isso é o resultado de sua tentativa de dar nova expressão, em sua própria "linguagem", à dimensão transcendental que o texto budista e os ditos dos mestres do Zen estão tentando transmitir, levando em conta, ao mesmo tempo, os atos de fala dos que buscam o *bodi* como atos de transcendência e na transcendência em si mesmos, isto é, como testemunhos participantes da verdade última. A esse respeito, lemos no *Shōbōgenzō bukkyō* (Os Ensinamentos do Buda):

> A realização do *dō* dos budas, isto é, das palavras ou Caminho [ou: o Caminho expresso em palavras[8]], constitui os ensinamentos dos budas. Como *dō* é dos budas para os budas, [o ato de] ensinar é transmitido corretamente para [atos de] ensinar. Esse é o giro da roda do Buda-darma. No interior da essência última desse darma girando como a roda, os budas se realizaram como tais e se ordenaram para alcançar o nirvana.

Esse ato verbal de transcendência leva as palavras a seu limite, quase a ponto de violar a sintaxe japonesa normal. Mesmo quando uma sentença faz sentido, nós rapidamente nos perdemos ao tentar compreender sua conexão com o que se segue. Dōgen toma cada frase, por mais conhecida que ela seja, e a desmembra parte por parte, invertendo-a, reordenando os termos, imaginando novas justaposições – tudo no esforço de repensá-la de forma radical. Dessa forma, ele tenta desentranhar dimensões ocultas do texto e envolver quem o ouve na busca de novos significados que podem ser testados e validados em sua própria vida como alguém que busca o Buda, conduzindo-o, com isso, rumo à transcendência.

Ao se debater com as palavras dos textos sagrados, com os budas e com os mestres do passado, Dōgen tem uma concepção do *koan* que está muito além do que era formulado nos manuais e seria empregado no decorrer de muitas gerações de mestres do Zen na China. Virtualmente cada enunciação, cada gesto ou ação expressos por budas e mestres – e,

---

7. Cf. Tamaki Kōshirō, *Dōgen*. Tamaki, um budologista renomado, que tem dedicado longo tempo ao estudo dos textos de Dōgen, além de outros textos budistas importantes, insiste em que é muito mais difícil ler e encontrar coerência nas obras de Dōgen que em qualquer outra obra filosófica do Ocidente ou do Oriente.

8. *Dō* (ch. *tao*) significa, sobretudo, "caminho", como nos termos *butsudō* (Caminho do Buda) ou Tao-chiao (taoísmo, o Ensinamento do Caminho), mas, como verbo, significa "dizer". Além disso, a palavra também era às vezes empregada para traduzir o termo *bodi*.

296 A ESPIRITUALIDADE BUDISTA

em última análise, até mesmo pelas montanhas e águas, pelas flores e árvores – são *koans* que podem falar do Buda girando a roda do darma e revelando o transcendente. Por exemplo, no *Shōbōgenzō sokushinze-butsu* (Esta Mente em Si Mesma é a Mente do Buda), Dōgen questiona a célebre expressão *sokushinzebutsu*, que fora formulada por Ma-tsu Tao-i (709-789) e parece ter induzido ao subjetivismo da "mente-única" que prevaleceria em meio às gerações posteriores do Zen chinês. Em muitos dos capítulos do *Shōbōgenzō*, Dōgen critica abertamente essa tendência. Ele não apenas examina o significado de cada um dos quatro caracteres *soku-shin-ze-butsu*, mas também os rearranja em todas as combinações possíveis, para ver se isso pode dar origem a uma nova percepção das coisas.

No capítulo *Dōte* (Dizer Certo) do *Shōbōgenzō*, Dōgen diz:

> Todos os budas e mestres têm o que dizer. Assim, quando os budas e mestres testaram os budas e mestres, eles sempre perguntaram aos últimos se eles tinham suas palavras (dizer) ou não. Essa pergunta era feita com a mente/coração, com a ação fí-sica, com o bastão e vara e mesmo com colunas e lanternas[9]. Os que não são budas e mestres não fazem perguntas, não têm o que dizer, pois ainda não encontraram budas ou mestres.
>
> Não alcançamos nosso próprio dizer (isto é, o reconhecimento de que testemu-nhamos por direito a natureza búdica) ao seguir uma outra pessoa, nem também por nosso próprio poder e força. Se buscamos, verdadeiramente, os budas e mestres e bus-camos examiná-los como sendo nós mesmos um Buda e mestre (isto é, tanto de fato como na orientação), temos o que dizer como um Buda e mestre. Como sempre o fizeram no passado, os que buscam o Buda estão, agora no presente, se empenhando e testemunhando a verdade no [ato de] dizer correto [isto é, de comunicar ou testemunhar verbalmente a verdade última].
>
> À medida que os budas e mestres se esforçam ao máximo para se tornar budas e mestres [por segui-los, por transcendê-los], examinando e afirmando as ações e o dizer [palavras] dos budas e mestres, esse dizer em si mesmo será um embate e exame du-rante três anos, oito anos, trinta anos ou quarenta anos, e irá dizê-lo com toda sua força [isto é, a palavra frutificará por si mesma]. No decorrer de tantas décadas, não há nesse caso nenhuma interrupção de nosso próprio dizer [que, no entanto, envolve também o não-dizer, ou o embate em silêncio, pois o embate em silêncio é ele próprio um ato que está de acordo com a palavra do Buda e se encontra nela].

Na passagem acima, Dōgen parece estar dizendo, no espírito de sua abordagem básica, que, desde o momento em que encetamos o Caminho do Buda, já estamos testemunhando a verdade, a cada instante. Os primeiros passos para a conversão já envolvem os últimos, isto é, ver o Buda, testemunhar o *bodi*, tornar-se um Buda junto com outros budas e mestres. O início e o fim estão unidos no viver e no empenhar-se sem cessar no Caminho do Buda. Ou, de uma forma mais precisa, uma

---

9. Dōgen tem um capítulo no *Shōbōgenzō* intitulado *Mujōseppō* (Os Seres Não-Sencientes Proclamam o Buda-Darma). O bastão e a vara eram usados pelo mestre simbolicamente, ao dar suas aulas e instruções; as colunas e as tochas também eram objetos familiares no saguão de meditação e em outros locais, representando, no con-texto do Zen, os seres não-sencientes.

vez que não há um fim último, mas apenas o constante transcender, enquanto não nos desviamos do Caminho do Buda ou não desaprovamos seu caminho de vida e verdade, já estamos vivendo como alguém que busca o Buda e dando testemunho da natureza búdica, verbalmente ou de alguma outra forma, em tudo que fazemos.

Dōgen Redescoberto

Após a morte de Dōgen, a ordem rigorosa que ele havia estabelecido no templo de Eihei-ji foi mantida por seu discípulo Ejō e depois por Gikai. O mosteiro permaneceu pequeno, embora Gikai fundasse o templo de Daijō-ji (localizado na atual Kanazawa, prefeitura de Ishikawa), no final do século XIII. O discípulo de Gikai, Keizan Jōkin (1268-1325), estudou o budismo místico e a doutrina Tendai, viajou muito por todo o país e se ocupou intensamente em tornar conhecida a seita Sōtō. Graças a seus esforços e aos de seus sucessores, a seita se difundiu em meio ao povo comum e veio a se tornar uma grande instituição de dimensões nacionais. Apesar disso, durante séculos Dōgen e seus escritos foram reverenciados, mas sem ser muito estudados. Durante o período Edo (1600-1868), diversos monges escreveram comentários sobre o *Shōbōgenzō* e, em 1815, a maior parte dele foi finalmente publicada pela primeira vez. Durante o século XX Dōgen atraiu a atenção não apenas dos estudiosos da escola Sōtō, mas também dos intelectuais em geral.

Dōgen e os Caminhos

Zeami Motokiyo (1363? -1443?), o teorizador, ator e autor de peças do gênero Nô, que junto com seu pai, Kan'ami, aperfeiçoou o gênero Nô (*sarugaku*), tornando-o uma importante arte performática, foi ordenado sacerdote Zen na linhagem Sōtō, por volta de 1422 no templo de Fugan-ji, em Nara, e recebeu o nome de Shiō Zenhō. Tinha cerca de sessenta anos de idade na época e havia passado a liderança de seu grupo de artistas para seu filho Motomasa. Zeami continuou produzindo peças e escreveu vários tratados sobre o Nô. Não temos informações confiáveis sobre as circunstâncias nas quais ele assumiu formalmente o nome budista, nem podemos encontrar indícios, em nenhum de seus escritos, sobre seu conhecimento das próprias palavras de Dōgen. Ainda assim, os escritos de Zeami revelam uma afinidade estreita com os ensinamentos da escola Zen em geral, pelo menos em sua dimensão popular.

Zeami é notável por sua busca obstinada, durante toda sua vida, pelo belo nas peças Nô – uma concepção por ele cristalizada no que ele denominou "a flor", ou *hana*. A *hana* floresce e murcha em hábitos que diferem de flor para flor, de estação para estação. No entanto há algo em comum a todas as flores, que fascina, atrai e intensifica a alegria de viver. O objetivo de Zeami era conseguir fazer com que os

298 A ESPIRITUALIDADE BUDISTA

autores de peças, os atores e a platéia construíssem a *hana* juntos, ao buscar sua beleza não apenas na encenação de uma peça em particular, num palco em particular, num momento em particular, mas de forma permanente, ao aproximar-se da essência última do belo, a *hana* verdadeira. Alcançar a *hana* exigia um empenho constante e generoso e o estudo rigoroso, livre de todo orgulho e arrogância. Pela colaboração com a platéia em peças individuais, o ator se aproximaria, num nível metafísico, da *hana* última e verdadeira e, ao fazê-lo, levaria avante o Caminho para o Nô. A *hana* e a dedicação da própria vida a ela estão em consonância com a busca budista pelo Caminho.

A ênfase de Dōgen na conduta digna (*igi*) e nas maneiras apropriadas (*sahō*) era observada não apenas por monges da escola Zen nos mosteiros de tradição Sōtō, mas também reverenciada na expressão *gyōgi-sahō* (atividade guiada pelas boas maneiras), em todas as formas de *michi* (ou *dō*, caminhos), artes e disciplinas tradicionais[10]. Os termos *gyōgi* e *sahō* entraram para a linguagem cotidiana, trazendo uma espécie de formalismo ao esteticismo e aos costumes japoneses. Os esforços exercidos como *michi* têm em comum as características de ser centrados na ação (os participantes atuam juntos, com o corpo e a mente envolvidos na ação), de ser orientados pelo processo (centrados menos no resultado que na constituição cooperativa da ação, estética ou espiritual, ou na satisfação de executá-la juntos), e de salientar um domínio impecável da forma. O caminho, *michi*, constitui, necessariamente, uma diversidade de caminhos pelo fato de envolver a ação concreta em situações concretas, abarcando o corpo e a mente do indivíduo. Por essa razão, ele pode ser buscado em todas as espécies de artes ou esforços disciplinados. Ao nos empenhar dessa forma, somos capazes não apenas de chegar ao pináculo da arte que estamos praticando, mas também à maestria espiritual.

Dōgen rejeitava o termo *Zenshū* (seita Zen). Para ele só pode haver um Caminho do Buda, genuíno e em contínuo transcender, sendo que a meditação, o agir e o falar como o Buda são sua essência. Seu caminho era um caminho severo e, no entanto, sereno, do viver na fé. Embora parte do simbolismo budista tradicional da escola Zen que Dōgen defendia – por exemplo, a sucessão lendária de mestres desde Śākyamuni até o presente – possa ser considerada "mítica", como confirma a atual pesquisa histórica, sua espiritualidade centrada na meditação está notavelmente livre de elementos históricos e étnicos e aponta para uma dimensão humana da fé e para a capacidade de transcendência.

---

10. *Michi* era um termo genérico para várias ocupações e empreendimentos disciplinados e especializados, como o *chadō* (o caminho do chá), o *kadō* (o caminho das artes florais), o *kendō* (o caminho da espada), o *budō* (o caminho das artes marciais), o *bushidō* (o caminho do guerreiro), ou mesmo o Shintō (o caminho dos deuses).

III. TRÊS PENSADORES ZEN

Minamoto Ryōen

Num período de secularização e intelectualização crescentes, três notáveis pensadores da escola Zen do século XVII deram nova configuração a sua tradição, cada qual dando origem a uma forma característica e integrada de sabedoria Zen, como antídoto às tendências dualistas e racionalitas da cultura e como resposta vigorosa às necessidades espirituais do povo japonês na época. Além de mestres e personalidades marcantes, os três – Takuan Sōhō (1573-1645), Bankei Yōtaku (1622-1693) e Shidō Munan (1603-1676) – foram autenticamente pensadores. Seus textos revelam um Zen moderno que não apenas é um caminho para a prática espiritual monástica, mas também uma importante presença social e cultural, além de uma fonte de questionamentos filosóficos radicais.

Takuan e o Eu

Takuan provinha de uma família de samurais. Foi um estudioso, poeta, mestre do chá, calígrafo, pintor em nanquim e professor da arte da esgrima no espírito Zen da não-mente, sendo considerado no país como o inventor do *takuan* (picles)[11]. Formado no Zen de tradição Rinzai no templo de Daitoku-ji, seus reais professores foram o monge e estudioso do templo de Gozan, Monsai Tōnin (m. 1603), cuja biblioteca ele herdou, e o tempestuoso Ittō Shōteki (m. 1606), seu mestre espiritual, que o conduziu à experiência da iluminação e que está por trás de muitas das passagens que citaremos. Constituído como abade de Daitoku-ji em 1609, com a idade notavelmente precoce de 35 anos, Takuan preferiu viajar pelo país, desfrutando da natureza e da arte em templos rurais. Devido a sua resistência a pressões do xogunato sobre o budismo, foi banido para o norte do Japão, em 1629. Retornaria mais tarde, ao receber novamente o apoio do xogunato. Deu aulas sobre o *Tratado das Origens do Humano* (*Yüan-jen lun*), de Tsung-mi, na presença do imperador afastado do cargo, Go-Mizunoo. O xogum Iemitsu o admirava imensamente e o chamou para Edo. Takuan fundou o templo de Tōkai-ji em Shinagawa, em 1638, e seu túmulo nesse local está adornado com uma pedra na forma de um *takuan*.

---

11. Para as realizações culturais de Takuan, cf. D. T. Suzuki, *Zen and Japanese Culture*. Um outro herói da cultura Zen dessa mesma época é o extremamente independente Suzuki Shōsan (1579-1655), que estava próximo à escola Sōtō; cf. Winston L. King, *Death Was His Kōan: The Samurai-Zen of Suzuki Shōsan*, e *Zen and the Way of the Sword*. As realizações de Takuan fazem lembrar seu predecessor como abade do templo de Daitoku-ji dois séculos antes, o extraordinário Ikkyū Sōjun (1394-1481); cf. Sonja Arntzen, *Ikkyū and the Crazy Cloud Anthology*; Jon Carter Covell, *Unraveling Zen's Red Thread Ikkyū's Controversial Way*; James H. Sanford, *Zen Man Ikkyū*.

30. Takuan Sōhō (1573-1645)

ZEN

Em meio a essas atividades e como pensador da escola Zen, Takuan se preocupava com a pergunta: "o que é o eu verdadeiro?". No primeiro capítulo de seu *Anjin hōmon* (Portal para se Acalmar a Mente), ele fala do eu verdadeiro a partir de diversas perspectivas. Comentando as palavras de Bodidarma, "Na confusão, uma pessoa vai até as coisas; na iluminação, as coisas vêm até a pessoa", ele escreve:

A confusão que está longe da verdade consiste em perseguir a ilusão. O que é verdadeiro é o eu (*jiko*). O eu é a mente (*kokoro*). Na mente está a mente iludida (*mōshin*) e a mente verdadeira (*shinshin*). O eu é a mente verdadeira [...]. A pessoa é o eu (*ga*). Dentro do eu está um eu ilusório e um eu verdadeiro. O eu ilusório é o corpo dos quatro grandes elementos, reunido provisoriamente. O eu verdadeiro é o sujeito (*shutai*) verdadeiro dentro desse corpo do eu ilusório [...]. A iluminação é a iluminação com relação à verdade. A verdade é o eu. O eu é a natureza-do-eu (*jishō*). A natureza-do-eu é a mente verdadeira acima mencionada. Compreender a mente verdadeira é ver que a mente e a natureza são uma só coisa[12].

Observe-se a radicalidade da teoria da verdade proposta na identificação do verdadeiro com o eu. Observe-se também, por outro lado, que existe um eu verdadeiro nas profundezas desse eu. Mais adiante, na mesma obra, podemos ler:

No eu existe o eu verdadeiro e o eu ilusório. Porque freqüentamos o eu ilusório, não conseguimos atingir o caminho (*michi*). Mesmo o eu verdadeiro deve ser esquecido, muito mais ainda, o eu ilusório [...].

O eu não está limitado a meu corpo individual, mas se estende a todas as criaturas vivas [...]. Compreender que o eu é nenhuma coisa é compreender o não-eu[13].

Takuan identifica a verdade com o eu como sujeito absoluto, em oposição às objetificações superficiais do eu. Esse sujeito absoluto, no entanto, transcende a autoconsciência e não está confinado ao que normalmente compreendemos como eu; esse é o ponto central da observação: "o eu verdadeiro deve ser esquecido".

No *Riki sabetsuron*, ele escreve: "Tão logo haja um pensamento ou fixação diferenciadora (*nen*), a mente vem a ser. A natureza é o que existe antes de surgir qualquer pensamento ou diferenciação"[14]. Para escapar da "mente confusa ou humana" e chegar à "grande mente", a "mente do Tao", ou a "mente direta e não-mediada", devemos seguir essa "natureza", que parece ser idêntica ao que tradicionalmente se denomina natureza búdica.

Mais tarde, no *Fudōchi shinmyōroku*, Takuan abordaria a questão de um ângulo diferente, referindo-se à mente que "se concentra numa só coisa e permanece nela exclusivamente" como *henshin* (mente tendenciosa), ou *mōshin* (mente esquecida), ou como *ushin* (mente consciente), enquanto a mente que se expandiu para abranger tudo se denomina *shōshin* (mente verdadeira), *honshin* (mente fundamental) e *mushin* (não-mente),

12. Hakugen Ichikawa (org.), *Takuan* (Nihon no zengoroku 13), p. 121-122.
13. Idem, p. 155, 161, 162.
14. Idem, p. 105.

302 A ESPIRITUALIDADE BUDISTA

ou "a mente verdadeira que aparece quando a mente não tem um lugar onde permanecer" (*Sutra do Diamante*). Essas designações são obtidas por meio de uma discussão da relação entre a mente e a liberdade física, enquanto, no *Anjin hōmon*, por outro lado, *ushin* e *mushin* são contrastados em termos da relação entre a mente e as coisas:

> *Ushin* deve colocar as coisas diretamente em contato com a mente e *mushin* deve excluir da mente as coisas. Quando as coisas ficam continuamente presentes na mente normal, isso se denomina *ushin* e quando as coisas ficam sempre afastadas da mente normal, isso se denomina *mushin*[15].

Esse estado de coisas permanecendo na mente se chama *shinshiki*, ou *shikishin* (mente diferenciadora), e Takuan se refere a ele como "pensamento cego ou diferenciação cega". Em contrapartida, a não-mente se compara a um espelho, que reflete todas as coisas, mas no qual as coisas refletidas não deixam traços.

O *Tratado do Despertar da Fé* ensinara que "o nascimento da mente diferenciadora é como o nascimento de ondas no oceano, devido ao vento", e que "a mente verdadeira e a inteligência verdadeira" são o nirvana: "Quando o vento se extingue, as ondas recuam". De modo análogo, quando Takuan diz que: se compreendemos a mente verdadeira, que a "mente e a natureza são uma só", a natureza sobre a qual ele está falando nada mais é que o nirvana. A mente verdadeira é o domínio de nirvana (*jakumetsu*). "Nirvāṇa no budismo é um símbolo da natureza-própria, a corporificação do mundo dos darmas (*hokkai*)"[16]; em outras palavras, uma expressão simbólica para a natureza búdica. O mundo do nirvana não é um mundo de destruição (aniquilação, *metsubō*), mas de luz (esperança, *kōmyō*). Quando se chega a esse mundo de luz, qual a natureza do cenário psicológico que se revela? Isso só pode ser descrito na linguagem do paradoxo:

> Quando a luz de nossa mente se revela, a lua não é a lua e as flores não são flores. Nós mesmos medimos e criamos a lua e as flores. Para a mente iluminada, o olho pode estar na flor, mas não existe a forma de uma flor na mente. O olho pode estar na lua, mas não existe a forma da lua na mente[17].

Takuan expressa o caráter desse cenário de iluminação em termos mais gerais, da seguinte forma: "O mundo e todas as montanhas e rios simplesmente são uma única mente do darma. O todo do mundo dos darmas é a essência de minha mente"[18]. Aqui a mente está em completa unidade com o mundo dos darmas, mas a iluminação elimina completamente as formas diferenciadas das coisas individuais vistas pela mente.

15. Idem, p. 128.
16. Idem, p. 159
17. Idem, p. 128.
18. Idem, p. 152.

ZEN 303

Nesse vazio, o que acontece com o mundo de coisas, de acordo com Takuan? Uma investigação cuidadosa das noções de vazio e de ver é um pré-requisito para se compreender o que se está dizendo aqui. Ele nos adverte contra uma interpretação aniquilacionista: "Se todas as pessoas e coisas são determinadas a ser vazias, então, uma vez que esse vazio determinado é em si mesmo vazio, é crucial evitar estabelecer a concepção que simplesmente nega". Enquanto o vazio permanece mero vazio, ele se torna uma nova forma de servidão. O vazio deve ser sempre negado. Quanto ao ver (*ken*), este se refere à última restrição ou impedimento nesse processo de esvaziamento completo do vazio. Nós tentamos não ser pegos no aspecto *u* (existente) do mundo. Mas se esse desejo de não ser restringidos permanece em nossos corações e mentes, ele próprio se torna *ken*. Assim ele diz:

Se nos separamos, em certa medida, dos existentes, somos deixados com a não-existência, não-ente, o que, em si mesmo, se torna uma concepção. Se rejeitamos o *mu* (nada), então o não-nada também se torna uma concepção. Mesmo quando tentamos evitar tanto o não-ente quanto o não-nada, nós meramente obtemos o não-não-ente e o não-não-nada, o que significa uma outra perspectiva limitada, uma outra concepção. Não importa quantas vezes possamos repetir esse processo, enquanto a posição original em alguma medida permanecer, estaremos restringidos por uma outra perspectiva limitada [...]. A concepção está ainda presente quando, em certa medida, nos separamos de considerações sobre a existência ou não-existência no sentido normal, mas permanecemos presos ao pensamento em termos de existência ou não-existência da natureza búdica[19].

Essa penetrante análise da concepção mostra-nos como as ilusões se tornam cada vez mais profundas à medida que nos aproximamos da iluminação. Aquele que defende o ponto de vista do vazio e aí permanece não pode ser livre no sentido pleno.

Como nos libertamos dessa maldição da "perspectiva" (*ken*)?

Se compreendermos que não existem as coisas fora da natureza (*shō*) e que não há natureza fora das coisas, então nenhuma das duas perspectivas (a negação da existência e a negação da não-existência) será estabelecida. Se tentarmos perceber a natureza fora das coisas, vamos imediatamente estabelecer essa perspectiva limitada[20].

Em outras palavras, o meio de nos libertar da maldição da percepção limitada consiste em visar a natureza através dos objetos. Em outras passagens, Takuan recomenda a adoção de uma diversidade de perspectivas a fim de se alcançar essa compreensão do vazio, ou nada, por meio dos objetos, acontecimentos e modos de ser (*usō*). Ele enfatiza a necessidade de nos manter próximos às coisas e acontecimentos, em contextos tanto práticos quanto epistemológicos. Ao buscar responder suas duas grandes perguntas: "O que é o eu verdadeiro?" e "O que é a liberdade verdadeira?" – Takuan se relacionava constantemente com as coisas e com os acontecimentos,

19. Idem, p. 165.
20. Idem, p. 165, 166.

304   A ESPIRITUALIDADE BUDISTA

permanecendo em segurança num domínio espiritual que ele identificava de forma categórica com o mundo cotidiano (*hokkai*).

Bankei e o Inato

Bankei, nascido em Hamada na praia do Mar Interior, próximo a Himeji, descendia de uma família de médicos da classe samurai. Foi uma criança de temperamento turbulento. Pouco depois da morte do pai, ele se viu tocado pela frase de abertura do clássico confuciano, o *Grande Aprendizado*: "O caminho do grande aprendizado está na clarificação da virtude brilhante (*meitoku*)". Suas perguntas sobre o significado desse termo, que indica a natureza fundamental dos seres humanos, se tornaram tão obsessivas que, exasperado, seu irmão o expulsou de casa com a idade de onze anos. Finalmente sua busca o conduziu ao mundo do Zen de tradição Rinzai. Durante três anos, recebeu treinamento em meditação *zazen* com Umpo Zenjō (1568-1653) e depois vagou pelo país durante quatro anos, vivendo com mendigos sob a ponte de Gojō, em Quioto, e junto ao relicário de Tenmangu, em Osaka. Enclausurou-se então num eremitério e manteve suas práticas de austeridade com tal intensidade que ficou gravemente doente com tuberculose. Mas, um dia, ao cuspir uma massa de secreção escura, a resposta que por tanto tempo ele buscara, de repente, aflorou-lhe à mente: "Todas as coisas se dissolvem perfeitamente no Inato"[21]. Esse foi seu primeiro *kenshō* (iluminação). Tinha então 26 anos de idade.

Pelo resto de sua vida, Bankei repetiria essa resposta de forma tão persistente quanto a havia buscado nos catorze anos de práticas austeras. Durante uma estada nos morros de Yoshino, o refúgio dos ascetas montanheses, ele inicialmente ensinou a doutrina do inato aos camponeses locais, por meio de cantos simples. Obtendo filiação formal no ramo Myōshin-ji do Zen de tradição Rinzai, deu palestras e retiros para um grande número de pessoas, mais freqüentemente em Ryūmon-ji, um templo construído para ele em sua aldeia de origem. Trabalhou sem cessar, em busca de melhorar a situação do Zen no Japão. Seus dois discípulos mais dedicados foram sua mãe, que se tornou monja e morreu em seus braços na idade de noventa anos, e a monja Teikan (Den Sutejo), uma poeta popular, que celebrizou em seu detalhado diário os últimos dez anos do ministério de Bankei.

Bankei expressou sua experiência de iluminação em frases como "A mente do Buda é inata e espiritualmente clara (*reimei*)". Ele forjou um modo de expressão filosófica que unificava radicalmente três conceitos: "o inato" (*fushō; anutpāda*: o inato), "a mente do Buda" e sua atividade "espiritualmente clara". Desses três conceitos centrais de sua

---

21. Norman Waddell, *The Unborn: The life and teachings of Zen Master Bankei (1622-1693)*.

31. Bankei Yōtaku (1622-1693)

306 A ESPIRITUALIDADE BUDISTA

filosofia madura, "o inato" desempenha o papel principal. Nos últimos anos de sua vida, ele empregava deliberadamente o termo "inato" no lugar da expressão budista mais tradicional "inato e imortal" (*fushō fumetsu*: sem criação e sem aniquilação). Afirmava que, uma vez que é logicamente impossível dizer que algo que não foi criado, foi destruído, o termo "imortal" é redundante e basta apenas dizer "inato". Mas sua preocupação não era apenas com a coerência lógica.

> Aquilo de que falo quando emprego o termo "inato" não é meramente o termo que usava na expressão "inato e imortal". A mente inata pode diferenciar as coisas e responder apropriadamente, sem saber ou sequer ter o mínimo traço de consciência.

Dessa forma, Bankei promovia um conceito de "inato" que tinha toda a força dinâmica da própria realidade e não era fragmentado pela consciência do intelecto diferenciador – em substituição ao "inato" da expressão *fushō fumetsu*, que estava impregnada da qualidade de tranqüilidade e, assim, era tomada num sentido estático.

> Uma vez que o Buda dispõe todas as coisas simplesmente em virtude de seu ser inato, os que não se empenham conscientemente e deixam as coisas tomar seu curso natural, os que ficam de pé, sentam, ficam, vão, dormem, acordam e agem de todas as formas, ao mesmo tempo em que permanecem nesse estado de inato, são os que têm uma fé perfeita e inabalável[22].

Se tentamos substituir aqui "inato" pela expressão "nem criado nem destruído", a passagem deixa de fazer sentido. É somente como o "inato" que o eu pode estar consciente de si como o Buda Dharmakāya; é somente quando se identifica com a realidade e está completamente ativo que o *zenkigen* (funcionamento total da realidade) pode ser expresso. Além desse aspecto de dinamismo eterno, o conceito do "inato" também apresenta o caráter de fonte absoluta, a realidade fundamental que é a base até mesmo do Buda, considerado como a realidade última e mais universal: "Uma vez que 'Buda' é a designação de algo que nasceu ou é delimitado, deve haver um fundamento inato para todos os budas. O inato é o fundamento e o início de todas as coisas e não há nada mais fundamental ou anterior"[23]. Na doutrina Mahāyāna, o termo *kū* (vazio) designa o conceito ao qual se atribui todas essas características, mas Bankei preferia os termos "o inato" ou "a mente não-criada do Buda", provavelmente porque queria indicar da forma mais vívida possível, a natureza absoluta e fundamental e o dinamismo eterno da iluminação (*satori*).

Consideremos agora a questão da "mente" e sua relação com a noção de "mente do Buda" em Bankei. Ele tratava a mente inata e a mente do Buda como idênticas:

22. BZG = Bankei Zengi Goroku, p. 87.
23. Idem, p. 59.

O inato é a mente do Buda e a mente do Buda é espiritualmente clara (*reimei*), uma vez que ela é o inato[24].

Se constantemente [...] vivemos com a mente do Buda inato, quando dormimos, dormimos no estado da mente do Buda e, quando acordamos, acordamos no estado da mente do Buda. A mente do Buda é ativa em todas as circunstâncias e nunca está ausente[25].

Bankei argumenta que, uma vez que a mente é inata, ela não pode ser destruída, mesmo o corpo se tornando terra e cinzas. Além disso, "Todos os budas antigos e recentes compartilham da mesma e única mente transmitida do Buda"[26] e "a mente do Buda iluminada e a pessoa comum não são diferentes"[27].

Nessa filosofia da mente, desaparece a distinção entre sujeito e objeto. Aqui o sujeito e o eu verdadeiro que o sujeito busca são fundamentalmente a mesma mente (*kokoro*). Somente quando os dois são um só é que o eu verdadeiramente se torna o eu:

Minha seita é a seita da mente do Buda; não existe dicotomia entre aquele que vê e ouve e aquilo que é o objeto buscado [...]. A mente una e inata é mestre ou senhora de cada pessoa, percebendo a cor nos olhos e o som nos ouvidos. Essa mente inata é sem resíduos iluminada plenamente por meio da atividade dos seis sentidos[28].

Essas palavras refletem a estrutura lógica da autoconsciência no budismo, e não a daquilo que a tradição da filosofia ocidental denomina conhecimento objetivo. A concepção de Bankei parece bastante semelhante à de Nishida Kitarō (1870-1945), que fala da "determinação autoconsciente do nada".

Bankei vê na clareza espiritual (*reimei*) uma prova do "inatismo":

Enquanto você está voltado para cá, ouvindo-me agora, se um pardal chilreia atrás de você, você não o toma por um corvo; você não confunde o som de um sino com o de um tambor, nem ouve a voz de um homem e a toma pela de uma mulher, nem também a voz de um adulto pela de uma criança. Você ouve e distingue esses diferentes sons, sem cometer um único erro, em virtude do extraordinário funcionamento da sabedoria iluminadora. Essa é a prova de que a mente do Buda é inata e extraordinariamente iluminadora[29].

A atenção dos que ouvem é absorvida pela pessoa que discursa, no entanto, sem esforço consciente, eles são capazes de distinguir claramente os vários sons em todo o ambiente. A função diferenciadora que opera no estado inconsciente, antes de ocorrer a diferenciação entre sujeito e objeto que o budismo oficial denomina diferenciação não-diferenciadora, é prova de que a mente do Buda é inata, e manifesta

---

24. Idem, p. 21.
25. Idem, p. 30.
26. Idem, p. 46.
27. Idem, p.128.
28. Idem, p. 133
29. Idem, p. 4; N. Waddel, op. cit., p. 35.

308 A ESPIRITUALIDADE BUDISTA

a clareza espiritual da mente inata do Buda. O que Bankei quer dizer com isso está muito próximo do que Nishida diz sobre a experiência pura em *Uma Investigação sobre o Deus*.

As explicações de Bankei nos parecem um pouco comuns demais e podem ser consideradas inapropriadas para a natureza não-criada do funcionamento miraculoso dessa clareza espiritual, que nada mais é que o futuro, eterno e dinâmico Tathāgata. Mas elas têm o mérito de enraizar a visão budista no estar-no-mundo do cotidiano. Vivemos num mundo de diferenciações, sempre ponderando sobre as várias coisas neste mundo, e deixamos nossas ansiedades e preocupações associar-se e embaralhar nosso espírito, como as moscas que são pegas numa teia. No entanto, em raras ocasiões, a força da diferenciação não-diferenciadora – o que D. T. Suzuki denomina "espiritualidade" (*reisei*)[30] –manifesta-se em nós e compreendemos que uma força espiritual dinâmica está atuando em nós em todas as circunstâncias e que o espírito humano é essencialmente inato, não-limitado.

Bankei sustenta a explicação em termos sonoros desse funcionamento miraculoso numa explicação visual:

> O inato é como um espelho límpido. Uma vez que tudo se reflete no espelho, mesmo que não queiramos vê-las, todas as coisas colocadas a sua frente necessariamente se refletem nele. Além disso, se removemos essas coisas refletidas, elas não se refletem no espelho, mas não porque o espelho não queira refleti-las; essa é a atividade do espírito não-criado (*ki*). Não importa o que seja a coisa em questão, enquanto queremos vê-la ou ouvi-la, o resultado é um ato de ver ou ouvir, e não a ação da mente do Buda. Que as coisas sejam vistas e ouvidas sem que tentemos vê-las ou ouvi-la é algo que se deve à eficácia da mente do Buda. Foi isso o que eu quis dizer com a "mente inata" [...]. A eficácia espiritualmente clara (*reimei*) da mente do Buda é tão diferente da função de um espelho normal quanto as nuvens são diferentes da lama abaixo[31].

Como é que a eficácia espiritualmente clara da mente do Buda ultrapassa de tal forma a função de um espelho? O espelho pode apenas refletir e distinguir objetos a dois ou três metros de distância, enquanto a mente do Buda pode distinguir uma pessoa a mais de trezentos metros. A mente do Buda ultrapassa até mesmo o sol e a lua, pois eles iluminam apenas a terra e o céu, enquanto a mente espiritualmente clara do Buda ilumina as pessoas por meio da linguagem e faz com que todas as pessoas busquem o eu verdadeiro. A imagem do espelho era freqüentemente empregada pelos budistas e confucianos para indicar a natureza básica dos seres humanos, o exemplo mais famoso sendo talvez o poema de Shen-hsiu no *Sutra da Plataforma do Sexto Patriarca*:

---

30. Daisetsu Suzuki, *Nihonteki reisei* (Espiritualidade Japonesa), *Suzuki Daisetsu zenshū*, v. 8.

31. BZG, p. 65, 69.

ZEN

Este corpo é a árvore do Bodi
A mente é como o brilho de um espelho;
Cuide em mantê-la sempre limpa
E não deixe que a poeira se acumule sobre ela[32].

Bankei não tem um equivalente para os dois últimos versos do poema. O que ele quer mostrar é que, embora o espelho não tenha desejo (*ki*) de ver uma coisa, ele reflete todo objeto colocado a sua frente. Podemos interpretar o espelho como a mente inata do Buda, o *"dharmakāya* considerado como nada", que todos os seres humanos possuem e que manifesta seu poder espontaneamente, quando entra em contato com objetos tangíveis. O inato tem dois aspectos: a natureza oculta do *dharmakāya*, que é a raiz de todas as coisas, e a adaptabilidade dinâmica da força do funcionamento total (*zenkigensei*) que se manifesta nessas ocasiões.

Observar o intercâmbio entre Bankei e seu público com relação ao conceito de inato pode nos ajudar a compreender isso melhor. Para a maioria das pessoas da época, a doutrina do inato de Bankei não passava de uma afirmação excessivamente simplista e sem substância. De fato, um dos sacerdotes aos quais Bankei discursava expressou seu ceticismo de forma bastante clara. Disse que, da forma como entendia, a diretriz "ser como o inato" podia ser pensada em termos do "vazio", mas, se isso era correto, aparentemente a indiferença (*muki*) se tornava um problema sério. O termo *muki* aqui significa uma negação total das sensações (*kankaku*) e dos sentimentos (*jōnen*) humanos. Bankei respondeu: "Se alguém de repente encostasse uma chama em suas costas, enquanto você estivesse atentamente me ouvindo falar, você sem dúvida sentiria o calor, não é?". O sacerdote concordou que sentiria e Bankei continuou:

Bem, então, isso não seria vazio. É possível que algo que sentimos como quente seja totalmente neutro ou meramente vazio? Poderíamos ser completamente indiferentes? Evidentemente não, nós o sentiríamos como quente, e não como nada. A mente do Buda não é mero vazio, ela deve conhecer o calor e o frio sem tentar perceber ou conhecer conscientemente[33].

Essa é também uma explicação da atividade espiritual e do funcionamento total (*zenkigensei*) da mente inata do Buda.

Bankei salienta o caráter único desse Zen "inato": "Como, mesmo na China, [...] não foi transmitida a verdadeira tradição do inato, não podemos hoje em dia encontrar exemplos dele; e não há nada escrito nos registros (*goroku*) sobre a mente inata do Buda"[34].

Nos registros dos patriarcas budistas, a palavra "inato" de fato aparece, mas os antigos mestres não empregavam esse termo para se referir a todos os seres vivos.

32. D. T Suzuki, *The Zen Doctrine of No-mind*, p. 179.
33. BZG, p. 25.
34. Idem, p. 72.

310 A ESPIRITUALIDADE BUDISTA

Desde a época do Buda, ninguém a não ser eu empregou a palavra como único guia para a prática[35].

Do ponto de vista histórico, seja qual for a validade dessa ousada afirmação, parece que o Zen de Bankei, apesar de sua forma simples, captava de modo ortodoxo a essência dos ensinamentos Mahāyāna. Ele é uma autoconsciência do *dharmakāya* e uma afirmação absoluta do eu com base nessa autoconsciência.

No entanto, é claro que nossa vida cotidiana presente não alcança esse estado e, assim, enquanto de um lado ele afirma: "O eu é o verdadeiro inato tal como ele é"[36], de outro, ele declara que essa consciência deve ser alcançada por meio da "autocrítica", e não pela meditação sobre os *koans* do Zen. O que é de especial interesse nessa forma de Zen é a noção de libertação do eu com relação à ilusão (*mayoi*) e ao pensamento dualista ou as fixações (*nen*). Bankei acreditava que a ilusão surgia devido ao "desejo egoísta" e ao "favorecimento de si mesmo". Em conseqüência, ele argumentava, ela não é inata nos seres humanos. Somente a mente do Buda é inata e a ilusão existe somente quando nos permitimos ser iludidos. Após o nascimento, nós adquirimos, tanto por meio da visão quanto por meio dos sons, várias ilusões e construímos nossas próprias personalidades tendenciosas e carregadas de preconceitos. Nós então passamos a pensar nesses traços como a natureza fundamental dos seres humanos. Às vezes chegamos a dar um alto valor a essas ilusões e a nos orgulhar delas. Isso é simplesmente uma perversão do espírito humano e Bankei declara que, não importa quanto a ilusão possa parecer impressionante e extasiante, ninguém seria tolo o suficiente para preferi-la à mente una do Buda.

Os argumentos mais centrais de Bankei sobre a questão da ilusão referem-se ao *nen* (fixação diferenciadora). Na filosofia budista, o *nen* se refere em termos gerais ao processo de lembrar-se ou, ocasionalmente, à deliberação e ao pensamento racional. O termo também se refere àquilo que é criado por esses processos fundamentais, isto é, a nossas tentativas de garantir que algo seja confiado à memória, para não ser esquecido, até mesmo no momento em que as atividades da mente são mínimas. Bankei diz que os *nen* (fixações) são imagens das coisas vistas e ouvidas, refletidas em nossa tela mental, de acordo com a experiência efetiva dos fenômenos visuais e sonoros[37]. Essa é uma concepção do *nen* que poderia provir diretamente da tradição Iogacara.

Ele não diz que os *nen* são maus; essa questão se refere sobretudo ao modo como as pessoas se relacionam com essas fixações. Se uma pessoa se preocupa com uma fixação ou imagem particular e tenta se libertar delas, ela pode ter êxito; mas elas podem muito bem ser imedia-

35. Idem, p. 286.
36. Idem, p. 130.
37. Idem, p. 32-33.

ZEN

tamente substituídas por outras. Se as pessoas ficam presas por fixações como essas e com isso engendram desejos, raiva e ignorância, elas irão renascer em um dos três domínios inferiores: o inferno, o mundo dos fantasmas famintos ou o mundo dos animais. Se tentarem dar fim a essas fixações, afirma ele, isso as ajudará muito pouco, pois

> Tão logo tenham a noção de tentar interromper essa geração incessante de fixações, elas darão origem a uma outra. Para empregar uma analogia, é como tentar usar sangue para lavar uma mancha de sangue. Mesmo que o sangue anterior seja eliminado, ele será substituído pelo novo e a mancha vermelha nunca desaparecerá[38].

O que devemos fazer então, quando caímos numa armadilha como essa? Bankei dá o seguinte conselho:

> Mesmo quando ficamos subitamente com raiva, quase sem o perceber, ou quando somos atacados pela depressão ou pelos desejos, existe uma solução. Se enfrentarmos essas fixações à medida que ocorrem, sem acumular novas fixações e sem ficarmos apegados, isto é, se nos desprendemos, nem tentando impedir nem tentando incentivar novas, [...] elas sem dúvida cessarão por si mesmas [...]. A mente una continua a ser uma mente, não-fragmentada[39].

Esse curto discurso é bastante sensível e vigoroso, como uma mão coçando um local dolorido. Ele revela que Bankei estava extremamente preocupado com o problema das "dores mentais" envolvidas no processo de busca da iluminação. O quanto isso é importante, é o que nos sugere sua próxima observação: "Quando não nos apoiamos nessas fixações nem tentamos eliminá-las ou dar continuidade a elas, esse estado eu denomino a mente inata do Buda"[40]. Enquanto insistirmos nessas fixações, elas permanecerão eternamente ligadas à roda do carma, sempre repetindo o ciclo de nascimento e morte: "Se não podemos nos afastar dos desejos e alcançar a sabedoria miraculosa, vamos criar um carma que nos manterá na roda da vida e morte"[41]. Para Bankei, o objetivo do Zen era provocar a libertação dos desejos e permitir o alcançar da "sabedoria miraculosa", o que ele detalha da seguinte forma:

> Essa sabedoria miraculosa se afasta das concepções da existência e não-existência e não há nada que ela não possa penetrar. É como um espelho brilhante que reflete clara e distintamente todas as coisas tal como elas são. Sendo assim, como pode surgir a diferenciação? As diferenciações são necessárias porque há confusão e incerteza. Uma vez que alcancemos a sabedoria não-diferenciadora, essa sabedoria iluminará todas as coisas antes do pensamento dualista ter oportunidade de se iniciar e, assim, não haverá confusão. É por isso que valorizamos tanto essa sabedoria miraculosa e é por isso que dizemos que a meditação *zazen* da sabedoria miraculosa inata é a suprema forma de prática[42].

38. Idem, p. 63.
39. Idem, ibidem.
40. Idem, p. 65.
41. Idem, p. 138.
42. Idem, p. 139.

312 A ESPIRITUALIDADE BUDISTA

O Zen de Bankei se caracteriza por uma ênfase psicológica, que está em contraste com a virada lógica do pensamento de Takuan. No entanto, ambos concordam quanto à necessidade de se afastar do conhecimento dualista, que envolve o pensar em termos de objetos, em vista de viver no mundo da sabedoria não-dualista. A interpretação de Bankei do Zen é surpreendentemente simples e direta, em especial porque a maioria de nós, amadores, espera que os mestres do Zen se expressem em termos obscuros e translógicos. Bankei salienta a unidade fundamental do mundo cotidiano e do absoluto, mas isso não necessariamente torna mais fácil para o praticante comum adotar o "Zen inato" de Bankei. Para muitos, a própria simplicidade dele parece ter-se tornado o grande obstáculo. No entanto, de acordo com o *Registros do Grande Mestre Bankei*, além dos que se especializavam na prática do Zen, "mais de cinqüenta mil pessoas, indo dos membros dos níveis mais altos da aristocracia aos guerreiros de classe inferior, as mulheres e a população nas cidades, prestavam votos como seus discípulos" – uma confirmação do nível da consciência religiosa do período Edo médio. Após sua morte, suas doutrinas foram adotadas por Tejima Tōan (1718-1786), um discípulo de Ishida Baigan, no desenvolvimento do Shingaku de Ishida, ou a Filosofia do Coração[43].

Shidō Munan e a Mente

Shidō Munan, o ex-comandante de uma estação de parada na Batalha de Sekigahara que se tornou um monge Zen na idade de cinqüenta anos, fala da iluminação (*satori*) como a "mente original", ou como o "coração real" (*honshin*), ou ainda como "nosso próprio coração" (*waga kokoro*). Como explicação dessa noção da mente original, ele apenas diz que "ela é um tesouro que vale mais que o céu e a terra" e que "não é nenhuma coisa (*muichibutsu*)". "Com o avanço da prática, o corpo, as fixações, o conhecimento e o não-conhecimento devem todos desaparecer"[44]. Seu "nenhuma coisa" é o passar para um estado de "não-mente" (mente vazia; pureza mental). Ele considera a iluminação como o ponto de partida do Zen e, no entanto, também toma cuidado em indicar o perigo envolvido na iluminação: "A iluminação é o maior inimigo do Buda". O que ele parece estar dizendo aqui é que a pessoa pode alcançar alguma espécie de iluminação, alcançar um estado de indiferença (*muki*) que a coloca além de considerações relativas ao bem e ao mal, mas se ainda mantém uma parcela mínima de autoconsciência, ela pode sucumbir a um orgulho que a levará a proteger um estilo de vida centrado no eu. É evidente que ele estava preocupado com a autocrítica na prática do Zen.

43. Cf. Minamoto Ryōen, Bankei Zenji to Tejima Tōan (Bankei Mestre do Zen e Tejima Tōan), *Shunjū* 155/104.
44. *Jishōki* (Sobre a Natureza Própria, 1672), p. 62.

ZEN 313

Se armadilhas como essa se encontram no caminho da iluminação, como é possível evitá-las? Munan afirma que o importante é que, após a iluminação, nós enfatizemos a observação e aplicação práticas (*risenkufū*), o que significa concretamente uma autonegação absoluta no mundo do comportamento corriqueiro. Ele fala disso com certo detalhe em *Dōka* (Cantos do Caminho):

> Mate, mate, mate seu eu, somente quando ele tiver morrido e nada tiver sido deixado é que você poderá se tornar um mestre dos homens.
>
> O que permanece, após o eu ou o corpo ter sido completamente exterminados, se denomina o Buda.
>
> Quando se morre total e completamente (para si mesmo) é que surge a atividade livre e espontânea.

O que surge em resultado da rejeição e autonegação assim completa do ego é o "coração e mente" (*kokoro*), ou "mente original" (*honshin*), e isso é, em última análise, o "Buda". Para Munan, o coração é a verdade das verdades, mas uma vez que isso esgota a verdade meramente verbal, Munan tenta explicar a experiência de *kokoro* ou *honshin* por meio de uma discussão de sua relação com as "fixações" (*nen*), o "corpo" (eu), as "coisas" e o "eu egoísta" (*jikoshin*). Uma fixação (*nen*) é uma "petrificação de *kokoro*". Assim como o gelo, que é da mesma substância que a água, embora sob uma forma diferente, assim, também, o *kokoro*, que, quando endurece, perde sua flexibilidade essencial. Ele compara o "mal" do corpo com a "pureza" do coração: "O Buda é o *kokoro* e o inferno é o corpo. Exponha-se o mal do corpo ao Buda: quando se faz isso, o corpo é purificado"[45].

A filosofia de Shidō Munan é uma filosofia que se concentra enfaticamente no coração ou mente (*kokoro*) e isso também se reflete no modo como ele fala sobre as "coisas". Assim ele diz: "É fácil evitar as coisas, difícil é ser de tal forma que as coisas evitem você"[46]. O termo "coisas" refere-se aqui a circunstâncias ou objetos externos que distraem nossa atenção. É possível nos livrar delas, mas não é fácil viver de uma forma que distrações não cheguem até nós. Munan achava que se pudéssemos nos libertar das fixações, renunciar a nossa preocupação com nosso corpo e com nosso pequeno eu e nos tornar plenamente um com *kokoro*, poderíamos sem dúvida alcançar o estado de completa tranquilidade. Um coração que tivesse se tornado plenamente coração, e nada mais, era o que ele denominava *honshin*; seria um coração que teria se purificado inteiramente de todo traço da mente-eu (*jikoshin*).

Essa mente se identifica com o "Buda" e esse "Buda" "nem se afasta nem permanece aqui. Não existe o *nen* e ele se identifica com o vazio"[47]. No entanto o eu, que é originalmente o Buda que se identifica com o vazio, deve, na medida em que vive neste mundo, responder a

45. Idem, p. 57.
46. *Sokushinki* (Sobre a Mente, 1660), p. 13.
47. Idem, p. 34.

314 A ESPIRITUALIDADE BUDISTA

uma diversidade de coisas e ser limitado de diferentes formas. Qual o modo de vida desse Buda? Esse Buda, diz ele,

age de acordo com a afirmação e negação, mas permanece distante, habita em meio ao desejo, mas permanece distante, morre sem morrer; vive sem viver; vê sem ver e ouve sem ouvir; ele se move sem se mover; busca sem buscar; recebe críticas sem apego; cai no ciclo cármico sem produzir efeitos cármicos[48].

O Zen de Shidō Munan, concentrado em torno do *kokoro*, era um mundo que transcendia os juízos de valor, no qual "bem e mal, certo e errado não tinham lugar", um mundo de espiritualidade pura. Essa espiritualidade devia ser realizada por meio de uma autocrítica completa. Seu Zen era simples, claro e fácil de se compreender, mas também muito profundo e compensador, em seu todo, um reflexo exato de sua personalidade. Eu gostaria de acrescentar que, em concordância com essa ênfase em *kokoro*, Munan proclamava a identidade última dos três sistemas de fé: o budismo, o confucianismo e o shinto.

Conclusão

Cada um desses três mestres famosos do Zen estava tentando dar uma resposta do ponto de vista budista a perguntas fundamentais relativas à condição humana como: "O que é um ser humano?", "O que é o eu?" e "O que é a liberdade humana?". Cada um deles tinha seu estilo original de expressar a visão espiritual do Zen no novo contexto da cultura Tokugawa: Takuan se concentrava na questão do eu; Bankei pregava o "Zen inato" e tentava revelar um domínio fundamental do "inato" que seria a base até mesmo para o Buda, ao mesmo tempo em que mostrava que viver naturalmente (*sono mama no ikizama*, BZG 63) – o próprio viver quando não tumultuado por influências externas – era a essência do "inato"; Shidō Munan concentrava-se no domínio do coração ou mente e identificava *kokoro* com o Buda.

Todos os três acreditavam que o eu podia realizar sua natureza verdadeira, revelar o eu verdadeiro, ao pulverizar o "desejo egoísta" (*gasho*) que impede o coração ou a mente (*kokoro*) de serem eles próprios e agirem naturalmente. Devemos admitir que, em termos de sua relação com as condições sociais concretas, sua espiritualidade estava limitada por sua incapacidade de superar o caráter pré-moderno de sua sociedade. No entanto, o núcleo de sua visão espiritual – sua convicção de que é somente pela rejeição absoluta do "eu limitado e egoísta" que os seres humanos podem realizar o eu verdadeiro e experimentar a liberdade verdadeira – tem uma manifesta relevância até mesmo para a sociedade de hoje.

48. Idem, p. 12.

ZEN   315

IV. HAKUIN

Michel Mohr

A centésima edição da revista *Zendō* (O Caminho do Zen) apareceu em 1 de novembro de 1918, uns poucos dias antes do final da Primeira Guerra Mundial. Ela era dedicada à apresentação de Hakuin Ekaku (1686-1769), que morrera um século e meio antes[49]. Esse acontecimento cultural de pouco destaque ocorreu numa época em que um grande número de políticos e intelectuais japoneses estimulava uma excessiva confiança nas realizações do país. O fato de que o Japão, tendo vencido o conflito Rússia-Japão, agora se juntasse aos Aliados era percebido como uma confirmação de sua ascensão à posição de "país de primeira classe" (*ittōkoku*)[50]. Esse orgulho transparece em alguns dos artigos da revista *Zendō*, em particular o artigo de Satō Kokyū, um sacerdote do templo de Engaku-ji, que reflete sobre a associação tradicional entre o monte Fuji e Hakuin: "O monte Fuji expressa a perenidade da política nacional (*kokutai*) do Japão e se eleva no céu do Oriente. O mestre do Zen (Hakuin) representa o fulgor espiritual do povo japonês superior (*yūshū naru Yamato minzoku*) e o faz brilhar em todo o mundo" (34).

O emprego de uma terminologia de conotações tão fortemente nacionalistas não é, no entanto, o único tom da publicação. Embora a tendência geral seja laudatória, também são expressas algumas opiniões críticas. O sacerdote Kohō Useki (1879-1967), da escola Sōtō, denuncia a formalização da prática, ocorrida após Hakuin (53-55). Entre os quarenta colaboradores estão algumas das figuras de maior prestígio na época, como Shaku Sōen (1860-1919) e Suzuki Daisetsu (1870-1966), o editor-chefe. Ao que parece essa foi uma das primeiras tentativas de avaliar o lugar de Hakuin no pensamento budista japonês. Também merece ser mencionado que pelo menos dez dos autores eram mestres com certificado (*rōshi*), provenientes da linhagem de Hakuin em linha direta e que os artigos foram elaborados por representantes das três ortodoxias do budismo Zen, isto é, as escolas Sōtō, Rinzai e Ōbaku[51].

---

49. As datas relativas a Hakuin ainda são oferecidas de forma inexata na maioria das publicações, que em geral não levam em conta a defasagem entre o calendário solar e o lunar. De acordo com sua biografia, Hakuin nasceu no segundo ano da era Jōkyō, décimo segundo mês, vigésimo quinto dia. Isso corresponde a 19 de janeiro de 1686. Ele morreu no final do quinto ano da era Meiwa, décimo segundo mês, décimo primeiro dia. Isso corresponde a 18 de janeiro de 1769 (HN 39 e 248). A contagem da idade seguida na biografia de Hakuin se baseia, no entanto, nos anos lunares, o que o deixa com um ano em 1685. Em 1695, por exemplo, ele tinha onze anos de idade.

50. S. Imai, *Taishō demokurashī*, p. 217. Para estudos críticos descrevendo os vínculos de certos mestres do Zen com o nacionalismo ou o militarismo, cf. H. Ichikawa, *Nihon fashizunuka no shūkyō*; e R. H. Sharf, The Zen of Japanese Nationalism.

51. Na época de Hakuin, o movimento Ōbaku era designado pela referência ao ramo Ōbaku da escola Rinzai (*Rinzai shū Ōbaku ha*), enquanto seus membros se consideravam como representantes da "escola Rinzai Verdadeira" (*Rinzai shōshū*). Essa

316 A ESPIRITUALIDADE BUDISTA

Apesar das deficiências manifestas, essa publicação é importante por pelo menos duas razões. Em primeiro lugar, ela apresenta a gama completa de concepções dos líderes do budismo Zen na era Taishō, antes da escalada da ditadura militar. Em segundo lugar, ela nos oferece um ponto médio que torna possível um olhar retrospectivo para o período Tokugawa, ajudando-nos a colocar em perspectiva o progresso e a estagnação dos estudos centrados em Hakuin e seus sucessores durante o século XX. A maioria dos colaboradores era nascida no período Tokugawa e alguns deles vivenciaram, já adultos, a transição para o período Meiji, presenciando transformações no mundo budista cujo quadro temos hoje dificuldade em reconstruir, dada a escassez da documentação.

No estudo que se segue, vou começar com as concepções atuais sobre Hakuin e depois examinar os problemas relativos a sua biografia e à reorganização da prática Zen implementada na escola de Hakuin, com algumas observações finais sobre o processo pelo qual a escola atingiu um público mais amplo.

A Imagem de Hakuin Hoje

A abundante bibliografia sobre a obra literária de Hakuin é um dos fatores que obstruem o estudo de seu pensamento. Enquanto alguns estudos em língua vernacular (*kanahōgo*) ainda são amplamente lidos, seus textos mais difíceis, escritos em chinês clássico, permanecem praticamente inexplorados. Isso é verdade em especial no caso do *Kaian kokugo* (T 81, nr. 2574, e HZ 3), o comentário de Hakuin ao *Registro de Daitō Kokushi*, publicado pela primeira vez com um posfácio datado de 1750. Essa obra pode ser considerada a obra da vida de Hakuin, sendo uma expressão elaborada de sua aspiração de retornar às fontes do Zen de tradição Rinzai[52].

---

corrente alcançou a posição e designação de escola independente (*Ōbaku shū*) em 1876 (*Zengaku Daijiten*, 123d).

52. Para informações sobre Daitō Kokushi (Shūhō Myōchō 1282-1338), cf. K. Kraft, *Eloquent Zen*, e minha resenha da obra no *Japanese Journal of Religious Studies* 20. A principal publicação relativa ao *Kaian kokugo* de Hakuin continua sendo o registro de ensinamentos morais (*teishō*) elaborado por Iida Tōin (1863-1937), um leigo que recebeu certificados de diversos mestres das escolas Rinzai e Sōtō, inclusive Kōgaku Sōen, Nantenbō e Taiun Sogaku (Iida, *Kaiankokugo teishōroku*). Os títulos que Hakuin emprega para designar suas obras em geral jogam com diversas camadas de significado, em alusão a histórias antigas. Dessa forma, muitas vezes é melhor não restringir sua significação; por isso vou evitar traduzi-los. No caso do *Kaian kokugo*, Yampolsky explica o título com a formulação: "a árvore-gafanhoto da tranqüilidade, uma terra do nunca-nunca dos sonhos" (*Zen Master Hakuin*, p. 226). O título se inspira no romance *Nan-k'e T'ai-shou chuan*, do escritor Li Kung-tso (s.d.), da escola T'ang; seu herói adormece em plena luz do dia e sonha que está visitando esse país quimérico, se casa com a filha do rei e se torna governador. A paz (de espírito) alcançada após ele adormecer sob uma árvore-dos-pagodes japonesa (nome científico Sophora Japonica [*sic.*]) sugere, no entanto, que o título dado por Hakuin pretende enfatizar o despertar do sonho.

ZEN 317

Os vários ditos e escritos de Hakuin reunidos no *Keisō dokuzui* (HZ 2.1-301) são, da mesma forma, em grande parte desconhecidos.

A meta principal da atividade de Hakuin era a revitalização de sua escola, um esforço que o obrigou a retornar à fase crucial em que a tradição Zen foi transmitida da China do período Sung para o Japão do período Kamakura, durante o século XIII. Para isso, Hakuin precisou dar ênfase a sua filiação à principal corrente da linhagem de Myōshin-ji, que se revelara como a mais dinâmica do início do período Tokugawa. Isso o vincularia à tradição Ōtōkan que, desde a época dos Tokugawa, representava cada vez mais a ortodoxia Rinzai. Embora a questão dos vínculos de Hakuin com essa linhagem precise de maior investigação, é suficiente dizer que ele é considerado hoje, em geral, como o herdeiro legítimo do legado Ōtōkan, como o mestre que revitalizou essa tradição.

Apesar da alta consideração em que Hakuin é tido, existe surpreendentemente pouca pesquisa especializada a respeito de seu pensamento e obra. Há, no entanto, uma extensa bibliografia *sobre* Hakuin no Japão, embora de qualidade irregular. São muitas as lendas em torno de sua vida e os métodos de saúde inspirados em seus ensinamentos; o fato de que uma série de histórias em quadrinhos descrevendo sua vida tenha sido recentemente completada[53] mostra o grau de popularidade de que ele desfruta ainda hoje.

O primeiro passo para um melhor conhecimento dos escritos de Hakuin foi a publicação de suas obras completas (*Hakuin oshō zenshū*, aqui abreviadas como HZ) entre 1934 e 1935, com a organização de Kōson Isan (Gotō, 1895-1953), abade do templo de Hōrin-ji, em Quioto. Desde então, as principais publicações surgidas são o amplo estudo de Rikugawa da biografia de Hakuin tratando também de questões relacionadas, em 1963, e a edição anotada da biografia elaborada por Katō Shōshun (*Hakuin oshō nenpu*, aqui abreviada como HN), em 1985. Para o pensamento de Hakuin, as contribuições de Yanagida Seizan e Tokiwa Gishin foram de extrema importância. Diversos autores contribuíram para aprimorar a compreensão de aspectos particulares da biografia de Hakuin, em especial Akiyama e Machida, mas uns poucos historiadores japoneses do pós-guerra também se propuseram a examinar Hakuin a partir de uma perspectiva mais crítica, salientando a submissão de Hakuin à política religiosa do bakufu[54].

A pesquisa sobre a história institucional da escola Rinzai durante o período Tokugawa tem sido realizada por Takenuki (1989 e 1993), mas muita coisa permanece por ser investigada nessa área[55], assim

53. H. Tsujii, *Hakuin oshō monogatari*.

54. Essa postura foi explorada em especial por M. Funaoka, em Hakuin zen no shisōshi teki igi, *Kinsei bukkyō no shomondai,* e desenvolvida por Y. Muneyama em seu Hakuin no gohōron to minshūka, *Futaba Kenkō hakase koki kinen: Nihon bukkyōshi ronsō*.

55. Uma introdução ao aspecto institucional é oferecida por G. Foulk, *The "Ch'an School" and its Place in the Buddhist Monastic Tradition*.

318 A ESPIRITUALIDADE BUDISTA

como no estudo do impacto do movimento de Hakuin sobre a religião popular. A recepção dos ensinamentos da escola Rinzai nos setores da sociedade Tokugawa com menor formação educacional assemelha-se – e em alguns casos se vincula – ao êxito do movimento Shingaku, um vínculo que foi claramente estabelecido por Sawada Anderson (1993). Com relação a outras publicações ocidentais, a importante antologia oferecida por Yampolsky (1971) foi seguida por uma série de traduções feitas por Waddell. Ainda se faz necessário um considerável esforço de tradução e análise do vasto conjunto de textos compostos por Hakuin e seus discípulos. A fim de obter uma visão equilibrada de Hakuin e seu legado espiritual é necessário levar em conta não apenas as diferentes facetas de sua personalidade, na medida em que elas se revelam nos documentos que chegaram até nós, mas também examinar até onde ele foi o produto de sua época e como sua obra foi levada avante por seus sucessores.

Problemas na Biografia de Hakuin

Os detalhes da vida de Hakuin são conhecidos em especial por meio de relatos biográficos[56] e autobiográficos[57]. A biografia foi composta pelo discípulo de Hakuin, Tōrei Enji (1721-1792), por solicitação do próprio Hakuin e depois revisada por Taikan Bunshu (1766-1842), um dos sucessores de Tōrei. Felizmente, tanto o manuscrito de Tōrei quanto a versão reformulada de Taikan chegaram até nós, tornando possível observar a evolução do documento. Uma comparação das duas versões revela-nos que o texto de Tōrei se apóia pesadamente nos relatos autobiográficos do próprio Hakuin. Além disso, uma carta de Tōrei a Hakuin, datada de 1757, estabelece que a redação da biografia já estava sendo elaborada quando Hakuin tinha a idade de 73 anos e que o próprio Hakuin deu instruções a esse respeito[58]. O primeiro

56. Não vou parafrasear aqui a biografia de Hakuin, freqüentemente citada em publicações ocidentais. Cf. a bibliografia elaborada para a tradução de Waddell bem como sua tradução do escrito autobiográfico *Itsumadegusa*. O documento complementar à edição HN é a biografia de Tōrei (Nishimura, *Tōrei oshō nenpu*).

57. O primeiro relato autobiográfico encontra-se no apêndice a *O*r*ategama*, escrito em 1747, quando Hakuin tinha 63 anos de idade (HZ 5.196-209). Trata-se de um relato extremamente conciso, no qual estão ausentes os episódios que descrevem sua descoberta do *Ch'an-kuan ts'e-chin*, a visita a Hakuyūshi, e sua estada em Iwatakiyama. O segundo relato, um texto denominado *Sakushin yōchi monogatari*, está incluído em algumas versões do *Yaemugura*, uma obra de Hakuin pouco conhecida, que não está incluída em HZ. Com relação a essa questão complexa, cf. Katō Shōshun, *Yaemugura no ihon ni tsuite*, e HN 5-6. A obra foi publicada em 1761. O terceiro registro autobiográfico foi publicado em 1766, no *Itsumadegusa*.

58. Essa carta está registrada na coletânea de textos diversos denominada *Taiyō Zatsudokkai* (HZ 7.40-41). A mesma carta se encontra no manuscrito mais abrangente e elaborado pelo próprio Tōrei, com o nome de *Zatsudokkai*, mantido no templo de Ryūtaku-ji (fólio 66b). Cf. também HN 6.

ZEN 319

manuscrito de Tōrei foi concluído em 1789, mas a versão revisada por Tōrei seria impressa somente no início de 1821[59].

Uma vez que se tornou discípulo de Hakuin quando Hakuin tinha 55 anos de idade, em 1743, Tōrei necessariamente dependia das informações oferecidas por seu mestre e o próprio Hakuin provavelmente escreveu pelo menos a primeira parte de sua biografia[60]. No entanto permanecem contradições em várias partes da história. A elaboração das versões sucessivas por Tōrei e Taikan, no esforço de eliminar as discrepâncias, contribui para a apresentação de uma imagem idealizada de Hakuin, sendo que o relato como um todo deixa muitos pontos obscuros. Esse documento deve, dessa forma, ser utilizado com prudência e não pode ser tomado ao pé da letra. Por outro lado, além do fato inevitável de o gênero literário dessas biografias cronológicas (*nenpu*) se caracterizar pelo tom hagiográfico, é extremamente esclarecedor observar como Hakuin moldou sua história pessoal a fim de utilizá-la como ferramenta de ensino.

O título da biografia emprega o título honorífico de Shinki Dokumyō Zenji, conferido a Hakuin num édito imperial emitido pouco depois de sua morte, em 1769. Um segundo título, o de Shōjū Kokushi, foi-lhe conferido em 1884, a última vez em que um imperador concedeu o título de "mestre nacional". A edição especial de 1918 do *Zendō*, acima mencionada, orgulhosamente reproduz essa prova de reconhecimento em sua primeira página, e o abade chefe (*kanchō*) do templo de Daitoku-ji, Sōhan Genpō (1849-1922), explica-a com detalhe, esclarecendo que o título é, ele próprio, "a confirmação da virtude do mestre" (18-19).

Além de umas poucas discrepâncias, existem dois problemas notáveis, relativos à biografia de Hakuin. Sua importância está menos no caráter histórico dos fatos do que em oferecer uma indicação do desejo de Hakuin de enfatizar certos aspectos de sua vida de modo a oferecer um modelo para gerações futuras. O primeiro problema refere-se à história do encontro do jovem Hakuin com um eremita chamado Hakuyūshi. O segundo, de grandes conseqüências na perspectiva da ortodoxia Rinzai, vincula-se à relação entre Hakuin e o sacerdote que ele reconhecia como seu mestre, Dōkyō Etan (1642-1721), também conhecido como Shōju Rōnin[61].

59. Os detalhes que levaram a essa publicação são explicados por Taikan em seu posfácio à biografia (HN 295-296). No final desse posfácio, a data da publicação é dada como sendo o terceiro ano da era Bunsei, décimo segundo mês, oitavo dia, correspondendo a 11 de janeiro 1821.

60. Rikugawa, *Kōshō Hakuin oshō shōden*, p. 25.

61. Para a leitura desse nome, sigo Katō (HN 17). A denominação *rōnin* acrescentada ao nome de seu eremitério, Shōju, forma o apelido dado a Dōkyō Etan, aparentemente pelos habitantes da região rural em que ele residia. A leitura budista *nin* do caractere para "pessoa" parece ter uma conotação mais respeitosa que a leitura mais habitual, *jin*, uma vez que ela evoca a "pessoa verdadeira" (*shinnin*). A leitura desse nome na bibliografia ajustou-se de forma correspondente. Nakamura (que não é um sacerdote), no entanto, emprega *rōjin* (*Shōju rōnin to sono shūhen*, prefácio, e *Shōju rōnin no shi to geju*, 13).

320 A ESPIRITUALIDADE BUDISTA

A questão de Hakuyūshi não é muito complexa. Uma vez que seu túmulo se localiza em monte Yoshida, em Quioto, e sua morte está documentada no registro do Jōgan-in, sua identidade histórica dificilmente poderia ser posta em dúvida[62]. Seu nome real era Ishikawa Jishun (1646-1709) e ele era discípulo do poeta Ishikawa Jōzan (1583-1672). O primeiro relato de Hakuin sobre seu encontro com Hakuyūshi aparece em seu comentário aos poemas de Han-shan, o *Kanzanshi sendai kimon*, publicado em 1749 (HZ 4.109). Hakuin declara que tinha a idade de 26 anos quando visitou Hakuyūshi e suas obras autobiográficas subseqüentes confirmam isso.

O problema é que, quando Hakuin tinha 26 anos de idade, em 1710, Hakuyūshi já estava morto havia um ano. A documentação mostra que Hakuin empregava o personagem um tanto enigmático de Hakuyūshi para pôr em destaque o interesse de sua história e transmitir idéias taoístas sobre a saúde, a respiração e os cuidados com a energia vital. Hakuin havia assimilado essas noções com a leitura dos clássicos taoístas. Ele cita, por exemplo, o *Chuang Tzu*, dizendo que o "povo comum respira com suas gargantas, os homens verdadeiros respiram com seus calcanhares" (HZ 1.216). Hakuin também menciona freqüentemente o Senhor Amarelo (Huang Ti), referindo-se em particular ao *Su Wên*. Ele gostava da passagem que descrevia o sábio: "Composto e satisfeito no nada, a energia vital o segue; a natureza inata da força espiritual sendo preservada no interior, de onde poderia vir a doença?"[63].

O emprego de fontes taoístas por Hakuin é um tema pouco explorado e, assim, promissor para a pesquisa. No entanto, a narrativa que ele faz de seu encontro com Hakuyūshi é definitivamente uma ficção. O fato de sua história não se encaixar bem na biografia, ao que parece, provocava uma certa inquietação em seus discípulos e o ano atribuído a esse acontecimento foi mudado de 1715, na versão de Tōrei, para 1710, na de Taikan (HN 19-21). A tentativa de inserir o episódio de Hakuyūshi na crônica é problemática e, embora Taikan provavelmente não conhecesse a data da morte de Hakuyūshi, essa pode ter sido uma outra razão para a demora na publicação da biografia. Do ponto de vista de Hakuin, no entanto, não houve intenção de enganar. Com seu habitual senso de humor, ele pode ter achado que a mensagem estava suficientemente clara, ao afirmar, no *Yasenkanna*, que Hakuyūshi tinha mais de 180 ou 240 anos de idade, três ou quatro ciclos sexagesimais (HZ 5.350). O título *Yasenkanna* provavelmente

---

62. Cf. Itō, *Hakuyūshi*, 6-12. Novos desenvolvimentos foram apresentados pelo mesmo autor em *Zenbunka* 24 (janeiro de 1962), p. 42-47; 54 (setembro de 1969), p. 46-55. A abordagem mais crítica de Rikugawa (*Hyōshaku*, p. 140-203) é fundamental.

63. Jen Ying-ch'iu, *Huang Ti Nei Ching Su Wên*, p. 8. Compare-se com a tradução de Ilza Veith, *The Yellow Emperor's Classic of Internal Medicine*, p. 98. Hakuin cita essa passagem no *Itsumadegusa* (HZ 1.221), no *Kanzanshi sendai kimon*, HZ 4.108, p. 116, e no *Yasenkanna* (HZ 5.359).

é uma alusão ao "barco noturno de Shirakawa" (*Shirakawa yobune*), um sinônimo do falar deliberadamente sobre objetos não-existentes. Na verdade, Hakuin explicitamente confessa seu artifício literário no posfácio ao *Yasenkanna*, datado de 1757, dizendo que essa obra "não foi criada (*mōkuru*) para as pessoas talentosas, que já compreenderam (o essencial) com um único golpe de martelo" (HZ 5.365)[64].

O segundo problema, que é mais delicado, vincula-se à história de um outro eremita, Dōkyō Etan, que passou a vida num pequeno templo denominado Shōju-an (literalmente Retiro de Samādhi[65]). A estada de Hakuin com Dōkyō foi extremamente curta, provavelmente pouco mais de seis meses, e eles nunca mais se encontraram novamente, embora Hakuin tenha viajado até as áreas próximas e facilmente poderia tê-lo feito. A existência histórica de Dōkyō é objeto de controvérsias e, com ela, a autenticidade da afirmação de Hakuin, derivando sua linhagem Zen a partir dele. Esse problema duplo já era mencionado na edição da revista *Zendō* de 1918.

A existência histórica de Dōkyō é de difícil comprovação, uma vez que ele viveu num retiro quase que completo e não há documentos externos ao grupo próximo a Hakuin que estabeleçam sua localização com certeza. A obscuridade do perfil de Dōkyō poderia, no entanto, ser atribuída às circunstâncias de seu nascimento. Ao que parece, nasceu da união do idoso senhor da nobreza Sanada Nobuyuki (1566-1658) com uma de suas jovens servas, Risetsu (1622-1707); o futuro Dōkyō foi afastado juntamente com sua mãe e confiado à casa de Matsudaira Tadatomo, senhor do castelo de Iiyama, onde foi educado. A paciente pesquisa realizada por Nakamura Hiroji (1914-1985) e outros residentes de Iiyama nos arquivos locais finalmente lançou certa luz sobre as origens de Dōkyō. Um dos mais convincentes argumentos de Nakamura refere-se ao primeiro registro biográfico sobre Dōkyō, a inscrição em pedra (*Saishō no tō*) deixada por Tōrei e seus discípulos por ocasião de sua estada em Shōju-an em 1781. Após comemorar o sexagésimo aniversário da morte de Dōkyō, eles erigiram a pedra, declarando explicitamente que Dōkyō era "o filho de um certo senhor Sanada e sua concubina"[66]. Se essa história tivesse sido inventada, Tōrei e seus seguidores teriam se sujeitado a riscos enormes por mencionar uma

---

64. Cf. também HN 21. A expressão "compreenderam com um único golpe de martelo" é comum em fontes de tradição Ch'an, por exemplo, na *Transmissão da Lâmpada da Era Ching-te* (T. 51.319b9-10).

65. Esse templo foi restaurado durante o período Meiji e atualmente situa-se na atual prefeitura de Nagano, próximo à cidade de Iiyama. Pode-se encontrar uma descrição dele no Koga (Koji tanbō).

66. Uma fotografia da pedra está incluída no Zenbunka 30-31 (janeiro de 1964), p. 19-20. Uma reprodução do texto juntamente com o comentário encontra-se em Imakita (1935, 34-37) e o comentário sozinho, em Rikugawa (*Kōshō Hakuin oshō shōden*, 42) e Nakamura (*Shōju rōnin to sono shūhen*, 34).

322 A ESPIRITUALIDADE BUDISTA

família assim poderosa. Eles deviam ter provas sólidas, apoiando a afirmação registrada na inscrição. A existência de Dōkyō é documentada também por pesquisas relativas a seus discípulos, em particular o segundo abade de Shōju-an, Dōju Sōkaku (1679-1730) (Rikugawa 1964 e HN 107).

Na ausência de mais informações sobre Dōkyō, podemos apenas levantar hipóteses. Ao que parece, o relato do próprio Hakuin merece credibilidade e ele teria visitado Dōkyō pela primeira vez na idade de 24 anos, quando ainda se encontrava entusiasmado com a revelação decisiva, vivenciada por ele, ao ouvir o som de um sino à distância (HN 92). A permanência sob a orientação de Dōkyō o deixou pela primeira vez consciente de que sua concepção inicial não estava errada, apenas incompleta. O que restava de seu orgulho desapareceu quando ele transmitiu o *koan* que Dōkyō havia-lhe destinado, um momento crucial que o levou a ser mais modesto quanto a suas próprias realizações. Após deixar o eremitério de Dōkyō, as doenças serviram para lembrá-lo das outras limitações. Após quase vinte anos de lutas, ocorreu uma outra importante transformação interior, na idade de 42 anos, quando ele lia o *Sutra do Lótus*. Esse episódio, ao que parece, levou Hakuin a compreender a importância do curto período que ele passou sob a orientação de Dōkyō, persuadindo-o a considerar-se o herdeiro de Dōkyō no Darma, uma escolha que também era estrategicamente justificada. Uma comprovação dessa interpretação está no fato de que, ao inscrever seu novo sobrenome "Hakuin" nos registros do templo de Myōshin-ji em 1718, com a idade de 34 anos, ele ainda anotou o nome de seu predecessor no templo de Shōin-ji, Tōrin Soshō (m. 1754), como seu mestre, sem mencionar o nome de Dōkyō (HN 160).

Correntes de Reforma

Sem minimizar a contribuição de Hakuin para a revitalização do Zen de tradição Rinzai, é preciso colocar o mito de sua originalidade em sua correta perspectiva histórica. O vínculo entre os mosteiros Zen e os patronos pertencentes à classe guerreira tinha sido um fator de prosperidade durante os períodos Kamakura e Muromachi. Após a Guerra de Ōnin (1467-1477), no entanto, essa fonte de renda começou a declinar e, numa idade caracterizada como "a ascendência do interesse individual"[67], o apoio proveniente da classe comerciante foi se tornando cada vez mais importante. Essa mudança levou a uma inversão da força relativa dos ramos monásticos na escola Rinzai: os templos que tinham recebido o reconhecimento oficial no âmbito do sistema Gozan perderam sua força, enquanto as linhagens até então relativamente marginais dos templos de Daitoku-ji e Myōshin-ji alcançaram

---

67. M. E. Berry, *The Culture of Civil War in Kyoto*, p. 13.

ZEN 323

posição proeminente. Essa tendência é especialmente importante para se compreender o êxito do movimento de Hakuin, que emergiu a partir do ramo Myōshin-ji.

Nem essa mudança na posição dos mosteiros nem sua base econômica explicam completamente as transformações ocorridas na maioria das escolas. Houve outros fatores, tanto externos quanto internos, induzindo a uma mudança profunda nas instituições religiosas. Entre os principais fatores externos estava o novo afluxo de monges chineses no século XVII e a legislação do bakufu, que regulamentava as atividades das escolas budistas. As interações e rivalidades com as várias correntes neoconfucianas, cada vez mais influentes, seguidas pela adoção do Ensino Nacional, também devem ser levadas em conta. Entre os fatores internos estão as tendências reformistas que surgiram desde o início do período Tokugawa, em particular no âmbito da linhagem de Myōshin-ji.

Já em 1606, sete jovens sacerdotes do templo de Myōshin-ji decidiram formar um grupo que visitaria todos os mestres vivos do país e faria uma consulta pessoal com eles (*ketsumei hensan*). Entre eles estava Gudō Tōshoku (1577-1661), que se envolveria num movimento pela restauração do Darma verdadeiro (*shōbō*) em sua escola e cujo sucessor, Shidō Munan (1603-1676), é considerado o avô espiritual de Hakuin. Gudō, que tinha aguda consciência da falta de vitalidade de sua escola, tentou reformar a tradição de Myōshin-ji propondo um retorno ao espírito do fundador, Kanzan Egen (1277-1361)[68]. A austeridade das concepções de Gudō, sobre como as reformas deveriam ser realizadas pela revitalização do passado, não permitia qualquer acomodação às circunstâncias e ele é lembrado como tendo recusado encontrar-se com Yin-yüan Lung-ch'i (1592-1673), que procurara visitar Myōshin-ji após sua chegada ao Japão, em 1654. Gudō não reconheceu como genuíno o budismo Ch'an de estilo Ming. Sua posição, no entanto, não era a única tendência representada no âmbito de Myōshin-ji. Por exemplo, a facção liderada por Ungo Kiyō (1582-1659), um colega de Gudō que também havia participado da expedição de 1606, era favorável a reformas que acomodassem a nova tendência de incorporar o uso do *nenbutsu* na prática Rinzai.

As atitudes resultantes da chegada do budismo Ming chinês em solo japonês tendiam tanto à rejeição quanto à assimilação. Ironicamente, a facção que o rejeitava, no final, assimilou grande parte da nova influência chinesa, às vezes sem o saber. Esse é o caso em particular das regras monásticas. Apesar dos protestos do abade

---

68. A vida de Kanzan está envolvida em névoas, uma vez que há poucos documentos confiáveis nos dando sua biografia (cf. Katō, Kanzan Egen den no shiryō hihan). Essa situação está melhorando com os esforços de historiadores como Takenuki, Kanzan Egen to Getsurin Dōkō.

324 A ESPIRITUALIDADE BUDISTA

de Myōshin-ji, Keirin Sūshin (1653-1728), que apoiava os reformadores da escola Sōtō, muitos dos costumes introduzidos com as
regras da escola Ōbaku foram adotados nos mosteiros Rinzai, como
o hábito conveniente de utilizar dois prédios diferentes para os monges praticantes, um para a meditação *zazen* e para dormir (o *zendō*)
e o outro como salão de jantar (chamado *saidō*, na escola Ōbaku,
jikidō, na escola Rinzai). O aspecto institucional das reformas estava
para ser implementado alguns meses antes do nascimento de Hakuin.
A concretização dessa primeira fase de reformas pode ser vista na
publicação, em 1685, do *Shōsōrin ryaku shingi* (T 81 nr. 2579) por
Mujaku Dōchū (1653-1745), os códigos monásticos do Rinzai que
ainda constituem a base das regras atuais.

As novas tendências introduzidas pelos bastiões da escola Ōbaku
em Kyūshū tiveram impacto sobre a linhagem Rinzai representada por
Kogetsu Zenzai (1667-1751), um mestre que ocasionou uma agitação
considerável em toda a região oeste do Japão. O mestre de Kogetsu,
Kengan Zen'etsu (1618-1696), havia consultado vários sacerdotes
chineses da escola Ōbaku que haviam influenciado fortemente sua
concepção dos preceitos. Kogetsu era dezoito anos mais velho que
Hakuin; ao que parece, a um certo momento os dois teriam sido considerados como os mestres mais proeminentes em todo o país. A fórmula
um tanto simplista "Kogetsu no oeste e Hakuin no leste" sumariza a
competição entre a facção favorável à escola Ōbaku (os seguidores
de Kogetsu) e o mais moderado grupo adversário dela (os seguidores
de Hakuin). Suas áreas de influência, no entanto, não se distinguem
de forma assim nítida. Por exemplo, um dos sucessores de Kogetsu
da segunda geração, Seisetsu Shūcho (1745-1820), desempenhou um
papel importante na revitalização do Engaku-ji do período Kamakura,
convertendo um dos edifícios do mosteiro em saguão para os monges
(*sōdō*)[69]. Embora vinculado a Kogetsu por meio de seu principal mestre,
Gessen Zenne (1701-1781), Seisetsu consultava Hakuin e diversos de
seus discípulos, o que indica uma emulação, mais do que hostilidade
entre os dois grupos. Muitos dos discípulos de Kogetsu posteriormente recorreriam a Hakuin, após Kogetsu se afastar de suas atividades;
Tōrei estaria entre eles. Essas transferências resultariam mais tarde
na convergência entre o dinamismo de Kogetsu e o de Hakuin sob a
bandeira única do movimento de Hakuin[70].

69. Uma edição especial do *Zenbunka* (60, março de 1971) é dedicada a esse
personagem.
70. Hakuin tentou uma vez se reunir com Kogetsu, mas desistiu quando estava a
caminho. Com relação a esses dois sacerdotes e sua relação indireta por meio de seus
discípulos, cf. Akiyama, que oferece uma lista de discípulos que passaram de Kogetsu
para Hakuin (*Shamon Hakuin*, p. 146-153).

Reorganização da Prática

Um dos mais conhecidos aspectos da contribuição de Hakuin para a revitalização da tradição Rinzai foi o "sistema *koan*" (*kōan taikei*), atribuído a ele e a seus sucessores[71]. Infelizmente esse é também um dos aspectos menos claros das mudanças ocorridas na prática Rinzai do período entre os séculos XVIII e XIX. A palavra "sistema", um conceito ocidental, obviamente não aparece em nenhuma das fontes tradicionais e o uso do termo que traduz o conceito parece coincidir com os esforços atuais, no sentido de ensinar o budismo Zen sob uma forma que seria compatível com a racionalidade moderna[72]. O que sabemos sobre os métodos empregados para o ensino de *koans* é que as transformações por que passou o Ch'an chinês durante a dinastia Sung, em especial no círculo de Wu-tsu Fa-yen (1024?-1104) e seus seguidores, foram levadas para o Japão pelos pioneiros. Três variedades de *koans*, isto é, *richi* (princípio), *kikan* (funcionamento) e *kōjō* (ir além), já são mencionadas nos escritos deixados por sacerdotes que viajaram para a China, como Enni Ben'en (1202-1280) e Nanpo Jōmyō (1235-1309)[73]. Há antecedentes desses termos em fontes chinesas, mas parece que os japoneses que voltavam estavam ansiosos por esclarecer os ensinamentos que eles haviam recebido, arranjando-os nessas categorias. No entanto, com exceção da idéia de que certos *koans* correspondem a certos estágios do cultivo, essa primeira classificação dificilmente poderia ser considerada como um "sistema".

Antes de examinar mais detalhadamente o modo como os *koans* eram reorganizados na linhagem de Hakuin, é preciso acrescentar uma observação relativa a seu objetivo prático. Os *koans* são perguntas extraídas de registros antigos ou criadas pelos mestres modernos e empregadas para favorecer a concentração da mente. Eles também são usados para testar a compreensão dos estudantes. Por exemplo: "Sem pensar em 'bem' ou 'mal', neste mesmo momento, qual o seu rosto original, antes que seus pais nascessem?"[74]. Espera-se que o

71. Essa locução é freqüentemente empregada, por exemplo, por Akizuki (*Kōan*, 77 e 82, *Hakuin Zenji*, p. 138). Suzuki Daisetsu emprega uma expressão semelhante na edição de 1918 do *Zendō*: "Hakuin levou o Zen de *koans* a sua completude (*kanna zen o taisei shita*) e, ao mesmo tempo, adaptou até certo ponto o Zen chinês ao Japão" (p. 12; também em *Suzuki Daisetsu zenshū*, v. 28, 93).

72. Além do uso da palavra *taisei*, acima mencionado, Suzuki emprega, em 1942, a expressão *kōan seido*, que significa precisamente "sistema *koan*" (cf. *Suzuki Daisetsu zenshū*, v. 4, p. 212). Shibayama, escrevendo por volta da mesma época, descreve a contribuição de Hakuin em termos de um "sistema" (*soshiki*) conscientemente elaborado (Hakuin kei kanna no ichikanken, p. 6).

73. Cf., por exemplo, T 80.20b 17-20, para Enni, e *Zenmon hōgoshū*, v. 2, 438, para Nanpo.

74. O protótipo dessa pergunta é atribuído ao Sexto Patriarca no *Sutra da Transmissão da Lâmpada* (T 51.232a), mas ele não inclui a expressão "antes que seus pais nascessem". O mesmo texto é reproduzido como o caso 23 do *Wu-men-*

326 A ESPIRITUALIDADE BUDISTA

estudante se debata com a pergunta específica, usando sua mente por inteiro e a pergunta deve acompanhá-lo em todas as atividades, quer sentado em meditação *zazen*, ou andando, quer envolvido em trabalho manual ou outras atividades. A prática do *koan* não está restrita à escola Rinzai, mas, no contexto dela, dá-se muita ênfase às ocasiões que propiciam a consulta pessoal (*dokusan*) com o mestre, na qual o estudante deve apresentar sua compreensão, verbal e não-verbal. Essa "resposta" (*kenge*) é, por sua vez, avaliada pelo mestre, em geral com um curto comentário, um grunhido, ou algum outro meio. O *koan* é portanto empregado como uma forma específica de ferramenta de comunicação que se aproxima muito estreitamente da expressão de estados pré-reflexivos da mente. Pode ser comparado a uma tela sobre a qual os estudantes projetam sua compreensão. O mestre, por sua vez, olha para a tela e pode avaliar a profundidade com que o estudante se absorve na meditação. A função do primeiro *koan*, em particular, é a de coincidir com a cristalização da dúvida existencial: "Quem sou eu?". Não há nada de misterioso nessa interrogação, que é compartilhada pela maioria das tradições religiosas. Fazer o salto decisivo para a solução do *koan* é um ato que só pode ser realizado pelo praticante, mas a espécie peculiar de diálogo que acompanha a prática do *koan* pode ser concebida como um dispositivo educacional sutil[75]. Esse tipo de pedagogia se caracteriza por uma ênfase na tradição oral, mesmo sendo os clássicos altamente valorizados e seu estudo, estimulado. Além disso, o aspecto formal da prática do *koan* pode ser descrito de forma antropomórfica como uma espécie de "rito de passagem".

Hakuin e seus seguidores buscavam justamente revitalizar uma prática do *koan* que pudesse escapar à armadilha de se tornar um mero jogo intelectual. Para esse fim, um dos mestres chineses que serviria de modelo seria Ta-hui Tsung-kao (1089-1163), o defensor de um estilo de prática vigoroso. Em seu *Orategama*, Hakuin refere-se a esse paradigma do cultivo ativo, dizendo-nos que o também Mestre Ta-hui dizia que o trabalho (meditativo) em movimento é infinitamente superior ao que se faz em repouso" (HZ 5.111)[76]. A citação é fiel ao espírito de Ta-hui, que freqüentemente emprega a expressão "trabalho meditativo" (*kung-fu*; j. *kufū*), salientando a necessidade de "não deixar o trabalho (meditativo)"

---

kuan (*Mumonkan*). A versão mais elaborada que eu apresento baseia-se no texto mais corriqueiramente usado nos mosteiros japoneses, tal como ele aparece na coletânea *Shūmon kattōshū* (Kajitani, *Shūmon kattōshū*, 5). Essa versão parece basear-se no *Wu-chia cheng-tsung tsan*, um texto da dinastia Sung do sul, concluído em 1254 (Z 135.906b-907a).

75. Para uma descrição da educação tal como concebida nos mosteiros atuais, cf. Hori, Teaching and Learning in the Rinzai Monastery, *The Journal of Japanese Studie 20.*

76. Cf. também Izuyama, *Hakuin Zenji*, p. 36-38, nota 6; Yampolsky, *The Zen Master Hakuin*, p. 33.

ZEN

ser interrompido" (T 47.868c) – de continuá-lo em todas as atividades. No entanto, Hakuin não reproduz exatamente as palavras de Ta-hui. Ta-hui diz em uma de suas cartas:

> Se você realmente gosta da quietude e não gosta da agitação, é aconselhável aplicar sua força [= fazer esforços]. Quando você bate de frente contra a agitação com o estado [alcançado na] quietude, a força [que você alcança] é infinitamente superior ao que [é alcançado ao se sentar] numa cadeira de bambu ou uma almofada (T 47.918c).

A palavra para "agitação" (*nao*) sugere um ambiente barulhento e agitado. Ta-hui, escrevendo a um leigo, faz alusões às atividades de uma pessoa envolvida em deveres públicos. A diferença é reconhecidamente menor e a intenção do autor não é traída; mas o fato de que Hakuin atribui a Ta-hui uma sentença inventada por ele próprio indica a liberdade que ele às vezes toma com relação à tradição chinesa. Apesar de seu vasto conhecimento, ou talvez devido a ele, Ta-hui não tem escrúpulos em reinterpretar o pensamento de seus predecessores de modo a torná-lo mais acessível. Em outros termos, ele gosta de contar histórias. Ainda assim, existe uma distância entre o estilo Sung e o estilo defendido pela escola de Hakuin, em particular com relação aos estágios da prática após o despertar.

A reorganização da prática do *koan* atribuída a Hakuin envolve a ampliação dos estágios, representados nas três categorias acima mencionadas (*richi*, *kikan* e *kōjō*), para um currículo que inclui a progressão através dos cinco tipos sucessivos de *koans*: *hosshin* (Darmakāya), *kikan* (funcionamento), *gonsen* (expressões verbais), *nantō* (difíceis de se penetrar) e *kōjō* (ir além)[77]. Deve-se acrescentar que, embora isso se pareça com um curso de graduação, o uso efetivo dos *koans* em consultas privadas é algo que varia de acordo com os indivíduos, mesmo quando os padrões específicos são seguidos por mestres pertencentes à mesma linhagem. O esquema acima reflete o modo como a prática do *koan* é em geral apresentada e espelha um padrão até hoje em uso. Ainda assim, pode-se perguntar até onde ele foi desenvolvido pelo próprio Hakuin e até onde por seus discípulos diretos.

Nos escritos de Hakuin sem dúvida há uma ênfase na necessidade de compreender nossa natureza verdadeira (*kenshō*), e essa ênfase é até mesmo superada pela freqüência das reiteradas exortações aos praticantes, estimulando-os a não se satisfazer com tal compreensão. Os *koans* "difíceis de se penetrar" são, por exemplo, citados como instrumentos

---

77. Uma exposição detalhada dessas categorias pode ser encontrada em Akizuki, *Hakuin Zenji*, p. 138-188; Sasaki, *The Zen Kōan* e *Zen Dust*, p. 46-76; e Shimano, *Zen Koans*. As cinco categorias mencionadas formam a maior parte da prática após Hakuin e são em geral seguidas pelo *koan* que se refere a *goi* (cinco posições), *jūjū kinkai* (os dez preceitos essenciais) e *matsugo no rōkan* (a última barreira).

328 A ESPIRITUALIDADE BUDISTA

eficientes para se evitar o perigo de estagnação. No *Sokkōroku kaien fusetsu*, Hakuin alerta seus estudantes:

> Indivíduos de forte determinação, vocês devem mobilizar com força sua energia e observar uma vez sua natureza. Assim que compreenderem um *kenshō* inequívoco deixem-no de lado e resolvam [essa questão] pela prática com casos difíceis de se penetrar (HZ 2.389).

De acordo com essa passagem, os *kenshō* (correspondendo aos *koan* de *hosshin* nas categorias acima) seriam diretamente seguidos pelos *koan* de *nantō*. Apesar desse vínculo básico nos passos do cultivo, nenhum dos textos de Hakuin menciona uma seqüência de cinco categorias de *koans* que devem ser praticados um após o outro. Podemos levantar conjecturas quanto a duas razões para esse silêncio.

Em primeiro lugar, dada a ênfase na transmissão oral e na orientação direta de mestre a discípulo, mesmo que efetivamente utilizasse essas categorias para ensinar seus discípulos, Hakuin pode ter optado por não oferecer um padrão assim rígido na forma escrita, uma vez que isso poderia impedir uma adaptação apropriada aos indivíduos e circunstâncias. Quando havia indicações escritas vinculadas a uma seqüência peculiar de *koans*, ela era anotada individualmente e as anotações não se destinavam a ser reveladas. Essas informações sobre como Hakuin ensinava seus discípulos diretos não foram até hoje reveladas, se é que efetivamente existiram. A idéia comumente aceita pelos mestres vivos, de que essas modificações da prática devem ser atribuídas ao próprio Hakuin, também não pode ser inteiramente descartada, uma vez que essa conclusão é o resultado de convicções sustentadas pela tradição oral[78].

Por outro lado, pode ser que os sucessores de Hakuin tenham formulado essa seqüência de *koans*, inspirando-se nos ensinamentos de seu mestre. Aqui, novamente, a ausência de documentos não permite tirar conclusões. Por um processo de eliminação, é possível afirmar que não há nada que se aproxime de um "sistema" nos escritos de Tōrei. Sua obra central, o *Shūmon mujintō ron* (Tratado da Chama Inexaurível de Nossa Linhagem, T 81 nr. 2575), publicada em 1800[79], não descreve em detalhe os estágios do caminho do cultivo, mas evita cuidadosamente oferecer uma estrutura rígida orientando o uso dos *koans*. Creio ser possível considerar, como formula Kajitani Sōnin, que o objetivo que perpassa todo o "sistema" do *koan* é evitar que o praticante pare na metade do caminho, evitar que ele se satisfaça com as próprias realizações, incentivá-lo a ir sempre além (*kōjō*)[80].

---

78. Por exemplo, essa idéia é claramente expressa por Kajitani, o ex-abade do mosteiro de Shōkoku-ji, que afirma que Hakuin "criou (*tsukutta*) um sistema de *koan*" que incluía cinco categorias (Kōan no soshiki, *Zen no Hoten: Nihon*, p. 263).

79. Tradução em Mohr, *Traité sur l'Inépuisable Lampe du Zen*.

80. Kajitani, Kōan no soshiki, *Zen no Hoten: Nihon*, p. 266.

ZEN

As poucas fontes publicadas sobre esse tópico oferecem informações preciosas sobre o uso efetivo dos *koans*, mas são de um período posterior. Akizuki Ryōmin, por exemplo, trouxe a público o *Livro de Anotações para a Prática* (*anken*), que relaciona a seqüência de duzentos *koans* seguidos na linhagem de Ekkei Shuken (1810-1884), o fundador do saguão dos monges no atual templo de Myōshin-ji, e seu sucessor Kasan Genku (1837-1917)[81]. Temendo que a tradição que herdou de seus mestres pudesse desaparecer, o mesmo autor também publicou uma outra coletânea, que apresenta a seqüência dos 268 casos utilizados no ramo Bizen da escola Rinzai[82].

Neste ponto, é preciso dizer algo sobre os sucessores diretos de Hakuin. Existe uma certa confusão nessa questão, devido à designação ambígua empregada na biografia, na qual a palavra para "herdeiro do Darma" (*hassu*) significa um sucessor na linhagem do templo (*garanbō*) (HN 33-34). Embora em seu uso atual um *hassu* seja em geral um sucessor plenamente reconhecido, esse termo técnico é empregado de forma mais frouxa na biografia, de modo que não existe um termo específico que permita identificar os numerosos discípulos que receberam o certificado de Hakuin (*inka*). Esse aspecto parece ter sido voluntariamente excluído da biografia, talvez para evitar oferecer uma lista restritiva que omitisse discípulos desconhecidos ao redator. Além disso, Hakuin dera seu reconhecimento a muitos leigos e não era comum ser mencionados praticantes não-ordenados nas listas do Darma. Kawakami Kozan (1874-1932), que escreveu uma história do templo de Myōshin-ji e apresentou uma lista de 41 sucessores considerados por ele como os mais importantes. No entanto há omissões, e os critérios escolhidos para sua classificação são desconhecidos[83].

Para focalizar apenas oito das figuras mais atuantes após a morte de Hakuin, devemos começar com os nomes de Tōrei e Suiō Genro (1717-1790) (cf. HZ 1.123-26). Suiō herdou de Hakuin a direção do templo de Shōin-ji e entre suas diferentes atividades também envolvia notáveis obras de arte. Shikyō Eryō (1722-1787) fundou um novo mosteiro, o Enpuku-ji, em Yawata, na periferia de Quioto (cf. HZ 8.267-69). Daishū Zenjo (1720-1778) estudara o neoconfucianismo; mais tarde, ele se tornaria abade do templo de Jishō-ji, na atual prefeitura de Ōita, e seria o redator do *Keisō dokuzui* (cf. HZ 1.119-21). Kawakami designa os quatro mestres acima como os "quatro reis celestiais" na sucessão de Hakuin[84]. Um discípulo menos conhecido, Tairei Shōkan

81. Akizuki, *Kōan*, p. 262-332.
82. Akizuki, *Zen no shugyō*, p. 163-308. O ramo Bizen é a corrente que emergiu da área de Okayama, desde que Taigen Shigen (1769-1837) e seu sucessor Gisan Zenrai (1802-1878) residiam no templo de Sōgen-ji. Com relação a essa corrente, cf. Zenbunka Henshūbu, *Meiji no Zenshō* (271-290).
83. Kosan Kawakami, *Zōho*, p. 663-665; HN 29-32.
84. Idem, p. 663-664; HN 29.

330 A ESPIRITUALIDADE BUDISTA

(1724-1807), revitalizou o templo de Shōrin-ji no distrito de Hashima, na atual prefeitura de Gifu. Reigen Etō (1721-1785) desempenhou um papel extremamente importante, ao introduzir a linhagem de Hakuin no templo de Tenryū-ji. Embora, em sua lista, Kawakami o relegasse ao grau de "discípulo convidado", Daikyū Ebō (1715-1774) é considerado como um dos mais talentosos seguidores de Hakuin, como revelam as palavras de seu colega Suiō, que, segundo se afirma, teria dito que "o único que seguiu Hakuin desde que era jovem, exaurindo e usando seus tesouros do Darma (*hōzai*), foi Tōrei; o único que penetrou até a fonte de seu Darma (*hōgen*) foi Daikyū" (HZ 1.139).

É necessário fazer uma menção especial a Gasan Jitō (1727-1797), o último dos discípulos de Hakuin. Proveniente da linhagem de Kogetsu, por meio de seu primeiro mestre Gessen Zenne, Gasan não é sequer mencionado na biografia de Hakuin. Isso não é de surpreender, uma vez que Gasan não completou seu treinamento sob a orientação de Hakuin. De acordo com o relato do próprio Gasan, ele teria consultado Hakuin durante quatro anos e, com a morte de Hakuin, teria concluído sua prática do *koan* sob a orientação de Tōrei (HZ 1.134-35). Isso é confirmado na biografia de Tōrei, que menciona o certificado que Tōrei concedeu a Gasan em 1777[85]. Gasan, no entanto, optou por considerar-se o herdeiro direto de Hakuin e está registrado como tal em todas as listas do Darma. De forma surpreendente, embora Gasan tenha sido o último a entrar na comunidade de Hakuin, da perspectiva atual, ele parece ser a principal figura de ligação entre as gerações posteriores e os ensinamentos de Hakuin. Isso se deve ao fato de que quase todos os mestres atuais pertencem a uma linhagem derivada de dois dos herdeiros de Gasan, Inzan Ien (1751-1814) e Takujū Kosen (1760-1833). Em outras palavras, apesar do grande número de herdeiros de Hakuin até o final do século XVIII, quase todas as linhagens que não estavam entre os sucessores de Inzan e Takujū haviam desaparecido no final do século XIX. Há pelo menos uma exceção, uma linhagem proveniente de Suiō que, segundo se afirma, ainda existiria até hoje, mas ela parece ser pouco importante[86].

As conseqüências desses desenvolvimentos para a transmissão do legado de Hakuin aos mestres da escola Rinzai são de grande alcance. Se, no momento da inauguração do templo de Ryūtaku-ji em 1761, quando Hakuin ainda vivia, eram bem fundamentadas as expectativas de que essa corrente de ensinamentos iria florescer, no final do período Tokugawa, no entanto, a posição dos representantes da escola Rinzai se tornava cada vez mais defensiva. Seria esse fenômeno o resultado de uma diminuição na qualidade dos praticantes, ou isso teria acontecido devido à pressão crescente de fatores externos? Essa é uma questão

85. E. Nishimura, *Tōrei oshō nenpu*, p. 240.
86. Cf. Tanaka Kōichi, Suiō no hōkei, *Zenbunka* 55.

ZEN 331

importante para a pesquisa futura. Até agora não há quase nenhum estudo no Japão sobre as últimas décadas do budismo Zen do período Tokugawa e esse período difícil fica ainda mais obscurecido pela destruição ocorrida no início da era Meiji.

A Extensão para um Público mais Vasto

Além do ambiente puramente monástico, a outra faceta das reformas implementadas por Hakuin e seus seguidores diz respeito a seus esforços em tornar mais acessíveis a prática e os ensinamentos da escola Zen. Entre os seguidores de Hakuin, é digno de nota o número de leigos que o consultaram e alcançaram uma percepção mais profunda. Quando as realizações de seus discípulos leigos eram inequívocas, Hakuin às vezes compunha pinturas comemorativas, muitas vezes na forma de um traço semelhante a um dragão, acompanhado por uma inscrição. Recentemente foram redescobertas duas dessas pinturas, mostrando os sucessivos certificados concedidos a um médico chamado Sugiyama Yōsen (m. 1779) e a sua esposa Juhō (m. 1796)[87].

Uma característica notável desses certificados está no fato de eles documentarem uma descoberta que teria ocorrido por ocasião de seu trabalho de meditação com o *koan* do "som de uma única mão". Isso quer dizer que o significado atribuído a esses atestados era formulado de forma diferente para os leigos e para os monges. No caso dos leigos, ele podia ser concedido por alcançar o *kenshō*, enquanto para os monges, ele pressupunha a conclusão de todo o treinamento do *koan*.

Isso parece ser um outro aspecto do esforço em facilitar o acesso à prática Zen dos leigos nela envolvidos, enquanto outros meios eram empregados para difundir os ensinamentos para as massas. A popularização por meio de cantos, de relatos miraculosos ou textos em linguagem vernacular, ou por meio de ensinamentos não-verbais na forma de obras de arte, é muitas vezes considerada como a chave do êxito de Hakuin[88]. Já na edição de 1918 do *Zendō*, Suzuki Daisetsu comentava a habilidade de Hakuin em utilizar os clássicos chineses, fazendo, ao mesmo tempo, o povo "sentir que o Zen tinha sempre sido japonês" (18). Mais uma

---

87. Machida Zuihō, Hakuin no kosui kō, *Zenbunka* 63.

88. Hakuin e sua escola não serão aqui abordados tal como percebidos do ponto de vista da história da arte, apesar do interesse desse tópico. O estudo realizado por Kameyama Takurō (*Hakuin Zenji no ga o yomu*) merece destaque por seu uso pioneiro dos métodos de iconologia. Ele denuncia em particular as falsificações que autores anteriores tomaram por obras de Hakuin. Entre as publicações clássicas estão Kimihiko Naoki, *Hakuin Zenji*; Naoji Takeuchi, *Hakuin*; Kazuaki Tanahashi, *Hakuin no geijutsu*; Chōzō Yamauchi, *Hakuin sho to ga no kokoro* e *Hakuin san no e seppō*; Yanagida e Katō Shōshun, *Hakuin*. A relação entre Hakuin e o pintor Ike no Taiga (1723-1776) foi estudada por Takeuchi Naoji em Hakuin to Taiga, *Zenbunka* 45. Stephen Addiss oferece uma síntese sobre o tópico arte dos mestres do Zen, com uma biografia comentada (*The Art of Zen*, p. 214-218).

32. *Desenho em pincel do Bodidarma, por Hakuin.*

ZEN 333

vez é manifesta a obsessão em se desfazer de características chinesas, o que fora uma preocupação central desde Motoori Norinaga. Além dessa ênfase na identidade nacional, o caráter e a linguagem rurais presentes nos textos de Hakuin contribuíram para tornar seus ensinamentos mais compatíveis com as crenças e costumes locais[89]..

Além de usar a pregação popular, que parece ser em parte uma concessão às tendências da época, Hakuin se empenhava em exprimir os aspectos básicos do treinamento de uma forma compreensível e atraente para todos. Esse tipo de abertura para preocupações mundanas pode ser visto, por exemplo, na ênfase colocada na devoção filial, embora isso não possa ser reduzido aos meios hábeis e tenha raízes mais profundas no pensamento budista. Uma outra marca característica da perspectiva de Hakuin está em sua tentativa de alcançar uma síntese. Seus ensinamentos não se caracterizam unicamente pela abertura, uma vez que ele pode condenar de forma implacável o "falso Zen" propagado por alguns seguidores de Bankei; mas ele menciona Dōgen de um modo muito respeitoso (HZ 1.221; 2.25; 4.116; 5.359), sendo que ele tinha amizades em meio aos sacerdotes da escola Sōtō (ele conheceu, por exemplo, o jovem Ōryū Genrō [1720-1813] em 1749). Além disso, Hakuin muitas vezes cita pensadores budistas de outras escolas, como por exemplo a escola T'ien-t'ai (HZ 1.220-21; 4.115), e geralmente admite a não-dualidade entre os ensinamentos dos mestres do Zen e os pertencentes ao budismo clássico. Observa-se também que ele tende a defender a idéia da unidade fundamental entre os três ensinamentos (shinto, confucianismo e budismo), embora em geral apresente o budismo de tradição Zen como o mais profundo.

Vimos que a originalidade do legado de Hakuin encontra-se justamente em seu êxito em integrar sua escola às circunstâncias históricas e responder às necessidades da época, ao mesmo tempo que impõe transformações sutis. Assim como a maioria dos reformadores, Hakuin buscava as raízes do Zen mais que tentava inová-lo. Uma indicação dessa tendência está na ênfase que ele coloca no exercício da atenção à respiração (*susokkan* e *zuisokkan*), uma prática de meditação de origem indiana (*ānāpāna-smṛti*). Mais que os fundamentos conceituais, a atenção profunda na respiração, que facilita o acalmar do corpo e da mente, concentra em si o ponto de início da prática budista, que não se separa de sua meta última. As exortações de Hakuin, tais como registradas por Tōrei no *Rōhatsu jishu*, têm início na passagem seguinte, que também pode servir como minha conclusão provisória:

> Em primeiro lugar, coloque uma almofada volumosa e sente-se na postura do lótus; afrouxe sua roupa. Alongue a espinha e acomode o corpo como um todo. Comece

---

89. Yanagida emprega a expressão "manuscrito nativo" (*dochaku no sho*) para os trabalhos em pincel e fala de um movimento rumo ao solo nativo que teve início com Shidō Munan (*Hakuin*, p. 55 e 67).

334 A ESPIRITUALIDADE BUDISTA

pela contemplação da contagem de suas respirações. Entre os inúmeros *samādhi*, este é o *samādhi* insuperável.

Após encher o abdômen inferior [*tanden*] com energia vital, tome um *koan*. É essencial cortar a própria raiz da vida [com esse *samādhi*]. À medida que o tempo passa, se você não for preguiçoso, mesmo se [houver uma minúscula possibilidade de] perder o solo quando você o atingir, *kenshō* [ocorrerá] inevitável e infalivelmente. Mantenha-se trabalhando! Mantenha-se trabalhando! (T 81.615a; HZ 7.233).

BIBLIOGRAFIA

I. Um Esboço Histórico

Obras Consultadas

AKAMATSU Toshihide; Philip Yampolsky. Muromachi Zen and the Gozan System. In: John W. Hall; Toyoda Takeshi (orgs.). *Japan in the Muromachi Age*. Berkeley: University of California Press, 1977.

FURUTA Shōkin. Kangen gannen o kyō to suru Dōgen no shisō ni tsuite. In: *Furuta Shōkin chosakushū*, I, 479-497. Tokyo: Kōdansha, 1981.

_____. *Zen shisō shiron. Nihon Zen*. Tokyo: Shunjūsha, 1966.

IMAEDA Aishin. *Chūsei zenshūshi no kenkyū*. 2ª edição. Tokyo: Tōkyō Daigaku Shuppankai, 1982.

_____. *Zenshū no rekishi*. Tokyo: Shibundō, 1962.

ISHII Shūdō. Busshō Tokkō to Nihon Daruma shū. *Kanazawa Bunko Kenkyū* 20:11-12 (1974).

OGISU Jundō. *Zenshūshi nyūmon*. Kyoto: Heiraku-ji Shoten, 1983.

SUZUKI Taizan. *Zenshū no chihō hatten*. Tokyo: Yoshikawa Kōbunkan, 1983 (reimpressão).

TAMAMURA Takeji. *Gozan bungaku*. Tokyo: Shibundō, 1955.

_____. *Musō Kokushi*. Kyoto: Heiraku-ji Shoten, 1958.

YANAGIDA Seizan. Kūbyō no mondai. In: *Bukkyō shisō*. Kyoto: Heiraku-ji Shoten, 1982. V. 7.

Leitura Complementar

BODIFORD, William M. *Sōtō Zen in Medieval Japan*. Honolulu: University of Hawai'i Press, 1993.

COLLCUTT, Martin. *Five Mountains: The Rinzai Monastic Institution in Medieval Japan*. Cambridge: Harvard University Press, 1981.

II. A Espiritualidade Monástica de Dōgen Mestre do Zen

Traduções

CLEARY, Thomas (trad.). *Shōbōgenzō*. Honolulu: University of Hawai'i Press, 1986.

SHŌBŌGENZŌ-zuimonki: Sayings of Eihei Dōgen Zenji. Kyoto: Kyoto Soto Zen Center, 1987.

ZEN 335

YŪHŌ Yokoi; Daizen Victoria (trads.). *Zen Master Dōgen: An Introduction with Selected Writings*. New York: Weatherhill, 1976.

Referências Gerais

ABE, Masao. *A Study of Dōgen: His Philosophy and Religion*. Albany: SUNY, 1992.
LAFLEUR, William. *Dōgen Studies*. Honolulu: University of Hawai'i Press, 1985.
TAMAKI Kōshirō. *Dōgen*. Tokyo: Shunjūsha, 1996.

III. Os Três Pensadores da Escola Zen

ARNTZEN, Sonja. *Ikkyū and the Crazy Cloud Anthology*. Tokyo: University of Tokyo Press, 1973.
BZG = *Bankei Zenji goroku*, Tokyo: Iwanami, 1941.
COVELL, Jon Carter. *Unraveling Zen's Red Thread: Ikkyū's Controversial Way*. Elizabeth, NJ: Hollym International, 1980.
DUMOULIN, Heinrich. *Zen Buddhism: A History, II: Japan*. New York: Macmillan, 1990.
HASKEL, Peter. *Bankei Zen: Translations from the Record of Bankei*. New York: Grove Weidenfeld, 1984.
ICHIKAWA Hakugen (org.). *Takuan* (Nihon no zengoroku 13). Tokyo: Kōdansha, 1978.
KING, Winston L. *Death Was His Kōan: The Samurai-Zen of Suzuki Shōsan* Berkeley: Asian Humanities Press, 1986.
_____. *Zen and the Way of the Sword*. Oxford University Press, 1993.
MINAMOTO Ryōen. *Kinsei shoki jitsugaku shisō no kenkyū* (Estudos dos Primeiros Ensinamentos Práticos Japoneses). Tokyo: Sōbunsha, 1980.
_____. Bankei Zenji to Tejima Tōan (Bankei Mestre do Zen e Tejima Tōan), *Shunjū* 155/104 (1974-1975).
_____. Bankei ni okeru 'fushō' no shisū (O Conceito de Inato de Bankei). In: *Tōhoku Daigaku Nihon Bunka Kenkyūjo hōkoku* 17 (1981), p. 29-58.
_____. Shidō Munan ni okeru "kokoro" no shisō to shin ju butsu no ittchi (O Conceito de Mente e a Coalescência do Shintō, Confucianismo e Budismo em Shidō Munan) (não-publicado).
SANFORD, James H. *Zen Man Ikkyū*. Chico, CA: Scholars Press, 1981.
SUZUKI, D. T. *Zen and Japanese Culture*, Princeton University Press, 1959.
_____. *Nihonteki reisei* (Espiritualidade Japonesa), *Suzuki Daisetsu zenshū*, v. 8, Tokyo: Iwanami.
WADDELL, Norman. *The Unborn: The Life and Teachings of Zen Master Bankei* (1622-1693). San Francisco: North Point Press, 1984.
WILSON, William Scott (trad.). *Takuan Sōhō: The Unfettered Mind*. Tokyo-New York: Kodansha International, 1986.

(traduzido para o inglês por Robert Wargo)

336 A ESPIRITUALIDADE BUDISTA

IV. Hakuin

Fontes Primárias

CHOKUSHI *Shinki dokumyō zenji Hakuin rō oshō nenpu*. Manuscrito de Tōrei Enji nos arquivos do templo de Hōrin-ji, Kyoto. Versão japonesa para leitura (*yomikudashi*) em Rikugawa, 1963, p. 444-546.

HN = *Hakuin oshō nenpu*. Org. por Katō Shōshun (Kinsei zensōden 7). Kyoto: Shibunkaku, 1985.

HZ = *Hakuin oshō zenshū*, 8 vols. Org. por Gotō Kōson e Mori Daikyō. Tokyo: Ryūginsha, 1934-1935 (reimpresso em 1967).

HYAKUGŌ *kinen: Hakuin kenkyū*. *Zendō*, n. 100. Tokyo: Kōyūkan, 1918.

KINSEI *zenrin sōbōden* (Ogino Dokuon, 1890) e *Zoku Kinsei zenrin sōbōden* (Obata Buntei, 1936), 3 vols., edição em fac-símile. Kyoto: Shibunkaku, 1973.

RYŪTAKU *kaiso Shinki dokumyō zenji nenpu*. A versão revisada do manuscrito de Tōrei por Taikan Bunshu, impressa em 1821, incluída em HZ1.

ZENMON *hōgoshū*, 3 vols. Yamada Kōdō et al. (orgs.). Tokyo: Shigensha, 1973.

Fontes Secundárias (em japonês)

AKIYAMA Kanji. *Shamon Hakuin*. Shizuoka: Akiyama Aiko, 1983.

AKIZUKI Ryōmin. Hakuin ka kōan Inzan Bizen ha: shitsunai issan no tomoshibi. In: Akizuki Ryōmin (org.). *Zen no shugyō*, p. 163-308. Tokyo: Hirakawa Shuppan, 1986.

_____. *Hakuin Zenji*. Tokyo: Kōdansha, 1985.

_____. *Kōan: Jissenteki zen nyūmon*. Tokyo: Chikuma Shobō, 1987.

FUNAOKA Makoto. Hakuin zen no shisōshi teki igi. In: Tamamuro Fumio e Ōkuwa Hiroshi (orgs.). *Kinsei bukkyō no shomondai*. Tokyo: Yūzankaku, 1979, p. 345-366

ICHIKAWA Hakugen. *Nihon fashizumuka no shūkyō*. Tokyo: Enaesu, 1975.

IIDA Tōin. *Kaiankokugo teishōroku*. Kyoto: Kichūdō, 1954.

IMAI Seiichi. *Taishō demokurashī* (Nihon no rekishi 23). Tokyo: Chūōkōron, 1974.

IMAKITA Kōsen. *Shōju rōnin sugyōroku*. Nagano: Shinano Kyōikukai, 1935.

ITŌ Kazuo. *Hakuyūshi: shijitsu no shintankyū*. Tokyo: Yamaguchi Shoten, 1960.

IZUYAMA Kakudō. *Hakuin zenji: Yasenkanna*. Tokyo: Shunjūsha, 1983.

_____. *Hakuin zenji: Orategama*. Tokyo: Shunjūsha, 1985.

KAJITANI Sōnin. Kōan no soshiki. In: *Zen no koten: Nihon* (Kōza Zen 7). Tokyo: Chikuma Shobō, 1968, p. 263-270.

_____. (org.). *Shūmon kattōshū*. Kyoto: Hōzōkan, 1982.

KAMATA Shigeo. *Hakuin*. Tokyo: Kōdansha, 1977.

KAMEYAMA Takurō. *Hakuin zenji no ga o yomu*. Kyoto: Zenbunka Kenkyūsho, 1985.

KATŌ Shōshun. Kanzan Egen den no shiryō hihan. *Zenbunka kenkyūsho kiyō* 4 (1972), p. 1-30.

_____. *Yaemugura* no ihon ni tsuite. *Zenbunka kenkyūsho kiyō* 12 (1980), p. 213-242.

ZEN

KAWAKAMI Kozan. *Zōho: Myōshin-ji shi*. Kyoto: Shibunkaku, 1975.

KOGA Hidehiko. *Zengo jiten*. Kiyto: Shibunkaku, 1991.

_____. Koji tanbō: Hakuin yukari no tera. *Zenbunka* 83 (1976), p. 46-51.

MACHIDA Zuihō. Hakuin no kosui kō. *Zenbunka* 63 (janeiro de 1972), p. 39-43.

MŌRU Missheru. Tōrei no chosaku ni kansuru shomondai. *Zengaku kenkyū* 73 (1995), p. 143-189.

MUNEYAMA Yoshifumi. Hakuin no gohōron to minshūka. In: *Futaba Kenkō hakase koki kinen: Nihon bukkyōshi ronsō*. Kyoto: Nagata Bunshōdō, 1986, p. 305-322.

NAKAMURA Hiroji. *Shōju rōnin to sono shūhen*. Nagano: Shinano Kyōikukai Shuppanbu, 1979.

_____. *Shōju rōnin no shi to geju*. Nagano: Shinano Kyōikukai Shuppanbu, 1985.

NAOKI Kimihiko. *Hakuin zenji: minshū no kyōke to shoga no shashinshū*. Tokyo: Ryūginsha, 1957.

NISHIMURA Eshin. *Tōrei oshō nenpu* (Kinsei zensōden 8). Kyoto: Shibunkaku, 1982.

ŌTSUKI Mikio; KATŌ Shōshun; HAYASHI Yukimitsu (orgs.). *Ōbaku bunka jin-mei jiten*. Kyoto: Shibunkaku, 1988.

RIKUGAWA Taiun. *Hyōshaku: Yasenkanna*. Tokyo: Sankibō Busshorin, 1961 (1982).

_____. *Kōshō Hakuin oshō shōden*. Tokyo: Sankibō Busshorin, 1963.

_____. Shōju rōnin monka shihō no hitobito. *Zenbunka* 30-31 (janeiro de 1964), p. 14-24.

_____. Ōkami Genrō to Hakuin oshō. *Zenbunka* 40 (março de 1966), p. 51-53.

SHAKU Sōen. Yo ga mitaru Hakuin rōso. *Zendō* 100 (1918), p. 5-9.

SHIBAYAMA Zenkei. Hakuin kei kanna no ichikanken. *Zengaku kenkyū* 38 (dezembro de 1943), p. 1-30.

SHINANO Kyōikukai. *Shōju rōnin shu*. Nagano: Shinano Kyōikukai, 1937.

TAKENUKI Genshō. Kanzan Egen to Getsurin Dōkō. *Zenbunka* 153 (julho de 1994), p. 104-115.

_____. *Nihon zenshūshi*. Tokyo: Daizō Shuppan, 1989.

_____. *Nihon zenshūshi kenkyū*. Tokyo: Yūzankaku, 1993.

TAKEUCHI Naoji. *Hakuin*. Tokyo: Chikuma Shobō, 1964.

_____. Hakuin to Taiga. *Zenbunka* 45 (junho de 1967), p. 32-45.

TANAHASHI Kazuaki. *Hakuin no geijutsu*. Tokyo: Geijutsu Shuppan, 1980 (trad. para o inglês de Tanahashi 1984, abaixo).

TANAKA Kōichi. Suiō no hōkei. *Zenbunka* 55 (janeiro de 1970), p. 12-22.

TOKIWA Gishin. *Hakuin*. Tokyo: Chūōkōron, 1988.

_____. Hakuin Ekaku no "Sekishu no onjō" o *Orategama* to *Tōzan goi jū* to ni kiku. *Zenbunka kenkyūsho kiyō* 16 (1990), p. 1-25.

TSUJII Hirohisa. *Hakuin oshō monogatari*. Kyoto: Zenbunka Kenkyūsho, 1989-1994. 5 volumes.

YAMAUCHI Chōzō. *Hakuin: sho to ga no kokoro*. Tokyo: Gurafikku sha, 1978.

_____. *Hakuin san no e seppō*. Tokyo: Daihōrinkaku, 1984.

YANAGIDA Seizan. Chūgoku zenshūshi. In: *Zen no rekishi: Chūgoku* (Kōza Zen 3) Tokyo: Chikuma Shobō, 1963, p. 7-108.

_____. (com KATŌ Shōshun). *Hakuin*. Kyoto: Tankōsha, 1979.

338 A ESPIRITUALIDADE BUDISTA

JENG Ying ch'iu. *Huan Ti Nei Ching Sunên*. Beijing: Renminweisheng cubam, 1986

ZENBUNKA Henshūbu. *Meiji no zenshō*. Kyoto: Zenbunka Kenkyūsho, 1981.

ZENGAKU Daijiten Hensansho. *Zengaku daijiten*. Tokyo: Taishūkan, 1978.

Fontes Secundárias (em línguas ocidentais)

ADDISS, Stephen. *The Art of Zen: paintings and calligraphy by Japanese monks*, 1600-1925. New York: Harry N. Abrams, 1989.

BERRY, Mary Elizabeth. *The Culture of Civil War in Kyoto*. Berkeley: University of California Press, 1994.

FOULK, Griffith. *The "Ch'an School" and Its Place in the Buddhist Monastic Tradition*. Dissertação de Ph.D., University of Michigan, 1981.

HORI, G. Victor Sōgen. Teaching and Learning in the Rinzai Monastery. *The Journal of Japanese Studies* 20 (1994) 5-35.

KRAFT, Kenneth. *Eloquent Zen: Daitō and Early Japanese Zen*. Honolulu: University of Hawai'i Press, 1992.

MOHR, Michel. Examining the Sources of Japanese Rinzai Zen. *Japanese Journal of Religious Studies* 20 (1993) 331-44. Resenha em Kraft 1992.

_____. Vers Ia redécouverte de Tōrei. *Cahiers d'Extrême-Asie* 7 (1993-1994) p. 319-352.

_____. *Traité sur l'Inépuisable Lampe du Zen: Tōrei (1721-1792) et sa vision de l'éveil*. Bruxelas: Institut Belge des Hautes Études Chinoises, 1997.

SASAKI, Ruth F.; MIURA Isshū. *The Zen Kōan*. New York: Harcourt Brace Jovanovich, 1965.

_____. *Zen Dust*. Kyoto: The First Zen Institute of America in Japan, 1966.

SAWADA ANDERSON, Janine. *Confucian Values and Popular Zen. Sekimon Shingaku in Eighteenth-Century Japan*. Honolulu: University of Hawai'i Press, 1993.

SHARF, Robert H. The Zen of Japanese Nationalism. *History of Religions* 33 (1993) 1-43.

SHIMANO Eidō T. Zen Koans. In: KRAFT, Kenneth (org.). *Zen: Tradition and Transition*, 70-87. London: Rider; New York: Grove Press, 1988.

TANAHASHI Kazuaki. *Penetrating Laughter. Hakuin's Zen and Art*. Woodstock: The Overlook Press, 1984.

VEITH, Ilza. *The Yellow Emperor's Classic of Internal Medicine*. Berkeley: University of California Press, 1966.

WADDELL, Norman (trad.). *Zen Words for the Heart. Hakuin's Commentary on the Heart Sutra*. Boston: Shambhala, 1996.

_____. Wild Ivy. *The Eastern Buddhist* 15:2 (1982) 71-109; 16:1 (1983) 107-139.

_____. *The Essential Teachings of Zen Master Hakuin*. Boston-London: Shambhala, 1994.

_____. A Chronological Biography of Zen Priest Hakuin. *The Eastern Buddhist* 27:1 (1994) 96-155; 27:2, 81-129.

YAMPOLSKY, Philip B. *The Zen Master Hakuin: Selected Writings*. New York: Columbia University Press, 1971.

24. O Período Tokugawa

I. RESPOSTAS BUDISTAS AO CONFUCIANISMO

Minamoto Ryōen

O aumento da secularização e da intelectualização no período Tokugawa (Edo) (1603-1867) deu origem a um modo positivista de pensar – marcado por dicotomias entre sujeito e objeto, entre o eu e o outro, entre espírito e matéria – que era prejudicial à consciência espiritual. O confucianismo foi se tornando cada vez mais uma ortodoxia utilizada politicamente no fortalecimento da autoridade do governo do xogunato. O budismo, não tendo um papel político importante, manteve sua tradição espiritual como uma força social vigorosa, em especial em meio ao povo comum. Muitos budistas, ameaçados pela superioridade do confucianismo, assumiram uma postura defensiva com relação a ele e recorreram a argumentos sofísticos. Essa abordagem é bem representada pela obra *San'ikun* (Ensinamento das Três Leis, 1758; NST 57.7-33) do sacerdote Daiga (1709-1782), da escola Jōdoshū, na qual ele afirma que o budismo possui ensinamentos sobre a economia política existente entre ele próprio, o shinto e o confucianismo. De maior interesse são as atitudes adotadas pelas seitas mais vigorosas na época – o Jōdo Shinshū, o Nichirenshū e o Zen.

O Jōdo Shinshū

Marcado, devido a seu fundador Shinran, por uma fé intensa no Outro-Poder, o Jōdo Shinshū havia se defrontado no período Muromachi

340 A ESPIRITUALIDADE BUDISTA

com a tarefa de reconciliar essa fé inviolável e transcendente com o poder e a moral secular. Rennyo (1415-1499) propôs uma acomodação entre a fé e a moral:

> Tomem as leis do Estado como seu aspecto exterior, abriguem profundamente em seus corações a fé no Outro-Poder e tomem como essenciais os princípios da humanidade e da justiça. Tenham em mente que essas são as regras de conduta que foram estabelecidas no interior de nossa tradição[1].

Esse texto determinou a atitude das comunidades religiosas com relação ao poder e à ética seculares. Ao contrário do *datsuzoku* (emancipação com relação ao secular) de Dōgen, ou do *shakubuku* (triunfo sobre o mal) de Nichiren, a doutrina de Rennyo consistia em se conformar aos princípios da vida secular, ao mesmo tempo em que preservava intacto o mundo da fé. Assim escreve Shami Ganjō (m. 1869):

> No exterior, observar integralmente as leis do Estado e não esquecer do caminho da benevolência, retidão, correção ritual, sabedoria e boa fé (as "cinco normas" confucianas da ideologia Tokugawa); no íntimo do coração, acreditar profundamente no Voto Original; atribuir a boa e a má sorte neste mundo ao destino cármico do passado; e fazer da ocupação com nossa própria família, quer de samurais, quer fazendeiros, de artesãos ou de comerciantes, nossa preocupação principal – é isso que chamamos de boa companhia da Terra Pura.

Aqui, juntamente com as "cinco normas", se manifesta uma preocupação sobre a ocupação com a família, mas o princípio básico enunciado por Rennyo e Saigin (1605-1663) permanece inalterado.

Assim, a pureza da fé, característica do Jōdo Shinshū, foi preservada no período Tokugawa por um dualismo entre o voto original de Amida, mantido no mundo interior da fé, e o código confuciano da conduta secular, uma abordagem que poderia ser designada como "externamente suave e internamente dura". A coexistência do budismo com o confucianismo não deu origem a nenhuma interação mútua profunda. Embora isso pareça sugerir que o Jōdo Shinshū renunciava a um pensamento ético independente, simplesmente se adaptando a seu ambiente, a seita na verdade seguia uma política de "não ter um altar ao Shinto nem pendurar um único talismã" (*Myōkōnin-den*; NST 57), o que sugere que ele permaneceu como adversário potencial tanto dos administradores seculares como dos xintoístas.

Nichirenshū

Em contraste com a atitude de acomodação ao poder secular adotada por outros ramos da seita Nichiren, Nichiō (1565-1630), do ramo

1. Minor L. Rogers e Ann T. Rogers, *Rennyo: The Second Founder of Shin Buddhism*, p. 180.

O PERÍODO TOKUGAWA 341

Fujufuse, aceitava, em seu *Shūgiseihōron* (Sobre o Significado das Leis da Seita, 1616; NST 57.255-354), o ensinamento de Nichiren de que era errado realizar serviços ou aceitar esmolas dos que não acreditavam no *Sutra do Lótus*. Devido a sua persistência nessa posição, Nichiō foi perseguido pelas autoridades do governo Tokugawa. Afirmando a primazia do *Sutra do Lótus*, ele colocava o confucianismo e o taoísmo numa posição inferior, embora acreditasse que o confucianismo era um primeiro passo necessário no estudo do budismo. "Aqueles que quisessem estudar o budismo deveriam primeiramente conhecer as obrigações morais do mundo" (NST 57.272). Como o conhecimento das pessoas era superficial e o budismo extremamente profundo, o estudo do Caminho secular oferecia uma forma de acesso a esse último. A rejeição de Nichiō dos serviços dos que não compartilhavam da fé podia recorrer aos princípios confucianos e ele cita as palavras de Mêncio: "Quando não é certo fazê-lo, não se deve aceitar de uma outra pessoa nem mesmo uma colherada de alimento". "A vida é o que desejamos; a retidão é também o que desejamos. Se não podemos ter ambos, devemos abandonar a vida e nos apegar à retidão" (*Livro de Mêncio*). Nichiō acrescenta: "As obrigações da moral secular são assim obrigatórias. Muito mais ainda, as obrigações da moral budista!" (NST 57.273). Parece seguro concluir que ele via uma harmonia entre a moralidade confuciana e os princípios da escola Fujufuse e que, em sua mente, não havia obstáculos à incorporação do confucianismo no interior da estrutura do budismo.

Zen

Em contraste com a China, os debates entre o Zen e o confucianismo são raros no Japão. No entanto, entre os budistas do período Tokugawa, foram os monges da escola Zen que se defrontaram com o desafio do confucianismo de forma mais direta e, em certa medida, levaram os confucianos a responder. A razão disso está em que eles compartilhavam com os confucianos de uma preocupação com técnicas psicológicas (*shinpō*).

Takuan

No início do período Tokugawa, quando o neoconfucianismo de Chu Hsi (1130-1200) se tornava objeto da prática e do estudo sério no Japão, Takuan era o único monge da escola Zen nessa época a compreender a importância do confucianismo para os budistas. Ele começou a estudá-lo intensamente e a criticá-lo de uma perspectiva budista. Tornou o confucianismo parte de seu repertório conceitual, empregando seu vocabulário conceitual para desenvolver a filosofia Mahāyāna. Em uma de suas primeiras obras, o *Sennan gūkyo roku*

(Registro da Residência no Sul de Izumi), Takuan criticou a teoria de Yi T'oegye (1501-1570), um confuciano da Coréia, relativa aos "quatro começos e sete emoções". Yi via os "quatro começos" de Mêncio como princípios do bem que provinham do *li* (o domínio do numênico), enquanto as "sete emoções" seriam produto do *ch'i* (força material). Takuan afirmava que, da perspectiva budista, ambas as categorias faziam parte da dimensão física e não da dimensão numênica do mundo. Também abordou a concepção confuciana do nirvana budista e, baseando seus argumentos no *Ssu-chu cheng-i k'ao* (Estudo da Interpretação Correta dos Quatro Livros) do pensador sincrético do período Ming, Lin Chao-en (1517-1598), defendeu o budismo da acusação de heterodoxia. Refutou as noções confucianas de que era possível se tornar Yao ou Shun por meio do autocultivo e a idéia de que se podia alcançar "a ampliação do conhecimento e a investigação sobre as coisas" simplesmente pela leitura de livros.

A expressão mais clara e completa das primeiras concepções de Takuan encontra-se em seu *Riki sabetsuron* (Sobre a Distinção entre o Princípio e a Força). Nessa obra ele desenvolve uma teoria sobre *li* (princípio) e *ch'i* (força) da perspectiva do budismo de tradição Mahāyāna. Ao contrário de Chu Hsi, ele não manteve a identidade ontológica entre *ch'i* e *li*, o não-absoluto e o supremo-absoluto, e os separou como categorias auto-suficientes que existiriam independentemente. Não há nada de estranho em seu conceito de *ch'i*, mas sobre o *li*, ele escreveu: "A substância de *li* preenche o céu e a terra. Porque existe no modo da não-atividade, ele é descrito como 'vazio' e 'esvaziado'". Takuan passou a criticar a explicação de Chu Hsi da relação entre *ch'i* e *li* pela metáfora do sal acrescentado ao alimento para aprimorar seu sabor. Ele negava que *li* tivesse vontade e fosse causa da atividade e quiescência em *ch'i*, ou que *ch'i* tivesse vontade e estivesse subordinado a *li*. No entanto, uma vez que o movimento de *ch'i* era sempre não-controlado, era-se forçado a adotar fórmulas em que as palavras descreviam *ch'i* como subordinado a *li*. A separação que Takuan faz entre *li* e *ch'i* e sua designação de *li* como "vazio" e "esvaziado" se baseiam na doutrina budista do não-eu (*muga*) e são empregadas para questionar a crença heterodoxa num eu substancial (*gedō shinga*). Sua teoria de *li* e *ch'i* reflete a concepção budista da mente e da natureza, fundada na doutrina do não-eu.

No *Fudōchi shinmyō roku* (Registro da Sabedoria Imutável e do Mistério Divino), Takuan apresenta suas críticas filosóficas à doutrina de *ching* (respeito) desenvolvida por Chu Hsi. Ele elogia a concepção confuciana do *ching* como "fazendo da unicidade o soberano de todas as coisas e nunca se afastando disso". Esse, diz Takuan, é considerado pelos confucianos como o melhor método para se alcançar a disciplina da mente; mas, do ponto de vista budista, não é o estado último, mas somente um estágio intermediário do treinamento. Como tal, ele é

O PERÍODO TOKUGAWA

necessário aos iniciantes, para impedir as perturbações da mente, mas, em si mesmo, ele envolve o que poderia ser descrito como ausência de liberdade. O que se deve buscar é a liberdade verdadeira, que somente surge quando "a mente não reside em nenhuma parte e permeia a pessoa por inteiro", um estado descrito no *Sutra do Diamante* como "não tendo residência e alcançando uma mente própria".

Por trás da concepção de Takuan do *ching* de Chu Hsi está sua crítica à atitude de Chu Hsi com relação à mente (*hsin*). No *Anjin hōmon* (Portal para o Acalmar da Mente) Takuan escreve:

> Os confucianos se enganaram com relação à mente, ao afirmar que ela é mestre do eu por inteiro e que, se o mestre se perde, a pessoa enlouquece. Essa é uma visão totalmente errada. Todas as ações se iniciam com a mente como seu mestre e são retidas firmemente na mente. Quando elas estão concluídas por completo, a mente é esquecida e se alcança um estado de funcionamento com a não-mente. Se não for assim, a ação não pode ser descrita como hábil. A perfeição budista do perfeito é "a não-mente e o não-funcionamento".

Takuan afirmava que essa noção de "não-funcionamento" era compatível com a idéia de Confúcio de que "o sábio não age e, no entanto, transforma a sociedade". Segundo ele, o comentário de Chu Hsi sobre as palavras "Não foi o Shun que não agiu? E, no entanto, o Império estava bem ordenado", do capítulo Wei Ling-kung dos *Analetos*, "carece de estatura. Ele revela a compreensão da mente do sábio, mas reflete as limitações de quem anotou". No *Tōkai yawa* (Conversa da Tarde em Tōkai-ji), Takuan compara o governo de Yao e Shun a uma nuvem sozinha no Grande Vazio:

> O coração do sábio é como o Grande Vazio: é completamente esvaziado. Assim como se desobstrui uma sala e espera um convidado, também se desobstrui o coração e espera o que quer que possa ocorrer, como uma nuvem sozinha flutuando no Grande Vazio.

Enquanto Chu Hsi expusera a "não-atividade" do ponto de vista de um governante que promove e recompensa a habilidade, mas não participa ele próprio da administração, Takuan adotava a perspectiva do administrador que responde a cada ação administrativa com uma atitude de não-mente.

Imakita Kōsen

No final do período Tokugawa, um outro budista da escola Zen, Imakita Kōsen (1816-1892), se envolvia numa crítica original ao confucianismo. Kōsen inicialmente estudou as obras do grande filólogo Ogyū Sorai (1666-1728) e depois foi estudar com Chu Hsi. Aos poucos Kōsen foi se tornando cada vez mais insatisfeito com Chu. Após entrar em contato com a filosofia mais subjetivista de Wang Yang-ming (1472-1529), voltou a estudar o pensamento de Chu Hsi, do ponto de vista

344 A ESPIRITUALIDADE BUDISTA

de sua própria existência subjetiva. Mais uma vez, no entanto, sentia que suas próprias exigências como sujeito não eram satisfeitas. Por fim, com a idade de 24 anos, ele adotou o Zen e se tornou um monge Rinzai. No entanto, mesmo após sua experiência da iluminação Zen, ele ainda retinha um modo confuciano de pensar, por exemplo, confirmando sua própria iluminação pela referência ao conceito confuciano de "sinceridade extrema".

Dentre todos os monges da escola Zen do período Tokugawa, foi Kōsen que se tornou mais seriamente envolvido com o confucianismo no nível intelectual. Ele se empenhou em realizar as metas confucianas de um ponto de vista budista. Encontrou nos clássicos confucianos muitas indicações de uma preocupação e busca por um valor último, por exemplo, em expressões como: "Meu caminho é um caminho de unidade" (*Analetos*); ser vigilante sobre si próprio é solidão (*Doutrina do Meio* 1.3); "energia que a tudo impregna" (Mêncio); "sinceridade extrema sem cessar" (*Doutrina do Meio*). Reconsiderou a validade da crença confuciana, em que a fonte última do valor estava no eu e das técnicas psicológicas, que os confucianos haviam desenvolvido para alcançar essa fonte. Assim, para Kōsen, a "erudição" (*gakugei*), que havia sido preocupação dos confucianos desde Sorai, era meramente um passo preliminar para esse aprendizado. À luz dessas crenças, o confucianismo e o budismo tinham muito em comum. A "natureza eminente" do confucianismo e da "natureza búdica" se referiam à mesma realidade; Confúcio falando da "unidade" era o mesmo que o Buda girando a flor em sua mão. Dessa forma, a realidade última e os valores últimos a que as duas tradições visavam eram o mesmo e, afirmava ele igualmente, compartilhavam de uma preocupação com a realização do bom governo.

No entanto, embora venerasse Confúcio como "uma pessoa que pertence à ordem dos bodisatvas", Kōsen estava longe de ignorar as diferenças entre as duas tradições e, como budista da escola Zen, ele inevitavelmente dava muito maior valor ao budismo que ao confucianismo. A maioria de suas comparações refere-se às técnicas psicológicas que ambas as tradições tinham em comum. Criticava o dualismo de Chu Hsi entre a "mente humana" (*jen hsin*) e a mente moral (*tao hsin*), exigindo que esta última dominasse a primeira. As duas mentes, afirmava Kōsen, eram idênticas e formavam uma unidade cuja realização podia ser alcançada ao se captar o meio (*chung*) do qual falavam as duas tradições. Mas a condição mental do captar o meio requeria vários procedimentos antes que pudesse ser alcançada. Era nesse ponto que Kōsen via a maior deficiência do confucianismo, pois ele carecia das técnicas sutis e misteriosas recomendadas pela seita Zen. Ao que parece, como seguidor da tradição de Hakuin, Kōsen tinha em mente os *koans* compilados por Hakuin.

A deficiência do confucianismo no domínio das técnicas psicológicas era exemplificada em seu conceito de meditação. Kōsen elogiava a passagem introdutória do *Grande Aprendizado* como "os grandes princípios do aprendizado dos sábios e um verdadeiro método para o refinamento da mente"; e sustentava que os cinco estágios do "parar, estabilizar, aquietar, acalmar e refletir" aí expostos compartilhavam dos mesmos objetivos do Zen. No entanto, para ele, a meditação Zen diferia essencialmente de sua contrapartida confuciana, pois o Zen se preocupava com o "pensamento correto" e não envolvia questões formais de postura.

Novamente, Kōsen dava alto valor à noção de Mêncio de "conhecer nossa própria natureza", mas ao mesmo tempo expressava sua queixa de que Mêncio não havia falado de "ver nossa própria natureza". Isso acontece porque, "quando conhecemos nossa própria natureza, nós meramente conhecemos o Céu; mas quando vemos nossa própria natureza, então captamos o Céu". Mas é sua interpretação da resposta de Confúcio à pergunta de Yen Yuan relativa à benevolência nos *Analetos* que melhor ilustra a concepção de Kōsen das técnicas psicológicas. Confúcio havia dito: "Dominar o eu e retornar ao ritual é o que chamo de benevolência". O comentário de Kōsen a essa afirmação era o de que o procedimento confuciano de meramente "dominar o eu" era insuficiente, pois era como o provérbio: "afastar as moscas do alimento" – os aspectos ilusórios do eu simplesmente reapareceriam no dia seguinte. Assim o budismo preferia falar em aniquilar de uma vez por todas nossa própria mente ilusória com a espada afiada do *koan*.

Por trás da avaliação de Kōsen das técnicas psicológicas confucianas está uma diferença de pressupostos entre o confucianismo, com seu humanismo, e o budismo que, paradoxalmente, tenta afirmar a realidade por meio de uma negação radical do eu. As críticas de Kōsen às técnicas psicológicas do confucianismo derivam seu caráter persuasivo do estímulo que ele próprio deve ter recebido dos estudos confucianos que ele havia seguido antes de alcançar a iluminação. Seu *Zenkai ichiran* (O Mundo do Zen Examinado), escrito em 1862 e impresso em 1874, analisa trinta idéias neoconfucianas do ponto de vista do budismo Zen. Ele representa a primeira resposta intelectual sistemática de um budista do período Tokugawa ao desafio imposto pelo confucianismo, e a mais rica contribuição budista à interação entre as duas tradições durante o período. Mas, da parte dos confucianos, durante o grande impulso de modernização da Restauração Meiji não houve nenhuma resposta. No entanto, o esforço da apologética do Zen, que aqui produziu seu melhor resultado, pode muito bem ter sido uma das fontes da autoconfiança e energia intelectual da escola Zen após a Restauração.

II. O ELEMENTO BUDISTA NO SHINGAKU

Paul B. Watt

No Japão do período Tokugawa (1600-1868), assim como em períodos anteriores, os ideais e valores do budismo eram disseminados em obras de literatura e arte e nos movimentos intelectuais e religiosos que, embora não primariamente preocupados com a propagação da religião, envolviam aspectos importantes dela. Um dos mais influentes movimentos religiosos que atuavam dessa forma foi o Shingaku, ou "o Aprendizado do Coração".

Fundado no início do século XVIII por Ishida Baigan (1685-1744), o Shingaku inicialmente se difundiu em meio aos *chōnin*, ou homens da cidade, um grupo que consistia em comerciantes e artesãos. Os comerciantes, em particular, estavam atraídos pelo Aprendizado do Coração, uma vez que ele falava de suas necessidades numa época em que estavam tateando em busca de uma nova compreensão de seu lugar na sociedade japonesa. Na teoria confuciana tradicional, que servia como principal ideologia do Estado, os comerciantes haviam sido relegados à parte mais baixa de uma estrutura social em quatro camadas. Essa posição refletia tanto a base agrícola dominante da economia Tokugawa, quanto a antipatia que os confucianos em geral sentiam com relação a uma classe que eles consideravam como "improdutiva". Samurais, fazendeiros e mesmo seus concidadãos, os artesãos, todos tinham uma posição superior.

Na realidade, no entanto, no decorrer dos séculos XVII e XVIII, os comerciantes haviam se tornado figuras centrais numa economia monetária em expansão, e muitos no interior da classe samurai governante tinham contraído enormes dívidas com eles. Tendo alcançado um certo nível de influência e bem-estar material teoricamente inapropriados a sua posição na sociedade, os comerciantes muitas vezes eram alvo da crítica dos defensores da antiga ordem e dos editos regulamentadores emitidos pelo governo.

Ishida Baigan foi um dos vários indivíduos desse período que foram em sua defesa. Inspirando-se no Shinto, no confucianismo e no budismo – assim como numa tradição sincrética estabelecida – ele articulou uma forma de vida para os comerciantes que, ao mesmo tempo em que se baseava em valores tradicionais, imbuía seu trabalho de um significado novo e, em última análise, religioso. Mas o Aprendizado do Coração logo se tornaria atraente também fora da classe comerciante e, na última metade do século XVIII, atraía seguidores de todas as ordens sociais.

Curto Resumo da Vida do Fundador

Ishida Baigan nasceu numa família de fazendeiros na pequena aldeia montanhesa de Tōge, situada a oeste de Quioto. Foi o segundo

O PERÍODO TOKUGAWA   347

de três filhos. Embora não fosse pobre, a família Ishida também não era rica e, com o filho mais velho destinado a herdar a casa da família, com cerca de onze anos de idade, Baigan foi para Quioto e se tornou aprendiz de uma família de comerciantes. Após estar com essa família durante diversos anos, no entanto, soube-se que seu empregador não tinha condições de compensar apropriadamente seus trabalhadores e Baigan foi enviado de volta ao lar.

Com a idade de 23 anos, Baigan foi enviado outra vez a Quioto como aprendiz, desta vez para uma firma mais bem sucedida. Logo se estabelecia como um funcionário valioso e de confiança, mas durante sua estada em casa começou a se interessar pelo Shinto. Sério e introspectivo como um jovem e ansioso por corrigir certas falhas que havia descoberto em seu caráter, Baigan aparentemente concluiu que o Shinto era o verdadeiro "caminho" para a humanidade. Após seu retorno a Quioto, passou a dedicar todo seu tempo livre ao cultivo do Shinto. Como podemos ler no *Ishida Sensei Jiseki* – a biografia escrita por seus alunos:

> Quando ia a serviço para a cidade baixa, ele levava um livro em seu bolso e estudava sempre que tinha tempo livre. De manhã, antes que seus companheiros se levantassem, lia junto à janela do segundo andar e, à noite, lia após eles terem adormecido (IBZ 2, 613)[2].

Baigan também é lembrado por ter demonstrado uma preocupação especial com seus companheiros de emprego durante esses anos. Mesmo após ter alcançado a posição de principal funcionário, no inverno ele deixava para outros os lugares mais quentes para dormir e, nas noites de verão, sempre se assegurava de que os meninos na loja não se descobrissem (IBZ 2, 613). Essa acentuada consideração pelos outros continuou sendo uma característica sua durante toda a vida.

Quando se encontrava em seus vinte anos, Baigan lia não apenas obras da escola Shinto, mas, também, do budismo e, em particular, do confucianismo. O conteúdo exato desses estudos é pouco claro, mas ele parece ter chegado por meio deles a uma compreensão do caminho verdadeiro para a humanidade que incorporava aspectos de todas as três religiões e que salientava a devoção altruísta à honestidade, frugalidade, compaixão e à tarefa que nos é designada. Quando tinha 35 ou 36 anos de idade, no entanto, Baigan começou a ter dúvidas. Em particular, estava inseguro quanto ao caráter da natureza humana (*sei*), uma questão que afetava diretamente sua avaliação de nossa capacidade individual de compreender o caminho. Após buscar vários mestres sem êxito, encontrou Oguri Ryōun (m. 1729), um homem que outrora servira como

---

2. IBZ = Shibata Minoru (org.), *Ishida Baigan zenshū*. Uma tradução completa do *Jiseki* pode ser encontrada em Robert Bellah, *Tokugawa Religion: The Values of Pre-Industrial Japan*, Boston, p. 199-216.

348 A ESPIRITUALIDADE BUDISTA

oficial de campo e que se retirara para Quioto, para viver como mestre. Oguri era versado não apenas no neoconfucianismo, mas, também, no taoísmo e no budismo. Seu primeiro encontro foi pouco mais que uma tentativa fracassada da parte de Baigan de dar início a uma discussão sobre o problema da natureza humana; no entanto, o entusiasmo de Baigan se acendeu com o encontro, pois ele sentiu que finalmente tinha encontrado alguém a quem poderia recorrer em busca de auxílio.

No entanto, mesmo sob a orientação de Oguri, as incertezas de Baigan não se resolveram rapidamente. Após um ano e meio de reflexão e estudo intensos, um certo progresso foi inesperadamente alcançado durante uma visita ao lar, para cuidar da mãe doente. Numa ocasião, ao se afastar dela e abrir uma porta para sair, Baigan teve a sensação repentina de que todas as suas dúvidas se dispersavam. De acordo com seus *Ditos Registrados*, compreendeu nesse momento "que sua própria natureza (*jisei*) era a mãe do Céu, da terra e de todas as coisas" (IBZ 1, 438) e viu-se tomado por uma imensa alegria. A isso, o *Jiseki* acrescenta que, ao mesmo tempo, ele descobriu que "o caminho de Yao e Shun (governantes lendários reverenciados na tradição confuciana) é apenas a devoção e obediência filial" (IBZ 2, 615).

Quando Baigan informou Oguri sobre sua experiência, seu mestre reconheceu que ele havia feito uma descoberta, mas assinalou que Baigan tinha um outro passo a dar. "O olho com o qual você viu que nossa natureza é mãe do Céu e da terra permanece", disse-lhe Oguri. "A natureza realmente existe quando não há um olho. Agora somente uma vez afaste esse olho" (IBZ 2, 615). Baigan trabalhou conscientemente durante mais de um ano antes de poder consegui-lo, mas finalmente alcançou a iluminação plena, ou *hatsumei*, como o povo Shingaku se refere à experiência, uma manhã, logo após o romper da aurora. O *Jiseki* oferece o seguinte relato:

> Um dia, tarde da noite, ele se deitou exausto, e não percebeu o romper do dia. Enquanto lá deitado, ouviu o grito de um pardal. Nesse momento, um sentimento comparável à serenidade do grande mar ou do céu límpido invadiu seu corpo. Sua experiência do grito do pardal foi como ver um cormorão rompendo a superfície e penetrando na água de um grande mar sereno. Desse dia em diante, ele afastou sua observação consciente de sua própria natureza (IBZ 2, 615).

Sua confiança restaurada, Baigan, então com 42 ou 43 anos de idade, deixou seu emprego e passou a realizar palestras ocasionais. Pouco depois, em 1729, quando estava com 45 anos, seu mestre morreu. Pouco antes de sua morte, Oguri havia oferecido a Baigan seus livros, repletos com suas anotações, mas Baigan os recusou, explicando que, como havia se deparado com novas circunstâncias, iria expor os ensinamentos de uma nova forma (IBZ 2, 616). No mesmo ano, Baigan inaugurou seu primeiro saguão de palestras em Quioto e começou formalmente sua carreira como professor. Não cobrava taxas de seus

O PERÍODO TOKUGAWA 349

alunos nem pedia apresentações especiais. Nos quinze últimos anos de sua vida, durante os quais permaneceu solteiro, ensinou em Osaka, assim como em Quioto, e produziu duas obras pelas quais é em geral lembrado: *Tohimondō* (Diálogos da Cidade e do Campo, 1739) e *Kenyaku Seikaron* (Frugalidade: Ensaios sobre a Administração do Lar, 1744). Essas obras, juntamente com os *Ditos Registrados* e o *Ishida Sensei Jiseki*, que foram concluídos após sua morte, constituem as principais fontes para a compreensão de seu pensamento[3].

O Budismo e os Ensinamentos de Baigan

Embora quando jovem Baigan tivesse afirmado que seu principal objetivo era propagar o Shinto e embora o budismo também tivesse um lugar em seu pensamento, há poucas dúvidas de que foi o confucianismo – em especial o neoconfucianismo da escola Ch'eng-Chu – que exerceu maior influência sobre ele. Diversos aspectos de sua vida e ensinamentos nos mostram isso. Em primeiro lugar, no centro de seus ensinamentos estava a ênfase do neoconfucianismo tradicional na importância do conhecimento de nossa própria natureza. Assim ele escrevia em seu *Tohimondō*:

> A meta suprema do aprendizado é esvaziar nosso coração e conhecer nossa própria natureza. Conhecendo nossa natureza, conhecemos o Céu. Conhecendo o céu, conhecemos o coração de Confúcio e Mêncio, que é idêntico ao Céu. Conhecendo o coração de Confúcio e Mêncio, conhecemos o coração dos intelectuais Sung, que é o mesmo (IBZ 1, 71).

Além disso, como mostra a experiência da iluminação de Baigan, conhecer nossa própria natureza é conhecer a natureza de todas as coisas e alcançar uma experiência da união consciente e ilimitada com elas. Embora a iluminação de Baigan em particular tenha freqüentemente sido interpretada sob uma luz budista, como nos mostra de Bary, tanto a tendência geral de seus ensinamentos quanto sua experiência da iluminação se encontram na tradição neoconfuciana predominante[4].

Em segundo lugar, para Baigan, as implicações éticas de conhecer nossa própria natureza são também tipicamente confucianas. Em sua primeira experiência da iluminação, Baigan compreendeu não apenas que a natureza era "a mãe do Céu, da terra e de todas as coisas", mas também que, quando essa natureza se manifesta na ação, a devoção e a obediência filiais são o resultado. No *Tohimondō*, ele explicita a

---

3. Uma outra curta obra tradicionalmente atribuída a Baigan e elaborada quase inteiramente em linguagem budista é o *Makumōzō*. No entanto sua autenticidade foi posta em questão e o exame da obra foi aqui excluído. Uma cópia do texto pode ser encontrada em Shibata Minoru (org.), *Sekimon Shingaku*.

4. Wm. Theodore de Bary, *Neo-Confucian Orthodoxy and the Learning of the Mind-and-Heart*, p. 207.

350 A ESPIRITUALIDADE BUDISTA

conexão entre o conhecimento de nossa própria natureza e a ética confuciana:

> Quando conhecemos nossa própria natureza, também ficamos sabendo que as cinco virtudes constantes (benevolência, retidão, decoro, sabedoria e boa fé) e as cinco relações humanas (entre pai e filho, governante e súdito, marido e mulher, filho mais velho e filho mais novo, amigo e amigo) estão nela impregnadas (IBZ 1, 5).

Em terceiro lugar, a metodologia de Baigan para compreender sua natureza e que mais tarde ele ensinaria a seus alunos é a metodologia neoconfuciana comum. Ela envolvia três atividades primárias: o estudo, a reflexão e a aplicação consciente do que se havia aprendido à vida para situações cotidianas[5]. Por fim, tanto os textos que Baigan cita em seus escritos quanto os textos sobre os quais ele falava em suas palestras eram predominantemente confucianos. Baigan de fato citava sutras e outros materiais budistas e dava palestras sobre o *Tsurezuregusa*, uma obra de coloração budista. Mas eram os *Analetos*, o *Mêncio* e os escritos dos neoconfucianos do período Sung que mais freqüentemente prendiam sua atenção.

No entanto, mesmo admitindo-se esse vínculo estreito entre Baigan e o neoconfucianismo, seria errado vê-lo como alguém que deliberadamente transmitia essa tradição. Como assinalou Shibata Minoru, Baigan não estava vinculado a nenhuma linhagem específica de mestres nem pertencia a nenhuma escola popular na época (IBZ 1, 10). No final, seus ensinamentos só podem ser compreendidos como o resultado de suas reflexões pessoais sobre sua própria experiência. Embora, de um lado, essa abordagem levasse ao surgimento de incoerências, pelas quais ele era criticado tanto pelos adeptos do confucianismo, quanto pelos do Shinto e do budismo; de outro, ela permitia que ele se movesse livremente em meio às tradições religiosas populares de sua época, selecionando de cada uma o que fosse confirmado por sua própria experiência. Na concepção de Baigan, o confucianismo, o Shinto e o budismo – e, na verdade, mesmo o taoísmo – eram todos "pedras de amolar para polir a mente" (IBZ 1, 121), e ele "nem se prendia a um deles nem descartava qualquer um deles" (IBZ 1, 120).

A chave interpretativa em que Baigan se apoiava ao passar de tradição a tradição era a experiência de autotranscendência que ele vivenciara na época de sua iluminação. Baigan mais tarde buscaria indicar a natureza desse estado empregando termos como "nenhum coração egoísta" (*shishin nashi*) e "não eu" (*muga*); e é evidente que,

---

5. Embora Bellah inclua a meditação entre as práticas essenciais nas quais Baigan se envolveu, ela parece na verdade ter sido de importância apenas secundária para ele. Cf. a discussão de Shibata desse aspecto em *Ishida Baigan* (Jinbutsu Sōsho), p. 71. No entanto, a prática neoconfuciana do "sentar-se em silêncio" (*seiza*) foi sistematicamente incorporada à prática Shingaku pelos mestres posteriores.

O PERÍODO TOKUGAWA 351

para ele, o desejo egoísta era o problema fundamental que todos os seres humanos tinham de vencer. Para ele o Shinto lidava com essa questão por meio de sua ênfase na virtude da honestidade, ou *shōjiki*, que ele via como refletindo um coração puro e não-egoísta (IBZ 1, 218). No budismo, como se pode esperar, era o próprio ensinamento do não-eu, ou não-mente, que o atraía. Baigan admitia, assim como muitos de seus contemporâneos, que como filosofia de governo o confucianismo era mais apropriado que o budismo (IBZ 1, 56), mas também acreditava que não havia diferença entre o coração alcançado por meio do Darma budista e o alcançado por meios confucianos (IBZ 1, 120). E mais, ele afirmava que todas as seitas budistas ensinavam o caminho para se alcançar esse mesmo estado da mente. Ele escreve em seu *Tohimondō*:

> Na seita Tendai, eles falam de concentração e introvisão; na seita Shingon, da mente inata original simbolizada pela letra A do sânscrito; na seita Zen, eles falam de nossa face original; na seita Nenbutsu, da interpenetração entre o eu e o Eu (*nyūga ga'nyū*)[6] e da união do coração do fiel com o Darma de Amitābha; e na seita Nichiren, eles falam do Darma Miraculoso. Embora haja diferenças terminológicas, a meta alcançada é a mesma (IBZ 1, 116-17).

O que Baigan difundiu entre os comerciantes foi esse ensinamento do conhecer nossa própria natureza e do viver não-egoísta, com o qual, acreditava ele, todas as tradições concordavam. Como para ele a diferença entre as quatro classes não era uma diferença de valor, mas meramente de função, Baigan incentivava os comerciantes a considerar suas atividades cotidianas como o local em que poderiam vir a conhecer suas próprias naturezas e compreender o caminho. O lucro obtido por meio do empenho honesto e frugal nessas atividades, argumentava ele, não era diferente dos estipêndios recebidos pelos samurais, os cidadãos modelares da sociedade Tokugawa (IBZ 1, 78).

Com relação ao elemento especificamente budista de seus ensinamentos, embora sua atitude com relação à religião fosse, sob quase todos os aspectos, positiva, Baigan não podia adotá-lo em seus próprios termos; ao contrário, interpretou o budismo à luz de sua visão fundamentalmente neoconfuciana e descartou os aspectos que não admitiam essa interpretação. Característico dessa concepção é o preceito budista do não-matar. Baigan pessoalmente podia chegar a grandes extremos para evitar ferir desnecessariamente seres vivos, mas rejeitava a pura e simples proibição budista de matar. "É um princípio da natureza", afirma ele sem rodeios, "que o nobre coma o humilde" (IBZ 1, 54).

---

6. Embora esse conceito esteja associado também com o Shingon, Baigan o emprega aqui com referência ao budismo da Terra Pura; em seu significado, ele é virtualmente idêntico à expressão que o segue.

352 A ESPIRITUALIDADE BUDISTA

O Budismo e o Shingaku do Último Período

O budismo continuaria a ocupar uma posição de destaque nos ensinamentos da escola Shingaku de períodos posteriores. Na verdade, em certas ocasiões ele parece tomar o lugar do neoconfucianismo – como o elemento predominante do pensamento sincrético de Tejima Tōan (1718-1786) e de seu discípulo, Nakazawa Dōni (1725-1803). Tōan foi o principal organizador do Shingaku, enquanto Dōni foi o mais famoso pregador do movimento. Eles foram os principais responsáveis pela organização do Shingaku num movimento com identidade definida e por sua difusão para diferentes áreas do país, no meio século após a morte de Baigan.

Tōan, nascido numa rica família de comerciantes de Quioto, juntou-se ao grupo de Baigan quando tinha dezoito anos de idade e, em três anos, teve sua experiência de iluminação plena, o *hatsumei*. Em resultado da morte de outros discípulos mais antigos, em 1760 ele despontou como o principal herdeiro de Baigan. Nesse ano, Tōan completou a compilação do *Jiseki* e no ano seguinte deu início a suas atividades como professor em tempo integral.

Suas contribuições mais importantes para o movimento foram: 1. a fundação dos primeiros saguões permanentes de palestras, inclusive os três que se tornariam as principais escolas de tradição Shingaku: Shūseisha, Jishūsha e Meirinsha; 2. o estabelecimento de um sistema de ensino para os seguidores do Shingaku e a concessão de certificados aos que tivessem alcançado a iluminação; 3. a sistematização de alguns dos ensinamentos de Baigan[7] e a composição de numerosos tratados populares destinados à educação das mulheres e crianças.

Dōni também era nativo de Quioto e provinha de uma família que, durante gerações, havia produzido o famoso brocado de Nishijin. Sua família era ligada à seita Nichiren e, conseqüentemente, ele estava familiarizado com seus ensinamentos desde tenra idade. No início de sua quarta década de idade, Dōni também teve contato com o mestre Zen da escola Rinzai, Tōrei, um discípulo de Hakuin. Dōni entrou para o grupo de Tōan quando estava na metade de sua quarta década de idade e logo se tornava um dos estudantes de maior destaque. Quando Dōni tinha 55 anos, Tōan enviou-o a Edo, a sede do governo Tokugawa, onde ele fundou Sanzensha, a escola que se tornaria o centro do movimento Shingaku no leste do Japão. Em Edo, Dōni discursava tanto para trabalhadores diaristas quanto para samurais de posição altíssima, conquistando um grande número de seguidores e forjando o estreito vínculo entre o Shingaku e o governo que duraria até o final do período Tokugawa.

---

7. Nesse aspecto, é extremamente importante o uso coerente que Tōan faz do termo *honshin*, ou o "coração verdadeiro", no lugar do *sei*, ou natureza, empregado por Baigan; foi somente após essa mudança ser feita que o movimento passou a ser comumente denominado Shingaku.

O PERÍODO TOKUGAWA   353

Tōan e Dōni seguiam de perto os passos de Baigan e ensinavam um sincretismo entre o confucianismo, o Shinto e o budismo. Como Baigan, Tōan enfatizava a importância de se alcançar um estado de não-egoísmo, que ele caracterizava como uma condição na qual a pessoa "não tem preocupações centradas no eu" (*shian nashi*) e freqüentemente optava por explicar esse estado em termos budistas. Em particular, estava atraído pelo budismo Zen da forma como ele fora transmitido por dois conhecidos mestres do período Tokugawa, Suzuki Shōsan (1579-1656) e Bankei Yōtaku (1622-1693)[8]. Da perspectiva da biografia e personalidade, Suzuki e Bankei eram indivíduos notavelmente diferentes, mas ambos buscavam simplificar o Zen e torná-lo mais acessível. Foi por esse Zen simplificado, que Tōan se viu atraído.

Suzuki era o mais radical dos dois mestres budistas, chegando mesmo a desencorajar pessoas de entrar para o clero; ele lhes pedia que, em vez disso, considerassem suas atividades corriqueiras como sua prática. Tōan assinalou sua aprovação das concepções de Suzuki escrevendo uma introdução a uma de suas obras, o *Mōanjō* (Uma Bengala Segura para os Cegos).

Ao contrário de Suzuki, Bankei nunca desqualificou as práticas budistas tradicionais, embora fizesse críticas a aspectos do Zen tal como ele existia na época. Ainda assim, em sua própria tentativa de explicitar a essência do Zen – mantendo sobretudo a doutrina de que sua meta era simplesmente a realização da mente-do-Buda inata (*fushō*) – Bankei fez afirmações que podiam ser interpretadas como envolvendo uma posição análoga, se não idêntica, à de Suzuki. Foi exatamente dessa forma que Tōan interpretou Bankei. Assim, quando um observador que notara as semelhanças manifestas entre os ensinamentos de Tōan e os de Bankei perguntou-lhe sobre a relação entre os dois, Tōan respondeu que não havia a menor diferença[9]. "É apenas que, como há pessoas que não estão familiarizadas com a palavra 'inato', eu lhes falo sobre não ter preocupações centradas no próprio eu"[10]. Além disso, Tōan considerava as referências ocasionais de Bankei ao termo *meitoku* – um conceito-chave do clássico do confucianismo, o *Grande Aprendizado* – como indicação de que o monge Zen também ensinava um sincretismo igual ao que ele próprio ensinava. De fato, é evidente que Bankei acreditava que o budismo era superior ao confucianismo[11]. Seja como for, a partir de Tōan em diante, Bankei seria tomado em alta estima pelo movimento Shingaku.

8. Sobre Suzuki, cf. Winston L. King, *Death was his Kōan: The Samurai-Zen of Suzuki Shōsan*, e Royall Tyler, *Selected Writings of Suzuki Shōsan*. Sobre Bankei, cf. Norman Waddell, *The Unborn: The Life and Teaching of Zen Master Bankei (1622-1693)*, e Peter Haskel, *Bankei Zen: Translations From the Record of Bankei*.

9. M. Shibata, *Sekimon Shingaku*, p. 118.

10. Idem, p. 119.

11. Cf. o artigo de Kinami Takuichi sobre Bankei e Tōan, Bankei rikai no ippōto: Tōan no Shingaku kara, *Zen bunka* 10-11 (abril de 1958), p. 75-86.

354 A ESPIRITUALIDADE BUDISTA

No caso de Dōni, a influência do Zen, provinda indiretamente de Tōan e diretamente de Tōrei, ainda é manifesta, porém, mais notável ainda, em sua apresentação dos ensinamentos Shingaku, é seu uso da linguagem da seita Nichiren, à qual sua família estava vinculada. Dōni sumarizava a percepção alcançada numa experiência de iluminação, que ele tivera enquanto ainda estava com Tōrei, nas seguintes palavras: "Tudo sob o Céu e dentro dos quatro mares toma seu refúgio no Darma Miraculoso". As palavras "Darma Miraculoso" (*myōhō*) fazem parte do título integral do *Sutra do Lótus* (*Myōhō Rengekyō*, Sutra do Lótus do Darma Miraculoso), no qual a seita Nichiren se baseava. Mais tarde, no *dōwa* de Dōni, ou "conversas sobre o caminho", a expressão "Darma Miraculoso" aparece regularmente. Aqui um exemplo será suficiente:

Se conhecemos nosso próprio coração, conhecemos nossa própria natureza. Se conhecemos nossa própria natureza, conhecemos o Céu [...]. Todas as coisas têm o Céu vazio (*kokūten*) como seu coração. O pardal chilreia e o corvo crocita. Uma vez que é algo maravilhoso além de toda expectativa, nós o chamamos de Darma miraculoso e realidade última (*jissō*)[12].

Podemos oferecer outros exemplos da proeminência do budismo no Shingaku do período tardio: Fuse Shōō (1725-1784), por exemplo, recorreu a uma diversidade de ensinamentos de seitas budistas e Shibata Kyūō (1783-1839) fez "discursos sobre o caminho" que manifestam traços de influência mais da Terra Pura que do Zen. Em todos os casos, no entanto, sua orientação com relação à tradição não diferia fundamentalmente da de Baigan. Dessa perspectiva, Tōan podia argumentar que seus ensinamentos eram idênticos aos de Bankei, mas ao buscar elaborar um currículo para as escolas de tradição Shingaku, ele limitou as obras com base nas quais as aulas podiam ser ministradas aos Quatro Livros (os *Analetos*, o *Mêncio*, o *Grande Aprendizado* e o *Meio*), as *Reflexões sobre as Coisas à Mão* (escritos e ditos dos neoconfucianos do período Sung compilados por Chu Hsi e Lu Tsuch'ien), o *Aprendizado Elementar* (um manual para o ensino de crianças compilado sob a direção de Chu Hsi) e os escritos de Baigan. De modo análogo, enquanto Dōni podia tomar de empréstimo o vocabulário do budismo Zen e de Nichiren, seus ensinamentos nunca foram além dos limites do que se poderia denominar naturalismo ético neoconfuciano. "Qual é o Caminho?" – pergunta ele.

O pardal chilreia e o corvo crocita. A pipa tem o seu modo e o pombo, o seu modo; "o cavalheiro age em conformidade com sua posição e não deseja mais nada além disso" (citação extraída do *Meio*). Agir de acordo com nossa própria forma (*katachi*) é o que se chama caminho da harmonia do Céu e da terra[13].

12. M. Shibata, op. cit., p. 224.
13. Idem, p. 210.

O PERÍODO TOKUGAWA

Assim, embora a escola Shingaku pudesse conferir novo significado às atividades da classe comerciante, de resto ele simplesmente reafirmava a ordem moral e social existente. Como o próprio Dōni afirmava, "O caminho está meramente no conformar-se (*junnō*)"[14].

A despeito da estreita semelhança entre os ensinamentos do Shingaku e os do budismo, o que faltava à escola Shingaku, de um ponto de vista rigorosamente budista, era o espírito crítico radical,presente na doutrina do vazio do budismo Mahāyāna e em seu ensinamento relativo à natureza da mente. Kashiwabara Yūsen escreveu sobre Fuse Shōō que "mesmo que ensinasse o não-eu, sua mensagem era a mensagem ética do abandono dos desejos egoístas no contexto da vida social; no budismo, ele buscava o apoio espiritual para a vida prática que, até o fim, tinha *como sua premissa imediata*, a afirmação do ser humano"[15]. Essa avaliação podia ser ampliada para incluir toda a tradição Shingaku. Embora também tivesse uma mensagem de afirmação última do ser humano, o budismo Mahāyāna afirmava que uma tal posição somente podia ser tomada após uma negação inicial e uma transformação da consciência humana normal.

Assim, o budismo transmitido no âmbito da escola Shingaku não era o budismo em sua forma filosófica mais consistente. No entanto, o significado do papel da escola Shingaku na disseminação da religião não deve de forma alguma ser subestimado, já que a transmissão não-autorizada de seus ensinamentos era a exceção mais que a regra onde quer que o budismo se disseminasse, uma vez que o próprio budismo do período Tokugawa muitas vezes deixava de apresentar o espírito crítico acima mencionado. Seria possível argumentar que, devido à semelhança entre os ensinamentos da escola Shingaku e os do budismo, a popularidade do Shingaku deu origem a barreiras sutis que impediam um confronto genuíno com a tradição budista. No entanto, não se pode negar a popularidade da interpretação Shingaku do budismo, mesmo em meio aos japoneses sem vínculos diretos com o movimento.

14. Idem, p. 211.
15. Tamamuro Taijō (org.), *Nihon Bukkyō shi III: Kinsei kindai hen*, p. 150 (grifo nosso).

356 A ESPIRITUALIDADE BUDISTA

III. JIUN SONJA

Paul B. Watt

No período Tokugawa (1600-1868), o budismo continuou exercendo influência na sociedade japonesa, mas também se defrontou com importantes desafios para sua posição como força tradicional. No âmbito interno, a instituição budista passou por um processo de cisão em seitas e por um declínio na disciplina em meio ao clero. No âmbito externo, ela foi desafiada por novos desenvolvimentos no mundo do pensamento. No confucianismo – um interesse renovado no Shinto e no conhecimento da cultura nativa e um traço de pensamento racionalista florescente, embora com menor influência – tudo isso se manifestou durante o período Tokugawa e os defensores desses vários pontos de vista muitas vezes dirigiam críticas severas ao budismo.

Jiun Sonja aparece como um dos principais reformadores, estudiosos e apologistas do budismo nesse período. Embora atraído pelo confucianismo, quando criança foi convertido ao budismo na adolescência e permaneceu fiel a ele em sua idade adulta, formulando uma resposta de amplo alcance aos desafios com que o budismo se defrontava na época. Por trás de sua resposta estava seu compromisso com a revitalização do que ele às vezes denominava "o budismo como ele era quando o Buda estava vivo" (*Butsu zaise no Bukkyō*) ou, de forma mais simples, o "Darma Verdadeiro" (*shōbō*), expressão com a qual ele se referia aos fundamentos supra-sectários do pensamento e prática budistas.

Biografia

Jiun nasceu em 1718 em Osaka, uma das grandes cidades comerciais do Japão do período Tokugawa. Seu pai, Kōzuki Yasunori (1665-1730), era um rōnin, ou samurai sem um mestre, que encontrara emprego num dos muitos celeiros do governo na cidade. Sua mãe, filha adotiva do oficial encarregado do celeiro, era uma budista devota. Embora seu pai simpatizasse tanto com o budismo quanto com o Shinto, ao que parece, ele se via atraído, sobretudo pelo confucianismo. Jiun informa-nos que um seguidor do confucianismo da escola de Chu Hsi dava aulas em sua casa. Quando criança, Jiun adotou a posição confuciana e também assumiu a crítica confuciana tradicional ao budismo, como uma religião anti-social que estimulava as pessoas a se afastar da família e da sociedade; assim, ele "odiava os monges e o Darma budista" e considerava Śākyamuni como um "líder enganador" (JSZ 11.479-80)[16]. Ironicamente, no entanto, Yasunori, ao morrer – quando Jiun tinha treze anos de idade –, expressou como seu último desejo o

16. JSZ = *Jiun Sonja zenshū*.

O PERÍODO TOKUGAWA   357

de que seu filho entrasse para o clero budista. Quase imediatamente, a mãe de Jiun confiou o menino aos cuidados de Ninkō Teiki (1671-1750), um monge da seita Vinaya de tradição Shingon (Shingon Risshū) que periodicamente visitava a casa de Kōzuki, em Osaka, e era abade do templo de Hōraku-ji, situado a leste da cidade[17].

Jiun chegou a Hōraku-ji em 1730 e Teiki iniciou seu treinamento em 1731, recebendo instruções rudimentares de sânscrito. No entanto, a conversão de Jiun somente ocorreria em 1732, quando, sob a direção de Teiki, ele realizou uma série de quatro meditações (o *shido kegyō*), destinado a preparar o praticante para ordenação como monge da escola Shingon. Segundo o próprio Jiun, a primeira dessas meditações teve um efeito tão poderoso sobre ele que, ao concluí-la, viu seu corpo inteiro coberto de suor e chorou incontrolavelmente; daí por diante, ele se lançou ao estudo e prática budistas e "dia a dia foi se tornando cada vez mais consciente da profundidade do Darma" (JSZ 11.481).

Em 1733 Teiki deu nova orientação ao treinamento de Jiun. Interessado em que ele tivesse um conhecimento sólido do confucianismo, o principal rival do budismo no período Tokugawa, Teiki enviou Jiun a Quioto, para a escola do famoso estudioso confuciano, Itō Jinsai (1627-1705). Um líder no movimento do Antigo Aprendizado (*kogaku*), Jinsai fizera críticas às tendências filosóficas abstratas do neoconfucianismo e insistira num retorno aos ensinamentos originais de Confúcio e Mêncio. Jinsai já havia morrido quando Jiun chegou, mas a escola ainda florescia sob a liderança de seu filho, Tōgai (1670-1736). Jiun estudou aí os textos confucianos e a prosa e poesia chinesas durante três anos.

Em 1736 Jiun retornou a Hōraku-ji. Nesse ano, ele passou algum tempo em Yachū-ji, um centro em que se praticava o Vinaya de tradição Shingon, aí recebendo os preceitos para os noviços. Em 1738, voltou a Yachū-ji, para receber as 250 regras que guiam a vida do monge adulto. Quando Jiun tinha a idade de vinte e dois anos, Teiki ordenou-o como mestre Shingon pleno (*ajari*) e pouco depois o tornou abade de Hōraku-ji. Durante esse período, Jiun também estudou o pensamento budista Mahāyāna em geral e recebeu com Teiki instrução no *Ryōbu*, ou Shinto Dual, uma forma de sincretismo entre o budismo e o Shinto, transmitida no âmbito da seita Shingon.

Após seu retorno de Quioto, Jiun deu atenção especial à meditação. Enquanto abade de Hōraku-ji, ele adotou uma das formas mais básicas de meditação Shingon, a "meditação da letra A do sânscrito" (*ajikan*). Mas o progresso chegou aos poucos e, aparentemente insatisfeito com a abordagem Shingon, Jiun passou a direção de Hōraku-ji a um discí-

---

17. A seita Vinaya de tradição Shingon teve sua origem no período Kamakura (1185-1333) e recebeu sua denominação devido à importância especial que ela dava ao vinaya, ou disciplina monástica, além da doutrina e prática da escola Shingon.

358 A ESPIRITUALIDADE BUDISTA

pulo e, em 1741, foi praticar o Zen sob a orientação do mestre Zen de tradição Sōtō, Hōsen Daibai (1682-1757) em Shinshū. Jiun permaneceu com Daibai até 1743 e, aparentemente, beneficiou-se enormemente dessa experiência; mais tarde ele escreveria que foi enquanto estava em Shinshū que pôde se "sentir bem pela primeira vez" (JSZ 14.750). Além disso, embora permanecesse como monge Shingon durante toda sua vida, desse momento em diante Jiun passou a ter especial admiração pelo Zen. E também, se nessa época, de um lado, Jiun tinha reservas sobre a tradição na qual ele fora educado, de outro, ele também não se sentia inteiramente à vontade com o Zen. Ele menciona uma "divergência de opinião" entre ele próprio e Daibai (JSZ 14.750). A razão da tensão não está clara, mas ela pode ter sido resultado da limitada dedicação de Daibai ao Zen e da consciência cada vez maior de Jiun da necessidade de uma revitalização mais amplamente definida dos fundamentos do pensamento e prática budistas, para que a religião pudesse responder com êxito aos desafios com que ela se defrontava.

Jiun retornou a Hōraku-ji em 1743, num estado de incerteza quanto às perspectivas dessa revitalização e considerou seriamente retirar-se para uma vida de contemplação solitária. Esperando-o no templo, no entanto, estavam os jovens discípulos de Teiki, que o persuadiram a entrar em ação. Jiun ficou comovido, sobretudo com o apelo de Gumoku Shinshū (1728-1751), que se tornou seu principal discípulo na época e que seria para ele uma fonte constante de inspiração. De 1744 a 1758 Jiun e um pequeno grupo de seguidores fizeram esforços concentrados pela restauração do Darma Verdadeiro. Começaram em Chōei-ji, um templo decadente a leste de Osaka, que estivera sob a supervisão de Teiki. Nesse templo, em seus *Konpon sōsei* (Regulamentos Básicos para os Monges, 1749), Jiun expressou pela primeira vez sua concepção do que implicava a vida de acordo com o Darma Verdadeiro (JSZ 6.70-75). Esses regulamentos, que definiam o estilo de vida em Chōei-ji, estabeleciam a observância rigorosa do vinaya, enfatizava a importância da meditação e do estudo e, afirmando que todos os seguidores do Darma e do vinaya eram "irmãos nessa escola", proibiam toda manifestação de preconceito entre seitas. Muito mais tarde em sua vida, Jiun receberia o reconhecimento oficial do governo Tokugawa por seu movimento Shōbōritsu, ou "Vinaya do Darma Verdadeiro", mas é evidente que o movimento teve seu início na década de 1740 em Chōei-ji.

Em 1750, Jiun assumiu a direção de Keirin-ji, um outro templo situado na área de Osaka, que se tornaria o centro de suas atividades durante os oito anos seguintes. Em Keirin-ji, ele produziu seu mais importante trabalho teórico, o *Hōbuku zugi* (Explicação das Vestes Monásticas com Ilustrações), em 1751 (JSZ 1.87-324; versão concisa 1.1-83). Jiun considerava a grande variedade de estilos dos trajes usados pelo clero um indicativo do caráter fragmentário da comunidade budista japonesa e, em sua obra, empenhou-se em restabelecer o padrão

O PERÍODO TOKUGAWA

correto dos trajes monásticos. Nesse período, em numerosas ocasiões, ele também deu aulas sobre textos como o *Vinaya em Quatro Partes*, *Os Ditos Registrados de Lin-chi*, *O Sutra da Plataforma do Sexto Patriarca* e o *Sutra de Vimalakīrti* (as palestras não chegaram até nós, mas ele se refere a elas em JSZ 17.26-27). A lista reflete bem o grande valor que ele atribuía à disciplina e ao Zen, bem como à característica supra-sectária do movimento. Uma outra comprovação de seu interesse especial pelo vinaya é seu comentário de 1758 sobre o *Nan-hai-chi-kuei-nei-fa ch'uan* (Registro da Lei Interior Enviada do Mar do Sul) do I-ching (635-713), um relato sobre a disciplina budista tal como era praticada no sul da Ásia na época do I-ching (JSZ 4.39-555).

Jiun perdeu muitos de seus defensores durante os anos em Keirin-ji, inclusive seu mestre, Ninkō Teiki, e seu principal discípulo, Gumoku Shinshō. Embora pessoas talentosas continuassem a entrar para o movimento, em 1758, Jiun resolveu se mudar para uma pequena cabana em monte Ikoma, a leste de Osaka, para um período de reflexão e estudo. A habitação era denominada Cabana dos Dois Dragões (Sōryūan), o nome da imagem que ela abrigava como relíquia, uma pequena estátua de Śākyamuni sentado em meditação, com dois dragões enrodilhados em sua base. Nesse local, Jiun dedicava boa parte de seu tempo de meditação, e muitos dos retratos de Jiun que chegaram até nós mostram-no sentado em meditação sobre uma grande rocha, junto às Cataratas de Nagao[18]. Ele também fazia sermões sobre o Darma de tempos em tempos e escrevia sermões a pedido de seguidores (muitos dos quais podem ser encontrados em JSZ 14.287-778). No entanto, o desenvolvimento mais importante nesses anos foi seu estudo do sânscrito. Convencido da necessidade de, em sua busca do Darma Verdadeiro, ir além dos textos budistas chineses e chegar aos originais em sânscrito, e estimulado pelo exemplo paralelo de estudiosos na escola do Antigo Ensino do confucianismo – os quais, em seu próprio movimento de reforma, enfatizavam a importância de um conhecimento completo dos textos confucianos mais antigos (JSZ 9b.3-4) –, Jiun dedicou longas horas ao estudo da língua. Ele levou sua obra a um ponto alto em seu *Bongaku Shinryō* (Guia para os Estudos do Sânscrito). Uma obra em mil fascículos que inclui dicionários, gramáticas, textos em sânscrito e informações complementares sobre a geografia, a história e os costumes indianos; ela representa a grande linha divisória nos estudos japoneses do sânscrito do período pré-moderno[19].

A longa estada de Jiun na Cabana dos Dois Dragões terminou em 1771. Nesse ano, quatro seguidores leigos em Quioto adquiriram o Amida-

18. Miura Yasuhiro, *Jiun Sonja*, 155.

19. A obra é encontrada apenas em manuscrito; os índices de assuntos são fornecidos em JSZ 9b.383-491. Para uma curta descrição da obra, cf. Ono Genmyō, comp., *Bussho kaisetsu daijiten*.

360 A ESPIRITUALIDADE BUDISTA

dera, um templo situado na cidade e, após solicitações repetidas, final-mente convenceram Jiun a residir nele. Embora até esse ponto de sua vida Jiun tivesse se concentrado mais em questões de interesse para o clero, durante o curto período em que residiu em Amida-dera, ele se tornou um apologeta do budismo para a sociedade japonesa como um todo.

O principal resultado de seus esforços nesse sentido foi uma série de sermões proferidos em Amida-dera entre o décimo primeiro mês de An'ei 2 e o quarto mês de An'ei 3 (1774). Esses sermões foram anotados por seus discípulos e seriam conhecidos por gerações posteriores como *Jūzen hōgo*, ou os Sermões dos Dez Bons Preceitos[20]. Jiun emitiu esses sermões por solicitação de certas mulheres da Família Imperial, em especial Kaimeimon'in (m. 1789), a esposa sobrevivente do já morto Imperador Sakuramachi, e Kyōraimon'in (m. 1795), a mãe do impe-rador reinante. Abaladas com a morte do jovem príncipe e sabendo da presença de Jiun na capital, elas se voltaram para o então já famoso monge, em busca de uma explicação. O resultado foi um dos clássicos do budismo do período Tokugawa. Discutindo uma formulação am-plamente aceita da moralidade e pensamento budistas – os dez bons preceitos – Jiun apresentou sua concepção dos elementos essenciais da religião e sua relevância para a humanidade. Nesses sermões ele também ofereceu sua resposta mais completa aos críticos confucianos e deu uma resposta indireta aos racionalistas. Relata-se que o próprio Jiun teria dito sobre a obra: "Os que me conhecem e os que me criticam, tanto uns quanto outros devem se apoiar nos *Sermões dos Dez Bons Preceitos*" (JSZ, Volume Introdutório, p. 46).

Jiun completou a publicação de seus sermões em 1775 e, em 1776, partiu para o tranqüilo templo de Kōki-ji, situado nas montanhas, no distrito de Kawachi, a sudoeste de Osaka. Esse templo se tornaria seu lar nos últimos 28 anos de sua vida.

Durante esse período, o movimento Shōbōritsu continuou crescendo. Em Quioto, por exemplo, Kyōraimon'in e Kaimeimon'in fundaram os primeiros conventos do movimento. Kyōraimon'in fundou o templo de Chōfuku-ji, em 1784; Kaimeimon'in fundou o de Mizuyakushi-ji, em 1793. Jiun viajava freqüentemente a esses e outros templos na área de Quioto-Osaka para discursar em cerimônias ou para oficiá-las. Também durante esses anos Yanagisawa Yasumitsu (1753-1817), o senhor do castelo de Kōriyama, nas proximidades, se tornou seu discípulo.

Contudo, a principal preocupação de Jiun nessa época foi o estabe-lecimento do templo de Kōki-ji como o principal centro de treinamento para os monges do movimento Shōbōritsu. No final da década de 1770 e no início da de 1780, foram realizadas obras no templo e se estabeleceram

---

20. Existem duas versões do *Jūzen hōgo*. A diferença entre eles está no estilo da língua empregada. Um deles está anotado em estilo coloquial, refletindo o discurso efetivo de Jiun (JSZ 11.1-453); o outro está escrito em estilo literário (JSZ 12.1-471).

O PERÍODO TOKUGAWA

regras relativas às finanças do templo e à conduta monástica. Então, em 1786, o governo Tokugawa reconheceu Kōki-ji como o principal templo do movimento Shōbōritsu. Nesse ano, Jiun emitiu um outro conjunto de regulamentos, conhecidos como o *Kōjiki kitei* (JSZ 6.83-90), um documento que, em sua exigência de dedicação ao Darma Verdadeiro, de observância do vinaya e de unidade supra-sectária, ecoa muitos dos temas inicialmente articulados no *Konpon sōsei*, de 1749. Essa e outras produções desse período – como seu curto *Hito to naru michiai* (O Caminho para o Verdadeiramente Humano, 1781; JSZ 13.21-46), uma edição reduzida de seus *Sermões sobre os Dez Bons Preceitos* – documentam as continuidades fundamentais presentes no pensamento de Jiun.

No entanto, na última fase de sua vida, Jiun também ampliou o âmbito de seus estudos. Tanto o Shinto, a religião nativa japonesa, como o budismo de tradição Shingon, a seita à qual ele pertencia, foram crescentemente ocupando sua atenção[21]. Seu objetivo, ao adotar esses tópicos, era mostrar a relação de cada um deles com o Darma Verdadeiro, que ele defendera durante toda sua vida. Além disso, ao oferecer sua própria interpretação original do Shinto, conhecida como Unden Shinto, ele também estava respondendo à revitalização da religião que então ocorria.

No verão de 1804 Jiun ficou doente e se mudou de Kōki-ji para Amida-dera, para poder receber atenção médica. Apesar da saúde precária, ministrou no templo aulas periódicas sobre o *Sutra do Diamante*, até sua morte, no décimo segundo mês desse ano.

Pensamento

Durante a longa carreira de Jiun, a revitalização do Darma Verdadeiro se manteve como a explicação coerente por trás de todas as suas atividades. Além de sua caligrafia, mais um aspecto de sua obra, pela qual ele ainda hoje é lembrado, foi empreendido com esse objetivo em mente. Ele habitualmente definia o Darma em termos gerais; num determinado ponto, ele o descreve como "simplesmente atuando como o Buda atuava e pensando como ele pensava" (JSZ 14.331). Suas referências freqüentes em seus sermões e escritos aos "três ramos do ensino budista" (*sangaku*) – isto é, moralidade, meditação e sabedoria – sugerem que o budismo também servia como um guia útil. Todavia, a explicação mais completa do pensamento de Jiun a esse respeito encontra-se em seus *Sermões sobre os Dez Bons Preceitos*. Um produto da metade de sua quinquagésima década de idade, a obra reúne o fruto de décadas de uma erudita pesquisa

---

21. Entre os trabalhos mais importantes de Jiun sobre o Shinto estão seu *Shinju gūdan* (JSZ 10.1-190), *Nihongi shindai origamiki* (JSZ 10.441-580) e *Mudaishō* (JSZ 10.581-640); cf. também seu *Hito to naru michi daisanpen* (JSZ 13.388-407). Sobre o Shingon, cf. seu *Ryōbu mandara zuimonki* (JSZ 8.68-342; versão reduzida, 8.371-457), *Kongō satta shugyō giki shiki* (JSZ 8.1-53) e *Rishukyō kōgi* (JSZ 9b.247-382).

sobre os elementos essenciais da religião budista e sobre suas tentativas de realizar o ideal da vida, inspirada no Buda, em sua própria experiência e na das comunidades que ele liderou.

O ponto central desses sermões, naturalmente, os *jūzen*, ou dez bons preceitos, uma formulação da ética e do pensamento budistas que proíbe o matar, o roubar, o adultério, a mentira, a linguagem frívola, a difamação, a dissimulação, a avareza, a raiva e as concepções erradas. Para Jiun, esse código simples, que os budistas endossaram em todos os períodos de sua história e para onde quer que o budismo tenha se espalhado, representa a essência do caminho budista. Todo o progresso no sentido da iluminação depende de sua observância e todas as mais detalhadas afirmações da moralidade e pensamento budistas podem ser subsumidas a ele.

No entanto, além de conter em si o núcleo do budismo, para Jiun, os *jūzen* se configuravam como um guia universal para a humanidade. Seus preceitos na verdade se encontram onde quer que existam seres humanos, "quer ou não um Buda apareça no mundo" para identificá-los e expô-los (JSZ 11.25, 46, 55). Eles abrangem "todos os países, tanto o passado como o presente, tanto o sábio como o ignorante, tanto o inteligente como o tolo, tanto o nobre como o humilde e tanto os homens como as mulheres" (SZ 11.56). E, em longas seções de seus *Sermões*, Jiun se refere à importância dos *jūzen* em todos os aspectos da existência humana, tanto seculares quanto sagrados. Assim, de um lado, eles constituem um caminho que, se seguido, resulta em estabilidade na família, êxito nos negócios e um Estado bem governado; de outro, eles conduzem em última análise ao alcançar a iluminação budista, que Jiun caracterizava como a realização plena de nossa verdadeira natureza humana.

A visão ética universalista que Jiun apresenta em seus *Sermões* está inextricavelmente vinculada à compreensão budista da realidade última de acordo com a escola Mahāyāna, uma compreensão que se expressa mais plenamente no conceito de vazio. Como bem se sabe, o budismo em geral sustenta que a condição comum da pessoa não iluminada é de sofrimento. Esse sofrimento é visto como proveniente de apegos a pessoas e coisas que equivocadamente acreditamos possuir um "eu", ou essência imutável e permanente. Por meio do conceito de vazio, os adeptos da escola Mahāyāna buscavam indicar, de uma forma radical, a ausência de uma tal essência permanente em todas as coisas, minando, dessa forma, a estrutura da consciência que compreende o "eu" e o "outro" como categorias absolutas e que inevitavelmente conduz a apegos e sofrimento. Assim, da perspectiva da doutrina do vazio, a realidade é fundamentalmente dinâmica e todos os indivíduos no mundo fenomênico existem, não de forma autônoma, mas somente numa vasta rede de interdependências. Na verdade, como indica Jiun, a conseqüência empírica de se alcançar a percepção do vazio está em que podemos ver todos os seres sencientes como nossos filhos e todas as coisas como nosso próprio corpo (JSZ 11.6, 9).

O PERÍODO TOKUGAWA 363

Embora Jiun prefira utilizar sinônimos para o vazio – mais comumente, natureza búdica (*busshō*), *dharmatā*, ou natureza verdadeira da ordem fenomênica (*hosshō*), e Princípio (*ri*) – as afirmações em favor dos *jūzen*, feitas por ele em seus *Sermões*, provêm diretamente da concepção de realidade apoiada na doutrina do vazio. Em resumo, os dez bons preceitos representam as implicações que sua concepção da realidade tem para a conduta humana. Viver em total conformidade com os *jūzen* nada mais é que viver de acordo com o *dharmatā*, a natureza verdadeira da ordem fenomênica. Assim Jiun escreve no primeiro capítulo de seus *Sermões*: "Embora eu pregue os dez bons preceitos, só há a única natureza búdica, o único *dharmatā*. Manter a mente em harmonia com o *dharmatā* se chama bem; ir contra ele é chamado mal" (JSZ 11.15-16).

A conduta apropriada, portanto, depende, em última análise, de se alcançar a percepção do *dharmatā*. Na visão de Jiun, essa seria a percepção alcançada pelo Buda histórico: sua conduta – transmitida como modelo para o clero no vinaya e em códigos mais simples como o *jūzen* – fluiria naturalmente de sua sabedoria. Era a esse alto ideal de unidade entre sabedoria e moralidade, transcendendo todas as barreiras sectárias, que Jiun conclamava o clero budista do período Tokugawa. E se esse ideal fosse demasiado elevado para os seguidores leigos, Jiun mantinha, para eles, metas mais imediatas: as alegrias e benefícios de uma vida vivida em conformidade com os *jūzen*, qualquer que fosse o grau permitido por suas circunstâncias individuais, pois, na medida em que observassem os dez bons preceitos, eles também estariam vivendo em conformidade com o *dharmatā* e experimentariam as recompensas desse modo de vida.

A resposta de Jiun ao confucianismo também era apresentada nessa perspectiva. Embora sua primeira preocupação nos *Sermões* fosse oferecer um guia para a comunidade budista, deixando clara a importância dos *jūzen* para a vida no mundo secular, ele também demonstrava que o budismo não era, como afirmavam muitos confucianos, uma religião socialmente nociva. Mas a resposta de Jiun ao confucianismo ia além disso. De um lado, ele reiterava os méritos da moralidade confuciana; na medida em que ela se aproximava dos *jūzen* – e ele encontrava farta comprovação disso nos clássicos confucianos – ela também contribuía para o desenvolvimento do indivíduo e do bem-estar da sociedade. Assim, Jiun podia falar da devoção filial como fundamento de toda virtude e adotar os valores confucianos da benevolência, retidão, conduta apropriada, sabedoria e boa fé como parte do Darma budista (JSZ 14.416, 489). De outro, no entanto, Jiun não hesitava em assinalar o que ele considerava ser as limitações do confucianismo: primeiro, seu fracasso em discernir a natureza verdadeira e vazia da realidade e, dessa forma, sua incapacidade de avaliar de forma correta o modo de vida que se originava dessa concepção, isto é, o modo de vida exemplificado pelo Buda e seguido pelo clero; e, segundo, um elitismo que se refletia no caráter predominantemente erudito da tradição confuciana e numa confiança excessiva no intelecto, que opera apropriadamente somente no âmbito da distinção convencional entre sujeito e objeto. Também podemos notar que Jiun fazia uma acusação análoga de intelectualismo aos racionalistas, tais como ele os conhecia na figura de Tominaga Nakamoto (1715-1746)[22]. Um estudante brilhante não apenas do budismo, mas também do confucianismo e do Shinto, Nakamoto havia afirmado que as pretensões à verdade de todas as três tradições eram colocadas em questão pelos efeitos do condicionamento cultural e histórico. Jiun de forma alguma rejeitava, sem mais, essa posição, uma vez que seus próprios estudos do budismo haviam-no tornado dolorosamente consciente das aberrações que se introduziam na tradição. Na verdade, dado o caráter crítico de seus estudos, o próprio Jiun poderia ser citado como outro exemplo das tendências racionalistas presentes no pensamento japonês do século XVIII. Mas essa convicção relativa ao valor supremo do budismo não se apoiava unicamente em considerações intelectuais; ao contrário, ela se fundava, em última análise, na experiência alcançada por meio da prática da meditação. Da perspectiva de Jiun, a excessiva ênfase no papel do intelecto, que ele observava no confucianismo e no pensamento de Nakamoto, constituía uma barreira crucial a seu pleno desenvolvimento espiritual.

Embora em seus últimos anos Jiun se voltasse para o estudo do Shinto e do budismo Shingon, não houve mudanças em seu envolvimento com o Darma Verdadeiro. Por meio de seus estudos da religião nativa, ele buscou mais uma comprovação da universalidade de sua visão. Se no confucianismo podiam ser vistas tendências ao Darma Verdadeiro, interpretado em termos dos *jūzen*, essas tendências podiam ser encontradas também no Shinto e seu exame das fontes japonesas mais antigas, em particular o *Kojiki* (Registro de Questões Antigas) e o *Nihon shoki* (Crônicas do Japão), revelou um povo naturalmente predisposto ao ideal ético por ele adotado. Além disso, encontrando na base dessa predisposição uma pureza de coração (*sekishin*), que não era evidente nos materiais chineses, ele argumentava, com um senso de orgulho compartilhado por muitos escritores e pensadores de sua época, que os japoneses estavam ainda mais perto desse ideal.

Nos estudos do Shingon, Jiun buscava enfatizar o melhor da tradição dessa seita, avaliada sob o ponto de vista do Darma Verdadeiro. Embora defendendo o retorno aos fundamentos supra-sectários do budismo, Jiun parece jamais vislumbrar o desaparecimento das seitas budistas. Assim, como reformador, sua tarefa passou a ser identificar "aquilo que está de acordo com o Darma Verdadeiro" (*zuibun no shōbō*) no interior

---

22. Sobre Jiun e Nakamoto, cf. Okamura Keishin, Tominaga Nakamoto to Jiun Onkō: Kinsei Mikkyō no ichidōkō, *Mikkyōgaku Mikkyōshi ronbunshū*, 1965, p. 141-160.

O PERÍODO TOKUGAWA

de cada seita (JSZ 14.38-39). Com relação ao Shingon, Jiun salientava dois pontos em particular: 1. sua ênfase característica no "alcance da iluminação neste mesmo corpo" (*sokushin jōbutsu*), que para Jiun tinha implicações éticas imediatas; e 2. sua forma única de meditação, que por meio do uso de *mudrās* (gestos manuais), *mantras* (encantamentos) e *mandalas* (arte religiosa que servia como objeto de meditação), oferecia uma estrutura para a transformação do indivíduo – no corpo, na fala e na mente – que podia ser adaptada às necessidades de todos[23].

Influência

O significado dos esforços de Jiun em revitalizar o Darma Verdadeiro foi amplamente reconhecido em sua própria época. Myōdō Taiju, discípulo e primeiro biógrafo de Jiun, nos diz que durante sua vida Jiun teve centenas de discípulos próximos e que mais de dez mil pessoas "perguntaram pelo Caminho e receberam os preceitos" (JSZ, volume introdutório, 46). Além disso, as informações disponíveis sobre os seguidores de Jiun indicam que eles provinham de todos os segmentos da sociedade japonesa e de uma ampla gama de seitas budistas. Não se conhece com exatidão o número de templos afiliados ao movimento Shōbōritsu, mas, ao que parece, eles foram pelo menos algumas dezenas.

A influência de Jiun também se expandiu até o período Meiji (1868-1912). Além dos problemas de sectarismo, da lassitude moral em meio ao clero e da competição entre concepções de mundo rivais, o budismo, no Japão do início do período Meiji, também se defrontou com os esforços, tanto do governo nacional quanto dos governos regionais, em buscar enfraquecer sua posição na sociedade japonesa. Houve um esforço no sentido de elevar o Shinto à posição de única religião do Estado, como parte de um programa para mobilizar a nação à modernização e, por um curto período, no início da década de 1870, o budismo foi de fato perseguido, embora essa não fosse a política oficial do governo nacional. Nas décadas seguintes, enquanto a comunidade budista se empenhava em sua própria reconstrução, diversos líderes budistas se voltaram para os escritos de Jiun em busca de orientação, atraídos por sua concepção pan-budista sobre o Darma Verdadeiro e por sua ênfase tanto na ética quanto na prática. Entre esses líderes estavam o monge Shaku Unshō (1827-1909) da escola Shingon, Fukuda Gyōkai (1806-1888) da Seita da Terra Pura, e Ōuchi Seiran (1845-1918), um monge Sōtō que se tornou jornalista[24].

---

23. Embora esses pontos sejam em geral considerados como datando de um período anterior; cf. Jiun, *Shingonshū anjin* (JSZ 14.328-30), para uma visão apropriada deles.

24. Sobre o impacto de Jiun sobre o budismo do período Meiji, cf. Ikeda Eishun, *Meiji no shin Bukkyō undō*, p. 1-122, passim.

BIBLIOGRAFIA

I. Respostas Budistas ao Confucianismo

NST = *Nihon shisō taikei* 57. *Kindai bukkyō no shisō* (Pensamento Budista Moderno). Tokyo: Iwanami Shoten, 1973.

BERLING, Judith. *The Syncretic Religion of Lin Chao-en*. New York: Columbia University Press, 1980.

IMAKITA Kōsen. *Zenkai Ichiran* Morinaga Sōkō (org). Tokyo: Hakujusha, 1987.

KASHIWABARA Yūsen. Kinsei no haibutsu shisō e Gohō shisō to shominkyōka. In: *Nihon shisō taikei*. Tokyo: Iwanami. Vol. 57

MINAMOTO Ryōen. Kinsei jusha no bukkyōkan (A Visão do Budismo pelos Confucianos do período Tokugawa). In: *Bukkyō no hikakushisōronteki kenkyū*. Tamaki Kōshirō (org.). Tokyo: Tokyo University Press, 1979.

_____. Bakumatsu-ishinki ni okeru "gōketsu"-teki ningenzō no keisei (A formação de uma concepção "heróica" do humano no final do período Tokugawa e o início da restauração Meiji). *Tōhoku Daigaku Nihon Bunka Kenkyūko hōkoku* 20 (1984), p. 53-78.

_____. Edo kūki ni okeru jukyō to bukkyō to no kōshō (A Interação entre o Confucianismo e o Budismo no Final do Período Edo). In: *The Study of the Late Edo Period from the Viewpoint of Comparative Culture*. Tokyo: Perikansha, 1990.

ROGERS, Minor L. e ROGERS, Ann T. *Rennyo: The Second Founder of Shin Buddhism*. Berkeley: Asian Humanities Press, 1991.

SUZUKI Daisetsu. *Imakita Kōsen*. Tokyo, Shunjūsha, 1992.

YI T'oegye. *To Become a Sage*. Trad. M. C. Kalton. New York: Columbia University Press, 1988.

(traduzido para o inglês por James McMullen)

II. O Elemento Budista no Shingaku

BELLAH, Robert. *Tokugawa Religion: The Values of Pre-Industrial Japan*. Boston: Beacon Press, 1957.

BROCCHIERI, Paola Beonio. Some Remarks on the Buddhist Elements in the Philosophy of Ishida Baigan. In: *The Transactions of the International Conference of Orientalists in Japan*. 1958. V. 3.

DE BARY, Theodore. *Neo-Confucian Orthodoxy and the Learning of the Mind-and-Heart*. New York: Columbia University Press, 1981, p. 207.

FURUTA Shōkin. Shingaku to Bukkyō: Baigan, Tōan, Dōni no Zen ni tsuite. *Shingaku* 6 (1942).

HASKEL, Peter. *Bankei Zen: Translations From the Record of Bankei* New York: Grove Weidenfeld, 1984.

ISHIKAWA Ken. *Shingaku: Edo no shomin tetsugaku*. Tokyo: Nihon Keizai Shinbun, 1964.

IZUYAMA Kakudō. Zen to Shingaku. *Kōza Zen 5* (Zen to Bunka). Tokyo: Chikuma Shobō, 1968.

KASHIWABARA Yūsen. Bukkyō shisō no tenkai. In: Tamamuro Taijō (org.). *Nihon Bukkyō shi III: Kinsei kindai hen*. Kyoto: Hōzōkan, 1967.

O PERÍODO TOKUGAWA 367

KINAMI Takuichi. Bankei rikai no ippōto: Tōan no Shingaku kara. *Zen bunka* 10-11 (abril de 1958).

KING, Winston L. *Death Was His Kōan: The Samurai-Zen of Suzuki Shōsan.* Berkeley, CA: Asian Humanities Press, 1986.

SAWADA, Janine. *Confucian Values and Popular Zen: Sekimon Shingaku in Eighteenth Century Japan.* Honolulu: University of Hawai'i Press, 1993.

SHIBATA Minoru. *Ishida Baigan* (Jinbutsu Sōsho). Tokyo: Yoshikawa Kōbunkan, 1962.

_____. *Shingaku.* Tokyo: Shibundō, 1967.

_____. (org.). *Ishida Baigan zenshū.* Kyoto: Meirinsha, 1957. 2 vols.

_____. (org.). *Sekimon Shingaku* (Nihon Shisō Taikei, 42). Tokyo: Iwanami, 1971.

TAMAMURO Taijō (org.). *Nihon Bukkyō shi III: Kinsei kindai hen.* Kyoto: Hōzōkan, 1967.

TYLER, Royall. *Selected Writings of Suzuki Shōsan.* Cornell University East Asian Papers, 13. Ithaca: Cornell China-Japan Program, 1977.

WADDELL, Norman. *The Unborn: The Life and Teaching of Zen Master Bankei (1622-1693).* San Francisco: North Point Press, 1984.

YAMAMOTO Shichihei. *Kinben no tetsugaku.* Kyoto: PHP, 1979.

III. Jiun Sonja

HASE Hoshū (org.). *Jiun Sonja zenshū.* 19 vols. Kyoto: Shibunkaku, 1974. Originalmente publicado em 1922-1926.

IKEDA Eishun. *Meiji no shin Bukkyō undō.* Tokyo: Yoshikawa Kōbunkan, 1916.

JIUN Sonja zenshū hoi. Compilado pelo Jiun Sonja Hyakugojūnen Onki Hōsankai. Osaka, 1955.

KINAMI Takuichi. *Jiun Sonja: Shōgai to sono kotoba.* Kyoto: Sanmitsudō, 1961.

MIURA Yasuhiro. *Jiun Sonja: Hito to geijutsu.* Tokyo, Nigensha, 1980.

OKAMURA Keishin. Jiun Sonja no shōgai to shisō. *Bokubi* 5, n. 127 (1963) 2-11.

_____. Tominaga Nakamoto to Jiun Onkō: Kinsei Mikkyō no ichidōkō, Mikkyōgaku Mikkyōshi ronbunshū, 1965, 141-160.

_____. Jiun Sonja kenkyū josetsu. *Kōyasan Daigaku ronsō* 2 (1966) 35-79.

ONO Genmyō (comp.). *Bussho kaisetsu daijiten.* Tokyo: Daitō Shuppansha, 1933-1936.

WATT, Paul B. Jiun Sonja (1718-1804): A Response to Confucianism within the Context of Buddhist Reform. In: NOSCO, Peter (org.). *Confucianism and Tokugawa Culture.* Princeton: Princeton University Press, 1984.

_____. Sermons on the Precepts and Monastic Life by the Shingon Vinaya Master Jiun. *The Eastern Buddhist* 25:2 (1992) 119-128.

25. O "Espiritualismo" de Kiyozawa Manshi

Gilbert Johnston e Wakimoto Tsuneya

Entre os Budistas japoneses do período Meiji, Kiyozawa Manshi (1863-1903) é um dos poucos cuja influência se faz sentir ainda hoje. Conhecido em toda sua vida pelo nome de sua família, Tokunaga, ele adotou o nome de Kiyozawa, por ocasião de seu casamento em 1888. Para evitar confusão, ele é em geral mencionado pelo nome que lhe foi dado, Manshi. Pouco depois de sua morte precoce por tuberculose, Manshi receberia seu papel mais proeminente como espírito-guia de um movimento denominado *Seishinshugi* (literalmente "Espiritualismo", naturalmente não no sentido da parapsicologia), que visava colocar em prática a fé no Outro-Poder de Shinran, o fundador do Jōdo Shinshū no século XIII, e a renovar essa tradição, demonstrando sua aplicabilidade ao seu presente. Manshi e seus associados promoveram o *Seishinshugi* por meio de aulas e palestras regulares aos domingos no centro do movimento em Tóquio, o Kōkōdō; e sua revista, o *Seishinkai* (Mundo Espiritual), difundia a mensagem e o espírito dinâmico do movimento em meio a leitores de todo o Japão.

Entre os numerosos artigos que Kiyozawa Manshi escreveu para elucidar o significado do *Seishinshugi*, nenhum expressa mais clara e sucintamente sua fé que o "Waga Shinnen" (Minha Fé), escrito cinco dias antes de sua morte. A passagem que se segue ilustra a seriedade de sua busca pela fé:

(Meu) estudo finalmente me levou à conclusão de que a vida humana é incompreensível. Foi isso que deu origem a minha fé no Tathāgata (Buda). Não que se deva

370 A ESPIRITUALIDADE BUDISTA

necessariamente realizar essa espécie de estudo a fim de alcançar a fé. Pode-se perguntar se não foi apenas por um acidente que eu cheguei à fé, após me envolver no estudo
árduo, mas eu diria que não foi um acidente. Foi essencial que eu o fizesse dessa forma.
Minha fé tem em seu âmbito uma convicção em relação à qual todos os esforços de
minha vontade são fúteis. Mas, para me convencer da futilidade de minha vontade, foi
necessário exaurir todos os meus recursos intelectuais e chegar ao ponto em que eles
não se reafirmariam. Esse foi um esforço extremamente árduo. Antes de chegar ao fim
dele, houve ocasiões em que acreditei ter alcançado uma fé religiosa. No entanto, vezes
e vezes, minhas conclusões foram abaladas. Quando se tenta construir uma religião
com base na lógica e no estudo intelectual, não se pode fugir dessa dificuldade. O que é
o bem? O que é o mal? O que é a verdade? O que é a inverdade? O que é a felicidade? O
que é a infelicidade? Todas essas perguntas estão além de nossa compreensão. Quando
tive consciência de que não sabia nada, comecei a confiar no Tathāgata para tudo. E
esse é o ponto essencial de minha fé (KMZ 6.229-30).

Esse estágio final da busca de Manshi deve ser compreendido contra
o pano de fundo de seu passado. Manshi nasceu cinco anos antes do início
da Era Meiji, sendo o filho mais velho de Tokunaga Eisoku, um samurai
de nível inferior em Nagóia. A queda do xogunato de Tokugawa privou
o pai de Manshi de seus meios de subsistência e mergulhou a família na
pobreza. Felizmente, os talentos de Manshi o salvaram da obscuridade.
Na escola elementar ele era tão bom aluno em matemática que seu professor fez dele tutor de algumas das crianças mais jovens. Com a idade
de onze anos Manshi passou para uma escola de línguas, onde adquiriu
o conhecimento do inglês, que se revelaria essencial para seus estudos
posteriores. Após uma curta e fracassada mudança para a carreira médica,
Manshi obteve uma oportunidade educacional que determinaria a direção
de sua vida futura. A Escola Ikuei fora fundada pelo templo de Higashi
Hongan-ji em Quioto, com o propósito de educar jovens talentosos para
se tornar sacerdotes do Jōdō Shinshū. Manshi entrou para essa escola, a
fim de, com o apoio do templo, obter uma educação secundária de alto
nível, embora não estivesse interessado na carreira de sacerdote. Foi na
Escola Ikuei que ele pela primeira vez se viu em contato com o budismo
como objeto de estudo sério. Dedicou-se aos estudos com a diligência
que o caracterizava, alcançando certa reputação entre os estudantes por
sua recitação de sutras durante os momentos livres.

Em 1881, com a idade de dezoito anos, foi selecionado pelo templo
de Higashi Hongan-ji para estudar na Universidade de Tóquio, pouco
antes fundada, onde permaneceu por seis anos e meio, completando
um curso de filosofia de quatro anos e um ano adicional de estudos
avançados de filosofia da religião. Foi para ele uma época de enorme estímulo intelectual, quando pela primeira vez ele se defrontou
com o panorama do pensamento ocidental. Sob a orientação de Ernest
Fenollosa e outros, dedicou atenção especial aos escritos de Espinosa,
Kant, Hegel, Spencer e Lotze. Fez a descoberta de que o budismo podia
ser visto como um sistema de pensamento capaz de ocupar um lugar
junto a esses sistemas ocidentais.

O "ESPIRITUALISMO" DE KIYOZAWA MANSHI

No verão de 1888, Manshi retornou a Quioto, a pedido das autoridades do templo, para se tornar o diretor de uma escola de nível médio administrada pelo templo de Higashi Hongan-ji. Deixou para trás o ambiente intelectual estimulante e a relativa liberdade de Tóquio, assim como a promessa de progresso mundano, tão forte era seu senso de obrigação e gratidão ao Higashi Hongan-ji. A partir daí, sua carreira como educador, reformador, escritor e homem de fé estaria confinada ao mundo da ordem religiosa. Mesmo assim, Manshi sempre levaria consigo a amplitude de visão que havia alcançado durante seus dias de universidade em Tóquio.

Foi nessa época que foi feito o arranjo para o casamento de Manshi com uma das filhas de Kiyozawa Genshō, sumo sacerdote do templo de Saihō-ji, próximo a Nagóia. Sua entrada para a família Kiyozawa permitiu-lhe assumir a sucessão de seu sogro como diretor desse templo influente. Ao que parece, Manshi considerava as questões familiares e a administração do templo como um desvio de seus propósitos verdadeiros e dedicava a maior parte de seu tempo a atividades religiosas e educativas não vinculadas ao Saihō-ji.

Os primeiros anos de Manshi em Quioto, após sua educação universitária, foram uma época de mudanças dramáticas em seu estilo de vida. Inicialmente ele cultivava e se orgulhava de sua imagem de cavalheiro moderno e atualizado; mas, no verão de 1890, numa súbita reviravolta, desistiu dos atrativos da sofisticação moderna e se dedicou a uma vida de ascetismo e austeridade. O mote adotado por ele nessa época, "Mínimo Possível", expressava perfeitamente sua intenção, que era mostrar com seu próprio exemplo que a vida religiosa dependia da fé e do compromisso interior, e não dos elementos exteriores da civilização moderna. Esperava que seu modo de viver pudesse ajudar a reverter a tendência à deterioração, que ele via presente no estilo de vida dos sacerdotes do Shinshū. A mudança seguinte em sua vida ocorreu quando um ataque severo de tuberculose pulmonar, no inverno de 1894, forçou-o a interromper seu trabalho e passar um ano em recuperação. Escapando por pouco da morte, passou esse ano tranqüilamente, dedicando-se à leitura e escrita. O que escreveu nessa época revela a influência cada vez mais profunda da fé no Outro-Poder sobre sua mente.

Antes do início de sua doença, ele já estava envolvido num movimento pela reforma educacional. Protestando contra o desvio dos recursos do templo de Higashi Hongan-ji para a reconstrução dos edifícios do templo e o pagamento de dívidas, em prejuízo do programa educacional, Manshi e seus companheiros conseguiram persuadir as autoridades a adotar um novo plano educacional. Quase imediatamente, no entanto, o novo plano teve de ser abandonado, devido sobretudo à reação adversa da parte dos estudantes às novas regras impostas e à falta de apoio do principal funcionário administrativo de Higashi

33. Kiyozawa Manshi (aos 41 anos de idade).

Hongan-ji. Essa dificuldade revelava o caráter essencialmente autoritário da organização de Higashi Hongan-ji. O grupo de Manshi deu início ao passo seguinte: uma campanha pela reforma administrativa. Sob o nome de Partido Shirakawa, eles publicavam uma revista denominada *Kyōkai jigen* (Palavras Oportunas para o Mundo Religioso), que dava ao movimento de reforma uma difusão de âmbito nacional. A saída do principal funcionário administrativo e o estabelecimento de uma assembléia de representantes relativamente sem poderes frustraram em muito as metas do movimento. Além disso, o próprio Manshi foi expulso do sacerdócio. Ele abandonou todos os seus esforços pela reforma e passou a se dedicar à leitura e à contemplação.

Próximo ao final de 1898, Manshi entrou no estágio mais produtivo de sua carreira. Restaurada sua posição como sacerdote, ele retornou a Tóquio no ano seguinte, para servir como tutor do filho do sumo sacerdote de Higashi Hongan-ji. Pouco depois, foi nomeado diretor da Faculdade de Shinshū e recebeu a incumbência de supervisionar a mudança da faculdade para Tóquio. Sua casa se tornou ponto de encontro para estudantes e colegas e o movimento *Seishinshugi* nasceu no outono de 1902. Sua saúde precária forçou-o a sair da Faculdade de Shinshū, antes de poder ver os frutos de seus planos educacionais. Na mesma época, ele sofreu a perda da esposa e do filho mais velho. Retornando num estado de depressão a seu templo em Ōhama, passou aí os últimos meses de sua vida e morreu em junho de 1903.

O "ESPIRITUALISMO" DE KIYOZAWA MANSHI

Os que conheciam Manshi testemunharam pessoalmente e de diferentes formas sobre seu caráter impressionante. Ao que parece ele tinha um dom de liderança natural. Sua mente ágil e seu domínio fluente das idéias faziam dele um interlocutor estimulante. O debate, confessava ele, era sua primeira paixão. Além da troca de idéias por meio da leitura, escrita e conversa, Manshi tinha poucos outros interesses culturais ou outras distrações. Como Epicteto, cujos escritos ele lia com profunda admiração, Manshi fazia uma distinção nítida entre as esferas interna e externa da vida. Em suas relações com outras pessoas e com as coisas do mundo, ele tinha uma mente aberta e receptiva, enquanto em questões que faziam parte de seu eu interior, era severo e rigoroso nas exigências que ele próprio se impunha. Seu forte senso de responsabilidade fazia-o tender à autocrítica mais que à crítica aos outros. À medida que foi amadurecendo em sua fé, ele desenvolveu a capacidade de enfrentar com equanimidade estóica os piores infortúnios – a ameaça de morte, a perda de pessoas amadas, a dor física, a frustração de seus esforços dedicados e as tensões em suas relações domésticas. A direção do pensamento religioso de Kiyozawa Manshi é claramente revelada em seu *Shūkyō tetsugaku gaikotsu* (KMZ 2.1-44). Escreveu essa obra em 1893, como resumo de suas palestras sobre filosofia da religião na Faculdade de Shinshū e, em 1894, supervisionou sua tradução para o inglês (2.45-100). Os títulos de seus seis capítulos sugerem a natureza e amplitude de suas preocupações: 1. Religião; 2. Finito e Infinito; 3. A Alma; 4. O Devir; 5. Bem e Mal; e 6. Paz da Mente e Cultura (cultivo) da Virtude. Os quatro primeiros capítulos expõem suas concepções básicas e os dois últimos abordam sua aplicação à ética e à prática religiosa pessoal. A estrutura da obra se baseia nos termos finito e infinito. Manshi explica que é da natureza de todas as coisas no universo ser finitas ou limitadas; mas o universo em si mesmo, uma vez que ele é o todo e não é limitado por nada fora dele, é infinito. A relação entre os dois termos é uma relação dinâmica: o infinito deve ser visto em contraste com o finito e, no entanto, ao mesmo tempo, em identidade completa com ele. Esse princípio de identidade na contradição permite que se considere o infinito tanto como "o outro" quanto como "o mesmo", em relação com o eu ou com qualquer coisa finita. O infinito assim concebido se torna a realidade divina da religião e a religião é definida como "a Unidade de um Finito com o Infinito" (KMZ 2.53).

Em concordância com grande parte do pensamento metafísico alemão que ele estudara, Manshi concebia o universo como um grande todo orgânico. Seu termo característico para essa totalidade era *banbutsu ittai* (a unicidade de todas as coisas). Essencial para essa concepção era a noção de interdependência mútua, semelhante ao que ensinava a escola Kegon de budismo. A totalidade orgânica do universo está num constante estado de evolução e dissolução. Os dois processos juntos constituem

374 A ESPIRITUALIDADE BUDISTA

o que ele chama de "devir". Manshi interpreta a noção budista de fluxo como um processo duplo de evolução do finito na direção do infinito e de dissolução do infinito rumo ao finito (KMZ 2.70). A mudança ocorre de uma forma análoga à dialética hegeliana, exceto que Manshi substitui os termos tese, antítese e síntese pelos termos causa, condição e efeito (77-78). Seguindo Espinosa, ele afirma que, para que ocorra a mudança de um estado a outro, deve haver "uma identidade da substância que subsiste através de dois estados" (70). Dessa forma, ele termina por considerar a alma humana como uma substância idêntica, que subsiste através da mudança dos estados mentais e como a função sintética da apercepção na consciência. Não apenas a alma, mas todas as coisas no universo, têm a capacidade de desenvolver-se ao infinito, de acordo com a máxima budista: "Ervas, árvores e mesmo terras podem alcançar a iluminação budista" (64). "A natureza real do finito", diz ele, "é também originalmente o Infinito" (81). A alma humana, devido a sua capacidade de perceber a relação entre o finito e o infinito, é uma condição favorável única para a compreensão do infinito. O progresso típico de um indivíduo na aquisição da fé religiosa começa com a percepção da distinção entre o finito e o infinito e, então, passa para a descoberta de que o finito e o infinito não podem ser separados. Por fim, se chega ao ponto em que os dois termos são vistos como idênticos.

O capítulo final do *Gaikotsu* mostra a relação dessas idéias com a forma Shinshū da fé que era denominada *anjin* (mente pacífica, ou mente em repouso). Quando se compreende um conhecimento do infinito, a mente é colocada em repouso e pode se envolver na atividade de cultivar a virtude sem esforço indevido. Os seguidores do "portal da força própria", por outro lado, sentem que devem se empenhar de forma mais enérgica, porque ainda não compreenderam a realidade do infinito e sentem que devem se envolver num esforço árduo, a fim de alcançar a meta infinita. *Anjin* e o cultivo incansável do bem moral devem seguir lado a lado como "a cabeça e o coração num único corpo" (KMZ 2.93).

O *Gaikotsu* era apenas um "esqueleto" das noções racionais; ele precisava ser testado na experiência efetiva antes de poder se tornar um corpo vivo da fé religiosa. Tal momento de teste chegaria para Manshi na forma de uma doença quase fatal, em 1894. A doença o fez enfrentar a dura realidade da morte: "O Tokunaga que existiu até agora morreu; de agora em diante, este corpo será confiado a meus amigos, para fazer com ele o que quiserem" (KMZ 3.755). Desse ponto em diante, Manshi começou a desenvolver uma compreensão mais profunda da fé no Outro Poder de Shinran, em especial por meio de sua leitura do *Tannishō* e dos escritos de Rennyo. Ainda assim, permanecia uma forte tendência no sentido de tentar alcançar *anjin* por seu próprio esforço, em vez de, em concordância com a lógica do *Gaikotsu*, aceitá-lo como algo simplesmente dado.

O "ESPIRITUALISMO" DE KIYOZAWA MANSHI

Durante um segundo período de recuperação, Manshi se dedicou à leitura dos *Āgamas* da tradição Hīnayāna, que na época eram pouco lidos pelos budistas no Japão, bem como as obras de Epicteto. Em particular, em relação ao problema da morte, essas obras o ajudaram a encontrar a paz de espírito que ele não tivera até então. Após a leitura de Epicteto, Manshi escreveu em seu diário:

> Falando sem rodeios, somos impotentes diante da morte. Não podemos evitá-la. Temos de morrer! E, no entanto, embora morramos, não perecemos. Somente a vida não é a totalidade de nós mesmos; a morte também é parte de nós [...]. Não devemos ser controlados pela vida e pela morte. Somos seres espirituais, para além da vida e da morte (KMZ 7.418).

Escreveu, mais uma vez refletindo sobre sua leitura de Epicteto:

> Nosso vir à vida e nosso sair da vida na morte não são coisas que possamos controlar com nossa própria vontade e desejo. Não é somente que não podemos fazer nada antes do nascimento e depois da morte conforme nossa vontade; mesmo agora, o aparecimento ou desaparecimento de um único pensamento em nossa mente está além de nosso controle. Estamos absolutamente nas mãos do Outro-Poder (417).

Mais uma vez, em 1902, reelaborando algumas idéias de seu diário, para publicação no *Seishinkai*, Manshi escrevia:

> O eu não é nada além disto: algo que acontece estar aqui nestas circunstâncias presentes, mantido, de acordo com a lei que determina seu destino, pela eficácia miraculosa do *zettai mugen* (Infinito Absoluto).
> Ele é simplesmente mantido pelo *zettai*. Dessa forma, questões relativas à vida e à morte não valem a pena ser lamentadas; mesmo a própria vida e morte não devem ocasionar sofrimento em nós. Por que, então, deveríamos nos preocupar com coisas menores? O exílio e a prisão são coisas que podemos aceitar e suportar facilmente. Quanto à difamação, o ostracismo e os insultos, por que deveríamos nos preocupar? Sejamos felizes apenas com o que o *zettai mugen* nos oferece (KMZ 7.380 e 6.49).

A busca espiritual de Kiyozawa Manshi pode ilustrar um problema particularmente premente para os budistas da tradição Shinshū no período moderno. No período Meiji, quando as conquistas educacionais chegaram a ser tidas em alta consideração, mesmo pelas seitas da tradição Shinshū, sem dúvida muitos jovens sacerdotes, com educação avançada, tinham dificuldade em reconciliar as concepções tradicionais do Shinshū sobre a fé, com os padrões de atividade intelectual que lhes eram ensinados no mundo secular. O problema era encontrar um modo de compreender a fé Shinshū no Outro-Poder, como uma expressão religiosa apropriada, para pessoas que não podiam fingir ignorar o ensino secular e não eram carentes de talentos e recursos pessoais. Ou, para exprimir de forma um pouco diferente, o problema era conciliar a concepção moderna do eu – um eu que era, pelo menos em parte, emancipado das estruturas e valores grupais da sociedade tradicional e, pelo menos em parte, consciente de suas capacidades

376 A ESPIRITUALIDADE BUDISTA

e opções individuais – com uma fé que colocava um alto valor na auto-abnegação. Kiyozawa Manshi nunca resolveu esse conflito de forma completa, mas, ao contrário, por força de sua personalidade, manteve os dois lados juntos e em tensão, salientando a fé absoluta no Outro-Poder, num momento, e a afirmação racional do eu, em outro. Para outros que não tinham compartilhado de sua experiência única, era difícil alcançar essa visão da fé Shinshū. E, no entanto, os que seguiam o curso do desenvolvimento espiritual de Manshi de forma mais rigorosa ficavam assombrados com o espírito triunfante desse dedicado homem de fé.

BIBLIOGRAFIA

KMZ = *Kiyozawa Manshi zenshū*. Kyoto: Hōzōkan, 1953-55 (reimpressão: 1967-1968). 8 vols.

TAJIMA Kunji; FLOYD Shacklock (trads.). *Selected Essays of Manshi Kiyozawa*. Kyoto: The Bukkyō Bunka Society, 1936.

WAKIMOTO Tsuneya. *Hyōden Kiyozawa Manshi*. Kyoto: Hōzōkan, 1982.

JOHNSTON, Gilbert L. et al. The Significance of Kiyozawa Manshi's *Seishinshugi*: A Modern Expression of Jōdo Shinshū. *Proceedings of the Sixth Biennial Conference of the International Association of Shin Buddhist Studies*. Kyoto: Ōtani University, 1994. p. 169-202.

26. Filosofia como Espiritualidade: O Caminho da Escola de Quioto

James W. Heisig

Na primeira de uma série de palestras emitidas na rádio da Basiléia em 1949, Karl Jaspers descreveu a filosofia como "o esforço concentrado em se tornar si mesmo pela participação na realidade"[1]. Para o historiador da tradição intelectual ocidental, a descrição pode parecer exagerar a importância de um único elemento da prática da filosofia, mas ela se aplica bem ao grupo de pensadores japoneses conhecido como escola de Quioto. Sua investigação das questões filosóficas nunca se separou do cultivo da consciência humana como participação no real. Inspirando-se na filosofia antiga e moderna ocidental, bem como em sua própria herança budista, e aliando as exigências do pensamento crítico à busca da sabedoria religiosa, eles enriqueceram a história intelectual do mundo com uma perspectiva japonesa renovada e reacenderam a questão da dimensão espiritual da filosofia. Neste artigo, gostaria de focalizar sobretudo o significado religioso desse empreendimento.

Poderíamos pensar que a filosofia da escola de Quioto é inacessível aos não versados na língua, religião e cultura do Japão. Lida numa tradução, existe uma certa estranheza no vocabulário e muitas das fontes que esses pensadores pressupõem como conhecidas são pouco familiares ao leitor. Eles pressupõem a educação e os hábitos de leitura de seu público

---

1. Karl Jaspers, *The Way to Wisdom*.

378 A ESPIRITUALIDADE BUDISTA

japonês, de modo que muitas alusões e sutilezas de estilo, muito do que se passa nas entrelinhas e por trás da letra do texto, inevitavelmente se perde para outros públicos. No entanto, não era seu objetivo criar um corpo de pensamento meramente budista, e muito menos japonês, mas sim abordar questões universais fundamentais no que eles viam como a linguagem universalmente acessível da filosofia. Esse foi o motivo pelo qual sua obra se revelou inteligível e acessível muito além do Japão, e a razão de ela ser hoje valorizada por muitos leitores no Ocidente como uma ampliação da dimensão espiritual da humanidade em geral.

São divergentes as opiniões sobre como definir o membro da escola de Quioto, mas não há discordância em que seus principais pilares são Nishida Kitarō (1870-1945) e seus discípulos, Tanabe Hajime (1885-1962) e Nishitani Keiji (1900-1990), que ocuparam, todos eles, cadeiras na Universidade de Quioto. Podemos compreender melhor as semelhanças tanto em termos de interesse quanto de método, bem como as diferenças importantes entre os três, dedicando a cada um deles uma abordagem curta, mas individual.

NISHIDA KITARŌ: A BUSCA PELO TOPOS DO NADA ABSOLUTO

Para Nishida, o objetivo do empreendimento filosófico era o autodespertar: ver os fenômenos da vida claramente, pelo resgate da pureza original da experiência, articular racionalmente o que foi visto e reavaliar as idéias que governam a história e a sociedade humanas com a razão, assim, iluminada por meio da realidade. Uma vez que a realidade está o tempo todo em mudança e uma vez que somos parte dessa mudança, a *compreensão* deve ser uma "experiência direta a partir do interior" e a *articulação* do que foi compreendido deve ser uma expressão internalizada, "apropriada"[2]. Conseqüentemente, os argumentos de Nishida muitas vezes são reconstruções, na forma de argumentos causais, das sucessões de pensamentos que ele percorreu intuitivamente, guiado tanto pelo senso budista de realidade como pelas filosofias ocidentais que ele estava absorvendo.

Afirma-se que, um dia, enquanto andava, Nishida teria sido atingido por uma mosca zumbindo junto a sua orelha. Perdido em seus pensamentos, ele somente "notou" isso mais tarde, mas esse episódio confirmou nele o caráter trivial da experiência em que as coisas acontecem e são mais tarde percebidas de acordo com hábitos de pensamento pré-orientados. A expressão "ouvi uma mosca" traz à mente o fato, mas, nesse processo, ela o distorce numa relação entre o "eu" e uma

---

2. Essas duas idéias estão presentes desde os primeiros escritos de Nishida. Cf. seus dois curtos ensaios sobre Bergson em *Nishida Kitarō zenshū* (doravante citado como NKZ) 1:317-27; a idéia de "apropriação" (*jitoku*) aparece em *An Inquiry into the Good*, p. 51 (em que é traduzida como "compreendendo com nosso inteiro ser").

34. Nishida Kitarō, aos 46 anos de idade (1916).

"mosca"[3]. O fato em si mesmo é pura efetividade. De alguma forma, via ele, as efetividades constituem sujeitos e objetos, mas então a mente é imediatamente dirigida para a análise e o julgamento, nunca para o encontro do caminho de retorno à pureza da experiência original. Resgatar essa pureza seria libertar a mente da exigência equivocada de ser racional ou de comunicar a experiência aos que não compartilham dela. Isso não significa que a mente salte livremente dos sentidos para algum privilegiado estado não-errático, mas simplesmente que no interior de seus limites físicos, a existência corporal, a mente alcança o que só pode ser designado como uma espécie de não-limitação.

Essa idéia de experiência anterior à distinção entre sujeito e objeto é o ponto de partida de Nishida e atravessa as páginas de suas obras reunidas, como uma corrente límpida. Nas páginas de abertura de uma de suas primeiras obras, *Um Estudo do Bem*, Nishida a denomina "experiência pura", tomando a expressão de empréstimo ao filósofo americano William James. Sua atração pela idéia, no entanto, tem origem menos em James, ou na verdade em qualquer filósofo ocidental, que na própria tradição sino-japonesa da qual ele era herdeiro. Lemos, por exemplo, na obra budista do século XI, o *Registro da Tradição da Lâmpada*, que "o estado mental que alcançou a iluminação verdadeira é igual ao estado

3. Nishitani, *Nishida Kitarō*, p. 55.

380 A ESPIRITUALIDADE BUDISTA

anterior ao início da iluminação"; também Zeami (1363-1443), o grande dramaturgo do gênero Nô, comenta o modo como o *Livro das Mudanças* deliberadamente omite o elemento relativo a "mente" no glifo para "sensação", para indicar uma consciência pré-cognitiva[4]. Foi dessa tradição que Nishida saiu para se dedicar ao estudo da filosofia, elaborando o que ele mais tarde denominaria sua "lógica do topos"[5].

A Lógica do Topos

Em sua constituição racional avançada, o processo de restauração da experiência a sua pureza – a meta da lógica do topos – pode ser descrito graficamente como uma série de círculos concêntricos[6]. O círculo menor, cujo centro está quase totalmente no controle da periferia, é o de um juízo no qual algo é predicado de um sujeito particular (na língua japonesa não existe a ambigüidade do termo "sujeito" como nas línguas latinas e saxônicas, nas quais o sujeito gramatical é facilmente confundido com o sujeito que emite o juízo). Assim, o enunciado "a rosa é vermelha" é como uma pequena galáxia com a rosa posicionada no centro e o vermelho girando em torno dela, como um planeta. Nishida interpretava a lógica aristotélica da predicação como centrada num sujeito que oferece um centro de gravidade estável para seus atributos e cuja compreensão aumenta à medida que mais e mais atributos predicados orbitam a seu redor. Nishida buscava para sua própria lógica as mesmas bases sólidas oferecidas pelo sujeito de Aristóteles, o "sujeito que não pode se tornar predicado", mas sem os inconvenientes da metafísica da "substância". Para tal, ele inverteu a ênfase, seguindo os predicados. Em outras palavras, desviou sua atenção da descrição em expansão, ou análise do objeto, para libertar a predicação do quadro da relação sujeito-objeto, a fim de observar onde o processo em si mesmo "ocorre".

Como relatavam seus alunos, Nishida traçava então um segundo círculo no quadro em torno do primeiro, abrindo o campo para outros juízos predicativos. A galáxia de juízos particulares passava então a ser vista como apoiada num universo mais amplo, no qual o sujeito gramatical original perde sua posição de centralidade com relação ao próprio sujeito pensante que emite o juízo. Essa é a posição – ou topos – da consciência reflexiva. Ela não é o mundo, nem mesmo a experiência do mundo. Ela é a consciência na qual se situam os juízos sobre o mundo – na qual, de fato, encontram seu solo de origem todas as tentativas de conhecer e

---

4. *On the Art of the No Drama: The Major Treatises of Zeami*, p. 133, 136.

5. Esse termo é às vezes traduzido como "lógica tópica", mas os vínculos com Aristóteles sugerido pelo termo aparentemente está em conflito com sua posição.

6. Cf. *Kōsaka Masaaki chosakushū* 8:98-101.

controlar a realidade, por meio do situá-la dentro dos limites dos processos de pensamento dos seres humanos.

O predicado "vermelho" não está mais limitado a um objeto específico e os objetos específicos não são mais limitados por seus atributos-satélite ou pela língua que os abriga. Tudo é visto como relativo ao processo de construção do mundo na mente. A passagem para esse círculo mais amplo mostra o juízo como um ato finito no interior de um universo de pensamento mais amplo.

Isso dá origem à seguinte pergunta: onde exatamente essa consciência se localiza? Se a mente é um campo de circunstâncias que produz juízos, quais são as circunstâncias que definem a mente? Situá-las mais profundamente no interior da mente seria como o barão de Munchausen puxando-se do pântano pelo próprio rabo de cavalo. Recorrer à idéia de um sujeito de nível mais alto para o qual a consciência normal é um objeto seria render-se ao regresso infinito. Mesmo assim, se as noções de sujeito e objeto apenas colocam os limites para o juízo consciente, isso não exclui a possibilidade de um nível ainda mais alto de consciência que envolveria o domínio dos sujeitos e objetos.

Para mostrar isso, Nishida desenhava um outro círculo em volta dos dois primeiros, um círculo grande com linhas interrompidas, para indicar uma localização ilimitada e que poderia ser expandida infinitamente (embora não, de forma necessária, infinitamente expandida), um lugar chamado "nada". Esse era seu absoluto, assim denominado deliberadamente, para substituir o absoluto do ser em boa parte da filosofia ocidental. O ser, para Nishida, não pode ser absoluto porque não pode jamais ser separado das relações que o definem. A verdadeira separação tem de ser – como indicam os glifos *zettai* japoneses – "cortar" de todo e qualquer "outro". O absoluto impede toda dicotomia entre sujeito e objeto, toda bifurcação de uma coisa com relação a outra, toda individuação de uma mente com relação a outra.

Assim "definido" por sua não limitação, esse lugar do nada absoluto é o local – topos – em que se situa a salvação, a libertação com relação ao tempo e ao ser. É na realização da busca filosófico-religiosa que a ação da intuição e da consciência ocorre sem um sujeito agente e na imediatez do momento, é nela que o eu, operando no mundo, cede lugar a um puro ver a realidade como ela é. É o momento da iluminação que está bem à mão no aqui e agora, na imediatez da experiência. O círculo final é então um círculo cuja circunferência está em parte alguma e cujo centro pode estar em toda parte. Essa imagem é extraída de Nicolau de Cusa, mas a percepção por trás dela estava em Nishida, já desde o início.

De fato, no decorrer dos anos, Nishida empregaria uma série de termos idiossincráticos para expressar a autoconsciência no topos do nada absoluto, entre eles: "apropriação", "intuição atuante", "ver sem alguém que vê" e "conhecer uma coisa tornando-se essa coisa". Em seus primeiros escritos, ele se encontra um tanto inibido pelos enigmas

382 A ESPIRITUALIDADE BUDISTA

epistemológicos do neokantismo, mas depois avança progressivamente rumo a uma concepção integrada sobre como a consciência toma forma, com uma ênfase hegeliana em sua inserção na prática histórica de um agente dotado de corpo. Ele passa a considerar o conhecimento não como a atividade de um sujeito autônomo, mas como "intuição ativa", na qual foi suplantada a própria idéia de um sujeito captando objetos. A intuição não é mais um ver a realidade como o "outro" mais fundamental, mas uma participação na auto-concretização da própria realidade. Em outras palavras, a consciência do caráter absoluto e não limitado do nada, que surge da reflexão sobre a experiência imediata, não se destina a afastar o sujeito do mundo real, mas a insinuar sua presença ainda mais profundamente nesse mundo. A "realidade verdadeira", escreve ele, "não é objeto do conhecimento desapaixonado [...]. Sem nossos sentimentos e vontade, o mundo real deixa de ser um fato concreto e se torna um mero conceito abstrato"[7].

Essa idéia de participação na realidade pela superação da dicotomia sujeito-objeto recebeu com Nishida uma forma lógica, expressa numa fórmula deliberadamente ambivalente, que pode ser lida como "uma auto-identidade absoluta de contraditórios" ou como "uma auto-identidade de contraditórios absolutos". Na língua japonesa, a construção por aposição admite ambos os sentidos e Nishida fazia uso do *double-entendre*, conforme desejasse salientar, quer a natureza radical da identidade alcançada, quer a oposição radical dos elementos que constituem a identidade. Uma outra ambigüidade na fórmula, menos transparente nos textos, está na qualificação da identidade como auto-identidade. Por exemplo, a identidade é automática. Ela não é induzida de fora, nem é imposta a uma realidade resistente e refratária. Ela ocorre quando são superadas as limitações dos círculos estreitos das relações sujeito-predicado e sujeito-objeto. Aqui, "identidade" refere-se ao modo como a realidade é, excluindo-se a interferência da mente reflexiva e o modo de ser da mente quando iluminada pela realidade. Ao mesmo tempo, a identidade verdadeira da realidade não é independente da identidade do eu verdadeiro e desperto. Não que o eu seja construído de uma forma e o mundo de outra; ou que a verdade mais profunda do eu seja revelada ao se separar do mundo. A oposição aparentemente absoluta entre os dois só é superada quando o indivíduo está consciente de que "todo ato da consciência é um centro que se irradia no infinito"[8] – isto é, para fora, para o círculo não-limitado do nada.

Em todas essas reflexões, Nishida está empenhado numa busca religiosa, que ele tentou condensar em um último ensaio, um tanto

---

7. NKZ 1:60; cf. *An Inquiry into the Good*, p. 49.
8. *Last Writings*, p. 54. A fim de captar o sentido filosófico, o tradutor tomou algumas liberdades em passagens específicas. Uma tradução mais literal foi preparada por Yusa Michiko, *The Eastern Buddhist*, 19:2 (1986) 1-29, 20/1 (1987) 81-119.

FILOSOFIA COMO ESPIRITUALIDADE: O CAMINHO DA ESCOLA DE QUIOTO 383

digressivo, denominado "A Lógica do Topos e uma Visão Religiosa do Mundo". Vemos Nishida, de um lado, se esforçando por elucidar as raízes de sua lógica do topos no pensamento budista, de outro, empenhando-se em esclarecer sua compreensão da religião como não ligada a nenhuma tradição histórica específica. A religião não é um ritual nem uma instituição, nem mesmo moralidade. Ela é "um acontecimento da alma" que a disciplina da filosofia pode aprimorar, quando a religião ajuda a filosofia a encontrar seu lugar próprio na história. Esse "lugar" não é outro senão a imediatez do momento no qual a consciência se vê como um gesto do nada no interior do mundo do ser. Pois a consciência não vê a realidade de fora, mas é um ato da realidade proveniente do interior e, dessa forma, parte dele. Essa é para Nishida a fonte original de todas as divindades pessoais, de todas as sociedades justas, de toda arte, filosofia e religião verdadeiras.

O Nada Absoluto

A idéia de Nishida do nada absoluto, que mais tarde seria retomada e desenvolvida por Tanabe e Nishitani, cada qual a seu próprio modo, não é uma mera explicação de sua lógica do topos. Suas descrições da prática histórica como "encarnando o nada absoluto no tempo"[9] e a intuição religiosa como "penetrando a consciência do nada absoluto"[10] são destinadas a preservar o lado experimental da lógica e, ao mesmo tempo, afirmar uma posição metafísica específica. Mas, num nível mais básico, a própria idéia do nada é um obstáculo para as filosofias que consideram o ser como a qualificação mais ampla do real, e que vêem o nada como a classe de tudo que é excluído da realidade.

Em sua busca do topos último do autodespertar – o ponto no qual a realidade reconhece a si própria, por meio da consciência iluminada do indivíduo humano, como relativa e finita – Nishida podia não aceitar a idéia de um ser supremo, dotado de poder e conhecimento absolutos, para além do qual tudo mais não passaria de pálida analogia. Ele concebia seu absoluto como uma circunstância ilimitada e não como uma forma aprimorada do ser normal. O "topos" do ser na realidade não podia ser ele próprio um outro ser; ele tinha de ser algo que abrangesse o ser e o tornasse relativo. O ser era, por sua própria natureza, uma forma de co-dependência, uma dialética de identidades em conflito entre si, definindo-se reciprocamente ao se colocar como um não-outro. Como a totalidade de todas essas coisas, o ser não podia ser um absoluto. Somente contra a infinitude de um nada que tudo envolve é que pode existir a totalidade do mundo no qual os seres se movem.

---

9. Referências textuais a essa idéia podem ser encontradas em A. Jacinto Zavala, *La filosofia social de Nishida Kitarō*, p. 208-212.

10. NKZ 5:182.

384 A ESPIRITUALIDADE BUDISTA

Ao mesmo tempo, Nishida reconhecia que "Deus é fundamental para qualquer que seja a forma de religião"[11]. Isso o deixava com duas opções: ou redefinir como nada absoluto o que a religião e, em particular, o cristianismo, denomina Deus, ou mostrar que o ser absoluto é relativo a algo mais verdadeiramente absoluto. Nishida descobriu um terceiro caminho: optou por ambas as alternativas. O Deus de Nishida era um "ser absoluto"-no-"nada absoluto". O conectivo *no* aqui significa a indicação de uma relação de afirmação-na-negação (a chamada lógica de *soku-hi*, que Nishida parece dever mais a D. T. Suzuki do que às fontes budistas às quais Suzuki recorreu). Por definição, os dois termos estão ligados entre si. Assim como não pode existir um criador sem criaturas, ou seres sencientes sem um Buda, escreve Nishida, também não pode existir um ser absoluto sem um nada absoluto. De um lado, ele insiste em que o absoluto é "verdadeiramente absoluto por ser oposto ao nada absoluto". De outro, "o absoluto não é meramente não-relativo [...]. Ele deve ser relativo a si mesmo como uma forma de auto-contradição"[12].

Mesmo suas observações mais claras a esse respeito são uma espécie de emaranhado lógico e continuam a intrigar seus comentadores[13]. Até onde vai minha compreensão dos textos, a relutância de Nishida em absorver Deus integralmente no nada absoluto parece provir de sua necessidade de preservar o elemento da experiência pura no eu desperto. Metafisicamente, ele estava recusando a se pronunciar sobre a natureza ou existência de Deus. Mas "deixar de lado o corpo e a alma para se unir à consciência do nada absoluto"[14] também é um ato religioso, um ato que transforma a percepção, de modo a "ver a eternidade nas coisas do dia-a-dia". Como tal, esse ato é um compromisso de nosso eu mais profundo e verdadeiro com o radical e absolutamente outro. Nishida reconhecia que esse "fato espiritual" básico era um dos fundamentos da religião – articulado no discurso sobre o Deus ou no discurso sobre Amida – que não se encontrava em nenhum outro lugar a não ser na história filosófica. Em outras palavras, se o absoluto *em si* é "absolvido" de toda dependência do relativo, há ainda um outro sentido no qual o absoluto *para nós* deve estar mais próximo de nossos eus verdadeiros do que tudo mais pode estar. A própria natureza do nada absoluto estava ligada à seguinte contradição: "Em toda religião, em certo sentido, Deus é amor"[15]. Esse é também o ponto em que a lógica deve finalmente

11. *Last Writings*, p. 48.
12. Idem, p. 68-69.
13. Os antigos debates entre Takizawa Katsumi, Abe Masao, Yagi Seiichi e Akizuki Ryōmin sobre a reversibilidade ou irreversibilidade da relação entre Deus e o eu, bem como o debate mais amplo em torno da obscura noção de "correspondência inversa" (*gyakutaiō*) que aparece no último ensaio de Nishida, deixam pouca esperança quanto a uma palavra final a esse respeito.
14. NKZ 5:177. Naturalmente, a alusão refere-se ao *Genjōkōan* de Dōgen.
15. NKZ 11:372, 454, 435.

FILOSOFIA COMO ESPIRITUALIDADE: O CAMINHO DA ESCOLA DE QUIOTO   385

recorrer à experiência e, assim, onde melhor se pode ler a intrigante prosa de Nishida como a submissão de um filósofo à religião.

Manifestamente, a noção de Nishida do nada absoluto é diferente do "além do ser" (*ἐπέκεινα τῆς οὐσίας*) da teologia negativa clássica. Na verdade, essa idéia de localizar o nada absolutamente fora deste mundo do ser, pode ser vista como um equivalente metafísico da localização dos deuses no céu. Seu objetivo não era defender uma transcendência rigorosa da realidade última, mas estabelecer um solo para os esforços humanos de autocontrole, lei moral e comunhão social, que não se desintegrasse quando a terra fosse abalada, devido a grandes mudanças ou quando a vida fosse atingida por uma grande tragédia. É verdade que a dimensão pessoal do encontro entre o divino e o humano (e seu reflexo na imagética cristológica) é em grande parte ignorada, em favor de uma noção abstrata da divindade não muito diferente do Deus dos filósofos rejeitado por Pascal. Em geral, Nishida alude a Deus como um termo para a vida e criatividade, excluindo-se as conotações da providência e subjetividade. Mas o fato de alguém, assim tão mergulhado na perspectiva do budismo Zen como Nishida, dar em seu pensamento um tão grande destaque a Deus era algo que iria se revelar um ingrediente decisivo na divulgação da filosofia da escola de Quioto para o mundo.

No todo, o "orientalismo" de Nishida tem um papel apenas secundário em sua filosofia. Discípulos zelosos, menos seguros em sua vocação filosófica e sem a motivação religiosa de Nishida, preocuparam-se em encontrar nele uma lógica do Oriente, distinta da do Ocidente. O próprio Nishida não foi muito longe. Raramente ele se coloca ou coloca suas idéias como uma alternativa, ou mesmo como corretivo para a "filosofia ocidental" como um todo – se é que alguma vez o faz. Ele estava fazendo uma contribuição para a filosofia do mundo inteiro e ficava feliz em encontrar idéias, quer oculta quer abertamente análogas e compatíveis, na filosofia tal como ele a conhecia.

Dito isso, suas tentativas de fazer retornar para o mundo da prática histórica o eu verdadeiro e desperto para o nada absoluto, raramente tocam em terreno sólido. Mesmo o avanço mais óbvio da família, para a tribo, para a nação e para o mundo recebe pouca atenção. Em princípio, Nishida dificilmente teria rejeitado uma expansão do eu (embora se deva dizer que, durante os anos de guerra, ele perigosamente se aproximou em descrever a cultura japonesa como uma espécie de mundo auto-enclausurado, com o imperador como a garantia de sua identidade interna). Mas esse não era seu foco primário; na verdade, Nishida nunca descobriu como aplicar sua busca do topos último do eu às urgentes exigências morais de sua época. A maior parte de suas reflexões sobre o mundo histórico refere-se a estruturas gerais da ação e do conhecimento humanos no tempo, mais que à relação entre a ordem mundial universal e as nações e culturas particulares. O alcance do eu verdadeiro está, em última análise, além da história; ele acontece no

386 A ESPIRITUALIDADE BUDISTA

"agora eterno". Mesmo o fato existencial mais imediato da relação Eu-Você é assimilado – virtualmente sem conteúdo ético – na lógica abstrata da "auto-identidade dos opostos", na qual o Eu descobre o Você no fundo de sua própria interioridade. Essas perguntas ofereceriam o ponto de partida para as contribuições de Nishitani e Tanabe.

TANABE HAJIME: SITUANDO O NADA ABSOLUTO NA PRÁTICA HISTÓRICA

Como muitos dos jovens intelectuais de sua geração, Tanabe estava atraído pela vitalidade e originalidade do pensamento de Nishida. Mas seu temperamento era diferente do de Nishida. Seus escritos mostram um fluxo de idéias mais restrito e uma paixão pela coerência que está em nítido contraste com os saltos criativos da imaginação de Nishida. Se a prosa de Nishida é um canteiro de indicações, no qual é preciso ler muita coisa e ocasionalmente vagar nas entrelinhas, para ver para onde as coisas estão indo, a de Tanabe se aproxima mais de um cálculo matemático, no qual a superfície é complexa, mas transparente. A obra de Nishida, alguns afirmaram, é como um ensaio isolado que é interrompido freqüentemente, quer pelas convenções dos limites de publicação ou dos prazos-limite, quer pelo final de uma tese. Um problema desemboca em outro, não em vista de um sistema de pensamento unificado, mas em busca de clareza sobre o problema em questão. Tanabe – assim como Nishitani – trabalhava de forma mais temática e produziu ensaios que podem ser lidos e compreendidos de forma independente.

Quando abriu suas portas ao mundo, na metade do século XIX, após duzentos anos de clausura, o Japão do período Meiji imediatamente absorveu as formas intelectuais que haviam sido desenvolvidas com o Iluminismo europeu e com a explosão da ciência moderna. Não tendo participado do processo, o Japão estava pouco preparado para se apropriar desses resultados de forma crítica. Que o caminho deve ter sido cheio de percalços, muito diferente tanto do Ocidente quanto do de seus vizinhos asiáticos, é algo fácil de ser compreendido. Enquanto o Japão passava por sua restauração, rumo à comunidade de nações, os países da Europa se debatiam com a idéia de identidade nacional. Além de bandeiras, hinos nacionais e outros elementos mais rituais, encontramos pela primeira vez uma preocupação generalizada com filosofias e literaturas nacionais específicas, juntamente com psicologias nacionais. As ciências humanas, todas em sua infância, eram tomadas por esse fascínio, mesmo quando tentavam se precaver contra ele. Enquanto o espírito cosmopolita do Iluminismo se esforçava por sobreviver a esse teste de suas raízes, a tecnologia e as ciências naturais orgulhosamente avançavam na vanguarda de uma humanidade transnacional e transcultural. Em todo esse processo, o Japão permaneceu oscilando entre

35. Tanabe Hajime, aos 72 anos de idade (1957).

um fascínio absoluto pelos grandes avanços da cultura ocidental e uma tenaz determinação de forjar para si uma posição única no mundo.

Nishida vivenciou essa ambigüidade como um homem de sua época. Se, de um lado, nunca tentou traduzir seu pensamento em línguas estrangeiras, de outro, reconheceu a necessidade de vínculos com o mundo dos pensadores da filosofia contemporânea. Nessa perspectiva, Tanabe foi enviado por Nishida para estudar na Europa, onde relatos sobre a obra de Nishida já atraíam interesse. Se Nishida podia calmamente utilizar expressões em alemão, aqui e ali em seus escritos, e folhear livros em inglês e francês, sem medo de sofrer críticas, o jovem Tanabe, ao contrário, tinha de se debater com a vida cotidiana de um estrangeiro, avançando desajeitadamente numa língua e cultura que, até então, ele havia admirado apenas à distância. Com o tempo, Tanabe parece ter desenvolvido um certo ressentimento com relação à insistência de Nishida de que ele devia seguir o pensamento neokantiano. Seu próprio interesse o dirigia para a fenomenologia, mas ao retornar ao Japão, viu-se diante da solicitação de Nishida de que escrevesse um texto de maior porte sobre Kant, para uma coletânea comemorativa dos duzentos anos da morte do filósofo. A composição do texto foi um momento decisivo para Tanabe.

Em seu ensaio, Tanabe afirmava que a terceira *Crítica* de Kant carecia de um ingrediente importante que a filosofia de Nishida podia oferecer. Especificamente, ele tentou conectar a idéia do autodespertar com a razão prática de Kant, a fim de fazer o fundamento da moralidade se deslocar da vontade moral universal para o nada absoluto. De um lado, Tanabe percebia que a consciência do nada podia oferecer ao juízo moral uma finalidade exterior à vontade subjetiva. Essa "finalidade da autoconsciência", como ele a designava, podia oferecer "um princípio em comum para entretecer a história, a religião e a moralidade numa relação mútua indissolúvel". De outro, ele percebia que o eu verdadeiro e desperto de Nishida efetivamente isolava o indivíduo da história. Após concluir seu ensaio, Tanabe retornaria a Hegel, para preencher a lacuna. Com o tempo, ele percebeu que o conhecimento absoluto de Hegel era desprovido de conteúdo, e se dispôs a refletir sobre a possibilidade de uma prática no mundo histórico fundada na autoconsciência do nada absoluto. Nishida, de sua parte, se concentrava em trabalhar em sua lógica do topos, mas Tanabe não estava persuadido de que isso poderia resolver seu problema. Durante esse período, Tanabe desenvolveu sua dialética da "mediação absoluta" como uma forma de estabelecer o vínculo entre o nada absoluto e o mundo histórico[16].

Deixando de lado as questões filosóficas, é preciso observar duas coisas com relação às tentativas de Tanabe de trazer a busca filosófica para mais perto do mundo histórico. Em primeiro lugar, a tendência à abstração que Tanabe criticava em Nishida era em grande parte também um problema do próprio Tanabe. De fato, em sua auto-avaliação, ele reconhecia "uma falha em minha capacidade especulativa" como responsável por sua tendência à abstração[17]. Em segundo lugar, o gênio de Tanabe, por mais evidente que fosse para seus alunos, não podia competir com a presença marcante de Nishida, em relação ao qual ele cada vez mais assumia uma posição crítica, mesmo avaliando seu próprio progresso filosófico como o de um japonês, trabalhando sobretudo com fontes ocidentais em confronto com as contribuições de Nishida. Como lembra Nishitani, a dialética que ele estava desenvolvendo "parece nos dar uma imagem invertida do próprio Tanabe se empenhando desesperadamente por escapar ao envolvimento com a filosofia de Nishida"[18].

O Nada Absoluto e a Lógica do Específico

Quando Nishida se afastou de suas atividades, no momento em que o mundo acadêmico aclamava seu primeiro e maior filósofo de âmbito mundial, Tanabe escreveu um texto auto-elogioso denominado

16. *Tanabe Hajime zenshū* (doravante citado como THZ) 3:7, 78-81.
17. THZ 3:76-77.
18. Nishitani, *Nishida Kitarō*, p. 167.

FILOSOFIA COMO ESPIRITUALIDADE: O CAMINHO DA ESCOLA DE QUIOTO 389

"Admirando Nishida". Deixando de lado Nishida com sua lógica do topos, Tanabe (que agora ocupava a cadeira de Nishida na Universidade de Quioto) abria caminho para sua própria "lógica do específico", objetando que "a experiência religiosa que recebe o nome de 'autodespertar do nada absoluto' [...] está fora da prática e da linguagem da filosofia, que não pode admitir uma ausência assim completa de definição conceitual [...]. A autoconsciência religiosa não pode ser colocada como o princípio último da filosofia"[19].

A tendência religiosa da filosofia de Nishida era alimentada pelos muitos anos em que ele se sentara em meditação *zazen* e por seu futuro contato com pensadores budistas e cristãos. A religiosidade de Tanabe estava mais ligada aos livros. Não menos que Nishida, ele evitava colocar o trabalho de filósofo contra a religião organizada e tentava chegar ao coração dos teólogos e pensadores religiosos, mas sua religiosidade era de um tipo mais solitário. Não ficaram diários e poucas cartas chegaram até nós, para que seja possível concluir de forma diferente. A ironia está em que Tanabe é lembrado como uma figura extremamente religiosa, em virtude de um livro de pós-guerra sobre filosofia da penitência, no qual ele critica a profissão à qual dedicou sua vida, e também a si próprio, devido a sua timidez moral.

Como eu disse, a contribuição de Tanabe para a filosofia da escola de Quioto como um caminho religioso, não pode ser separada de sua tensa relação com Nishida, que o estimulava a examinar cuidadosamente algumas das questões em que Nishida tocara em seus vôos criativos e que também lhe davam os fundamentos para fazer o mesmo. De Nishida, ele recebeu a idéia de abordar os juízos religiosos em termos de uma afirmação-na-negação, bem como a convicção do nada absoluto como o princípio supremo da filosofia. Além disso, assim como Nishida, ele não considerava nada na língua ou pensamento japoneses como uma medida final do que era mais importante em sua filosofia. Essas atitudes, ele transmitia com paixão aos estudantes. Por fim, como Nishida, ele nunca defendeu a supremacia de nenhum dos caminhos religiosos com relação aos outros. O que Tanabe não extraiu de Nishida, no entanto, foi sua convicção da primazia da experiência religiosa como um "acontecimento de nossa alma", que a filosofia pode ou não tentar explicar, mas que ela jamais pode produzir. Para Tanabe, não há experiência religiosa que não seja mediada. Ou ela é apropriada pelo indivíduo de uma maneira "existencialmente filosófica", ou ela se apóia na especificidade da teologia, da instituição eclesiástica ou da fé popular[20].

A busca de Tanabe por sua própria posição filosófica iniciou-se com uma reavaliação meticulosa da aplicação da dialética hegeliana à filosofia do nada absoluto. Nesse processo, ele se convenceu de que

19. THZ 4:306, 318.
20. THZ 8:257-58.

390 A ESPIRITUALIDADE BUDISTA

para o nada poder ser absoluto, não era suficiente que ele servisse como princípio de identidade para o mundo finito, situado em algum ponto fora do ser. Esse nada deve ser uma força dinâmica, que sustenta as relações nas quais todas as coisas vivem, se movem e têm seu ser. Tanabe não podia aceitar a idéia de que o mundo histórico, no qual os opostos lutam entre si para garantir suas identidades individuais, estivesse sendo dirigido inexoravelmente para algum tipo de visão beatífica, harmoniosa e serena da mente absoluta; nem podia se sentir à vontade no despertar individualista para um eu verdadeiro dentro de si. Precisamente porque todas as coisas, sem exceção, são obrigadas a lutar entre si por sua individualidade, a dialética é um fato absoluto do ser, que não pode ser explicado no interior do mundo do ser unicamente. Somente um nada fora do ser pode fazer com que as coisas sejam as coisas essencialmente interativas que elas são. Mas o inverso também é verdadeiro: "na medida em que o nada é nada, ele não tem a capacidade de operar por si só. O ser só pode operar porque ele não é o nada"[21].

Se o nada torna possível ao mundo ser, despertar para esse fato serve como princípio crítico permanente para toda identidade, quer no sentido de um princípio filosófico superior, como a auto-identidade dos contraditórios absolutos de Nishida, quer no sentido do autodomínio psicológico normal da mente individual. Ele é o fogo no qual toda identidade é purificada das ficções da individualidade e da substancialidade que a mente atribui a ela, deixando apenas o despertar puro para o que em si mesmo não tenha nem conflito nem relação alguma com algo fora de si: o nada. Essa purificação da mente era o teste de Tanabe da verdade religiosa. Em seus termos próprios, ele valorizava as grandes figuras do passado religioso budista e cristão.

A lógica do específico é testemunha do fato de que, ao contrário de Nishida, Tanabe nunca se reconciliou com sua tendência a se distanciar do mundo histórico. Muitos dos jovens discípulos de Nishida haviam dirigido a vigorosa análise do marxismo contra a fixação de Nishida na autoconsciência, mas com poucos resultados. Com sua leitura crítica de Kant, Tanabe, em contrapartida, havia percebido que o sujeito da consciência não é um mero indivíduo que vê o mundo através lentes que a natureza forja para a mente. Ele é também um subproduto de condições culturais, étnicas e específicas de uma época. Em sua função purificadora, a consciência do nada absoluto exige que mesmo nossas teorias mais acalentadas sejam vistas como amontoados de relações que não estão sob nosso controle. Não podemos falar sem uma língua específica nem pensar sem estar submetidos a condições que são históricas. Não somos indivíduos que despertam para verdades universais, ao contrário, estamos sempre sujeitos à especificidade: um grande pântano movediço de preconceitos e desejos inconscientes, que estão além da

21. THZ 7:261.

FILOSOFIA COMO ESPIRITUALIDADE: O CAMINHO DA ESCOLA DE QUIOTO 391

capacidade de nossa mente de subjugá-los definitivamente. O nada nos coloca nesse pântano, mas nos impele a lutar contra ele – a nunca nos identificar com ele, nunca supor que encontramos uma identidade de contraditórios absolutos que não esteja contaminada por especificidades da história. Essa "negação absoluta" é a meta da religião[22].

A Metanóia Filosófica

Para Tanabe o problema estava em resgatar, nessa lógica do específico, um significado para o autodespertar e não se render às artimanhas da história. Essa não era uma lição que ele ensinava a si próprio no abstrato, mas antes uma lição que lhe era imposta por seu próprio apoio imprudente – e, provavelmente, também desnecessário – à ideologia do Estado, na época das aventuras militares do Japão na Ásia. A lógica que ele havia moldado, para expor o elemento irracional na existência social, era agora empregada para contrapor algo de mais envolvente ao "escrutínio do claro-pensar da filosofia existencial": a "prática do martírio abençoado" numa "guerra de amor". Proclamando que a nação era o equivalente de Śākyamuni e que a "participação em sua vida devia ser equiparada à *imitatio Christi*"[23], Tanabe perdia o contato com o propósito original de sua lógica do específico.

Enquanto esses sentimentos se agitavam na superfície da prosa de Tanabe, nele fervia um ressentimento profundo com relação à impotência de sua própria filosofia religiosa, até finalmente explodir nas páginas de sua obra clássica *Filosofia como Metanoética*. Não era mais suficiente postular um nada absoluto como princípio metafísico supremo fundando o mundo do ser. Ele devia ser envolvido num ato de fé incondicional, como uma força que liberta o eu de seu instinto natural de auto-suficiência. A noção de fé no Outro-Poder, tal como expressa no *Kyōgyōshinshō* de Shinran (1173-1262), fornecia a Tanabe o arcabouço básico de sua metanóia e reconstrução radicais de uma filosofia desde sua base.

Não é uma coincidência que o grande peso de seu ataque penitencial à confiança excessiva no poder da razão recaísse sobre a filosofia transcendental de Kant, mas, desse ponto em diante, Tanabe passa a um ressentimento com relação a virtualmente todas as grandes influências filosóficas, de Hegel e Schelling a Nietzsche, Kierkegaard e Heidegger. Entrelaçada a essa crítica está uma insistência positiva e confiantemente religiosa no que ele chama de "nada-no-amor", ou prática compassiva no mundo histórico. O principal modelo para esse ideal é o mito do Darmākara de uma ascenção-na-descenção, na qual o bodisatva iluminado retorna ao mundo a fim de garantir seu próprio despertar, mas há também menções freqüentes ao arquétipo cristão da vida-na-morte,

22. THZ 6:147-53.
23. THZ 7:24, 99.

que viria a dominar algumas de suas últimas obras[24]. Em todo caso, sua meta não era promover nenhuma tradição religiosa específica em relação a outras, mas suprimir a lacuna entre o nada absoluto e a realidade concreta, de uma forma que um simples salto da autoconsciência não poderia fazer. Tanabe recorreu à imagética religiosa porque ela parecia mantê-lo concentrado na obrigação moral de colocar em ação a verdade da mente iluminada em benefício de todas as vidas.

No final, o lado purgativo, "disruptivo", de sua metanoética obscurecia o lado moral e prático e o deixava num solo instável, quando se tratava de levar sua nova "filosofia que não é uma filosofia" para além de sua afirmação inicial. Tanabe estava consciente disso e dedicou os últimos anos de sua vida a reforçar os fundamentos de sua lógica do específico, fundindo elementos do Zen, do cristianismo e do budismo da Terra Pura, em busca de forjar um autodespertar compassivo e devotado. Mas, no final, Tanabe, assim como Nishida, permaneceu distante dos problemas concretos da ciência, da tecnologia, da injustiça econômica e do conflito internacional que estavam abalando as bases do mundo histórico, fora das paredes de seu estúdio. Sua filosofia seria até o fim uma filosofia comprometida com o esvaziamento da mente de suas auto-ilusões – uma filosofia que estaria sempre assombrada pelo conhecimento de que somente na especificidade da história, irremediavelmente abarrotada de coisas, é que a prática moral pode se exercer. A visão que ele nos deixou é um retrato de suas próprias lutas com a vida intelectual: um traje de ideais sem emendas, desgastado pela experiência mas não rasgado, cujo tecido permanece como testemunho da dedicação do tecelão ao chamado filosófico como um caminho espiritual.

NISHITANI KEIJI: DO NIILISMO AO NADA

Com Nishitani, a corrente filosófica que provinha de Nishida, passando por Tanabe, se difundiu em novos tributários. Ele não apenas levou avante a preocupação de Tanabe com a prática história, mas, mais que qualquer de seus colegas mais velhos o fizera, também estreitou os laços com o budismo assim como à experiência viva da busca filosófica. Além disso, Nishitani acolheu em sua filosofia dois importantes problemas filosóficos, cada qual o puxando numa direção diferente. Ele estava preocupado, de um lado, em enfrentar o desafio que a ciência moderna trouxera para o pensamento religioso; de outro, em estabelecer um lugar para o Japão no mundo. Tudo isso se combina para dar a seus escritos um acesso mais amplo ao fórum mundial.

24. Com respeito a sua relação com o cristianismo, em 1948 Tanabe se referia a si próprio como um cristão em permanente constituição, *ein werdender Christ*, que jamais poderia se tornar *ein gewordener Christ* (THZ 10:260). A distinção costuma mais freqüentemente ser associada a Nishitani, que a adotou para descrever suas próprias simpatias com relação à posição de Tanabe.

36. Nishitani Keiji (1900-1991), aos 89 anos de idade.

Mais que em Nishida e Tanabe, o pensamento de Nishitani girava em torno de um eixo mundial. Ele acolhia e incentivava com entusiasmo o contato com filósofos estrangeiros e, nos últimos anos de sua vida, muitos estudiosos estrangeiros fizeram o trajeto até sua pequena casa em Quioto[25]. Assim como Tanabe antes dele, Nishitani estudou na Alemanha e mais tarde viajaria para a Europa e para os Estados Unidos, a fim de ministrar palestras. A feliz combinação da publicação de sua principal obra, *A Religião e o Nada*, em tradução para o inglês e para o alemão, o número crescente de estudiosos ocidentais que podiam ler fluentemente os textos originais e o grande carisma humano de Nishitani como pessoa o ajudaram a levar a obra dos filósofos de Quioto a um público mais amplo. Ainda assim, dadas as tendências da filosofia americana e do continente europeu na época, não era de surpreender que os teólogos e os budologistas fossem os mais atraídos pela obra de Nishitani. Somente após sua morte é que os vizinhos asiáticos como a Coréia, Taiwan e Hong Kong começaram a mostrar interesse por ele e outros filósofos da escola de Quioto. Mas, em razão de seus sentimentos cosmopolitanos, Nishitani seguia seus predecessores ao demonstrar favoritismo pelo Ocidente – como virtualmente todos os filósofos japoneses desde o período Meiji.

25. Cf. a edição especial de *The Eastern Buddhist*, dedicada à memória de Nishitani, 25:1 (1992).

394 A ESPIRITUALIDADE BUDISTA

Ao se defender da Inquisição, Galileu apresentou o que viria a se tornar o pressuposto central da ciência moderna. "Não estou interessado", disse ele, "em como ir para o céu, mas em como andam os céus". Essa dicotomia era algo que Nishitani jamais aceitaria. Não apenas o Ocidente errara em separar a filosofia da religião, mas a separação que o Ocidente fizera entre a busca religiosa e a busca científica também lhe parecia fundamentalmente equivocada. Tudo que toca a existência humana, insistia ele, tinha sua dimensão religiosa. A ciência será sempre um empreendimento humano a serviço de algo mais, mas quando se sacrifica o elemento existencial à busca da certeza científica, "o que chamamos vida, alma e espírito – inclusive Deus – encontram seu 'lar' destruído". A resposta de Nishitani não foi voltar-se para uma preocupação com o eu verdadeiro, mas argumentar que somente sobre o verdadeiro solo nativo do eu é que os fatos concretos da natureza "se manifestam como são, em sua 'verdade' maior"[26].

Com Nishitani, a preocupação da filosofia de Quioto com o eu alcança seu ponto máximo. Ele via o eu como o ponto focal da obra de Nishida e interpretava a filosofia de Tanabe como uma variação sobre o tema. Em seus próprios escritos, Nishitani trazia à tona, por meio de alusões textuais e do confronto direto com os textos originais, muitos dos elementos budistas e do Zen, presentes na obra de Nishida. Os esforços de D. T. Suzuki no sentido de ampliar o pensamento Zen por meio do contato com o budismo da Terra Pura se refletem também nos textos de Nishitani, embora não tão profundamente quanto nos de Tanabe. Além disso, Nishitani recorreu diretamente à teologia cristã, tanto em busca de inspiração quanto em vista de elucidar sua própria posição como distinta da cristã.

Mas talvez o grande estímulo levando Nishitani a ampliar a perspectiva filosófica de Nishida tenha sido Nietzsche, cujos textos nunca estavam longe de seu pensamento. A impressão profunda que *Assim Falava Zaratustra* nele imprimira, em seus anos de universidade, o havia deixado com dúvidas tão profundas que, no final, somente uma combinação do método de Nishida com o estudo do budismo Zen teria condições de eliminá-las. Como estudioso da filosofia, Nishitani havia traduzido e comentado Plotino, Aristóteles, Boehme, Descartes, Schelling, Hegel, Bergson e Kierkegaard – dos quais todos deixaram suas marcas em seu pensamento. Mas parece que ele lia Nietzsche, assim como Eckhart, Dōgen, Han-shan, Shih-te, os poetas do Zen e o Novo Testamento, por meio das lentes das questões espirituais, que ele persistentemente se colocava e que resultavam em leituras de vigor e poder impressionantes.

As bases sobre as quais o próprio Nishitani abordava o eu verdadeiro como idéia filosófica são apresentadas numa de suas primeiras obras sobre a "subjetividade elementar". Esse termo (que ele introduziu no

26. Frederick Franck (org.), Science and Zen, *The Buddha Eye*, p. 120, 126.

FILOSOFIA COMO ESPIRITUALIDADE: O CAMINHO DA ESCOLA DE QUIOTO 395

japonês a partir de Kierkegaard) não era um termo que Nishida pudesse aprovar, mas o objetivo de Nishitani não era substancialmente diferente do de seu mestre: estabelecer a base filosófica de uma existência individual válida que, por sua vez, pudesse ser a base da existência social, do avanço cultural e da superação dos excessos da era moderna. Escrita quando ele tinha quarenta anos de idade e sob a forte influência de Nishida, a obra contém em germe sua própria filosofia madura.

Assim como Nishida, o calcanhar de Aquiles de Nishitani, da forma altamente individualista como abordava questões históricas, estava em sua aplicação a questões de história mundial. Na tentativa de dar apoio, durante os anos de guerra, aos elementos da marinha e do governo que buscavam trazer uma certa sobriedade às ações inconseqüentes do exército japonês na Ásia, suas observações sobre o papel da cultura japonesa na Ásia se mesclaram de forma demasiado fácil com as piores ideologias do período e as distinções sutis que eram extremamente importantes para ele – assim como para Nishida e Tanabe presos no mesmo torvelinho – lhe valeram a pouca simpatia de que ele hoje desfruta à luz dos acontecimentos que se seguiriam. Nishitani sofreu uma espécie de expurgo após a derrota do Japão e nunca voltaria a abordar essas questões em seus escritos. Embora continuasse a escrever sobre o Japão e a cultura oriental, ele o fazia de uma distância segura, tanto com relação a suas próprias opiniões anteriores quanto com relação ao incansável ataque dos críticos marxistas.

O Ponto de Vista do Vazio

À lógica do topos de Nishida e à lógica do específico de Tanabe, Nishitani acrescentou o que ele denominou o ponto de vista do vazio. Nishitani via esse ponto de vista não como uma perspectiva à qual se pode aceder sem esforço, mas como a realização de um encontro disciplinado e radical com a dúvida. O longo embate com o niilismo por trás disso estava longe de ser meramente acadêmico. Como jovem que ainda não chegara aos vinte anos de idade, ele caíra num profundo desespero no qual "a decisão de estudar a filosofia era, por mais melodramática que pudesse soar, uma questão de vida e morte para mim"[27]. Esse viria a ser o próprio ponto de partida de sua descrição da busca religiosa: "Nós nos tornamos conscientes da religião como uma necessidade, como uma obrigação para a vida, somente no nível da vida em que tudo mais perde sua necessidade e utilidade"[28].

Para Nishitani, o lado perverso, trágico e sem sentido da vida é um fato inegável. Mas trata-se de mais que um mero fato: ele é o embrião do senso religioso. O significado da vida é colocado em questão

27. *Nishitani Keiji chosakushū* (doravante citado como NKC) 20:175-84.
28. *Religion and Nothingness*, p. 3.

396 A ESPIRITUALIDADE BUDISTA

inicialmente, não pelo sentar-se para refletir sobre ele, mas pelo ser capturado nos acontecimentos que estão fora de nosso controle. Em geral, enfrentamos essas dúvidas nos refugiando nas formas de consolo disponíveis – racionais, religiosas ou de outros tipos – que todas as sociedades oferecem, para proteger sua sanidade coletiva. O primeiro passo para a dúvida radical está em permitir encher-nos tanto com ansiedade, que mesmo a frustração mais simples pode se revelar como um sintoma da falta de sentido radical, no centro de toda a existência humana. A seguir, compreendemos que esse senso do absoluto está ainda centrado no humano e é, dessa forma, incompleto. Então cedemos completamente à dúvida e a tragédia da existência humana se revela como um sintoma de todo o mundo do ser e do devir. Nesse ponto, diz Nishitani, é como se um grande abismo se abrisse a nossos pés em meio à vida normal, um "abismo de niilismo".

Filosofias inteiras foram construídas com base nesse niilismo e Nishitani se lançou de corpo e alma no estudo delas, não a fim de rejeitá-las, mas a fim de encontrar a chave para o que ele denominava a "auto-superação do niilismo". Devemos permitir que a percepção do niilismo se desenvolva na consciência, até que toda a vida se transforme num grande ponto de interrogação. Somente com esse ato supremo de negação do significado da existência, de forma tão radical que nos tornamos a negação e somos consumidos por ela, é que surge a possibilidade de uma superação dele. A libertação da dúvida, que simplesmente nos transporta para longe do abismo da falta de sentido, de retorno a uma visão de mundo na qual as coisas voltam a fazer sentido, protesta Nishitani, não é libertação de forma alguma. O niilismo em si mesmo, em sua negação absoluta, tem de ser enfrentado diretamente, para ser possível percebê-lo como relativo à consciência e experiência humanas. Nessa afirmação, a realidade revela seu segredo do vazio absoluto, que restabelece o mundo do ser. Ou, nos termos filosóficos que ele utilizava, "o vazio poderia ser denominado o campo da 'ser-ificação' (*Ichtung*) em contraste com o niilismo, que é o campo da 'nadificação' (*Nichtung*)"[29].

Em outras palavras, para Nishitani a religião não é tanto uma busca do absoluto, como um dos elementos que constituem a existência, mas antes, uma aceitação do vazio, que envolve todo este mundo inteiro do ser e do devir. Nessa aceitação – uma "apropriação plena" (*tainin*) – a mente se ilumina de forma tão fulgurante quanto a mente pode se iluminar. A realidade, que é vivida e morta por todas as coisas que vêm a ser e perecem no mundo, é realizada e compreendida no sentido mais pleno: nós participamos da realidade e sabemos que somos reais. Esse é o ponto de vista do vazio.

Sendo um ponto de vista, ele não é tanto um *terminus ad quem* quanto um *terminus a quo*: a introdução de um novo modo de olhar

29. Idem, p. 124.

FILOSOFIA COMO ESPIRITUALIDADE: O CAMINHO DA ESCOLA DE QUIOTO 397

para as coisas da vida, um novo modo de valorizar o mundo e re-construí-lo. Toda a vida se torna, diz ele, uma espécie de "dupla-exposição" na qual podemos ver as coisas exatamente como elas são e, ao mesmo tempo, vê-las em sua relatividade e transitoriedade. Longe de amortecer nosso senso crítico, esse ponto de vista o reforça. Para retornar ao caso da ciência, do ponto de vista do vazio, a atual obsessão pela explicação e pelos fatos se revela naquilo que ela é: uma sacralização do sujeito soberano que deliberadamente sacrifica a realidade imediata de seu próprio eu verdadeiro, à ilusão do conhecimento e controle perfeitos. Personalizar ou humanizar o absoluto, dominá-lo dogmaticamente, mesmo com os dispositivos mais avançados e as teorias mais confiáveis, é, no melhor dos casos, uma cura temporária para o perigo perpétuo de ser esmagado pelo niilismo. Somente um misticismo do cotidiano, um viver-no-morrer, pode colocar nossa existência em sintonia com a textura vazia do absolutamente real.

Em geral, pode-se observar, Nishitani dava preferência ao termo *vazio* (s. *śūnyatā*) em contraposição ao "nada absoluto" de Nishida, em parte porque o glifo correspondente em chinês, o caractere habitual para céu, captura a ambigüidade do vazio-na-plenitude por ele visada. Nesse ver, que é ao mesmo tempo um compreender, somos libertados da egoidade centrípeta do eu para o ex-stasis do eu que não é um eu. Isso, para ele, é a essência da conversão religiosa.

Em princípio, Nishitani sempre insistia em que a conversão envolve o compromisso com a história. Se ele valorizava, e freqüentemente reiterava, a correlação que o budismo Zen fazia entre a grande dúvida e a grande compaixão (os glifos chineses para ambos os termos são pronunciados da mesma forma, *daihi*), seus últimos escritos contêm numerosas censuras ao budismo, por sua "recusa extra-mundana em se envolver em questões da sociedade humana", por sua "falta de ética e de consciência histórica" e por seu "fracasso em se confrontar com a ciência e a tecnologia"[30].

Em suas principais discussões filosóficas sobre a história, no entanto, Nishitani tende a apresentar as concepções cristãs da história, tanto linear quanto cíclica, como contrapostas ao ponto de vista mais pleno do vazio, de inspiração budista – apesar da sensibilidade maior do cristianismo para questões morais. O vazio, ou nada, não se torna pleno ao dobrar o tempo sobre si mesmo periodicamente, como as estações que se repetem anualmente, nem ao oferecer um princípio evolutivo que aponta para um fim dos tempos, quando todas as frustrações do niilismo serão suprimidas, como acontece na escatologia cristã. Nishitani via o libertar-se do tempo como uma espécie de tangente que toca o círculo do tempo cíclico em sua circunferência exterior ou atravessa a linha

30. Cf. NKC 17:141, 148-50, 154-55, 230-31.

398 A ESPIRITUALIDADE BUDISTA

reta de seu progresso para frente. Assim como Nishida, ele preferia a imagem de um "agora eterno", que supera ambos os mitos do tempo na intemporalidade do momento do autodespertar. O que o teísmo cristão, em especial em sua imagem personalizada de Deus, alcança por um momento em sua capacidade de julgar a história, ele muitas vezes perde no momento seguinte por seu fracasso em compreender a onipresença do absoluto em todas as coisas. Para Nishitani, o ponto de vista do vazio aperfeiçoa a dimensão pessoal da vida humana, ao acrescentar o amor impessoal e não-diferenciador, o qual nada mais é que a própria coisa que o cristianismo venera no Deus, que faz o sol brilhar igualmente sobre o justo e o injusto e que se esvazia de sua forma divina ao se tornar Cristo[31]. Mas aqui, mais uma vez, vemos Nishitani em escritos posteriores reavaliando a relação Eu-Você e a interconexão de todas as coisas, a ponto mesmo de afirmar que "o pessoal é a forma básica da existência"[32].

Nas páginas acima, sacrificamos muita coisa em vista da brevidade e de uma certa clareza na exposição. Talvez somente a *askēsē* do confronto com os textos originais possa nos dar uma percepção da complexidade dos pensadores da escola de Quioto. Filosoficamente, muitos problemas permanecem na "lógica" de Nishida, Tanabe e Nishitani. Alguns deles foram eliminados pela filosofia mais recente; outros se beneficiarão com novos estudos e comparações; outros serão perenes. A tarefa de formular tanto perguntas filosóficas quanto religiosas faz parte, estou convencido, destes últimos.

BIBLIOGRAFIA

Fontes Primárias

FRANCK, Frederick (org.). *The Buddha Eye: An Anthology of the Kyoto School.* New York: Crossroad, 1982.

JACINTO ZAVALA, Agustín (org.). *Textos de la Filosofía Japonesa Moderna.* Zamora: El Colegio de Michoacán, 1995. V. 1.

NISHIDA Kitarō zenshū (Obras Reunidas de Nishida Kitarō). Tokyo: Iwanami, 1978. 19 vols.

NISHIDA Kitarō. *An Inquiry into the Good.* New Haven: Yale University Press, 1990.

_____. *Last Writings: Nothingness and the Religious Worldview.* Trad. David Dilworth. Honolulu: University of Hawai'i Press, 1987.

NISHITANI Keiji chosakushū (Obras Reunidas de Nishitani Keiji). Tokyo: Sōbunsha, 1986- . 26 volumes até o momento.

31. Cf. em especial, *Religion and Nothingness*, cap. 2.
32. NKC 24:109.

FILOSOFIA COMO ESPIRITUALIDADE: O CAMINHO DA ESCOLA DE QUIOTO 399

NISHITANI Keiji. *Religion and Nothingness*. Berkeley: University of California Press, 1982.

_____. *The Self-overcoming of Nihilism*. Albany: State University of New York Press, 1990.

ŌHASHI Ryōsuke (org.). *Die Philosophie der Kyōto-Schule: Texte und Einführung*. Freiburg: Karl Alber, 1990.

TANABE *Hajime zenshū* (Obras Reunidas de Tanabe Hajime). Tokyo: Chikuma Shobō, 1964. 15 vols.

TANABE Hajime. *Philosophy as Metanoetics*. Berkeley: University of California Press, 1986.

Fontes Secundárias

HEISIG, James W.; MARALDO, John (orgs.). *Rude Awakenings: Zen, the Kyoto School, and the Question of Nationalism*. Honolulu: University of Hawai'i Press, 1994.

JACINTO ZAVALA, Agustín (org.). *La Filosofía Social de Nishida Kitarō, 1935-1945*. Zamora: El Colegio de Michoacán, 1995. V. 1.

JASPERS, Karl. *The Way to Wisdom*. New Haven: Yale University Press, 1954, 14. Tradução modificada.

KŌSAKA Masaaki chosakushū. Tokyo: Risōsha, 1965. V. 8.

LAUBE, Johannes. *Dialektik der absoluten Vermittlung*. Freiburg: Herder, 1984.

NISHIDA Kitarō; Tanabe Hajime; Nishitani Keiji. The Kyoto School: verbetes em *Encyclopedia of Philosophy*. London: Routledge, 1998.

ON THE ART of the No Drama: The Major Treatises of Zeami. trad. de J. Thomas Rimer e Yamazaki Masakazu. Princeton: Princeton University Press, 1984.

THE EASTERN Buddhist 28:2. Edição Memorial de Nishida Kitarō. (1995).

THE EASTERN Buddhist 25:1. Edição Memorial de Nishitani Keiji. (1992).

UNNO, Taitetsu (org.). *The Religious Philosophy of Nishitani Keiji*. Berkeley: Asian Humanities Press, 1989.

UNNO, Taitetsu; HEISIG, James W. (orgs.). *The Philosophy of Tanabe Hajime*. Berkeley: Asian Humanities Press, 1990.

Parte VI:
Arte, Sociedade
e Novas Direções

27. Os Corpos do Buda e a Virada Iconográfica no Budismo

Mimi Hall Yiengpruksawan

Muitas perguntas foram feitas sobre o que vemos quando vemos o Buda. Mas, superficialmente uma questão simples, essa interrogação evoca a proposição mais desafiadora do discurso budista: que o Buda está ao mesmo tempo presente e ausente. O Buda tem um corpo, o que o filósofo Asaṅga, da escola Iogacara, denominava "suporte" (*āśraya*) e, como esse corpo, o Buda ocupa um lugar, tem uma localização, é visto, sentido ou ouvido. Mas Asaṅga deixava claro que o "suporte", que é o corpo do Buda, é, em última análise, o corpo do Darma, que – vazio, sem imagens, sem desejos, silencioso – é o próprio estado de iluminação, e de forma alguma um corpo. Como afirma Malcolm David Eckel, o corpo do Buda, sua localização, é "um lugar em que uma ausência está presente"[1].

Esse tipo de paradoxo é fundamental para a episteme budista e anima todos os aspectos do discurso budista. Existe uma "tensão entre a transcendência e a imanência do Buda – entre sua localização no interior tanto de nirvana quanto de *samsara*", escreve John D. Dunne, entre o "envolvimento do Buda Śākyamuni no mundo como um professor e seu desapego do mundo como um ser desperto"[2]. O Buda tem "omni-

---

1. Malcolm David Eckel, *To See the Buddha: A Philosopher's Quest for the Meaning of Emptiness*, p. 65; Paul J. Griffiths, Noriaki Hakamaya, John P. Keenan, Paul L. Swanson, *The Realm of Awakening: Chapter Ten of Asaṅga's Mahāyānasangraha*, p. 49-56. Sobre a visão do Buda, cf. Eckel, *To See the Buddha*, e Paul J. Griffiths, *On Being Buddha: The Classical Doctrine of Buddhahood*, 1994.

2. John D. Dunne, Thoughtless Buddha, Passionate Buddha, *Journal of the American Academy of Religion* 64:3 (1996) 525.

404   A ESPIRITUALIDADE BUDISTA

lingualidade", mesmo como "Buda *in se* ele não fala", escreve Paul J. Griffiths, e "não está envolvido com a linguagem"[3]. Eckel considera paradoxos como esses, e especificamente as implicações da ausência do Buda, como "pontos de discrepância que desafiam a estabilidade da própria conceitualidade" e que, no entanto, conduzem à percepção, conhecimento e "a capacidade de perceber e responder à ausência". Ele utiliza o modelo de Foucault do heteróclito como ferramenta para compreender o funcionamento do paradoxo no pensamento budista como um desafio radical à própria descrição: as "coisas são 'dispostas', 'colocadas' e 'organizadas' em lugares tão diferentes entre si que é impossível encontrar um lugar próprio para elas, definir uma tópica comum sob todas elas"[4]. Nesses termos, é possível afirmar que o vínculo duplo do discurso budista se origina na condição fundamental do Buda como fora do espaço da representação.

Esse solo do vazio e sua descrição, sobre o qual o edifício do budismo se sustenta, é o domínio cujos portais são a visão e a lembrança. O processo do despertar é um processo da visão: compreender é ver (*darśana*) ou alcançar a iluminação. É um processo que depende de imagens, sem as quais, dizia Asaṅga, "não há nada a se compreender"[5]. A imagem final é o Buda, do qual derivam as palavras e imagens dos textos sagrados e a própria iluminação. Isso é imagem num sentido fundamental: uma figura que relembra "uma experiência perceptiva concreta, mas que está no momento ausente"[6]. Uma linguagem da memória dá apoio a essa descrição. Pela reflexão (*anusmṛti*), as propriedades físicas do Buda são resgatadas e lembradas, sua vida, representada no sentido mais literal, seus ensinamentos, ouvidos mais uma vez[7]. Dessa forma, a visão e a memória atuam no sentido de resgatar o Buda, mas também revelam que ele se foi.

Naturalmente as lembranças e visões, na verdade todos os meios apropriados ao longo do caminho para a iluminação, provêm do Buda. Existe o Buda; e então há tudo mais, tal como ele predisse. O que importa não é tanto que o Buda seja visto, ou representado, mas que ele torne possível ver. Como observa Eckel, "a característica crucial do Buda não é seu próprio *ver*. É sua capacidade de *iluminar* as mentes dos outros que ainda não viram". Nesse sentido, a visão se torna uma troca, "uma forma de comunhão, como o contato". Ver o Buda "não é apenas a visão

---

3. Griffiths, *On Being Buddha*, p. 116, 160-61; cf. também Eckel, *To See the Buddha*, p. 65-66.

4. Eckel, *To See the Buddha*, p. 63-65; cf. também Michel Foucault, *The Order of Things: An Archaeology of the Human Sciences*, p. xvii-xviii.

5. Griffiths et al., *The Realm of Awakening*, p. 10.

6. Gilbert Durand, The Imaginal, em Mircea Eliade (org.), *The Encyclopedia of Religion*, 7.109.

7. Para o conceito de recordação, cf. Eckel, *To See the Buddha*, p. 135, 137; Griffiths, *On Being Buddha*, p. 93, 100, 194.

OS CORPOS DO BUDA E A VIRADA ICONOGRÁFICA NO BUDISMO

fria e analítica que permite à pessoa decompor a estrutura da realidade […], mas também a visão emocional de um objeto amado"[8].

A enorme iconicidade que caracteriza o budismo, no qual uma multiplicidade de formas torna o Buda visível, é o aspecto lógico de um empreendimento de busca e união extremamente emocional. Trata-se de um projeto tocado pela melancolia: cada imagem é um lembrete de que o Buda está em um outro lugar, para além da representação. O peregrino chinês Fa-hsien, no templo de Jetavana no século V D.C., ficou entristecido ao ver os lugares nos quais Buda uma vez estivera (T 51.860c-4; Legge, 58)[9]. As imagens do Buda podem ser equiparadas com esse templo: elas são os locais em que o Buda se posiciona transitoriamente em benefício dos seres sencientes. Assim as imagens não são tanto representações gráficas do Buda, mas antes semelhanças, nas muitas formas por meio das quais ele afeta as mentes dos que o buscam. Uma tal imagem é um ícone no sentido literal de que ela "é um signo que teria o caráter que a torna relevante, mesmo que seu objeto não existisse"[10].

Em conseqüência, o budismo, como uma prática significadora sem objeto nem referente, permite o desenvolvimento de um vasto sistema de signos icônicos, indexicais e simbólicos, além de uma iconografia complexa, destinada a tornar o não-pictórico perceptível aos sentidos. Na verdade, o processo do despertar está voltado para a capacidade de alcançar a percepção direta desses signos. Aqui, a iconografia não é simplesmente um registro ou lista de imagens, embora isso seja parte de sua função. A iconografia é, sobretudo, uma inscrição, um "escrever ícones" por meio do qual imagens são traçadas (ou imaginadas) ao longo das coordenadas que elas compartilham com as palavras do texto no campo da representação. Ela é também o quadro sobre o qual a imagética budista se organiza – uma taxonomia – para tornar possível o arranjo bem-ordenado de um domínio de significação, no qual o referente constantemente desloca seu solo como uma sombra na parede.

O ensaio que se segue delineia rapidamente a iconografia budista como uma prática, um sistema de representação e uma história. Ele explora como e em que condições uma virada iconográfica da mente veio a dominar o pensamento budista e examina as implicações de tal mudança de paradigma. Ele examina a iconografia budista em seus

8. Eckel, *To See the Buddha*, p. 1, 138-139, 146. Griffiths descreve a trajetória de Gautama como uma manifestação que consistia "exclusivamente em 'representações' (*vijñapti*), 'aparências' (*pratibhāsa*), ou 'reflexões' (*pratibimba*) na mente dos outros"; cf. Griffiths, *On Being Buddha*, p. 93.

9. *Kao-seng Fa-hsian chuan* (T n. 2085); James Legge (trad.), *A Record of Buddhistic Kingdoms: Being an Account by the Chinese Monk Fa-Hien of His Travels in India and Ceylon (399-414 D. C.) in Search of the Buddhist Books of Discipline*.

10. C. S. Peirce, Logic as Semiotic: The Theory of Signs, em R. Innis (org.). *Semiotics: An Anthology*, p. 9.

406 A ESPIRITUALIDADE BUDISTA

aspectos taxonômicos de categoria e tipo, com ênfase na natureza do corpo do Buda. Na conclusão, ele considera as conseqüências sociais da iconografia como ideologia, com base no pressuposto budista de que, tomando de empréstimo uma expressão do cantor Johnny Cash, "em sua mente [...] tudo acontece em sua mente"[11].

INÍCIOS

Quando se preparava para a cessação final, Gautama Śākyamuni pediu aos discípulos que olhassem para seu corpo e mostrou-lhes as grandes e pequenas características que o identificavam como um corpo do Buda (*Tathāgatakāya*). Os discípulos viram 32 grandes características (*lakṣaṇa*) e oitenta marcas menores (*anuvyañjana*) de uma "grande pessoa" (*mahāpuruṣa*)[12]. Entre as grandes características estavam dedos longos, calcanhares largos, mãos e pés macios e delicados, um pênis coberto, um corpo arredondado e ereto, pele dourada, olhos azuis, dentes brancos. Era por compaixão que ele se mostrava dessa forma, porque um corpo como esse é "difícil de ver". Śākyamuni disse então: "As coisas são assim, fenômenos condicionados não têm existência" – e se foi (T 6.968a-969a). Em seguida, o corpo físico (*kāya*) de Śākyamuni foi cremado e as relíquias de seu corpo (*śarīra*) foram distribuídas para ser colocadas em *stūpas* (estupa)[13].

Esse relato, do *Sutra de Śatasāhasrikā-prajñāpāramitā*, é centenas de anos posterior à vida de Gautama Śākyamuni e não pode ser aceito literalmente. No entanto, ele articula os fatos básicos da caracterização do Buda. Em primeiro lugar, o Buda produz sua própria representação para ser visto; é ele que dá origem a ela, é ele que mostra a seus seguidores suas marcas, sendo ele próprio tanto o signo quanto a base do signo. A representação é a de um belo homem. Ela é divisível em partes – marcas, sinais – que constituem o todo. O Buda pode ser visto como esse todo, ou em suas partes isoladas: como ícone, mas também como símbolo ou índice. Um não toma o lugar do outro; cada qual é uma estratégia por meio da qual o Buda é imaginado retrospectivamente como um corpo, ou "ponto de vista", no qual a iluminação aconteceu ou estava contida[14]. Na cessação final, o Buda é reabsorvido, mas deixa um lembrete: seu corpo como imagem e recordação, como relíquia e, em última análise, como lugar ou ponto de vista.

---

11. Johnny Cash, In Your Mind, *Dead Man Walking*, Columbia Pictures, 1995.
12. Cf. Griffiths, *On Being Buddha*, p. 68, 99-100.
13. Para *kāya* como corpo físico e como coletânea ou combinação e *śarīra* como tanto corpo físico quanto restos ou relíquias, cf. Eckel, *To See the Buddha*, p. 99, e Gustav Roth, The Physical Presence of the Buddha and its Representation in Buddhist Literature, em *Investigating Indian Art*, p. 291, 293-94.
14. Para o corpo do Buda como um "ponto de vista", cf. Eckel, *To See the Buddha*, p. 105.

OS CORPOS DO BUDA E A VIRADA ICONOGRÁFICA NO BUDISMO 407

A forma sistemática com que o corpo do Buda é descrito no *Sutra de Mahāparinirvāṇa* pressupõe a existência de um modelo, talvez uma pintura ou uma escultura. Existem lendas de que uma estátua de Gautama Śākyamuni foi feita e ainda era homenageada, enquanto ele estava no mundo. Fa-hsien registrou a história do rei Prasenajit, de Kosala, que tinha uma estátua em sândalo entalhada à semelhança do Buda, como um substituto, enquanto o Buda, a quem Prasenajit desejava ver, estava longe, no Céu de Trāyastriṃśa. A estátua foi colocada onde o Buda habitualmente se sentava em Jetavana. Quando o Buda retornou, a imagem se levantou para se encontrar com ele, mas o Buda ordenou que voltasse a seu lugar. Após a cessação final, disse ele, a estátua serviria como um modelo para seus discípulos; o Buda então saiu para ocupar residência em algum outro lugar no complexo do templo. "Essa foi a primeira de todas as imagens", escreveu Fa-hsien, "e a que os homens subseqüentemente copiaram" (T 51.860b18-23; Legge, 56-57)[15].

As representações iniciais do Buda provavelmente não seguiam esse modelo e, na verdade, as primeiras imagens tendem a não ser antropomórficas. Ao contrário, o Buda aparece na forma de símbolos – uma roda ou um *stūpa*, pegadas, um espaço vazio em um trono – e não como uma pessoa, como nos entalhes em *stūpas* em Bhārhut, que datam do século II a.C. Essas representações podem ser comparadas com as denominações pelas quais o Buda era conhecido: "títulos de dignidade e poder" como "Desperto" (Buda), "Assim-Partido" (Tathāgata), "Abençoado" (Bhagavat). Essas designações são usadas pelos autores dos textos sagrados, "para sinalizar lexicalmente o que eles consideram como última e definitivamente real", sabendo que o definitivamente real "é inacessível ao discurso". Como relíquias, as representações do Buda na forma de denominações denotam uma ausência significava que é lembrada por meio da semelhança[16].

Alfred Foucher introduziu o termo "anicônico" para descrever as formas nas quais o Buda era apresentado como símbolo, não como pessoa, nos mais antigos exemplos da arte budista[17]. Essa visão tem sido questionada por Susan Huntington, que argumenta que essa imagética "anicônica" (tronos vazios, rodas, *stūpas*) não é destinada a representar o Buda, mas sim, a denotar os lugares nos quais o Buda era venerado, os "núcleos sagrados" da atividade ritual. Sua argumentação é boa, mas

15. O peregrino chinês Hsüan-tsang registrou, em 629, um relato análogo sobre o rei de Udayana e uma estátua do Buda, que Hsüan-tsang viu num velho templo em Kosāmbi; cf. *Ta-t'ang hsi-yü chi* (j. *Daitō shiyūki*), T 51.898a6-16 (n. 2087), e Samuel Beal (trad.), *Si-yu-ki: Buddhist Records of the Western World*, I, p. 235-236.

16. Frank E. Reynolds e Charles Hallisey, Buddha, em *The Encyclopedia of Religion* 2.326. Para as denominações, cf. Griffiths, *On Being Buddha*, p. 60, 173.

17. Cf. Alfred Foucher, *The Beginnings of Buddhist Art and Other Essays in Indian and Central Asian Archaeology*, p. 1-29.

408 A ESPIRITUALIDADE BUDISTA

não prova necessariamente que uma roda ou um *stūpa* não funcione como "substituto" para o Buda, mas apenas que, no estágio inicial da interpretação ou compreensão, essas imagens apresentam uma coisa ou lugar associados ao Buda, mas dos quais ele foi afastado[18]. Que uma coisa ou lugar desse tipo (como um corpo humano) também possa ser o Buda – possa tornar presença uma ausência – é algo logicamente consistente em bases doutrinais e filosóficas.

A idéia de que algumas representações do Buda são anicônicas, quer simbólicas (*stūpas*), quer indexicais (pegadas), decorre da noção de que o Buda também tem uma forma icônica, uma "semelhança", que é a de um ser humano do sexo masculino. Que representações icônicas e anicônicas do Buda coexistiram na arte budista em seus primórdios é sem dúvida plausível, mas até hoje apenas exemplos raros foram documentados[19]. Como observa Griffiths, a apresentação "deliberadamente anicônica" do Buda nos primórdios do budismo provinha de uma necessidade doutrinal de "evitar predicar mudança ao Buda"[20]. Nos últimos anos, outras necessidades prevaleceram e figuras inteiramente antropomórficas do Buda tornaram-se a norma. No entanto, a imagética anicônica continuou a aparecer na iconografia budista, como uma espécie de gramática profunda no núcleo semântico da linguagem budista da visão.

A representação do Buda na forma humana tem sido vinculada à consolidação, por volta do início da Era Comum, do novo sistema de ensinamentos que mais tarde seria denominado budismo Mahāyāna. Na verdade, a virada iconográfica no budismo, rumo a uma imagética antropomórfica e zoo-antropomórfica cada vez mais complexa, ocorreu em conjunção estreita com a difusão de práticas da escola Mahāyāna transmitidas da Índia para a Ásia Central e depois para a China[21]. Hirakawa Akira identificou três fontes principais dessa emergente "religião de muitas facetas", com suas raízes profundas na devoção leiga: os desenvolvimentos doutrinais específicos no Mahāsāṇghika, Sarvāstivāda e outros movimentos budistas sectários da época; uma bibliografia transsectária cada vez maior sobre a biografia do Buda; e a veneração dos *stūpas*[22].

---

18. Cf. Susan L. Huntington, Early Buddhist Art and the Theory of Aniconism, *Art Journal* 49 (1990), p. 401-408.

19. Huntington, Early Buddhist Art, p. 402. Distinguir entre formas não-representacionais (anicônicas ou simbólicas) e representacionais (icônicas) não significa aceitar o argumento de Foucher de que as formas icônicas eram derivadas de modelos gregos.

20. Griffiths, *On Being Buddha*, p. 94.

21. Gregory Schopen e outros mostraram que a preocupação "com imagens e com o culto de imagens" já era evidente nas escolas de tradição Theravāda do budismo primitivo; cf. Gregory Schopen, Mahāyāna in Indian Inscriptions, *Indo-Iranian Journal* 21 (1979), p. 16. Esse interesse pelos ícones, em especial pelos ícones como objetos de culto, também precisa ser considerado como um dos fatores determinantes do desenvolvimento do budismo de tradição Mahāyāna.

22. Hirakawa Akira, *A History of Indian Buddhism from Śākyamuni to Early Mahāyāna*, trad. Paul Groner, p. 4, 260-274.

OS CORPOS DO BUDA E A VIRADA ICONOGRÁFICA NO BUDISMO 409

Do século II ao século V, à medida que o movimento Mahāyāna obtinha aceitação, novos textos sagrados eram compilados: os sutras de *Prajñāpāramitā*, sobre a sabedoria; o sutra de *Avataṃsaka*, sobre a iluminação do Buda e a natureza do bodisatva; o sutra do *Lótus*, sobre a pureza da mente e a natureza do Buda; o *Sukhāvatīvyūha*, sobre Amitābha e o poder da fé; e outros[23]. De um lado, esses textos são tratados filosóficos complexos sobre a sabedoria da não-substancialidade, ou vazio; a natureza do Buda e da mente e outras questões críticas da doutrina, de outro, eles contêm relatos vívidos sobre uma diversidade de budas e campos-do-Buda (*buddhakṣetra*) com literalmente centenas de bodisatvas e outras divindades descritas com enorme detalhe. Como tais, eles também são um grande testemunho, não apenas da devoção Mahāyāna, mas também de seu ideal de budas e bodisatvas compassivos, manifestando-se em infinitos corpos aos habitantes da esfera do sofrimento. A importância de se ver essas figuras, de fazer contato com elas por meio da visão e da contemplação, é manifesta em toda parte nesses textos.

A razão da preferência da representação icônica em relação à representação rigorosamente simbólica ou indexical do Buda e, por extensão, dos bodisatvas como budas que, por compaixão, adiaram sua cessação final, encontra-se nas raízes Mahāyāna da biografia e adoração dos *stūpas*, bem como na ênfase dos textos sagrados na relação visual com o Buda e os bodisatvas. É fácil ver como a biografia teria inspirado a representação antropomórfica do Buda. A idéia de Asaṅga do corpo como um suporte, com a noção decorrente de que um corpo é um receptáculo, ajuda-nos a explicar como um *stūpa* podia ser associado ao Buda. Como mostra Gustav Roth, as mais antigas descrições do corpo do Buda poderiam igualmente se referir a um *stūpa*. "A figura de meu corpo deve ser circular", diz o Buda, "até onde alcança a medida dos dois braços estendidos, a medida do corpo deve alcançar igualmente a mesma medida (em relação à altura e largura)"[24].

Foi da necessidade de conceber o Buda como dotado de um corpo humano e buscar semelhanças com esse corpo, para os propósitos da adoração, que surgiu um antigo comentário sobre como fazer uma imagem do Buda[25]. Essa necessidade também deu origem a um discurso sobre a natureza do corpo do Buda, da qual seria derivada a teoria do

23. Para um histórico e resumo desses textos, cf. Hirakawa, *A History of Indian Buddhism*, p. 275-295.

24. Roth, The Physical Presence of the Buddha and its Representation in Buddhist Literature, p. 295. Circularidade ou formas redondas também constituem a décima primeira das 32 principais características do corpo do Buda: "Ele é redondo, como uma árvore banyan" (T 6.986). Cf. Griffiths, *On Being Buddha*, p. 99.

25. Cf., por exemplo, os dois capítulos finais da tradução de Lokakṣema, no século II, do *Sutra de Aṣṭasāhasrikā-prajñāpāramitā*, o *Dōgyō hannya kyō* (c. *Tao-hsing pan-jo ching*), T 8 (n. 224) 476b-78a.

410 A ESPIRITUALIDADE BUDISTA

corpo como suporte, formulada por Asaṅga. A análise filosófica girava em torno da noção de que o corpo do Buda é "numericamente um, mas funcionalmente múltiplo"[26]. No pensamento Mahāyāna primitivo, o Buda era visto como tendo um corpo duplo, isto é, o corpo do Darma (*dharmakāya*), que é sem-forma, absoluto e real; e o corpo da Forma (*rūpakāya*), que, tangível e dotado de cor, é acessível aos sentidos. Asaṅga e outros mestres da escola Iogacara afirmariam mais tarde que o Buda tem um corpo triplo: o corpo do Darma; o corpo do Deleite (*saṃbhogakāya*); e o corpo da Manifestação (*nirmāṇakāya*). Essa seria a principal posição da escola Mahāyāna a partir do século IV.

Assim como o campo unificado de uma partícula na física, o corpo do Darma é compreendido como basicamente inconcebível no espaço e no tempo. Ele é o corpo essencial ou o "primeiro" corpo do Buda, escreve Griffiths, e sustenta os outros corpos, como afirmava Asaṅga. Mais precisamente, o corpo do Darma não é nem um corpo nem tem um gênero; Griffiths se refere a ele como "isso"[27]. Eckel escreve sobre o corpo do Darma como um "estado de consciência que torna o Buda um ser iluminado" e que é livre de todos os conceitos"[28]. Ele também poderia ser descrito como o catálogo básico das realidades virtuais do budismo.

O corpo de Deleite é o modo como o Buda se torna manifesto – virtualmente – para os que alcançaram um estágio de compreensão adiantado. Existem muitos corpos de Deleite, assim como muitos budas. Cada corpo de Deleite existe como um Buda num campo-do-Buda, ou "domínio celestial, que não é direta ou facilmente acessível aos seres que vivem encarnados num domínio-do-mundo como o nosso"[29], no qual ele ensina a um grupo de ouvintes. Um corpo de Deleite tem um nome individual – Amitābha, Akṣobhya, Bhaiṣajyaguru, Vairocana – e exibe características físicas reconhecíveis, por meio das quais ele pode ser distinguido de outros corpos de Deleite, como, por exemplo, um corpo azulado (Akṣobhya) ou como luz fluindo através de seus poros (Vairocana).

Gautama Śākyamuni é o exemplo do "corpo de transformação mágica" que é a Manifestação do corpo que, assim como o corpo de Deleite, tem formas múltiplas. Eckel descreve o corpo de Manifestação como uma "expressão conceitual" do corpo do Darma, pois ele fala e "produz um ensinamento que se encaixa nas necessidades dos discípulos"[30]. Griffiths diz que os corpos de Manifestação têm uma história: "eles nascem, renunciam ao mundo, alcançam o despertar, pregam a doutrina, fundam a comunidade monástica, ensinam, reúnem seguidores e um dia morrem". Em termos rigorosos, um corpo de Manifestação

26. Griffiths, *On Being Buddha*, p. 134.
27. Idem, p. 81, 89.
28. Eckel, *To See the Buddha*, p. 75.
29. Griffiths, *On Being Buddha*, p. 129.
30. Eckel, *To See the Buddha*, p. 75.

OS CORPOS DO BUDA E A VIRADA ICONOGRÁFICA NO BUDISMO 411

não precisa ser, necessariamente, humano: pode ser um animal, ou um fantasma faminto, desde que "apareça como algo extremamente benéfico para a salvação"[31].

Os corpos de Deleite e de Manifestação podem ser comparados à sombra que Fa-hsien viu na parede do templo de uma caverna em Nāgara. À distância, a sombra "parecia ser a forma real do Buda, com sua complexão de ouro". Mas se você se aproximasse, ela se tornava mais tênue, "como se estivesse somente em sua imaginação" (T 51.859a; Legge, 39). Esse aspecto interativo, um jogo entre uma sombra e a mente para a caracterização de um Buda, foi importante para as práticas de meditação que se tornariam proeminentes na cultura Mahāyāna. Enquanto tipos mais antigos de atividade meditativa eram em grande parte voltados para os estados de absorção ou transe, que resultavam em obliteração sensorial, a prática Mahāyāna recorria também a tradições que envolviam exercícios de visualização destinados a produzir os estados de consciência sensorial intensificados de um Buda ou bodisatva.

Alan Sponberg identifica uma série de práticas de meditação na tradição Mahāyāna – ele oferece uma relação de nove tipos – e distingue entre eles dois modos básicos: enstático e extático. Ele denomina "enstáticas" as classes de meditação como *dhyāna* e *samādhi*, que buscam "um estado de equilíbrio, a cessação completa de processamento sensorial". Classes de meditação que exigem exercícios de visualização, sobretudo *anusmṛti*, ele denomina "extáticas". Na meditação extática, "o praticante busca um estado de sensação intensificada, lançando-se numa realidade alternativa, rica em detalhes estéticos e emocionais". A meditação extática é "eidética", pelo fato de exigir um resgate total da imagem visual por meio de projeção mental. Em sua maior parte, os exercícios de visualização extática são diretamente voltados para a lembrança de corpos de Deleite e seus campos-do-Buda, sendo o mais famoso deles Amitābha, em Sukhāvatī. Eles são vistos como experiências altamente emocionais, que produzem belas visões e são psicologicamente transformadoras[32]. Embora os exercícios de visualização marquem "apenas o início" da meditação propriamente dita, observa Eckel com relação à prática-padrão, eles no entanto abrem o caminho para tudo que se segue[33].

Os corpos de Deleite e as projeções mentais têm em comum o fato de não existir realmente. Eles são destinados, sobretudo, a produzir efeitos salvíficos nas mentes dos que os percebem. Desse modo, são na verdade uma conseqüência de como a experiência de ver o Buda também

---

31. Griffiths, *On Being Buddha*, p. 82, 90-91. Para um importante exame da teoria dos três corpos, cf. Nagao Gadjin, *Mādhyamika and Yogācāra: A Study of Mahāyāna Philosophies*, p. 103-122.

32. Alan Sponberg, Meditation in Fa-hsiang Buddhism, em Peter N. Gregory (org.), *Traditions of Meditation in Chinese Buddhism*, p. 17-19, 21-22, 26-27.

33. Eckel, *To See the Buddha*, p. 135.

412 A ESPIRITUALIDADE BUDISTA

é uma experiência do ser iluminado. A valorização dos ícones – de imagens pintadas e esculpidas de corpos de Deleite e outros salvadores – é conseqüência lógica da ênfase na visão e na memória (ou lembrança), como pontos de entrada para as áreas mais profundas da meditação e compreensão. Os ícones têm a dimensão adicional de existir fisicamente no espaço e fornecer um ponto de apoio para o olhar insaciável que é despertado pela meditação e devoção como o paradigma fundamental da prática budista. No final, os ícones, assim como as projeções mentais e os corpos de Deleite, não têm mais substância que o Buda. Mas sua ação é inacessível a uma ordem discursiva que precisa ver algo no nada.

ICONOGRAFIA

No século VI, uma grande diversidade de budas e seres-Buda havia surgido, paralelamente ao desenvolvimento dos estudos doutrinais sobre a não-substancialidade e a mente. Somente para o Buda, os antigos textos sagrados e a prática Mahāyāna haviam gerado milhares de possibilidades icônicas, o exemplo representativo dessa tendência à multiplicação sendo o *Sutra de Avataṃsaka*, com suas miríades de campos-do-Buda emanando do resplandecente Vairocana. Uma forma de lidar com essa situação potencialmente incontrolável foi desenvolvida pelo movimento Vajrayāna, ou tantrismo, que surgiu como uma tradição distinta no contexto do Mahāyāna do século VI.

O tantrismo enfatiza, entre outras coisas, um alto nível de interatividade com o Buda e uma compreensão sistemática (ou mesmo tabular) do universo budista. A interatividade surge por meio da iniciação nos ensinamentos secretos, transmitidos diretamente pelo Buda e acessíveis somente aos adeptos e por meio do conhecimento de um complexo de comportamentos rituais, que incluem gestos manuais (*mudrā*), sílabas mágicas (*mantra*), fórmulas (*dhāraṇi*) e a concentração nos mandalas e outros auxílios visuais que conduzem à união com o Buda. Os praticantes do Vajrayāna, de fato, obtêm acesso direto ao Buda como se estivessem entrando numa densa rede de energia, que eles podem manipular para diversos fins.

O Buda que gera essa rede, o Buda fundamental, é Mahāvairocana, tal como revelado no *Sutra de Mahāvairocana* (j. *Dainichikyō*) e no *Sutra de Vajraśekhara* (j. *Kongōchōkyō*), por sua própria voz (ele não é apresentado por Gautama Śākyamuni nem por qualquer outro Buda). Descrito como um *Buda solaris* irradiando luz intensa, Mahāvairocana é interpretado como o interior ao qual todos os outros budas e seres-Buda na diversidade Mahāyāna são homeomórficos: tudo emana dele. Ele também é o mapeador do universo: tudo, nos domínios numênico e fenomênico, emerge dele e é tecido como uma grande teia, a partir de sua presença absoluta. Os dois sutras apresentam os principais ensinamentos sobre Mahāvairocana e sobre os rituais de mandala próprios a sua

OS CORPOS DO BUDA E A VIRADA ICONOGRÁFICA NO BUDISMO   413

celebração. Em algumas seções, eles são tanto um exercício em écfrase como uma articulação sistemática de protocolos rituais e doutrinais para as artes plásticas, em particular para a pintura, sendo absolutamente fundamentais para as revelações geradas por Mahāvairocana.

O *Sutra de Mahāvairocana* e o *Sutra de Vajraśekhara* contêm relatos sobre representações gráficas diagramáticas – mandalas – dos domínios numênico e fenomênico que emanam de Mahāvairocana como budas, bodisatvas e outros seres para formar o mundo do Ventre (*Garbhadhātu*) e o mundo do Diamante (*Vajradhātu*), respectivamente. O segundo e nono capítulos do *Sutra de Mahāvairocana* apresentam o mandala do Ventre, ou Mahāvairocana como a sabedoria última, na forma de um campo contendo 414 emanações dispostas ao redor de uma figura de Mahāvairocana no centro (T 18.4a-12c, 31a-36a). De modo análogo, a segunda seção do *Sutra de Vajraśekhara* apresenta o mandala do Diamante, ou Mahāvairocana, manifestado aos que alcançam o domínio último (quinto) da prática, como um campo contendo 1.461 emanações, cada uma, o resultado de uma projeção mental contra o oval da lua nova (T 18.216c-217b). Ambos os mandalas são descritos como figuras num plano bidimensional, ou seja, como construções de linhas e tinta (T 18.11c17, 31a29). O *Sutra de Vajraśekhara* ensina os praticantes a medir a sabedoria com linhas (T 18.217a2).

A forte ênfase nos materiais visuais na atividade meditativa ou ritual segue o padrão da prática da escola Mahāyāna e por si só não torna o movimento Vajrayāna um movimento distinto. No entanto, quando o *Sutra de Mahāvairocana* e o de *Vajraśekhara* enfatizam a importância de mandalas desenhados de forma atraente, em outras palavras, quando a arte se torna essencial para o processo da conduta ritual, é feita a passagem do texto para a imagem como ilustração da doutrina. O monge japonês Kūkai, que introduziu os ensinamentos da tradição Vajrayāna na comunidade monástica japonesa no século IX, articulou essa mudança em palavras memoráveis:

Na verdade, as doutrinas esotéricas são tão profundas que desafiam sua enunciação por escrito. Com a ajuda da pintura, no entanto, suas obscuridades podem ser esclarecidas. As várias atitudes e *mudrās* das imagens sagradas têm sua fonte no amor do Buda e podemos alcançar a iluminação búdica à vista deles. Assim, os segredos e comentários dos sutras podem ser retratados na arte, e as verdades essenciais dos ensinamentos esotéricos são todas apresentadas nela [...]. A arte é o que nos revela o estado da perfeição[34].

34. William Theodore de Bary (org.), *Sources of Japanese Tradition*, I, p. 138; *Goshōrai mokuroku*, em Bussho Kankōkai (org.), *Dai Nihon Bukkyō zensho*, II, p. 25b (cf. também 27a). Ao retornar de seu período de estudo com os mestres do Vajrayāna, na China, Kūkai levou consigo uma grande coletânea de mandalas e desenhos iconográficos de Ch'ang-an para a capital, Quioto. Para um estudo desses mandalas, cf. Elizabeth ten Grotenhuis, *The Sacred Geography of the Japanese Mandala*.

414 A ESPIRITUALIDADE BUDISTA

A virada iconográfica da doutrina budista encontra sua maturidade própria aqui, onde ícones, como arte mas também como receptáculos para a "perfeição", conduzem à matriz da sabedoria e iluminação.

Quando os sutras dizem aos praticantes que eles devem "ver" Mahāvairocana, isso deve ser interpretado como uma afirmação de que eles estão olhando para uma imagem, ou ícone, enquanto iniciam as atividades meditativas ou rituais. Essas imagens existiam lado a lado com os textos sagrados e eram utilizadas em sua elucidação. Śubhākarasiṃha, um mestre do Vajrayāna e tradutor de sutras que chegou a Ch'ang-an em 716, levara consigo um mandala trazido da Índia, a fim de ajudar a explicar o *Sutra de Mahāvairocana* (cf. T 39.636-41). Também havia regras controlando a forma como um dado Buda ou ser-Buda devia ser desenhado. De acordo com o *Sutra de Mahāvairocana*, por exemplo, Śākyamuni devia ser pintado com um corpo em ouro purpúreo que exibisse as trinta e duas marcas (T 18.7b28-29); Mahāvairocana, com um coque alto, coroa e luzes coloridas jorrando de seu corpo (5a13-15); Trailokyavijaya, com um aspecto furioso, com três olhos e quatro presas, seu corpo da cor das nuvens de chuva no verão (7b7-9).

Tais detalhes na aparência sugerem que, na época em que o *Sutra de Mahāvairocana* estava em circulação, existia um sistema para a descrição e classificação de imagens que era utilizado por seus compiladores. Isso sugere que os manuais iconográficos também estavam em circulação nos séculos VI e VII. Com a difusão dos ensinamentos de Vajrayāna para a China e o Japão, esse tipo de manual proliferou como complemento ao estudo dos textos e como forma de dar exatidão ao preparo dos ambientes rituais. Os manuais eram denominados "ícones ilustrados" (ch. *tuxiang*, j. *zuzō*), um termo encontrado tanto no *Sutra de Mahāvairocana* (T 18.5a13) quanto em Kūkai[35]. Eles combinavam imagens com citações de textos e várias instruções.

Diversos manuais japoneses desse tipo chegaram até nós, sendo datados a partir dos séculos XII e XIII[36]. Preparados em sua maior parte por monges da tradição Vajrayāna pertencente à escola Shingon, os manuais sistematicamente classificam e descrevem os budas e os seres-Buda da diversidade Mahāyāna. Os rituais correspondentes são cuidadosamente explicados; uma lista de todos os precedentes apropriados é apresentada; os textos sagrados são fartamente citados, para fixar ainda mais o significado doutrinal e pictórico de cada representação do Buda. Na disposição ordenada das imagens e textos, prevalece um senso de controle: das imagens, de como elas são manipuladas e de onde elas ficam no mundo da prática. Trata-se de uma progressão que tanto dá

35. *Goshōrai mokuroku*, 25b.

36. As iconografias estão reunidas em doze volumes complementares a T. Entre eles, estão *Zuzōshō* (*c*. 1135), *Besson Zakki* (*c*. 1160-1180), *Kakuzenshō* (entre 1176 e 1219), *Asabashō* (*c*. 1249-1269); cf. Sawa Ryūken, *Butsuzō zuten*, p. 14-15.

OS CORPOS DO BUDA E A VIRADA ICONOGRÁFICA NO BUDISMO   415

origem à imagem de Mahāvairocana quanto termina nela (fig. 1) como "a ordem das coisas", no pleno sentido da expressão foucaultiana.

TAXONOMIA

O manual iconográfico típico, seja ele um texto japonês do século XII, como o *Besson zakki*, seja um equivalente moderno, como o *Butsuzō zuten*, de Sawa Ryūken, toma cada uma das figuras da diversidade Mahāyāna e fornece importantes dados litúrgicos, textuais e icônicos numa combinação de palavras, símbolos e imagens. O formato é enciclopédico e taxonômico. Por exemplo, a seção sobre Śākyamuni (j. Shaka), em *Besson zakki*, se encontra sob o verbete "budas" (Tathāgata; j. Nyorai); nela está incluído um desenho de Śākyamuni sentado sobre um lótus, em atitude de pregação (fig. 2); ela também oferece informações por escrito sobre a aparência física, os mantras, as sílabas místicas, as fontes escriturais, os acompanhantes normais do bodisatva e assim por diante[37].

Os compiladores desses manuais estavam preocupados em abordar dois aspectos da recepção, relativos aos ícones e observadores: o envolvimento inicial com a figura (como ela é identificada, de onde ela vem); a interação e o intercâmbio (o que ela comunica, o que ela pode fazer, como seus poderes são alcançados por meio do ritual ou da oração). Para servir o primeiro propósito, de tipografia e identificação, foi desenvolvido um sistema de classificação hierárquico, que utilizava quatro ordens de seres. O esquema parece ter-se baseado, em parte, na cosmologia budista, com seus múltiplos níveis da existência e, em parte, nas hierarquias dos mandalas do Ventre e do Diamante. Numa escala descendente de percepção e sabedoria, as quatro ordens consistem em budas, bodisatvas, reis sábios e deuses. Virtualmente, quase todos os manuais iconográficos, antigos e modernos, seguem esse modelo hierárquico.

O segundo propósito, estabelecer o que o ícone faz e por quê, é atendido pela atenção aos gestos manuais e aos implementos (e outros objetos) seguros pelas mãos. Os gestos manuais (mudrā; j. *inzō*) assumem muitas formas e têm implicações amplas num sistema de sinais, que alerta os que observam para o que é visado pelo ícone (uma atitude) ou representado (um estado de consciência). Alguns gestos de mão indicam transe ou meditação profunda; outros mostram que o ícone está envolvido em algum intercâmbio – pregando, confortando – com a pessoa que observa; outros indicam hostilidade ou raiva. Os objetos mantidos nas mãos são denominados atributos e, como os gestos, transmitem informações úteis sobre o ícone em sua relação com quem observa. Os mil implementos mantidos nos mil braços de uma das

37. *Taishō shinshū Daizōkyō Zuzōbu*, III, 103-105.

Fig. 1

Fig. 2

Fig. 3

Fig. 4

Fig. 5

Fig. 6

Fig. 7

Fig. 8

Fig. 9

Fig. 10

Fig. 11

Fig. 12

Fig. 13   Fig. 14

Fig. 15

OS CORPOS DO BUDA E A VIRADA ICONOGRÁFICA NO BUDISMO   421

formas de Avalokiteśvara (j. Kannon) são um exemplo extremo desse tipo de objeto; os manuais de iconografia laboriosamente relacionam e ilustram cada item (fig. 6). Talvez o atributo mais comum seja o lótus, com suas conotações da pureza e do florescimento da sabedoria sobre a impureza[38].

A diversidade dos tipos, gestos e implementos, na verdade da linguagem corporal, é crucial, porque estabelece a diferença onde de fato há uma importante igualdade morfológica. Em sua maioria, as representações de budas e seres-Buda são antropomórficas: as figuras se assemelham a seres humanos ou assumem a forma humana como ponto de partida. Elas freqüentemente aparecem como homens, mas isso tem origem não tanto nas instruções dos textos sagrados, mas no androcentrismo que acompanhou a institucionalização do budismo[39]. Sabe-se que os budas "femininos" não são incomuns na bibliografia e que alguns budas "masculinos" se originaram como budas femininos numa vida passada[40]. Na verdade, a maioria das figuras de budas e bodisatvas – o nível mais alto do panteão budista – tem aparência nitidamente andrógina. Isso está de acordo com a irrelevância do gênero nos estados de consciência mais elevados. Que os praticantes e comentadores tenham visto budas e bodisatvas como sexuados é tanto força do hábito (literalmente) quanto prova de que a força da ilusão permanece como um fato da vida.

Se é verdade que o antropomorfismo é a regra na representação do Buda e outros seres, existem, no entanto, muitas variações da anatomia humana. Os corpos aparecem numa diversidade de cores: ouro (por exemplo, Amitābha), azul (Akṣobhya, Acalanātha), vermelho (Kundalī, Rāgarāja), amarelo (Mañjuśrī), preto-azulado (Yamāntaka). Eles podiam ter múltiplas cabeças, olhos, braços, como diversos outros bodisatvas, reis de sabedoria, ou deuses; ou podiam se parecer com um monge normal, como a maioria das representações do Buda, ou na figura do bodisatva Kṣitigarbha (j. Jizō). Também são vistas formas zoo-antropomórficas, mas em geral elas são evitadas, assim como as figuras humanas com múltiplos olhos. Tais exemplos, apesar de raros, são notáveis: Mahāmāyūrī (j. Kujaku; fig. 11), o rei de sabedoria "feminino", na forma humano-faisão; Avalokiteśvara, com cabeça de

38. Sobre os implementos e os gestos manuais, cf. E. Dale Saunders, *Mudrā: A Study of Symbolic Gestures in Japanese Buddhist Sculpture*. O nono capítulo do *Sutra de Mahāvairocana* apresenta os gestos manuais básicos associados com o mandala do Ventre e seus rituais (T 18.24a-30a).

39. Cf. Alan Sponberg, Attitudes toward Women and the Feminine in Early Buddhism, em José Ignacio Cabezón (org.), *Buddhism, Sexuality, and Gender*, p. 3-36.

40. Exemplos de budas "femininos" são Prajñāpāramitā (j. Butsumo, "Mãe dos Budas") e Buddhalocanī (j. Butsugen Butsumo, "Olho dos Budas", "Mãe dos Budas"); cf. Sponberg, Attitudes toward Women, p. 26-27, e Sawa, *Butsuzō zuten*, p. 50. De acordo com o *Sutra de Suvarṇaprabhāsottama-rāja*, mesmo Śākyamuni foi mulher numa época (T 16.417a14-15).

422 A ESPIRITUALIDADE BUDISTA

cavalo (Hayagrīva; j. Batō Kannon); Yamāntaka (j. Daiitoku; fig. 10), com seis cabeças, seis braços, seis pernas.

A estrutura taxonômica da iconografia budista, com suas quatro ordens de seres, é a rede que mantém as várias formas em seu lugar, para o exercício da prática budista. Cada categoria de representação tem suas próprias convenções particulares. Elas aparentemente estavam em seu lugar na época em que o *Sutra de Mahāvairocana* foi escrito: explicando o mandala do Ventre, o sutra segue em meio a budas, bodisatvas, reis de sabedoria e deuses, aproximadamente nessa ordem. No entanto, o sutra não cita explicitamente as ordens, nem há um comentário geral sobre o que envolve o pertencer a uma dada ordem. Manuais iconográficos como o *Besson zakki* classificam as imagens de acordo com as ordens, mas, novamente, não explicam como se define uma dada ordem. Essa tarefa ficaria para os compiladores modernos dos dicionários iconográficos budistas, entre eles, Sawa Ryūken e Louis Frédéric, cujas caracterizações das quatro ordens são descritas abaixo[41].

A categoria "budas" provém da idéia de que o Buda tem três corpos: Darma, Deleite e Manifestação. Assim, a singularidade do Buda se torna uma multiplicidade e muitos budas aparecem nos manuais iconográficos como o Buda. Por exemplo, Mahāvairocana (j. Dainichi; fig. 1) e Buddhalocanī (j. Butsugen Butsumo) representam corpos do Darma; Śākyamuni (fig. 2) é um corpo de Manifestação; Amitābha (j. Amida; fig. 3) e Bhaiṣajyaguru (j. Yakushi) são corpos de Deleite nos campos-do-Buda a oeste e leste, respectivamente. Há também uma subcategoria de budas denominada "picos de Sabedoria" (Uṣṇīṣa; j. Butchō-son), como referência à protuberância craniana, que é um dos 32 sinais que identificam um corpo do Buda; nela estão incluídos Ekākṣaroṣṇīṣa-cakra (j. Ichiji-kinrin) e Vikīrnoṣṇīṣa (j. Shijōkō Butchō).

As representações do Buda seguem duas convenções: a figura é apresentada ou na forma de monge (mas com cabelo na cabeça inteira) ou como rei. Como monge, o Buda usa um traje simples, lançado sobre o ombro esquerdo, deixando o tórax e às vezes os ombros livres, e um dhoti (figs. 2 e 3). Não aparecem ornamentos nem jóias. O Buda na forma de rei aparece usando uma coroa e um coque alto; um dotim; um *sash*, ou lenço e jóias sobre o peito nu. Esse tipo de traje real é reservado, curiosamente, a Mahāvairocana, Ekākṣaroṣṇīṣa-cacka, e outras representações do corpo do Darma (fig. 1). Está vinculado à associação inicial do Buda com o ideal indiano da soberania justa, tal como expressa a noção do Cakravartin-rāja (Rei que Gira-a-Roda)[42].

41. Cf. Sawa, *Butsuzō zuten* e Louis Frédéric, *Flammarion Iconographic Guides: Buddhism*.
42. Cf. Roth, Physical Presence of the Buddha, p. 293-96. Como observa Roth, o corpo de um Cakravartin-rāja também era visto como tendo 32 características identificadoras.

OS CORPOS DO BUDA E A VIRADA ICONOGRÁFICA NO BUDISMO

Todas as descrições incluem pelo menos algumas das características mais evidentes e exclusivas do corpo do Buda: uma protuberância
craniana; orelhas compridas; um cacho de cabelos na testa entre as sobrancelhas; cabelos cacheados na configuração característica da "concha
de caramujo". Os textos sagrados sugerem que o Buda é imenso, seja ele
Vairocana (j. Birushana) seja ele Amitābha, e que o corpo do Buda é maior
que qualquer outro[43]. Em geral, um Buda aparece sentado em meditação,
como apropriado ao estado de concentração que está sendo representado,
mas há muitos exemplos de figuras sentadas e em pé, em atos de ensinar,
confortar ou prestar ajuda. As imagens do Buda tendem a ser simétricas,
com uma aparência enstática e em geral reservada, apesar de ocasionais
gestos dinâmicos com as mãos. Por exemplo, Mahāvairocana senta-se
quieto, embora suas mãos formem a figa "militante" da sabedoria – um
gesto violento e carregado de sugestão sexual – que indica seus poderes
adamantinos que tudo abarcam, como uma forma de hiperconhecimen-
to[44]. De uma forma inteiramente consistente com a função paradigmática
de um ícone, as imagens do Buda são sempre mostradas num local:
sentado ou em pé sobre um promontório que lembra um diamante, sobre
um trono, um lótus, ocasionalmente sobre um leão.

A categoria "bodisatvas" (j. Bosatsu) é a maior das quatro ordens e
revela a importância desse ser para a prática Mahāyāna. Um bodisatva,
como se sabe, é uma criatura em trânsito, algo entre uma iluminação
budista adiada e o domínio dos seres sencientes no qual ela surgiu. Os
bodisatvas encarnam a compaixão, mas também a mudança: o despertar
do coração humano para a natureza búdica; um progresso lento rumo à
iluminação; a possibilidade da sabedoria à medida que ela desabrocha.
Em geral, o bodisatva é descrito em forma humana e tem aparência
andrógina; muitos dos bodisatvas têm múltiplos braços e cabeças. Os
trajes usados pelo bodisatva são apropriados a um príncipe e se assemelham aos de Mahāvairocana: coroa; um coque no alto da cabeça;
brincos; o peito nu, coberto com um *sash* e colares; dotim; ornamentos
nos tornozelos e assim por diante (fig. 4). Uma exceção é Kṣitigarbha,
que aparece vestido como um monge preparado para uma jornada
pelos seis caminhos da existência, para ajudar os que estão presos nos
meandros de *samsara*.

43. No Tibete, após o século XIII, foram desenvolvidos vários sistemas iconomé-
tricos; cf. David e Janice Jackson, *Tibetan Thangka Painting: Methods and Materials*, p.
50-57, 144-148. Os pintores e escultores budistas no Japão dos séculos XI e XII usavam
um sistema iconométrico baseado em textos sagrados como o *Kanmuryōjukyō*, da tradição da Terra Pura, que descrevia o Buda como tendo um corpo gigante, "que enchia o
céu", ou como tendo as medidas de um *jō*, seis *shaku* e oito *shaku* (T 12.344b-c). Eram
dez *shaku* para um *jō*; acredita-se que um *shaku* tinha cerca de trinta centímetros. Em
outras palavras, o Buda teria uma altura infinita, ou de dois e meio a cinco metros. Para
a econometria japonesa, cf. Ōta Koboku, *Butsuzō chōkoku gihō*.

44. Cf. Saunders, *Mudrā*, p. 102-107.

424 A ESPIRITUALIDADE BUDISTA

Os bodisatvas são vistos como extrovertidos, dispostos a oferecer ajuda aos que necessitam e, assim, sua representação muitas vezes sugere que a figura está se movendo no espaço, com os olhos voltados para o observador. O bodisatva pode estar de pé num *contraposto* letárgico, com os quadris para o lado; pode estar sentado, relaxado, com uma das pernas dobrada na altura do joelho; pode parecer andar na direção do observador; pode até mesmo estar erguendo múltiplos braços em leque, como cobras à volta do tórax. Na maioria dos casos, o bodisatva também tem um lugar para ficar de pé ou sentar-se, em geral uma flor de lótus, mas às vezes um "veículo" animal (*vāhana*). Por exemplo, Mañjuśrī (j. Monju) cavalga um leão, Samantabhadra (j. Fugen), um elefante (fig. 7).

A categoria "Reis de sabedoria" (Vidyārāja; j. Myōō) é derivada da crença Vajrayāna de que os *dhāraṇi* – sons mágicos ou místicos – estão sobrecarregados com as imensas energias de Mahāvairocana e, em última análise, com sabedoria[45]. Os reis de sabedoria são *dhāraṇi* encarnados, o que significa dizer que são manifestações das grandes forças dos ensinamentos secretos. Eles existem para proteger e difundir os ensinamentos do Buda, ao obstruir o mal e despertar a comunidade leiga para o budismo. Em essência, os reis de sabedoria são uma forma de bodisatva, mas suas características distintivas dão a eles uma posição única na diversidade iconográfica.

Com uma ou duas exceções, os reis de sabedoria têm uma aparência assustadora e beligerante. Eles são retratados com os rostos irados e corpos másculos e musculosos, que assumem uma diversidade de poses dinâmicas; sua pele é coberta de pelos; eles têm múltiplos braços e cabeças; alguns têm muitas pernas como um inseto (por exemplo, Yamāntaka) (figs. 8, 9 e 10). Mesmo seus costumes são intimidantes. Embora sejam em geral apresentados nos mesmos trajes principescos que os bodisatvas, os reis de sabedoria também usam peles de animais (Trailokyavijaya, Kundalī) e, às vezes, até mesmo crânios humanos (Kundalī) (figs. 9 e 10). Em geral, eles ficam no topo de um aglomerado de rochas ou cristal (Acalanātha) (fig. 8); alguns cavalgam um búfalo ou vaca (Yamāntaka) (fig. 10); alguns estão pisando em criaturas que representam os desejos e outros males (Trailokyavijaya) (fig. 9). Os reis de sabedoria também são chamados de "Reis irados" (Khodharāja; j. Funnuō), em conformidade com essa linguagem corporal agressiva.

A categoria "deuses" (Deva; j. Ten) inclui uma variedade de seres benevolentes do universo Mahāyāna. São seres não muito diferentes dos humanos, pois habitam, com as pessoas e os animais, o mundo da ilusão.

---

45. Por essa razão, os Reis de sabedoria podiam também ser denominados reis Dhāraṇi, na medida em que o termo *vidyā* (j. *myō*) indica conhecimento, ou sabedoria, alcançado nos níveis de invocação mais profundos; cf. Mochizuki Shinkyo, *Mochizuki bukkyō daijiten*, V 4779, e Ariga Yoshitaka, *Butsuga no kanshō kiso chishiki*, p. 109.

Na medida em que distintos dos budas, dos bodisatvas e dos reis de sabedoria, que guiam os seres sencientes rumo à iluminação, os deuses são encarregados da tarefa mundana de proteção tutelar, para o budismo e sua comunidade de praticantes. A maioria dos deuses são de origem indiana, por exemplo, Brahmā (j. Bonten) e Indra (j. Taishakuten). Eles são completamente sexuados e têm porte ou aristocrático ou militar. A maioria deles, sejam aristocratas sejam militares, está sentada ou em pé sobre algo: uma flor de lótus, uma rocha, muitas vezes um par de demônios. Existem até mesmo alguns animais que são deuses, por exemplo, o elefante Gaṇeśa (j. Shōden; fig. 15).

Os tipos aristocratas são assim designados por sua atitude relativamente polida, roupas adornadas e poses serenas. Um deus masculino nessa categoria, como Brahmā ou Indra, usa trajes de armadura decorados ou vestes como as dos bodisatvas. As deusas, como Sarasvatī (j. Benzaiten; fig. 12) ou Śrī (j. Kichijōten), aparecem nos trajes nobres de rainhas e princesas. Em nítido contraste estão os tipos rudes, os vigias e guardas corporais que constituem os deuses militares. Alguns usam trajes de armadura e bradam armas, como Vaiśravaṇa (j. Bishamonten) e os outros Quatro Reis Celestiais (j. Shitennō; figs. 13 e 14). Outros estão virtualmente nus, entre eles o Vajradhāra (j. Niō), e posam como levantadores de peso, para exibir músculos e postura. Essas figuras militares em geral estão pisoteando criaturas grotescas que lembram gárgulas. Elas parecem estar a mundos de distância de seres pacíficos como os bodisatvas e, soteriologicamente, estão. Mas os deuses militares não são menos compassivos que os outros membros do panteão Mahāyāna e, assim como os deuses aristocratas, servem ao Buda como protetores do povo, dos templos, dos sutras e do próprio Buda.

A taxonomia dos budas, bodisatvas, reis de sabedoria e deuses é simplesmente isso: uma classificação que oferece um quadro sobre o qual ordenar as várias imagens que aparecem se esforçando por alcançar a iluminação. Como um sistema de dados, ela se assemelha a um mapa náutico sobreposto a uma extensão de mar em movimento. Se, de um lado, o mapa mostra o mar em unidades discretas – correntes, canais, profundidades, praias, bancos de areia, ilhas – de outro, o mar em si mesmo é todas essas coisas tomadas juntas e (como admitiria um pescador de alto mar), em última análise, está além da observação do mapa. O mapa é um filtro por meio do qual a vasta indivisibilidade das coisas (o mar) é vislumbrada.

De modo análogo, a taxonomia Mahāyāna mapeia um mundo de inter-relações, unidades, potencialidades e constantes mudanças de identidade. Tanto nos rituais quanto nos textos sagrados, os budas e seres-Buda raramente aparecem sozinhos ou isolados, como poderia sugerir a ordem taxonômica. Eles em geral são apresentados na companhia de outros budas e seres-Buda; com populações de seres humanos e às vez animais ao redor; acompanhados por várias criaturas mágicas, como

426   A ESPIRITUALIDADE BUDISTA

Apsarās (j. Hiten), uma bela ninfa celestial, e Kimnara (j. Kinnara), um pássaro humano de voz melodiosa. Em geral, um Buda é acompanhado por dois bodisatvas: por exemplo, Mañjuśrī e Samantabhadra, com Śākyamuni; Avalokiteśvara e Mahāsthāmaprāpta (j. Seishi), com Amitābha. Na maioria dos casos, existem alguns guardas de corpos, como os Quatro Reis Celestiais, que contornam o lugar em que está o Buda, ou os Vajradhāra, que ficam de guarda nas proximidades.

Alguns budas e bodisatvas aparecem com séquitos tão grandes que se parecem com exércitos. Sahasrabhūja (j. Senju Kannon), a versão de Avalokiteśvara com mil braços, tem 28 servidores de aparência bastante ameaçadora. Śākyamuni lidera um contingente que, além de Mañjuśrī e Samantabhadra, inclui Mahākāśyapa (j. Daikashō), Ānanda (j. Anan), Śāriputra (j. Sharihotsu) e alguns de seus dez discípulos; quinhentos *arhats*; os Quatro Reis Celestiais. Bhaiṣajyaguru, o Buda Curandeiro, é acompanhado pelos bodisatvas Sūryaprabha (j. Nikkō) e Candraprabha (j. Gakkō); por Mañjuśrī, Avalokiteśvara, Mahāsthāmaprāpta e outros membros de um grupo denominado os Oito Grandes Bodisatvas (j. Hachi Daibosatsu); por Khumbīra (j. Rubira), Vajra (j. Bazara), Mihira (j. Mekira), Andira (j. Anteira) e alguns dos Doze Generais Yakṣa; pelas sete emanações que surgem como clones a partir de seu próprio corpo e a sua própria imagem.

A emanação, naturalmente, é um paradigma tão básico quanto o jogo da ausência e presença. Basicamente, a totalidade da própria diversidade Mahāyāna emana do Buda como o corpo do Darma (compreendido como o Mahāvairocana da tradição Vajrayāna). Nesse sentido, não existem identidades icônicas estáveis, mas antes vários estados de diversidade e intersubjetividade. Amitābha, por exemplo, pode aparecer em nove formas idênticas, Kṣtigarbha, em seis. Numa articulação mais complexa do mesmo princípio, Mahāvairocana dá origem ao que denominamos os Cinco Budas da Sabedoria, isto é, Mahāvairocana, Akṣobhya (j. Ashuku), Amitābha, Ratnasambhava (j. Hōshō) e Amogasiddhi (j. Fukujōju). Cada um, por sua vez, produz suas respectivas emanações de bodisatvas e reis de sabedoria, que simultaneamente têm suas próprias identidades características, distintas de todo papel como emanação. Por exemplo, Mahāvairocana (fig. 1) é também o bodisatva Samantabhadra (fig. 7) e o rei de sabedoria Acalanātha (j. Fudō; fig. 8); Amitābha é também Avalokiteśvara (fig. 4) e Yamāntaka (fig. 10) – mesmo cada um desses bodisatvas e reis de sabedoria têm sua personalidade individual, distinta de Mahāvairocana e Amitābha, e também seus próprios rituais e textos sagrados.

Existe uma notável coletânea de emanações no caso de Avalokiteśvara. Há pelo menos 33 formas de Avalokiteśvara, "o que tudo vê", um número tão grande que os iconografistas ocasionalmente reservaram em seus manuais uma ordem separada para ele: "Avalokiteśvaras" (j. Kannon). As formas vão do humano ao animal

OS CORPOS DO BUDA E A VIRADA ICONOGRÁFICA NO BUDISMO   427

e variam em gênero, como apropriado a um bodisatva que encarna o ideal Mahāyāna da compaixão e compreensão pelos meios apropriados. Āryāvalokiteśvara (Lokeśvara) é o principal e, em geral, aparece na forma de um ser humano com características monstruosas ou mágicas (olhos na palma da mãos), não imediatamente evidentes (fig. 4). Outros são notáveis pelas formas imaginativas que assumem: onze cabeças com algumas expressando raiva e outras rindo (Ekadāśmukha; j. Jūichimen Kannon; fig. 5); mil braços e onze cabeças (Sahasrabhūja; fig. 6); o rosto de um cavalo com uma expressão irritada (Hayagrīva). Outros ainda, com quatro e seis braços, seguram atributos ou fazem gestos que indicam o contexto da adoração. Amoghapāśa (j. Fukūkenjaku), por exemplo, segura a corda e o gancho que lhe permitem capturar os seres humanos como um peixe do mar.

Essas emanações e transformações podem apenas desestabilizar um sistema, seja ele uma taxonomia seja ele uma doutrina que busca estabelecer algum nível de permanência para um objeto que na verdade não existe e, no entanto, está manifestamente presente. Toda leitura da iconografia Mahāyāna deve levar em consideração a força dessa dicotomia, pois ela atinge o núcleo da episteme budista. Se existem ordens e classificações – budas, bodisatvas, reis de sabedoria, deuses – existem também todos os vínculos que as ligam numa unidade no momento da unificação e que o ver, em última análise, torna possíveis e destrói.

"DE ONDE VEIO"

O que vemos, ao olhar o Buda, se revela como fortuito e inteiramente contingente. Ver é algo ativo, não passivo: vemos o que queremos ver. O paradoxo e a incongruência da iconografia Mahāyāna, cuja condição fundamental é o Buda estar fora do espaço da representação, tornam o ato de ver carregado, denso, como qualquer ruminação filosófica sobre a não-substancialidade. Nas imagens e ícones, assim como nas palavras, a compreensão surge por meio da ilusão, que pode ser a insinuação de Māra sussurrada ao ouvido do Buda ou o empreendimento ilimitado da écfrase que as vozes dos sutras emitem para que possamos ver.

A iconografia Mahāyāna celebra a figuração como um *mysterium tremendum et fascinans*. Seu exército de corpos, cada qual com um lugar para ficar, oferece um meio prático para a visualização de um referente, que constantemente muda e, no final, não existe. Existe um corpo para cada um e uma ordem social: reis e vassalos, servos, trabalhadores. Há visões, cheias de corpos do Buda, que transformam a ignorância em bênção. Mas elas são como as uvas de Zêuxis, uma verdade forjada no campo das representações: elas são logros, seduções, a ilusão perfeita. Quando Sudāna pergunta a Maitreya para onde foi a visão, a visão que enche o *Sutra de Avataṃsaka* como uma alucinação, a resposta é

428   A ESPIRITUALIDADE BUDISTA

direta: para o lugar de onde veio (T 9.782b). Não poderia haver um modo melhor de responder à maior pergunta de todas: por que existe alguma coisa e não antes o nada?

BIBLIOGRAFIA

AKIRA Hirakawa. *A History of Indian Buddhism from Śākyamuni to Early Mahāyāna*. Trad. de Paul Groner. Honolulu: University of Hawai'i Press, 1990.

ARIGA Yoshitaka. *Butsuga no kanshō kiso chishiki*. Tokyo: Shibundō, 1996.

DE BARY, William Theodore (org.). *Sources of Japanese Tradition*. New York: Columbia University Press, 1964.

CASH, Johnny. In Your Mind. *Dead Man Walking*. Columbia Pictures, 1995.

DUNNE, John D. Thoughtless Buddha, Passionate Buddha. *Journal of the American Academy of Religion* 64:3 (1996).

DURAND, Gilbert. The Imaginal. In: ELIADE, Mircea (org.). *The Encyclopedia of Religion*. New York: Macmillan, 1987.

ECKEL, Malcolm David. *To See the Buddha: A Philosopher's Quest for the Meaning of Emptiness*. Princeton: Princeton University Press, 1992.

FOUCAULT Michel. *The Order of Things: An Archaeology of the Human Sciences*. New York: Vintage Books, 1994.

FOUCHER, Alfred. *The Beginnings of Buddhist Art and Other Essays in Indian and Central Asian Archaeology*. Paris: Paul Geuthner, 1917.

FRÉDÉRIC, Louis. *Flammarion Iconographic Guides: Buddhism*. Paris-New York: Flammarion, 1995.

GADJIN, Nagao. *Mādhyamika and Yogācāra: A Study of Mahāyāna Philosophies*. Albany: State University of New York Press, 1991.

GOSHŌRAI mokuroku. In: BUSSHO Kankōkai (org.). *Dai Nihon Bukkyō zensho*. Tokyo: Bussho Kankōkai, 1914.

GRIFFITHS, Paul J.; HAKAMAYA Noriaki; KEENAN, John P.; SWANSON Paul L. (orgs.). *The Realm of Awakening: Chapter Ten of Asaṅga's Mahāyānasaṅgraha*. Oxford, NY: Oxford University Press, 1989

GRIFFITHS, Paul J. *On Being Buddha: The Classical Doctrine of Buddhahood*. Albany: State University of New York Press, 1994.

GROTENHUIS, Elizabeth ten. *The Sacred Geography of the Japanese Mandala*. Honolulu: University of Hawai'i Press, 1998.

HUNTINGTON, Susan L. Early Buddhist Art and the Theory of Aniconism, *Art Journal 49* (1990).

JACKSON, David e Janice. *Tibetan Thangka Painting: Methods and Materials*. Ithaca, NY: Snow Lion, 1984.

KAO-SENG Fa-hsian chuan. A Record of Buddhistic Kingdoms: Being an account by the Chinese monk Fa-Hien of his travels in India and Ceylon (399-414 D.C.) in Search of the Buddhist Books of Discipline. Trad. de James Legge. New York: Dover, 1965 (publicação original: 1886).

MOCHIZUKI Shinkyo. *Mochizuki bukkyō daijiten*. Tokyo: Sekai Seiten Kankō Kyōkai, 1960-1963.

ŌTA Koboku. *Butsuzō chōkoku gihō*. Tokyo: Sōgeisha, 1980.

PEIRCE C. S. Logic as Semiotic: The Theory of Signs. In: INNIS, R. (org.). *Semiotics: An Anthology*. Bloomington: University of Indiana Press, 1985.

OS CORPOS DO BUDA E A VIRADA ICONOGRÁFICA NO BUDISMO 429

REYNOLDS, Frank E.; HALLISEY, Charles. Buddha. In: ELIADE, Mircea (org.). *The Encyclopedia of Religion*. New York: Macmillan, 1987.

ROTH, Gustav. The Physical Presence of the Buddha and its Representation in Buddhist Literature. In: *Investigating Indian Art*. Berlin: Museum für Indische Kunst, 1987.

RYŪKEN Sawa. *Butsuzō zuten*. Tokyo: Yoshikawa Kōbunkan, 1982.

SAUNDERS, E. Dale. *Mudrā: A Study of Symbolic Gestures in Japanese Buddhist Sculpture*. Princeton: Princeton University Press, 1985.

SCHOPEN, Gregory. Mahāyāna in Indian Inscriptions, *Indo-Iranian Journal* 21 (1979).

SPONBERG, Alan. Meditation in Fa-hsiang Buddhism. In: GREGORY, Peter N. (org.). *Traditions of Meditation in Chinese Buddhism*. Honolulu: University of Hawai'i Press, 1986.

_____. Attitudes toward Women and the Feminine in Early Buddhism. In: CABEZÓN, José Ignacio (org.). *Buddhism, Sexuality, and Gender*. Albany: State University of New York Press, 1992.

TA-T'ANG hsi-yü chi (j. *Daitō shiyūki*). *Si-yu-ki: Buddhist Records of the Western World*. Trad. de Samuel Beal. New York: Paragon, 1968 (publicação original 1884).

TAISHŌ SHINSHŪ Daizōkyō Zuzōbu. Tokyo: Daizō Shuppansha, 1933-1934.

28. A Espiritualidade Budista na Moderna Taiwan

Heng-Ching Shih

O Budismo de Taiwan era originário da China continental. A maioria dos registros indica que ele foi levado aos poucos para a ilha, após a chegada de Cheng Ch'eng-kung, um general do final do período Ming (1368-1644) que lutara contra soldados da dinastia Ch'ing (1644-1912) na costa sul da província de Fuji e que se retirou para Taiwan, após seu fracasso em ocupar as regiões baixas do rio Yangtze. Cheng Ch'eng-kung expulsou os holandeses, que ocupavam Taiwan e, junto com seu filho, tornou a ilha uma base de rebelião contra a dinastia Ch'ing. Taiwan foi se tornando cada vez mais próspera e passou a atrair muitos imigrantes que levavam o budismo consigo.

O budismo de Taiwan pode ser dividido em três períodos: 1. do final da dinastia Ming ao final da dinastia Ch'ing; 2. durante a ocupação japonesa (1895-1945); 3. o período da recuperação de Taiwan (1945) até o presente. O primeiro grupo de monges budistas a chegar em Taiwan com Cheng Ch'eng-kung era constituído sobretudo por membros da escola Lin-chi da província de Fujian. Inicialmente um grupo pequeno, seu número continuou a crescer e, no final da dinastia Ch'ing, desenvolveram-se quatro grandes linhagens, com os seguintes centros: 1. o Mosteiro de Ling Ch'uan no monte Yueh Mei, em Chi Lung; 2. o Mosteiro de Ling Yun no monte Wu-ku Kuan-yin, em Taipei; 3. o Mosteiro de Fa Yun em Ta Hu, em Miao Li; 4. o Mosteiro de Ch'ao Feng no monte Ta Kang, em Kaohsiung.

Durante o primeiro período, o budismo da Terra Pura e o Ch'an, em especial a escola de Lin-chi e a de Ts'ao-tung, desfrutavam de enorme

432 A ESPIRITUALIDADE BUDISTA

popularidade. A prática consistia sobretudo numa combinação do budismo da Terra Pura com o Ch'an, complementados pelos Preceitos e os ensinamentos do Darma. Devido à ênfase na prática pessoal, havia pouca atividade no campo da pregação e da escrita de textos, embora houvesse uns poucos monges dotados de grande conhecimento do Darma. Essa deficiência significa que a Taiwan do período Ch'ing não tinha ainda uma cultura budista plenamente amadurecida. Um budismo leigo muito especial era difundido a partir do continente, pela seita denominada Chai-chiao (seita vegetariana), que enfatizava a purificação do corpo e da mente, o controle da cobiça e do desejo e a abstenção de alimentos estimulantes e não-vegetarianos, da indulgência sexual, do álcool e do jogo. A maioria de seus seguidores do sexo feminino era celibatária. Na verdade, a seita Chai-chiao não era budismo puro, mas um amálgama popular de ensinamentos budistas, confucianismo e taoísmo. No entanto, porque satisfazia as necessidades religiosas do público em geral, sua influência foi grande. Durante a ocupação japonesa, para facilitar a administração, o governo subordinou todos os grupos da seita Chai-chiao à Associação Budista dos Mares do Sul e as classificou como associações budistas leigas, submetidas a diferentes mosteiros. Havia três grandes grupos Chai-chiao em Taiwan: Chin Chuang, Lung Hua e Hsien T'ien. Além de sua importância religiosa, a seita Chai-chiao era uma organização social estreitamente integrada, que fazia grandes contribuições para a sociedade e a economia.

Os japoneses foram governantes coloniais de Taiwan de 1895 a 1945, quando Taiwan foi resgatada. Embora durante esse período a relação entre o budismo de Taiwan e o budismo chinês não tenha se rompido, houve uma enorme influência do budismo japonês. O Japão seguiu sua política colonial de progressivamente niponizar o budismo de Taiwan. Entre as táticas, estava a nomeação de monges japoneses para pregar em Taiwan, o registro de todos os mosteiros locais de modo a subordiná-los às diferentes seitas japonesas, o envio de monges taiwaneses para estudar no Japão e a publicação de periódicos budistas japoneses. Os monges taiwaneses usavam trajes monásticos japoneses e tinham permissão de se casar e comer carne. Os mosteiros seguiam a ambientação e os projetos arquitetônicos japoneses, e estavam sob a administração de seitas budistas japonesas. Sobrenomes leigos eram acrescentados aos nomes-do-Darma dos monges e monjas. Alguns monges recebiam treinamento com a Associação Budista Japonesa e deixavam de receber os preceitos plenos na forma chinesa.

A escola Sōtō japonesa (Ts'ao-tung) foi o grupo mais antigo a fazer contato com os budistas taiwaneses. Em 1912 a escola Sōtō fundou uma Sociedade Budista Patriota por meio da seita Chai-chiao na cidade de Tainan, recrutando budistas taiwaneses para sua organização, a fim de facilitar o monitoramento. Seus esforços foram facilitados pelo incidente do templo de Hsi Lai, ocorrido pouco depois, em 1915. Hsi Lai

A ESPIRITUALIDADE BUDISTA NA MODERNA TAIWAN 433

era um importante templo Chai-chiao, que ficava na cidade de Tainan. Um certo Yü Ch'ing-fang usava o templo como centro de ligação para as atividades de resistência contra a ocupação japonesa, buscando despertar o patriotismo do povo por meio da religião. Em resultado dos distúrbios que as atividades provocavam, muitos grupos Chai-chiao conservadores buscaram se filiar à Sociedade Budista Patriota, a fim de receber proteção da escola Sōtō japonesa. Com relutância, os sanghas budistas ortodoxos seguiram os devotos da seita Chai-chiao e buscaram se filiar a seitas budistas japonesas, para garantir sua própria segurança. Em 1918, fundaram a Associação Budista de Moços de Taiwan e, em 1921, a Associação Budista dos Mares do Sul. Esta última era uma organização budista para toda Taiwan. Ela reunia quase todos os melhores membros dos grupos budistas da época, como o mestre do Darma Shan Hui, do Mosteiro de Ling Ch'uan, o mestre do Darma Pen Yuan, do Mosteiro de Ling Yun e o mestre do Darma Chueh Li, do Mosteiro de Fa Yun. Embora estivessem sob supervisão japonesa, essas duas associações budistas estavam livres para pregar o Darma.

A Associação Budista de Moços de Taiwan se envolveu no ensino e pregação por meio de palestras patrocinadas e periódicos publicados por seus membros, enquanto a principal contribuição da Associação Budista de Nan Ying foi realizar palestras budistas por toda a ilha e manter regularmente nos mosteiros seminários de estudos budistas. O conteúdo dessas contribuições era substancial, incluindo um currículo especificamente budista (por exemplo, o *Sutra do Diamante*, o *Sutra de Vimalakīrti*, o *Sutra do Lótus*) e temas gerais como língua chinesa e história. Vale a pena mencionar que, dos dezesseis seminários de estudo, dois eram femininos.

Em 1925, a Associação Budista de Nan Ying e o Instituto de Estudos Budistas de Fa Yun (fundado pelo mestre do Darma Chueh Li) patrocinaram juntos, para as monjas budistas em Taiwan, um seminário que durou seis meses. Essa foi a primeira oportunidade para as mulheres, oficial, pública e sistematicamente, estudar budismo em Taiwan, e isso na verdade marcou o início de uma educação formal budista para as mulheres de Taiwan. Em 1923, a Associação Budista de Nan Ying começou a publicar o *Jornal Budista de Nan Ying*, que trazia ensaios sobre as reformas do budismo taiwanês, explicações sobre os ensinamentos budistas, relatos sobre a cultura e o budismo japonês, além de discussões sobre as religiões populares de Taiwan. Essa publicação é uma fonte valiosa de informações históricas sobre a religião popular e o budismo de Taiwan durante o período da ocupação japonesa.

Quatro grandes seitas budistas taiwanesas estiveram individualmente envolvidas na educação e na pregação do Darma durante a ocupação japonesa. O Mosteiro de K'ai Yuan fundou a Escola Sangha. O Mosteiro de Fa Yun fundou o Instituto de Estudos Budistas para educação de monges e monjas. O mestre do Darma Shan Hui, do

434 A ESPIRITUALIDADE BUDISTA

Mosteiro de Ling Ch'uan, e o mestre do Darma Pen Yuan, do Mosteiro de Ling Yun, fundaram juntos a Escola Budista do Meio, tanto para leigos quanto para monges. No entanto, como a educação de monges e monjas não era bem organizada e os institutos budistas eram poucos, a qualidade dos monges e monjas não era alta. Uma vez que poucos monges e monjas pregavam o Darma, os devotos leigos não tinham como desenvolver uma fé autêntica. Assim, a modernização do budismo de Taiwan somente se iniciaria com o terceiro período.

Esse período vai da recuperação de Taiwan (1945) até o presente. À medida que o autodespertar interior acompanhou as mudanças sociais exteriores, o budismo taiwanês avançou em várias direções, sendo hoje reconhecido nos círculos acadêmicos e budistas internacionais como uma das culturas budistas de maior vitalidade e potencial de desenvolvimento. O desenvolvimento nos últimos cinqüenta anos pode ser dividido em mais três estágios: de 1945 a 1960, de 1961 a 1980 e de 1981 até o presente.

Após o término da ocupação japonesa em 1945, o regime Kuomintang (Partido Nacionalista) assumiu o poder em Taiwan. Durante os quinze anos seguintes, devido a um governo opressivo, dificuldades econômicas e ignorância social, o budismo se desenvolveu lentamente. No entanto, algumas medidas adotadas pelos budistas na época colocaram as bases do desenvolvimento futuro. A reconstrução do budismo chinês em Taiwan deve ser atribuída a dois grupos de monges que foram da China continental para Taiwan.

O primeiro grupo chegou em 1949, na esteira do governo nacionalista que se deslocou para Taiwan após a anexação comunista do continente chinês. Nesse grupo estavam os mestres do Darma Pai Sheng, Chih Kuang, Nan T'ing e outros. Sua principal contribuição foi a reconstrução dos preceitos budistas, de modo a tornar possível o restabelecimento do sistema do budismo chinês tradicional. O mestre do Darma Pai Sheng e outros também fundaram a Associação Budista da República Chinesa, com ramificações por toda Taiwan. Todos os mosteiros e indivíduos podiam se tornar membros. Embora tivesse a função de unificar e estruturar o budismo em Taiwan, a Associação Budista da República Chinesa se tornou um mero porta-voz do governo, por sofrer controle governamental e por ser dirigida por conservadores como Pai Sheng e outros durante décadas.

O segundo grupo era constituído pelos que haviam fugido para Hong Kong e depois para Taiwan, após a China continental cair sob o domínio comunista. Nesse grupo estavam Yin Shun, Yen P'ei, Tao An e outros. Sua principal contribuição foi seu trabalho na educação e na filosofia budista.

Após o término do domínio japonês sobre Taiwan, foi restabelecida a tradição budista chinesa de transmissão dos preceitos. Durante a ocupação japonesa, alguns mosteiros haviam realizado a transmissão

A ESPIRITUALIDADE BUDISTA NA MODERNA TAIWAN

dos preceitos e alguns monges e monjas tinham ido para o Japão e a China, para receber os preceitos, mas seu número foi extremamente pequeno. Nessa época havia muitas mulheres "deixando o lar", que pertenciam à seita Chai-chiao. Ao contrário das monjas budistas, elas não tinham que depilar os cabelos ou receber os preceitos. Embora de fato deixassem suas famílias e permanecessem em mosteiros durante todo o tempo em que exerciam a prática, elas não obedeciam inteiramente as regras e regulamentos budistas da prática monástica. Além disso, sob a influência do budismo japonês tradicional, muitos "monges" taiwaneses se casavam e comiam carne, o que era ainda mais incompatível com os regulamentos budistas. Essa situação melhorou progressivamente, com o estabelecimento da transmissão dos preceitos. Em 1953, mestres do Darma vindos da China continental realizaram a primeira transmissão de Preceitos Plenos nas Três Plataformas no Mosteiro de Ta Hsien, na cidade de Tainan. Depois disso, vários mosteiros passaram a realizar anualmente a transmissão dos preceitos plenos dos bhikkhus e bhikkhunīs. Nas quatro décadas anteriores, dezenas de milhares de monges e monjas haviam sido ordenados formalmente e tinham recebido os preceitos plenos. Embora tenham surgido alguns problemas na transmissão dos preceitos, o estabelecimento de regras e regulamentos para a transmissão de preceitos efetivamente subtraiu o budismo de Taiwan à influência do budismo japonês. Isso também fortaleceu a ideologia do saṅgha e a prática dos preceitos, e estabeleceu uma imagem pura e positiva do saṅgha nas mentes dos devotos budistas leigos.

Além da transmissão dos preceitos, o estabelecimento de institutos de estudos budistas também foi um fator importante no desenvolvimento do budismo taiwanês. Durante a ocupação japonesa, não era comum a educação budista em Taiwan e alguns monges e monjas optavam por ir para o Japão, para receber uma educação budista mais sistemática. Após 1945, o Mosteiro de Yuan Kuang, em Chung Li, seria o primeiro a fundar um instituto budista. Já em 1948, seu abade, o Venerável Miao Kuo, convidava o mestre do Darma Tz'u Hang, da China continental, a ir para Taiwan dirigir a escola. Tz'u Hang primeiro viajou por toda a ilha, para divulgar suas idéias sobre a educação; isso despertou uma nova esperança de revitalização do budismo de Taiwan e entusiasmou os monges e monjas a freqüentar a escola. Nos vinte anos seguintes, foram fundadas cerca de vinte escolas budistas, uma após outra; o número provavelmente chegou a cerca de trinta, na década de 1990, apesar da persistência de inúmeros problemas incontornáveis vinculados à educação do saṅgha, tanto no nível conceitual quanto no organizacional.

A segunda fase durou de 1961 a 1980. Durante esses anos, a economia de Taiwan estava para tomar seu grande impulso e a educação se tornava popular. Essas condições favoráveis deram um enorme ímpeto ao budismo. A maior realização no âmbito da religião nesse período foi

436 A ESPIRITUALIDADE BUDISTA

a fundação das sociedades budistas em faculdades e universidades, as quais ajudaram a elevar o nível da cultura budista em meio aos monges e o povo leigo. O crédito disso é atribuído Upasaka Chou Hsuan-te, um pioneiro na pregação do Darma para os colegas estudantes. Em 1958, seu sexagésimo aniversário, ele deu dinheiro para a publicação de mil cópias do *Pa-ta ren chueh ching* (Sutra da Iluminação em Oito Estágios) e das *Características e Valores do Budismo*, e doou-os aos estudantes da faculdade, incentivando-os a escrever ensaios após estudá-los. No aniversário do Buda, em 1960, graças a seus esforços filantrópicos, a Universidade Nacional de Taiwan criou a primeira sociedade budista universitária – a Sociedade Budista de Ch'en Hsi. Pouco depois, a Universidade Normal Nacional criava a Sociedade Chung-tao. Depois disso, foram sendo criadas sociedades budistas nas faculdades de toda Taiwan, no todo mais de setenta, e há hoje virtualmente uma em cada faculdade ou universidade. Essas sociedades incentivaram um grande número de estudantes a um envolvimento mais profundo com a doutrina e a prática budista. Após a graduação, alguns estudantes criaram sociedades para devotos leigos, que desempenhariam seu papel em diferentes profissões e atividades, sendo que alguns até mesmo se tornaram monges ou monjas, pregando profissionalmente.

Além disso, a organização de palestras budistas universitárias e de acampamentos budistas de verão e a criação de bolsas de estudo universitárias budistas foram extremamente eficazes em levar os intelectuais a estudar o budismo. Muitos mosteiros patrocinaram acampamentos de verão que ofereciam aos jovens intelectuais a oportunidade de aprender o budismo e experimentar a vida budista. Além de patrocinar as atividades de diversas sociedades budistas universitárias e as publicações da Tocha da Sabedoria (fundada por Chou Hsuan-te), também patrocinaram e ofereceram uma série de bolsas de estudo, como a bolsa Maitreya, a bolsa Fan Tao-nan e cerca de vinte outras. Todo ano, aproximadamente cem ou duzentos estudantes graduados e de graduação recebem essas bolsas de estudo. Como os candidatos devem apresentar um texto sobre o budismo, isso tem ajudado a ampliar a compreensão do budismo em meio aos colegas estudantes.

Nesse período, os periódicos budistas, num total de vinte ou trinta, foram muito populares. A maioria desses periódicos era constituída por publicações de caráter genérico, com ênfase na fé. Embora não fossem altamente eruditos, eles serviram aos propósitos de pregação e ensino ao público. As edições populares dos textos sagrados budistas tornaram a pregação e o ensino disponíveis ao público interessado. Um grande projeto de publicação, a nova edição do Cânone Tripiṭaka chinês, iniciada e compilada por devotos leigos, seria finalmente concluída após mais de vinte anos.

O estágio de desenvolvimento mais importante do budismo moderno de Taiwan é o que vai de 1981 até o presente. Erguendo-se

A ESPIRITUALIDADE BUDISTA NA MODERNA TAIWAN   437

sobre bases estabelecidas pelos budistas dos dois estágios anteriores, e auxiliado pela economia altamente desenvolvida de Taiwan e um ambiente social e político mais aberto, o budismo de Taiwan fez grandes conquistas nas áreas da pregação, estudos budistas, educação social, auxílio médico e obras de caridade. O atual budismo de Taiwan é muito atuante. Muitos budistas participam de atividades em locais fechados, como palestras e sessões de sete dias de meditação e de sete dias de recitação do Buda, além de atividades em ambientes abertos, como a peregrinação a mosteiros. A preocupação social dos budistas, a pesquisa acadêmica desenvolvida por estudiosos budistas e mesmo a exploração de novos conceitos budistas são hoje muito mais vivas que em épocas anteriores. Esses fenômenos auspiciosos estão vinculados à promoção de um "budismo da humanidade", ou "budismo voltado para a sociedade". O budismo de Taiwan se afastou de sua antiga imagem de rígido, recluso, passivo, pessimista e supersticioso e desenvolveu abordagens diversificadas, modernas, populares e voltadas para a vida. O restante deste artigo apresenta algumas das características mais importantes do budismo contemporâneo de Taiwan.

ATIVIDADES DE PREGAÇÃO

O estilo de pregação do budismo de Taiwan mudou do estilo tradicional e não-agressivo do "nem rejeitar quem chega nem perseguir quem parte" para se tornar mais positivo e atuante. Isso foi conseguido por meio do patrocínio de atividades religiosas como palestras budistas em grande e pequena escala; acampamentos de verão e de inverno; encontros budistas em prisões; experiências monásticas de curta duração, tanto com um monge ou uma monja; atividades de peregrinação; programas de pregação em emissoras de rádio e televisão; e sessões de sete dias de meditação e de sete dias de recitação do Buda. Muitos monges e monjas dão palestras budistas tanto regularmente quanto ocasionalmente. Alguns expõem um determinado texto sagrado, enquanto outros exploram em profundidade um tópico específico da doutrina budista. Essas ocasiões constituem oportunidades importantes para que os leigos se familiarizem com o budismo. Alguns mestres do Darma também mantêm palestras em grande escala, que, em geral, atraem milhares e mesmo dezenas de milhares de pessoas e, assim, exercem uma notável influência. Muitos leigos também dão palestras.

No passado, muitos mosteiros mantinham acampamentos de verão para os estudantes universitários, com um currículo planejado para capacitá-los a compreender os ensinamentos budistas, e a ter uma experiência pessoal da vida monástica. Recentemente, os acampamentos de verão se diversificaram em diferentes grupos, como crianças, adolescentes e professores. Os currículos e as atividades são voltados para os diferentes participantes, de modo a aumentar sua confiança, experiência

438 A ESPIRITUALIDADE BUDISTA

religiosa e experiência de vida. Por exemplo, os professores aprendem como vincular os ensinamentos budistas a problemas e questões sociais contemporâneos, e como aplicar os conceitos educacionais budistas em suas atividades de ensino.

A fim de cumprir as regras e regulamentos budistas tradicionais e permitir aos budistas leigos experimentar a vida do saṅgha, alguns mosteiros patrocinam "saídas do lar de curta duração". No budismo chinês a "saída do lar" é definitiva. Isso difere do budismo de tradição Theravāda, que adota uma prática de "saída do lar de curta duração". Para os budistas modernos, que anseiam pela vida monástica, mas não têm condições de adotá-la por toda a vida, uma experiência de curta duração como monges ou monjas pode dar-lhes a oportunidade de experimentar a vida religiosa, sem que isso interfira em suas responsabilidades sociais. Assim, muitos budistas se interessam por participar.

Além dessas assembléias do Darma tradicional, em que se demonstram prostração ao Buda, arrependimento e assim por diante, os "sete dias de prática" são uma das atividades budistas prediletas em Taiwan. O objetivo é encontrar uma experiência religiosa mais profunda, ou até mesmo a iluminação, em sete dias de prática monástica. A fim de obter melhores resultados num curto período, os cultivadores das atividades freqüentemente incentivam uma prática intensa e em tempo limitado. Se for praticada apenas a recitação do nome do Buda, ela é denominada sete dias de recitação do Buda (*fo-ch'i*); se for praticada somente a meditação Ch'an, ela se denomina sete dias de meditação (*ch'an-ch'i*); se somente for entoado o nome do bodisatva Kuan-yin, ela é denominada sete dias de Kuan Yin. Atualmente o mestre do Darma Wei Chueh do Mosteiro de Ling Ch'uan em Taipei é o mais respeitado entre os que conduzem seções de sete dias de meditação. Seus seguidores provêm de todas as camadas sociais, indo de vendedores ambulantes a trabalhadores do setor privado, até funcionários públicos de alto escalão e comerciantes ricos, muitos deles conseguindo alcançar uma experiência profunda na meditação sob sua orientação. Hoje em dia, a meditação é tão popular na sociedade, que muitos budistas meditam em casa todo dia. Alguns até mesmo criam organizações de diferentes dimensões, para a prática conjunta à noite ou em fins de semana.

No momento, também o budismo leigo floresce em Taiwan. Os leigos têm suas próprias organizações. Eles mantêm atividades de pregação freqüentes e diversificadas, como por exemplo, palestras realizadas por budistas leigos que têm profundo conhecimento do Darma. Nos primeiros anos, entre as organizações leigas mais influentes estavam a Tocha da Sabedoria, fundada por Chou Hsuan-te, e a Sociedade Budista da Terra Pura de Taichung, fundada por Lee Ping-nan. Este último, um devoto praticante da Terra Pura, era versado no budismo e no confucianismo. Sua meta de vida era nutrir os devotos leigos com a fé na Terra Pura. Fundou sociedades budistas, realizou assembléias

A ESPIRITUALIDADE BUDISTA NA MODERNA TAIWAN

regulares para entoação do nome do Buda e elaborou comentários aos Textos Sagrados da Terra Pura. Também ensinou inúmeros budistas leigos. Nos últimos dez anos, devido ao crescimento significativo no número de intelectuais e jovens budistas, o budismo leigo tem florescido ainda mais. Grupos como o Wei-man Hsueh-hui (Sociedade de Estudos Śrīmāla e Vimalakīrti), o Centro Cultural Budista de Hsin-yu e o Ch'an Moderno desenvolveram concepções e estilos originais de interpretação e prática das doutrinas budistas. Um grupo de estudiosos budistas criou a Associação Moderna de Estudos Budistas, que procura dar atenção tanto à fé quanto ao estudo acadêmico do budismo. Recentemente muitas personalidades públicas – funcionários públicos de alto escalão, representantes do povo, atores – têm se tornado budistas. Isso tem dado um impulso sutil ao estudo do budismo na sociedade. Alguns budistas leigos chegaram mesmo a criar organizações para promover a pregação do Darma e da cultura budista.

O ESTUDO ACADÊMICO DO BUDISMO

Em anos recentes, o número de intelectuais budistas vem se ampliando e a qualidade dos monges e monjas também tem aumentado significativamente. No entanto, o desenvolvimento do estudo acadêmico do budismo tem sido mais lento. Existem razões externas e internas para isso. A razão externa está no fato de que nas últimas décadas o Ministério da Educação, longe de incentivar os estudos acadêmicos do budismo, proibiu as faculdades e universidades de adotar currículos dedicados à religião. Sob essa política educacional inapropriada e ignorante, a pesquisa acadêmica sobre a religião, em particular os estudos budistas, não pôde se desenvolver no âmbito do sistema educacional normal. Foi somente em 1991 que a proibição foi revogada.

A razão interna para o desenvolvimento lento dos estudos budistas, em Taiwan, está em que os grupos budistas de Taiwan não perceberam a importância desses estudos. Em conseqüência, nunca houve grande empenho na formação de pessoal acadêmico qualificado. Nos primeiros tempos, embora muitos mosteiros tradicionais administrassem escolas budistas, eles enfatizavam o preparo de monges e monjas e rejeitavam, ou até mesmo desprezavam, os métodos acadêmicos modernos de investigação do Darma. No entanto, a situação tem melhorado nos últimos anos. Atualmente existem duas escolas de graduação em estudos budistas, mantidas por um convento e um mosteiro, de maior alcance e padrões mais elevados: o Instituto de Estudos Budistas de Fa Kuang (Luz do Buda) e o Instituto de Estudos Budistas de Chung-hua. Eles exigem de seus estudantes de graduação o treinamento em línguas canônicas, um bom domínio dos métodos de pesquisa em budismo e que tenham uma compreensão ampla do desenvolvimento histórico do budismo e das doutrinas importantes. No entanto, como não são reconhecidos pelo Ministério da Educação, os institutos não podem oferecer uma pós-graduação. Muitos alunos graduados por esses institutos dão prosseguimento a seus estudos no Japão, Estados Unidos, Europa, Índia e outros países. Dada a formação sólida recebida em Taiwan e o treinamento adicional em pesquisa no exterior, pode-se esperar que uma nova geração de jovens estudiosos do budismo surja nos próximos dez anos. Eles se tornarão a nova força no desenvolvimento dos estudos budistas em Taiwan.

Um outro fator decisivo que vem beneficiando os estudos budistas é o fato de o Ministério da Educação ter revogado a proibição de criar-se faculdades e universidades particulares. Até agora as organizações budistas criaram uma universidade plenamente reconhecida e três faculdades. Nessas escolas foram implantados cursos de graduação em estudos religiosos, com o objetivo de desenvolver os estudos budistas. No entanto, o estabelecimento de departamentos ou escolas de graduação em estudos budistas ainda está proibido pelo Ministério da Educação.

Atualmente a pesquisa budista acadêmica em Taiwan é desenvolvida, sobretudo por trinta a quarenta estudiosos do budismo que ensinam em departamentos de filosofia, história ou literatura, em diversas faculdades e universidades. Sua especialização abrange quase todas as áreas do budismo e, a cada ano, eles produzem uma rica gama de publicações. Embora os estudos budistas não sejam levados a sério nas universidades públicas, os estudiosos budistas nas Universidades Nacionais de Taiwan conseguiram fundar um Centro de Estudos Budistas em 1995. Mesmo sem o apoio da universidade, o Centro mantém conferências sobre o budismo, publica uma revista anual e montou na Internet um banco de dados sobre o budismo, para uso internacional. Recentemente o Centro, com a ajuda de algumas organizações budistas, criou um projeto de cinco anos para conversão em texto eletrônico para computador do Cânone Budista Taishō, que estará disponível gratuitamente em CD e na Internet.

Um grupo de estudiosos budistas criou uma Sociedade Moderna de Estudos Budistas, em 1990. Seus objetivos são: 1. a promoção da pesquisa em budismo; 2. a organização de conferências acadêmicas sobre o budismo; 3. a publicação de revistas acadêmicas; 4. o recebimento de pedidos de coleta de informações, por parte de organizações públicas, privadas ou de comissões, para o desenvolvimento de projetos de pesquisa; 5. a realização de intercâmbios culturais com organizações de pesquisa budista no exterior. Por exemplo, os membros dessa sociedade organizaram um grupo para o estudo do budismo de Ta-li, em Yunnan na China continental, dando origem a uma coletânea de monografias. Uma outra atividade acadêmica importante é a Conferência Unida de Budismo, que se realiza anualmente. Os participantes são estudantes graduados nos vários institutos budistas em Taiwan. A finalidade dessa conferência é promover a pesquisa budista e fomentar a capacidade

A ESPIRITUALIDADE BUDISTA NA MODERNA TAIWAN   441

dos estudantes de escrever, discutir e emitir críticas de textos oralmente. Essas conferências oferecem aos estudantes uma importante oportunidade de intercâmbio de idéias e de aprendizado e de troca de experiências entre si.

No campo do budismo em Taiwan, o estudioso de maior destaque é o mestre do Darma de 93 anos de idade, Yin Shun. Um profundo conhecedor da tradição budista e escritor fértil, ele é reconhecido como o mais notável mestre do Tripiṭaka do budismo chinês nos últimos séculos. Embora afirme ter dedicado a maior parte de seus esforços ao estudo dos *Sutras de Āgama* (um antigo cânone budista), o âmbito de seus estudos é extremamente amplo. Estão entre suas contribuições à pesquisa budista:

1. Uma exposição do significado dos conceitos de *pratītyasamutpāda* (origem dependente) e de *śūnyatā* (vazio) no estudo da escola Mādhyamika. Yin Shun é um dos pouquíssimos estudiosos da escola de San-lun, desde Chia-hsiang Chi-tsang (549-623), com um profundo conhecimento dos ensinamentos da escola (embora não professe pertencer a ela). Entre seus livros nessa área estão a *Nova Discussão sobre o Mādhyamika*, o *Comentário sobre o Mādhyamika-kārikā*, e os *Estudos sobre o Śūnyatā*.

2. Uma visão crítica e original do sistema de doutrinas da escola Mahāyāna. Yin Shun distingue três sistemas no budismo Mahāyāna: o "Nome-unicamente com natureza vazia" (Mādhyamika), a "Consciência-única com ilusão" (Iogacara) e a "Mente-única com eternidade verdadeira" (Tathāgatagarbha). Sua explicação transcende os preconceitos sectários e segue os registros do desenvolvimento histórico. Embora faça reservas ao pensamento do Tathāgatagarbha, Yin Shun afirma seu caráter único. Seu livro, *Estudos sobre o Tathāgatagarbha*, oferece uma elaborada exposição do pensamento indiano sobre o Tathāgatagarbha.

3. Uma análise lógica e clara do desenvolvimento do budismo indiano e do processo de formação dos sutras budistas. Em *A Origem e Desenvolvimento do Budismo Mahāyāna Primitivo*, ele responde perguntas sobre a origem do budismo de tradição Mahāyāna, com ênfase especial no papel desempenhado pelo "honrar eternamente a memória do Buda".

4. Estudos históricos do Ch'an chinês, abordando a formação e as características da escola Ch'an primitiva: *A História da Escola Ch'an Chinesa* é o resultado desses estudos.

A qualidade e a quantidade das obras de Yin Shun são extraordinárias. Mergulhando nos textos budistas durante os últimos sete anos, ele é um dos pouquíssimos estudiosos budistas no mundo, que têm pleno domínio dos textos budistas chineses e seus conteúdos.

MULHERES BUDISTAS EM TAIWAN

A característica mais notável do budismo de Taiwan desde 1945 tem sido o surgimento de mulheres budistas proeminentes, em um grande número em posições de liderança. Esse fenômeno é extremamente raro no mundo budista tanto antigo quanto moderno, na China ou em outros lugares. Embora tenhamos conhecimento de mulheres budistas proeminentes, como documentam alguns Textos Sagrados (como as monjas superiores no *Therīgāthā*, que alcançou a condição de *arhat*; a rainha Śrīmāla, que prega o Darma no *Sutra de Śrīmāladevī-siṃhanāda*; ou a deusa que importuna Śāriputra no *Sutra de Vimalakīrti*), as mulheres budistas têm sido tratadas injustamente, tanto no saṅgha quanto na sociedade. Elas têm sido discriminadas pelas "oito regras para as bhikkhunīs" e pela visão tradicional das mulheres como inferiores aos homens. Mas agora as mulheres budistas em Taiwan romperam as correntes de milhares de anos. Elas não apenas se colocam diante dos homens em posição de igualdade, mas até mesmo exercem mais influência na sociedade.

Existem três importantes fatores que tornaram possível às mulheres budistas em Taiwan romper as antigas estruturas. Primeiro, a ideologia social é mais aberta, o que muda os valores. Segundo, o padrão de sua educação se elevou consideravelmente. Terceiro, as mulheres são financeiramente mais independentes. Esses três fatores se vinculam a mudanças macroscópicas ocorridas em Taiwan nas últimas quatro décadas. Nos últimos anos, a sociedade de Taiwan tem mudado de uma sociedade de mentalidade estreita e conservadora para uma sociedade mais liberal e democrática. Ela tem permitido às mulheres expandir sua participação na vida da sociedade, além de seus papéis tradicionais como esposas e mães. Assim, as mulheres podem permanecer solteiras e se dedicar a suas próprias carreiras, ou podem desistir de uma vida familiar e se dedicar ao budismo, sem ter de enfrentar tanta pressão social ou familiar como antes. Essa é uma das principais razões de o número de bhikkhunīs e de mulheres budistas solteiras estar aumentando.

O número de bhikkhunīs em Taiwan é cerca de três vezes maior que o número de bhikkhus. Muitas das bhikkhunīs da geração mais nova são universitárias graduadas. A maior vantagem no desenvolvimento do saṅgha de bhikkhunīs é seu alto padrão educacional. Apoiando-se em sua sólida formação educacional, algumas mulheres budistas atuam na pregação; algumas se envolvem no trabalho educacional, como a direção de faculdades ou institutos budistas; algumas se dedicam ao trabalho cultural ou filantrópico; algumas são dedicadas a movimentos sociais.

A bhikkhunī mais influente em Taiwan é a mestre do Darma Cheng Yen, que é prestigiada como a "consciência de Taiwan". Ela presenciou uma vez uma mulher nativa sofrer um aborto, após ser rejeitada por um hospital por ser pobre demais para pagar a taxa de admissão. Esse

A ESPIRITUALIDADE BUDISTA NA MODERNA TAIWAN 443

incidente instigou Cheng Yen a formar a associação Tz'u Chi kung-te hui (A Associação para Assistência Meritoriamente Humanitária), com cinco monjas e trinta devotas leigas, em 1966. A associação tem hoje mais de três milhões de membros gerais e quatro mil membros de comissões em todo o mundo, sendo a maior e mais influente organização religiosa privada em Taiwan. Ela se dedica a quatro principais campos de ação: caridade, ajuda médica, educação e cultura.

O trabalho caritativo da associação Tz'u Chi inclui dar atendimento a famílias de baixa renda, o abastecimento de clínicas gratuitas com medicamentos, ajuda em vários desastres e crises, e assistência aos órfãos e pobres nas necessidades funerais. Uma característica única de seu trabalho caritativo está em que cada caso, no qual a assistência é dada, envolve um contato solidário e pessoal com os membros, após o quê, é oferecida assistência espiritual e material, conforme necessário. A cada três meses, os membros da comissão reexaminam o caso e decidem interromper ou dar continuidade ao atendimento, conforme a situação exija. Esse envolvimento direto e os contatos pessoais despertam o espírito budista da compaixão, bondade, alegria e equanimidade nas mentes dos que dão e dos que recebem. Recentemente a associação Tz'u Chi expandiu seu trabalho caritativo, para uma incansável ajuda internacional em casos de desastre, como as inundações em Bangladesh e na China continental, a fome na Etiópia e mesmo o terremoto no sul da Califórnia.

Cheng Yen acredita que a pobreza e a doença existem numa relação de dependência recíproca. Assim, após muitos anos de trabalho caritativo, ela começou a associá-lo com a causa da ajuda médica, para erradicação da pobreza e da doença em suas raízes. Em 1986, ela construiu o Hospital Tz'u Chi. Ele é hoje um hospital-escola no leste de Taiwan, que dedica igual ênfase ao tratamento clínico e à pesquisa. O hospital tem um centro de pesquisa médica, uma agência de pesquisa em saúde nativa e um centro de reabilitação e desenvolvimento para crianças. Uma característica única do hospital é o apoio à Equipe de Serviço Voluntário Tz'u Chi, constituído por mais de duas mil pessoas e por membros no exterior, e estudantes universitários que trabalham no hospital como voluntários em suas férias. Seu trabalho inclui conversar com os pacientes com compreensão; dar banho em pacientes; conseguir a admissão de pacientes para exames; participação em atividades recreativas, como cantar para os pacientes; além de tarefas variadas como a emissão de registros médicos, a confecção de bolas de algodão e gaze e o conserto dos lençóis para as camas. Os voluntários também ajudam num projeto de atendimento ambulatorial, que torna possível aos pacientes crônicos passar menos tempo no hospital e receber cuidados em casa. O projeto inclui atendimento e visitas residenciais, além de cuidados para os doentes terminais. Com esse atendimento contínuo, os índices de readmissão de pacientes diminuíram. O apoio

444 A ESPIRITUALIDADE BUDISTA

dos voluntários torna o trabalho do hospital muito mais humano, pessoal e eficiente.

A terceira causa à qual Cheng Yen se dedica é a educação. Com o objetivo de implementar seu trabalho de caridade e ajuda médica, ela fundou a Escola de Enfermagem Tz'u Chi, em 1989, para o treinamento de enfermeiras para o hospital. Em 1994, ela também fundou a primeira escola médica budista credenciada da história, para o treinamento de médicos tanto em ética médica quanto em formação médica. Cheng Yen sempre enfatiza que a equipe médica deve ser humana tanto em ações quanto em espírito. Atualmente, a faculdade de medicina tem cinco departamentos e quatro escolas de graduação. A meta final é expandi-la para se tornar a Universidade Tz'u Chi, que terá uma faculdade de medicina, uma de humanidades e uma de estudos religiosos.

A quarta causa é o trabalho cultural, que é responsabilidade do Centro de Serviços Culturais Tz'u Chi. O centro publica as revistas *Tz'u Chi Mensal* e *Tz'u Chi Quinzenal*, transmite programas de rádio e televisão e publica livros sobre literatura, história, filosofia, medicina e budismo. A pregação e o patrocínio de atividades em benefício do bem-estar social também fazem parte de seu trabalho. Por exemplo, ele promove atividades para a proteção e despoluição do ambiente, enfatizando a pureza da mente tanto quanto a do ambiente. O imponente Saguão Memorial Tz'u Chi, que combina funções acadêmicas, artísticas, tecnológicas e educativas em uma única, oferece um espaço para a promoção de organizações religiosas, culturais e acadêmicas.

Empenhando-se nessas quatro causas, a associação Tz'u Chi pratica um budismo voltado para a dimensão social, estreitamente vinculado à realidade do sofrimento e bem-estar humanos. Conquistou o reconhecimento tanto de budistas quanto de não-budistas. Provavelmente devido ao fato de Cheng Yen ser mulher, a maioria dos membros do Tz'u Chi é constituída por mulheres, em sua maior parte, donas de casa. Uma vez que se movem livremente entre a família e o trabalho social da associação Tz'u Chi, elas podem romper o confinamento de seus papéis familiares tradicionais e ampliar sua independência, confiança e sentimento de realização. Mais importante, essas donas de casa recebem influência moral e religiosa de Cheng Yen e, por sua vez, exercem influência moral sobre os membros de suas famílias e comunidades. Cheng Yen, que tem um grande carisma religioso, é uma líder espiritual que voltou o espírito budista de bondade e compaixão, para a criação de um movimento social que contrabalançasse a atmosfera utilitarista, que deu a Taiwan a fama de "Ilha da Ganância" em meio às mídias estrangeiras.

A contribuição educacional das mulheres budistas também é sem precedentes. A primeira faculdade oficialmente reconhecida a ser fundada por budistas na história, a Faculdade de Humanidades e Tecnologia de Hua Fan (hoje Universidade de Huan Gan), foi fundada pela mestra

37. *Cheng Yen confere os certificados de graduação do Instituto Médico da Faculdade de Medicina Tzu-chi (março de 1997).*

do Darma Hsiao Yun. Ela é uma artista budista e educadora devotada, tendo se dedicado à educação budista durante trinta anos. Embora sua idéia de educação tenha tendências ao conservadorismo, ela deve avançar para posições de maior abertura, uma vez que atualmente está ampliando seu campo de ação, das escolas budistas para a educação superior não-budista. Ela tem repetidamente enfatizado a combinação entre humanidades e tecnologia, como forma de nutrir uma nova geração com uma visão holista da vida. Em Taiwan, o alto padrão educacional das mulheres budistas e seu senso missionário facilitam seu envolvimento entusiasmado com a educação superior. Presentemente há mais de uma dúzia de mulheres leigas e monjas budistas ensinando em diversas universidades. Além de sua contribuição acadêmica, elas são um modelo para as mulheres budistas das gerações mais novas.

Uma outra razão da prosperidade do saṅgha budista feminino em Taiwan está em que as bhikkhunīs não apenas detêm poder financeiro nos mosteiros, mas também têm um grande número de devotas. Com um pessoal e recursos financeiros abundantes, elas podem optar por se envolver na pregação, educação, caridade ou no trabalho cultural, com grande êxito. Além disso, no saṅgha das bhikkhunīs existem muitas anciãs e líderes virtuosas e altamente respeitadas, que podem atrair mulheres da geração mais nova para o estudo do budismo, ou mesmo a se juntar ao saṅgha. Em resumo, as mulheres budistas em Taiwan estão se desenvolvendo continuamente num ciclo auspicioso. Elas não apenas têm um papel atuante na sociedade, mas também estão

446 A ESPIRITUALIDADE BUDISTA

mudando a imagem equivocada do budismo como negativo e rígido. Além disso, elas romperam com a discriminação sexual da ideologia tradicional e estão desenvolvendo plenamente suas funções sociais e religiosas. Na última década, a ascensão do saṅgha feminino em Taiwan, a melhora geral em sua posição e sua grande contribuição no setor educacional, na pregação, no trabalho social e na economia budista são absolutamente notáveis e sem paralelos nos saṅghas femininos em outros países budistas.

A ASCENSÃO DA SEITA ESOTÉRICA TIBETANA

Um outro aspecto do budismo contemporâneo de Taiwan é a presença da Seita Esotérica Tibetana. Após 1949, com a chegada dos monges vindos do continente, o budismo esotérico tibetano também chegou a Taiwan. O mestre mais famoso era o Buda Vivo Chan-chia, que foi presidente da Associação Budista da República da China antes de Pai Sheng. Seus primeiros seguidores foram Ch'u Ying-kuang, Han Tung e Shen Shu. Sem lamas, mosteiros ou organizações regulares, eles perambulavam tranqüilamente, em pregação. Essa situação mudaria no início da década de 1980, quando, por razões políticas, a Comissão de Questões Mongol-Tibetanas, e algumas organizações budistas não-governamentais, começaram a convidar os lamas tibetanos a Taiwan para pregar. Desde então, a Seita Esotérica tem-se desenvolvido rapidamente. Atualmente todas as quatro grandes escolas de budismo tibetano têm mosteiros ou centros em Taiwan. Por exemplo, um ramo da Fundação pela Preservação da Tradição Mahāyāna Gelugpa (FPMT) foi fundada em Taiwan há alguns anos, e planeja dar início ao trabalho de tradução dos textos sagrados do budismo tibetano para o chinês. Embora o budismo tibetano pareça florescer atualmente, os verdadeiros ensinamentos e métodos de prática do budismo tibetano precisam criar força. Isso porque os lamas ou mestres têm formação e qualificação diversificadas e muitas vezes se envolvem na atividade de ungir e orar por bênçãos como suas principais tarefas religiosas, sem se dedicar ao ensino em profundidade. Em 1997 o Dalai Lama realizou uma visita histórica e bem sucedida a Taiwan. É de se prever que, após essa visita, o budismo tibetano continuará a crescer em Taiwan.

AS CRISES LATENTES

É preciso não se iludir, acreditando que o quadro do budismo em Taiwan seja todo rosas. A crise latente mais séria está na comercialização, secularização e excessiva expansão acelerada. Alguns mosteiros, no esforço de levantar fundos, comercializaram-se ao adotar a venda de objetos religiosos, a fixação de preços para os serviços religiosos e assim por diante. A comercialização e a secularização

A ESPIRITUALIDADE BUDISTA NA MODERNA TAIWAN 447

excessivas expõem o budismo ao risco de perder sua sacralidade e espiritualidade.

O rápido desenvolvimento do budismo em Taiwan nas duas últimas décadas é um fenômeno espiritual positivo, mas também tem seus efeitos secundários negativos. O incidente do Mosteiro de Chungtai é um bom exemplo. Situado no Condado de Nantou na região central de Taiwan, o mosteiro foi fundado pelo mestre do Ch'an Wei Chueh, um conhecido e respeitado mestre da meditação que atraiu muitos seguidores. Wei Chueh fundou dezenas de templos subsidiários em cidades por toda Taiwan. A necessidade de pessoal suficiente para a administração dos templos subsidiários levou à ordenação rápida de muitos jovens budistas. Em setembro de 1996, o Mosteiro de Chungtai realizou uma cerimônia para ordenar 110 jovens budistas, que em sua maioria estavam no mosteiro como instrutores voluntários para um acampamento de verão para crianças. Muitos deles receberam a ordenação sem o conhecimento de seus pais. Muitos dos pais dos noviços foram para os mosteiros estupefatos, após tomar conhecimento do que havia acontecido. Gritando e se acotovelando, eles pediram em prantos aos filhos e filhas que voltassem para suas casas, mas os jovens se recusaram. Esse incidente dramático se desencadeou diante das câmaras de televisão, para testemunho de todos. Cenas chocantes de noviços sendo afastados de suas famílias, contra a vontade delas, tornaram-se notícias de horário nobre em todo o país.

Com relação ao incidente, sobretudo três perguntas vinham à mente do público em geral. Primeiro, os jovens budistas provinham em grande parte de famílias de classe média. Muitos eram estudantes universitários e alguns já tinham recebido seus diplomas de graduação. Por que esses jovens com boa formação optavam por dedicar suas vidas ao budismo numa idade tão tenra? Segundo, dentre os 110 noviços, 89 eram mulheres. Por que mulheres de formação superior abandonavam os papéis chineses tradicionais de esposas e mães, para optar por um papel espiritual e religioso? Qual o significado social desse fenômeno? Terceiro, numa sociedade em que a devoção filial é altamente valorizada, por que esses jovens ignoravam o pedido de seus pais de retorno à vida leiga? Por que os pais reagiram de forma tão histérica? Por que não podiam respeitar a decisão de seus filhos?

Todas essas perguntas foram discutidas por estudiosos, jornalistas e o público em geral, do que resultou uma enxurrada de diferentes teorias e explicações para os acontecimentos. No mínimo, podemos dizer que esse incidente reflete um dos efeitos secundários da excessiva expansão acelerada das organizações budistas. Se o ritmo da ordenação de pessoas ultrapassa o tempo necessário para o treinamento apropriado, e o tempo gasto na construção e administração dos templos excede o tempo necessário ao estudo e prática dos ensinamentos budistas, sem dúvida devem surgir problemas. Esse é um exemplo da crise com

448 A ESPIRITUALIDADE BUDISTA

que o saṅgha deve lidar, para que o budismo possa desenvolver sua espiritualidade profunda, em vez de parecer florescer e se fortalecer apenas superficialmente.

Concluindo, após se modernizar, diversificar, adotar uma administração empresarial, popular e orientar-se socialmente, o budismo de Taiwan não apenas se tornou parte da vida de muitos budistas, mas integrou-se profundamente à sociedade e se tornou uma força vital. Embora o budismo de Taiwan sem dúvida tenha de se defrontar com esses problemas, após um período de rápido desenvolvimento, ele sem dúvida cumpriu suas funções religiosas e sociais.

BIBLIOGRAFIA

CHANG Man-t'ao (org.). *Chung-kuo fo chiao shih-lun chi*. Taipei: Ta-cheng Press, 1979.

CHIANG T'san-t'eng. *Tai-wan fo chiao you hsien tai she-hui*. Taipei: Tung Ta Press, 1992.

CHU Ch'i-ch'ang (org.). *Tai-wan fo chiao ssu yen t'ang tsung Iu*. Kaohsiung: Fo Kuang Press, 1977.

JONES, Charles B. *Buddhism in Taiwan: Religion and the State, 1660-1990*. Honolulu: University of Hawaii Press, 1998.

29. Sōka Gakkai e a Moderna Reforma do Budismo

Shimazono Susumu

Num mundo em rápida mudança, cada vez mais urbanizado e amplamente organizado em torno da informação, que transformações estão ocorrendo na prática budista e na comunidade de praticantes constituída pelas congregações budistas? Quando examinamos essa questão, somos instintivamente atraídos para os movimentos budistas que conquistaram a aceitação popular e mostraram uma enorme vitalidade nos últimos cinqüenta anos, enquanto muitos grupos budistas tradicionais parecem ter entrado em declínio. O Zen e o budismo tibetano esotérico atraem um grande número de seguidores entusiasmados nos Estados Unidos, Europa e Taiwan. As massas urbanas da Tailândia se reúnem em Thammakai e Santi Asoke[1]. Entre as "novas religiões" do Japão, os movimentos budistas como o Shinnyoen e os que derivam do Reiyūkai se destacam por seu apelo dinâmico, mas o mais bem sucedido deles é o Nichiren Shōshū/Sōka Gakkai, que se difundiu para além do Japão, atraindo um grande número de seguidores no mundo todo[2].

No mundo moderno do Leste asiático, a mudança mais significava, ocorrida nos grupos voltados para a prática no interior da tradição budista

---

1. Cf. Fukushima Masato, Mō hitotsu no "meisō": Toshi to iu keiken no kaidoku kōshi (Ainda um Outro Caminho da Meditação: um quadro para a compreensão da experiência urbana).

2. Sobre a expansão das Novas Religiões Japonesas no exterior, cf. Inoue Nobutaka, *Japanese Religions Abroad,* e Nakamaki Hirochika, *Japanese Religions in the New World.* Sobre esse tema, cf. também a edição especial do *Japanese Journal of Religious Studies*, 18 (2/3) 1991.

450 A ESPIRITUALIDADE BUDISTA

Mahāyāna, foi a ascensão dos grupos budistas baseados no popular *Sutra do Lótus* (ou Nichiren). Em contraste com o recuo e fossilização generalizados dos templos e seitas instituídos, esses grupos alteraram completamente a distribuição do poder e da influência na região. Aqui, mais uma vez, o Sōka Gakkai, o maior e mais atuante grupo budista desde o final da guerra, destaca-se como representante da dramática transformação ocorrida no âmbito do budismo de tradição Mahāyāna no século XX.

Sem querer minimizar os diferentes tipos de mudança ocorridos na prática da fé, na atividade do grupo e na organização, eu gostaria de concentrar minhas observações no aspecto doutrinal desses movimentos, que – pelo menos no Japão – podem ser caracterizados como religiões da "salvação neste mundo"[3]. Em particular, gostaria de tentar explicar o surgimento dessa noção no segundo presidente do Sōka Gakkai, Toda Jōsei, e sua "teoria da força vital"[4].

No atual Sōka Gakkai, como atestam as passagens a seguir, a "força vital" é compreendida como a base da fé e da prática:

A grandeza dos ensinamentos budistas está em que, ao tentar favorecer a felicidade da pessoa humana, o objeto da vida humana e da sociedade, esses ensinamentos vão à raiz do problema, isto é, à *força vital*, e, por meio da análise científica, trazem à luz um princípio que pode ser praticado pelas pessoas comuns.

Nichiren [...] sistematizou o princípio da força vital num método prático para oferecer felicidade às massas[5].

A fé é uma crença firme no universo e na força vital [...]. Somente uma pessoa de fé sublime pode viver uma vida boa e ativa [...].

A doutrina budista é uma filosofia que tem a vida humana como objeto último e nosso Movimento de Revolução Humana é um ato de reforma destinado a abrir o universo interior, a força vital criativa no interior de cada indivíduo, e conduzir à liberdade humana. O Movimento vê a humanidade como situada no topo de uma nova idéia de força vital, vislumbrando o século XXI e preparada para construir o futuro[6].

Originalmente formado como uma organização leiga no interior do movimento Nichiren Shōshū, o grupo Sōka Gakkai assumiu a doutrina da seita, em grande parte intacta. Mas a idéia de "força vital", e mais ainda o que o Sōka Gakkai fez dela, não é algo manifesto no Nichiren Shōshū tradicional.

As idéias fundamentais do Sōka Gakkai se encontram no livro de Makiguchi Tsunesaburō de 1930, o *Sōka kyōikugaku taikei*. O próprio Makiguchi não fala tanto de força vital quanto de "teoria do valor" e

3. Para uma explicação da expressão "salvação neste mundo", cf. a introdução a Shimazono, *Gendai kyūsai shūkyōron* (Estudos em Religiões Salvacionistas Contemporâneas).

4. A tradução "força vital" é destinada a chamar a atenção para o sentido específico que foi dado a *seimei*, uma das palavras corriqueiras do japonês para "vida".

5. Sōka Gakkai Kyōgakubu (org.). *Kaiteiban Sōka Gakkai nyūmon* (Introdução Revisada ao Sōka Gakkai), p. 77.

6. Seikyō Shinbunsha (org.). *Jeinseishō: Ikeda Daisaku Shingenshū* (Fragmentos da Vida: provérbios de Ikeda Daisaku), p. 109, 112.

SÔKA GAKKAI E A MODERNA REFORMA DO BUDISMO 451

de "vida de grande virtude". Próximo ao final de sua vida, ele também propôs uma teoria da retribuição dármica[7]. Foi somente após a morte de Makiguchi que o termo veio a predominar, com Toda Jōsei, que foi responsável pela reconstrução do movimento, deu a ele o nome Sōka Gakkai e supervisionou seu rápido crescimento durante o período de pós-guerra. O capítulo de abertura do *Shakubuku kyōten* (1951), o compêndio doutrinário que foi publicado por Toda Jōsei e seria o pilar do movimento durante esses anos foi denominado *A Doutrina da Força Vital*. Em termos da história doutrinária do Sōka Gakkai, a idéia de força vital assinala um movimento de afastamento com relação ao pensamento de Makiguchi rumo ao de Toda Jōsei[8]. O que mais nos interessa aqui, no entanto, é como a idéia remodelou os ensinamentos tradicionais do Nichiren Shōshū, na direção da fé na salvação neste mundo, que é típica dos movimentos budistas tradicionais no Leste asiático no período moderno.

A DOUTRINA DA FORÇA VITAL DE TODA JŌSEI

As reflexões de Toda Jōsei sobre a força vital remontam a sua experiência como prisioneiro em 1943, juntamente com Makiguchi Tsunesaburō, sob a acusação de *lèse majesté*, por ter-se recusado a exibir um talismã do Relicário de Ise. Imerso no estudo dos ensinamentos e textos sagrados budistas, Toda chegou a uma firme convicção de sua fé, na cela da prisão. Ao que parece, teve visões da palavra *seimei* (força vital), brilhando diante de seus olhos e de si próprio, sentado em meio à assembléia, na presença do Buda[9]. Anos mais tarde, em resposta a uma pergunta feita por um devoto do Sōka Gakkai sobre o significado de *Namu myōhō rengekyō*, ele entoaria a frase popularizada por Nichiren. Toda relembra:

Dez anos atrás, absorto na busca pela descoberta do Buda e se ele era real ou não, busquei ajuda em livros sobre o budismo, mas eles não foram de grande ajuda. No final, encontrei o *Muryōgi-kyō*, onde li: "O corpo não é nem não é [...]. Ele não é nem vermelho nem roxo, nem nenhuma outra cor". Refletindo sobre essas palavras, percebi subitamente que "O Buda é a força vital". Após me atormentar quanto à relação do

7. O pensamento de Makiguchi é abordado em Seikyō Shinbun-sha, *Makiguchi Tsunesaburō* e em Miyata Koichi, *Makiguchi Tsunesaburō no shūkyo undō* (O Movimento Religioso de Makiguchi Tsunesaburō). Em A Prática na Vida Cotidiana e nos Movimento Religiosos, tentei esboçar as idéias características do Sōka Kyōiku Gakkai em seu período de formação. Asai Endō, O Surgimento de Soka Gakkai e Seus Problemas, argumenta que existem inconsistências entre a teoria do valor de Makiguchi e a doutrina do Nichiren Shōshū, assim como entre o pensamento de Makiguchi e a teoria da força vital que o Sōka Gakkai desenvolveria num período posterior.

8. Para a vida e o pensamento de Toda, cf. Higuma Takenori, *Sōka Gakkai*; Tōkyō Daigaku Hokkekyō Kenkyūkai (org.). *Sōka Gakkai no rinen to jisen.* (A Doutrina e Prática de Sōka Gakkai); Uefuji Kazuyuki e Ōno Yasuyuki, *Kakumei no taiga* (História de uma Religião), e Nishino Tatsukichi, *Denki Toda Jōsei* (A Biografia de Toda Jōsei).

9. Seikyō Shinbunsha, *The Human Revolution* 2: 235-55.

38. *Toda Jōsei, novembro de 1956.*

Buda com o *Namu myōhō rengekyō*, à luz da teoria dos dez mundos, compreendi que a força vital é o nome do Buda e que ela é a força fundamental no universo, o *Kuon gansho* que tem o poder de mudar o ser de todas as pessoas. Depois disso, consegui ler e compreender todos os textos sagrados budistas[10].

Para Toda, essa força vital, a essência da humanidade e do universo, é a força onipresente e criadora que emana do Buda. A raiz dessa força vital universal é o "*Honzon* Verdadeiro", inscrito nas palavras *Namu myōhō rengekyō*. Receber o *honzon* e entoar o *daimoku* é liberar essa força. Essa é a fonte da felicidade e, em última análise, o que conduz ao alcançar a iluminação budista. Dessa forma, a meta da pessoa humana é alcançar a felicidade pessoal e, então, difundir essa felicidade aos outros.

Para apresentar isso em maiores detalhes, podemos selecionar seis elementos que se referem tanto quanto possível às palavras do próprio Toda.

---

10. *Toda Jōsei Zenshū* (Obras Reunidas de Toda Jōsei), v. 2, p. 12. A existência original, na doutrina de Nichiren Shōshū, é vista como anterior até mesmo ao *Kuon jitsujō*, ou "O Alcançar Verdadeiro do Passado mais Remoto" do *Sutra do Lótus*.

SŌKA GAKKAI E A MODERNA REFORMA DO BUDISMO 453

1. A Natureza Eterna da Vida Humana

A vida humana é mais que esta existência atual: ela inclui a vida nas existências passada, presente e futura. Isso não é o mesmo que dizer que nosso próprio "espírito" sobrevive através do tempo na forma de grandes realizações ou de coisas passadas a nossos próprios descendentes:

> Assim como na vida nada pode se interpor entre uma tristeza e outra, uma alegria e outra; ou assim como, no sono, a mente não vai a lugar algum, também por ocasião da morte, a força vital é envolvida pela Grande Força Vital do universo. Não importa onde você a procura, ela não é uma coisa que você possa encontrar.
>
> Quando você acorda de manhã, você se lembra das atividades do dia anterior e recomeça de onde você parou. Da mesma forma, a nova vida recebe as causas cármicas das existências passadas e continua a vivenciar seus efeitos na existência presente[11].

Toda Jōsei remete essa doutrina da "natureza eterna da vida" ao Buda Śākyamuni, mas afirma que Nichiren a levou ainda mais longe, a sua "forma e origem verdadeiras"[12], isto é, o *Gohonzon*.

2. O Universo da Força Vital

A "vida coexiste com o universo. Ela não precede o universo; nem advém depois, por acidente ou pela criação de alguém". O universo é vida, mesmo antes do aparecimento da vida biológica. "Se o universo em si mesmo é vida, então formas de vida primárias podem aparecer sempre que as condições permitirem"[13]. De fato, para Toda Jōsei, a totalidade da existência, inclusive as formas de não-vida, participa da vida.

Ocasionalmente Toda estabelece uma auto-identidade recíproca entre o universo, a força vital e o Buda, mas seus argumentos tendem a ser místicos e difíceis de se acompanhar. A "verdadeira realidade da força vital" é equiparada com o Tathāgata (*nyorai*), que a cada momento "se manifesta a partir de seu próprio ser-tal":

> Cada momento desse homem Toda é a essência da vida. Quando você pára para pensar nisso, cada momento de cada coisa individual deve ser um *nyorai*. Esse é o significado da doutrina fundamental de que todas as coisas no universo são a atividade da própria vida.
>
> Para nós, também, cada segundo de vida é realidade verdadeira e, na realidade verdadeira deste momento, está incluída a vida passada, por toda a eternidade, dando nascimento, por sua vez, à transformação da vida futura em eternidade. Esse momento é a atividade do próprio universo, assim como a vida e essência do indivíduo. Essa atividade momento-a-momento do universo se expressa da mesma forma que os fenômenos sempre em mudança, que constituem a totalidade de todas as coisas em fluxo[14].

11. Artigos de Toda Jōsei (*Toda Jōsei-senkei ronbunshū*, I) p. 17, 19-20.
12. Idem, p. 50, 52-53.
13. Idem, p. 13-14.
14. Idem, p. 450-452

454 A ESPIRITUALIDADE BUDISTA

Nessa linguagem da "força vital" e do "universo", vemos refleti-
da a doutrina de *ichinen sanzen* (três mil existências contidas em um
pensamento) e de *kanjin* (introspecção na essência de nossa própria
mente) que Nichiren retomou do budismo de tradição Tendai.

3. Tornando-se Um com a Força Vital da Fé
através do Gohonzon

Os Três Grandes Métodos Esotéricos da Prática (*sandaihihō*) que
Nichiren ensinou aos seres sencientes na era de *mappō* – isto é, o
Daimoku da seção denominada *Honmon*, do *Sutra do Lótus* (*Honmon
no daimoku*), o *Honzon* da seção *Honmon* (*Honmon no honzon*) e o
Kaidan da seção *Honmon* (*Honmon no Kaidan*) – podem ser todos
resumidos no *Gohonzon* (ou Grande Mandala), que é a origem da
força vital do universo.

A iluminação de Nichiren, o Buda verdadeiro, e a força vital vivem continuamente no Grande Mandala.

Ao abraçar a força vital, tudo é apreciado, nada é vivido como dor. Isso se denomina libertação (*gedatsu*) [...] e é alcançado pela fé no *Gohonzon* [...]. Dessa forma, quando você se senta diante do *Gohonzon* e acredita que não há distinção entre
o *Gohonzon*, Nichiren e você mesmo, quando você permite que essa grande bênção
permeie seu coração e agradece, quando você entoa o *daimoku* com fervor, você entra
em harmonia com o ritmo do universo: a grande força vital do universo se torna sua
própria força vital e flui[15].

O despertar de Nichiren para a verdade da força vital universal (*ichinen sanzen*) é, então, diretamente encarnado no *Gohonzon*.
Em contraste com o "*ichinen sanzen* ideal" ensinado por Śākyamuni
na primeira metade (*shakumon*) do *Sutra do Lótus*, os Três Grandes
Métodos Esotéricos da Prática de Nichiren representam o "*ichinen
sanzen* prático" (*jigyō no ichinen sanzen*), que pode ser aprendido pelas
pessoas comuns da forma como são.

4. Variedades de Manifestações da Força Vital
na Vida Cotidiana

A boa e a má sorte também podem ser explicadas como estados
da força vital:

Existem em nossas vidas duas leis da limpeza (*senjō nihō*). Uma vida de pura
inocência (*kiyorakana seimei*), que aceita tudo que provém do mundo exterior com
docilidade e em ritmo harmonioso com o universo; por essa razão, sua transmigração
é completamente natural. Uma vida como essa manifesta uma imensa força vital e, assim, é capaz de apreciar a existência. Mas, no decorrer de suas muitas transmigrações,

15. Idem, p. 339, 171-172.

SŌKA GAKKAI E A MODERNA REFORMA DO BUDISMO

a vida se torna maculada com os erros da vida cotidiana e cai em vícios de todas as espécies. É por isso que falamos de uma limpeza (*senjō*) da vida [...] que perdeu sua harmonia com o ritmo do universo e cuja força vital degenerou[16].

Na doutrina de *ichinen sanzen*, esses estados decaídos são resumidos na denominação "vida dos dez domínios" (*jikkai*), de acordo com o *Kanjin honzonshō*. Os dez domínios a seguir podem ser identificados em nossa própria força vital, assim como na Grande Força Vital do universo:

> *Raiva* (uma vida de aflições): inferno
> *Cobiça* (uma vida de desejo por coisas): o domínio dos espíritos famintos
> *Ignorância* (uma vida atraída para o que está diante dos próprios olhos e que perde de vista o significado global): o domínio dos animais
> *Lisonja* (uma vida de raiva): o domínio dos *asuras* (semideuses)
> *Tranqüilidade* (uma vida humana): o domínio dos seres humanos
> *Alegria* (uma vida plena de alegrias, mas limitada no tempo): o domínio dos seres celestiais
> *Impermanência* (a pessoa que compreendeu que nada é permanente neste mundo e busca a paz de espírito na contemplação): os domínios dos *śrāvakas* e *pratyekabuddhas* (discípulos do Buda ou sábios do Hīnayāna)
> *Virtude* (a vida humana virtuosa): o domínio dos bodisatvas
> *Fé* (uma vida de fé no *Namu myōhō rengekyō* dos Três Grandes Métodos Esotéricos da Prática): o domínio dos budas[17].

Cada um desses estados da vida, por sua vez, representa um dos "dez aspectos do ser-tal" (*jūnyoze*) da realidade, que produz seus próprios efeitos sobre eles. Por exemplo, as pessoas no domínio dos *asuras* "são incitadas a mais e mais raiva", enquanto as que estão no estado do bodisatva "estão cheias do desejo de ajudar os que caíram, sendo que uma energia imensa jorra, para ajudá-los em seu esforço"[18].

5. A Felicidade e o Alcance da Natureza Búdica como Manifestações da Força Vital Universal

Para Toda Jōsei, a felicidade "jorra da relação entre nossa própria força vital e o mundo exterior" e "uma afirmação da verdade interior". A religião, em particular o Nichiren Shōshū, ensina essa verdade interior e conduz a humanidade à felicidade. Novamente, deixamos o próprio Toda falar por meio de suas obras:

> Por meio da fé nessa grande religião, a vida se harmoniza com o ritmo do universo e sentimos completamente a felicidade da vida [...]. Mas se a energia da força vital é aplicada somente a problemas do lar, então o lar será cuidado, mas e quanto aos problemas nas vizinhanças ou na cidade? [...].

16. Idem, p. 36.
17. *Obras Reunidas de Toda Jōsei*, v. 7, p. 117.
18. *Artigos de Toda Jōsei*, p. 266-267.

456 A ESPIRITUALIDADE BUDISTA

O alcançar da natureza búdica é um estado de felicidade absoluta. Ninguém pode atacar você, não há nada a temer e cada momento da vida é como o claro oceano azul ou o céu límpido de nuvens.

E o que é o alcançar da natureza búdica? Por mais que seja impossível para pessoas comuns como nós explicar essas coisas, vou tentar – sabendo que isso pode não passar de um milionésimo da percepção da fé que todos vocês têm: significa o alcançar da felicidade eterna. Nossa vida não está limitada a esta existência [...]. Alcançar a natureza búdica significa nascer pleno da energia da força vital; significa aceitar a missão dada a você, por ocasião do nascimento e atuar livremente de acordo com essa missão; significa realizar a tarefa conferida a você desde o nascimento, e possuir uma felicidade que ninguém pode destruir. Se podemos desfrutar de uma vida assim dezenas de vezes, centenas de vezes, e até mesmo milhares ou milhões de vezes, isso não torna a felicidade ainda maior? Abandonar a busca dessa felicidade, pela busca ávida de prazeres menores, é algo que só pode ser qualificado como deplorável[19].

6. Compaixão e Força Vital

"A compaixão é característica do Buda e Nichiren era a compaixão em si mesma". Os devotos são chamados a imitar essa compaixão:

Se você possui mesmo que apenas um milionésimo da compaixão de Nichiren, você deve ser diligente em entoar o *daimoku* dia e noite [...]. Você deve gravá-lo em seu coração, colorir sua vida com ele; você deve lutar pela fé na mudança de todas as suas ações cotidianas, em expressões de compaixão.

Todo o universo é em essência o Buda e todas as coisas, sem exceção, são a atividade da compaixão. Dessa forma, a compaixão é a forma inata do universo [...]. Se o universo é o próprio *Myōhō rengekyō*, o *Myōhō rengekyō* nada mais é que o Buda original. E, dessa forma, se o universo é a forma do Buda, o universo também deve ser a própria atividade da compaixão.

Se o universo em si mesmo é compaixão, segue-se que nossas atividades cotidianas são atos dessa mesma compaixão. Mas, como eles são postos em movimento pela força vital exclusiva à vida humana, o ser humano não pode permanecer no nível das plantas e animais comuns. Do verdadeiro servo do Buda é exigido um nível mais alto de atividade. Como eu disse anteriormente, uma vez que a prática apropriada ao último estágio da lei (*mappō*) é a prática de Nichiren, devemos entoar o *daimoku* como ele nos ensinou a fazer; [...] devemos estimular os outros a cantar e, assim, ajudar a produzir mais pessoas cujas ações são naturalmente carregadas de compaixão.

Embora na era de *mappō* abundem pessoas maldosas, o que torna as obras da compaixão absolutamente necessárias, existe uma grande falta de compaixão no mundo atual[20].

Somente por meio da sabedoria do Buda a compaixão verdadeira é colocada em ação e "somente pela fé essa sabedoria pode ser alcançada". Conseqüentemente, "a implantação da pura força vital" por meio de *shakubuku* é descrita como uma expressão concreta da compaixão particularmente importante, enquanto a ação de doar esmolas é descartada como menos que compaixão verdadeira[21].

19. Idem, p. 38-39, 351, 177-178.
20. Idem, p. 44-45, 54-56, 48.
21. Idem, p. 46-48.

SŌKA GAKKAI E A MODERNA REFORMA DO BUDISMO 457

Esses são os elementos mais importantes da concepção de Toda Jōsei da força vital, tal como ele a formulou, ao falar sobre sua própria fé ou ao orientar seus discípulos. Evidentemente ele acreditava estar transmitindo a essência dos ensinamentos budistas, tal como os havia herdado através do Nichiren Shōshū. No entanto, ele introduziu suas próprias inovações, como ficará manifesto quando passarmos a uma exposição mais tradicional da doutrina do Nichiren Shōshū.

A TRANSFORMAÇÃO DA DOUTRINA DO NICHIREN SHŌSHŪ

O Nichiren Shōshū é o ramo do budismo da escola Nichiren que segue a tradição de Nikkō (1246-1333), um discípulo de Nichiren. Seu centro se situa no monte Fuji, no templo de Taiseki-ji[22]. Nikkō foi um dos "Seis Monges Anciãos" (*rokurōsō*), nomeados por Nichiren para assumir o controle da ordem, pouco antes de sua morte. Após um embate com os outros cinco anciãos, Nikkō deixou monte Minobu, seguindo para o templo de Taiseki-ji, em busca de seu próprio caminho. O ramo do budismo Nichiren que se originou nesse processo desenvolveu uma doutrina específica, baseada em livros de ensinamentos supostamente transmitidos por Nichiren a Nikkō – entre eles, o *Honinmyōshō*, o *Hyakurokkosōjō*, o *Juryōbonmonteidaiji* e o *Ogikuden* – assim como nas obras escritas do próprio Nikkō. Várias escolas doutrinais se desenvolveram no interior do grupo, por exemplo, em torno dos templos de Nishiyama Honmon-ji, Omosu Honmon-ji e Yōhō-ji, em Quioto; tendo predominado a escola que se associou ao templo de Taiseki-ji, organizado em torno da sistematização da doutrina levada a cabo por Nikkan (1665-1726). Em 1900, a seita foi reconhecida sob o nome de Nichirenshū Fujiha e, em 1912, o nome foi mudado novamente para Nichiren Shōshū. Foi a doutrina desse Nichiren Shōshū, tal como formulada por Nikkan, que Makiguchi e Toda seguiram.

Os ensinamentos do Nichiren Shōshū giram em torno dos Três Grandes Métodos Esotéricos da Prática: o *Mandala Honzon* (*Dai Gohonzon*), apresentado por Nichiren como o último ensinamento budista, ou a realidade última necessária para a salvação; o *Kaidan*, no qual o *Mandala Honzon* está preservado como relíquia; e o *daimoku*, ou canto de *Namu myōhō rengekyō*. Eles constituem o núcleo da fé budista na era de *mappō* (o Último Darma). Acredita-se que o templo de Taiseki-ji seja o verdadeiro *Kaidan* e o *Mandala Honzon* aí colocado

22. Com relação à posição do Nichiren Shōshū em meio às seitas de tradição Nichiren, cf. Shugyō Kaishu, *Nichirenshū Kyōgakushi* (Uma História da Doutrina Nichirenshū), e Mochizuki Kankō, *Nichiren Kyōgaku no kenkyū* (Um Estudo da Doutrina de Nichiren). Murakami Shigeyoshi, também apresenta uma abordagem concisa desse ponto.

458 A ESPIRITUALIDADE BUDISTA

como relíquia (o *Ita Mandala* que se acredita ter sido inscrito em 1279) é considerado como a presença suprema.

O valor atribuído ao *honzon* de Nichiren reflete o fato de que Nichiren e seus ensinamentos são muito mais valorizados que o Buda Śākyamuni e a mensagem que ele pregava na Índia há tantos anos atrás. Em particular, acredita-se que os ensinamentos de Nichiren ultrapassam até mesmo os do *Sutra do Lótus*, os ensinamentos supremos de Śākyamuni. Em resultado disso, Nichiren é reverenciado como *Nichiren Honbutsuron*, o renascimento do Buda supremo (*Musa no honbutsu*), que é superior a Śākyamuni. Por trás dessas afirmações está uma leitura da história que está em desacordo com a que é normalmente sustentada pelo budismo Hokke, para o qual podemos agora voltar nossa atenção. Ao fazê-lo, eu gostaria de evitar tanto quanto possível a terminologia doutrinal específica ao budismo Nichiren[23].

A HISTÓRIA BUDOLÓGICA DO NICHIREN SHŌSHŪ

No capítulo dezesseis do *Sutra do Lótus*, o *Juryōbon* (O Período de Vida do Tathāgata), Śākyamuni, que era anteriormente considerado o supremo ser iluminado, é apresentado como apenas uma manifestação finita de um Buda mais universal. Esse Buda universal é denominado o "Verdadeiro Alcançar do Passado mais Remoto" (*Kuon jitsujō no shakuson*), enquanto o *Jōgyō* e outros bodisatvas que surgem da terra no capítulo quinze do sutra (*Jūji yujutsubon*) são apresentados como figuras ensinadas por vários budas no passado. No Nichiren Shōshū, no entanto, enquanto *Kuon jitsujō* é considerado como tendo alcançado a iluminação budista no passado eterno, a fé se concentra num ser supremo, que existiu desde o início do universo (*kuon gansho*). Esse ser se revela como o Darma no mantra *Namu myōhō rengekyō* e como uma pessoa no *Musa no honbutsu*. Nichiren é o renascimento deste último. O período anterior ao aparecimento do Buda *Kuon jitsujō* é descrito como a era do Buda verdadeiro, quando as pessoas que têm alguma relação com o Buda seguem a lei e podem alcançar o estado de iluminação budista.

Após o aparecimento de *Kuon jitsujō*, o Buda Śākyamuni faz seu próprio aparecimento vários séculos antes de Cristo e os períodos de *Shōbō* (Darma Verdadeiro) e *Zōhō* (Darma Semelhante) – períodos antes da revelação do *daimoku* e do *honzon* verdadeiro – são descritos como uma época de ensinamentos provisórios. O próprio *Sutra do Lótus* é considerado como um ensinamento provisório e as pessoas, que podiam alcançar a iluminação por meio do sutra, eram as que an-

---

23. Além dos livros de Shugyō e Mochizuki, citados na nota anterior, cf. Horigome Nichijun, *Nichiren daishōnin no Kyōgi...* (O Ensinamento de Nichiren), e Ōhashi, *Bukkyō shisō to Fujikyōgaku* (O Pensamento Budista e a Doutrina da Seita Fuji).

SŌKA GAKKAI E A MODERNA REFORMA DO BUDISMO   459

teriormente tinham de fato recebido em si a "semente" para se tornar
Buda por *Kuon jitsujō*. O material dos primeiros catorze capítulos do
sutra, o *Shakumon*, "amadureceu" o estado dessas pessoas e os últimos catorze capítulos, o *Honmon*, conduziram-nos à libertação. No
entanto, para a "pessoa rude comum" (*arabonpu*) do período *mappō*,
esse ensinamento do amadurecimento e da libertação não é suficiente;
uma nova "semente" para tornar-se um buda deve ser revelada. É aqui
que Nichiren entra na história, no Japão, no início da era de *mappō*. O
próprio *Musa no honbutsu*, que existia desde o início do universo e que
apareceu durante a vida de Śākyamuni como Jōgyō Bosatsu, retornou
como salvador da era de *mappō*.

Diz-se que essa leitura da história encontra-se nos escritos de
Nichiren e sendo o *Sutra do Lótus* faz a ele uma alusão – ausente no
texto, mas oculta nos significados mais profundos do *Juryōbon*[24]. A
reinterpretação doutrinal do sutra resultou num ordenamento hierárquico em valor crescente, a partir dos sutras que precediam o *Sutra do
Lótus* até os primeiros catorze capítulos do *Sutra do Lótus*, a primeira
metade do sutra.

O Nichiren Shōshū ensina que, além do *Honmon* manifesto
(*monjō no honmon*), existe um *Honmon* mais profundo (*montei no
honmon*), com os elementos mais importantes dos ensinamentos de
Śākyamuni contidos neste último. É nesse ponto que é feita a alusão
à apresentação do *Gohonzon*, *Namu myōhō rengekyō*, e o *Musa no
honbutsu* (isto é, Nichiren); é devido a essa alusão que o *Sutra do
Lótus* mantém sua relevância para a compreensão do *Gohonzon* e dos
ensinamentos de Nichiren. O texto também afirma que esse sutra foi
anteriormente apresentado em vista dos que poderiam se beneficiar
com o "amadurecimento" e a libertação e que ele não é apropriado
para homens e mulheres comuns da era de *mappō* que buscam um
novo "semear".

O *KANJINRON* NO NICHIREN SHŌSHŪ

Embora existam os dois aspectos do Darma e da pessoa no Buda
original verdadeiro (*Kuon gansho*), o mais importante é o Darma, isto é,
o *daimoku* (*Namu myōhō rengekyō*). Essa é a existência última contida
no *Gohonzon* e é por meio da "recepção" (*juji*) dessa realidade última,
isto é, pela fé no *Gohonzon* e pelo entoar do *daimoku*, que as massas
comuns vivendo na era de *mappō* podem alcançar a iluminação budista.
A concentração do *Gohonzon* como o objeto da fé dá um significado
profundo ao ato de "recepção".

---

24. No *Kaimokushō* de Nichiren, isso é denominado a verdadeira lei de *ichinen
sanzen*, oculta no significado mais profundo do *Juryōbon*.

460 A ESPIRITUALIDADE BUDISTA

Essa concepção é exposta no *Kanjin honzonshō* de Nichiren. Baseando seu argumento na doutrina de *ichinen sanzen*, a doutrina da escola Tendai de Chigi (ch. Chih-i, 538-597), Nichiren busca demonstrar que a fé no *honzon* e o entoar do *daimoku* constituem os meios para se alcançar a iluminação budista. A explicação sobre *ichinen sanzen* encontrada nesse texto chega a ocupar um lugar central no Nichiren Shōshū. Seguindo o *Kaimokushō*, tanto o Nichiren Shōshū quanto o Sōka Gakkai consideram essa doutrina como o supremo ensinamento oculto nas profundezas do *Juryōbon* do *Sutra do Lótus* e o núcleo dos ensinamentos budistas. Um exame rápido dos conteúdos do *Shakubuku kyōten* e do *Sōka Gakkai nyūmon* deixa isso claro. O *Makashikan* (ch. *Mo ho chih kuan*) de Chigi, baseado na doutrina do *Sutra do Lótus* como o sutra mais sublime, apresenta tanto a teoria como a prática da meditação (*shikan, zazen, kanjin*). Uma explicação sobre *ichinen sanzen* é apresentada aqui, na seção em que o *kanjin* é descrito como um "estado misterioso", no qual "todo o espírito é possuído em um espírito". *Sanzen* se refere a todas as criaturas vivas e a tudo na existência e é explicado em termos dos conceitos de *jikkai, jūnyoze* e *sanseken* (as três categorias de domínios do ser).

O *jikkai* se refere às dez modalidades da existência de todos os seres sencientes (inferno, domínio dos espíritos famintos, animais, *asuras*, seres humanos, seres celestiais, *śrāvakas, pratyekabuddhas*, bodisatvas e budas). Esses domínios não são aspectos isolados do ser, mas cada qual incorpora todos os outros como existências potenciais. Esse estado é denominado *jikkai gogu*, o que confirma a realidade de uma centena de aspectos da existência. Dessas relações, as do domínio dos budas com os outros nove domínios são centrais: enquanto a humanidade se encontra sob o aspecto dos outros nove domínios, ela está ao mesmo tempo incorporada ao domínio dos budas; inversamente, o Buda também está incorporado aos outros nove aspectos da existência.

Quando esses domínios são multiplicados pelos *jūnyoze* (forma, natureza ou qualidade, substância, função, ação ou movimento, causa, causa indireta ou condição, efeito, recompensa ou retribuição, não diferenciação última) e pelos *sanseken* (domínio dos seres sencientes, domínio dos seres não sencientes, domínio dos cinco agregados), isso resulta nos *sanzen seken*, ou os três mil mundos. Ao que exatamente se referem os *jūnyoze* e os *sanseken* não é muito fácil compreender, assim como o conceito de *jikkai*, que sem dúvida deixa muitos fiéis com apenas uma impressão muito vaga de tê-lo compreendido. É suficiente dizer que os *sanzen seken* indicam a modalidade pluralista e a "totalidade complexa" da existência, em particular dos seres vivos. O estado no qual essa totalidade é completamente compreendida num único momento é denominado *ichinen sanzen* e culmina na compreensão de que o Buda está presente no interior de nosso próprio espírito.

A compreensão pelas massas de pessoas comuns, de que elas são – cada uma delas e na vida presente – o Buda, é capturada na expressão

SŌKA GAKKAI E A MODERNA REFORMA DO BUDISMO 461

sokushin jōbutsu. Na noção de *hongaku shisō* do budismo japonês de tradição Tendai, no qual todos os seres sencientes são ensinados a existir no estado de iluminação em sua vida presente, é predominante a ligação entre a doutrina de *ichinen sanzen* e o princípio de *sokushin jōbutsu.* Também Nichiren pressupõe essa posição, no *Kanjin honzonshō* e em outros textos. A influência da noção de *hongaku shisō* sobre o Nichiren Shōshū foi até mesmo maior após a morte de Nichiren, o que, por sua vez, reforçou a orientação no sentido do princípio de *sokushin jōbutsu.*

No desenvolvimento desde o *Kanjin honzonshō* de Nichiren até a doutrina do Nichiren Shōshū, o *honzon* e o *daimoku* são enfatizados como concretizações de *ichinen sanzen,* assim como a convicção de que *sokushin jōbutsu* pode ser compreendido por meio da prática do entoar o *daimoku,* mais que da meditação. Essa "experiência" de *ichinen sanzen* está em contraste com o "princípio de *ichinen sanzen*" de Chigi. As diferenças entre o Nichiren Shōshū e as outras seitas do budismo de tradição Nichiren giram em torno de decidir se essa "experiência de *ichinen sanzen*", tal como alcançada pelo *honzon* que encarna o Buda *Kuon Jitsujō* na última metade do *Sutra do Lótus,* tem seqüência, ou se a ênfase está, ao contrário, no *honzon* que encarna o Darma original – o Buda oculto no sutra.

Em outras palavras, para o Nichiren Shōshū, a fé no *gohonzon* e o entoar o *daimoku* são em si mesmos considerados como a realização de *sokushin jōbutsu* e isso se denomina *juji soku kanjin* (recepção como meditação). Essa doutrina é oferecida às massas na era de *mappō* por ser uma prática fácil. Mas, uma vez que em última análise ela requer que vivenciemos a nós mesmos como existindo no estado do Buda, há mais coisas envolvidas que apenas o acordo conceitual. Não apenas um número pequeno de monges e especialistas na doutrina, mas as massas de pessoas comuns também precisam ser convencidas da realidade da proposição. Esse é o problema com que Toda Jōsei se defrontava em sua cela na prisão e que o conceito do Buda como força vital o ajudou a resolver.

A INOVAÇÃO DE TODA JŌSEI

A teoria da força vital de Toda Jōsei reconfigura a doutrina do Nichiren Shōshū, oferecendo uma interpretação vitalista do *sokushin jōbutsu* alcançada no entoar do *Namu myōhō rengekyō.* Para selecionar os principais elementos: 1. o Buda e a humanidade, assim como 2. o Buda e os vários seres deste mundo – uma vez que eles compartilham da mesma força vital essencial – 3. podem formar por meio da fé uma unidade com a força vital do *gohonzon*; 4. a boa ou a má sorte concretizada na atividade da força vital da vida cotidiana 5. pode ser transformada num estado de realização da iluminação budista, que se caracteriza pela felicidade absoluta transbordando com a energia da força vital; 6. além disso, é a vida que toma como sua missão difundir

462 A ESPIRITUALIDADE BUDISTA

essa felicidade aos outros, que pode ser denominada vida verdadeiramente budista.

Compreendendo dessa forma a vida de fé e seu propósito, surgem três possibilidades[25]:

1. O budismo pode ser concebido como a busca fervorosa de um modo de vida no mundo atual.

O *gohonzon*-como-Buda é a fonte da energia da força vital e aquele que fornece os benefícios deste mundo. O alcançar da iluminação budista, que o budismo ensina ser a meta final da vida, continua sendo absoluto. Mas, mesmo que os benefícios particulares não sejam considerados como a realização dessa meta última, eles podem ser vistos como um primeiro passo na direção de sua realização. Pode-se ver nesses benefícios indicações dessa meta última. Assim, pode-se facilmente vincular a facilmente compreendida meta da felicidade nesta vida à meta suprema do budismo. Uma vez que a felicidade é o transbordar da força vital, ela é em si mesma uma manifestação do Darma e do Buda (*gohonzon*), a origem da vida, e não algo inferior ou ignóbil. Inversamente, a busca da iluminação budista não significa uma separação da vida, tal como sugere a palavra nirvana, nem exige que se abandone este mundo. Ela deve ser realizada neste mundo, uma vez que o propósito último da vida só pode ser alcançado nos contínuos renascimentos na vida neste mundo.

2. A relação com a realidade última é percebida como pertencendo à existência neste mundo e, dessa forma, é tanto prática quanto concreta.

A força vital e sua energia são realidades que podemos tocar e afirmar por meio dos sentidos e o Buda (Darma) compartilha da mesma substância da vida neste mundo. Não há ênfase alguma em uma descontinuidade entre a experiência sensorial do corpo e a experiência de uma conexão com a realidade última. Ao contrário, ambas são vistas como contínuas. A fé e a entoação do *daimoku* são pensadas, da mesma forma, como tentativas de influenciar a existência ou poder neste mundo. O *gohonzon* é muitas vezes comparado com uma máquina – uma máquina para a fabricação de felicidade – e a relação recíproca com o *gohonzon* é percebida como um processo para se extrair energia, que pode ser confirmado pelos sentidos por meio da atividade física. Assim, a fé e o conhecimento secular não estão separados, mas são vistos como domínios que se sobrepõem. Assim como é aprofundado por meio da ciência, o conhecimento comum da vida também deve ser aprofundado

---

25. Tōkyō Daigaku Hokkekyō Kenkyūkai, *Sōka Gakkai no rinen to jissen* (A Doutrina e Prática Sōka Gakkai), contém uma análise penetrante das características da teoria da força vital de Toda Jōsei.

SÕKA GAKKAI E A MODERNA REFORMA DO BUDISMO

pela religião. Pela mediação da força vital, a ciência e a religião são empreendimentos conjuntos e mutuamente complementares.

3. A transformação religiosa pessoal é percebida como inseparável de uma postura ativa com relação ao mundo atual, o que é promovido de forma positiva.

O alcançar da iluminação budista não é um acontecimento interior envolvendo uma separação temporária da vida cotidiana; nem é algo a ser vivenciado após a morte em algum outro mundo (*jōdo*). Ao contrário, ele é vivenciado em meio à própria vida cotidiana como uma transformação dessa vida. Isso decorre da convicção de que a força vital se manifesta no cotidiano tanto quanto os vários estados de *jikkai*. A recepção do *gohonzon*, pela fé e pelo entoar do *daimoku*, poderia ser percebida como, de alguma forma, fazendo parte de um outro mundo e como distante da vida cotidiana. Mas, na medida em que se vincula à força vital, ela envolve a vida cotidiana. A fé que não produz um avanço na direção de uma felicidade maior é considerada imperfeita. Nem também o avanço da felicidade está restrito a nossa própria vida pessoal; ele deve ser ampliado de modo a incluir os outros também. Em termos mais imediatos, ela implica uma atividade destinada a aumentar o conjunto dos fiéis, bem como uma reforma da vida coletiva.

Os três pontos enumerados não se encontram na doutrina do Nichiren Shōshū tradicional, exceto talvez em germe. Em termos rigorosos, a reformulação da doutrina tradicional não decorre da revelação de Toda Jōsei de que o "Buda é a Força Vital", mas ela admite a incorporação de idéias verdadeiramente modernas e atitudes religiosas a essa doutrina. Ela também afeta a estrutura da idéia budista japonesa de salvação. A reforma das idéias religiosas por meio do estabelecimento de uma idéia de salvação neste mundo concebida em termos vitalistas – como acontece nos novos movimentos religiosos baseados em crenças sincréticas ou na religiosidade popular, bem como em grupos budistas como o Honmon Butsuryūkō e o Reiyūkai – tem dado novos frutos na transformação da doutrina do Nichiren Shōshū elaborada por Toda.

A REFORMA DA CONCEPÇÃO DA SALVAÇÃO

Um grande número de novos movimentos religiosos tem surgido na sociedade japonesa desde o início do século XIX. Esses movimentos são estimulados por uma grande diversidade de fontes intelectuais e religiosas, entre elas, as várias seitas do budismo, o shintoísmo, a Escola Nacional de Aprendizado, o confucianismo, o cristianismo, a religião popular – em especial na medida em que ela faz parte do sincretismo *shinbutsu*, as ciências modernas e mesmo o nacionalismo. Apesar dessa grande diversidade de influências, esses movimentos compartilham de uma certa estrutura básica em seu conceito de salvação. Estudiosos mais

464 A ESPIRITUALIDADE BUDISTA

recentes[26] chamam essa estrutura de "Concepção Vitalista da Salvação" e enfatizam uma série de afirmações que a sustentam:

1. *A essência do cosmos.* O cosmos é percebido como um corpo vivo ou força vital dotada de uma fertilidade inexaurível, incessante. Em termos humanos, isso significa que recebemos a vida da natureza e que o universo é a fonte de benefícios ilimitados para a humanidade.

2. *O ser religioso primário.* As novas religiões postulam uma figura sagrada central, tal como Deus ou o Buda, como a realidade que unifica o universo. Concebido como o ser religioso primário, ele é simbolizado como a "Fonte da Vida" que dá origem a todos os seres e fornece nutrição a todos.

3. *A natureza humana.* O ser humano é também concebido como tendo uma existência nascida e nutrida pela Fonte da Vida. Não apenas isso, os seres humanos são considerados como tributários da Fonte da Vida, possuindo uma natureza divina, impoluta, que é capaz de retornar a essa Fonte ou se unir a ela. Além disso, dessa forma, todos os seres humanos participam da mesma força vital e são, por conseqüência, todos irmãos e irmãs.

4. *A vida e a morte.* Devido à avaliação positiva atribuída à vida neste mundo, conceitos de salvação num outro mundo, numa existência após a morte, são raros. A salvação é apresentada como o desenvolvimento e o florescimento da vida neste mundo, com isso, o renascimento como retorno a este mundo recebe um significado positivo.

5. *O mal e o pecado.* Se os vínculos entre o eu e a Fonte da Vida, ou com os outros e nosso próprio ambiente, são rompidos, o desenvolvimento harmonioso da vida é prejudicado e a força vital se extingue. São esse apego ao eu e os desejos egoístas que provocam esse mal.

6. *Meios de salvação.* É preciso restabelecer a harmonia entre a Fonte da Vida, de um lado, e o próprio eu, os outros e o ambiente, de outro, a fim de superar o estado de maldade. Além do arrependimento e do restabelecimento de um espírito harmonioso, são sugeridas várias práticas para a restauração dos vínculos com a Fonte da Vida.

7. *O estado de salvo.* A salvação como o estado em que os vínculos com a Fonte da Vida foram restabelecidos e em que se está preenchido com a fértil força vital, um estado de unidade – ou de paz e harmonia – entre a humanidade e Deus, o viver uma vida permeada de alegria. A imagem é ligada a este mundo, é sensorial e até mesmo sensual. Embora se vincule a benefícios para o

---

26. Cf. Tsushima Michihito et al., The Vitalistic Conception of Salvation in Japanese New Religions.

SŌKA GAKKAI E A MODERNA REFORMA DO BUDISMO   465

indivíduo neste mundo, isso é representado como o florescimento total de uma força vital que transcende esses benefícios parciais. 8. *Os fundadores*. Os fundadores não são considerados como aqueles que meramente instruem sobre a verdade suprema, eles são, ao contrário, representados como aqueles nos quais reside a Fonte da Vida, como aqueles dos quais flui a Fonte da Vida, como os mediadores últimos entre essa Fonte da Vida e a humanidade.

A doutrina da Força Vital de Toda Jōsei é típica dessa "Concepção Vitalista da Salvação". Embora varie um pouco com relação ao padrão, por dar pouca ênfase a um "espírito harmonioso" e pelo fato de tornar a doutrina o *gohonzon* e o próprio Nichiren objetos de veneração, mais que figuras fundadoras, em termos da estrutura geral, essa concepção corresponde estreitamente ao modelo conceitual. Ao comentar os oito pontos acima relacionados, os autores descrevem o conceito vitalista de salvação como "um conceito de salvação centrado neste mundo", em contraste com a concepção de mundo pessimista, fundada em conceitos de salvação libertadores, ou centrados num outro mundo. Além disso, eles perguntam se essa concepção rejeita tanto o pensamento dualista, que estabelece algum mundo religioso ideal separado da realidade presente, bem como a lógica da renúncia ao mundo, que prega uma superação total do mundo e a própria separação com relação ao mundo.

No entanto, dizer que a concepção da salvação apresentada pelas Novas Religiões é voltada para este mundo não chega a descrever o desenvolvimento específico por que passou a idéia de salvação nesses grupos. Outras religiões, como o Shinto ou as crenças animistas populares, assim como a noção de *hongaku shisō* que caracteriza o budismo japonês, também assumem uma atitude positiva com relação à realidade atual. Mas elas diferem em seu conceito de salvação neste mundo que é encontrado nos novos movimentos religiosos.

Por exemplo, o conceito de "salvação" é bastante fraco tanto no pensamento animista quanto no Shinto. Uma vez que o *hongaku shisō* representa um caso típico de pensamento religioso pré-moderno, que é tanto voltado para este mundo quanto orientado para a salvação, ele oferece um tópico de comparação mais promissor, em especial dado o fato de que a base do pensamento religioso de Sōka Gakkai, o Nichiren Shōshū, foi fortemente influenciada pelo *hongaku shisō*. As várias seitas do budismo do período Kamakura apresentam uma influência do *hongaku shisō* em suas doutrinas centrais[27], embora essa influência seja mais acentuada em Shinran, Ippen e Nichiren que em Hōnen ou Dōgen. A influência do *hongaku shisō* é especialmente clara nos argumentos relativos ao significado do *honzon* no *Kanjin honzonshō* de

---

27. Tamura Yoshirō, *Kamakura shinbukkyō shisō no kenkyū* (Estudos no Pensamento do Budismo do Período Kamakura).

466 A ESPIRITUALIDADE BUDISTA

Nichiren e o Nichiren Shōshū – entre as seitas do budismo Nichiren, aquela na qual o *honzon* é venerado e o *Kanjin honzonshō* é considerado uma autoridade maior – está especialmente próximo do *hongaku shisō*. Muito textos valorizados no Nichiren Shōshū, outrora atribuídos a Nichiren mas agora considerados de autoria questionável, também foram influenciados pelo *hongaku shisō* de um período posterior. Dessa forma, é seguro concluir que o Sōka Gakkai transformou a concepção de salvação contida na noção de *hongaku shisō* no conceito vitalista presente nas Novas Religiões.

O *Dicionário Budista Iwanami* define *hongaku shisō* como uma investigação do mundo absoluto, indiviso, que transcende a relatividade dualista da realidade e, então, retorna à realidade, a fim de afirmar a diversidade da relatividade dualista como expressão do *hongaku* indiviso[28]. Em termos da busca da iluminação budista, ele constitui uma rejeição do modo dualista de pensar, que opõe o Buda e a humanidade comum e vê os seres humanos alcançando a iluminação budista pela rejeição de sua natureza comum. O *hongaku* é um absoluto que transcende essa relatividade dualista. É o verdadeiro modo de ser do Buda que faz a pessoa voltar ao mundo real, assim demonstrando a visão iluminada de que as massas perdidas já são em si mesmas a unidade indivisa entre o Buda e a humanidade comum. As fórmulas "as paixões más são em si mesmas iluminação" (*bonnō soku bodai*) e "a perseverança é em si mesma luz serena" (*shaba soku jakkō*) são expressões dessa afirmação da realidade.

Em sua aplicação extrema, o *hongaku shisō* afirma o afastar-se do caminho da virtude e rejeita por completo a importância da prática religiosa (*shugyō*), situando-se numa posição que dificilmente poderia ser ainda chamada budismo. Tamura afirmava que quando o budismo japonês estava sendo impelido nessa direção da afirmação de um monismo absoluto, o budismo do período Kamakura respondia por meio da ênfase no elemento dualista[29]. A atitude de Hōnen de opor Amida à humanidade comum e à superação da realidade pelo nascimento (*ōjō*) na Terra Pura são um exemplo clássico desse desenvolvimento. Ao mesmo tempo, como observa Tamura, o pensamento de *hongaku shisō* foi o ponto de origem da reforma do período Kamakura e reconquistou sua proeminência com Shinran e Nichiren.

Na doutrina do Nichiren Shōshū, a humanidade comum já possui em seu interior o domínio do Buda e, pela recepção do *gohonzon*, a humanidade imediatamente alcança a iluminação budista. No pensamento de Nichiren também encontramos a idéia de *ōkei shisō*, de acordo com a qual, após a morte, renascemos na Terra Pura e lá alcançamos a iluminação budista. Isso está mais próximo de uma teoria dualista

28. Nakamura Hajime, *Iwanami bukkyō jiten* (Dicionário Budista Iwanami).
29. T. Yoshirō, op. cit.

SŌKA GAKKAI E A MODERNA REFORMA DO BUDISMO 467

da salvação que apresenta a superação dessa outra realidade do outro lado, mais que a manifestação da iluminação budista em nosso estado presente. Alguns estudiosos sustentam que, em seus últimos dias, quando seu confronto com a sociedade se acentuou, Nichiren passou a enfatizar esse *ōkei shisō* dualista[30]. No entanto, não é possível encontrar traço algum da noção de *ōkei shisō* no Nichiren Shōshū, no qual predomina a teoria da salvação monista do alcançar a iluminação budista pela recepção do *gohonzon* – no interior do arcabouço do *shaba soku jakkō* e do *bonnō soku bodai*.

A doutrina da salvação do Nichiren Shōshū, enfatizando o alcançar imediato da iluminação budista, estava claramente voltada para este mundo, ou afirmava este mundo. Mas ela não incentivava o envolvimento com o mundo e a transformação da realidade presente. A salvação não era vista como envolvendo uma participação na transformação da realidade. Ela permanecia no nível de uma transformação interior de um eu não afetado pela vida cotidiana. Apesar do forte desejo de reformar a religião nacional, vinculado aos ideais do *Risshō Ankokuron* de Nichiren, a idéia de uma reforma prática da própria vida que abrangesse reformas em favor dos outros era bastante fraca.

Para Toda Jōsei, que havia aprendido com Makiguchi Tsunesaburō a importância da transformação prática da vida cotidiana, não era fácil aceitar esse conceito de salvação voltado para este mundo e afirmando este mundo. Sua idéia de "força vital" sugeriu-lhe uma alternativa: o alcançar imediato da iluminação budista significa a salvação por meio do envolvimento na realidade da vida cotidiana, por meio do alcançar os benefícios e a felicidade envolvidos na totalidade da vida e por meio do estender essa felicidade aos outros. Ao mesmo tempo em que afirma a realidade presente, essa idéia de salvação não aceita simplesmente a realidade da forma como ela é. Ela retém a esperança de que a realidade pode ser mudada e pode, dessa forma, ser mais apropriadamente descrita como voltada para a transformação da realidade. A transformação em questão não implica necessariamente a reforma das estruturas sociais ou uma mudança dramática na vida comunitária, como encontramos no conceito de *yonaoshi*. Em certas ocasiões, uma tal transformação pode ser defendida; em outras, não. O que permanece constante é a aspiração à transformação de nosso eu e da vida em torno de nós próprios, e a fé em que esses esforços estão vinculados à salvação. Como convém a uma comunidade religiosa centrada nos leigos e que ensina a participação na realidade, isso está em contraste nítido com o pouco valor atribuído à realidade presente, pelas religiões historicamente centradas em especialistas religiosos e que pregam a separação com relação a este mundo.

---

30. Mochizuki Kankō, *Nichiren Kyōgaku no kenkyū* (Um Estudo da Doutrina de Nichiren); T. Yoshirō, op. cit., p. 601-611.

468 A ESPIRITUALIDADE BUDISTA

BIBLIOGRAFIA

ASAI Endō. Sōka Gakkai no shutsugen to mondaiten (O Surgimento do Sōka Gakkai e Seus Problemas). In: MOCHIZUKI Kanko (org.). *Kindai Nihon no hokkei bukkyō* (O Budismo do *Sutra do Lótus* no Japão Moderno). Kyoto: Heiraku-ji Shoten, 1968.

FUKUSHIMA Masato. Mō hitotsu no "meisō": Toshi to iu keiken no kaidoku kōshi (Ainda um Outro Caminho da Meditação: um quadro para a compreensão da experiência urbana). In: TANABE Shigeharu (org.). *Jissen shūkyō no jinruigaku* (A Antropologia da Religião Prática). Kyoto: Kyōto Daigaku Gakujutsu Shuppan, 1989.

HIGUMA Takenori. *Sōka Gakkai, Toda Jōsei*. Tokyo: Shinjinbutsu Ōraisha, 1971.

HORIGOME Nichijun. *Nichiren daishōnin no kyōgi: Nichiren shōnin to Hokkekyō* (Os Ensinamentos de Nichiren: Nichiren e o *Sutra do Lótus*). Tokyo: Nichiren Shōshū Bussho Kankōkai, 1976.

INOUE Nobutaka. *Umi wo watatta Nihon shūkyō* (Religiões Japonesas no Exterior). Tokyo: Kōbundō, 1985.

INOUE Nobutaka et al. (orgs.). *Shinshūkyō jiten* (Dicionário das Novas Religiões). Tokyo: Kōbundō, 1990.

MAKIGUCHI Tsunesaburō. *Sōka Kyōikugaku Taikei* (O Sistema de Educação Criadora de Valor). Tokyo: Sōka Kyōiku Gakkai, 1930.

MIYATA Kōichi. *Makiguchi Tsunesaburō no shūkyō undō* (O Movimento Religioso de Makiguchi Tsunesaburō). Tokyo: Daisan Bunmeisha, 1993.

MOCHIZUKI Kankō. *Nichiren kyōgaku no kenkyū* (Um Estudo da Doutrina de Nichiren). Kyoto: Heiraku-ji Shoten, 1958.

_____. *Nichirenshū gakusetsushi* (A História da Doutrina de Nichirenshū). Kyoto: Heiraku-ji Shoten, 1969.

MURAKAMI Shigeyoshi. *Sōka Gakkai=Kōmeitō*. Tokyo: Aoki Shoten, 1967.

NAKAMAKI Hirochika. *Shinsekai no Nihon shūkyō* (Religiões Japonesas no Novo Mundo). Tokyo: Heibonsha, 1968.

NAKAMURA Hajime. *Iwanami bukkyō jiten* (Dicionário Budista Iwanami). Tokyo: Iwanami Shoten, 1989.

NISHINO Tatsukichi. *Denki Toda Jōsei* (A Biografia de Toda Jōsei). Tokyo: Daisan Bunmeisha, 1985.

ŌHASHI Jijō. *Bukkyō shisō to Fujikyōgaku* (O Pensamento Budista e a Doutrina da Seita Fuji). Tokyo: Nichiren Shōshū Bussho Kankōkai, 1978.

SEIKYŌ Shinbunsha (orgs.). *Makiguchi Tsunesaburō*. Tokyo: Seikyō Shinbunsha, 1972.

_____. *Shosetsu ningen kakumei* (Revolução Humana). Tokyo: Seikyō Bunko, 1972.

_____. *Jinseishō: Ikeda Daisaku Shingenshū* (Fragmentos da Vida: provérbios de Ikeda Daisaku). Tokyo: Seikyō Shinbunsha, 1980.

SHIMAZONO Susumu. *Gendai kyūsai shūkyōron* (Estudos em Religiões Salvacionistas Contemporâneas). Tokyo: Seikyūsha, 1992.

_____. Seikatsuchi to kindai shūkyō undō: Makiguchi Tsunesaburō no kyōiku shisō to shinkō (A Prática na Vida Cotidiana e nos Movimentos Religiosos: a filosofia e fé educadoras de Makiguchi Tsunesaburō). In: KAWAI Hayao (org.). *Iwanami kōza shūkyō to kagaku*, v. 5, *Shūkyō to shakai*

SŌKA GAKKAI E A MODERNA REFORMA DO BUDISMO   469

kagaku (Religião e Ciência, v. 5, Religião e Ciências Sociais). Tokyo: Iwanami Shoten, 1992.

SHUGYŌ Kaishū. *Nichirenshū kyōgakushi* (Uma História da Doutrina Nichirenshū). Kyoto: Heiraku-ji Shoten, 1952.

SHUPPAN Iinkai (org.). *Toda Jōsei Zenshū* (Obras Reunidas de Toda Jōsei), *Shitsumonkai hen* (Respondendo Perguntas dos Fiéis). Tokyo: Seikyō Shinbunsha, 1982. V. 2.

SŌKA Gakkai Kyōgakubu (org.). *Shakubuku Kyōten*. Tokyo: Shūkyōhōjin Sōka Gakkai, 1952.

_____. *Kaiteiban Sōka Gakkai nyūmon* (Introdução Revisada ao Sōka Gakkai). Tokyo: Seikyō Shinbunsha, 1980.

TAMURA Yoshirō. *Kamakura shinbukkyō shisō no kenkyū* (Estudos no Pensamento do budismo do Período Kamakura). Kyoto: Heiraku-ji Shoten, 1965.

_____. Japanese Culture and the Tendai Concept of Original Enlightenment. *Japanese Journal of Religious Studies* 14 (1987), p. 203-10.

TODA Jōsei. *Toda Jōsei-sensei ronbunshū* (Artigos de Toda Jōsei). Tokyo: Shūkyōhōjin Sōka Gakkai.

_____. *Toda Jōsei zenshū, Kōgihen III* (Conferências, parte III). Tokyo: Seikyō Shinbunsha, 1987. V. 7.

TŌKYŌ Daigaku Hokkekyō Kenkyūkai (org.). *Sōka Gakkai no rinen to jissen* (A Doutrina e Prática de Sōka Gakkai). Tokyo: Daisan Bunmeisha, 1975.

TSUSHIMA Michihito; NISHIYAMA Shigeru; SHIMAZONO Susumu; SHIRAMIZU Hiroko. The vitalistic conception of salvation in Japanese New Religions. *Japanese Journal of Religious Studies* 6 (1979), p. 139-161.

UEFUJI Kazuyuki; ŌNO Yasuyuki (orgs.). *Kakumei no taiga: Sōka Gakkai yonjūgonenshi* (História de Uma Revolução: a história de quarenta e cinco anos de Sōka Gakkai). Tokyo: Seikyō Shinbunsha, 1975.

(traduzido para o inglês por Robert Kisala)

30. Espiritualidade Budista Contemporânea e Ativismo Social

Sallie B. King

As pessoas no Ocidente em geral concebem o budismo como uma religião de monges, na qual a espiritualidade envolve o afastamento total do mundo em busca de uma vida isolada de meditação. Inapropriada para o budismo de toda e qualquer época, essa imagem é ainda menos adequada ao budismo do século XX. Hoje em dia, os líderes budistas viajam de uma capital a outra, apresentando textos a respeito de suas posições e discutindo com parlamentos questões de importância global; monjas e leigos têm conquistado cada vez mais uma posição de destaque; em ocasiões de crise nacional, o budismo tem conseguido mobilizar nas ruas seus adeptos aos milhares. Vou examinar as bases espirituais desse novo budismo e algumas das principais formas de seu ativismo social, focalizando em detalhe a interface entre a espiritualidade e o ativismo. Vamos ver que quando os monges, monjas e leigos budistas voltam sua atenção da interioridade para o envolvimento ativo em questões sociais, eles não estão deixando para trás a espiritualidade.

BASES ESPIRITUAIS

A "Carta Aberta" intersectária emitida pela "Rede para os Professores Budistas do Ocidente", em março de 1993, articula com êxito a perspectiva dos ativismos sociais budistas em todo o mundo. Ela apresenta o seguinte tópico como o primeiro ponto de concordância entre os presentes:

472 A ESPIRITUALIDADE BUDISTA

Nossa primeira responsabilidade como budistas é trabalhar para a criação de um mundo melhor para todas as formas de vida. A promoção do budismo como uma religião é uma preocupação secundária. Bondade e compaixão, a promoção da paz e da harmonia, assim como a tolerância e o respeito pelas outras religiões, devem ser os três princípios orientadores de nossas ações[1].

A fonte dessa preocupação em tornar o "mundo melhor para todas as formas de vida" se encontra num ensinamento central do budismo, as Quatro Nobres Verdades: 1. o sofrimento; 2. a causa do sofrimento; 3. a cessação do sofrimento; 4. o caminho ou meio de provocar a cessação do sofrimento. O Buda Śākyamuni se autodenominava um médico e chamava o budismo de medicamento, ou cura, para o sofrimento do mundo. A concepção do sofrimento, a análise do sofrimento e os meios de sua cura são temas de interpretações variadas para diferentes seitas, eras e culturas, mas a idéia central de que o sofrimento é o problema e de que o budismo é uma ferramenta a ser usada para a eliminação do sofrimento permanece uma constante. A fórmula "criação de um mundo melhor para todas as formas de vida" talvez seja uma forma moderna, ambiciosa e influenciada pelo Ocidente, de expressar isso, mas permanece fiel a essa preocupação fundamental.

Que a preocupação é espiritual, e não meramente bem intencionada ou manipuladora, é o que revela sua base no venerável ensinamento budista do não-egoísmo e compaixão. O budismo encontra a causa do sofrimento na cobiça (*taṇhā*) que se expressa como o "eu quero" por trás de todas as nossas ações, pensamentos e sentimentos normais. Por meio da prática budista, podemos vir a compreender vivencialmente o vazio último ou a não-existência desse "eu" e, como conseqüência, podemos nos libertar do impulso constante de servir o "eu". De acordo com o budismo, quando o "eu" e suas carências são eliminados, cessamos de nos identificar exclusivamente com o conteúdo desse "saco de pele". Naquele que alcançou os frutos da prática espiritual budista e eliminou o "eu", a linha entre o "eu" e o "outro", essencial para a consciência normal, pode cair na total obscuridade.

O ativismo social budista tem sua base aqui. Se a pessoa que eliminou o "eu" se torna consciente de que uma "outra" pessoa (ou ser senciente) está sofrendo, a resposta natural é fazer algo para aliviar a dor, assim como faríamos naturalmente o que fosse necessário para aliviar nossa "própria" dor; isto é, a dor de um "outro" é nossa "própria" dor. Quando o sofrimento se torna agudo e disseminado, como aconteceu com o povo vietnamita durante a guerra, então presenciamos centenas de milhares de monges, monjas e leigos atuando de forma não-violenta, para dar fim a ele. Como disse Thich Nhat Hanh, o sofrimento causado por bombardeios e opressão "fere-nos demais. Temos

---

1. An Open Letter from The Network For Western Buddhist Teachers, p. 40.

ESPIRITUALIDADE BUDISTA CONTEMPORÂNEA E ATIVISMO SOCIAL   473

de reagir"[2]. Assim, os monges e monjas deixaram a paz e segurança dos mosteiros e seguiram para as aldeias e cidades, para fazer o que podiam para ajudar: a dor das pessoas era sua dor.

Talvez a compaixão seja a virtude budista identificada em primeiro lugar e a que é exaltada com mais freqüência, definindo a marca de um Buda, juntamente com sua sabedoria. Mesmo para aquele que principia no caminho budista, ou para aquele cujas aspirações espirituais são muito modestas, a compaixão sempre foi o mínimo absolutamente necessário para se poder ser um budista não apenas no nome. Para o leigo que pensava que a meditação estava além de seu alcance, os atos cotidianos de doação generosa, de simples bondade, sempre foram compreendidos como a própria matéria da espiritualidade budista. Em outras palavras, seria possível (e a maioria dos budistas historicamente o fez) abster-se da meditação e da autodisciplina árdua sem ameaçar um mínimo sequer a própria identidade como budista; mas sem a compaixão e a bondade, não seria possível ser mais que um budista apenas no nome.

A "Carta Aberta" acima mencionada coloca a "bondade e compaixão" como o primeiro dos três princípios que devem guiar a ação e os outros dois princípios, "a promoção da paz e da harmonia" e "a tolerância e o respeito por outras religiões", além de outras expressões da mesma preocupação básica em evitar causar sofrimento e aliviá-lo, quando ele ocorre. Assim, na espiritualidade que está em sua base, o ativismo social budista contemporâneo não parece à primeira vista muito novo. Sua novidade está em fatores específicos ao século XX:

1. a moderna análise política, psicológica, econômica e social de origem liberal no Ocidente;
2. o grande exemplo de Gandhi, cuja influência em meio à maioria dos ativistas sociais budistas é enorme (com a exceção notável dos ambedkáritas, que o desprezam por não ter conseguido atacar o sistema de castas na totalidade);
3. as crises agudas, muitas das quais atingiram o mundo budista de forma particularmente severa: o genocídio (Camboja); o conflito armado moderno (Japão, Vietnã e boa parte do Sudeste asiático); as conseqüências do colonialismo (o Sri Lanka, em particular); a invasão estrangeira e o genocídio cultural (Tibete); os governos repressivos (Burma, Tailândia); a crise ecológica; e
4. a crise crônica, males permanentes que chegaram a seu limite em nossa época: a desigualdade social extrema, o fanatismo e a pobreza (em particular em meio aos antigos "intocáveis" da Índia) e o sexismo.

2. Thich Nhat Hanh, em Daniel Berrigan e Thich Nhat Hanh, *The Raft is Not the Shore: Conversations Toward a Buddhist/Christian Awareness*, p. 99.

474 A ESPIRITUALIDADE BUDISTA

Formas originais de ativismo social budista têm surgido em resposta a cada uma dessas crises.

OS VALORES ESPIRITUAIS BUDISTAS NA LUTA CONTRA A POBREZA

No budismo contemporâneo, a espiritualidade e o ativismo social estão muitas vezes tão profundamente entrelaçados que é difícil separar os dois. Exemplos disso podem ser vistos na obra de um monge e abade tailandês, o abade Nan Sutasilo, e na grande organização do Sri Lanka, o Sarvodaya Shramadana. Ambos aplicam os princípios budistas ao combate da pobreza na região rural, ao mesmo tempo em que resistem aos modelos de desenvolvimento capitalista do Ocidente. A combinação entre a análise social do Ocidente e a análise espiritual budista revela as interconexões causais das várias influências na vida humana: as condições econômicas e materiais, as condições sociais e culturais, as condições psicológicas e intelectuais e, por fim, as condições espirituais condicionam-se reciprocamente numa interação causal. Em resultado, a preocupação com o desenvolvimento espiritual não pode ser separada da preocupação com o desenvolvimento econômico. No entanto, os ativistas budistas se preocupam com o bem-estar material somente na medida em que atendem as necessidades reais dos indivíduos e da sociedade. Assim, tanto o abade Nan quanto a organização Sarvodaya vêem o desenvolvimento do estilo ocidental como nocivo, na medida em que ele exacerba a carência sem fim, o consumismo e a dívida cada vez maior. O Caminho do Meio do budismo é hostil ao consumismo: o jovem Sidarta descobriu que as carências humanas são intrinsecamente insaciáveis, que apesar de seu harém, poder, esposa, filhos e vida opulenta, suas carências continuavam a se multiplicar e suas carências espirituais e mais profundas permaneciam inatendidas. As necessidades devem ser atendidas, mas carências insaciáveis devem ser evitadas; esse é o Caminho do Meio no budismo de hoje.

O abade Nan busca ajudar os habitantes de sua aldeia a alcançar "imunidade espiritual", para que eles possam resistir à atração do consumismo e seu ciclo de carências cada vez maiores, aos esforços destinados ao fracasso na busca de satisfazê-las e ao endividamento cada vez maior. Ele levou um grupo de habitantes de uma aldeia a meditar num cemitério "a fim de dar-lhes uma nova vida", dizendo-lhes:

Quando sua mente está calma e clara, você pode ver através das ilusões e ver as situações da forma como elas são. Essa compreensão ajuda a limpar a mente do egoísmo e da ambição [...]. Quando a ambição terminar, a paz surgirá. Sua mente ficará permeada de compaixão, o que oferece o melhor fertilizante para a nutrição de sua vida[3].

3. Todas as citações e outras informações sobre o abade Nan são extraídas de Sanitsuda Ekachai, *A Buddhist Approach to Fighting Rural Poverty*, 11 de março de 1989, distribuído pela International Network of Engaged Buddhists.

ESPIRITUALIDADE BUDISTA CONTEMPORÂNEA E ATIVISMO SOCIAL   475

Os monges que trabalhavam com o abade Nan ou na organização Sarvodaya oferecem orientação e assistência, mas não tomam decisões nem administram projetos de desenvolvimento. Esse princípio se baseia num ensinamento fortemente enfatizado na tradição Theravāda: a autonomia. No Sarvodaya, os monges podem ir a uma aldeia ajudar a organizar e inspirar seus habitantes, mas são os próprios habitantes que decidem quais são as prioridades: uma estrada ou um sistema sanitário, um prédio escolar ou um programa de atendimento ambulatorial. Os habitantes das aldeias também não esperam pela atuação do governo; eles simplesmente identificam suas necessidades e imediatamente começam eles próprios a agir. A autonomia também se aplica ao financiamento. Embora o Sarvodaya aceite contribuições do exterior, em geral, os projetos são financiados por um número incontável de pequenas doações provenientes dos habitantes das aldeias e, naturalmente, o trabalho é totalmente voluntário. O Sarvodaya insiste em que cada família na aldeia que deseje, por exemplo, freqüentar refeições comunitárias nos acampamentos de voluntários, doe pelo menos uma caixa de fósforos com arroz. Dessa forma, cada pessoa vê a si própria como contribuinte do projeto; ninguém sai sentindo-se diminuído como objeto da caridade de outros[4]. Os budistas que trabalham com os pobres reconhecem que a sensação de falta de valor que muitas vezes acompanha a pobreza é um obstáculo psicológico à prática budista séria, da mesma forma que uma doença que requer cura.

O abade Nan fez algumas mudanças criativas nas práticas tradicionais de financiamento de seus projetos. Em todo o Sul e Sudeste asiático, doar tem sido sempre uma das expressões mais importantes da espiritualidade dos budistas leigos: os monges e templos têm sido o principal e grande objeto dessa atividade de doar. Doar para os monges e templos tem servido não apenas como base econômica para o budismo, mas é também uma oportunidade de prática da virtude e da conquista de méritos ("bom carma"). Tradicionalmente, as doações são usadas em benefício do próprio templo e os leigos assim o queriam. Mas agora a maior parte dos templos está assegurada financeiramente e muitos deles estão bem supridos com terras e edifícios. Declarando que "o dinheiro do templo é dinheiro do povo", o abade Nan passou a destinar o dinheiro doado a seu templo para a aplicação em vários projetos, tais como o Banco de Fertilizantes e o Banco Aldeia Rica. Ele inspirou os habitantes das aldeias a fazer o voto religioso de resistir ao consumismo, reduzir os gastos desnecessários e doar o dinheiro economizado para grupos de poupança nas aldeias, cujos fundos são destinados à criação de cooperativas médicas e para o pagamento das dívidas dos habitantes, antes que os bancos credores as executem e

4. Cf. Joanna Macy, *Dharma and Development: Religion as Resource in the Sarvodaya Self-Help Movement.*

476 A ESPIRITUALIDADE BUDISTA

tomem suas terras. Ele transformou a cerimônia anual da oferenda de roupas, com três dias de duração, tradicionalmente o grande festival de doações leigas ao templo budista, numa ocasião para o levantamento de dinheiro para o desenvolvimento dos projetos das aldeias, mais que para o templo. Dessa forma, a doação e a expressão de não-egoísmo que a cerimônia deve manifestar permanecem como a prática central, mas adaptada para servir diretamente às necessidades de desenvolvimento da aldeia.

RESPOSTA À GUERRA, AO GENOCÍDIO E À INVASÃO

O mundo budista tem vivenciado alguns dos sofrimentos mais terríveis, em decorrência das guerras no século XX. A combativa resposta budista tem sido a da não-violência determinada e radical, acompanhada por esforços no sentido de impedir o sofrimento e curar feridas, de promover a paz e reconciliar os inimigos[5]. Isso está de acordo com o princípio de *ahiṃsā*, a não-agressão ou não-violência, o primeiro dos cinco preceitos do budismo leigo, a base da vida ética para todos os budistas; na verdade, toda a ética budista pode ser compreendida como o conjunto das múltiplas expressões desse único valor fundamental. Os outros quatro preceitos leigos – não roubar, não mentir, não se envolver em má conduta sexual, não tomar intoxicantes – são todos explicados como disciplinas que o budista adota, a fim de evitar ferir a si ou os outros. *Ahiṃsā* é também um valor espiritual especial; na verdade, a ética e a espiritualidade são os dois lados de uma única moeda no budismo. É a expressão prática do não-egoísmo e do cuidado compassivo pelos outros.

Camboja

Em pouco mais de três anos e meio (abril de 1975 a janeiro de 1979) e como resultado direto das políticas e da brutalidade do Khmer Vermelho, cerca de dois a três milhões de cambojanos morreram, em conseqüência da fome, doenças, sobrecarga de trabalho, tortura e execuções. Durante o mesmo período, o Khmer Vermelho destruiu virtualmente todos os 3.600 templos budistas do Camboja, enquanto apenas cerca de 3 mil do que tinham sido 50 mil monges sobreviveram (não estão disponíveis dados sobre as monjas, embora elas tenham sido igualmente perseguidas)[6]. O que restou dos templos foi usado para

5. Tem havido também respostas na linha direitista, como o apoio das igrejas budistas japonesas ao imperialismo japonês durante a II Guerra Mundial, mas esse tema fica fora de nosso objetivo neste ensaio.

6. As informações sobre o Camboja são extraídas da Introdução dos organizadores da edição, Jane Sharada Mahoney e Philip Edmonds, a Maha Ghosananda, *Step by Step*, p. 3-23.

ESPIRITUALIDADE BUDISTA CONTEMPORÂNEA E ATIVISMO SOCIAL   477

armazenamento de munições, como depósitos de fertilizantes, ou como locais de tortura e execução. Toda e qualquer menção ao budismo era considerada uma transgressão sujeita a punição.

Em resposta e esse horror humano indizível, surgiu o monge Maha Ghosananda. Tendo sobrevivido ao holocausto num mosteiro tailandês (onde vivia desde 1965), Maha Ghosananda retornou ao Camboja em 1978, pouco antes da queda do Khmer Vermelho. Chegando a um campo de refugiados, ele distribuiu cópias do *Mettā Sutta*, os ensinamentos do Buda sobre o amor e a bondade. Talvez não seja possível imaginar uma cena mais comovente que a imagem desse monge, que perdeu toda sua família no holocausto, sentado no campo de refugiados, na terra completamente devastada dos Campos de Morte, cercado por sobreviventes do holocausto, que também haviam vivido anos de inferno na Terra, recitando repetidamente, enquanto milhares deles se prostravam e lamentavam, em altos brados, os versos dos ensinamentos do Buda no *Dhammapada*:

> O ódio nunca cessa pelo ódio
> Mas somente pelo amor é curado.
> Essa é a lei antiga e eterna[7].

Desde esse dia no campo de refugiados, Maha Ghosananda trabalhou incansavelmente, buscando curar os ferimentos do povo cambojano, no Camboja e na diáspora, se empenhando em reconciliar as facções ainda em guerra e em reconstruir a igreja budista cambojana. Ghosananda foi eleito *Somteja*, Patriarca Supremo do budismo cambojano e muitas vezes é denominado "o Gandhi do Camboja". Fundou templos para comunidades expatriadas do Camboja, primeiro nos campos de refugiados e depois por todo o mundo. Em 1992, iniciou uma série de Dhamma Yietra, Caminhadas pela Paz e Reconciliação. Na primeira delas, ele acompanhou muitos refugiados em seu retorno ao lar pela primeira vez; à segunda, realizada pouco antes das eleições de 1993, atribui-se o mérito de ter ajudado a criar uma atmosfera na qual os cambojanos puderam votar em massa; a terceira, na qual foram mortos um monge e uma monja, realizou-se em 1994, num esforço de difundir a prática de *mettā karuṇā* (compaixão e bondade afetuosa) e levar à reconciliação as facções ainda em guerra.

Vietnã

Em 1963 chegava ao fim o regime de Ngo Dinh Diem, presidente do Vietnã do Sul, em conseqüência de uma combinação entre forças militares e forças budistas, atuando em separado. Diem, um católico, era notoriamente opressor do budismo. Num país que era oitenta por cento

7. Prefácio de Jack Kornfield em Maha Ghosananda, *Step by Step*.

478 A ESPIRITUALIDADE BUDISTA

budista, isso significou um desastre. Tendo proibido a celebração pública do nascimento do Buda em maio, os oficiais do governo atiraram na multidão pacífica, que estava reunida em torno de uma estação de rádio quando ela deixou de transmitir um programa budista que estava sendo aguardado. Esse acontecimento deixou indignada a população budista e imensas manifestações de protesto se seguiram. Em junho, o monge Thich Quang Duc, num estado de transe meditativo e completo autocontrole, ateou fogo no próprio corpo, num suicídio em protesto. Houve jejuns, protestos, marchas e greves cada vez maiores, acompanhados de outras auto-imolações, que a senhora Nhu ridicularizou como "churrascos".

Em agosto, as forças de Diem atacaram pagodes budistas em todo o Vietnã do Sul, o que resultou na prisão de um enorme número de monges. Os protestos e prisões continuaram durante setembro e outubro. Em novembro, Diem foi deposto num golpe quase sem derramamento de sangue; Diem e seu irmão Nhu foram executados. Até maio de 1966, seguiu-se um período de administrações de curta duração pelo Vietnã do Sul, nas quais os governos simpáticos ao budismo e a sua postura antiguerra eram populares em meio ao povo, mas inaceitáveis para os militares do Vietnã do Sul e seus aliados norte-americanos, enquanto os governos ligados a estes últimos eram inaceitáveis para as massas da população sul-vietnamita e para as lideranças budistas, que manifestavam seus sentimentos antiguerra[8].

Dessa forma, de 1963 a 1966, o protesto pela liberdade religiosa progressivamente se expandiu num protesto contra a opressão política e, em especial, pela paz. O budismo se tornou a voz do povo e persistentemente exigiu o fim da guerra. Por fim, em 1966, com forte apoio norte-americano, o exército do governo sul-vietnamita, do regime Thieu-Ky, esmagou as forças militares que haviam retirado seu apoio do governo e deteve virtualmente toda a liderança ativista budista. Isso acabou completamente com a força do movimento budista antiguerra conhecido como o "Movimento de Luta", embora os protestos tenham continuado durante todos os anos da guerra.

Ao mesmo tempo em que representava o sentimento antiguerra do povo vietnamita, o budismo também desenvolvia uma nova ênfase no trabalho social. Em 1964, o monge Thich Nhat Hanh fundou a Escola de Jovens para o Serviço Social, como veículo para as obras sociais na região rural. Inevitavelmente os monges, monjas e leigos atraídos por essa forma de budismo, nova e dinâmica, viram-se envolvidos nos esforços de proteger o povo da guerra e impedir sua destruição, enquanto, ao mesmo tempo, davam continuidade ao trabalho social no ensino, construção de edifícios públicos, atendimento aos necessitados e ajuda na melhora da agricultura, do saneamento e das estradas.

8. Para detalhes, cf. George McT. Kahin, *Intervention: How America Became Involved in Vietnam.*

ESPIRITUALIDADE BUDISTA CONTEMPORÂNEA E ATIVISMO SOCIAL 479

As bases espirituais do Movimento de Luta Budista contêm certas características que observamos em outros movimentos, embora numa forma que pode ser difícil reconhecer aqui. A primeira delas é a de que, apesar do papel desempenhado pelos militares nos acontecimentos acima relatados, o próprio Movimento de Luta Budista era rigorosamente não-violento. Embora convidassem membros do exército sul-vietnamita a retirar seu apoio aos regimes determinados a perpetuar ou expandir a guerra, eles nunca buscaram o apoio militar para si próprios. Na verdade, grande parte dos esforços do movimento budista foi dedicada à ajuda e proteção de desertores e dos que resistiam à convocação militar. De modo análogo, as auto-imolações dos monges, monjas e leigos budistas sem dúvida parecem violentas ao observador, mas os teorizadores do budismo insistiam em que eles não deviam ser assim interpretados. Em primeiro lugar, os líderes budistas sempre endossaram ou sancionaram as auto-imolações; elas eram ações de indivíduos que haviam tido um tipo de decisão que se tem sem solicitar aprovação. Em segundo lugar, as auto-imolações não eram atos de desespero, mas, ao contrário, eram consideradas esforços devotados de pessoas não-egoístas, que se sacrificavam no esforço de ensinar, de atingir profundamente os corações dos que propagavam a guerra, de modo a torná-los psicológica e espiritualmente incapazes de continuar a fazê-lo e levá-los a querer parar. Os que se imolavam deliberadamente tomavam para si o carma negativo de causar mal a um ser senciente (a si próprios), abandonando seus pais e tudo mais, no esforço de impedir um sofrimento muito maior de um grupo muito maior de seres sencientes, por meio do esforço de levar a guerra a seu fim.

A segunda característica da espiritualidade do Movimento de Luta Budista era a recusa de tomar partido, quer pelo Norte quer pelo Sul, quer comunista quer capitalista: ele pretendia estar do lado unicamente do povo e da vida. Afinal, era uma guerra civil fratricida, na qual irmãos podiam estar em exércitos opostos. Nesse contexto, Nhat Hanh expressava os sentimentos de muitos no poema intitulado "Não Atire em Seu Irmão", que era cantado por todo o Vietnã do Sul:

> Nosso Inimigo tem o nome de ódio
> Nosso inimigo tem o nome de desumanidade
> Nosso inimigo tem o nome de raiva
> Nosso inimigo usa a máscara da liberdade
> Nosso inimigo está vestido com mentiras
> Nosso inimigo usa palavras vazias
> Nosso inimigo é o esforço de nos dividir
>
> Nosso inimigo não é um homem.
> Se matamos o homem, com quem vamos viver?[9]

9. Thich Nhat Hanh, citado em James H. Forest, *The Unified Buddhist Church of Vietnam: Fifteen Years for Reconciliation*, p. 12.

480 A ESPIRITUALIDADE BUDISTA

Essa recusa em tomar o partido de um dos lados contra o outro se baseia não apenas na compaixão com relação a todos os envolvidos – os budistas eram claros em sua posição de que na guerra todos são vítimas: combatentes e não-combatentes, vencedores e derrotados, os vivos e os mortos – mas também num agudo sentimento budista de uma interconexão cármica, com a conseqüente postura ética do não-julgar. A guerra era a conseqüência cármica em massa de incontáveis fios causais interconectados (inclusive a geopolítica global, a Guerra Fria, a história vietnamita); era um vasto nó cármico no qual estavam inelutavelmente emaranhados os fios de incontáveis indivíduos do Vietnã do Norte e do Sul, dos Estados Unidos e da União Soviética. Dada a inexorabilidade da lei de causa e efeito, dada a interconexão das causas e efeitos na vida de todos os indivíduos envolvidos direta ou indiretamente, da perspectiva budista, teria sido um falseamento da realidade da situação forjar uma divisão desses fios interconectados e emaranhados, separá-los em grupos – nós e eles – e justificar nosso próprio lado, ao mesmo tempo em que condenando o outro. Dessa perspectiva, não havia lugar para a atribuição de culpa, não havia lugar para juízos negativos: os seres humanos são seres cármicos que fazem o que fazem por determinadas razões. Em vez de julgar, buscar culpados e tomar partido, o que era necessário nesse contexto era a compreensão das forças cármicas que impeliam as pessoas e grupos a fazer o que faziam e suprimir as causas que resultariam em mais sofrimento – sobretudo, inclusive, a separação e a inimizade entre os "lados" opostos. Assim, evitar tomar partido e investir todos os esforços na reconciliação, suprimir a cisão existente na comunidade humana, não era uma questão de estratégia, nem mesmo de hostilidade aos diferentes campos existentes: era uma questão de necessidade fundamental, de acordo com a análise budista. A guerra era a expressão de uma humanidade dividida; os budistas não contribuiriam com essa divisão, mas a corrigiriam, se pudessem.

Os esforços budistas até o final da guerra não tiveram êxito. Desde a restauração da unidade vietnamita sob o governo comunista, o budismo continua vítima da opressão. Temendo a força latente no budismo, o governo mantém a igreja e sua liderança sob controle rigoroso, com muitos monges em prisão domiciliar e alguns também em cadeias. Os budistas estão proibidos de realizar serviços de assistência social e estão limitados ao exercício de serviços religiosos, quase todos do tipo tradicional.

Thich Nhat Hanh vive em exílio na França (o governo vietnamita se recusa a conceder-lhe um visto de retorno). Ele e seus seguidores continuam a trabalhar com empenho em favor do povo do Vietnã. Durante a crise das embarcações de refugiados, eles contrataram barcos e recolheram refugiados de suas frágeis embarcações. Hoje eles trabalham de diversas formas criativas, no esforço de enviar dinheiro ao Vietnã, para dar apoio aos órfãos de guerra e aos mais pobres. Continuam

ESPIRITUALIDADE BUDISTA CONTEMPORÂNEA E ATIVISMO SOCIAL   481

treinando pessoas para o serviço budista de assistência social, prontos para entrar em ação no momento em que o governo suspender suas restrições, como eles acreditam que fará. Nhat Hanh também viaja por todo o mundo ocidental, como líder do movimento internacional do Budismo Engajado (o termo foi cunhado por Nhat Hanh, para se referir ao budismo socialmente ativista), um líder amplamente respeitado pela comunidade inter-religiosa, dos que se dedicam ao ativismo social-espiritual e um líder de oficinas de trabalho para a prática budista, que traça diferentes formas destinadas a ativistas sociais, aos vietnamitas expatriados, às famílias no Ocidente, aos veteranos de guerra vietnamitas, psicólogos, artistas e outros grupos.

Tibete

Os chineses invadiram o Tibete em 1949, estabelecendo um controle completo sobre o país em 1959, quando o Dalai Lama teve de fugir do Tibete para a Índia. Ele continua vivendo até hoje em Dharamsala, na Índia, junto com uma comunidade de cerca de 100 mil refugiados tibetanos. O domínio chinês sobre o Tibete tem sido catastrófico para o povo tibetano, para sua cultura, para sua religião budista e para o ambiente físico do Tibete. Submetido o tempo todo à rígida opressão política, com punições severas a todo desafio ou protesto contra o governo chinês ou sua política, o sofrimento do povo tibetano foi especialmente agudo durante a Revolução Cultural, quando a morte pela tortura, as condições desumanas nas prisões, as execuções e, em especial, a fome alcançaram seu ponto máximo. Calcula-se que mais de três milhões de tibetanos morreram em resultado direto da invasão, ocupação e erros chineses no Tibete; isso equivale a um quinto da população do país.

Desde a Revolução Cultural, os chineses vêm mudando sua política no Tibete, de uma forma que continua sendo devastadora para os tibetanos. Por meio da transferência em massa da população étnica Han chinesa para o Tibete, os tibetanos estão rapidamente se tornando uma minoria em seu próprio país. Aliadas a isso estão a destruição e a repressão da religião e cultura tradicionais, personificadas, sobretudo, no principal canal de difusão da cultura tradicional, a religião budista (mais de seis mil mosteiros, templos e estruturas históricas foram destruídos; um imenso número de monges e monjas foi coagido a retornar à vida leiga; as lideranças budistas estão no exílio ou foram eficientemente silenciadas) e é evidente que a cultura tibetana está envolvida numa luta desesperada pela sobrevivência. Por essa razão, muitos têm qualificado a atual política chinesa no Tibete como "genocídio cultural"; na verdade, boa parte da esperança de preservação da cultura e religião tibetanas está no que pode ser preservado fora do país.

482   A ESPIRITUALIDADE BUDISTA

O Dalai Lama, considerado pelos budistas tibetanos como a encarnação do bodisatva Avalokiteśvara, foi até 1959 o líder espiritual e temporal do povo tibetano. Ele continua sendo seu líder espiritual e o chefe de um governo no exílio, em Dharamsala. Sendo ele a alma e o coração profundamente amado e respeitado do povo tibetano, sua sobrevivência tem sido de suma importância para os tibetanos. Ele não apenas sobreviveu, não apenas não se deixou subjugar por sua difícil situação e a de seu povo, mas se tornou um líder único e extraordinário que personifica em si tanto a continuidade da religião tibetana como sua ampla reforma, tanto uma profunda orientação espiritual como uma hábil liderança secular. Ele tem continuamente utilizado recursos espirituais budistas, para estimular os tibetanos a evitar toda violência em sua resposta à ocupação chinesa. Tem liderado no exílio o movimento pela reforma do governo tibetano e das instituições eclesiásticas no Tibete, visando substituir as estruturas hierárquicas e autoritárias, por outras mais representativas e democráticas. Tem supervisionado os esforços por preservar a cultura e a religião tibetanas em Dharamsala e por todo o mundo. Mais importante, tem liderado os esforços globais por restaurar a independência do Tibete por meio da negociação e da diplomacia. Suas propostas, que nunca receberam uma resposta positiva por parte dos chineses, têm persistentemente exigido a desmilitarização do Tibete, a restauração dos direitos humanos para o povo tibetano, o abandono da política de transferência de populações, a proteção ao meio-ambiente natural do Tibete e a negociação de um acordo de relações entre o Tibete e a China. O Dalai Lama recebeu o Prêmio Nobel da Paz em 1989.

Juntamente com Maha Ghosananda e o Movimento de Luta Vietnamita, o Dalai Lama é um dos grandes exemplos da prática budista do amor ao inimigo sob condições em que, seria de se esperar, qualquer um seria levado ao ódio. Na visão do Dalai Lama, a resposta apropriada ao inimigo é a gratidão. Ele cita alguns versos e os comenta da seguinte forma:

> Se aquele a quem ajudei com o melhor de mim
> E de quem esperei muito
> Prejudicar-me de uma forma inconcebível,
> Que eu veja essa pessoa como meu melhor professor.

Somente quando alguém critica e expõe nossas falhas é que somos capazes de descobrir nossos problemas e enfrentá-los. Assim nosso inimigo é nosso maior amigo. Ele nos oferece o teste necessário da força interior, da tolerância e do respeito pelos outros. Em vez de sentir raiva dessa pessoa, devemos respeitá-la e ser gratos.

Refletindo sobre o sofrimento humano, ele afirma: "muitos de nossos problemas são produzidos pelo próprio homem, criados por nossa própria ignorância, ambição e ações irresponsáveis"[10]. Assim, sem

---

10. Sua Santidade o Dalai Lama XIV, The Principle of Universal Responsibility.

ESPIRITUALIDADE BUDISTA CONTEMPORÂNEA E ATIVISMO SOCIAL   483

deixar de criticar o tratamento dado aos tibetanos pelos chineses, como líder budista (e, diriam os devotos, como encarnação do Bodisatva da Compaixão), ele é incapaz de liderar o povo tibetano por um caminho que só pode aumentar o sofrimento: o do confronto entre a China e o Tibete, pelo fomento à hostilidade, raiva e ódio, e pela expressão dessas emoções por meio da violência; em vez disso, ele procura atingir os chineses através da boa-vontade, buscando soluções que atendam às reais necessidades de ambos os lados do conflito, invocando a intervenção pacífica de um mediador e instigando o povo tibetano a ser tão indulgente quanto possível. O Dalai Lama tem certeza absoluta de que a raiva não pode resolver os problemas do Tibete, nem nenhum outro problema, de forma profunda e duradoura. Por outro lado, ele também tem confiança em que somente o amor e a compreensão podem produzir uma solução real. Embora o caminho do amor seja mais demorado, diz ele, ele é em última análise a única alternativa verdadeira.

Japão

O Japão é o único país no mundo a ter sofrido um ataque nuclear. Em conseqüência, uma intensa antipatia tem sido o sentimento predominante dos japoneses com relação às armas nucleares e à guerra em geral, desde o final da II Guerra Mundial. Esses sentimentos são expressos por vários grupos ativistas japoneses.

Concentrando-se quase exclusivamente numa mensagem antiguerra e antinuclear, está a seita Nihonzan Myōhō-ji, fundada no Japão por Nichidatsu Fujii, com capítulos em diversos países por todo o mundo. Fujii era um ativista antiguerra já muito antes da II Guerra Mundial; ele conheceu e ficou profundamente impressionado com Mahatma Gandhi. Hoje a seita é mais conhecida pela construção de templos da paz em todo o mundo e por suas marchas pela paz, lideradas por monges da seita tocando tambores e entoando o "Namu Myōhō Rengekyō" (Louvor ao *Sutra do Lótus*) da seita Nichiren e seguidos por colunas, longas ou curtas, de pessoas em apoio, tanto budistas quanto não-budistas. Além disso, podemos encontrar monges ativistas da seita em manifestações de protesto ou como testemunhas diante de coisas como locais de embarque de armamentos ou exposições de armas que acabam de ser desenvolvidas, cantando e tocando seus tambores. Todas essas atividades são expressão de sua convicção apaixonadamente sustentada de que a guerra e a fabricação de armas são atividades criminosas; elas são, ao mesmo tempo, ações públicas destinadas a despertar a consciência e o apoio públicos ao imperativo da paz e desarmamento globais.

Impulsionadas por preocupações análogas, as grandes seitas leigas de Risshō Kōseikai e Sōka Gakkai, inspiradas em Nichiren, têm programas destinados a criar um mundo no qual a paz é possível. Ambas as seitas têm patrocinado diálogos, oficinas e intercâmbios culturais

484 A ESPIRITUALIDADE BUDISTA

entre pessoas de diferentes culturas e religiões, com o objetivo de promover a simples compreensão, para além das barreiras erigidas pelas nações, etnias, línguas e religiões. Isso é expressão de um dos temas mais importantes do pensamento budista ativista, o de que as divisões entre os seres humanos promovem a incompreensão e de que o ego humano tende a reagir com medo e agressão ao que ele não compreende, ao que suspeita ser "diferente" de si mesmo. Assim, num esforço por impedir a violência e a guerra, essas seitas criam oportunidades para a compreensão, promovendo o contato e a comunicação simples através de barreiras erigidas entre elas pela humanidade.

Com uma motivação análoga, as seitas de Risshō Kōseikai e Sōka Gakkai têm também patrocinado exposições no Japão, que retratam visualmente o sofrimento da II Guerra Mundial, em particular os causados pelo ataque nuclear. Preocupados com que a geração mais jovem de japoneses, que não sofreu com a guerra, não tenha o conhecimento vivencial que deu a tantos dos mais velhos uma firme atitude antiguerra e antinuclear, esses grupos têm buscado promover a percepção e compreensão da intensidade do sofrimento envolvido, por meio de imagens visuais de coisas como os ferimentos e a destruição nuclear. Sōka Gakkai publicou mais de cem volumes, registrando em suas próprias palavras, e com detalhes dolorosos, as experiências de guerra dos que lutaram ou viveram a II Guerra Mundial.

Por trás dessas atividades estão convicções sobre a natureza humana, convicções em grande parte moldadas pelo conceito de natureza búdica. Aplicando essa concepção a esse contexto e simplificando bastante, um ser humano é composto por um ego no nível da superfície e uma natureza búdica de nível mais profundo. O ego é a causa da maior parte dos sofrimentos humanos. Uma de suas tendências é a de ter medo e sentir agressividade com relação ao que é desconhecido ou "diferente". Mas o ego causa sofrimento porque ele próprio sofre. Ele sabe – e na verdade não se esquece em momento algum – que é fundamental e extremamente frágil, pequeno, isolado e mortal. A vida para o ego isolado é de total desespero e desolação. Felizmente, também somos, num nível mais profundo, budas, isto é, seres que podem a qualquer momento realizar seu potencial de se comportar de modo semelhante ao Buda. Essas duas funções estão em relação inversa. Isto é, quanto maior o domínio do ego num indivíduo, menos ele é capaz de manifestar qualidades semelhantes às do Buda e vice-versa.

Os esforços dos ativistas budistas em atingir o público são invariavelmente esforços por chegar ao Buda no interior de cada pessoa, ou, em outras palavras, àquilo que, no interior de cada pessoa, tem capacidade de transcender o isolamento do ego por meio de uma compreensão empática, pelo sentimento de compaixão e pelos laços afetivos. O Buda interior é aquilo que tem capacidade de sentir o sofrimento de um outro como o seu próprio sofrimento e espontaneamente envolvê-lo

39. *Monges conduzem a Caminhada de Dhammayatra III, pela proteção do lado Sankla, sul da Tailândia (maio de 1998).*

num ato de compaixão. O Buda interior é aquilo que tem capacidade de superar o medo que domina o ego dos que são "diferentes" e construir uma ponte sobre a base de nossa humanidade em comum. É o Buda interior que é capaz de buscar o bem comum, em vez de "minha" ou "nossa" vantagem ou vitória.

Aqui novamente está o ponto de convergência entre a espiritualidade budista e o ativismo social budista. Como alcançamos o Buda interior, se muitas vezes ele está completamente oculto pelo ego e seus medos? A resposta budista é basicamente: *upāya*, os meios hábeis – todo e qualquer meio não-violento, moral e eficiente. De um lado, o Buda interior pode ser nutrido e o ego enfraquecido pela prática budista da meditação e da atenção concentrada. Mas, evidentemente, nem todos estão hoje preparados para se sentar e iniciar uma seção de meditação. É evidente que outros meios devem ser buscados. Em alguns casos, o exemplo de um monge budista em postura solene, entoando um canto diante de uma instalação para embarque de armas, pode conseguir tocar as profundezas de compaixão de um espectador. Em outros casos, encontrar o "inimigo" e descobrir alguns interesses em comum, pode enfraquecer o medo que domina o ego. Em muitos casos, presenciar pessoalmente o sofrimento de uma outra pessoa provoca um impacto poderoso sobre o Buda interior, produzindo um vínculo imediato de compaixão que transcende o abismo entre o eu e o outro. Esses são apenas alguns dos meios; em princípio, existem incontáveis meios pelos quais o Buda interior pode ser nutrido, e/ou o domínio do medo sobre

486 A ESPIRITUALIDADE BUDISTA

o ego, reduzido. Para os ativistas, todas essas abordagens se reforçam mutuamente, estando totalmente aberta a porta da criação de novos caminhos capazes de lidar com a condição dos seres humanos hoje.

PROTEÇÃO AO AMBIENTE

Embora atraindo menos manchetes que o trabalho budista pela paz, a proteção do meio-ambiente é um elemento de destaque no ativismo budista, no Ocidente, em todo o Sudeste asiático, no Tibete, Japão e Sri Lanka. Na Ásia, isso parece ser uma questão de necessidade histórica. Como população predominantemente do Terceiro Mundo, muitos budistas na Ásia vivem em áreas rurais, com suas vidas baseadas na agricultura de subsistência ou na pesca. De uma hora para outra, no entanto, o mundo moderno chegou até esse modo de vida e está rapidamente tomando conta dele. Talvez os dois casos mais graves sejam a Tailândia e o Tibete.

Na Tailândia, os budistas lutam em condições de enorme adversidade, para proteger as árvores de um desflorestamento tão rápido, que no espaço de apenas quarenta anos o país foi transformado de um país coberto por 80% de florestas, em um país coberto por apenas 20% de florestas. As conseqüências têm sido devastadoras, inclusive a redução dramática das colheitas, a enorme perda de solo fértil, tanto inundações quanto secas, deterioração de nascentes de água e empobrecimento dos agricultores. Além das respostas em termos de educação, protesto e abaixo-assinados, uma resposta original da liderança budista para esse problema tem sido a ordenação das árvores ameaçadas. Sabendo que seria extremamente difícil para um budista da escola Theravāda prejudicar um monge, os monges "ordenam" as árvores envolvendo-as nos trajes de um monge budista e realizando a cerimônia de ordenação que as transforma em monges, com isso protegendo-as.

Com a invasão chinesa, o Tibete também sofreu enorme devastação ambiental, com o desflorestamento em larga escala e a aniquilação em massa da vida silvestre, inclusive a eliminação manifesta de muitas espécies raras. Por exemplo, na década de 1940, um observador relatou o seguinte: "A cada poucos minutos, víamos um urso ou um lobo caçando, rebanhos de cervos almiscarados, kyangs, gazelas, carneiros monteses, ou raposas". Os observadores de hoje relatam andar 150 quilômetros durante três semanas e não ver nada[11]. Essa mudança súbita se deu por meio das políticas chinesas de massacre da vida silvestre (caçadas organizadas com o uso de metralhadoras contra rebanhos inteiros), da destruição de seu habitat, da criação excessiva de pastagens, forçando

---

11. Galen Rowell, The Agony of Tibet, *Buddhist Peace Fellowship: Newsletter of the Buddhist Peace Fellowship*, p. 10.

40. Monges "ordenam" a floresta da comunidade na Província de Yasothon, nordeste da Tailândia.

os nômades a formar comunidades, e do desflorestamento (a derrubada de setenta por cento das florestas do Tibete)[12].

O próprio Dalai Lama tem um forte compromisso com a proteção do mundo natural, tanto no Tibete quanto globalmente. O aniversário de Sua Santidade, 6 de julho, é celebrado a cada ano como o "Dia da Plantação de Árvores"; sementes abençoadas por Sua Santidade são distribuídas com essa finalidade. Virtualmente todas as publicações budistas ligadas a questões ambientais apresentam um artigo de Sua Santidade. Seu famoso Plano pela Paz em Cinco Pontos, que apresenta uma lista dos requisitos mínimos essenciais para um Tibete livre, coloca como quarto ponto a "Restauração e proteção do ambiente natural do Tibete e que a China abandone o uso do Tibete para a produção de armas nucleares e o despejo de lixo nuclear". O Dalai Lama também propôs que todo o planalto tibetano seja transformado num santuário para a vida silvestre e uma zona de paz desmilitarizada.

Estariam na espiritualidade budista os fundamentos dessa preocupação em proteger o meio-ambiente, ou a preocupação ambiental dos budistas seria uma conseqüência acidental do fato de que alguns países que se defrontam com a devastação ambiental são budistas e, assim, inevitavelmente se apoiam nos recursos budistas que estejam disponíveis? Entre os recursos em apoio à proteção da natureza encontrados no budismo estão os seguintes: 1. Os princípios mais básicos da ética budista são os ensinamentos da compaixão e da não-violência; eles estão orientados de forma mais imediata para o mundo animal, humano e não-humano, mas são sempre compreendidos para envolver todas as formas de vida e a própria vida. No mundo moderno, esses ensinamentos são facilmente interpretados aplicando-se também à matriz da vida – a Terra. Por exemplo, no esforço de popularizar e interpretar os cinco preceitos leigos do budismo para o mundo moderno, Thich Nhat Hanh reformula o primeiro preceito (não matar) da seguinte forma: "Atento ao sofrimento causado pela destruição da vida, faço o voto de cultivar a compaixão e aprender os meios de proteger a vida das pessoas, animais, plantas e minerais"[13]. 2. Os princípios cosmológicos mais básicos do budismo, a interdependência e a origem condicionada de todas as coisas, contrapõem-se à tendência a ver a realidade em termos de unidades separadas e independentes, enfatizando, ao contrário, a dependência de todos os fenômenos com relação a incontáveis outros fenômenos. Os budistas, habituados a pensar em termos de inter-relações e causalidade mútua, compreendem imediatamente os princípios básicos da concepção de mundo ecológica; na verdade, eles são uma e a mesma

12. G. Rowell, op. cit., e Christine Keyser, Endangered Tibet, *Buddhist Peace Fellowship*, p. 28.

13. Thich Nhat Hanh, *For a Future to Be Possible: Commentaries on the Five Wonderful Precepts*, p. 13.

ESPIRITUALIDADE BUDISTA CONTEMPORÂNEA E ATIVISMO SOCIAL   489

coisa. 3. O budismo expõe a forma de vida do Caminho do Meio, na qual o suficiente é, simplesmente, suficiente – em contraposição ao consumismo, desperdício, compulsão de posse e ambição.

O Movimento Sarvodaya Shramadana, fundado por A. T. Ariyaratne, pode ser o melhor exemplo, de caráter favorável ao ativismo, das preocupações budistas com o meio-ambiente na Ásia. O Sarvodaya é um amplo movimento inspirado no budismo, com raízes no Sri Lanka. Livre da necessidade de reagir à ameaça e ao desastre ambientais, esse grupo tem a oportunidade de promover o desenvolvimento baseado em princípios budistas, sem precisar recorrer a princípios capitalistas ou marxistas. O movimento Sarvodaya toma como seu primeiro objetivo o "bem-estar total" da população – moral, cultural, espiritual e econômico[14]. Ele compreende as Dez Necessidades Básicas dos seres humanos como sendo: água; alimento; habitação; vestimentas; atendimento à saúde; comunicação; combustível; educação; ambiente limpo, seguro e belo; e uma vida cultural e espiritual. Essas necessidades são interativas, mais que hierárquicas; assim as necessidades de alimentação, habitação e vestimentas não podem suprimir a necessidade de um ambiente limpo e belo e, como observa Macy, "a atenção às necessidades não-materiais coloca as necessidades materiais em perspectiva, como o suporte, mas não a finalidade da vida". Em conseqüência, o Sarvodaya busca meios de desenvolver oportunidades de trabalho nas aldeias, eliminando, assim, a necessidade dos jovens de migrar para as cidades em busca de trabalho, o que por sua vez ajuda a evitar as conseqüências negativas da rápida urbanização e permite às pessoas viver em condições humanas nas aldeias, que oferecem apoio, segurança e enraizamento comunitário. O Sarvodaya pratica o tipo de "economia budista", defendida por E. F. Schumacher[15], na qual o suficiente é abundância, a tecnologia rudimentar e os projetos de pequenas dimensões são sempre preferidos, as decisões que recaem sobre a comunidade são tomadas localmente pelos que sofrerão o impacto delas e a natureza é uma parceira a ser preservada e defendida.

OS DIREITOS HUMANOS E O BEM-ESTAR

Alguns líderes e estudiosos budistas têm afirmado que a noção de direitos humanos é um conceito ocidental, estranho ao budismo e potencialmente nocivo em suas implicações. Suas preocupações referem-se ao individualismo que eles acreditam estar embutido no conceito e ao egoísmo e atitude hostil de se insistir nos "meus/nossos direitos". Essas preocupações são válidas de uma perspectiva budista. No entanto, contra esses pontos, devemos contrapor os seguintes fatos: 1. os líderes ativistas budistas de hoje – em especial os que têm maior

14. Este parágrafo se apóia diretamente em Macy, em especial, p. 27, 45-47.
15. E. F. Schumacher, *Small Is Beautiful*.

490 A ESPIRITUALIDADE BUDISTA

experiência na comunicação com a comunidade internacional – explicam facilmente seu próprio trabalho empregando a linguagem dos direitos humanos; 2. os ativistas sociais budistas no mundo moderno já estão trabalhando aos milhões pelos direitos humanos. Reunindo esses dados, podemos concluir que, embora o conceito de direitos humanos e a expressão "direitos humanos" possam exigir algum ajuste do ponto de vista budista, ainda assim os objetivos sociais e políticos, buscados por muitos dos ativistas budistas, têm o mesmo tipo de objetivos buscados pelos ativistas dos direitos humanos no Ocidente.

Ambedkáritas

O exemplo mais notável de um movimento budista trabalhando pela igualdade social humana é o grupo das novas organizações budistas, ex-intocáveis, inspiradas na Índia por Ambedkar. O Dr. B. R. Ambedkar, nascido como um intocável hindu, tornou-se um dos grandes estadistas e fundadores do Estado da Índia pós-colonial. Apesar de sua posição como um dos principais arquitetos da Constituição da Índia, ele continuava sendo tratado como ser inferior por muitos mortais mais comuns, devido a sua condição de casta inferior. Revoltado com a imoralidade e inerradicabilidade do sistema de castas, Ambedkar fez o voto de que não morreria como hindu. Citando suas raízes na Índia, sua tolerância e seus princípios de igualdade social, Ambedkar se converteu ao budismo pouco antes de sua morte, numa cerimônia pública, com participação em massa, na qual milhões de outros intocáveis se juntaram a ele numa grande conversão em massa. Desde essa época, outros milhões de ex-intocáveis se converteram ao budismo, para expressamente deixar para trás sua condição de inferioridade social e para conquistar um novo nível de dignidade, como seres humanos espiritual e socialmente iguais a quaisquer outros. Na prática, como quase todos os budistas na Índia são ex-intocáveis, a designação budista nem sempre os tem ajudado a escapar ao ostracismo e desprezo social. No entanto, os convertidos ao budismo relatam um crescimento na auto-estima, quando alcançam, por si próprios, uma escala que rejeita a condição a eles imposta pela sociedade em geral. Assim, converter-se é repudiar o sistema de castas, repudiar a desigualdade institucionalizada e insistir em ser considerado como digno.

O movimento Ambedkárita coloca para o budismo um desafio tão profundo quanto pode ser qualquer desafio provindo do interior. Seu budismo é, em primeiro lugar, social e político e, somente em segundo lugar, espiritual. Os membros do movimento rejeitam totalmente a mentalidade do tipo "culpe a vítima" do budismo tradicional, na qual o sofrimento de cada um é visto como provocado por suas próprias ações nesta e em outras vidas passadas, e insiste nas causas sociais e institucionais do sofrimento que eles vivenciam como *dalit*, "povo oprimido".

ESPIRITUALIDADE BUDISTA CONTEMPORÂNEA E ATIVISMO SOCIAL   491

Eles em geral estão exclusivamente interessados na melhora de seu destino, aqui e agora, e têm pouca paciência em adiar sua recompensa para um *nirvana* sobre o qual se sabe muito pouco. O budismo aqui está tão completamente transformado que alguns budistas se perguntam se ainda é realmente budismo. No entanto, esse movimento é amplamente apoiado por organizações budistas tanto do Oriente quanto do Ocidente, que contribuem tanto com dinheiro quanto com trabalho em apoio a esse esforço por superar os danos espirituais, psicológicos, sociais e econômicos causados por milênios de opressão. Compreendendo que a eliminação do sofrimento é a meta do budismo e compreendendo, além disso, que todas as formas de sofrimento estão interrelacionadas, de modo que não é possível esperar superar o sofrimento espiritual (alcançando a iluminação), enquanto se carrega feridas abertas causadas pela pobreza, má saúde e auto-humilhação, esses budistas não hesitam em ver também esse movimento como dentro dos parâmetros do caminho da compreensão e da compaixão fundado pelo Buda. Alguns grupos de *dalit* estão começando a ver as coisas também dessa forma e começam a adotar as práticas espirituais budistas tradicionais como ferramentas que podem ajudar a curar suas feridas – enquanto a ação social ajuda a impedir que novas feridas sejam infligidas.

Ativismo Político

A outra grande categoria de trabalho com os direitos humanos no âmbito do budismo é o trabalho pela libertação da opressão política. Um número incontável de budistas morreu no exercício desse tipo de trabalho no Vietnã e no Tibete. Muitos dos monges e monjas tibetanos e vietnamitas continuam presos ou em prisão domiciliar em seus países, por sua insistência na liberdade religiosa, uma liberdade religiosa que tem, em cada caso, poderosas implicações políticas: um Estado soberano no Tibete e uma sociedade aberta em ambos os países. Aung San Suu Kyi passou seis anos em prisão domiciliar em Burma, após seu êxito esmagador na eleição de 1990, que o regime militar ditatorial se recusou a reconhecer. Ela continua a liderar a luta que tem presenciado dezenas de milhares de monges e estudantes enchendo as ruas e reivindicando democracia e a saída do governo militar. Sivaraksa enfrentou um processo na Tailândia, acusado de *lèse-majesté* – traição – por suas muitas críticas às tendências despóticas dos governantes tailandeses. Absolvido, ele se empenha em seus esforços ativistas, sobretudo nas frentes ambiental e "anti-consumismo".

Por que os budistas se envolvem tão facilmente nesse tipo de ativismo político? Em alguns casos, a necessidade de praticar sua religião livremente os tem afastado dos que estão no poder; em outros, a brutalidade ostensiva dos governantes tem ocasionado sofrimentos tão intensos e disseminados que a insurreição se tornou inevitável. Diante

492 A ESPIRITUALIDADE BUDISTA

dos governos opressivos, o saṅgha budista pode se tornar *de facto* uma liderança e representar o povo, porque é a única liderança disponível. No entanto, o pressuposto de tal responsabilidade política também é expressão da espiritualidade budista, na medida em que os monges, monjas e leigos aceitam o desafio do sofrimento do povo, porque sentem o sofrimento dos outros como seu próprio sofrimento.

As lideranças políticas budistas tendem a se limitar a situações de crise. De modo geral, os líderes monásticos budistas tendem a ter certa aversão pela política. Eles não gostam da posição de adversários e da voz acusadora que essa posição parece exigir; abominam auto-afirmação e auto-aclamação que parecem ser intrínsecas à vida política. Durante a guerra do Vietnã, por exemplo, as lideranças budistas mantiveram, por algum tempo, poder efetivo em suas mãos, o poder de derrubar regimes e colocar no poder líderes compassivos, o poder de mobilizar dezenas de milhares ou mesmo milhões de pessoas, mas não sabiam o que fazer com esse poder e não tinham certeza se afinal de contas o queriam. Eles se debateram quanto aos prós e contras de fundar um partido político budista, até o momento oportuno passar, sendo então esmagados. Mesmo Aung San Suu Kyi repudiava todo interesse na política e declarava que sua disposição em agir como agia, era puramente uma questão de aceitar seu dever como filha de um herói nacional de Burma e de servir ao povo, em si mesma uma motivação antipolítica, em harmonia com a espiritualidade budista. A única exceção a esse padrão antipolítico é a seita japonesa de Sōka Gakkai, de tradição Nichiren, que fundou um partido expressamente político, o Kōmeitō. Esse partido tem tido bastante êxito em conseguir se eleger, mas muito pouco êxito em realizar mudanças significativas na sociedade e na política japonesas.

O Prêmio Nobel da Paz permite avaliar a importância do trabalho budista no domínio político. Dois líderes budistas receberam o Prêmio Nobel da Paz nos últimos anos, o Dalai Lama, em 1989, e Aung San Suu Kyi, em 1991. Além disso, Maha Ghosananda, Sulak Sivaraksa e Thich Nhat Hanh foram indicados para o prêmio. Considerando-se como são poucos os budistas no mundo inteiro, isso significa que os budistas estão oferecendo à comunidade global uma liderança pela paz enormemente desproporcional. Isso é, naturalmente, expressão do papel fundamental desempenhado pela não-violência na espiritualidade e na ética budista. O teor espiritual do ativismo social budista também tem tido impacto desproporcional nos grupos de ativismo contra a violência em todo o mundo, tanto na relação com outros grupos religiosos que entre as próprias seitas budistas. Muitos ativistas citam a ênfase budista no cultivo da espiritualidade – a noção de que, para poder "criar a paz", uma pessoa deve "ser paz" – como uma nova e vital contribuição para a arte de criar a paz[16].

---

16. Thich Nhat Hanh, *Being Peace*, é um clássico amplamente lido.

A Questão da Mulher

Um grande desafio ao *status quo* do budismo institucional tem vindo de seu próprio interior, das mulheres budistas. Os desafios das mulheres budistas são basicamente dois: 1. o desafio de realizar melhoras importantes na condição das monjas budistas, inclusive o restabelecimento da ordem das monjas nos países em que foi extinta; e 2. o desafio das feministas budistas do Ocidente, de que se repense e reforme todos os aspectos do pensamento, prática e vida institucional budistas que compartilham ou sustentam o pensamento ou os costumes patriarcais.

A preocupação com a condição das monjas budistas, naturalmente, tem suas raízes no longo processo de institucionalização budista das monjas como inferiores aos monges. Durante milênios, as acomodações, o treinamento e o apoio popular oferecidos às monjas têm sido muito inferiores aos oferecidos aos monges. Hoje em dia, as mulheres que querem se ordenar como monjas nas linhagens tibetanas ou de tradição Theravāda, não podem fazê-lo, uma vez que, de acordo com os regulamentos da ordem budista, o processo de ordenação requer a existência de monjas que ordenem as novas monjas e a ordem das monjas está extinta nesses países. Nos países de tradição Theravāda e no Tibete, as mulheres somente podem receber votos como noviças, uma situação que levou ao desenvolvimento de várias categorias de semimonjas. Embora sua condição varie de um país para outro, em muitos países as monjas e semimonjas não conseguem obter o apoio material, a educação e o treinamento de que precisam.

Em resposta a essa situação, uma nova organização, a "Sakyadhītā: Associação Internacional de Mulheres Budistas" (Sakyadhītā significa "Irmãs do Buda"), foi criada em 1987 como a primeira Conferência Internacional de Monjas Budistas, para tratar das necessidades e preocupações das monjas e semimonjas budistas. As alas progressitas e ativistas do mundo budista masculino se aliaram a essas mulheres na pesquisa do *Vinaya*, o conjunto de regras monásticas, com o objetivo de encontrar um meio de restabelecer as ordens das monjas Theravāda e tibetana. Enquanto isso, algumas mulheres simplesmente se ordenam em alguma ordem existente e então retornam para exercer sua prática em sua própria linhagem. Simultaneamente, as monjas e semimonjas continuam exercendo pressão pelas reformas relativas a sua educação, treinamento e apoio, que são urgentemente necessárias em alguns países.

De forma bastante curiosa, um grupo de semimonjas tem pouco interesse em se ordenar como monjas tradicionais. No Sri Lanka, as *dasa sil matavo*, ou as "dez mulheres dos preceitos", ocupam uma posição situada entre a de um leigo e a de uma monja. Elas combinam práticas de meditação pessoal para seu próprio desenvolvimento espiritual, com atividades de serviço público como ensinar, aconselhar,

494 A ESPIRITUALIDADE BUDISTA

cuidar dos doentes, entoar as escrituras sagradas budistas e realizar cerimônias para os leigos[17]. Poucas dessas mulheres estão interessadas em ser colocadas sob o controle e a supervisão dos monges, como o seriam, de acordo com os regulamentos monásticos, caso fossem ordenadas como monjas. A maioria delas prefere a situação que ocupam no presente, na qual elas podem receber treinamento e exercer sua prática independentemente dos monges. Algumas das *mai ji* na Tailândia sentem o mesmo.

Dois grupos proeminentes de budistas reformadores simplesmente realizaram, sem mais discussões, a institucionalização da igualdade para as mulheres. Em Taiwan, o grande templo reformista de Fo Kuang Shan oferece oportunidades iguais de treinamento e liderança, tanto para homens quanto para mulheres. O potencial de homens e mulheres é igualmente expresso nas muitas atividades do templo, inclusive em amplos programas educativos (da pré-escola ao secundário, além das faculdades budistas), clínicas médicas gratuitas, lar para as crianças e os idosos, uma editora, áreas de preservação da vida silvestre, visitas a prisões e palestras sobre os ensinamentos budistas em fábricas, rádio e televisão. As mulheres, tanto monjas quanto leigas, são bastante visíveis nessas atividades. De modo análogo, a seita do budismo reformista Wŏn, na Coréia, treina igualmente homens e mulheres para o serviço do sacerdócio. As sacerdotisas têm posição igual à dos sacerdotes e podem ser vistas fundando, independentemente, templos subsidiários na Coréia e onde quer que se encontrem coreanos expatriados. Na Coréia, o serviço social que elas prestam é muito semelhante ao do templo de Fo Kuang Shan. Nessas duas seitas dinâmicas e em crescimento, as mulheres recebem educação integral, são incentivadas a se desenvolver espiritualmente, recebem oportunidades de liderança ampla e diversificada, tanto no trabalho religioso em si mesmo como na assistência social, e são muito respeitadas pelas comunidades que elas servem.

Por outro lado, do Ocidente provém o desafio das feministas. Adotando o budismo devido a sua promessa de libertação espiritual, elas estão muito bem preparadas para desafiar todas as qualidades ou práticas opressoras que elas encontram nele. Entre outras coisas, as feministas do Ocidente: 1. buscaram colocar em destaque aspectos do treinamento, da história e dos ensinamentos budistas, que podem ser especialmente úteis para as mulheres e submeteram à crítica aspectos do budismo que podem ser-lhes nocivos; 2. desafiaram os padrões de autoridade hierárquica no interior da administração e dos centros de prática, ao mesmo tempo em que preservaram, em geral, a autoridade espiritual do mestre; 3. denunciaram o abuso de poder de alguns professores budistas,

---

17. Sobre as *data sil matavo*, cf. Nancy J. Barnes, Buddhist Women and the Nuns' Order in Asia, em Christopher L. Queen e Sallie B. King (org.), *Engaged Buddhism: Buddhist Liberation Movements in Asia*.

inclusive relações sexuais entre professores e alunas; essas denúncias abalaram alguns centros de prática e levaram seus membros a exigir que esses professores se afastassem; 4. desafiaram as atitudes misóginas encontradas em meio a monges conservadores e, em alguns casos, fundaram centros independentes, para evitar o controle desses monges.

O Ocidente também presenciou o surgimento de um número impressionante de professoras budistas com formação integral, muitas vezes com nova ênfase e abordagens criativas. Por exemplo, Joko Beck ensina um "Zen do cotidiano", no qual os estudantes tomam como tema de sua prática coisas como o amor, o trabalho, as emoções e a vida familiar. Toni Packer ensina um Zen que tenta eliminar todos os títulos e "ismos", inclusive a denominação Zen, todas as palavras e instituições que dividem as pessoas e se concentra inteiramente na atenção ao momento presente. Esses são dois exemplos de mulheres que, ao mesmo tempo em que se denominam feministas, expressam vigorosamente as preocupações da espiritualidade budista feminista. Toni Packer rejeita o budismo tradicional, no qual a "espiritualidade e a existência normal são vistas como reciprocamente antitéticas" e busca uma espiritualidade que pode falar das preocupações das mulheres, uma espiritualidade na qual "o trabalho doméstico, a meditação, os negócios, o estudo, o cuidado com os filhos, o retiro, o casamento, o celibato – todas as dicotomias e hierarquias que pareciam tão claras – desaparecem". Numa tal espiritualidade, "um homem que passe a maior parte de sua vida em cavernas, alcançando estados de mente esotéricos não será mais considerado como ideal", "nem também a mulher que cuida de muitos filhos, sem jamais desenvolver a si própria"[18]. Na busca de uma espiritualidade que traga para o cotidiano as condições de calma, atenção, compaixão e sabedoria que tradicionalmente têm sido desenvolvidas pela meditação no afastamento da vida normal, as budistas feministas buscam integrar seus dois compromissos mais profundos: com o autodesenvolvimento espiritual e com os relacionamentos afetivos vividos na esfera mundana.

O ATIVISMO BUDISTA NOS ESTADOS UNIDOS

A Irmandade da Paz Budista

A Irmandade da Paz Budista (IPB) é uma rede de ativistas sociais budistas nos Estados Unidos. Os seguintes exemplos de atividades relatadas nas páginas do jornal da IPB nos dão uma idéia das preocupações e da engenhosidade dos ativistas nos Estados Unidos:

---

18. Todas as citações neste parágrafo são de Rita M. Gross, Buddhism After Patriarchy?, em Paula M. Cooly, William R. Eakin e Jay B. Mcdaniel (orgs.), *After Patriarchy: Feminist Transformations of the World Religions*, p. 79, 80, 85.

496 A ESPIRITUALIDADE BUDISTA

1. a entidade "Making Peace with Animals" (Fazendo as Pazes com os Animais) encontra lares para cães de corrida aposentados que, de outra forma, seriam sacrificados ou vendidos a laboratórios;
2. os budistas de São Francisco inauguraram o hospital Maitri para o tratamento de pacientes com AIDS, no coração da comunidade homossexual de São Francisco, oferecendo cuidados a pacientes terminais com AIDS e apoio a seus familiares e amigos, inclusive treinamento de meditação como uma técnica para responder a uma doença que ameaça a vida;
3. a entidade "Urban Agriculture for Violence Prevention" (Agricultura Urbana para a Prevenção contra a Violência) tenta fazer a diferença nas vidas de jovens na região urbana, por meio do trabalho com jardinagem e pela presença humana;
4. o mestre do Zen Bernie Glassman e seguidores conseguem, para famílias sem teto, empregos, habitação permanente e cuidados para os filhos, com isso dando-lhes uma oportunidade de reconstruir suas vidas; ele também oferece na área da baixa Manhattan, em Nova York, "retiros na rua", durando uma semana, nos quais os participantes vivem durante vários dias nas ruas e vivenciam a falta de teto, a pobreza, a fome e a mendicância;
5. o trabalho contra a pena-de-morte é realizado como expressão do primeiro preceito leigo, não matar;
6. vigílias pelo desarmamento são realizadas em lojas de armas no Dia dos Veteranos;
7. o "Nuclear Guardianship Project" (Projeto de Proteção Nuclear) faz o planejamento da vigilância de longo prazo dos resíduos nucleares; e
8. o trabalho com as comunidades de refugiados asiáticos é generalizado. Além dessas atividades (que proliferam incessantemente), muitos budistas americanos assumiram integralmente a perspectiva do budismo ativista e buscam expressá-la diariamente em suas interações com outros, na escolha de sua vocação, na determinação de viver um estilo de vida ambientalmente saudável e assim por diante.

O Programa do Instituto Naropa no Budismo Engajado

A partir de 1995, o Instituto Naropa (uma faculdade de inspiração budista) vem oferecendo uma nova área de concentração em "Budismo Engajado", em seu programa de mestrado em Estudos Budistas[19]. O programa se inspira no pensamento básico do Budismo Engajado, buscando preparar os estudantes para "lidar com questões sociais de uma

19. As informações sobre esse programa foram extraídas diretamente do Instituto Naropa e seus impressos promocionais.

ESPIRITUALIDADE BUDISTA CONTEMPORÂNEA E ATIVISMO SOCIAL   497

forma que reconheça a interdependência de todas as coisas, de modo que o sofrimento dos outros seja também seu próprio sofrimento e que a violência dos outros também seja sua própria violência". O programa oferece treinamento concentrado na "prática da meditação, consciência do sofrimento (cf. Bernie Glassman), capacidade de colocar o próprio eu no lugar do outro (cf. Thich Nhat Hanh) e percepção dos obstáculos como uma oportunidade (cf. o Dalai Lama)". Esse programa expressa os pressupostos básicos do Budismo Engajado: a ação social requer o preparo pessoal da meditação, que produz a calma, a percepção clara e a compaixão; a ação que não tem em sua base essa paz pessoal jamais conseguirá "ser pacificadora".

Ao mesmo tempo, o desenvolvimento espiritual pessoal rompe as barreiras entre o eu e o outro e, assim, se expressa naturalmente na atividade de melhorar o bem-estar dos outros, que pode se formalizar no trabalho de assistência social ou de outras formas. É preciso observar que, embora esse programa seja exclusivo ao Ocidente, sua herança pode ser vista claramente na Escola da Juventude para o Trabalho Social, fundada por Thich Nhat Hanh na década de 1960 no Vietnã, para o treinamento de assistentes sociais budistas.

CONCLUSÃO

O ativismo social budista no século XX não tem precedentes como fenômeno budista. Embora toda a base ética e espiritual necessária a esse ativismo sempre tenha estado presente no budismo, foram necessários fenômenos de nossa época – a análise social liberal do Ocidente, Gandhi, crises agudas e crônicas – para fazer desenvolver essas sementes[20]. Mas, se esse movimento é sem precedentes, ele é tão disseminado em termos geográficos, tão atrativo para milhões de budistas comuns que o adotaram numa forma ou outra, na verdade tão inevitável como fenômeno do mundo moderno, que certamente terá influência ampla e duradoura sobre o budismo, na medida em que ele tenta enfrentar os desafios do mundo ocidental e da modernidade neste novo século.

O ativismo social budista, dessa forma, representa uma mudança importante no budismo. Mas a espiritualidade budista em si mesma mudou com esse movimento? A própria espiritualidade budista "tradicional" já envolve uma enorme diversidade. Na medida em que esse fenômeno manifesta a espiritualidade do não-egoísmo, da compaixão, calma e percepção clara, ele não pode ser considerado como novo. Ao contrário, deve ser considerado como uma evolução natural de sua herança. Talvez os maiores desafios à espiritualidade budista nesse

---

20. Há uma exceção a essa generalização: as grandes organizações leigas japonesas do Risshō Kōseikai e Sōka Gakkai encontram inspiração para seu ativismo em Nichiren, um reformador budista *sui generis* do século XIII.

498 A ESPIRITUALIDADE BUDISTA

movimento venham dos grupos ligados ao movimento Ambedkárita e das feministas no Ocidente, que, ambos, perguntam se não haveria algo errado nos próprios valores tradicionais da espiritualidade budista. Mas a espiritualidade budista é paciente e pragmática, altamente tolerante com relação à mudança e à diversidade. Os budistas estão satisfeitos em nutrir o questionamento e a experimentação em que esses grupos estão envolvidos. Na verdade, eles vêm essa mesma busca como uma forma de espiritualidade budista e têm plena confiança nos seus resultados.

BIBLIOGRAFIA

Livros

AITKEN, Robert. *The Mind of Clover: Essays in Zen Buddhist Ethics.* San Francisco: North Point Press, 1984.

AMBEDKAR, B. R. *The Buddha and His Dhamma.* Bombay: People's Education Society, 1984.

ARIYARATNE, A. T. *In Search of Development: The Sarvodaya Movement's Effort to Harmonize Tradition with Change.* Moratuwa-Sri Lanka: Sarvodaya Press, 1982.

BARNES, Nancy J. Buddhist Women and the Nuns' Order in Asia. In: QUEEN, Christopher L.; KING, Sallie B. (orgs.). *Engaged Buddhism: Buddhist Liberation Movements in Asia.* Albany-New York: Suny Press, 1996.

BERRIGAN, Daniel; NHAT HANH, Thich. *The Raft is Not the Shore: Conversations Toward a Buddhist/Christian Awareness.* Boston: Beacon Press, 1975.

BUDDHADASA, Bhikkhu. *Dhammic Socialism.* SWEARER, Donald (org.). Bangkok: Komol Kimtong Foundation, 1986.

DALAI LAMA. *The World of Tibetan Buddhism* (Parte II: An Altruistic Outlook and Way of Life). Tradução, organização e notas de Geshe Thupten Jinpa. Boston: Wisdom Publications, 1995.

EKACHAI, Sanitsuda. *A Buddhist Approach to Fighting Rural Poverty.* 11 de março de 1989, distribuído pela International Network of Engaged Buddhists, PO. Box 1, Ongharak Nakhorn Nayok 26120 Tailândia.

EPPSTEINER, Fred (org.). *The Path of Compassion: Writings on Socially Engaged Buddhism.* Berkeley: Parallax Press, 1985, 1988.

FOREST, James H. *The Unified Buddhist Church of Vietnam: Fifteen Years for Reconciliation.* International Fellowship of Reconciliation, organizado por Hof van Sonoy, Holanda, 1978.

GROSS, Rita M. Buddhism After Patriarchy? In: COOEY, Paula M.; EAKIN, William R.; MCDANIEL, Jay B. (orgs.). *After Patriarchy: Feminist Transformations of the World Religions.* Maryknoll: Orbis Books, 1991.

JONES, Ken. *The Social Face of Buddhism.* London: Wisdom Publications, 1989.

KABILSINGH, Chatsumarn. *Thai Women in Buddhism.* Berkeley: Parallax Press, 1991.

KAHIN, George McT *Intervention: How America Became Involved in Vietnam.* New York: Alfred A. Knopf, 1986.

KEYSER, Christine. Endangered Tibet. *Buddhist Peace Fellowship*, outono de 1990.

ESPIRITUALIDADE BUDISTA CONTEMPORÂNEA E ATIVISMO SOCIAL   499

KRAFT, Kenneth (org.). *Inner Peace, World Peace: Essays on Buddhism and Nonviolence*. Albany: SUNY Press, 1992.

MACY, Joanna. *Dharma and Development: Religion as Resource in the Sarvodaya Self-Help Movement*. Edição revisada. Introdução por A.T. Ariyaratne. West Hartford: Kumarian Press, 1983, 1985.

MAHONEY, Jane Sharada; EDMONDS, Philip. *Step by Step*. Berkeley: Parallax Press, 1992.

NHAT HANH, Thich. *Vietnam: Lotus in a Sea of Fire*. New York: Hill and Wang, 1967.

_____. *Love in Action: Writings on Nonviolent Social Change*. Prefácio de Daniel Berrigan. Berkeley: Parallax Press, 1993.

_____. *For a Future to Be Possible: Commentaries on the Five Wonderful Precepts*. Berkeley: Parallax Press, 1993.

_____. *Being Peace*. Berkeley: Parallax Press, 1987.

QUEEN, Christopher L.; KING, Sallie B. (orgs.). *Engaged Buddhism: Buddhist Liberation Movements in Asia*. Albany: SUNY Press 1996.

RAHULA, Walpola. *The Heritage of the Bhikkhu: A Short History of the Bhikkhu in Educational, Cultural, Social and Political Life*. New York: Grove Press, 1974 (1. ed. 1946).

ROWELL, Galen. The Agony of Tibet. *Buddhist Peace Fellowship: Newsletter of the Buddhist Peace Fellowship*. primavera de 1990, p. 10; reimpressão a partir de *Greenpeace Magazine* 15:2 (março/abril de 1990).

SANGHARAKSHITA (Dennis P. E. Lingwood). *Ambedkar and Buddhism*. Glasgow: Windhorse Publications, 1986.

SCHUMACHER, E. F. *Small Is Beautiful*. New York: Harper and Row, 1973.

SIVARAKSA, Sulak. *Seeds of Peace: A Buddhist Vision for Renewing Society*. Apresentação pelo Dalai Lama. Prefácio de Thich Nhat Hanh. Berkeley: Parallax Press, 1992.

SUU KYI, Aung San. *Freedom from Fear*. ARIS, Michael (org.). London-New York: Penguin Books, 1991.

TSOMO, Karma Lekshe (org.). *Sakyadhītā: Daughters of the Buddha*. Ithaca: Snow Lion Publications, 1988.

Periódicos

AN OPEN Letter from The Network For Western Buddhist Teachers. *Turning Wheel Journal of the Buddhist Peace Fellowship*, verão de 1993.

NEWSLETTER on International Buddhist Women's Activities. A/c Dr. Chatsumarn Kabilsingh, Faculdade de Artes Liberais, Universidade de Thammasat, Bangkok: Tailândia 10200.

SUA SANTIDADE o Dalai Lama XIV, The Principle of Universal Responsibility (panfleto). New York: Potala Publications, sem data, sem paginação.

TURNING Wheel. Journal of the Buddhist Peace Fellowship. A/c Buddhist Peace Fellowship, PO. Box 4650, Berkeley: CA 97404.

31. Espiritualidade Theravāda no Ocidente

Egil Fronsdal

Enquanto o contato e o estudo da tradição Theravāda no Ocidente remontam aos primeiros missionários cristãos no Sri Lanka, no século XVI, e aos estudiosos europeus no início do século XIX, o início do interesse popular e a inspiração no budismo do Sudeste asiático tiveram início por volta de 1870. Desde então, esse interesse teve dois pontos altos, que podemos examinar a seguir.

No primeiro, de 1870 a 1912, os intelectuais europeus e norte-americanos encontraram, nos antigos textos budistas, uma alternativa atraente às crenças religiosas do Ocidente.

O segundo, que ocorreu um século mais tarde, de 1970 até o presente, envolveu dois grupos demográficos separados: um deles composto sobretudo por caucasianos, o outro, por imigrantes do Sudeste asiático. O primeiro grupo se organizou em torno das práticas de meditação específicas à tradição Theravāda, às vezes completamente divorciadas de seu contexto religioso e doutrinal. O segundo grupo construiu um grande número de templos, nos quais era reproduzido o budismo Theravāda de seus países de origem. Esses templos tradicionais tiveram pouco impacto fora de suas próprias comunidades étnicas.

Com exceção de um grupo missionário do Sri Lanka, o Anagārika Dharmapāla (1864-1933), que era em parte ocidentalizado, a introdução do budismo Theravāda deveu-se, sobretudo, aos esforços de ocidentais. No processo de seleção, tradução e adaptação, esses ocidentais tenderam a definir a tradição em torno de suas preocupações. O mais fascinante a respeito desse processo é o fato de que o budismo Theravāda do século XX, que muitos ocidentais têm encontrado no Sudeste asiático, foi profundamente modificado pelo contato asiático no século XIX com o Ocidente e as interpretações ocidentais do budismo.

1873-1912

A primeira onda de interesse popular pelo budismo no Ocidente ocorreu durante o último quarto do século XIX em meio a europeus e norte-americanos cultos das classes média e alta. Oferecendo a muitos uma alternativa e contraste atraentes ao cristianismo, o budismo desempenhou um papel importante no diálogo público sobre a religião que caracterizou boa parte da história intelectual da época. Durante esse período, artigos sobre o budismo, tanto favoráveis quanto críticos, apareciam freqüentemente em revistas populares inglesas e americanas, numa rapidez nunca antes igualada. O interesse se acendeu em 1879, com a publicação, por Sir Edwin Arnold (1832-1904), do poema épico *The Light of Asia* (A Luz da Ásia). O livro tornou-se um *best-seller*, que recebeu mais de uma centena de reimpressões na Inglaterra e nos Estados Unidos, sem mencionar as inúmeras traduções para outras línguas. Ele oferecia aos leitores do Ocidente uma biografia do Buda, que se encaixava bem com as correntes humanistas e racionalistas do pensamento vitoriano. A presença dos budistas no Parlamento Mundial de Religiões em Chicago, em 1893, estimulou ainda mais o interesse popular pelo budismo nos Estados Unidos.

Esse interesse, sobretudo intelectual, no budismo tinha muito pouco contato com a espiritualidade viva dos budistas asiáticos da época. De fato, o consenso geral em meio aos estudiosos europeus do budismo, que fizeram muito no sentido de definir a visão ocidental do budismo no final do século XIX, era o de que o budismo "puro" e "original" devia ser encontrado nas camadas mais antigas do Cânone Pāli, antes que a tradição fosse contaminada pelas camadas populares, sobrenaturais e supersticiosas dos séculos posteriores. Livros influentes como o *Buddhism*, de T. W. Rhys Davids (1878), e o ainda hoje lido *Buddha: Sein Leben, Seine Lehre, Seine Gemeinde*, de Hermann Oldenberg (1881; publicado em inglês como *The Buddha: His Life, His Doctrine, His Community* [O Buda, Sua Vida, Sua Doutrina, Sua Comunidade]) fizeram muito no sentido de apresentar ao público ocidental uma concepção racionalista e humanista do Buda e seus ensinamentos. A preferência dada ao budismo "original" com relação à espiritualidade viva do Oriente resultou em grande esforços acadêmicos na coleta, organização, impressão, tradução e estudo do cânone Pāli. Em 1881, Rhys Davids fundou a Sociedade Londrina do Texto Pāli que, em 1930, já havia conseguido publicar a maior parte do cânone Pāli, tanto em edição transliterada para o alfabeto latino quanto em tradução para o inglês. A disponibilidade desses textos em inglês e outras línguas européias deu

ESPIRITUALIDADE THERAVĀDA NO OCIDENTE

origem a uma preferência na Europa pelos textos da escola Theravāda com relação à bibliografia de outras tradições budistas. Mas a tradição Theravāda que se desenvolvia na época era vista como guardiã desses textos, e não como sua intérprete autorizada.

Esse trabalho teve impacto sobre movimentos de reforma modernizadora no interior da tradição Theravāda no Sudeste asiático, na medida em que estimulou um "retorno às origens" por meio da revisão da tradição de acordo com os ensinamentos encontrados no Tripiṭaka, a tríplice divisão do Cânone de Escrituras Sagradas[1]. Além disso, a tradução do cânone Pāli para o inglês teve um importante impacto sobre os estudiosos budistas do Sudeste asiático, ao tornar os textos sagrados disponíveis a um público mais amplo que anteriormente. Somente então eles foram traduzidos para as línguas modernas do Sudeste asiático. A disponibilidade dessas traduções fez muito no sentido de ajudar a romper com o monopólio religioso dos monges e estimular o rápido crescimento de movimentos budistas leigos no Sri Lanka e em Mianmar.

No famoso "Grande Debate de Pānadura" entre o monge Mohottivatte Gunānanda (1826-1890) e os missionários cristãos no Sri Lanka em 1873, a impressão resultante foi a de que o culto Gunānanda refutou por completo os cristãos, revertendo várias décadas de derrotas nas mãos deles. Esse episódio estimulou o ressurgimento do budismo no Sri Lanka e os relatos sobre ele nos jornais americanos chamou a atenção do coronel Henry Steele Olcott (1832-1907) e Madame Blavatsky (1831-1891), que depois fundariam a Sociedade Teosófica. Após uma troca de correspondência com Gunānanda, os dois viajaram para o Sri Lanka em 17 de maio de 1880, uma data que marca o início do budismo moderno no país. Em 25 de maio, diante de um enorme público, eles participaram da cerimônia Theravāda de tomar o triplo refúgio e adotar os cinco preceitos leigos. Eles estavam entre os primeiros, se não foram na verdade os primeiros ocidentais, a se declarar formalmente budistas dessa forma solene.

Os teósofos, além de apresentar sua própria interpretação esotérica do budismo para o Ocidente, desempenharam um papel importante na moderna "reforma" do budismo no Sri Lanka e, num grau menor, em outros países asiáticos. Olcott deu início a um movimento educacional, que, por fim, daria origem a cerca de quatrocentas escolas budistas de ensino básico em todo o Sri Lanka. No âmbito internacional, ele tentou unificar as várias tradições budistas numa única associação, criando uma bandeira que ainda hoje é reconhecida e ostentada como a bandeira internacional do budismo. Numa visita ao Japão em 1888, ele

---

1. Para um estudo da reforma budista no Sri Lanka, no final do século XVIII, cf. Richard Gombrich, *Theravada Buddhism:* A social history from ancient benares to modern Colombo, p. 172-197.

504 A ESPIRITUALIDADE BUDISTA

foi acolhido com entusiasmo, por seus esforços em favor dos budistas da Ásia, em sua luta com os desafios impostos pelo cristianismo, pelo racionalismo ocidental e pela ciência.

Um jovem discípulo de Olcott e Blavatsky no Sri Lanka, Don David Hewavitarne (1864-1933), foi orientado por Blavatsky a se dedicar a sua religião Theravāda nativa. Permanecendo como leigo celibatário e adotando o inovador título religioso de Anagārika (o sem-teto) e o nome de Dharmapāla (guardião do Darma), ele viria a ser um dos mais importantes reformadores do budismo moderno no Sri Lanka. Com suas viagens aos Estados Unidos e Europa, Dharmapāla se tornou o mais influente missionário budista da escola Theravāda no Ocidente. Em 1893, ele era um dos mais carismáticos oradores (talvez perdendo apenas para Swami Vivekananda) no Parlamento Mundial de Religiões, em Chicago. Nessa ocasião, ele encontrou o editor Paul Carus, que o convidaria a retornar aos Estados Unidos em 1897, quando seria fundado o ramo americano da Sociedade Maha Bodi, uma organização internacional destinada a restabelecer o local da iluminação do Buda, em Bodh Gayā. Indivíduos americanos haviam se declarado budistas antes, mas essa foi a primeira organização budista formal no Ocidente.

Em 1898, um inglês, Gordon Douglas, foi ordenado no Sri Lanka, tornando-se o primeiro ocidental a se tornar membro da comunidade monástica budista tradicional. Pouco se conhece sobre Douglas, uma vez que freqüentemente ele é ignorado nos relatos históricos sobre o moderno budismo ocidental. Ao que parece, ele permaneceu na Ásia e teve pouca influência no desenvolvimento do budismo no Ocidente. De maior impacto, foi a obra de Alan Bennet (1872-1923), o segundo inglês a ser ordenado na escola Theravāda. Inspirado tanto por *A Luz da Ásia* quanto pela teosofia, Bennet passou três anos estudando budismo no Sri Lanka. Então, em 1902, foi ordenado em Mianmar sob o nome de Ananda Metteya. Nesse mesmo ano, formou a sociedade Buddhasasana Samagama (Sociedade Budista Internacional), com a finalidade de propagar o budismo da Europa. Em 1908, viajou para a Inglaterra, juntamente com três monges mianmarenses, e foi recebido pela Sociedade Budista da Grã-Bretanha e da Irlanda. A Sociedade, fundada em 1907, foi a primeira associação budista na Inglaterra, sendo presidida por T. W. Rhys Davids. Seu eixo central era a tradição Theravāda, com seu ateísmo manifesto e sua ética da não-violência e renúncia. Em parte devido a sua má saúde, Ananda Metteya teve pouco êxito como missionário e, um ano depois de sua morte em 1923, a Sociedade Budista deixava de existir.

O interesse na Alemanha pelo budismo de tradição Theravāda no final do século XIX foi estimulado pela alta consideração em que Arthur Schopenhauer (1788-1860) tinha o budismo. As traduções que Karl Eugen Neumann (1865-1915) fez de boa parte do cânone Pāli

ESPIRITUALIDADE THERAVĀDA NO OCIDENTE

contribuíram em muito para o avanço do conhecimento do budismo na Alemanha. Inspirado em Schopenhauer, Neumann estudou tanto o páli quanto o sânscrito e, em 1894, visitou o Sri Lanka pela primeira vez.

Em 1903, Karl Seidenstuecker fundou a primeira sociedade budista na Alemanha e, em 1906, a Alemanha acolheu o primeiro Congresso Budista realizado na Europa. Em 1904, o violinista alemão Anton Geuth (1878-1957) foi ordenado monge no Sri Lanka, tendo recebido o nome de Nyanatiloka. Mais tarde ele fundaria um mosteiro no Sri Lanka, na ilha de Polgasduwa, que desde então vem acolhendo um grande número de monges ocidentais, muitos dos quais se tornaram estudiosos de talento excepcional. Esses monges têm produzido inúmeras traduções e estudos de grande influência. O *Visuddhimagga* (O Caminho da Purificação) foi traduzido para o alemão por Nyanatiloka e para o inglês pelo monge inglês Ñāṇamoli (Osbert Moore, 1905-1960). O monge alemão Nyanaponika (Siegmund Feniger; 1901-1994) escreveu sobre a prática da atenção plena ensinada no *Satipaṭṭhāna Sutta*. Em 1950 ele publicou o *Satipaṭṭhāna, Der Heilsweg buddhistischer Geistesschulung* (O Caminho da Cura da Formação Espiritual Budista) que, em 1954, seria ampliado e traduzido para o inglês como *The Heart of Buddhist Meditation* (O Coração da Meditação Budista), revisado em 1962.

1920-1970

As cinco décadas entre 1920 e 1970 presenciaram pouca mudança no budismo de tradição Theravāda no Ocidente. Devido à influência de D. T. Suzuki, o interesse pelo budismo do Sudeste asiático foi eclipsado com fascínio pela tradição Mahāyāna, em especial nos Estados Unidos. Mesmo na Inglaterra, que tivera um longo relacionamento com o Sri Lanka e Mianmar, o envolvimento com a espiritualidade Theravāda desenvolveu-se lentamente durante esse período, apesar das inúmeras visitas de monges missionários budistas, alguns dos quais estudiosos de enorme talento. O primeiro *vihāra*, ou templo, inglês foi fundado por monges do Sri Lanka em 1938. O interesse inglês pelo budismo tendia a ser eclético e ecumênico, em vez de se alinhar com uma seita particular. Após o fechamento da Sociedade Budista da Inglaterra e da Irlanda em 1924, ela foi "absorvida" pelo Centro Budista da Sociedade Teosófica, que recebeu, em 1926, o novo nome de Sociedade Budista. Como o mais importante veículo para o budismo na Inglaterra durante os quarenta anos seguintes, a Sociedade Budista fomentaria o interesse por todas as formas do budismo asiático[2].

Por outro lado, o interesse alemão no budismo durante esse período permaneceu predominantemente de orientação Theravāda. Os textos

2. Para uma história da Sociedade Budista e do budismo na Inglaterra entre 1908 e 1968, cf. Christmas Humphreys, *Sixty Years of Buddhism in England.*

de Paul Dahlke (1865-1928) e Georg Grimm (1868-1945), inspirados em Schopenhauer, fizeram muito no sentido de dar subsídios ao movimento budista alemão. Mas as diferenças de opinião entre os dois sobre a doutrina budista do não-eu provocaram um cisma na comunidade alemã. Grimm sustentava que a doutrina de *anattā* era relativa somente ao mundo empírico e que o Buda acreditava numa alma eterna e transcendental. Dahlke visitara o Sri Lanka em 1900 e, em termos de doutrina, se alinhava estreitamente com o movimento de reforma budista modernizadora que aí se realizava. Tomando como base para sua posição o cânone Pāli, ele defendia uma interpretação Theravāda ortodoxa do não-eu que negava a existência de uma alma eterna. Embora a maior parte dos budistas alemães tenha apoiado Dahlke, a pequena associação budista fundada por Grimm, em 1921, ainda sobrevive. Em 1926 Dahlke concluiu a construção de Das Buddhistische Haus (Casa Budista), em Berlim, que até hoje abriga monges budistas do Sri Lanka. Essa é a mais antiga estrutura Theravāda que existe até hoje no Ocidente.

1970 ATÉ O PRESENTE

Dois desdobramentos marcaram o rápido crescimento da tradição Theravāda no Ocidente nas últimas décadas: um envolvimento cada vez maior dos ocidentais nas práticas de meditação Theravāda e a chegada de muitos imigrantes do Sudeste asiático aos Estados Unidos e, num grau menor, à Inglaterra. Existem agora por volta de 175 templos étnicos de tradição Theravāda no Ocidente, a maioria deles tendo como residente pelo menos um monge do Sudeste asiático. Servindo como centros religiosos, culturais e étnicos para suas comunidades, poucos desses templos fizeram algum esforço no sentido de ir além de seus constituintes étnicos e, em resultado disso, têm tido pouco impacto fora dessas comunidades. Além disso, na medida em que esses templos servem para ajudar seus membros a manter as identidades e práticas culturais e religiosas vinculadas a seus países de origem, a tendência é haver muito pouco contato entre os templos tailandeses, mianmarenses e do Sri Lanka no Ocidente.

No final da década de 1950 e durante a de 1960, houve muito pouca mudança significativa. O primeiro *vihāra* americano foi construído em Washington, em 1966, pelos budistas do Sri Lanka. Enquanto isso, muitos europeus, norte-americanos, australianos e neozelandeses se familiarizavam com a tradição Theravāda do Sudeste asiático. Alguns eram norte-americanos que estavam na Tailândia e no Vietnã com a Força de Paz ou em serviço militar; outros eram jovens viajantes em busca de alternativas às concepções de mundo e normas culturais do Ocidente. Alguns deles mergulharam profundamente na tradição Theravāda, tanto como monges quanto como leigos, para poder retornar ao Ocidente como mestres da meditação. Enquanto o budismo Zen e o tibetano foram

ESPIRITUALIDADE THERAVĀDA NO OCIDENTE 507

levados para o Ocidente, sobretudo por mestres asiáticos – a maioria deles monges –, a atual introdução da prática Theravāda é, em grande parte, obra desses ocidentais que retornaram da Ásia como mestres leigos. Em resultado disso, o movimento tem permanecido quase inteiramente como movimento leigo, o que o tem levado a direções dramaticamente diferentes das formas de budismo Theravāda que predominam na Ásia, centradas na vida monástica. Mesmo Dhiravamsa e Achaan Sobin, dois dos mais bem sucedidos mestres da meditação tailandesa no Ocidente, renunciaram à vida monástica pouco depois de chegar à Inglaterra e aos Estados Unidos.

Em meio ao amplo repertório de práticas de meditação encontradas no budismo Theravāda, a prática no Ocidente é dominada por formas de *vipassanā*, uma prática baseada no *Satipaṭṭhāna Sutta* (O Discurso das Quatro Fundações da Atenção Plena), muitas vezes designada como "meditação interior" ou simplesmente "atenção plena". A preferência dada a essa prática reflete sua grande popularidade no Sudeste asiático após sua "redescoberta" no final do século XIX. No Sri Lanka, o ressurgimento da prática da meditação é atribuído a Anagārika Dharmapāla que, em 1892, encontrou um velho manual de meditação em cingalês, traduzido para o inglês por F. L. Woodward, em 1906, como *Manual of a Mystic* (Manual de um Místico), datando de um ou dois séculos antes. Uma vez que a prática da meditação parecia ter em grande parte desaparecido no Sri Lanka, Dharmapāla recorreu a esse manual, ao *Visuddhimagga* e ao *Satipaṭṭhāna Sutta* como guias. Seus esforços, juntamente com a nova publicação desses textos em traduções modernas, fizeram muito no sentido de difundir o interesse pela meditação no Sri Lanka. Em Mianmar, onde a prática da meditação também quase se extinguira, a revitalização da meditação remonta aos esforços de U Nārada (também conhecido como Mingun Jetawun Sayadaw, 1868-1954) e Ledi Sayadaw (1846-1923), ambos defensores da prática da meditação *vipassanā* baseada no *Satipaṭṭhāna Sutta*. Em cada um desses países, o que anteriormente fora visto como reservado aos monges estava agora aberto à participação dos leigos.

A figura mais importante para o moderno movimento de meditação *vipassanā* no Sudeste asiático foi o monge mianmarense Mahāsi Sayadaw (também conhecido como U Sobhana, 1904-1982). Em 1938 ele começou a ensinar um estilo simples e sistemático de meditação *vipassanā*, que envolve uma cuidadosa identificação da experiência de meditação, juntamente com um alto nível de concentração sustentada, conhecida como "concentração momentânea" (*khaṇika samādhi*). Uma característica exclusiva a esse método é eliminar as práticas preliminares tradicionais de concentração ou tranqüilização (*śamatha*, envolvendo a concentração fixa, ou *appanā samādhi*). O praticante inicia imediatamente com a prática da meditação *vipassanā*, a idéia presente

508   A ESPIRITUALIDADE BUDISTA

que, até que se alcance o primeiro estágio da santidade (entrada no fluxo, *sotāpatti*), a prática da atenção plena dedicada conterá em si todos os níveis de concentração que forem necessários. Após a entrada no fluxo, no entanto, Mahāsi costumava às vezes ensinar práticas de concentração baseadas em *mettā*, ou bondade afetuosa, a fim de preparar o praticante para um maior aprofundamento da prática de meditação[3].

Como líder de um grande centro de meditação organizado por leigos em Rangum (conhecido como o Mahāsi Sāsana Yeiktha), de 1949 até sua morte em 1982, Mahāsi Sayadaw supervisionava o crescimento explosivo da popularidade de sua técnica de meditação em todo o Sudeste asiático e, por fim, no Ocidente[4]. Em 1985 o centro havia presenciado a fundação de mais de trezentos centros subsidiários em Mianmar. Monges budistas mianmarenses treinados por Mahāsi viajaram para o Sri Lanka na década de 1950 e para a Tailândia na década de 1960, popularizando a prática da meditação *vipassanā*, em geral, e a técnica Mahāsi, em particular. Existem hoje mais de duzentos centros de meditação inspirados em Mahāsi (tailandês: *samnak vipassanā*) na Tailândia, dos quais alguns têm atraído um certo número de ocidentais.

Em 1972, ocidentais que haviam estudado no Centro Mahāsi em Rangum ou que tinham recebido treinamento em Bodh Gayā, na Índia, com Anagārika Munindra – um estudante indiano aluno de Mahāsi Sayadaw – começavam a ensinar a meditação *vipassanā* no Ocidente. Os dois mestres que mais contribuíram para popularizar essa prática nos Estados Unidos e na Europa foram Joseph Goldstein e Jack Kornfield. Em 1976 eles fundaram, juntamente com Sharon Salzburg e Jacqueline Mandell, a Sociedade de Meditação da Introspecção (SMI), um grande centro de meditação em Barre, Massachusetts, que tem atraído estudantes de todo o mundo ocidental. A SMI é particularmente conhecida por um "curso em três meses" realizado todo ano no outono, no qual tomam parte cerca de noventa participantes. Trata-se de um retiro intensivo com doze a quinze horas de meditação por dia. Em 1987, Jack Kornfield, juntamente com três outros mestres ocidentais, ajudou a fundar Spirit Rock, um centro para monjas ligado à SMI, no Distrito de Marin, na Califórnia. Na metade da década de 1980, esses mestres, por sua vez, treinaram outros mestres ocidentais, alguns dos quais nunca haviam estudado a prática na Ásia. Se, de um lado, o crescimento do budismo Zen e tibetano nos Estados Unidos desacelerou na década de 1980 e no início da década de 1990, de outro, graças ao movimento informal da Meditação da Introspecção, o budismo de tradição Theravāda teve

---

3. O método Mahāsi de meditação *vipassanā* é descrito em Mahāsi Sayadaw, *Practical Insight Meditation:* Basic and progressive stages.

4. Para um relato da prática no Centro Mahāsi, cf. E. H. Shattock, *An Experiment in Mindfulness:* An english admiral's experiences in a buddhist monastery.

ESPIRITUALIDADE THERAVĀDA NO OCIDENTE

enorme êxito. Isso é confirmado pelo grande número de pessoas atraídas pela prática e por sua influência cultural indireta[5].

Numa estimativa conservadora, cerca de cem mil ocidentais participaram dos retiros de meditação *vipassanā* entre 1964 e 1994, com cerca de vinte mil deles freqüentando retiros de um dia a três meses, em 1994[6]. A maioria deles tem apenas um vínculo mínimo com a tradição Theravāda, uma vez que os participantes se interessam mais pela prática que pelas origens históricas. Eles se vêem como estudantes da meditação *vipassanā* mais que como estudantes ou seguidores do budismo Theravāda. Na verdade, o ressurgimento da meditação *vipassanā* no próprio Sudeste asiático deslocou a ênfase, dos elementos doutrinais, rituais e monásticos do budismo Theravāda para a introspecção pessoal e para as experiências transformadoras do *nibbāna* (despertar). Naturalmente, o contexto Theravāda mais amplo aí pressuposto está ausente no Ocidente, onde a prática da meditação tende a ser independente. Além disso, mestres como Goldstein e Kornfield têm se empenhado em apresentar a prática da atenção plena de forma relativamente não sectária, a fim de torná-la acessível mesmo aos que não têm interesse no budismo enquanto tal.

Uma segunda tradição da meditação *vipassanā* que se enraizou no Ocidente se origina na prática do mestre da meditação leiga mianmarense, U Ba Khin (1899-1971). Aqui, o ponto central é, sobretudo, o cultivo da concentração profunda por meio da atenção às sensações corporais. Com esse fim, U Ba Khin desenvolveu uma prática conhecida como "varredura corporal", na qual a atenção é sistematicamente concentrada em percorrer todo o corpo. Como na tradição Mahāsi, a prática depende de retiros intensivos, com pelo menos catorze horas de meditação por dia. Visando a uma experiência de meditação transformadora, a prática é ensinada independentemente de quase todo o contexto cultural e ritual do budismo Theravāda. O mais bem sucedido mestre internacional dessa prática é o empresário indiano Satya Narayan Goenka (1924-), que, assim como Munindra, retornou de Mianmar para a Índia no final da década de 1960, para pregar a meditação *vipassanā*. O êxito de Goenka em atrair estudantes ocidentais para a Índia, levou-o a abrir uma série de centros de meditação nos Estados Unidos e na Inglaterra. O primeiro deles, o Centro de Meditação Vipassanā, foi inaugurado em 1982 em Shelburne Falls, Massachusetts. Além

---

5. Jack Kornfield e Joseph Goldstein expuseram sua prática da atenção plena numa série de livros populares; cf. Joseph Goldstein, *The Experience of Insight:* A simple and direct guide to Buddhist meditation; Joseph Goldstein e Jack Kornfield, *Seeking the Heart of Wisdom:* The path of insight meditation.

6. Esses números são calculados a partir do número de retiros anunciados e oferecidos a cada ano nos Estados Unidos e na Europa. Estimando-se que metade dos participantes freqüentou retiros anteriores, somente metade dos participantes foi computado nesses cálculos.

510 A ESPIRITUALIDADE BUDISTA

de Goenka, existem alguns discípulos ocidentais de U Ba Khin ensinando no Ocidente, entre eles Ruth Dennison, a anciã da comunidade *vipassanā* americana que integrou a consciência sensorial aos exercícios de movimento em seus retiros.

O SAṄGHA MONÁSTICO NO OCIDENTE

Se, de um lado, as tradições Mahāsi e U Ba Khin no Ocidente têm uma orientação decididamente leiga, de outro, tem-se manifestado um certo interesse no monasticismo Theravāda, o centro tradicional da espiritualidade Theravāda. As comunidades monásticas mais viáveis no Ocidente estão na Inglaterra, sob a direção de Achaan Sumedho (Robert Jackman, 1934-), um discípulo norte-americano do monge Achaan Chah (1918-1992), um monge da floresta residente no nordeste da Tailândia. Embora monges ocidentais tenham sido ordenados em todo o Sudeste asiático, a maior concentração de monges ocidentais encontrada estudava sob a orientação de Achaan Chah, do final da década de 1960 até a década de 1980. Ao contrário da ênfase nos retiros para meditação intensiva dos movimentos *vipassanā* de Mianmar, Achaan Chah enfatizava uma prática mais integrada, centrada na vida disciplinada dos monges da floresta. A meditação formal não era ignorada, mas a atenção plena – em especial a de nossos próprios pensamentos e estados mentais – no decorrer das atividades cotidianas era para ele a prática principal. Ele ensinava seus monges a fortalecer a atenção plena por meio da adesão rigorosa ao código *Vinaya*.

Em 1977, Achaan Chah instruiu Achaan Sumedho, seu principal estudante ocidental, a se mudar para a Inglaterra. Achaan Sumedho atraiu muitos outros ocidentais que, ou haviam sido ordenados na Ásia, ou que ele próprio ordenou na Inglaterra. Em 1979, ele fundou o mosteiro de Chithurst em West Sussex e, em 1990, já havia fundado três outros centros monásticos, inclusive Amaravati, logo ao norte de Londres, e fazia planos, juntamente com mais de sessenta monges e mais de vinte monjas nesses quatro centros, de criar outras comunidades monásticas na Suíça, Itália e Estados Unidos. Embora vários monges com ordenação plena tenham abandonado a vida monástica e deixado esses centros nos últimos anos, Sumedho parece ter fundado a primeira comunidade monástica viável no Ocidente. Na medida em que a presença de uma comunidade monástica é tradicionalmente considerada como um critério da chegada do budismo de tradição Theravāda num novo país, esse é um acontecimento de certa importância[7].

---

7. Para os ensinamentos de Achaan Sumedho, cf. seu *Cittaviveka:* Teachings from the Silent Mind.

ESPIRITUALIDADE THERAVĀDA NO OCIDENTE 511

Uma vez que a tradição Theravāda não tem uma linhagem de monjas (*bhikkhunī*) reconhecida como válida desde o século XIII ou XIV, em termos rigorosos, os únicos membros ordenados na comunidade de Achaan Sumedho são os monges. No entanto, numa tentativa de melhorar a condição e as oportunidades religiosas para as mulheres, as "monjas" na comunidade de Sumedho têm uma vida monástica mais tradicional que a da maioria das monjas leigas da Tailândia. Por exemplo, na Tailândia, as "monjas" usam trajes brancos e não saem nas caminhadas para coleta de esmolas, enquanto na Inglaterra seus trajes têm a mesma cor (de marrom a açafrão) que os dos monges e elas participam ativamente na coleta de esmolas. Achaan Sumedho tem solicitado aos líderes monásticos do budismo tailandês que dêem permissão para ordenar mulheres como monjas budistas verdadeiras, mas até o presente essa permissão tem sido negada.

Uma outra tentativa ocidental de restaurar a ordem tradicional das monjas foi a da monja Ayya Khemma (Ilse Ledermann; 1923-1997). Ordenada como monja por Narada Mahathera no Sri Lanka, ela fundou um convento para mulheres ocidentais e do Sri Lanka, na ilha das Monjas de Parappunduwa no Sri Lanka, próximo ao eremitério da ilha de Nyanatilokā. Ayya Khemma viajava freqüentemente ao Ocidente para ensinar, mas não tomava parte na legitimação de monjas no Ocidente. Ela é uma das poucas mestras no Ocidente a enfatizar a importância da concentração, ou meditação *śamatha*. Em vez de ensinar somente a meditação *vipassanā*, ela segue o caminho mais tradicional de primeiro desenvolver uma forte base na absorção meditativa (*jhāna*)[8].

De importância potencial para o futuro das monjas da ordem Theravāda, foi a ordenação, em 1988, de doze monjas do Sri Lanka, Mianmar, Tailândia e Estados Unidos, no templo de Hsi-lai, no sul da Califórnia, pelo monge taiwanês, Hsing Yun. Uma vez que a ordenação das monjas chinesas foi transmitida para a China a partir do Sri Lanka no século V, tem-se argumentado que a linhagem de monjas da tradição Theravāda poderia ser legitimamente reintroduzida a partir do budismo chinês. Até agora, a ortodoxia Theravāda no Sudeste asiático não se mostrou disposta a aceitar esse argumento, deixando incerta a condição futura das mulheres. Com exceção das monjas na comunidade de Achaan Sumedho na Inglaterra, parece haver pouco interesse pelo estabelecimento de uma ordem de monjas no âmbito do budismo Theravāda no Ocidente. O crescente movimento Theravāda no Ocidente permanece predominantemente um movimento leigo vinculado à prática da meditação *vipassanā*.

---

8. Para os ensinamentos de Ayya Khemma, cf. seu livro, *When the Iron Eagle Flies: Buddhism for the West*.

512 A ESPIRITUALIDADE BUDISTA

DESENVOLVIMENTOS RECENTES NO OCIDENTE

Como acabamos de comentar, o crescente interesse leigo na meditação *vipassanā* pode ser o aspecto mais importante da tradição Theravāda no Ocidente. Na década de 1970 e no início da década de 1980, a rede de praticantes da meditação *vipassanā*, ou meditação da introspecção, consistia sobretudo em jovens adultos que freqüentavam retiros intensivos de meditação. Desde a metade da década de 1980, a prática tem se difundido para além dos limites dos retiros. À medida que os praticantes retornam à vida com suas famílias e à medida que um número cada vez maior de pessoas mais velhas, que trabalham e têm família, vem sendo atraído à prática da atenção plena, estão sendo desenvolvidos esforços no sentido da integração da prática da meditação *vipassanā* à vida cotidiana. Em resultado disso, existem hoje pelo menos trezentos grupos de meditação *vipassanā* nos Estados Unidos, nos quais as pessoas se reúnem semanalmente, no esforço de se ajudar uns aos outros na prática da meditação[9]. Embora em sua maioria esses grupos sejam pequenos, alguns deles têm até uma centena ou mais de praticantes se reunindo semanalmente. Vinte ou mais desses grupos são liderados por professores. Os grupos menores, sem a orientação de professores, em geral substituem a presença do professor tocando gravações em fita de conversas sobre o Darma ou com a leitura de livros sobre o Darma.

Embora a prática da meditação (*sati*) esteja no centro desse movimento leigo, a bondade afetuosa (*mettā*), a ética (*śila*) e a generosidade (*dāna*) também são elementos centrais. Ensinada como complemento para a meditação da atenção plena, a meditação da bondade afetuosa é praticada tanto por ter efeitos estabilizadores sobre a mente, quanto por infundir na prática da atenção plena um espírito de comunhão. Por mais que a compaixão seja a emoção espiritual primária do budismo de tradição Mahāyāna, é a bondade afetuosa que é enfatizada no movimento da meditação *vipassanā* no Ocidente. A prática da bondade afetuosa no Ocidente freqüentemente tem sido combinada com uma prática do perdão que parece estar ausente das práticas formais da meditação *mettā* encontradas no Sudeste asiático[10].

Até a metade da década de 1980 a meditação *vipassanā* era ensinada no Ocidente, com uma ênfase na dimensão ética muito menor que a que ela recebe no Sudeste asiático. Desde então, e particularmente nos Estados Unidos, tem sido dada ênfase cada vez maior à ética e aos

---

9. Esse número foi avaliado, em termos conservadores, pela duplicação do número de seções de grupos relacionados em *Inquiring Mind*, a revista internacional da comunidade *vipassanā* no Ocidente. Provavelmente a maioria dos grupos que se reúnem nos Estados Unidos não está relacionada na revista.

10. Para uma apresentação da bondade afetuosa, cf. Sharon Salzburg, *Livingkindness: The revolutionary art of happiness*.

ESPIRITUALIDADE THERAVĀDA NO OCIDENTE

preceitos budistas tradicionais para leigos. A mudança foi, em grande parte, uma resposta ao grande número de acusações de conduta ética inapropriada, dirigidas contra os mestres ocidentais e asiáticos do budismo tibetano, Zen e Theravāda. Por instigação de Jack Kornfield, os professores afiliados à Sociedade de Meditação da Introspecção e o centro Spirit Rock formularam um código de ética do professor[11]. Em setembro de 1993, Kornfield, juntamente com o Centro Zen de São Francisco, acolheu, no centro Spirit Rock, a primeira conferência conjunta de mestres do budismo tibetano, do budismo Zen e da meditação *vipassanā*. As questões éticas constituíram o tema dominante do encontro.

Os ensinamentos dos professores de meditação *vipassanā* no Ocidente tendem a ser menos dualistas que os da tradição Theravāda no Sudeste asiático, enfatizando não a renúncia ao mundo, mas o envolvimento com o mundo e a liberdade no mundo. Em vez de se concentrar em metas espirituais últimas como o nirvana, o encerramento dos ciclos de renascimento ou o alcançar dos vários estágios de santidade (*ariyasāvako*), enfatizam-se os benefícios imediatos da atenção plena e a equanimidade impassiva em meio às vicissitudes da vida. A purificação espiritual é menos enfatizada que a purificação de nossa relação com nosso próprio eu interior e com o mundo exterior. Em vez de buscar a eliminação das emoções destrutivas, o praticante é orientado a ver a emoção claramente, sem interferir nelas nem suprimi-las. Alguns desses mestres ocidentais estão reavaliando a meta última colocada pela tradição Theravāda moderna.

O igualitarismo, a democracia, o feminismo e o contato com outras tradições budistas têm provocado grandes mudanças no movimento Theravāda no Ocidente. Em contraste com a predominância de professores, característica do Sudeste asiático, quase metade dos professores de meditação *vipassanā* nos Estados Unidos é constituída por mulheres[12]. Não está claro se o saṅgha Theravāda ortodoxo ou a comunidade monástica irão reconhecer o movimento ocidental centrado nos leigos, que vem se desenvolvendo como budismo Theravāda. Em todo caso, os limites que definem o budismo Theravāda estão longe de ser claros até mesmo no Sudeste asiático. Quer a tradição seja definida em termos acadêmicos, com base em certos textos, quer em termos monásticos, como uma disciplina e um estilo de vida particulares, quer em termos práticos, como o conjunto de práticas e metas particulares, quer ainda

11. O código de ética do professor de meditação *vipassanā* se encontra no apêndice do livro de Jack Kornfield, *A Path with Heart:* A guide through the perils and promises of spiritual life. p. 340-343

12. Para um exemplo da influência feminista sobre um professor ocidental de meditação *vipassanā*, cf. Christina Feldman, *Women Awake*. Um histórico da presença das mulheres no budismo americano se encontra em Sandy Boucher, *Turning the Wheel:* American women creating the new Buddhism,

em termos geográficos, não existe uma autoridade final aceita por todos. Assim se, de um lado, as práticas e ensinamentos da escola Theravāda estão encontrando um lugar no Ocidente, de outro, ainda não está claro se estamos presenciando o transplantar da tradição Theravāda asiática ou a evolução de novas tradições do budismo (ocidental). Mais provavelmente, teremos ambas as coisas, à medida que alguns professores e comunidades forem retendo sua filiação Theravāda e outros forem renunciando a ela.

O IMPACTO DA ESPIRITUALIDADE THERAVĀDA NO OCIDENTE

A influência da espiritualidade Theravāda sobre a cultura ocidental tem sido mais forte nos Estados Unidos. Desde a primeira metade da década de 1980, a aplicação da prática da atenção plena em vários estilos de meditação *vipassanā* tem se difundido para além de seu contexto budista original. Talvez a mais bem sucedida dessas aplicações seja a que foi iniciada por Jon Kabat-Zinn do Centro Médico da Universidade de Massachusetts. Como aluno de meditação na Sociedade de Meditação da Introspecção (SMI) em Barre, Kabat-Zinn distanciou a prática da atenção plena tão completamente de seu contexto budista, que os pacientes em seu Programa de Redução de Estresse sequer têm idéia de suas raízes budistas. Extremamente bem sucedido em aliviar a dor e o estresse, o programa de Kabat-Zinn tem sido um estímulo à implantação de programas de redução do estresse, baseados na atenção plena, em vários outros hospitais e clínicas médicas através dos Estados Unidos[13]. Além de treinar pessoas para o ensino da atenção plena em ambientes médicos, Jon Kabat-Zinn tem também preparado assistentes sociais para levar as práticas e a meditação da atenção às prisões e comunidades de baixa renda na cidade.

De modo análogo, as práticas da atenção plena derivadas da meditação *vipassanā* têm sido integradas ao trabalho de alguns psicoterapeutas americanos, sobretudo os que estão vinculados à Associação de Psicologia Transpessoal. O efeito terapêutico da meditação *vipassanā* tem sustentado a tendência ao abandono da psicanálise, em busca de terapias mais centradas na consciência presente. Os psicoterapeutas são, por larga margem, a profissão mais bem representada em meio aos estudantes que procuram os retiros de meditação *vipassanā* nos Estados Unidos e muitos dos mestres americanos que ensinam a prática também são psicoterapeutas. No entanto, a influência excessiva dos conceitos psicológicos ocidentais sobre alguns dos mestres da medi-

---

13. Cf. Jon Kabat-Zinn, *Full Catastrophe Living:* Using the wisdom of your body and mind to face stress, pain, and illness.

ESPIRITUALIDADE THERAVĀDA NO OCIDENTE 515

tação *vipassanā* no Ocidente tem sido objeto de debates, em meio aos grupos de tradição Theravāda no Ocidente.

Enquanto o budismo Zen, em especial durante as décadas de 1950 e 1960, foi influente em círculos artísticos e intelectuais, a influência primária da tradição Theravāda no Ocidente parece ser nas áreas da medicina, terapia e serviço social. Dessa forma, as meditações da atenção, e o treino sistemático da atenção plena têm conquistado um lugar na vida americana fora de todo contexto budista formal.

BIBLIOGRAFIA

ALMOND, Philip C. *The British Discovery of Buddhism.* Cambridge: Cambridge University Press, 1988.

BATCHELOR, Stephen. *The Awakening of the West:* The encounter of Buddhism and western culture. Berkeley: Parallax Press, 1994.

BOUCHER, Sandy. *Turning the Wheel:* American women creating the new buddhism: San Francisco: Harper & Row, 1985.

FELDMAN, Christina. *Women Awake,* London. Arkana, 1989.

FIELDS, Rick. *How the Swans Came to the Lake:* A narrative history of Buddhism in America (3ª ed.). Boston: Shambhala, 1992.

GOLDSTEIN, Joseph. *The Experience of Insight:* A simple and direct guide to Buddhist meditation. Boston: Shambhala, 1983.

_____; KORNFIELD, Jack. *Seeking the Heart of Wisdom: The Path of Insight Meditation.* Boston: Shambhala, 1987.

GOMBRICH, Richard. *Theravada Buddhism:* A social history from ancient Benares to modern Colombo. London: Routledge & Kegan Paul, 1988.

HUMPHREYS, Christmas. *Sixty Years of Buddhism in England.* London: The Buddhist Society, 1968.

INQUIRING MIND. P. O. Box 999, North Berkeley Station, Berkeley, California 94709.

KABAT-ZINN, Jon. *Full Catastrophe Living:* Using the wisdom of your body and mind to face stress, pain, and illness. New York: Delta, 1990.

KHEMMA, Ayya. *When the Iron Eagle Flies:* Buddhism for the West, London: Arkana, 1991.

KORNFIELD, Jack. *A Path with Heart:* A guide through the perils and promises of spiritual life. New York: Bantam Books, 1993.

MAHĀSI Sayadaw. *Practical Insight Meditation:* Basic and progressive stages. Kandy. Sri Lanka: Buddhist Publication Society, 1971.

SALZBURG, Sharon. *Living-kindness:* The revolutionary art of happiness. Boston: Shambhala, 1995.

SHATTOCK, E. H. *An Experiment in Mindfulness:* An English admiral's experiences in a Buddhist monastery. London: Rider, 1958.

SUMEDHO, Achaan. *Cittaviveka:* Teachings from the silent mind. Hemel Hempstead-Inglaterra: Amaravati Publication, 1984.

TWEED, Thomas. *The American Encounter with Buddhism: 1844-1912.* Bloomington: Indiana University Press, 1992.

32. O Zen no Ocidente

Franz Aubrey Metcalf

*O Zen e a Arte da Terapia do Canal da Raiz
(Uma das 92 listas de "O Zen e a Arte de ..." Encontrada
no banco de dados da biblioteca WorldCat)*

*Oooh, isso é tão zen!
(Conversa ouvida numa festa em Hollywood, em referência
ao movimento de um balão.)*

*Preso no topo de um bastão de 100? Chame: 976-KOAN
(Encontrado na Internet)*

Na década de 1990, na maior parte do mundo ocidental, não é possível escapar ao mundo do "zen". Ele é ouvido em conversas, é visto em anúncios de publicidade, é encontrado até mesmo nos desenhos animados. Mas o que é esse "zen" que nós encontramos? "Zen", para um estudante ocidental em perspectiva, inevitavelmente denota uma coletânea misteriosa, assistemática, vaga e sedutora, de atitudes e impressões exemplificadas nas citações acima. É significativo que a palavra hoje talvez funcione mais freqüentemente como adjetivo do que como substantivo: os ocidentais podem não saber o que é o budismo Zen, mas sentem que podem de alguma forma intuir o que é "semelhante ao zen". O Zen vem florescendo numa espécie de parque de diversões cultural, entre a Ásia e o Ocidente, a partir da década de 1940. Especialmente em lugares como a Califórnia, ele se tornou uma atmosfera, mais que uma religião. No entanto, a Califórnia, na costa do Pacífico, também se tornou uma das regiões budistas mais ativas do mundo, sobretudo do budismo

518 A ESPIRITUALIDADE BUDISTA

Zen. Esse padrão é recorrente em todo o Ocidente, mas é especialmente acentuado no clima exótico da Califórnia.

Enquanto os "adjetivos Zen" florescem, a "religião Zen" cria raízes. Poderíamos vê-los como dois níveis de um só processo: a transmissão do budismo Zen, da Ásia para o Ocidente[1]. O parque de diversões é o primeiro nível – a presença cultural. Depois dele, vem o segundo nível – a prática espiritual. Neste artigo vou focalizar o Zen ocidental que, embora possa desafiar e radicalizar sua tradição original, permanece em continuidade com o budismo Zen na Ásia.

Mesmo assim, não podemos negligenciar a criatividade do "parque de diversões Zen". O jogo, num tal parque de diversões, dá origem à cultura e todas as suas realizações. Um praticante do budismo Zen em perspectiva no Ocidente, a Estudante Z, provavelmente irá descobrir o Zen por algum tipo de jogo cultural. O carrossel do Zen poderia pegar a estudante numa palestra sobre a arte asiática ou num concerto de vanguarda, mas também poderia levá-la a uma livraria especializada em Nova Era ou ao grupo de discussão alt.zen na Internet. Muitos são atraídos depois de fazer um passeio desse tipo e começar a jogar com idéias "Zen". Em seus intercâmbios, eles dão continuidade a uma troca cultural de idéias, uma espécie de alternância entre as idéias artísticas e filosóficas, ligadas à tradição Zen e aos estilos de vida, negócios e formas de arte ocidentais. Esse jogo criativo pode dar origem a benefícios duradouros para a cultura ocidental, embora não seja em si mesmo a espiritualidade budista. Essa espiritualidade somente tem início quando os indivíduos se envolvem na prática do Zen.

Suponhamos que a Estudante Z decida que deseja praticar o Zen; ela agora se defronta com uma escolha básica. Ela pode exercer a prática num contexto asiático ou num contexto ocidental. A maioria dos praticantes ocidentais opta por este último, o que Jan Nattier denominou "budismo de elite", a reserva preferencial de um grupo de pessoas relativamente privilegiado, em contraste com o "budismo étnico", o tipo praticado quase exclusivamente por imigrantes asiáticos. Para compreender por que os ocidentais optam pelo Zen de elite, precisamos examinar essas duas formas de prática religiosa.

O ZEN ÉTNICO E O ZEN DE ELITE

O que a Estudante Z faria num dia de prática intensa num templo Zen étnico? Vamos imaginá-la dirigindo seu carro até o templo, no centro velho da cidade, onde se encontram os imigrantes. Essa espécie de Zen está disponível apenas em grandes cidades, porque somente nas grandes

---

1. Devo acrescentar que o que vale para a palavra "Zen" também vale para as palavras "Ch'an", "Sŏn" e "Thien", as versões chinesa, coreana e vietnamita. Seguindo uma prática que é padrão no Ocidente, vou empregar a palavra "Zen" para me referir a todas elas.

O ZEN NO OCIDENTE   519

cidades existem imigrantes asiáticos em número suficiente para fundar um templo tradicional e mantê-lo em funcionamento durante décadas. Ela entra no edifício, com sua arquitetura impressionante e seu interior elaborado, evocando o antigo país. O cheiro do incenso a alcança, enquanto ela procura o sacerdote do templo, para pedir que a introduza nas práticas do templo. Ela procura as pessoas em meditação, mas não vê ninguém. Talvez ela tenha chegado num dia especial de visitas de celebração em honra a membros já mortos das famílias. Nesse caso, a área ao redor do templo estará cheia, com famílias que terão vindo prestar homenagens a seus ancestrais e ao sacerdote que atende às necessidades de seus espíritos. Mas ela não tem nenhum membro da família sendo homenageado no templo, assim ela se sente excluída. Ela participa de uma cerimônia, oferecendo incenso ou cantando, para conquistar méritos; isso ela pode fazer. Durante a cerimônia, ela ouve o sacerdote discursar sobre um tema da doutrina Zen, como a força da ação orientada pela atenção plena ou a iluminação original de todos os seres. Ela sente ter invadido todo um complexo de cultura religiosa; uma rica sensação de história permeia o dia. Ela não consegue entender a língua, mas compreende que, se essa fosse sua cultura, ela poderia aprender os rituais e participar deles – há pouca necessidade de se compreender as palavras antigas. Ela se curva, canta e sabe que sua família faria o mesmo por ela, se ela também se tornasse uma ancestral. Essa continuidade da devoção é o que importa[2], mas ela se pergunta se tem algum lugar nisso tudo.

Não se pode ler esse relato sem uma impressão profunda de enraizamento cultural e do foco centrado na família. A idéia de nossa Estudante Z, ocidental, sozinha, se voltar para uma prática como essa, como caminho espiritual, não faz muito sentido. Essa prática está ligada ao contexto da família e não diz nada sobre a razão por que os ocidentais se voltam a opções religiosas não usuais. Se a Estudante Z é típica, ela está procurando nas religiões não-ocidentais um caminho espiritual que ela possa seguir com dedicação e esforço, um caminho que responda a sua necessidade interior de desenvolver um trabalho espiritual verdadeiro sobre suas inquietações pessoais (mesmo que talvez universais). Ela não está procurando uma prática enraizada num complexo de rituais que reforçam os vínculos com a família e com papéis sociais tradicionais numa cultura asiática[3]. Uma espiritualidade desse tipo expressa necessidades asiáticas, mais que necessidades ocidentais.

2. Para descrições da prática Zen japonesa, cf. as obras de Ian Reader e William M. Bodiford na bibliografia.

3. Formas budistas que enfatizam a meditação atraíram enorme atenção e publicidade (nem sempre boa) no Ocidente, em especial a meditação *vipassanā* da escola Theravāda, várias formas tibetanas e diferentes variedades de Zen. Na década de 1970, a tradição Nichiren Shōshū, em sua manifestação como Sōka Gakkai, começou a superar as formas de meditação em popularidade, mas sua exigência em termos de tempo e sua ênfase no canto a colocam também na ativa categoria de budismo leigo. Todas

520 A ESPIRITUALIDADE BUDISTA

A outra escolha da Estudante Z é exercer sua prática num contexto budista ocidental e isso significa tomar parte na evolução de uma nova forma espiritual criada (para empregar uma clássica forma de expressão norte-americana), dos, pelos e para os leigos. Trata-se do Zen de elite e ele está em enorme contraste com o Zen étnico tradicional, embora tenha se desenvolvido a partir dele. Significativamente, essa nova forma de espiritualidade esfacela a distinção leigo-monástico, tão importante para as formas tradicionais (ou étnicas) de budismo. Isso significa que podemos considerar toda a prática ocidental da doutrina Zen como um todo, sem necessidade de focalizar os grandes gênios do saṅgha de bhikkhus (monges ou monjas), em detrimento dos leigos (que constituem o resto da grande comunidade saṅgha budista).

Voltemos à Estudante Z, enquanto ela experimenta um dia de prática intensa no centro Zen de elite. Neste caso, o dia começa quase à noite. Ela acorda em seu apartamento e segue para o alojamento, centro ou abrigo adaptado, para iniciar uma seção que durará um dia inteiro. Muitos estudantes moram perto dos edifícios de propriedade do centro Zen, mas ela deve percorrer uma certa distância, para se reunir com uma dezena de outros estudantes no enregelado zendō, onde todos se curvam em silêncio para se acomodar em suas almofadas e depois se sentam por cerca de meia hora em meditação *zazen*, prestando atenção em sua respiração ou recitando *koans*. Eles conversam um pouco, depois se sentam novamente. Agora eles cantam e realizam uma cerimônia no altar; embora não esteja diretamente envolvida na execução dos rituais no altar, a Estudante Z se sente como parte da cerimônia, ao entoar palavras de grande força. Embora muitas delas estejam em uma língua que ela não pode entender, muitos dos estudantes aprenderam seu significado no decorrer dos anos. Talvez eles agora tomem o café da manhã e possam se cumprimentar e conversar um pouco, mas logo voltarão a se sentar e as horas irão passando. A Estudante Z pode passar um tempo ajudando na limpeza do centro ou trabalhando nos jardins, mas essas também são formas de meditação. No decorrer do dia, sentada, falando, comendo ou trabalhando, ela tenta manter seu estado de meditação e atenção. Ela se esforça intensamente por sentar-se simplesmente e interromper a atividade de sua mente e percebe que

---

essas formas de budismo ocidental continuam a se desenvolver, atraindo em especial os europeus e os euro-americanos. Por outro lado, aparentemente, os asiáticos no Ocidente podem estar perdendo o entusiasmo por formas de prática mais tradicionais. Fazer parte das Igrejas Budistas da América (Escola Jōdo Shinshū) está em baixa, embora elas estejam se tornando mais heterogêneas e Paul Numrich (num texto apresentado no encontro anual da American Academy of Religion, em 18-22 de novembro de 1994) não registrou um único bhikkhu (monge) asiático-americano, com ordenação plena num templo americano da escola Theravāda. Sem novos bhikkhus surgindo nas comunidades para formar um campo de méritos, é difícil imaginar como formas tradicionais de budismo poderão sobreviver no Ocidente.

O ZEN NO OCIDENTE

os outros também fazem o mesmo, ou estão recitando *koans* que eles devem resolver, a fim de despertar para a experiência da percepção interior. Esse trabalho nunca termina, mesmo fora das quatro ou seis horas de meditação *zazen*. O dia se encerra com a divulgação de avisos e a atividade de organizar o centro. A Estudante Z coloca uma quantia em dinheiro na caixa de doações e, com seu corpo dolorido, volta para casa, refletindo sobre se gostaria de fazer isso durante toda sua vida.

Essa é a ênfase do Zen no Ocidente, tal como ele é praticado. Como um certo nível de intensidade e de concentração em torno da meditação se tornaram a regra, e não a exceção, no Zen do Ocidente? Examinar a história do desenvolvimento do Zen aqui irá nos dar uma imagem mais clara do Zen no Ocidente e nos ajudará a compreender tanto seu potencial quanto seus perigos.

HISTÓRIA E DESENVOLVIMENTO

As idéias budistas e as descrições de suas práticas se infiltraram no Ocidente no início do século XIX. Essas primeiras noções ocidentais sobre o budismo foram enormemente distorcidas pelos que as difundiram (em geral, missionários) e outros intérpretes ocidentais as distorceram ainda mais. No início do século XX, sacerdotes da escola Ch'an chinesa e da escola Zen japonesa transmitiram ensinamentos e práticas budistas a comunidades imigrantes, mas esses sacerdotes tiveram pouco ou nada a ver com os convertidos no Ocidente ou com a formação de um estilo ocidental de prática Zen. Podemos situar essa formação durante o Parlamento Mundial de Religiões, realizado em Chicago, em 1983. Shaku Sōen representava a escola Zen nessa ocasião e foi sua linhagem que deu origem ao lado Rinzai dos primeiros pequenos grupos de meditação Zen no Ocidente, a partir da década de 1920. Não é uma coincidência que esses Rōshis pioneiros, tanto do lado Sōtō como do lado Rinzai, fossem provenientes de linhagens que já promoviam a prática leiga da meditação *zazen* no Japão[4]. Essas linhagens ainda existem no Japão, mas como uma pequena minoria. No Ocidente, no entanto, elas chegaram a seu pleno florescimento. Esses Rōshis queriam promover sua visão de um saṅgha atuante e praticante da meditação *zazen*. Nas palavras de um deles, eles colocaram o lótus sobre a rocha e, embora demorasse mais que suas vidas, ele criou raízes.

Apesar desses esforços, o Zen permaneceu pouco difundido no Ocidente por várias décadas. As comunidades de imigrantes se voltavam para uma espiritualidade asiática e os pequenos centros de elite não conseguiam atrair a atenção da cultura ocidental. A II Guerra Mundial

---

4. Taizan Maezumi Rōshi, comunicação pessoal. Para um excelente relato jornalístico sobre o processo de transmissão das primeiras linhagens na América, cf. Fields, *How the Swans Came to the Lake*, caps. 10-12.

522 A ESPIRITUALIDADE BUDISTA

afastou ainda mais as comunidades asiáticas das sociedades em que elas eram acolhidas. Mas, na década de 1950, as coisas começaram a mudar. Os livros de D. T. Suzuki haviam apresentado ao Ocidente uma visão romantizada, mas altamente atraente da espiritualidade Zen. Allan Watts seguiu Suzuki, promovendo a liberdade exultante do Zen e criando o contexto para o enorme crescimento da experimentação religiosa nas décadas seguintes. Os escritores da geração *beat*, em especial Jack Kerouac, começaram a descrever uma nova forma de prática individualizada e iconoclástica, convocando uma geração de "bhikkhus lunáticos" a uma "revolução de mochila". Esses intelectuais e andarilhos da geração *beat* questionaram valores centrais da cultura ocidental, de modo que, à medida que uma intensa espiritualidade Zen se desenvolvia, ela se associava à contracultura, tendo como uma de suas características fundamentais uma espécie de entusiasmo Zen, ao mesmo tempo, místico e mundano.

Na década de 1950, diferentes movimentos no interior do budismo japonês desejavam, não apenas atender as necessidades espirituais de leigos presos a uma condição de passividade, mas também envolver os leigos numa prática ativa. Vários mestres do Zen se voltaram para fora do Japão, em busca de oportunidades de difundir o darma (às vezes exprimindo sua inquietação pela conivência de algumas escolas Zen com o esforço de guerra). Uma insatisfação análoga com as instituições de seu próprio país inspirou o mestre coreano Seung Sahn (Soen Sa Nim) a ir ao Japão e ao Ocidente, após a Guerra da Coréia. Enquanto isso, continuava o questionamento radical dos valores ocidentais pela geração *beat* e uma parcela cada vez maior de pessoas das classes médias passava a se juntar a ela. Esse processo, iniciado nos Estados Unidos, se estendeu por todas as nações industrializadas, que não estavam sob governos totalitários, nas quais havia uma abertura a novas idéias e formas religiosas.

Na lendária década de 1960, estava se reunindo no Ocidente uma gama variada de mestres espirituais asiáticos. Eles vinham difundir o darma em novas terras e, no caso dos tibetanos e dos vietnamitas, fugiam da perseguição política em seus países. Com a chegada dessa geração de mestres, o Zen no Ocidente entrava numa nova fase, uma fase de transmissão intercultural tão profunda quanto a que se iniciara com Bodidarma e seus sucessores, quando eles levaram a escola *dhyāna* para a China. Alguns desses mestres Zen asiáticos, como Shunryu Suzuki Rōshi e Taizan Maezumi Rōshi, foram para os Estados Unidos servir a comunidades de imigrantes e foram seduzidos pelo entusiasmo da elite dos estudantes ocidentais. Alguns deles, como Thich Nhat Hanh e Hsuan Hua, chegaram como exilados políticos; outros, como Thich Tien-an, chegaram como estudiosos. Mas todos esses mestres criativos começaram a dedicar sua atenção a congregações ocidentais. Eles fundaram "centros de Zen". Retrospectivamente, parece que esses centros tendiam a seguir um mesmo caminho, mas na verdade foram seus tropeços que criaram o caminho, ao dar origem a algo verdadeiramente

41. D. T. Suzuki, 1958.

novo. Robert Aitken Rōshi, ele próprio uma força vigorosa no Zen ocidental, comenta que Suzuki Rōshi, fundador do Centro Zen de São Francisco, diria que não sabia o que estava fazendo[5]. Seus alunos não acreditavam nisso, mas era verdade: eles estavam recriando o Zen num ambiente altamente instável; ninguém sabia o que iria resultar disso. No centro de Suzuki; no centro de Maezumi, a seiscentos quilômetros costa abaixo; no centro de Thich Nhat Hanh, no sul França; nos centros de Taisen Deshimaru, na Europa; no de Sheng-yen, na cidade de Nova York; nos de Seung Sahn, por todo o mundo, um mestre asiático, com seus alunos ocidentais, criava uma nova forma de budismo, dos, pelos e para os leigos. Mesmo em centros como o Centro Zen de Rochester de Philip Kapleau e nos centros havaianos de Aitken, onde o mestre asiático supervisor não residia no local, ele desempenhava um papel vital na criação de uma prática capaz de ligar culturas.

5. Aitken, *Encouraging Words*, p. 115. Aitken Rōshi prossegue então, seguindo Suzuki Rōshi, ao dizer que ele próprio não sabe como seu centro irá se desenvolver. Ele pede então a seus alunos que façam o experimento com ele. O livro de Aitken Rōshi e seus outros escritos são uma fonte inteligente e humana para o estudo do Zen ocidental e para o conhecimento de sua origem, em especial em termos de sua ética e formas devocionais. Para outros textos do apreciado e influente Suzuki Rōshi, cf. seu *Zen Mind, Beginners Mind*, no qual ele introduz a espiritualidade Zen da escola Sōtō e pela primeira levanta muitas das atuais questões sobre o desenvolvimento do Zen no Ocidente.

524 A ESPIRITUALIDADE BUDISTA

REDEFINIÇÃO DO ZEN

Esse novo tipo de budismo alterou a forma normativa do ser religioso. Para a maioria esmagadora dos budistas da escola Zen, desde a China da dinastia T'ang, a espiritualidade Zen estava confinada, sobretudo ao levar oferendas para os sacerdotes, ao ouvir os sermões sobre temas da escola Zen, à devoção aos ancestrais e, por fim, à ordenação no sangha, *após a morte*. Essa ordenação, por mediação do sacerdote e do templo, conferia aos devotos a recompensa da iluminação, sem a necessidade de ter de se empenhar por ela durante a vida[6]. Mas essa forma passiva de espiritualidade não podia atrair os estudantes ocidentais. Não contentes com a ordenação póstuma, eles queriam uma participação atuante na atividade soteriológica durante esta vida. De fato, eles queriam se transformar numa nova forma de sangha, participando da meditação normalmente reservada aos monges, na verdade, aos monges com treinamento avançado. O Zen no Ocidente se tornou um budismo para leigos, mas para leigos que queriam atuar de formas importantes como os bhikkhus e bhikkhunīs.

Durante milênios, o budismo jamais respondeu de forma definitiva a pergunta sobre o quê ou quem é o sangha. Ele é apenas o conjunto de monges e monjas? Ou ele é o conjunto das "Quatro Assembléias": monges, monjas, leigos e leigas? Ambas as respostas têm sido comuns, mas aqui surge uma nova resposta, uma resposta que continua a se desdobrar até hoje: o sangha é o conjunto dos que meditam regularmente e seguem os preceitos básicos do budismo de tradição Mahāyāna. No interior desse sangha, as distinções entre sacerdote, monge, monja e leigos têm um peso relativamente pequeno. O que importa é a prática. Isto é, nessa nova forma de budismo, todos que quiserem podem exercer a prática em conjunto num centro urbano, ou talvez ir para retiros em algum centro remoto nas montanhas. Essa nova forma de prática gerou um grande entusiasmo em meio aos que a exerciam, que eram em sua maioria jovens com boa formação, pertencentes à classe média, com horizontes espirituais e intelectuais suficientemente amplos para considerar esse caminho espiritual estrangeiro e com tempo e meios financeiros para se dedicar a ele[7]. Os monges e monjas em geral permaneciam nos centros nas montanhas (nos locais em que havia tais centros) e eram celibatários; os sacerdotes (tanto do sexo masculino quanto do feminino) faziam votos de compromisso com o Zen, mas tinham permissão para ser sexualmente ativos e continuar suas vidas fora dos centros; os leigos faziam os votos do bodisatva e recebiam ordenação como budistas na linhagem Zen, mas também mantinham suas vidas fora dos centros. A grande maioria dos praticantes optava

---

6. Cf. W. M. Bodiford, *Soto Zen in Medieval Japan*, em especial, p. 185-208.

7. Para uma abordagem sociológica dos centros Zen na Califórnia, cf. Steven Tipton, *Getting Saved from the Sixties*, e David Preston, *Social Organization of Zen Practice*.

O ZEN NO OCIDENTE   525

pelo caminho leigo e alguns deles dedicavam tanto tempo à prática quanto os que se tornavam sacerdotes ou monges[8].

Todos esses novos tipos de praticantes seguiam o mesmo padrão geral de prática: eles se sentavam para a meditação *zazen*, em geral todos os dias, contando a respiração, inicialmente, e depois passando para a meditação *shikan taza* (apenas sentando-se e reduzindo ao mínimo a atividade de pensar) ou à prática do *koan*. Eles trabalhavam em estreita ligação com o mestre, que guiaria sua prática, ajudando-os a meditar melhor ou a resolver seus *koans*. A maioria freqüentava os *sesshins* (retiros de meditação intensiva) pelo menos uma vez ao ano e, muito freqüentemente, uma vez por mês. Essa era uma prática incessante e os estudantes o sabiam. Em muitos centros, em especial nas linhagens japonesas e coreanas, durante anos, os estudantes trabalhariam com um sistema de centenas e até milhares de *koans*. Nas linhagens puras da tradição Sōtō e nas linhagens vietnamitas e chinesas, essa era uma prática menos comum, mas os estudantes trabalhariam com seu mestre de forma mais freqüente. Esperava-se que os estudantes com anos de experiência ocupassem posições de responsabilidade nos centros, e alguns trajavam vestes apropriadas para as posições de ensino. A maioria, mesmo quando não pretendia ensinar, desejava a transmissão do darma, a recepção oficial da transferência mente-a-mente da compreensão Zen, a iluminação do Buda. Eles estavam dispostos a desenvolver a prática durante toda sua vida para alcançá-la[9].

Essa prática rompeu as divisões sectárias tradicionais no interior do Zen. Alguns centros ocidentais seguem a ênfase da escola Rinzai de

8. Diferentes linhagens enfrentaram de formas diferentes a dificuldade de promover a prática não-leiga nas sociedades ocidentais. Uns poucos mestres, como Hsuan Hua, por exemplo, enfatizaram a criação de comunidades monásticas, com monges e monjas com ordenação plena. Muito mais comum, no entanto, é a prática descrita acima, que incentiva a participação dos estudantes sérios na condição intermediária leigo/sacerdote. Maezumi Rōshi ordenou dezenas de sacerdotes, mas essa era uma linhagem na qual não era exigido o celibato e o envolvimento da comunidade era inevitável. Esse padrão existe na maioria das linhagens japonesas. Por outro lado, Seung Sahn provocou mal-estar em meio a grupos (muito mais rigorosos) do Zen coreano, ao criar a ordenação do "Monge Bodisatva", sem a exigência do celibato. Ainda assim, o mestre permanece como o fator decisivo; alguns mestres, mesmo em linhagens japonesas, como a de Kyogen Carlson por exemplo, exigem anos de treinamento intenso num ambiente monástico, antes da ordenação de alguém como sacerdote. Sintomaticamente, enquanto eu escrevia este trabalho, Kyogen Sensei não tem sacerdotes entre seus sucessores.

9. Não havendo aqui espaço para descrever o entusiasmo, a dedicação e o trabalho desses estudantes, remeto o leitor aos excelentes trabalhos: os livros de Robert Aitken e Shunryu Suzuki, para a perspectiva dos mestres; o tocante *Nine-Headed Dragon River*, de Peter Matthiessen, para uma visão profunda das práticas Rinzai e Sōtō; o exame de Tworkov de vários mestres ocidentais e suas jornadas espirituais em *Zen in America*; o trabalho de Preston, mais acadêmico, mas baseado na prática, sobre o processo de aprendizado do Zen; e, para uma apresentação acidamente humorada, mas em última análise comovente, da prática no Japão e nos Estados Unidos, as duas memórias de van der Wetering, *The Empty Mirror* (segundo se relata, ele trabalha numa terceira).

526 A ESPIRITUALIDADE BUDISTA

Yasutani Rōshi, de passar do *koan Mu* para uma experiência *kenshō*, no entanto, eles também praticam a meditação *shikan taza*; alguns seguem a espiritualidade Sōtō de alcançar a iluminação sentando-se em meditação, no entanto, eles também trabalham com *koans*; alguns acalmam a mente com a recitação dos nomes dos budas, contudo, eles também praticam a meditação *zazen* pura; e todos esses vários estilos de prática exigem que os praticantes manifestem sua mente-do-Buda em suas atividades cotidianas. Esse equilíbrio da prática resgata uma liberdade inerente às tradições de cada uma das linhagens Zen provenientes do Oriente, uma liberdade que muitas vezes é negligenciada na Ásia (em especial nas linhagens japonesas; as tradições de todos os três outros países preservaram maior flexibilidade na combinação de práticas, como a recitação dos nomes e a meditação *zazen*). Mas algumas linhagens no Ocidente também expandiram essa liberdade, deliberadamente tomando de empréstimo práticas provenientes de outras linhagens. De fato, mesmo a distinção Sōtō/Rinzai foi rompida pelas linhagens mistas de muitos mestres proeminentes (por exemplo, Kapleau, Maezumi, Aitken e Sheng Yen).

Esses novos saṅghas se desenvolveram em torno de mestres carismáticos, em geral asiáticos, mas eles também foram influenciados pelos valores dos estudantes ocidentais. Embora o principal mestre fosse (a princípio) uma autoridade inquestionável, todo o resto da hierarquia saṅgha desapareceu. Enquanto na Ásia os monges sempre tiveram posição superior com relação às monjas, e os monges mais velhos com relação aos mais novos, e todos fossem governados pelas 250 ou mais regras de conduta, no Ocidente tudo isso imediatamente desapareceu. Conselhos diretores tomaram o lugar dos conselhos dos anciãos e, embora fosse mantida uma hierarquia informal, ela se baseava mais no tempo dedicado ao centro do que no tempo passado como membro do saṅgha. Com as políticas se desenvolvendo por tentativa e erro e com a atmosfera mais livre da década de 1960 como contexto social, esses centros de prática Zen passaram a incorporar muitos dos temas da época: a vida comunitária, as indústrias de agricultura familiar, a ordem igualitária, a experimentação com drogas e sexo. O mais importante e criativo desses desenvolvimentos foi esse novo igualitarismo, em especial com relação às mulheres.

Embora a ênfase da tradição Mahāyāna na não-dualidade e na iluminação inerente a todas as coisas tenha minado o preconceito de gênero, a história do budismo permanece ainda uma história de androcentrismo. Agora, após duas décadas, dois mil anos de patriarcado eram descartados e substituídos pelo que Rita Gross denomina "budismo andrógino". Mulheres e homens começaram a participar igualmente na prática, na tomada de decisões e na ocupação de altas posições no saṅgha. Essa mudança está levando algum tempo para se concretizar, mas, na década de 1980, as mulheres constituíam mais de metade dos membros dos centros, haviam realizado sua transmissão do darma em várias escolas

O ZEN NO OCIDENTE 527

para a prática Zen, estavam nos conselhos de quase todos os centros de prática Zen em números significativos e ocupavam a posição de principal mestre em vários centros da escola Zen (embora ainda superadas por larga margem pelos homens nesse nível – o mais alto).

A participação plena das mulheres é provavelmente o desenvolvimento mais radical e criativo da espiritualidade budista ocidental em geral, e não apenas da prática Zen. A participação igual das mulheres era uma base teoricamente necessária para um budismo centrado nos leigos (doméstico, para empregar a expressão budista tradicional), tentando estabelecer caminhos espirituais budistas no Ocidente moderno. Mas, mais que isso, a presença ativa das mulheres mudou o estilo e a ênfase do budismo de forma radical, não apenas mitigando a dureza às vezes militar do treinamento Zen monástico tradicional, mas também abrindo a filosofia budista a novas percepções teóricas e práticas. Essa abertura pode alterar de forma permanente a espiritualidade budista, tanto no Ocidente, diretamente, quanto na Ásia, por uma influência dialógica[10].

Esse entusiasmo e experimentação não deixam de ter seus perigos. À medida que os mestres foram se defrontando com novos desafios, para os quais seu treinamento não os havia preparado, ocorreram escândalos inevitáveis – não em toda parte, mas em locais suficientes para pôr em questão as próprias forças que deram ao Zen ocidental seus maiores êxitos. Essas atribulações ilustram alguns dos profundos problemas envolvidos na transmissão intercultural da religião e lançam luz sobre a direção do desenvolvimento da prática Zen no Ocidente. Embora o crescimento explosivo do Zen desacelerasse um pouco na década de 1970, os centros muitas vezes tinham centenas de estudantes ativos e alguns tinham até mesmo listas de espera, devido à escassez de professores qualificados.

A presença de mulheres em todos os níveis da prática favorecia novos e mais estreitos relacionamentos entre os professores e um grande e crescente número de alunas leigas. A relação entre mestre e estudante sempre fora bastante estreita na prática Zen, quer na privacidade do *dokusan* (entrevistas face-a-face) quer na intimidade do trabalho de treinamento em conjunto, sempre de longa duração. Mas essas relações sempre haviam sido entre pessoas do mesmo sexo. Com mestres do sexo masculino trabalhando com alunas liberais, a tentação das interações sexuais era às vezes irresistível. Apesar dos esforços no sentido contrário, ligações sexuais ocorriam às vezes com as estudantes se sentindo coagidas pela hierarquia de uma relação mestre-estudante. Esse comportamento também não estava confinado às escolas de prática Zen; todas as religiões provindas da Ásia sofreram repetidamente com ele, com vários grandes escândalos ocorrendo somente no ano

10. Rita Gross explora cuidadosamente todas essas questões, das perspectivas histórica, feminista e doutrinal, em seu importante livro, *Buddhism after Patriarchy*.

528 A ESPIRITUALIDADE BUDISTA

de 1997. Não está disponível o número exato de incidentes, uma vez que muitos deles continuam não sendo notificados ou são resolvidos internamente, mas o problema continua.

Além dos escândalos sexuais, em seu desenvolvimento, o budismo Zen ocidental teve, de forma igualmente inevitável, de enfrentar conflitos ligados puramente a sua base de poder. Assim como não tinham treinamento para o trabalho com mulheres, os mestres também não tinham treinamento com a administração dos negócios de um centro Zen. Mesmo no Japão, onde o sacerdote de um templo Zen tem de manter a solvência, existe uma rede social dando apoio à instituição. No Ocidente, o mestre Zen em geral tinha de encontrar novas formas de financiar o centro e novos modos de conduzi-lo. Isso podia levá-lo a assumir demasiado poder, mesmo que ele (todos os mestres da primeira geração eram homens) originalmente não o cobiçasse. Vários centros começaram a realizar negócios; alguns foram bastante bem sucedidos. O êxito obrigava os mestres a tomar decisões sobre o dinheiro e os meios de subsistência, para as quais eles estavam muito pouco preparados. Além disso, a criação do novo saṅgha forçava a criação de políticas que não tinham paralelos no sistema asiático. Os mestres e os centros tiveram de lutar aferradamente para definir seus papéis nessa nova ordem. Por fim, o mestre se via numa posição nova e totalmente alienada na sociedade ocidental. Privado de tudo que ele valorizava em seu antigo ambiente, ele teve de definir um novo papel para si numa cultura que não estava inclinada a conceder-lhe muito respeito, apoio ou compreensão. Ele não podia se apoiar sequer em padrões normais de comportamento, e menos ainda na experiência e apoio de outros que o haviam precedido. Alguns mestres sucumbiram ao peso dessa situação. Ao mesmo tempo, os estudantes ocidentais tendiam a idealizar seus mestres, pressupondo que sua superioridade espiritual também lhes conferia uma elevação moral e psicológica equivalente. Por essa razão, os estudantes das décadas de 1960 e 1970 queriam dar a seus mestres poderes e responsabilidades muito grandes. Somente pela experiência desidealizadora dos fracassos dos mestres é que mestres e estudantes puderam começar a trabalhar, em vista de um equilíbrio da autoridade. Mas, nesse processo, vários centros foram destruídos pelas denúncias de abusos e pelos conflitos atrozes que se seguiram[11]. Esses

---

11. O escândalo mais célebre envolveu Richard Baker Rōshi, sucessor de Suzuki Rōshi, São Francisco. Esse escândalo envolveu tanto relações de poder quanto de sexo e se encerrou com a destituição de Baker como abade. Cf. Fields e Tworkov, para maiores detalhes. O centro então diluiu um pouco o poder do abade, passando-o para o conselho de diretores, e foram necessários anos até ser possível instituir um outro abade pleno. Quando ele assumiu, a abadia foi dividida, dando responsabilidades a Reb Anderson e Mel Weitsman (que nunca havia apoiado Baker Rōshi). A abadia dividida, embora se desenvolvendo a partir desse escândalo, conseguiu se tornar popular e continua florescendo. Uma solução menos destrutiva foi encontrada no Centro Zen de Los

O ZEN NO OCIDENTE 529

escândalos encerraram os anos de crescimento acelerado do budismo Zen no Ocidente.

Na década de 1980, haviam desaparecido a experimentação das décadas de 1960 e 1970 e a juventude da geração do *baby boom*. O conservadorismo, tanto nas escolhas econômicas quanto nas religiosas, as vidas mais ocupadas de seus praticantes mais ativos e os escândalos, que atingiram profundamente alguns dos centros e abalaram a reputação e o crescimento de todos os outros, levaram a prática Zen a um declínio. Um certo recuo era inevitável: o Zen havia crescido com a contracultura da década de 1960 e sofreu com seu desaparecimento. Mas um grupo importante de praticantes foi além do parque de diversões da cultura popular e continua seu trabalho até hoje. No início da década de 1980, grupos da escola Zen começaram a desenvolver uma autocrítica. Um maior questionamento dos padrões culturais (tanto asiáticos quanto ocidentais) conduziu a um maior refinamento da prática. Um tema central discutido era quanta assimilação à cultura ocidental era apropriada em termos de papéis, rituais e cerimônias. Esse assunto, aparentemente superficial, toca a questão de quais são os elementos essenciais da prática Zen. Substituir, digamos, um antigo e ininteligível canto japonês pelo inglês modifica integralmente o caráter de seu ritual. Surgiram argumentos sobre se tais mudanças eram destrutivas. Existe mais que apenas antiguidade nas formas religiosas; modificá-las é interferir no sagrado. Vários novos mestres efetivamente romperam com seus antigos professores devido a essas questões. Para citar um centro como exemplo, Kapleau Rōshi rompeu com seu mestre japonês devido à tradução do *Sutra do Coração* e a sucessora que ele escolheu, Toni Packer, por sua vez, rompeu com ele devido às muitas alterações que ela queria introduzir em seus próprios ensinamentos.

A essa altura, os centros que estavam originalmente sob a orientação de mestres asiáticos começaram a conquistar sua independência, tanto em resultado da morte desses mestres como em razão da autoridade que eles lhes concediam durante suas vidas, de ensinar a uma nova geração ocidental. Esse processo continua até hoje e pode abrir as portas a mudanças ainda mais radicais na antiga tradição. Os centros dos dois primeiros herdeiros do darma na linhagem de Maezumi Rōshi dificilmente poderiam ser mais diferentes: o centro de Tetsugen Glassman Rōshi, em Nova York, dedica toda sua energia à prática, ao mesmo tempo em que dá abrigo e oferece treinamento aos sem-teto, mantendo uma padaria e realizando retiros na rua; os centros de Genpo Merzel Rōshi dedicam sua atenção a retiros e à meditação *shikan taza*,

Angeles, onde Maezumi Rōshi passou por um período como alcoólatra e se envolvendo em vários casos. Ele se afastou por algum tempo e depois retornou com novas atitudes, tanto com relação às mulheres quanto ao papel dos mestres do Zen no Ocidente. Uma de suas principais alunas comentou comigo que esse processo modificou e aprofundou seus ensinamentos e teve um papel crucial no atual desenvolvimento do centro.

530 A ESPIRITUALIDADE BUDISTA

além de ter alcance internacional. Por outro lado, outros herdeiros do darma na linhagem de Maezumi Rōshi buscam suas próprias visões, enfatizando a arte num ambiente monástico (Daido Loori Sensei), dando atenção ao corriqueiro e abandonando a maior parte dos trajes e acessórios budistas (Joko Beck Sensei), e assim por diante. E agora, com a morte de Maezumi Rōshi, os estilos de seus doze herdeiros do darma irão, sem dúvida, divergir ainda mais[12].

Embora desconcertante, essa divergência pode ser saudável para o Zen no Ocidente. O desenvolvimento de estilos de prática bastante diferentes tem sido compensado por um maior diálogo entre os centros e as linhagens. Mesmo as dificuldades dos mestres conduziram a encontros entre os mestres ocidentais, tanto para oferecer apoio mútuo quanto para chegar a definições em comum sobre a política da conduta ética. Vários grupos budistas também se uniram no apelo à responsabilidade do saṅgha em termos de ação social e ambiental. Os mestres do Zen, Thich Nhat Hanh e Robert Aitken foram os líderes desse movimento, que continua ganhando terreno e pode se tornar central ao saṅgha ocidental nas próximas décadas.

Essa atenção a seu contexto social também levou o Zen ocidental a iniciar um diálogo com outras formas budistas, dando apoio ao trabalho de budistas asiáticos no exterior e no próprio país. Resta ainda saber até onde esse movimento pode chegar no processo de superação da cisão entre as formas de "elite" e as formas "étnicas" do budismo. Algumas linhagens de elite do Zen, como a vietnamita, mantiveram vínculos bastante estreitos com suas comunidades étnicas no Ocidente. A linhagem de Hsuan Hua, no norte da Califórnia, permaneceu em estreito contato com a comunidade chinesa, em parte, devido a sua maior adesão a formas de prática tradicionais, inclusive sua ênfase na ordenação monástica. No entanto, ela também dirige uma grande instituição educacional, uma forma de expansão bastante ocidental. Em Los Angeles, a linhagem de Thich Tien-an tem desenvolvido um intenso trabalho com os templos vietnamitas mais tradicionais (que também são de tradição Thien [Zen]) e tem buscado ativamente aumentar a cooperação entre escolas budistas de todos os tipos. Isso está em nítido contraste com o Centro Zen de Los Angeles, situado a apenas algumas quadras de distância, que não mantém quase nenhuma relação com a comunidade Zen japonesa tradicional. Ambos os lados da divisão étnico/elite precisam aprender mais um com o outro, para descobrir o melhor modo de criar formas de prática que possam resistir em meio à cultura ocidental. Essa divisão, quer ampla quer estreita,

---

12. Tworkov dedica um estimulante capítulo de seu livro a Glassman Rōshi. Sobre outras perspectivas da prática Zen no Ocidente, cf. a excelente coletânea de ensaios de Kraft, *Zen: Tradition and Transmission*, no qual as questões são abordadas tanto por mestres do Zen quanto por estudiosos do budismo.

O ZEN NO OCIDENTE

tem obstruído o enriquecimento recíproco das formas de prática de ambos os lados, mas recentemente têm surgido sinais de que ela pode estar se reduzindo[13].

A ênfase na prática leiga continua sendo virtualmente uma constante no Zen ocidental, embora quase todos os centros também tenham opções de prática monástica. Mas de forma alguma está claro se essa espécie de prática leiga pode se tornar auto-sustentável. O intenso crescimento do Zen ocorreu durante uma época de grande experimentação nas sociedades ocidentais. Os que foram outrora novos praticantes estão agora dirigindo a maioria dos centros. Apesar de uma recuperação em termos de filiações, após o declínio do início da década de 1980, os novos convertidos não estão chegando tão rapidamente quanto antes. Além disso, a espiritualidade Zen requer um grande compromisso em termos de tempo e energia, e os métodos para atrair os filhos dos praticantes, para uma prática séria, ainda estão por dar seus frutos. Talvez a disponibilidade de uma grande variedade de estilos de prática possa inspirar uma nova geração de praticantes, que não responderiam aos estilos de prática mais tradicional de seus pais. Tenho presenciado mais de um mestre do Zen no Ocidente expressando seu entusiasmo pela diversidade. Um deles me falou sobre a liberdade da segunda geração de mestres, dizendo que a primeira tinha de fazer a ponte entre a cultura asiática e a ocidental, mas que a nova geração tem a oportunidade de usar sua base cultural nativa e seus vínculos mais fracos com as hierarquias asiáticas, para construir novos centros, nos quais a criatividade tem uma nova presença.

Recentemente foi iniciado um trabalho para formalizar a organização americana do Zen de tradição Sōtō. Embora isso se aplique apenas a uma escola Zen, a escola é, por larga margem, a mais representada e a mais influente no Ocidente. A organização iria pôr em destaque a centralidade da transmissão do darma de mestre a aluno, sem exigir uma hierarquia de templos ou centros, e possibilitaria o reconhecimento de mestres autorizados, ao mesmo tempo permitindo que eles trabalhassem em cooperação, para orientar os estudantes para os centros apropriados a seus interesses. Uma organização assim flexível e baseada na transmissão seria adequada à estrutura orientada para o mestre (mais que baseada no templo) do Zen norte-americano. Se a escola Sōtō conseguir se organizar dessa forma, outras escolas podem querer seguir seu exemplo. Esse tipo de organização pode ajudar a estabilizar e coordenar o desenvolvimento do Zen na próxima geração.

Dada a grande diversidade de estilos de ensino no Zen de elite e as mudanças criativas que certamente continuarão ocorrendo, podemos ainda dizer que os centros Zen de elite são Zen, ou mesmo budistas?

---

13. Para avaliações acessíveis e com dados estatísticos sobre essa situação, cf. Prebish, Ethics and Integration in American Buddhism, e Nattier, Politics of Representation.

532 A ESPIRITUALIDADE BUDISTA

Sem dúvida, Joko Beck Sensei ainda dirige um centro, embora em seu altar não esteja o bodisatva Mañjuśrī ou o Buda Śākyamuni, mas sim, uma rocha. Se os estudantes estão meditando, mas sem os rituais, sem as estátuas, sem os trajes, podemos ainda chamar sua prática de Zen? Toni Packer eliminou tudo isso e deixou de chamar seu centro de budista, mesmo assim ela permanece a primeira herdeira do darma na linhagem de Kapleau Rōshi. Assim, ela é ainda uma mestra do Zen? Sem referência à tradição milenar da transmissão do darma de mestre a aluno, sem referência às filosofias que estão por trás dela, sem referência sequer ao Buda Śākyamuni e a sua experiência, o que seria ensinado, aprendido e praticado? Essas perguntas inquietam todos os envolvidos, na medida em que as linhagens específicas do Zen querem manter sua reputação de preservar o darma original e, ainda assim, estar livres tanto para experimentar quanto para rejeitar.

O que é o Zen? Essa é a pergunta radical por trás do Zen de elite e seu desenvolvimento. Mas a tradição Zen tem feito perguntas como essa sobre suas próprias formas e essência desde seu início. No decorrer dos séculos, todas as escolas do Zen repetiram as palavras de (atribuídas a) Bodidarma, anunciando o Zen como sem formas, apontando diretamente para nossa própria mente. No entanto, todas as escolas do Zen, no decorrer dos séculos, repetiram que têm a verdadeira transmissão do darma e que precisamos praticar com elas para realizá-lo em nós mesmos. Podemos ver o Zen ocidental como uma nobre tentativa de libertar o Zen da tensão entre sua liberdade filosófica e sua rigidez institucional e de permitir aos que percorrem seu caminho deixar nele sua bagagem. Parte da verdade do Zen pode ser transmitida sem as formas antigas; mas talvez as formas sejam a verdade e o núcleo do vazio[14]. O Zen no Ocidente tem sido um experimento de descoberta dos valores radicais de uma tradição religiosa e a busca de transplantá-los para o solo de uma nova cultura. A realização desse processo levou centenas de anos na China; apesar da aceleração da cultura moderna, um Zen maduro no Ocidente somente se desenvolverá com o florescimento de outras gerações em formas que ainda estão por ser imaginadas.

BIBLIOGRAFIA

AITKEN, Robert. *Encouraging Words*. New York-San Francisco: Pantheon, 1993.
BODIFORD, William M. *Soto Zen in Medieval Japan*. Kuroda Institute Studies in East Asian Buddhism n. 8. Honolulu: University of Hawai'i Press, 1993.

---

14. Faço aqui alusão ao *Sutra do Coração*, muito apreciado no Zen, que proclama: "a forma é nada mais que o vazio, o vazio é nada mais que a forma". Em seu recente trabalho inovador, Bernard Faure tem desconstruído, de forma brilhante, a tensão inerente e suprimida entre a liberdade das formas e a santidade da tradição. Em sua evolução, o Zen no Ocidente dará continuidade a essa exploração.

O ZEN NO OCIDENTE 533

FAURE, Bernard. *The Rhetoric of Immediacy*. Princeton: Princeton University Press, 1991.

_____. *Ch'an Insights and Oversights*. Princeton: Princeton University Press, 1993.

_____. *Visions of Power*. Imagining Medieval Japanese Buddhism. Princeton: Princeton University Press, 1996.

FIELDS, Rick. *How the Swans Came to the Lake*. 3. ed. Boston: Shambhala, 1992.

GROSS, Rita. *Buddhism after Patriarchy*. Albany: State University of New York Press, 1993.

KRAFT, Kenneth (org.). *Zen. Tradition and Transmission*. New York: Grove Press, 1988.

MATTHIESSEN, Peter. *Nine-Headed Dragon River*. Boston: Shambhala, 1986.

NATTIER, Jan. The Politics of Representation. *Tricycle* 5:1 (1995) 42-49.

PREBISH, Charles. Ethics and Integration in American Buddhism. *Journal of Buddhist Ethics* (revista eletrônica) 2 (1995) 125-139.

PRESTON, David. *The Social Organization of Zen Practice*. New York: Oxford University Press, 1991.

READER, Ian. Images in Sōtō Zen. *Scottish Journal of Religious Studies* 10:1 (1989) 5-21.

SHUNRYU Suzuki. *Zen Mind, Beginner's Mind*. New York: Weatherhill, 1970.

TIPTON, Steven. *Getting Saved from the Sixties*. Cambridge: Harvard University Press, 1979.

TWORKOV, Helen. *Zen in America*. 2. ed. San Francisco: North Point Press, 1994.

VAN DER WETERING, Janwillem. *The Empty Mirror*. New York: Houghton Mifflin, 1974.

_____. *A Glimpse of Nothingness*. London: Routledge & Kegan Paul, 1975.

Glossário de Termos Técnicos

[sānscrito (s), pāli (p), chinês (c), coreano (cr), japonês (j)]

A

Acalanātha (s); Fudō-myōō 不動明王 (j). Um dos *myōō* (q.v.).

abhiṣeka (s). Iniciação ritual nas técnicas de meditação da escola Shingon.

ācārya (s); *ajari* 阿闍梨 (j). Mestre monástico; pequeno Achaan, Ajahn no budismo Theravāda. Também uma classificação entre os sacerdotes japoneses.

āgama (s); *agonkyō* 阿含經 (j). Uma das primeiras coletâneas de textos sagrados budistas.

ahiṃsā (s). Não-matar; primeiro dos cinco preceitos leigos.

ajikan 阿字觀 (j). Meditação Shingon sobre a letra A.

Akṣobhya (s); Ashuku 阿閦 (j). O Buda imóvel, cuja Terra Pura é o Ocidente.

ālaya-vijñāna (s); *ariyashiki* 阿梨耶識 (j). Consciência-receptáculo, por trás da outra consciência na tradição Iogacara.

Amitābha (s); Amita 阿彌陀 ; Amida (j). O Buda da luz imensurável; também denominado Amitāyus, o Buda da vida imensurável. Antes de se tornar um Buda, ele foi um monge chamado Dharmākara (Hōzō 法蔵 (j)), que fez voto de acolher na Terra Pura do oeste todos os que chamassem por seu nome.

anātman (s); *anattā* (p); *muga* 無我 (j). Não-ego. Uma das três marcas da existência, juntamente com a impermanência (*anitya* (s); *mujō* 無常 (j)) e sofrimento (*duḥkha* (s); 苦 (j)).

anjin, anshin 安心 (j). Mente serena. No budismo da Terra Pura, está em contraste com as práticas (*kigyō* 起行).

536 A ESPIRITUALIDADE BUDISTA

anusmṛti (s). Reflexão, lembrança, atenção. Meditação que envolve a visualização.

arhat, *arahat* (s); *rakan*, *arakan* 阿羅漢 (j). Um santo iluminado, que alcançou o quarto e mais alto estágio do caminho budista (depois de o-que-penetrou-na-névoa, o-que-retornou-uma-vez e o-que-não-retornou). Considerado na tradição Mahāyāna como inferior a um bodisatva.

āśraya (s). Esteio. O corpo do Buda, ou o solo de nossa existência, na tradição Iogacara

asura (s). *ashura* 阿修羅 (j). A quarta classe de seres sencientes, seres beligerantes. Um dos seis cursos do renascimento (*rokudô* 六道): inferno, *preta*, animal, *asura*, humano, céu.

Avalokiteśvara (s); Kuan-yin 觀音 (c); Cānone (j) Bodisatva da compaixão.

Avataṃsaka (s); Hua-yen 華嚴 (c); Hwaŏm (cr); Kegon (j). "Adorno de flores"; nome do sutra e da escola Mahāyāna; uma das escolas de tradição Nara no Japão.

B

bendō 辨道 (j). Busca sincera do caminho budista.

Bhaiṣajyaguru (s); Yakushi 薬師 (j). Buda da cura.

bodi [forma aportuguesada de *Bodhi* (s)]; *bodai* 菩提 (j). Iluminação, despertar, sabedoria que acompanha a percepção interior.

bodhicittotpāda (s); *bodaishin* 菩提心 (j). A mente da iluminação (a aspiração à iluminação), o primeiro passo no caminho do bodisatva.

bodisatva [forma aportuguesada de *Bodhisattva* (s)]; *bosatsu* 菩薩 (j). Budas futuros, que fazem voto pela iluminação de todos os seres.

bonnō 煩悩 (j); *kleśa* (s). Aflições desesperadas; degenerações mentais.

buddhakṣetra (s); *setsudo* 刹土 (j); *butsudo* 佛土 (j). Campo-do-Buda.

buddhatā, *buddhadhātu*, *buddhagotra* (s); *bulsŏng* (cr); *busshŏ* 佛性 (j). Termos variantes possíveis para "natureza búdica": a semente da iluminação budista possuída por todos os seres sencientes e que os capacita a se tornar budas.

busshin 佛心 (j). Mente do Buda; a natureza búdica.

busshŏ. Cf. *buddhatā*.

C

Ch'an. Cf. *diana*.

ching (cr). Reverência, no neoconfucianismo.

chong / yo 宗要 (cr) Doutrina / essência.

ch'uan fa chieh (c); *denpōge* 伝法偈 (j). Verso de transmissão, resumindo os ensinamentos do mestre do Ch'an.

D

daihi 大否 (j). Grande negação.

daihi 大悲 (j). Grande compaixão.

daimoku 題目 (j). Título do *Sutra do Lótus*, nas escolas Nichiren.

daishi 大師 (j). Título significando "Grande Mestre".

GLOSSÁRIO DE TERMOS TÉCNICOS

darśana, dṛṣṭi (s); *ken* 見 (j). Visão; ponto de vista doutrinal; concepção (falsa).

deva (s). Divindades, a sexta classe de seres sencientes; deuses que se tornaram protetores do budismo.

Dez mundos; dez domínios. Cf. *jikkai*.

dhāraṇī (s); *t'o-luo-ni* (c); *darani* 陀羅尼 (j). Lit. "aquilo que sustenta": fórmulas rituais que sustentam a vida religiosa dos que as recitam; análogo ao *mantra*.

darma [forma aportuguesada de *dharma* (s)]; *fa* (c); *hō* 法 (j). Ensinamento; elemento, fenômeno. Darma: a lei que governa todas as coisas; a verdade última tal como ensinada pelo Buda.

dharma-dhātu (s); *hokkai* 法界 (j). O domínio da lei cósmica; o mundo dos fenômenos.

dharmakāya (s); *hosshin* 法身 (j). A coletânea de ensinamentos ou sutras. Darmakāya: corpo da verdade; corpo cósmico; a natureza eterna do Buda.

dharmatā (s); *hosshō* 法性 (j). A natureza verdadeira da ordem fenomênica, interpretada por alguns mahāyānistas como "vazio" ou "ser-isso".

diana [forma aportuguesada de *dhyāna* (s)]; *jhāna* (p); *ch'an* 禪 (c); *sŏn* (cr); *thien* (vietnamês); *zen* (j). Meditação visando a uma absorção enstática. Quatro *dhyānas* = quatro estágios de concentração.

dokusan 獨參 (j). Encontro pessoal com o mestre, na tradição Zen.

E

ekayāna (s); *ichijō* 一乘 (j). O Veículo Único revelado pelo *Sutra do Lótus* como subjacente aos três veículos (*triyāna*) usado pelo Buda como meio hábil (*upāya*), isto é, *śrāvaka-yāna*, *pratyekabuddha-yāna* e *bodhisattva-yāna*, ou Mahāyāna. Freqüentemente identificado com o Mahāyāna.

Ekō 廻向 (j). Transferência de méritos, em especial, a transferência dos méritos sem-fim de Amida, aos seres sencientes, para que possam entrar na Terra Pura.

F

Fa-hsiang (c); Hossō 法相 (j). Budismo Iogacara do Leste asiático, baseado nos escritos de Dharmapāla (530-561).

Fudō-myōō. Cf. Acalanātha.

fushō fumetsu 不生不滅 (j). Inato, imortal; o estado do *nirvana*.

G

gedō 外道 (j). Lit. "fora do caminho": heresia, ou ensinamento não-budista.

gedatsu 解脱 (j). Libertação, nirvana.

goi 五位 (j). Os cinco níveis da percepção interior, de acordo com Tungshan; níveis de treinamento no currículo *koan* da escola Rinzai.

gozan. Cf. *wu-shan*.

538   A ESPIRITUALIDADE BUDISTA

gyōja 行者 (j). Um praticante.

H

haibutsu kishaku 廃佛毀釈 (j). "Rejeitar e destruir o budismo"; lema antibudista do período Meiji no Japão.

hassu 法嗣 (j). Herdeiro do Darma; um sacerdote que assume depois de seu mestre.

hatsumei 発明 (j). Iluminação; a experiência de percepção interior na escola Shingaku.

hijiri 聖 (j). Ascetas andarilhos.

hokkai (j). Cf. *dharma-dhātu.*

hongaku 本覺 (j). Iluminação original (de todos os seres), um ensinamento desenvolvido em particular na escola Tendai japonesa.

hongan 本願 (j). Voto original (do Buda Amida).

honji-suijaku 本地垂迹 (j). Solo original (= bodisatvas budistas) e traço manifestado abaixo (= kami, em japonês).

honzon 本尊 (j). Objetivo principal da veneração. Na tradição Nichiren, Dai-gohonzon: um mandala composto por Nichiren, servindo como foco de veneração.

Hossō. Cf. Fa-hsiang.

hsin 心 (c); *shin* (j). Mente, coração.

hsing 性 (c); shō, sei (j). Natureza.

hua-t'ou 話頭 (c); *hwadu* (cr); *watō* (j). Lit. "cabeça da afirmação": a frase crítica num *koan.*

I

ichinen sanzen 一念三千 (j). Um pensamento inclui todas as três mil palavras; uma doutrina da escola Tendai, derivada do *Sutra do Lótus.*

ichinengi 一念義 (j). Teoria da invocação única, teoria de Kōsai de que uma invocação de Amida garante o renascimento; oposta à teoria das muitas invocações de Ryūkan (*tanengi*).

inka 印可 (j). Sanção ou certificado da iluminação no Zen.

J

jakkō 寂光 (j). Luz tranqüila.

jakumetsu 寂滅 (j). Extinção tranqüila; nirvana.

jikkai 十界 (j). Dez mundos: os seis domínios nos quais os seres sencientes transmigram (*rokudō* 六道 (j)), mais os quatro domínios dos *śrāvakas, pratyekabuddhas,* bodisatvas e budas.

jinshin 深心 (j). Fé profunda, no Jōdo Shinshū.

jissetsu 十刹 (j). "Dez templos"; templos de nível inferior ao *gozan* (q.v. *wuchan*) nos sistemas de classificação chinês e japonês.

Jizō 地蔵 (j); Kṣitigarbha (s). Bodisatva dos viajantes, crianças, mulheres grávidas e seres infernais.

jōdo 浄土 (j); *ching t'u* (c); *chǒngt'o* (cr). Uma terra pura, a habitação de um Buda.

GLOSSÁRIO DE TERMOS TÉCNICOS

Jōgyō 上行 (j); Viśiṣtacaritra (s). Bodisatva mencionado no *Sutra do Lótus*, capítulo 15; um dos quatro líderes dos bodisatvas, que surgem da terra para propagar o sutra.

jōgyō-zammai 常行三昧 (j). Prática *samādhi* do andar perpétuo na tradição da Terra Pura.

jūnyoze 十如是 (j). Os dez fatores do "semelhante-a-tal" da existência: forma, natureza, substância, força, atividades, causas primárias, causas ambientais, efeitos, recompensas e retribuições e a totalidade dos nove acima; extraído do *Sūtra do Lótus*.

jūzen 十善 (j). As dez boas ações, uma formulação antiga da ética budista.

K

kaidan 戒壇 (j). Lit. plataforma de preceitos; plataforma de ordenação.

k'an-hua 觀話 (c); *kanhwa* (cr); *kanna* (j). Observando o *koan*; o estilo de prática característico do Zen de tradição Rinzai desde a época de Ta-hui. Oposto a *mo-chao* (q.v.).

ken (j). cf. *darśana*.

kenshō 見性 (j); *chien-hsing* (c); *kyonsŏng* (cr). Lit. "vendo a natureza"; iluminação Zen (= *satori* 悟 (j)).

kenmitsu 顯密 (j). O exotérico (*kengyō* 顯教) e ensinamentos esotéricos (*mikkyō* 密教); o primeiro é ensinado pelo Buda no deleite e transformação dos corpos, o último, no corpo-do-Darma.

kihō-ittai 機法一體 (j). A unidade entre a pessoa e o Darma (identificado com o Buda Amida), no budismo da Terra Pura.

kogaku 古学 (j). Movimento do "Ensinamento Antigo" da escola neoconfuciana do período Tokugawa.

kokoro 心 (j). Mente do coração. Cf. *hsin*.

kokushi 國師 (j). Mestre Nacional, um título honorífico póstumo conferido por um imperador.

kōmyō 光明 (j). Luz radiante, simbolizando a sabedoria dos budas e bodisatvas.

k'ung 空 (c); *kū* (j); *śūnyatā* (s). Vazio.

kung-an 公案 (c); *kongan* (cr); *kōan* (j). Paradoxo, enigma, tema para concentrar a mente, muitas vezes extraído de diálogos antigos, usado como recurso de ensino no treinamento Zen. [No *Dicionário Houaiss* esta palavra vem grafada como *koan*. A presente edição adotou esta forma].

kung-fu 工夫 (c); *kufū* (j). Aplicação intensa na prática do *zazen*; o trabalho de cultivo da prática Zen diária.

kuonjitsujō 久遠實成 (j). "Tendo alcançado a iluminação budista no passado remoto": uma expressão do *Sutra do Lótus*, usada no budismo Tendai para indicar a eternidade do Buda.

Kusha 俱舍 (j); *kośa* (s). Uma das escolas do budismo Nara, baseada no *Abhidharma-kośa*.

L

lakṣaṇa (s); *hsiang* 相 (c); *sō* (j). "Marca"; característica identificadora.

li / ch'i 理 / 気 (c). *ri / ki* (j). Princípio numênico / força material.

540 A ESPIRITUALIDADE BUDISTA

M

Mādhyamika, Madhyamaka (s). A escola de budismo do "caminho do meio", fundada por Nāgārjuna.

Mahākāśyapa (s); Mahākassapa (p); Makakashō, Kashō (j). Tornou-se um *arhat* após apenas oito anos como discípulo do Buda. De acordo com a lenda Zen, quando o Buda ergueu uma flor e piscou os olhos sem falar, Kāśyapa demonstrou ter compreendido com um sorriso. Diante disso, o Buda declarou: "Você tem o tesouro do olho do verdadeiro Darma" (正法眼蔵 *shōbōgenzō* (j)) e a "mente maravilhosa do nirvana" (*nehan myōshin* (j)); essa "transmissão de mente a mente". (*ishin denshin* 以心伝心 (j)) fez dele o primeiro patriarca do budismo Zen.

Mahāyāna (s); *ta-sheng* 大乗 (c); *daijō* (j). "Grande Veículo"; o caminho dos budistas que optaram por lutar pela iluminação budista, em vez da arhatidade, em oposição ao budismo Hīnayāna ("pequeno veículo").

Mahāvairocana (s); Dainichi 大日 (j). O Buda cósmico, idêntico ao Dharmakāya, que é venerado no budismo Shingon. Todos os outros budas e bodisatvas são gerados a partir dele.

Maitreya (s); Miroku 彌勒 (j). O futuro Buda que habita o paraíso Tuṣita.

mandala [forma aportuguesada de *maṇḍala* (s)]; *mandara* 蔓荼羅 (j). Diagrama ilustrando a cosmologia budista, usado como apoio à meditação. [Na presente edição adotamos a forma aportuguesada mandala].

Mañjuśrī (s); Monju 文殊 (j). Bodisatva da sabedoria.

mantra (s); *shingon* 真言 (j). Fórmula ou encantamento ritualista que encarna a verdade simbolicamente.

mappō 末法 (j); *mo-fa* (c). Declínio da Lei Budista nos Últimos Dias; o terceiro e último período do sistema tripartido de datação no Leste asiático.

mārga (s); *magga* (p); *tao* 道 (c); *dō*, *michi* (j). Caminho; via.

mayoi 迷い (j). Ilusão.

meitoku 明徳 (j). Virtude iluminadora. Um termo confuciano.

metsubō 滅亡 (j). Aniquilação.

metsudo 滅度 (j). *Nirvana.*

mettā (p); *maitrī* (s). Amor, amizade. O primeiro de um grupo de quatro estados de meditação, denominados *brahma-vihāra*, seguido por *karuṇā* (piedade, compaixão), *muditā* (alegria empática) e *upekkhā* (equanimidade).

milgyo (cr); *mikkyō* 密教 (j). Budismo tântrico ou esotérico.

missan-chō 密参帳 (j). Registros secretos de entrevistas em *koan*.

mo-chao 黙照 (c); *mokushō* (j). Meditação em silêncio; em oposição a *k'an-hua* (q.v.).

mondō 問答 (j); *mundap* (cr). Pergunta e resposta; diálogo Zen; intercâmbio entre o mestre Zen e o estudante (ou entre dois mestres) que revela seu grau de compreensão.

mudrā (s); *inzō* 印相 (j). Gesto ritual com as mãos.

muga 無我 (j). Cf. *anātman.*

mushin 無心 (j). Não-mente; liberdade com relação ao pensamento discriminador, no Zen.

myōhō 妙法 (j); *miao-fa* (c). Darma maravilhoso.

GLOSSÁRIO DE TERMOS TÉCNICOS 541

Myōhō rengekyō 妙法蓮華經 (j); *Miao-fa lien-hua ching* (c). Título do *Sutra do Lótus*, usado como mantra na tradição Nichiren.

myōō 明王 (j); *vidyārāja* (s). Divindades de aspecto feroz que destroem os espíritos maus sob ordens de Dainichi.

N

nen 念 (j). Pensamento, fixação, lembrança.

neng-so 能所 (c); *nung-so* (cr). Sujeito-objeto (distinção).

nien-fo 念佛 (c); *nyŏmbul* (cr); *nenbutsu* (j). Lembrando o Buda; recitando o nome do Buda Amida.

Niō 二王 (j). Uma divindade guardiã de ambos os lados do portal de um templo: *Kongō-misshaku*, do lado esquerdo, e *Naraen-kongō*, do direito.

nirmāṇakāya (s); *keshin* 化身 (j). Transformação do corpo do Buda.

Nirvana, Sutra do [forma aportuguesada de *Nirvāṇa, Sūtra do* (s)]; *Nieh-p'an ching* 涅槃經 (c); *Nehangyō* (j). Um *sutra* da escola Mahāyāna (título inteiro: *Sutra de Mahāparinirvāṇa*) que relata a última jornada do Buda (inteiramente diferente do *Mahāparinibbāna Sutta*, no Cânone Pāli). Esse foi o texto sagrado da escola Nirvana na China e é uma das fontes da idéia da natureza universal do Buda. [Nesta edição utilizamos a grafia nirvana e sutra como encontramos no *Dicionário Houaiss*].

O

Ōbaku-shū 黃檗宗 (j). Seita Zen japonesa, proveniente da China no século XVII.

ōbō 王法, *buppō* 佛法 (j). Lei real e lei do Buda, o secular e o espiritual (na tradição Rennyo).

ōjō 往生 (j). Nascimento na Terra Pura.

ōsō / gensō 往相 / 還相 (j). As duas expressões do ir à Terra Pura e retornar a este mundo.

P

p'an-chiao 教判 (c); *kyōhan* (j). Classificação de doutrinas.

Paramārthasatya/samvṛtisatya (s). Última realidade convencional, a verdade dúplice.

prajñā 般若 (s); *po-jo, pan-jo* (c); *hannya, e* 慧 (j). Sabedoria, Visão interior.

Prabhūtaratna (s); Tahō 多寶 (j). Um Buda que aparece e elogia Śākyamuni, após sua exposição nos primeiros dez capítulos do *Sutra do Lótus*.

pratyekabuddha (s); *engaku* 緣覺, *byakushi-butsu* 辟支佛 (j). Um Buda auto-iluminado. Seres que, segundo se acredita, alcançam a iluminação por sua própria força e exclusivamente por si próprios.

preta (s); *gaki* 餓鬼 (j). Fantasmas famintos, os habitantes do mundo do mesmo nome; um dos seis cursos do renascimento (*rokudō* 六道): inferno, *preta*, animal, *asura*, ser humano, céu.

542 A ESPIRITUALIDADE BUDISTA

Q

Quatro Começos: *ssu-tuan* 四端 (c); *sadan* (cr); *shitan* (j). As qualidades morais que fazem surgir a bondade original da natureza humana, de acordo com Mêncio; sua relação com as Sete Emoções, mencionada na *Doutrina do Meio*, é discutida no neoconfucianismo.

R

rōshi 老師 (j). Um mestre do Zen, que completou o treinamento e é considerado um ser iluminado.

ryōbu shintō 両部神道 (j). Shinto Dual: uma forma de sincretismo budista-shinto, transmitido na seita Shingon.

S

Sadāparibhūta (s). Jōfugyō 常不軽 (j). "Nunca Desprezando": um bodisatva que reverenciava a todos, mesmo seus inimigos, como futuros budas; o próprio Śākyamuni numa existência anterior, de acordo com o *Sutra do Lótus*.

samādhi (s); *san-mei* 三昧, *ting* 定 (c); *sanmai, zanmai, jō* (j). Estado de absorção meditativa. Meditação, a segunda das três disciplinas (*sangaku* 三学 (j)), juntamente com *śīla* (preceitos) e *prajñā* (q.v.).

Samantabhadra (s); Fugen 普賢 (j). Bodisatva do ensino.

śamatha (s); *chih* 止 (c); *shi* (j). Serenidade; calma.

saṃbhogakāya (s); *hōjin* 報身 (j). Um dos três corpos (*trikāya*) de um Buda, o corpo de desfrute, ou corpo de recompensas.

sanmaya-kai (j). Preceitos esotéricos ensinados por Kūkai.

san-chü 三句 (c); *sanku* (j). Três expressões de Lin-chi, empregadas na meditação Ch'an.

san-hsüan 三玄 (c); *sangen* (j). Três "portais misteriosos" de Lin-chi; estágios no caminho para a compreensão Zen.

San-lun 三論 (c); Sanron (j). As três escolas de budismo do Tratado (Mādhyamika), baseadas nas traduções chinesas do *Tratado do Meio* de Nāgārjuna e dos textos que o acompanham, no *Tratado Cem* e no *Tratado dos Doze Tópicos*.

sanmitsu 三密 (j). Os Três Mistérios do corpo, fala, e mente na tradição Shingon.

sanzen 参禪 (j). Encontrando o mestre do Zen.

Sarvāstivāda (s); Setsu-issai-ubu 説一切有部 (j). Escola budista antiga, que ensina a existência real de todos os darmas, passado, presente e futuro.

śāstra (s); *lun* 論 (c); *lon* (cr); *ron* (j). Tratado; o terceiro cesto do Tripiṭika.

sati (p); *smṛti* (s). Atenção plena.

seimei (*inochi*) 生命 (j). Vida; em Toda Jōsei, "força vital".

Seishi 勢至 (j); Mahāsthāmaprāpta (s). Bodisatva da sabedoria; na iconografia da Terra Pura o assistente à direita de Amida; Kannon, o bodisatva da misericórdia, está à esquerda.

senchaku, senjaku 選択 (j). Seleção: a prescrição do Buda Amida de uma prática única para se alcançar a salvação.

sesshin 接心 (j). Retiro intenso na prática Zen.

GLOSSÁRIO DE TERMOS TÉCNICOS 543

shaba 娑婆 (j); *sahā* (s). O mundo de *samsara*, no qual Śākyamuni ensina.

shakubuku 折伏 (j). Conquistar e superar o mal agressivamente; o método agressivo de conversão, em contraste com o método suave (*shōju* 攝受).

shakumon / honmon 迹門·本門 (j); *chi men/pen men* (c). As duas divisões do *Sutra do Lótus* (ensinamento provisório e ensinamento fundamental). O Buda revela sua natureza eterna somente no *honmon*.

shami 沙彌 (j); *śrāmaṇera* (s). Um noviço que fez o voto de observar os dez preceitos: os cinco preceitos leigos proibindo matar, roubar, mentir, má conduta sexual e intoxicantes, além dos preceitos contra a ornamentar o próprio corpo, ouvir músicas e ver danças, dormir em cama grande, comer na hora errada e reter dinheiro e jóias.

shana-gyō, shana-gō 遮那業 (j). Ensinamentos e práticas esotéricas na escola Tendai.

shih-shih wu-ai 事事無礙 (c); *sasa muae* (cr); *jiji-muge* (j). Doutrina da escola Hua-yen da interpenetração total de todos os fenômenos.

shikan 止觀 (j); *chih-kuan* (c); *śamatha-vipaśyanā* (s). Concentração e visão interior, ou cessação e contemplação; o estilo de meditação ensinado no budismo Tendai. *Shikan-gō* e *shana-gō* são as duas práticas (*ryōgō*) decretadas por Saichō, para os monges da escola Tendai.

shikan taza 只管打坐 (j). "Apenas sentar-se"; o estilo de prática da meditação da escola Zen de tradição Sōtō.

Shingaku 心学 (j). O movimento do "Aprendizado do Coração", fundado por Ishida Baigan.

Shingon 真言 (j). Lit. "Palavra verdadeira"; *mantra*; a seita budista tântrica fundada por Kūkai.

shinjin datsuraku 身心脱落 (j). "Inclinando o corpo e a mente": a iluminação que Dōgen aprendeu de seu mestre Ju-ching.

Shinto (*shintō*) 神道 (j). Lit. "Caminho dos deuses", religião nativa do Japão.

shinjin 信心 (j). Mente confiante; fé no Buda Amida.

shinpō 心法 (j). Técnicas psicológicas.

shinshiki 身識 (j); *kāya-vijñāna* (s). Consciência da consciência somática; consciência dependente da percepção do tato.

shōbō 正法 (j). O Darma verdadeiro. No esquema tripartido do *mappō*, a era do Darma verdadeiro é seguida pela do Darma da semelhança (*zōhō*).

shōdōmon 聖道門 (j). O "ensinamento do caminho dos santos", que se apóia na força pessoal, em oposição ao caminho da Terra Pura, baseado na fé no Outro-Poder.

shōjōju 正定聚 (j). Plenamente seguro do nascimento na Terra Pura.

shōnin 聖人 (j). Título significando "Santo".

shozan 諸山 (j). Templos do terceiro nível, abaixo de *gozan* e *jissetsu*.

shugendō 修驗道 (j). Um movimento que se concentra na prática ascética nas montanhas.

soku-hi 即非 (j). A lógica paradoxal da afirmação-na-negação encontrada no *Sutra do Diamante*: "A é não-A, e, assim, é chamado A".

sokushin jōbutsu 即身成佛 (j). Tornar-se um Buda nesta mesma existência; o alcançar a iluminação budista com este mesmo corpo.

śrāvaka (s); *shōmon* 聲門 (j). Ouvinte, discípulo da escola Hīnayāna.

stūpa (s); *sotoba* 卒都婆 *tō* 塔 (j). Local de enterro de um herói religioso ou secular, em especial, um que encerre relíquias de um Buda.

544 A ESPIRITUALIDADE BUDISTA

Sukhāvatī (s). A Terra Pura, o paraíso no Ocidente do Buda Amitābha.

sutra [forma aportuguesada de *sūtra* (s)]; *ching* 經 (c); *gyŏng* (cr); *kyō* (j). Lit. "fio"; texto sagrado, texto autorizado; o primeiro cesto do Tripiṭika.

T

taizō 胎蔵 (j); *garbha* (s). *Matrix*; ventre; *taizōkai*: nome do mandala do Shingon.

ta-li 他力 (c); *tariki* (j). O Outro-Poder (do Buda Amida), em oposição ao poder pessoal (*tzu-li* 自力 (c); *jiriki* (j)).

tantra (s). Um tipo de literatura religiosa que lida com encantamentos, adivinhações, dispositivos iconográficos e/ou sexuais, para representar simbolicamente o que os autores concebem como a verdade.

tathāgata (s); *nyorai* 如来 (j). Lit. "assim-vindo" ou "assim-ido", uma designação para um Buda.

tathāgatagarbha (s); *nyoraizō* 如来蔵 (j). Embrião, ventre, ou receptáculo da natureza búdica em todos os seres sencientes; cf. *buddhatā*.

tathatā (s); *shinnyo* 真如, *nyojitsu* 如實 (j). Ser-tal, a verdadeira realidade das coisas como vazio; identificado com o *dharmakāya*.

tengo 轉語 (j). "Palavra decisiva": uma expressão emitida em momentos decisivos e que leva quem ouve à iluminação no budismo Zen.

T'ien-t'ai 天台 (c); Ch'ont'ae (cr); Tendai (j). Escola fundada por Chih-i, que sistematizou uma vasta gama de ensinamentos e práticas budistas com base em princípios extraídos do *Sutra do Lótus*.

ti-yung 體用 (c); *ch'e gong* (cr) Essência/função, substância/operação.

ti-hsiang yung 體相用 (c); *ch'e-sang-gong* (cr) Essência/atributos/função.

t'ong pulgyo 通佛教 (cr) Budismo da interpenetração total.

tonŏ chŏmsu 頓悟漸修 (cr); *tongo zenshū* (j). Iluminação súbita/cultivo gradual.

tripiṭaka (s); *sanzō* 三蔵 (j). Lit. Três cestos ou repositórios; as três seções do Cânone budista: *sutra*, *vinaya* e *śāstra*.

triratna (s); *sanbō* 三宝 (j). As Três Jóias: o Buda, o Darma e o Saṅgha.

tso-ch'an 坐禪 (c); *zazen* (j). Sentar-se em meditação.

tsung 宗 (c); *shū* (j). Linhagem de ensinamentos; escola; seita.

U

upāya, *upāya-kauśalya* (s); *fang-pien* 方便 (c); *hōben* (j). Meios hábeis empregados pelo Buda e pelos bodisatvas, para ajudar a si e aos outros a alcançar a iluminação.

GLOSSÁRIO DE TERMOS TÉCNICOS

V

vajrayāna (s); *chin-kang-ch'eng* 金剛乘 (c); *kongōjō* (j). Veículo do Diamante; budismo tântrico.

vāsanā (s). Resíduos cármicos, bons ou maus, que permeiam a mente; tendências habituais, latentes.

vihāra (s), (p) Mosteiro.

vinaya (s); *ritsu* 律 (j). Preceitos, o segundo cesto do Tripiṭika. A escola Ritsu foi uma das seis escolas de Nara.

vipassanā (p); *vipaśyanā* (s); *kuan* 觀 (c); *kan* (j). Visão interior, contemplação.

W

wu 無 (c); *mu* (j). Nada. "Não!", em resposta à pergunta: "O cachorro tem a natureza búdica?", no primeiro *koan* da coletânea *Mumonkan* (Barreira sem porta).

wu-shan 五山 (c); *gozan* (j). "Cinco Montanhas"; sistema de classificação de templos, introduzida no Japão e proveniente da China.

Y

yakṣa (s); *yasha* 夜叉 (j). Na Índia, um espírito de árvore nativo, que podia trazer tanto bênçãos quanto calamidades; às vezes visto como protetor do budismo.

yamabushi 山伏 (j). Ascetas das montanhas no movimento *shugendō* (q.v.), associados ao budismo Shingon ou Tendai.

yeh-shih (c). Consciência ativadora fundamental, que cria a bifurcação entre sujeito e objeto.

Iogacara [forma aportuguesada de *Yogācāra*] [*Yogācāra* (s)]. A escola budista da consciência-única (*cittamātra*, *vijñaptimātra* (s)); *wei-shih* 唯識 (c); *yuishiki* (j)), fundada por Asaṅga e Vasubandhu.

yongji 靈知 (cr). Misterioso poder de visão interior.

yu-lu 語録 (c); *goroku* (j). Ditos registrados (dos mestres do Zen).

Z

zazen. Cf. *tso-ch'an*.

Zen. Cf. *dhyāna*.

zettai mu 絶対無 (j). Nada Absoluto, na filosofia da escola de Quioto.

Créditos Fotográficos

Os organizadores e editores gostariam de agradecer aos diferentes museus, instituições religiosas e indivíduos que forneceram fotografias e autorizaram a reprodução das ilustrações neste volume.

1, 5. Museu Nacional de Tóquio e Yōtoku-in, Quioto.
2, 3, 4, 6, 7. Instituto para Estudos do Zen, Quioto.
8, 17, 18, 20, 22, 32. Museu Nacional de Tóquio.
9, 10, 11, 13, 1, 15, 16. Henrik H. Sørensen, coleção particular.
12, 19, 21, 25. Museu Nacional de Quioto.
23. Ian Reader, coleção particular.
24. Kōsei Publishing Co., Tóquio.
26. Museu Nacional de Nara.
27. Kuon-ji, Prefeitura de Yamanashi.
28. Hōkyō-ji, Prefeitura de Fukui.
29. Nisōdō, Nagóia, Japão.
30. Shōun-ji, Osaka, e Museu Metropolitano de Arte de Osaka.
31. Kōrin-ji, Tóquio.
33. Universidade de Ōtani, Quioto e Jōkoku-ji, Prefeitura de Niigata.
34. Ueda Shizuteru, coleção particular.
35. Takeuchi Yoshinori, coleção particular.
36. Kurasawa Yukihiro, coleção particular.
37. Heng-Ching Shih, coleção particular.
38. Sōka Gakkai, Tóquio.
39, 40. Sulak Sivaraksa, coleção particular.
41. Sociedade Budista Oriental, Universidade de Ōtani, Quioto.

Colaboradores

ALFRED BLOOM é professor emérito, Universidade do Havaí. Recebeu seu Ph.D. da Universidade de Harvard, ensinou religiões do mundo e budismo na Universidade do Oregon, na Universidade do Havaí e no Instituto de Estudos Budistas. Entre seus trabalhos estão: *Shinran's Gospel of Pure Grace, Shoshinge, Strategies for Modern Living: A Commentary with Text of the Tannisho* e *The Life of Shinran Shonin*.

ROBERT E. BUSWELL, JR. é professor e chefe do Departamento de Línguas e Culturas do Leste Asiático, na Universidade da Califórnia, Los Angeles, onde também atua como diretor do Centro de Estudos Coreanos. Um especialista na tradição budista coreana, entre seus livros estão: *The Zen Monastic Experience: Buddhist Practice in Contemporary Korea, Tracing Back the Radiance: Chinul's Korean Way of Zen* e *The Formation of Ch'an Ideology in China and Korea*.

JULIA CHING é professora na Universidade de Toronto, onde ocupa a cadeira R. C. e E. Y. Lee, é associada da Sociedade Real do Canadá. Entre os quinze livros que ela publicou, estão o recente memorial literário: *The Butterfly Heals: A Life between East and West*.

EGIL FRONSDAL recebeu seu Ph.D. em Estudos Budistas na Universidade de Stanford em 1998 e atualmente ensina no Centro Sati para Estudos Budistas em Palo Alto, Califórnia. Seus estudos se concentram no budismo Mahāyāna primitivo, na ética budista e no budismo no Ocidente moderno.

548   A ESPIRITUALIDADE BUDISTA

DAVID LION GARDINER é professor assistente no Departamento de Religião na Faculdade do Colorado. É especialista em budismo primitivo japonês e tem publicado artigos e traduções ligados à escola Shingon primitiva. Trabalha atualmente numa biografia sobre Kūkai.

HANAYAMA SHINSHŌ 花山信勝 (1898-1995) estudou Budismo e Filosofia Indiana na Universidade Imperial de Tóquio, após o quê, ensinou em várias universidades, antes de voltar a sua Alma Mater em 1946. Recebeu o Prêmio da Academia Imperial por seu estudo sobre o comentário do príncipe Shōtoku ao *Sutra de Saddharmapuṇḍarīka*. Após se aposentar em 1959, ele atuou durante muitos anos como bispo das Igrejas Budistas dos Estados Unidos.

HANAYAMA SHŌYŪ 花山勝友 (1931-1995) concluiu seu Ph.D. em Budismo e Filosofia Indiana na Universidade de Tóquio e, mais tarde, ensinou na Universidade Estadual de Nova York e na Universidade de Seton Hall. Até sua morte recente, foi Professor na Faculdade Feminina de Musashino, em Tóquio, e dirigiu o departamento de pesquisa de Bukkyō Dendō Kyōkai. Entre suas obras estão *Compreendendo o Budismo* e *O Coração do Sutra do Coração*, ambas em japonês.

JAMES W. HEISIG é diretor do Instituto Nanzan para Religião e Cultura, em Nagóia, Japão. É editor geral de uma série de livros em dezenove volumes, que inclui doze títulos diretamente vinculados ao pensamento e à filosofia da Escola de Quioto. É também co-editor do recentemente publicado *Rude Awakenings: Zen, the Kyoto School, and the Question of Nationalism*.

GILBERT JOHNSTON é professor emérito da Faculdade Eckerd em St. Petersburg, Flórida. Recebeu seu Ph.D. em religiões do Leste asiático pela Universidade de Harvard, especializando-se no pensamento de Kiyozawa Manshi e na tentativa do budismo da Era Meiji de compreender a si próprio em termos consoantes com a filosofia ocidental do século XIX.

THOMAS P. KASULIS é professor de Estudos Comparativos na Universidade Estadual do Estado de Ohio. É especialista em filosofia e religião comparadas, um campo no qual ele escreveu e co-editou seis livros, inclusive, o seu *Zen Action/Zen Person*. Sua pesquisa atual concentra-se no desenvolvimento da filosofia japonesa, da Antigüidade ao período moderno.

FUJIMOTO KIYOHIKO 藤本浄彦 é professor de Pensamento Budista da Terra Pura na Universidade de Bukkyō, Quioto. Entre suas obras estão *Um Estudo das Teorias Existenciais da Religião, A Teoria da Terra Pura de Hōnen* (ambas em japonês); e em línguas ocidentais, *A Study of Hōnen's Doctrine of Akunin-shoki, The Modernization Movement and the Traditional Education of the Pure Land Sect* e *Begründer des japanischen Amida-Buddhismus, Heileger Hōnen*.

COLABORADORES 549

SALLIE KING é professora no Departamento de Filosofia e Religião na Universidade de James Madison. Foi presidente da Sociedade de Estudos Budista-Cristãos, de 1995-1997. Entre suas publicações estão *Passionate Journey: The Spiritual Autobiography of Satomi Myodo and Buddha Nature*, assim como um volume em co-edição, *Engaged Buddhism: Buddhist Liberation Movements in Asia*.

FRANZ AUBREY METCALF recebeu seu Ph.D. da Divinity School da Universidade de Chicago em 1997. Continua seus estudos sobre o desenvolvimento psicológico do budismo Zen norte-americano. Atualmente trabalha com o Instituto Forge e leciona na Universidade do Estado da Califórnia, Los Angeles.

MICHEL MOHR é professor no Instituto de Pesquisa Internacional para o Budismo Zen, na Universidade de Hanazono, Quioto. Entre suas publicações está seu recente trabalho *Traité sur L'Inépuisable Lampe du Zen: Tōrei et sa vision de l'éveil*.

SUNG BAE PARK é professor de Filosofia e Religiões do Leste Asiático na Universidade Estadual de Nova York, em Stony Brook. Entre seus trabalhos estão *Buddhist Faith and Sudden Enlightenment, Wonhyo's Commentary on the "Treatise on Awakening of Mahāyāna Faith"* e *The Four-Seven Debate: An Annotated Translation of the Most Famous Controversy in Korean Neo-Confucian Thought*.

LAUREL RASPLICA RODD é professora de japonês na Universidade do Colorado, Boulder. É especialista em literatura clássica japonesa. Entre suas publicações estão *Nichiren: Selected Writings* e *Kokinshu: A Collection of Poems Ancient and Modern*.

MINAMOTO RYŌEN 源 了圓 é professor emérito de história intelectual japonesa, na Universidade de Tōhoku, e autor de cerca de dezoito livros e mais de uma centena de artigos em japonês, inclusive, *Forma, Estudos sobre a Idéia de Aprendizado Prático no Início do Período Moderno* e *Budismo e Confucianismo*.

HENG-CHING SHIH 釋恆清 é professora no Departamento de Filosofia e fundadora do Centro de Estudos Budistas na Universidade Nacional de Taiwan. Entre suas publicações estão o *Syncretism of Ch'an and Pure Land Buddhism* e *Theory of Buddha-Nature*.

SHIMAZONO SUSUMU 島薗 進 é professor de Estudos Religiosos na Universidade de Tóquio. Entre suas obras recentes estão *Movimentos da Nova Espiritualidade na Sociedade Global* e *O Potencial da Religião Hoje: Aum Shinrikyō e a Violência*, ambos em japonês.

HENRIK H. SØRENSEN fez seus estudos de doutorado em Línguas e Culturas do Leste Asiático, especializando-se na cultura budista na China e na Coréia, assim como no budismo esotérico em geral. Ele é atualmente

550 A ESPIRITUALIDADE BUDISTA

pesquisador do Museu Nacional de Copenhague. Também é co-fundador do Seminário de Estudos Budistas e principal editor de seu jornal, *Studies in Central and East Asian Religions.*

TAMARU NORIYOSHI 田丸徳喜 é professor emérito da Universidade de Tóquio. Foi presidente da Associação Japonesa de Estudos Religiosos na gestão passada e é membro honorário vitalício da Associação Internacional para História das Religiões. É autor de *História e Problemas do Estudo da Religião* (em japonês) e co-editor de *Religion in Japanese Culture.*

TSUCHIDA TOMOAKI 土田友章 completou seu trabalho de M.A. na Universidade de Tóquio com uma tese sobre Dōgen, tendo depois passado para a Universidade de Harvard, onde escreveu uma tese de doutorado sobre a interação budismo-confucianismo na China. Ensina atualmente pensamento e religião japonesa na Universidade de Nanzan em Nagóia, Japão, e desenvolve paralelamente um interesse em ética.

ROYALL TYLER cursa a faculdade na Universidade Nacional Australiana, em Camberra. Sua pesquisa se concentra em literatura japonesa pré-moderna, assim como em cultos montanheses no Japão e sincretismo Shinto-budista. Nesta última área, sua principal publicação é *The Miracles of the Kasuga Deity.*

UMEHARA TAKESHI 梅原 猛, um historiador popular da cultura e das idéias japonesas, foi diretor do Centro de Pesquisa Internacional para Estudos Japoneses. Entre suas obras sobre o budismo estão *Saichō Meditation, Lotus and Other Tales of Medieval Japan,* e um trabalho em dois volumes intitulado *Shōtoku Taishi.*

WAKIMOTO TSUNEYA 脇本平也 é professor emérito da Universidade de Tóquio e presidente do Conselho de Diretores do Instituto Internacional para o Estudo das Religiões do Japão. Entre seus trabalhos em japonês estão *Uma Biografia Crítica de Kiyozawa Manshi, Um Estudo Comparativo das Religiões sobre a Morte* e *Introdução à Ciência da Religião.*

PAUL B. WATT é professor e diretor de Estudos Asiáticos e presidente de estudos Religiosos na Universidade na Universidade de DePauw; também lecionou na Faculdade Grinnell na Universidade de Colúmbia. Um especialista em história religiosa e intelectual japonesa, ele é autor de um grande número de ensaios sobre o budismo e sobre a interação entre a religião e a cultura japonesas.

DALE S. WRIGHT é professor de Estudos Religiosos e de Estudos Asiáticos na Faculdade Ocidental, em Los Angeles. Além de um grande número de artigos sobre o budismo em revistas especializadas, é autor de *Philosophical Meditations on Zen Buddhism* e co-editor de *The Koan: Texts and Contexts in Zen Buddhism.*

COLABORADORES 551

PHILIP YAMPOLSKY (1920-1996) foi professor de japonês na Universidade de Colúmbia, bem como bibliotecário da biblioteca especializada em Leste asiático da Universidade de Colúmbia. Um estudioso das religiões chinesas e japonesas e um especialista em estudos sobre o Zen. Entre suas inúmeras traduções e publicações estão *The Platform Sutra of the Sixth Patriarch*, *The Zen Master Hakuin: Selected Writings*, e *Selected Writings of Nichiren*.

MIMI HALL YIENGPRUKSAWAN é professora de Arte Japonesa na Universidade de Yale. Especializou-se em arte e cultura budista do período medieval, com ênfase nas dimensões social e material da produção de ícones. Também é autora de *Hiraizumi. Buddhist Art and Regional Politics in Twelfth-Century Japan*.

Índice de Nomes

A

Abe Chōichi– 54
Abe Masao – 335, 394n
Abe Ryūichi – 195n, 208
Acalanātha – 421, 424, 426, 535, 537
Addiss, Stephen – 331n, 338
Aitken, Robert – 54, 498, 523, 525n, 526, 530, 532
Akamatsu Toshihide – 334
Ākāśagarbha – 248
Akiyama Kanji – 317, 324n, 336
Akizuki Ryōmin – 325n, 327n, 329, 336, 384n
Akṣobhya – 410, 421, 426, 535
Akubyō – 268
Almond, Philip C. – 515
Amaterasu – 148, 253, 260
Ambedkar, B. R. – 490, 498, 499
Amida, o Buda – XVII, XVIII, 31, 153, 166, 167, 195, 201, 209-214, 216-225, 228, 230, 232-241, 243, 244, 248, 252, 254, 258, 288, 292, 293, 340, 384, 422, 466, 535, 537-539, 541-544. *Ver também* Amita, Amitābha, Amitāyus, A-mi-t'o
Amida-dera – 360, 361
fé-Amida – 288.
Amita – 535
Amitābha – 45, 118, 120, 166, 236, 351,
409-411, 421-423, 426, 535, 544
Amitāyus – 236, 535
A-mi-t'o – 31
Amogasiddhi – 426
Amoghapāśa – 166, 427
Amoghavajra – 182
An Lu-shan – 10, 16
An Pyŏng-jik – 125n, 136
Anan – 426
Ānanda – 116n, 426
Ananda Metteya – 504
Anderson, Reb – 528n
Andira – 426
Andrews, Allan A. – 210n, 245
Anesaki, Masaharu –262
Annen. *Ver* Saichō
Anteira – 426
Ariga Yoshitaka – 424n, 428
Aris, Michael – 499
Aristóteles – 380, 394
Ariyaratne, A. T. – 489, 498, 499
Arnold, Sir Edwin – 502
Arntzen, Sonja – 299n, 335
Āryāvalokiteśvara – 427
Asai Endō – 451, 468
Asaṅga – 403, 404, 409, 410, 545
Ashikaga Tadayoshi – 277
Ashikaga Takauji – 276, 277

554 A ESPIRITUALIDADE BUDISTA

Ashikaga Takayoshi – 277
Ashikaga Yoshimitsu – 278, 281
Ashikaga Yoshimochi – 277
Ashuku – 426, 535
Aston, W. G. – 141n
Aśvagoṣa – 71, 73, 80, 208
A-tao –60n, 61n
Atō Ōtari – 179
Augustine, Morris J. – 214n
Avalokiteśvara – 122, 166, 229, 421, 426, 482, 536

B

Baker, Richard – 528n
Bankei Yōtaku – xix, 299, 304-312, 314, 333, 335, 353, 354, 367
Barnes, Nancy J. – 494n, 498
Barry, Brian – 137
Batō Kannon – 422
Batchelor, Philip C. – 515
Bazara – 426
Beal, Samuel – 407n, 429
Bellah, Robert – 347n, 350n, 366
Benchō. Ver Shōkōbō Benchō
Benkyō. Ver Shiio Benkyō
Bennet, Alan – 504
Benzaiten – 425
Bergson, Henri – 378n, 394
Berling, Judith – 366
Berrigan, Daniel – 473n, 498, 499
Berry, Mary Elizabeth – 322n, 338
Bhaiṣajyaguru – 410, 422, 426, 536
Bibashi – 166
Bielefeldt, Carl – 204n, 207
Birushana – 150, 423
Bishamonten – 425
Blavatsky, Elena Petrovna – 503, 504
Blofeld, John – 35n, 55
Bloom, Alfred – xviii, 229, 234n, 246
Bodidarma – xii, xiii, 3, 5, 7-9, 12, 14, 24, 25, 37, 55, 121, 267, 268, 293n, 301, 332, 522, 532
Bodiford, William M. – 334, 519n, 524n, 532
Boehme, Jacob – 394
Bonten – 425
Boucher, Sandy – 513n, 515
Brahmā – 70, 425
Brocchieri, Paola Beonio – 366
Buddhadasa – 498
Buddhalocanī – 421n, 422
Buswell, Robert E., Jr. – xv, 54, 81, 110, 114n, 132n, 136

Butchō-son – 422
Butsugen Butsumo – 421n, 422

C

Cabezón, José Ignacio – 421n, 429
Calvino, John – 175
Candraprabha – 426
Cannon, Sir Alexander – 134
Carlson, Kyogen – 525n
Carus, Paul – 504
Cash, Johnny – 406, 428
Cayce, Edgar – 135
Chah – 510
Chan-chia – 446
Chan-jan – 172
Chang Chung-yuan – 46n, 55
Chang Man-t'ao – 448
Chang Shang-ying – 19
Chang-weng. Ver T'ien-t'ung Ju-ching
Chao-chou Ts'ung-shen – 29, 47, 98-101
Ch'en, Kenneth – 262
Cheng Ch'eng-kung – 431
Cheng Yen – 443-445
Ch'eng Yi – 49n, 51
Ch'eng-kuan – 16, 69
Chia-hsiang Chi-tsang – 441
Chiang T'san-t'eng – 448
Chien-chen – 175
Chigi – 460, 461. Ver também Chih-i
Chih Kuang – 434
Chih-hsien – 4, 11, 12
Chih-i – xi, 173, 176, 192, 196, 197, 207, 208, 260, 262, 286, 460, 544
Chih-p'an – 48
Chih-yen – 11, 70
Chikō – 209
Chin Chuang – 432
Ching Chia-yi. Ver Ching, Julia
Ching, Julia – xv, 44, 50n, 51n, 53, 55
Chin'gak Hyesim – 82, 101, 106
Ch'ing-yüan Hsing-ssu – 4, 12
Chinkai – 213
Chinmyu, rei – 61n
Chinul – xv, 76, 82-84, 87, 89-93, 97-106, 110, 111, 117-119, 133
Chi-tsang. Ver Chia-hsiang Chi-tsang
Chi-yüan – 271
Cho Myŏng-gi – 66
Chŏng Hogyŏng – 137
Chŏngjo – 120
Chou Hsuan-te – 436, 438
Chou Tun-yi – 51
Choŭi Ŭisun – 121

ÍNDICE DE NOMES

Chu Ch'i-ch'ang – 448
Chu Hsi – 49-51, 55, 341-344, 354, 356
Ch'u Ying-Kuang – 446
Chuang-tzu – XIII, 311
Chueh Li – 433
Chu-hung Yun-ch'i – 23
Chun Shin-yong – 147
Chung-feng Ming-pen – 23
Cleary, Thomas – 39, 42, 55, 334
Coates, Harper Havelock – 212n, 220n, 245
Collcutt, Martin – 334
Confúcio – XIII, XIV, 48, 60n, 141, 343-345, 349, 357
Cooey, Paula M. – 498
Covell, Jon Carter – 299n, 335
Cozin, Mark – 127n, 136
Cusa, Nicolau de – 222, 381

D

Dahlke, Paul – 506
Daiga – 339
Daiitoku – 422
Daikashō – 426
Daikyū Ebō – 330
Dainichi – XVII, 166, 249, 253, 422, 540, 541. Ver também Mahāvairocana
Dainichi Nōnin – 265, 267, 269
Daiō. Ver Nanpo Jōmyō
Daishū Zenjo –329
Daitō – 54, 207, 279, 280, 316, 338, 367
Dalai Lama – 446, 481-483, 488, 492, 497-499
De Bary, William Theodore –141n, 143n, 147, 188n, 206-208, 349, 366, 413n, 428
Den Sutejo – 304
Dengyō – 169, 208, 239
Dennison, Ruth –510
Descartes, René – 394
Deshimaru Taisen –523
Dharmākara – 224, 236, 535
Dharmapāla – 154, 504, 507, 537
Dharmapāla, Anagārika – 501, 504, 507
Dhiravamsa – 507
Diderot, Denis – 162
Diem Dinh Ngo – 477, 478
Dilworth, David – 398
Dīpaṃkara, Buda – 35
Dix, Griffin – 127n, 136
Dobbins, James – 246
Dōgen – XIII, XVIII, 178, 191, 192n, 198, 200, 201, 204n, 207, 208, 215, 219, 263, 265, 268-273, 283-298, 333-335, 340, 384n, 394, 465, 543, 550
Dōji – 157
Dōju Sōkaku – 322
Dōkō Ryōe – 226, 323n, 337
Dōkyō Etan – 150, 157, 172, 319, 321, 322
Dōni. Ver Nakazawa Dōni
Douglas, Gordon – 504
Dumoulin, Heinrich – 46n, 54, 55, 136, 335
Dunne, John D. – 403, 428
Durand, Gilbert – 404n, 428
Durt, Hubert – 147

E

Eakin, William R. – 495n, 498
Eckel, Malcolm David – 403, 404, 405n, 406n, 410, 411, 428
Eckhart – 394
Edmonds, Philip – 476n, 499
Egen. Ver Kanzan Egen
Eisai – XVIII, 178, 265-269, 283, 288
Ejō. Ver Koun Ejō
Ekachai, Sanitsuda – 474n, 498
Ekadāśamukha – 427
Ekākṣaroṣṇīṣa-cakra – 422
Ekan – 268, 269, 271
Ekkei Shuken – 329
Eliade, Mircea – 404n, 428
En no Gyōja – 163
Enchin – 178, 250
Enji Tōrei – 318, 336
Enni Ben'en – 270, 274-276, 325
Ennin – 177, 209, 210, 229, 250
Epicteto – 373, 375
Eppsteiner, Fred – 498
Erasmo – 109, 110
Eshin-ni – 231, 232
Espinosa, Baruch – 370, 374

F

Fages, Martine – 137
Fa-hsien – 405, 407, 411
Fa-ju – 7
Fa-jung – 11, 26
Fa-tsang – 69-71, 196
Faure, Bernard – 532n, 533
Fa-yen Wen-i – 18, 20, 23, 45n, 325
Feldman, Christina – 513n, 515
Feniger, Siegmund – 505
Fenollosa, E. F. – 370
Fields, Rick – 515, 521n, 528n, 533

556 A ESPIRITUALIDADE BUDISTA

Foard, James – 191n, 207, 247n, 262
Fo-chao Te-kuang – 50, 267, 268
Fo-jih Ch'i-sung – 20
Foucault, Michel – 404, 415, 428
Foucher, Alfred – 407, 408n, 428
Foulk, Griffith – 317n, 338
Foster, Nelson – 54
Fox, Richard – xix
Franck, Frederick – 394n, 398
Fronsdal, Egil – xi, 501
Fudō-myōō – 426, 535, 537
Fugen – 424, 542
Fujii Nichidatsu – 483
Fujimoto Kiyohiko – xviii, 221
Fujiwara Chikayasu – 255
Fujiwara, clã – 210, 229, 269, 270
Fujiwara Michinaga – 210
Fujiwara Yorimichi – 210
Fukuda Gyōkai – 365
Fukūkenjaku – 166, 427
Fukushima Masato – 449n, 468
Funaoka Makoto – 317n, 336
Fung Yu-lan – 49n
Funnuō – 424
Furuta Shōki – 334, 366,
Fuse Shōō – 354, 355

G

Gakkō – 426
Galilei Galileu – 394
Gandhi, Mahatma – 473, 477, 483, 497
Gaṇeśa – 425
Ganjin – 175
Ganjō, Shami – 340
Gardiner, David Lion – xvii, 191, 207
Gasan Jitō – 330
Gautama – 405n, 406, 407, 410, 412
Gazan Jōseki – 272
Gedatsu Shōnin – 167
Genkū – 213, 288 . Ver também Hōnen
Genshin – 178, 210, 213, 218, 233
Gessen Zenne – 324, 330
Geuth, Anton – 505
Ghosananda – 476n, 477, 482, 492
Gien – 269, 271
Gijun – 269
Gimello, Robert M. – 54
Gira, Dennis – 246
Glassman, Bernie – 496, 497, 529, 530n
Godaigo, imperador – 275, 277, 280
Goenka, Satya Narayan – 509, 510
Gokomatsu, imperador – 280
Goldstein, Joseph – 508, 509, 515
Gombrich, Richard – 503n, 515

Gómez, Luis O. – 209n, 216n, 219n, 238n, 245, 246
Go-mizunoo – 299
Gomyō – 157, 163, 175
Gotō Kōson – 317, 336
Grapard, Alan C. – 204n, 208
Gregory, Peter N. – 48n, 54, 55, 110, 411n, 429
Griffiths, Paul – 403n, 404, 405-407n, 408, 409n, 410, 411n
Grimm, Georg – 506
Groner, Paul – 195n, 205n, 206, 208, 408n, 428
Gross, Rita M. – 495n, 498, 526, 527n, 533
Guṇabhadra – 7
Gudō Tōshoku – 323
Gumoku Shinshō – 358, 359
Gunānanda – 503
Gyōki – 162, 175, 298
Gyōkū – 220

H

Habito, Ruben – 205n, 208
Hachiman – 165, 260
Hakamaya Noriaki – 205-206, 403n, 428
Hakeda Yoshito – 71n, 80, 179n, 180n, 182n, 184n, 185n, 189n, 207, 208
Hakuin Ekaku – xviii, 315-333, 336-338, 344, 352
Hakuyūshi – 318n, 319, 320, 336
Hallisey, Charles – 407n, 428
Han Kidu – 121n, 128n, 136
Han Tung – 446
Han Yŏngun – 125-128, 130, 136
Han Yü – 48
Hanayama Shinshō e Shōyu – xvi, 141, 144n, 147
Hanazono, imperador – 279-281
Han'guk Sasang Yon'guhoe – 80
Hanh – 472, 473n, 478-481, 488, 492, 497-499, 522, 523, 530
Han-shan – 320, 394
Hase Hoshū – 367
Haskel, Peter – 335, 353n, 366
Hatano, clã – 271
Hatano Yoshishige – 269, 284
Hattō – 272
Hattori Shōon – 245
Hayagrīva – 422, 427
Hayashi Yukimitsu – 337
Hegel, G. W. F. – 370, 374, 382, 388, 389, 391, 394
Heidegger, Martin – xix, 391
Heisig, James W. – xix, 377, 399

ÍNDICE DE NOMES

Heizei, imperador – 173, 183
Hewavitarne, Don David – 504
Higuma Takenori – 451n, 468
Hino, clã – 229
Hirakawa Akira – 408, 409n, 428
Hirota, Dennis – 211n, 245, 246
Hŏ Hŭngsik – 110
Hōchibō Shōshin – 192-195, 198-201,
  203, 205, 207, 208, 301
Hōjō, clã – 256, 274-276, 279
Hōjō Shigetoki – 256
Hōjō Tokimune – 275
Hōjō Tokiyori – 255, 256, 285
Hölderlin, Friedrich – XII
Hōnen - XVII, XVIII, 161, 176, 178, 191,
  195, 198, 201, 211-216, 218-234, 238,
  243, 245, 268, 283, 284, 288, 465, 466
Hōnenbō Genkū – 213
Hoover, Thomas – 54
Hori Ichiro – 211n, 245, 326
Hori, Victor Sōgen – 338
Horigome Nichijun – 458n, 468
Horner, I. B. – 84n, 110
Hōsen Daibai – 358
Hŏung Pou – 115, 117, 119
Hōzō – 535
Hsiao Yun – 445
Hsien T'ien – 432
Hsing Yun – 511
Hsing-man – 172
Hsuan Hua – 522, 525, 530
Hsü-an Huai-ch'ang – 266
Hsuan-tsung, imperador – 10, 17
Hsueh-feng I-ts'un – 18, 19
Hsüeh-tou Ch'ung-hsien – 21
Hsü-t'ang Chih-yü – 279
Hu Shih – 54
Huang Ti – 320
Huang-po Hsi-yüan – XIV, 17, 29, 30, 35-
  41, 43
Hu-ch'iu Shao-lung – 276
Hui-chi – 17
Hui-k'o – 3, 7, 24, 293n
Hui-kuo – 182, 185
Hui-neng – 3, 4, 6, 8-14, 16, 28, 44, 72,
  96, 289
Hui-yüan – 69, 74
Humphreys, Christmas – 505n, 515
Hung-chih Cheng-chüeh – 22, 31, 46, 49
Hung-jen – 3, 4, 7
Huntington, Susan L. – 407, 408n, 428
Hurvitz, Leon – 194n, 208, 256n, 257n, 262
Hyŏbŏng – 133
Hyŏnjong, rei – 106

I

Ichiji-kinrin – 422
Ichikawa Hakugen – 301n, 315n, 335, 336
I-ching – 359
Iemitsu – 299
I-fu – 8
I-hsing – 181
Iida Tōin – 316n, 336
Ike no Taiga – 331n
Ikeda Daisaku – 450n, 468
Ikeda Eishun – 365n, 367
Ikkyū Sōjun – 280, 281, 299n
Imaeda Aishin – 334
Imagawa, clã – 274
Imai Seiichi – 315n, 336
Imakita Kōsen – 321n, 336, 343-345, 366
I-ming – 182
Indra – 154, 425
Innis, R. – 405n, 428
Inoue Nobutaka – 449n, 468
Inzan Ien – 330
Ippen – 219, 465
Ishida Baigan – XIX, 312, 346, 347, 349,
  366, 367, 543
Ishii Kyōdō – 218n, 245
Ishii Shinpo – 245
Ishii Shūdō – 334
Ishikawa Jishun – 320
Ishikawa Jōzan – 320
Ishikawa Ken – 366
Itō Jinsai – 357
Itō Kazuo – 336
Ittō Shōteki –299
Iyo, príncipe – 179
Izuyama Kakudō – 326n, 336

J

Jacinto Zavala, Agustín – 383n, 398, 399
Jackman, Robert – 510
Jackson, David e Janice – 423n, 428
Jakuen – 271
James, William – 379
Jaspers, Karl – 377, 399
Jen Ying-ch'iu – 320n
Jesus Cristo – 392n, 398
Jien – 229
Jigenbō Eikū – 213
Jihōbō Genkō – 212
Jinpa, Geshe Thupten – 498
Jippan – 213
Jiun Sonja – XIX, 356-365
Jizō – 167, 421, 539
Jōfugyō – 257, 542
Jōgyō – 248, 260, 261, 458, 459, 539

558 A ESPIRITUALIDADE BUDISTA

Johnston, Gilbert – xix, 369, 376
Jōkakubō Kōsai – 220, 226, 538
Jōkei – 167, 168, 288
Joko Beck – 495, 530, 532
Jones, Charles B. – 448
Jones, Ken – 498
Jōyō Daishi – 285
Ju-ching. *Ver* T'ien-t'ung Ju-ching
Jūichimen Kannon – 427
Junna, imperador – 184

K

Kabat-zinn, Jon – 514-515
Kabilsingh, Chatsumarn – 498, 499
Kabutogi Shōkō – 262
Kahin, George McT. – 478n, 498
Kajitani Sōnin – 328, 336
Kakuan – 268, 269
Kakumyōbō Chōsai – 219
Kakunyo – 232, 242
Kakushin-ni – 231, 242
Kalland, Arne – 137
Kalton, M. C. – 366
Kamata Shigeo – 48n, 56, 336
Kameyama Takurō – 331, 336
Kamstra, J. H. – 147
Kan'ami – 297
Kanezane Kujō – 214, 229
Kanmu, imperador – 151, 172, 173, 179, 180
Kannon – 153, 164, 165, 167, 223, 229, 231, 232, 254, 272, 421, 422, 426, 427, 542
Kant, Immanuel, – 178, 370, 382, 387, 388, 390, 391
Kanzan Egen – 279, 281, 323, 337, 536
Kapleau, Philip – 523, 526, 529, 532
Kasan Genku – 329
Kashiwabara Yūsen – 355, 367
Kashō – 540
Kasō Sōdon – 280
Kasuga, clã – 167, 168
Kasulis, Thomas P. – xiv, xvi, 24, 54, 148
Kāśyapa – 540
Katō Bunnō – 262
Katō Shōshun – 317, 318n, 336, 337
Katsumata Shunkyō – 207, 208
Kawakami Kozan – 329, 330, 337
Keel, Hee-sung –110
Keenan, John P. – 403n, 428
Keiga – 213
Keirin Sūshin – 324
Keizan Jōkin – 271-297
Kendall, Laurel – 127n, 136
Kengan Zen'etsu – 324

Kerouac, Jack – 522
Khemma, Ayya – 511, 515
Khitan Liao – 106, 108, 109
Khodharāja – 424
Khumbīra – 426
Kichijōten – 425
Kierkegaard, Søren – 391, 394, 395
Kikumura Norihiko – 246
Kim Chigyŏn – 84n, 110
Kim Uchang – 125n, 136
Kim Young-tae (Yŏngt'ae) – 80, 114n, 137
Kimnara – 426
Kinami Takuichi – 353n, 367
King, Sallie B. – xix, 477, 494n, 498, 499
King, Winston L. – 218n, 245, 299n, 335, 353n, 367
Kinmei, imperador – 141
Kino Kazuyoshi – 262
Kirk, James – 262
Kisala, Robert – 469
Kitagawa, Joseph –207
Kiuchi Gyōō – 170n, 206
Kiyota Minoru – 263
Kiyozawa Genshō – 371
Kiyozawa Manshi – xix, 369-376
Kōben. *Ver* Myōe
Kōbō Daishi – 169, 179, 182n, 184n, 185n, 187, 189n, 207, 208, 292
Kōen – 212
Koga Hidehiko – 337
Kōgaku Sōen – 316n
Kogetsu Zenzai – 324, 330
Kōgon, imperador – 277
Kohō Useki – 315
Kōin – 269
Kōken, imperatriz – 150, 157, 172
Kondō Tesshō – 214n
Kongō-misshaku – 541
Kornfield, Jack – 477n, 508, 509, 513
Kōsai. *Ver* Jōkakubō Kōsai
Kōsaka Masaaki – 380n
Kōshō. *Ver* Kūya
Kōson Isan – 317
Koun Ejō – 269, 270, 284
Kōya. *Ver* Kūya
Kōzuki Yasunori – 356, 357
Kraft, Kenneth – 316n, 338, 499, 530n, 533
Kṣitigarbha – 421, 423, 426, 539
Kuan-yin – 431, 438, 536
Kubota Shōbun – 263
Kuga Michichika – 283
Kujō Motofusa – 283
Kūkai – xvi, xvii, xx, 157, 160, 161, 165, 169, 170, 172, 173, 176, 177, 179-190,

195-198, 202, 205, 207, 208, 249, 253, 263, 292, 413, 414, 542, 543
Kumārajīva – XII
Kundalī – 421, 424
Kuroda Toshio – 203, 204, 208
Kusan Sunim – 131, 133, 135, 137
Kusumoto Bun'yū – 45n, 56
Kūya – 210, 211, 219
Kyŏnghŏ – 122-124, 126
Kyōraimon'in – 360

L

LaFleur, William – 335
Lai, Whalen – 54
Lancaster, Lewis R. – 54, 80, 110
Lan-hsi Tao-lung – 275, 279
Laube, Johannes – 399
Ledermann, Ilse – 511
Ledi Sayadaw – 507
Lee Ki-Baik – 80
Lee, Peter H. – 80, 110
Lee Ping-nan – 438
Lee Young Ho – 137
Legge, James – 405, 407, 411
Leibniz, G. W. – 177
Li Kung-tso – 316n
Li T'ung – 51
Li T'ung-hsüan – 69, 87, 90, 92, 97, 103n
Lin Chao-en – 342, 366
Lin-chi I-hsüan – XIV, 17, 18, 21, 22, 27, 29-31, 36, 38, 41, 46, 47, 49, 50, 54-56, 97, 98, 102, 105, 106, 120-122, 133, 269, 283n, 288, 291, 359, 431, 542
Ling-lu – 35
Lingwood, Dennis P. E. – 499
Ling-yu – 17, 18
Lokakṣema – 409n
Loori, Daido – 530
Lopez, Donald S. – 110
Lotze, Rudolf Hermann – 370
Lu Chiu-yüan – 49, 50
Lu I – 9
Lung Hua – 432
Lutero, Martinho – 175, 245

M

Machida Zuihō – 317, 331n, 337
Macy, Joanna – 475n, 489, 499
Maezumi Taizan – 521n, 522, 523, 525n, 526, 529
Maha Ghosananda – 476n, 477, 482, 492
Mahākāśyapa – XIII, 24, 31, 32, 426, 540
Mahākassapa – 540
Mahāsi Sayadaw – 507-510, 515

Mahāsthāmaprāpta – 222, 426, 542
Mahāvairocana – XVII, 166, 170, 181, 182, 186, 188, 189, 412-415, 421n, 422-424, 426. Ver também Dainichi
Mahoney, Jane Sharada – 476n, 499
Maitreya – 61, 63, 134, 167, 179, 209, 239, 240, 427, 436, 540
Maitri, Hospital de AIDS – 496
Makakashō – 540
Makiguchi Tsunesaburō – 450, 451, 457, 467, 468
Mandell, Jacqueline – 508
Mangong – 126
Mañjuśrī – 122, 167, 174, 421, 424, 426, 532, 540
Māra – 427
Maraldo, John – 136, 399
Marananta – 61n
Masutani Fumio – 263
Ma-tsu Tao-i – XIV, 11-17, 29, 30, 33-36, 39, 41, 43, 296
Matsudaira Tadatomo – 321
Matsumoto Shirō – 206n
Matsunaga Daigan e Alicia – 206, 215n, 245, 263
Matthiessen, Peter – 525n, 533
McDaniel, Jay B. – 495n, 498
McMullen, James – 366
McRae, John R. – 54
Meihō Sotetsu – 272
Meiji, imperador – 285
Mekira – 426
Mêncio – 48, 341, 342, 344, 345, 349, 350, 354, 357, 537
Merzel Genpo – 529
Metcalf, Franz Aubrey – XIX, 517
Metteya, Ananda – 504
Miao Kuo – 435
Mihira – 426
Minamoto, clã – 214
Minamoto Ryōen – XVIII, 312n, 335, 339, 366
Minamoto Yoriie – 266
Minamoto Yoritomo – 199, 286
Ming-chiao Chi-sung – 49, 56
Mingun Jetawun Sayadaw – 507
Miroku – 155, 167, 168, 540
Mitsu-no-obito, clã – 170
Miura Isshū – 54, 338
Miura Yasuhiro – 359n, 367
Miyasaka Yūshō – 179n, 180n, 188n, 207
Miyata Kōichi – 451n, 468
Miyazaki Eichū – 263
Mochizuki Kankō – 263, 457, 467, 468

Mochizuki Shinkyo – 424n, 428
Mohr, Michel – XVIII, 315, 328n, 338
Mok Jeong-bae – 137
Monju – 167, 424, 540
Mononobe, clã – 142
Monsai Tōnin – 299
Moore, Osbert – 505
Mori, Daikyō – 336
Morinaga Sōkō – 55, 366
Morrell, Robert E. – 191n, 208
Motoori Norinaga – 333
Mugaku Sogen – 275
Mujaku Dōchū – 324
Muneyama Yoshifumi – 317, 337
Munindra, Anagārika – 508, 509
Muniśri – 182
Munjŏng, rainha – 115
Munō – 227
Murakami Shigeyoshi – 457n, 468
Musō Soseki – 276-278, 280
Myōan Yōsai. Ver Eisai
Myōdō Taiju – 365
Myōe – 288
Myōzen – 269, 283, 288

N

Nagao Gadjin – 359, 411n, 428
Nāgārjuna – 170, 226, 233, 540, 542
Nakamaki Hirochika – 449n, 468
Nakamoto, Tominaga – 364, 367
Nakamura Hajime – 144n, 147, 319n, 466n, 468
Nakamura Hiroji – 321, 337
Nakatomi, clã – 142
Nakazawa Dōni – 352-355
Nan. Ver Sutasilo
Nan Huai-Chin – 55
Nan T'ing – 434
Ñāṇamoli – 505
Nan-ch'uan – 29
Nanpo Jōmyō – 279, 281, 325
Nantenbō – 316n
Nan-yüeh Huai-jang – 4, 11, 12, 34, 289
Naoki Kimihiko – 331n, 337
Naong Hyegŭn – 105
Narada Mahathera – 511
Naraen-kongō – 541
Nattier, Jan – 211n, 245, 518, 531n, 533
Neumann, Karl Eugen – 505
Nhat Hanh – 472, 473n, 478-481, 488, 492, 496-499, 522, 523, 530
Nhu – 478
Nichiō – 340, 341

Nichiren – XVII-XIX, 144, 161, 168, 178, 191, 198, 201, 215, 247-263, 268, 340, 341, 351, 352, 354, 449, 450, 451n, 452n, 453-459, 541
Nichizō – 166
Nietzsche, Friedrich – 391, 394
Nikkan – 457
Nikkō – 426, 457
Ninchō – 227
Ninkō Teiki – 357, 359
Nippō Sōshun – 281
Nishida Kitarō – 307, 378-386, 388n, 398, 399
Nishimura Eshin – 318n, 330n, 337
Nishino Tatsukichi – 451, 468
Nishitani Keiji – 378, 379n, 383, 386, 388, 392-399
Nishiyama Shigeru – 457, 469
Niu-t'ou Fa-jung – 26
Nōnin. Ver Dainichi Nōnin
Nosco, Peter – 367
Nukariya Kaiten – 115n, 137
Numrich, Paul – 520n
Nyanaponika – 505
Nyanatiloka – 505, 511

O

Oguri Ryōun – 347, 348
Ogyū Sorai – 343
Ōhashi Jijō – 468
Ōhashi Ryōsuke – 399
Ōhashi Shunnō – 211n
Ogisu Jundō – 334
Okamura Keishin – 364n, 367
Oldenberg, Hermann – 502
O'Leary, Joseph S. – 207
Ōno Yasuyuki – 451n, 469
Ōryū Genrō – 333, 337
Osbert Moore – 505
Ōta Koboku – 423n, 428
Ōtsuki Mikio – 337
Ōuchi, clã – 281
Ōuchi Seiran – 365
Ou-i Chih-hsu – 23

P

Packer, Toni – 495, 529, 532
Paekp'a Kungsŏn – 120-122
Pai Sheng – 434, 446
Pak Chŏngbin – 127
Park Chong-hong – 66, 67, 80
Park, Sung Bae– XV, 59, 66, 67, 80, 11
P'ei Hsiu – 16, 17

ÍNDICE DE NOMES

Peirce, C. S. – 405n, 428
Petzold, Bruno – 206
Pine, Red – 55
Plotino – 394
P'o-an Tsu-hsien – 276
Powell, William F. – 55
Prabhūtaratna – 249, 260, 542
Prajñā – 182
Prajñātāra – 14
Prasenajit, rei – 407
Prebish, Charles – 531n, 533
Preston, David – 524n, 525n, 533
P'u-chi – 7-10
Pulgyohak T'ongin Hoe – 65n, 80
Pyŏksong Chiŏm – 118n

Q

Quang Duc – 478
Queen, Christopher L. – 494n, 498, 499

R

Rāgarāja – 421
Rahula, Walpola – 499
Rankei Dōryū – 275
Ratnasambhava – 426
Reader, Ian – 519n, 533
Reigen Etō – 330
Renchū – 267
Rennyo – 242-244, 246, 340, 374, 541
Reynolds, Frank E. – 407n, 429
Rhi Ki-yong – 78
Rhys Davids, T. W. – 502, 504
Rikugawa Taiun – 317, 319n, 320n, 321n, 322, 336, 337
Risetsu – 321
Robert, Jean-Nöel – 206
Rodd, Laurel Rasplica – XVIII, 247, 263
Rogers, Ann T. e Minor L. – 246, 340n, 366
Roshana – 150
Roth, Gustav – 406n, 409, 422n, 429
Rowell, Galen – 486n, 488n, 499
Rubira – 426
Ryōchū – 226
Ryōe Dōkō – 226
Ryōgen – 210
Ryōnin – 211, 213
Ryūkan – 220, 226, 538

S

Sadāparibhūta – 257, 542
Saeki Tagimi – 179
Saga, imperador – 173, 181, 183, 184

Sahasrabhūja – 426, 427
Saichō (Hirono) – XVI, XVII, XX, 143, 160, 161, 163, 165, 169-178, 181-184, 190, 192, 195-198, 205, 206, 208, 239, 250, 260, 543, 550
Saigin – 340
Śākyamuni – XIII, 24, 32, 86, 116n, 118n, 134, 142, 144, 165-168, 178, 201, 215n, 233, 236, 250, 251, 253, 260, 261, 285, 291-293, 298, 356, 359, 391, 403, 406, 407, 410, 412, 414, 415, 421n, 422, 426, 453, 454, 458, 459, 472, 532, 542, 543
Sakuramachi, imperador – 360
Salzburg, Sharon – 508, 512n, 515
Samantabhadra – 70, 122, 424, 426, 542
Sanada Nobuyuki – 321
Sanford, James H. – 299n, 335
Santi Asoke – 449
Sarasvatī – 425
Sargent, E. – 50n, 56
Śāriputra – 426, 442
Sasaki, Ruth Fuller – 36, 38, 54-56, 327n, 338
Satō Kokyū – 315
Saunders, Dale – 421n, 423n, 429
Sawa Ryūken – 414n, 415, 422
Sawada Anderson, Janine – 318, 338, 367
Schelling, F. W. J. – 391, 394
Schopen, Gregory – 408n, 429
Schopenhauer, Arthur – 504-506
Schumacher, E. F. – 489, 499
Seidenstuecker, Karl – 505
Seisetsu Shūcho – 324
Seishi – 426, 542
Sekida Katsuki – 55
Seng-ts'an – 3, 7, 24
Senju Kannon – 426
Seung Sahn – 522, 523, 525n
Shacklock, Floyd – 376
Shaka – 167, 213, 415. Ver também Śākyamuni
Shakku – 230. Ver Shinran
Shaku Sōen – 315, 337, 521
Shami Ganjō – 340
Shan Hui – 433
Shaner, David Edward – 250n, 253n, 263
Shan-tao – 213, 214, 216, 218, 221, 223, 229, 233, 240
Sharf, Robert H. – 315n, 338
Sharihotsu – 426
Shattock, E. H. – 508n, 515
Shen Shu – 446
Sheng-yen – 55
Shen-hsiu – 4, 7-11, 28, 33

Shen-hui – 7-12, 15, 16, 22, 28, 33
Shibata Kyūō – 354
Shibata Minoru – 347n, 349n, 350, 354n, 367
Shibayama Zenkei – 55, 325n, 337
Shidō Munan – 299, 312-314, 323, 333n, 335
Shigeno Nobunao – 272
Shih Heng-Ching – XIX, 431
Shih-shuang Ch'u-yüan – 18
Shih-te – 394
Shih-t'ou Hsi-ch'ien – 13, 15, 16
Shiio Benkyō – 228, 245
Shijōkō Butchō – 422
Shikyō Eryō – 329
Shim Jae-ryong – 137
Shimano Eidō – 327n, 338
Shimazaki Bennei – 245
Shimazono Susumu – XIX, 449, 450n, 468, 469
Shin Pŏpin – 118n, 137
Shinki Dokumyō – 319, 336. Ver também Hakuin Ekaku
Shinohara Hisao – 54
Shinran – XVII, XVIII, 161, 178, 191, 195, 198, 199, 201, 220, 226, 229-246, 263, 284, 288, 292, 339, 369, 374, 391, 465, 466
Shinchi Kakushin – 272, 274
Shiō Zenhō – 297
Shiramizu Hiroko – 469
Shitennō – 425
Shōben – 267
Shoemaker, Jack – 54
Shōgei – 226
Shōitsu – 270
Shōju Rōnin – 319, 321n, 336, 337
Shōkōbō Benchō – 219, 226
Shōmu, imperador – 150, 162
Shōshin. Ver Hōchibō Shōshin
Shōtoku Taishi – XVI, 142-145, 147, 175, 177, 209, 229
Shūhō Myōchō – 280, 281, 316n
Shunjō – 212
Shun'oku Myōha – 278
Shun-tao – 60n
Sidarta – 474
Sivaraksa, Sulak – 491, 492, 499
So T'aesan – 128-130
Sobin – 507
Soen Sa Nim. Ver Seung Sahn
Sōhan Genpō – 319
Sŏngch'ol – 133-135
Sŏngch'ŏng – 119, 120, 137
Sŏng-myŏng, rei – 141

Sørensen, Henrik H. – XV, 113, 114n, 115n, 122n, 125n, 137
Sŏsan Taesa – 117
Sosurim, rei – 60n
Spencer, Herbert – 370
Sponberg, Alan – 411, 421n, 429
Śrī – 425
Śrīmāla, rainha – 143
Stone, Jacqueline – 205n, 208
Su Tung-p'o – 18
Śubhākarasiṃha – 414
Sudāna – 427
Sugi – 108-110
Sugiyama Juhō – 331
Sugiyama Yōsen – 331
Suh Kikun –11
Suiko, imperatriz – 142, 144
Suiō Genro – 329
Sumedho – 510-511, 515
Sung-yüan Ch'ung-yüeh – 276
Sutasilo, Nan – 474
Suu Kyi, Aung San – 491, 492, 499
Suzuki, D. T. – 299n, 308, 309n, 315, 331, 335, 394, 505, 522, 523
Suzuki Ichijō – 263
Suzuki Shōsan – 299n, 335n, 353, 367
Suzuki Shunryu – 533
Suzuki Taizan – 334
Swanson, Paul L. – 206, 208, 403n, 428
Swearer, Donald – 498
Syngman Rhee – 114

T

Tachibana Hayanari – 181
T'aego Pou – 105
Tahō – 542
Ta-hui Tsung-kao – 21, 22, 31, 46, 47, 49-51, 97-102, 103n, 105, 133, 267, 270, 276, 326, 327, 539
Taigen Shigen –329n
Taihan – 173
Taikan Bunshu – 318, 336
Taira, clã – 214, 268
Taira no Kagekiyo – 268
Tairei Shōkan – 329
Taiun Sogaku – 316n
Tajima Kunji – 376
Takagami Kakushō – 189n, 207
Takagi Yutaka – 263
Takahashi Tōru – 137
Takahatake, Takamichi – 246
Takashina Tōnari – 183
Takenuki Genshō – 337
Takeuchi Naoji – 331n, 337

ÍNDICE DE NOMES   563

Takeuchi Yoshio – 45n, 50n, 56
Takizawa Katsumi – 384n
Takuan – XIX, 299-304, 312, 314, 335, 341-343
Takujū Kosen – 330
Tamaki Kōshirō – 295n, 335, 366
Tamamura Takeji – 334
Tamura Enchō – 147
Tamura Yoshirō – 192n, 206, 208, 263, 465n, 466, 469
Tanabe Hajime – 378, 383, 386-395, 398, 399
Tanabe Shigeharu – 468
Tanabe, Willa Jane – 172n, 207
Tanahashi Kazuaki – 337, 338
Tanaka Kōichi – 330n, 337
Tanaka Ryōshō – 54
T'an-luan – 233
T'an-yen – 74
Tao An – 434
Tao-ch'ien – 51
Tao-ch'o – 216, 233
Tao-hsin – 3, 7, 11, 25, 26
Tao-hsüan – 157
Tao-yüan – 48
Teikan – 304
Teiki – 357-359
Tejima Tōan – 312, 335, 352
Tendō Nyōjō – 269
Tetsugen Glassman – 529
Tettō Gikō – 280
Tettsū Gikai – 269, 271, 284, 297
Thammakai – 449
Tien-an – 522, 530
T'ien-t'ung Ju-ching – XIII, 269, 271, 283, 291, 543
Tipton, Steven – 524n, 533
Toda Jōsei – 450-455, 457, 461, 462n, 463, 465, 467-469, 542
Tōgai – 357
Togashi Iehisa – 271
Tokimori – 261
Tokimune – 260, 275
Tokisuke – 260
Tokiwa Daijo – 50n, 56
Tokiwa Gishin – 317, 337
Tokoro Shigemoto – 263
Tokuhon – 227
Tokuitsu – 197
Tokunaga Eisoku – 369, 370, 374
Tōrei Enji – 318, 336
Tōrin Soshō – 322
Trailokyavijaya – 414, 424
Ts'ao-shan Pen-chi – 18, 29
Tsomo, Karma Lekshe – 499

Tsuchida Tomoaki – XVIII, 283
Tsushima Michihito – 464n, 469
Tsujii Hirohisa – 337
Tung-shan Liang-chieh – 18, 29, 55, 533
Tweed, Thomas – 515
Tworkov, Helen – 525n, 528n, 530n, 533
Tyler, Royall – XVI, 161, 353n, 367
Tz'u Hang – 435

U

U Ba Khin – 509, 510
U Chŏngsang – 114n, 137
U Nārada – 507
U Sobhana. *Ver* Mahāsi Sayadaw
Ueda Yoshifumi – 246
Uefuji Kazuyuki – 451n, 469
Ugai Tetsujō – 227
Ui Hakuju – 207
Ŭich'ŏn – 66, 80, 82, 84, 85, 107, 108
Uisang – 62
Umehara Takeshi – XVI-XVII, 169, 188n, 207, 262
Ungo Kiyō – 323
Unno Taitetsu – 399
Umpo Zenjō – 304
Unshō – 365
Uruma Tokikuni – 212
Uṣṇīṣa – 422

V

Vairocana – 91, 122, 150, 410, 412, 423
Vaiśravaṇa – 425
Vajra – 188, 426
Van Bragt, Jan – 245
Van der Wetering, Janwillem – 525n, 533
Vasubandhu – 152, 170, 233, 250, 545
Veith, Ilza – 320n, 338
Vidyārāja – 424, 541
Vikīrnoṣṇīṣa – 422
Vimalakīrti – XIII, 143-145, 359, 433, 439, 442
Viśiṣṭacaritra – 248, 539
Visser, M. V. de – 147
Vivekananda – 504
Voltaire, F. M. A. – 162

W

Waddell, Norman – 304n, 307n, 318, 335, 338, 353n, 367
Wagner, Edward W. – 80
Wakimoto Tsuneya – XIX, 245, 369, 376
Wang An-shih – 19
Wang Kŏn – XV
Wang Yang-ming – 52, 343

564 A ESPIRITUALIDADE BUDISTA

Wan-sung Hsing-hsiu – 22
Wargo, Robert – 335
Watanabe Shōkō – 190n, 207
Watson, Burston – XIIIn
Watt, Paul B. – XVII, XIX, 179, 346, 356, 367
Watts, Alan – 522
Wei Chueh – 438, 447
Wei-man Hsueh-hui – 439
Weinstein, Stanley – 207
Weitsman, Mel – 528
Wesley, Charles – XIX
Wilson, William Scott – 335
Windelband, W. – 178
Wŏn'gwang – 61
Won-tek – 137
Wŏnhyo – XV, 59, 65-80
Woodward, F. L. – 507
Wright, Dale – XIV, 33
Wu, imperatriz – 7, 10, 12, 28
Wu, John C. – 55
Wu-hsüeh Tsu-yüan – 275
Wu-men Hui-k'ai – 22, 274
Wu-tsung, imperador – 16, 17

Y

Yagi Seiichi – 384n
Yakṣa – 426, 545
Yakushi – 153, 167, 173, 422, 536
Yamada Kōdō – 336
Yamamoto Shichihei – 367
Yamāntaka – 421, 422, 424, 426
Yamauchi Chōzō – 331, 337
Yamazaki Bennei – 228
Yamazaki Masakazu – 399
Yampolsky, Philip – XIV, XVIII, 23, 54, 72n, 80, 265, 316n, 318, 326n, 334, 338
Yanagida Seizan – 11, 33, 54, 317, 331n, 333n, 334, 337

Yanagisawa Yasumitsu – 360
Yang-ch'i Fang-hui – 18
Yao – 342, 343, 348
Yasha – 545
Yasutani – 526
Yen P'ei – 434
Yen Yuan – 345
Yi Chongik – 111
Yi Kyu-bo – 108, 110
Yi Nŭnghwa – 125
Yi T'oegye – 342, 366
Yi Yŏngcha – 117n, 137
Yiengpruksawan, Mimi Hall – XXI, 403
Yin-yüan Lung-ch'i – 323
Yōkan – 213
Yokoi Yūhō – 334
Yōmei, imperador – 142
Yōsō Sōi – 280
Yu Chai-shin – 80, 111
Yü Ch'ing-fang – 433
Yu Dong-shik – 80
Yüan-piao – 61n
Yüan-wu K'o-ch'in – 21, 97
Yün-chü Tāo-ying – 18
Yung-ming Yen-shou – 23, 45
Yün-men Wen-yen – 18, 20, 49, 292
Yün-yen T'an-sheng – 18
Yusa Michiko – 382n

Z

Zeami Motokiyo – 297, 380
Zeami Motomasa – 297
Zenju – 163
Zennebō Shōku – 219, 226
Zenran – 231
Zenshin – 230. Ver Shinran
Zêuxis – 427
Zōshun – 213

Índice de Assuntos

A

Abhidharma-kośa – 152, 540
Afirmação-na-negação – 384, 389, 543
Āgamas – 375, 441
Agonkyō – 535
Ahiṃsā – 476, 535
Ālaya-vijñāna – 25, 535
Alma – 373, 374, 383, 384, 389, 394, 396, 482, 506
Analetos – 84n
Analetos – 48, 343-345, 350, 354
Anātman – 535, 541
Anattā – 506, 535
Androcentrismo – 421, 526
Animais – 13, 176, 424-426, 455, 456, 460, 488, 496, 542
Aniyata rāśi – 77, 78
Anjin hōmon – 301, 302, 343
Ankoku-ji – 277
Antropomórfico – 407-409, 421
Apócrifos – XI, 12, 16, 71, 54
Appanā samādhi – 507
Apsarās – 426
Arhat – 201, 426, 442, 536, 540
Arquitetura – 60, 149, 159, 162, 179, 271, 432, 519
Ascetismo, ascético, ascetas – XI-XIII, XVI, 13, 52, 126, 130, 156-158, 163, 170, 174, 180, 269, 272, 286, 288, 304, 538, 543, 545
Ashikaga, período – 272, 275-281
Ashura, asura – 176, 455, 460, 536, 542
Ateísmo – 504
Autodespertar – XXII, 378, 383, 388, 389, 391, 392, 398, 434
Autoconsciência – 301, 307, 310, 312, 381, 388-390, 392
Autocentrado – 40, 312, 353
Autocultivo – 53, 119, 130, 342
Avataṃsaka, Sutra de – 62, 80, 87, 88, 115, 124, 154, 180, 409, 412, 427, 536

B

Bakufu – 199, 260, 278, 280, 282, 317, 323
Bhikkhu(s)– 435, 442, 498, 499, 520, 522, 524
Bhikkhunī(s) – 435, 442, 445, 511, 524
Bodaishin – 536
Bodi – 97, 141, 206, 208, 256, 286, 289-291, 293, 295, 296, 504, 536
Bodhi, árvore do – 309
Bodhicitta – 97
Bodhisattva-yāna – 537
Bodisatva(s) – XVI-XVII, XX-XXI, 25, 70, 77, 95, 126, 130, 144-146, 152, 153, 166,

566 A ESPIRITUALIDADE BUDISTA

167, 174, 176, 177, 186, 188, 190, 196, 197, 210, 222-224, 229, 232, 236, 239, 240, 247-257, 260, 261, 267, 293, 344, 391, 409, 411, 413, 415, 421-427, 438, 455, 458, 460, 482, 483, 524-525, 532, 536, 538-540, 542, 544
Bondade afetuosa – 477, 508, 512
Bonnō – 466, 467, 536
Bosatsu – 155, 423, 459, 536. *Ver também* Bodisatva
Bramanismo – XII
Buda(s), *passim;*
  caminho do – 284, 285, 288-294, 296-298
  campo(s)-do-Buda – 409-412, 422, 536
  corpo do – 188, 200
  embrião-do-Buda – 25
  mente-do-Buda – 200, 296, 353, 526, 536
  natureza do – XVIII, 26, 31, 36, 41, 47, 67-69, 82, 89-95, 97-100, 115, 124, 134, 135, 177, 195, 200, 228, 236-237, 249, 286, 294, 409, 536, 537, 541
  ser(es)-buda(s) – 410, 412-415, 425
  supremo – 198
  Terra do – 259
Buddhadhātu – 82, 536
Buddhagotra – 536
Buddhakṣetra – 409, 536
Buddhasasana Samagama – 504
Buddhatā – 294, 536, 544
Buddhavacana – 107
Buddhist Peace Fellowship (Irmandade da Paz Budista) – 495-496, 498, 499
Búdica, natureza – XI, XII, XVII, 13, 34, 36, 40, 53, 87, 89, 90, 92-95, 97, 104, 144, 146, 189, 197, 200, 202, 249, 285, 291, 294, 296, 297, 301-303, 344, 363, 423, 455, 456, 484, 536, 544, 545
Bunsei, era – 319n
Buppō – 243, 541
Bushidō – 298n
Busshō – 334, 359, 363, 367, 413, 428, 468, 536. *Ver também* Buda, natureza do
Butsudo – 536. *Ver também* Buda, campo do
Butsudō – 295n. *Ver também* Buda, caminho do
Byōdō-in – 210

C

Cabeça de boi, escola – 11, 28. *Ver também* Niu-t'ou, escola
Carma – 17, 68, 118-120, 134, 189, 311, 314, 340, 453, 475, 479, 545
Celibato – 432, 495, 504, 524, 525n

Céu(s) – 52, 53, 118, 148, 189, 209, 223, 253, 255, 261, 312, 342, 345, 348, 349, 354, 385, 394, 410, 425-426, 460
Ch'an chiao yi-chih – 44
Ch'an-kuan ts'e-chin – 23, 318
Ch'an-men kuei-shih – 14
Ch'an-yüan chu-ch'üan chi-tu hsü – 44
Ch'an-yüan ch'ing-kuei – 15, 266
Ch'ao Feng, Mosteiro de – 431
Ching-te-ssu – 283, 288
Che Punhwangsa Hyosong Mun – 68
Ch'en Hsi, Sociedade Budista de – 436
Ch'eng-chu, escola – 349
Chin Chuang – 432
Chin-kang san-mei ching – 12
Ch'ing-te ch'uan-teng lu – 19, 20, 47
Chion-in – 227, 228
Chiu pa yen k'ou e kuei t' o lo ni ching – 116n
Ch'iu T'ang-chu – 16
Choca sŏn – 117
Chōei-ji – 358
Chōfuku-ji – 360
Chogye, escola – 106, 114, 130
Chosŏn, dinastia – XV, 82, 115-125, 132, 133, 137
Chosŏn Pulgyo yusin non – 125, 128n
Ch'uan fa chieh – 12, 536
Ch'uan fa-pao chi – 7
Ch'uan fa cheng-tsung chi – 48
Ch'uan-hsin fa-yao – 19, 51
Ch'uan-teng lu – 19, 46n, 51
Chung-hua, Instituto de Estudos Budistas de – 439
Chungtai, Mosteiro de – 447
Chung-tao, Sociedade – 436
Compaixão – XVII, XX, 61, 201, 202, 228-230, 232, 235, 236, 241-244, 397, 406, 409, 423, 427, 443, 444, 456, 472-474, 477, 483, 484, 488, 491, 495, 497, 498, 512, 536, 537, 540
Confucianismo – XII, XIV-XVI, XVIII, 4, 8, 20, 29, 44, 45n, 48, 49, 50n, 52-53, 55, 59-62, 82, 113-115, 128, 129, 132, 148-150, 156, 185, 189, 274, 308, 314, 333, 339-346, 349-351, 353, 356, 357, 359, 363, 364
  neoconfucianismo – XV, 20, 23, 48-53, 276, 323, 341, 345, 348-352, 354, 357, 536, 537, 539
Consciência-Única, Escola da – 288, 441, 545
Coreanização – 62
Cosmologia – XII, 53, 415, 488, 540

ÍNDICE DE ASSUNTOS

Contra-iluminação – 90
Conventos – 129, 360, 439, 511
Cristão (cristianismo) – XI, 53, 126, 129, 130, 175, 227, 228, 384, 389-392, 394, 397, 398, 463, 473n, 501-504

D

Daian-ji – 183
Daibutsu-ji – 271, 284
Daijō-ji – 271, 272, 297
Daimoku – 201, 258-260, 452, 454, 456-463, 536
Daimyō – 274, 281, 282
Dainichikyō – 170, 181, 189n, 197, 412
Daitō shiyūki – 407n
Daitoku-ji – 273, 276, 278-281, 299, 319, 322
Darani – 537. *Ver também Dhāraṇi*
Darma – XII, XIV, XV, XVII, XIX, 15, 29, 48, 62, 65, 67, 68, 70-72, 75-78, 84, 85, 98, 104, 116, 118n, 133, 134, 142, 152, 154, 179, 186, 194n, 211, 216, 239, 241, 243, 244, 253, 254, 261, 271, 284n, 285, 290, 291, 293, 295, 296, 302, 322, 323, 329, 330, 351, 354, 356-361, 364, 365, 403, 410, 422, 426, 432-442, 457-459, 461, 462, 477, 504, 522, 525, 526, 529-532, 537-544
  assembléias do – 438
  campo-do-Darma – 70, 71
  combate do – 133
  corpo-do-Darma – 198, 539
  darma raja – 142
  Dharma-dhātu – 82, 89, 90, 104, 122
  ensinamentos do – 432
  herdeiros-do-Darma – 291
  lição sobre o – 134
  mestre do – 70, 433-435, 438, 441, 442
  mundo-do-Darma – 76
  nomes-do-Darma – 432
  portal do – 70
  roda do – 296
  tesouro do – 7, 11
Daruma-shū, Daruma, escola – 267-269, 271
Degeneração – 68, 91, 94, 96-99, 103, 104, 149, 226, 235, 536
Demônio(s) – 257, 425
  possessão demoníaca – 61
Denkōroku – 273
Deus (deuses) – XVI, 53, 60, 121, 190, 221, 249, 253-255, 260, 298n, 384, 385, 394, 398, 415, 421, 422, 424, 425, 427, 464, 537, 543. *Ver também* Divindades

Deus, discurso sobre o – 384
Deusa – 253, 442
Deva(s) – 25, 176, 424, 537
Dhamma. *Ver* Darma
Dhammapada – 477
Dhamma Yietra – 477
Dhāraṇi – 116, 157, 179n, 180, 181, 186, 188, 412, 424, 537
Dharmakāya, Darmakāya – 74, 93, 116, 144, 186, 188, 249, 250, 253, 306, 309, 310, 327, 410, 537, 540, 544
Dhyāna, diana – 24, 28, 30, 411, 522, 536, 537, 545
Diamante, Sutra do – 9, 26, 28, 30, 302, 343, 361, 433, 543
Divindades – 31, 142, 162, 163, 165-167, 196, 204, 248, 254, 260, 272, 537, 541
Dō – 295, 298, 540
Dōbō dōgyō – 232
Dragão(ões) – 273, 331, 359
Duḥkha – 536

E

Écfrase – 413, 427
Edo, período – 227, 297, 312, 339, 366
Ego, Eu – 87, 102, 192, 234, 313, 397, 484-486
Egocêntrico – 25, 29, 154, 241
Egoidade – 397
Egoísmo – 234, 241
Eihei kōroku – 271, 285, 295
Eihei-ji – 270-274, 284, 285, 297
Ekayāna – 143-146, 177, 537. *Ver também* Veículo único, budismo do
Ekō – 235, 537
Engaku-ji – 275, 277, 315, 324
Enpuku-ji – 329
Enryaku-ji – 174, 196, 212, 283, 284, 286
Eremita(s) – 25, 26, 256, 319, 321
Escatologia – 397
Esotérico (esoterismo) – 62, 89, 115, 118, 119, 157, 160, 163, 165, 173, 177, 181-186, 189, 190, 192, 195-198, 202-205, 218, 248-250, 252, 253, 265, 267, 269, 271-275, 279, 280, 413, 446, 449, 454, 455, 457, 495, 503, 539, 540, 542, 543, 549
Esotérico-exotérico – 165
Espiritualismo – 369-376
Ética – XX, 20, 51, 53, 61, 125, 128, 132, 134, 174, 194, 197, 241, 243, 340, 349, 350, 354, 355, 362, 364, 365, 373, 386, 397, 444, 476, 480, 488, 492, 497, 498, 504, 512, 523n, 530, 539, 547

568 A ESPIRITUALIDADE BUDISTA

Étnico (etnicidade) – 298, 390, 481, 484, 501, 506, 518, 520, 530

Exército, armas – 106, 395, 425-427, 478, 479, 483, 485

Exotérico (exoterismo) – 163, 165, 184-186, 188, 189, 203, 204, 249, 539

Exotérico-esotérico – 163, 165, 203

Ex-stasis – 397

F

Fa Kuang, Instituto de Estudos Budistas de – 439

Fa Yun, Instituto de Estudos Budistas de – 433

Fa Yun, Mosteiro de – 431, 433

Feminismo – 493-495, 498, 513n, 527n

Fo Kuang Shan – 494

Força própria – 374

Força vital – 448, 450-457, 461-465, 467, 542

Fo-tsu t'ung-chi – 48

Fudōchi shinmyō roku – 342

Fugan-ji – 297

Fukanzazengi – 285, 295

Fundação pela Preservação da Tradição Mahāyāna do Gelugpa – 446

Fushō fumetsu – 306, 537

G

Garbha – 544

Garbhadhātu – 413

Gedatsu – 167, 454, 537

Gedō – 241, 537

  Gedō shinga – 342

Gênero – 242, 410, 421, 425, 427, 526

Genjōkōan – 384n

Genju-ha – 23

Genkō shakusho – 265

Genkō, era – 277

Genpei, Guerra de – 192

Gensō – 235, 541

Gohonzon – 453, 454, 457, 459, 461-463, 465-467

Goi kenketsu – 273

Gozan – 272-282, 299, 322, 537, 539, 543, 545

H

Haein, Mosteiro de – 109

Haibutsu kishaku – 227, 538

Hai-dong shu – 71

Hajaku-ji – 268, 269

Hakuin oshō nenpu – 317, 336

Hakusan Tendai – 269, 272

Heian, período – XVI-XVIII, XX, 147, 151, 157, 160, 161, 165, 169-212, 229

Hekiganroku – 55, 273

Hieizan. *Ver* Monte Hiei

Higashi Hongan-ji – XX, 370-372

Hijiri – 210, 211, 213, 245, 288, 538

Hīnayāna – 15, 78, 85, 144, 145, 152, 174, 176, 189, 201, 293, 375, 455, 540, 544

Hinduísmo – 189, 490

Hisosan-ji – 157

Hōben – 252, 544. *Ver também* Meios hábeis, *Upāya*

Hokkai – 302, 304, 537, 538

Hokke gengi shiki – 192, 207

Hokkegisho – 144, 145n

Hokkekyō – 144, 262, 451n, 462n, 468, 469

Hōkyō zanmai – 273

Hongaku – XVII, 192-196, 198, 200, 201, 203-206, 249, 250, 461, 465, 466, 538

Hongan-ji – XX, 242-243, 370-372

Honji-suijaku – 166, 253, 254, 257, 538

Honmon butsuryūkō – 463

Honmon-ji – 457

Hōraku-ji – 357-358

Hōrin-ji – 284, 317, 330, 336

Hōryiū-ji – 143

Hosshin – 186, 188, 537

  Hosshin seppō – 198

  Hosshin kōan – 327, 328

Hossō – 151-157, 163, 165, 197, 219, 238, 537, 538

Hossō-shū – 288

Ho-tse, escola – 8, 9, 16, 30, 93

Ho-tse, templo de – 8, 9

Hōyōki – 295

Hsi Lai, templo de – 432

Hsien T'ien – 432

Hsi-ming-ssu – 182

Hsin hua-yen lun – 69

Hsin-yu, Centro Cultural Budista de – 439

Hua Fan, Faculdade de – 444

Huan Gan, Universidade de – 444

Huang-lung, escola – 18, 266

Hua-yen – XI, XV, XVII, 16, 29, 30, 44, 45, 51, 54, 62, 69, 70, 82, 85, 92, 93, 103n, 152, 154, 188, 189, 202, 536, 543. *Ver também* Hwaŏm, Kegon

Hua-yen ching su – 69

Hua-yen t'an hsüan chi – 69

Hu-ch'iu, escola – 276

Hwaŏm – 62, 65, 67, 70, 72-74, 76, 82, 87, 89, 90, 102, 105, 115, 536

Hwarangdo – 61

ÍNDICE DE ASSUNTOS

Hyakurenshō – 267
Hyakurokkosōjō – 457

I

Ibullansa, templo de – 60n
I Ching – 29
Ikuei, Escola – 370
Iluminação, *passim;*
  cultivo da – 52
  gradual – 28, 250
  súbita – 28, 46, 50, 76, 117-119
  súbito-gradual – 133
  súbito-súbita – 133
Inferno(s), seres infernais – 17, 118, 176,
  177, 188, 210, 311, 313, 455, 460, 477,
  536, 539, 542
Interpenetração – 62, 66, 69-71, 79, 87, 89,
  91, 154, 156, 351, 543, 544, 559
Invocação do nome – 258. *Ver também*
  Nenbutsu
Inzō – 415, 541
Ioga – XII
Iogacara – XI, XX, 17, 25, 45, 62, 66, 85,
  116, 152, 154, 165, 189, 310, 406,
  410, 441, 535-537, 545
Ise – 253, 451
Ita Mandala – 458

J

Jigyō no ichinen sanzen – 454
Jiji-muge – 154, 543
Jingo-ji – 183
Jishō-ji – 329
Jōbutsugi – 252
Jōchi-ji – 277
Jōdo, seita – XX, 209, 211, 215, 220,
  229, 232n, 233, 234, 240n, 339, 340,
  369, 370, 376, 520n, 538. *Ver também*
  Jōdoshū
Jōdo Shinshū – XX, 215, 229, 233, 234,
  240n, 339, 340, 369, 370, 376, 520n,
  538. *Ver também* Shin, budismo
Jōdoshū – XX, 219, 220, 226-228, 231,
  339. *Ver também* Jōdo, seita
Jōgan-in – 320
jōgyō-zammai – 209, 229, 539
Jōjū-ji – 272
Jufuku-ji – 266, 277
Juji yujutsubon – 458
Jūjū shinron – 184, 185, 189, 197, 208
Jūnyoze – 455, 460, 539

K

Kaimeimon'in – 360

K'ai Yuan, Mosteiro de – 433
Kalyānamitras – 124
Kamakura, período – XVII, XVIII, 161, 164,
  179, 191, 192, 194, 211, 212, 215, 217,
  247, 262, 265, 269, 275-277, 286, 317,
  357n
Kami – 142, 149, 156, 158, 162, 163, 165-
  168, 253, 254, 257, 538. *Ver também*
  Divindades, Deus
  corpo de – 163
  Kami-buda – 166-167
  domínio do – 163
Kanahōgo – 316
K'an-hua – 22, 46, 539, 540
Kanhwa Sŏn – 105, 106
Kanjin honzonshō – 455, 460, 461, 466
Kanjinron – 459
Kanmuryōjukyō – 423n
Kao-seng Fa-hsian chuan – 405n
Kan-ting chi – 69
Karunā – 477, 540
Kāya – 406
Kāya-vijñāna – 543
Kegon – 151, 152, 154, 156, 173, 176, 213,
  238, 288, 373, 536. *Ver também* Hua-yen,
  Hwaŏm
Keirin-ji – 358, 359
Keisō dokuzui – 317, 329
Keitoku dentō roku – 273
Kenbutsu – 291
Kenchō-ji – 275, 277, 279
Kenmitsu – 165, 167, 203, 204n, 208
  bukkyō – 165, 167
  taisei – 203
Kennin-ji – , 266, 267, 269, 275, 277, 283,
  284
Kenshō – 97, 239, 267, 304, 327, 328,
  331, 334, 526, 539
Kenshō jōbutsu ron – 267
Kenyaku seikaron – 349
Khanika samādhi – 507
Khmer Vermelho – 476, 477
Kichijō-ji – 271
Kisillon so – 71, 75, 78, 80
Kiyosumi-dera – 248
Kleśa – 536
Koan – XIII, XIV, 20-23, 30, 31, 46, 47, 50,
  53, 54, 98, 269, 273, 274, 279, 280, 282,
  295, 296, 299n, 310, 322, 325-331, 334,
  338, 344, 345, 353, 520, 521, 525, 526,
  538-540, 545
Kōfuku-ji – 165, 167, 213, 215, 268, 288
Kojiki – 148, 158, 364
Kōjiki kitei – 361

570 A ESPIRITUALIDADE BUDISTA

Kokūzō gumonji no hō – 180
Kōki-ji – 360, 361
Kōkoku-ji – 272
Kōmeitō – 468, 492
Kongan – 98, 100, 117, 121, 124n, 133, 539
Kongōchōkyō – 182, 412
Konpon sōsei – 358, 361
Koryŏ, dinastia – xv, 66, 79, 81-114, 133
Koryŏ-kuk sinjo taejang kyojŏng pyŏllok – 109, 110
Kosāmbi – 407n
Kōshō Hōrin-ji. *Ver* Hōrin-ji
Kōshō-ji – 268, 269, 289
Kōyasan – 207, 367. *Ver também* Monte Kōya
Kū – 152, 153, 306, 539. *Ver também* Vazio, *Śūnyatā*
Kuomintang – 434
Kuon-ji – 261, 263
Kuse chŭwi – 126
Kushu shotoku – 194
Kyōge betsuden – 266
Kyōgyōshinshō – 232, 233, 238, 240n, 246, 391
Kyonsŏng – 97, 539

L

Laṅkāvatāra, Sutra de – 7, 9, 24-26, 28, 29
Leigas, irmã(s) – 128-130. *Ver também* Monja(s)
Leigos – xvi, 13, 14, 20, 21, 36, 114, 124, 128, 130, 136, 144-146, 150, 174, 233, 255, 261, 316n, 327, 434, 437-439, 467, 471-473, 475, 476, 478, 493-494, 507, 508, 512, 513, 519, 520, 522-527
Leng-ch'ieh shih-tzu chi – 7
Libertação – xi, xii, xx, xxii, 84, 85, 94, 96, 114, 120, 126, 195, 213, 228, 239, 240, 262, 310, 454, 459, 494, 499
Lin-chi, escola – 17, 18, 21, 22, 46, 105, 106, 431. *Ver também* Rinzai, Zen de tradição
Ling Ch'uan, Mosteiro de – 431, 433, 434, 438
Ling Yun, Mosteiro de – 431, 433, 434
Li-tai fa-pao chi – 11
Liturgia – 117-119, 130, 151, 196, 203, 204, 415
Liu-tsu t'an-ching – 10
Lótus, Sutra do – xvii, xviii, 144, 145, 151, 165, 166, 170-172, 177, 178, 192, 194, 201, 208, 236, 248-262, 286, 292, 322, 341, 354, 409, 433, 450, 452n, 454, 458-461, 468, 483, 536-539, 541-544
Lung Hua – 432

M

Madhyamaka – 540
Mādhyamika – xx, 62, 66, 152, 153, 189, 209, 411n, 540, 542
Mādhyamika-kārikā – 441
Magia – 24, 60, 142, 149, 156, 161, 181, 190, 210, 239, 241, 242, 249, 410, 412, 424, 425, 427
Maha Bodhi, Sociedade – 504
Mahāparinirvāṇa – 67, 407, 541
Mahāsi, Centro – 508
Mahāvagga – xxii
Mahāyāna – xi-xiii, 15, 44, 62, 67, 71-80, 132, 143-146, 152-154, 174-177, 180, 181, 186, 189, 195, 196, 201, 202, 205, 233, 235, 250, 260, 293, 306, 310, 341, 342, 355, 357, 362, 408-415, 423-429, 441, 446, 450, 505, 512, 524, 526, 536, 537, 540, 541
Maitrī – 540
Makashikan – 460
Makumōzō – 349n
Mandala – 181, 182, 188-190, 196, 209, 248-250, 260, 293, 365, 412-415, 421, 422, 454, 457, 458, 538, 540, 544
Mantra – 116-119, 133, 179n, 181, 186, 188, 196, 203, 249, 258, 293, 365, 412, 415, 458, 537, 541
Mappō – 198-199, 211, 234, 239, 253, 255-257, 260, 454, 456, 457, 459, 461, 540, 543
Marxismo – 390, 395, 489
Meiji, período – xix, 127, 147, 168, 204, 227, 285, 316, 321n, 331, 338, 345, 365, 367, 369, 370, 375, 386, 393, 538, 548
restauração – 127, 147, 345, 366
Meios hábeis – 333, 485, 544. *Ver também* *Hōben, Upāya*
Mente
atenção – 333, 485, 495, 505, 507, 509, 513-515, 536, 542
cultivo da – 29
darma-mente – 116
essência da – 454
matéria da – 116
mente-a-mente – 89, 525
natureza-mente – 90, 95
transmissão da – 89
mente-única – 67, 116, 296, 441
Metafísica(s) – xiv, 20, 45, 53, 62, 153, 205, 258, 298, 373, 380, 383-385, 391
Metanoética – 391, 392
Metsudo – 540
Mettā sutta – 477
Miao-fa lien-hua ching – 541

ÍNDICE DE ASSUNTOS

Michi – 298, 301, 361n, 540
Mikkyō – 157, 160, 165, 189n, 539, 540
Ming, dinastia – 23, 31, 323, 431
Missionária (atividade) – XVI, XVIII, 61n, 113-114, 501, 504, 505, 521
Místico (misticismo) – 44, 46, 51-53, 292, 297, 397, 415, 453, 507, 522
Mito (mitologia) – XIII, 25, 150, 156, 158, 204, 236, 298, 322, 391, 398
Mizuyakushi-ji – 360
Mo ho chih kuan – 460
Mōanjō – 353
Modernidade, modernização – XVI, XVIII, 125, 127, 136, 227, 228, 345, 365, 434, 497, 503, 506
Mondō – 540
Monja(s) – 16, 124, 126, 129, 144, 209, 293, 304, 432-439, 442, 443, 445, 471, 472, 477-479, 481, 491-494, 508, 510, 511, 524, 525n, 526
Monjō no honmon – 459
Monte Hiei – XVII, 160, 165, 169, 170, 172, 174, 175, 177, 190-193, 195, 196, 203, 209-212, 214, 215, 220, 229, 231, 233, 234, 238, 265-269, 272, 283
Monte Kōya – XVII, 165, 169, 183-185, 190, 195, 210
Monte Ta Kang – 431
Monte Wu-ku Kuan-yin – 431
Monte Yueh Mei – 431
Montei no honmon – 459
Moralidade – XXI, 51, 96, 128, 149, 189, 237, 238, 339, 341, 360-363, 383, 388
Muditā – 540
Mudrā – 181, 188, 196, 249, 365, 412, 413, 415, 421n, 423n, 540
Muga – 342, 350, 535, 540
Mumonkan – 47, 54, 275, 326n, 545
Mundo, afirmação do – 467
Mundo, renúncia ao – 465, 513
Muromachi, período – 146, 271-277, 281, 322, 339
Muryōgi-kyō – 451
Música – 60, 149, 159, 222
Musō – 278, 280
Myōhō-ji – 483
Myōhōrengekyō – 250, 260
Myōkōnin-den – 340
Myōō – 424, 541
Myōshin-ji – 273, 276, 278, 279, 281, 282, 304, 317, 322-324, 329, 337

N

Namu-amida-butsu – 244, 292

Nan-hai-chi-kuei-nei-fa ch'uan – 359
Nan-k'e T'ai-shou chuan – 316n
Nan-tsung, escola – 8
Nanzen-ji – 277
Não-busca – 35
Não-darma – 71
Não-diferenciação – 398, 460
Não-discriminação – 69, 72, 75, 307, 311
Não-dual(idade) – 72, 78, 89, 93, 96, 116, 122, 145, 312, 333, 526
Não-egoísta(ísmo), altruísmo – 298, 347, 353, 472, 476, 497. *Ver também* Não-eu
Não-eu (não-ego) – XIV, 40, 301, 342, 506, 535. *Ver também Anātman, Muga,* Não-egoísta
Não-existência – 100, 303, 472
Não-mente – 29, 299, 301, 302, 312, 343, 541
Não-nada – 303
Não-pensamento – 93, 95, 99, 100
Não-retorno – 539
Não-retrocesso – 77, 78
Não-retrogresssão – 77, 239
Não-senciente – 296n, 460
Não-ser – 145
Não-substancial(idade) – 116, 144, 409, 412, 427
Não-violência – 472, 476, 479, 485, 488, 492, 499, 504
Não-vir-a-ser – 145
Nara, período – 148-160, 165, 203, 204, 209
Naropa, Instituto – 496-497
Nacionalismo – 204, 258, 315, 333, 338, 399, 434, 463
Nada – 302, 303, 307-309, 320, 378, 386-398, 545
nada-no-amor – 391
Natureza-própria – 69, 302
Nehangyō – 541
Nehan myōshin – 540
Nenbutsu – 178, 195, 201, 204, 210, 211, 213-230, 233-235, 238, 241, 244, 245, 258, 267, 323, 351, 541. *Ver também* Recitação do nome
Nenbutsu-shōshinge – 233
Neokantismo – 382, 387
Nibbāna – 509
Nichiren honbutsuron – 458
Nichiren Shōshū – 449-451, 455, 457-463, 465-468, 519n
Nichirenshū – 339-341, 457
    Nichirenshū Fujiha – 457
Nien-fo – 23, 45, 541
Nihongi – 141n, 143n, 148, 361n

A ESPIRITUALIDADE BUDISTA

Nihonshoki – 141, 148
Nihonzan Myōhō-ji, seita – 483
Niilismo – xviii, 392-398
Niponização – 137, 161-163, 165, 167, 432
Nirvana – xi, xii, 44, 67-72, 77, 80, 84, 97, 134, 135, 153, 176, 239, 240, 248, 249, 251, 294, 295, 302, 342, 403, 462, 491, 513, 537, 538, 540, 541
Nishi Hongan-ji – xx
Nisōshijū – 238
Niu-t'ou, escola – 11, 26, 28
Niyata rāśi – 77, 78
Nô – 297, 298, 380
Non sŭngnyŏ chi kyoyuk – 125
Numênico, númeno – 51, 87, 89, 91, 92, 95, 342, 412, 413, 540
Nung-so – 72, 541
Nyŏmbul – 118, 119, 541

O

Ō – 238
Ōbaku, escola – xx, 324
Ocidentalização – 472, 474, 501
Ogikuden – 457
Ōjō – 466, 541
Omosu honmon-ji – 457
Onjō-ji – 269
O-que-retornou-uma-vez – 536
Orategama – 318n, 326, 336, 337
Orientalismo – 385
Ōryō – 266
Ōsō – 235, 541
Outro-Poder – 45, 195, 201, 213, 234-241, 243, 244, 339, 340, 369, 371, 375, 376, 391, 543, 544
Ōtōkan, escola de – 276, 279, 317
Otokuni-dera – 183

P

Paekche, dinastia – 60-62, 141
Pai-chang yu-lu – 38-39, 42
Paixões – 24, 25, 52, 213, 224, 225, 244, 267, 466
Pāli, Cânone – 502-506, 541
P'an-chiao – 69-70, 541
Pao-ching san-mei – 18
Pao-lin chuan – 12, 14
Paramārtha – 69
Paramārthasatya – 68, 541
Parinirvāṇa – 106
Parlamento Mundial de Religiões – 502, 504, 521
Pênis – 406
Peregrino(ação) – 105, 162, 167, 405,

407n, 437
Pi-kuan – 24
Pi-yen lu – 21, 22, 47
P'o-an, escola – 276
Po-jo – 541
Pŏp – 129
Prajñā – 70, 72, 95-98, 116, 153, 541, 542
Prajñāpāramitā – 26, 409, 421n
Pratibhāsa – 405n
Pratibimba – 405n
Prática – xii, xix, xx, 62, 77, 92-97, 205, 206, 382, 383, 385, 386, 388, 389, 413, 414, 449, 450
Pratītyasamutpāda – 441
Pratyekabuddha – 176, 177, 201, 541
  Pratyekabuddha-yāna – 537
Prece – 21, 108, 146, 239, 248, 282, 415
Preceito(s) – 151, 152, 213, 351, 488 493, 496. *Ver também Vinaya*
  plataforma dos – 539
  transmissão dos – 435
Preta – 176, 536, 541
Profecia – 211n, 256, 257, 259-261
Protestantismo – 175
Proto-Shintō – 149-150, 156, 158
Psicanálise – 541
Pulsŏng – 115, 134
P'yŏngdŭng chuwi – 126

Q

Quatro Começos – 342
Quioto, escola de – xix, 377-399, 545

R

Recitação do nome – 223, 234, 237, 241. *Ver também Nenbutsu*
Reencarnação – 134
Reiyūkai – 449, 463
Rengekyō – 354, 451, 452, 455-459, 461, 483, 541. *Ver também Lótus, Sutra do*
Ri – 121, 194, 206, 363, 540
Richi – 325, 327
Richi funi – 189
Riji-muge – 156
Riki sabetsuron – 301, 342
Rinzai, Zen de tradição – 17, 23, 29, 47, 54, 101, 117, 265-276, 279, 282, 283n, 288, 299, 304, 315-319, 322-326, 329, 330, 334, 338, 344, 352, 521, 525, 526, 538, 539
Risenkufū – 313
Risshō Kōseikai – 483, 484, 497n
Ritos, ritual, ritualismo – xiii, 33, 48, 61, 115,

ÍNDICE DE ASSUNTOS

116, 125, 127n, 136, 137, 141, 142, 146, 149-151, 158, 159, 166, 179n, 182-184, 190, 196, 204, 210, 218, 227, 261, 290, 293, 326, 340, 345, 383, 386, 407, 412-415, 421n, 425, 426, 509, 519, 520, 529, 532, 535, 537, 540, 541

Ritsu – 151-152, 157, 192, 259, 277, 545. *Ver também* Preceitos, *Vinaya*

Rōhatsu – 273, 333

Rokudō – 538, 542

Rokuon-in – 278

Rokuon-sōroku – 278

Rokurōsō – 457

Ropparamitsu-ji – 284

Rūpakāya – 410

Ryūmon-ji – 304

Ryūtaku-ji – 318n, 330

S

Sabedoria, rei da – 424-426

Sábio(s) – XII, XVIII, 51, 129n, 143, 185, 257, 268, 320, 343, 345, 455
Rei-sábio – 25

Sacerdotisa – 150, 494

Sach'al yŏng – 114

Sadan. Ver Quatro Começos

Saddharmapuṇḍarīka, Sutra de – 118n, 248

Saihō shinan shō – 221, 245

Saihō-ji – 371

Santo (santidade) – 84, 199, 201, 219, 226, 247, 260, 293, 508, 513, 536, 542

Sakyadhītā, Associação Internacional de Mulheres Budistas – 493

Salvação – XIV, XVIII, 31, 84, 120, 126, 177, 199, 201, 213, 214, 224-227, 240, 247, 254-259, 262, 381, 411, 450, 451, 457, 463-469, 542

Samādhi – 12, 72, 95-98, 210, 221-224, 321, 334, 411, 507, 539, 542.*Ver também Zanmai*

Śamatha-vipaśyanā – 543

Saṃbhogakāya – 74, 186, 410, 542

Saṃgha, *Ver também* Saṅgha

Samnak vipassanā – 508

Samnon (escola) – 62. *Ver também* San-lun, Sanron

Samsara – XII, XX, 44, 68, 70-72, 96, 119, 135, 194, 195, 403, 423, 543

Samurai – 199, 299, 304, 340, 346, 351, 352, 356, 370
Zen do – 299n, 335, 353n, 367

Samvṛti – 69

Samvṛtisatya – 68, 541

San-chü – 120, 542

Sandai sōron – 271

Sandhinirmocana, Sutra de –70

Sangakuroku – 184

Sangan tennyū – 237

Saṅgha – 77, 78, 81, 113, 114, 125-127, 130, 132, 433, 435, 438, 442, 445, 446, 448, 492, 513, 520, 521, 524, 526, 528, 530, 544.

San-hsüan – 120, 254

San'ikun – 339

San-lun (escola) – XI, 62, 441, 542. *Ver também* Samnon, Sanron

Sanmai – 221, 542. *Ver também Zanmai*

Sanmai Hottokuki – 218, 221

Sanmaya-kai – 197, 542

Sanmitsu – 188, 196, 542

Sanmon – 248

Sanron (escola) – 152-154, 157, 209, 213, 542. *Ver também* Samnon, San-lun

Sanzen – 258, 273, 274, 454-455, 459-461, 538, 542

Sarvāstivāda – XI, 152, 408, 542

Sarvodaya Shramadana – 474, 489

Sasa muae – 87, 102, 543

Śatasāhasrikā-prajñāpāramitā – 406

Satipaṭṭhāna sutta – 505-507

Satori – 46, 289n, 294, 306, 312, 539

Satyasiddhi – 152

Sectário (sectarismo) – XX, 65, 67, 70, 79, 84, 85, 90, 114, 127, 191, 200, 204, 270, 354, 356, 359, 363, 364, 408, 441, 492, 525
Supra sectário – 356, 359, 361, 364

Secularização – XVI, 126-128, 299, 339, 446

Seishinshugi – 369, 372, 376

Seizan-ha – 219

Senchaku – 214, 215, 542

Senchakushū – 214, 215, 218, 219, 221-223, 225, 226, 230

Sengoku, período – 273, 274, 281, 282

Sennan gūkyo roku – 341

Sesshin – 273, 525, 542

Sexo(ualidade) – 232, 293, 421n, 432, 446, 476, 495, 524-528, 543, 544

Sexismo – 473

Shakubuku – 340, 451, 456, 460, 469, 543

Shakumon – 250, 454, 459, 543

Shana-gō – 543

Shana-gyō – 197, 543

Shao-lin, templo – 24

Shido kegyō – 357

Shih-men cheng-t'ung – 48

574 A ESPIRITUALIDADE BUDISTA

Shikan taza – 200, 525, 526, 529, 543

Shin, budismo – 231, 242-244, 246, 340n, 366. *Ver também* Jōdo Shinshū

Shingon – XVII, 157, 160, 161, 165, 173, 176, 178-180, 182, 184, 185, 188-190, 195-198, 202, 203, 207, 238, 240, 243, 248, 251, 253, 263, 267, 274, 277, 282, 292, 293, 351, 357, 358, 361, 364, 365, 367, 414, 535, 540, 542-545, 548

S. Risshū – 357

Shingonshū shogaku Kyūritsuron mokuroku – 184

Shinnyoen – 449

Shintō – XVI, 142, 147, 149, 150, 163, 165-166, 168, 204, 298n, 335, 340, 543

Shintō budista – 165, 168,

Shitennō-ji – 143

Shō – 175, 184n, 221, 245, 249n, 294, 289n, 303, 538

Shōbōgenzō – 270, 271, 273, 284-286, 289-297, 540

Shōdō – 215

Shōdōmon – 199, 543

Shōin-ji – 322, 329

Shōji Jissō gi – 184

Shōju-an – 321, 322

Shōkoku-ji – 278, 328n

Shōrin-ji – 330

Shōsōrin ryaku shingi – 324

Shōtō shōkaku ron – 267

Shou-leng-yen-ching – 292

Shōwa, era – 228

Shugeishuchi-in – 184

Shugendō – XVI, 157, 178, 272, 543, 545

Shūmon Mujintō ron – 328

Shūseisha – 352

Śīla – 96, 542

Silla, dinastia – XV, 59-82, 87, 107, 142, 147

Sinp'yŏn chejong kyojang ch'ongnok – 107

Sociedade Budista Internacional – 504

Sociedade de Meditação da Introspecção – 508, 513, 514

Sōgen-ji – 329n

Sōji-ji – 272

Sōka Gakkai – XIX, 449-469, 483, 484, 497n, 519n

Soku-hi – 384, 543

Sokushin jōbutsu – 184, 186, 198, 240, 249, 251, 365, 461, 543

Sokushin jōbutsu gi – 184

Sōmoku jōbutsu – 202

Sŏngch'ŏng – 119, 120

Songgwang, Templo de – 119

Songmunsa, Templo de – 60n

Sonho(s) – 94, 115, 166, 221, 229-232, 248, 258, 316n

Sŏnmun sabyon mano – 121, 122

Sŏnmun sugyŏng – 120

Sōtō, Zen de tradição – XVIII, 18, 29, 47, 200, 265, 268, 270-274, 278, 282, 283, 285, 290, 291, 297, 298, 315, 316n, 324, 333, 358, 365, 432, 433, 521, 523n, 525, 526, 531, 543. *Ver também* Ts'ao-tung, Zen de

Śrāvaka – 144, 176, 177, 455, 460, 538, 543

Śrāvaka-yāna – 537

Śrīmālādevi – 143, 145, 177

Śrīmāladevī-siṃhanāda – 442

Ssangye, Templo de – 119

Ssu-chu cheng-i k'ao – 342

Stūpa – 118n, 260, 406-409, 543

Ser-tal – 68, 76-78, 103, 116, 120, 186, 453, 455, 544

Sukhāvatī – 118, 411, 544

Sukhāvatīvyūha – 209, 216, 409

Sung-yüan, escola – 276

Śūnyatā – 20, 28, 74, 144, 397, 441, 539. *Ver também* Vazio, *Kū*

Susŏn sa – 119

Sutta-nipāta – 84n

Suwŏl toryang konghwa pulsa yŏhwan binju mongchung mundap – 115

Szechwan, Escola de – 11, 13, 15

T

Ta-ch'eng ch'i-hsin lun – 74

T'aego, Escola – 130

Ta hsien, Mosteiro de – 435

T'ai-chi – 53

Taichung, Sociedade Budista da Terra Pura de – 438

Taimitsu – 195

Taiseki-ji – 457

Taishō, período – 110, 228, 315n, 316, 336, 415n, 440

Takada-ha – 242

Takaosan-ji – 173, 183-185, 189

Ta-li – 440, 544

T'ang, dinastia – 6, 8, 10, 11, 16, 18-20, 23, 33, 36, 44, 158, 172, 196, 265, 316n, 524

Taṇhā – 472

Tannishō – 374

Tantra – 62, 544

Tântrico – XVII, XX, 173, 179n ,181, 540, 543, 544

Tântrico, estilo – 163

Tantrismo – XVII, 177, 207, 412

ÍNDICE DE ASSUNTOS

Tao, Taoísmo – XII-XV, 4, 8, 16, 24-26, 47-52, 59-62, 82, 158, 180, 185, 189, 279, 295n, 301, 320, 341, 344, 348, 350, 432, 540

Ta-t'ang hsi-yü chi – 407n

Tathāgata – XXII, 65, 87, 121, 122, 237, 239, 250, 253, 256, 308, 369, 370, 407, 415, 453, 458, 544

Sŏn Tathāgata – 121, 122

Tathāgatagarbha – 25, 85, 92, 441, 544

Tathāgatakāya – 406

Tathatā – 544

Tattvasaṃgraha – 182

Taumaturgia – 149, 150, 153, 156-160, 204

Ta-yün, templo de – 8

Tenjukoku mandara – 209

Tenmangu, relicário de – 304

Tenrei banshō myōgi – 184

Tenryū-ji – 277, 330

Tenzo kyōkun – 285, 289

Tetsu Senchakusha – 218

Teologia, teólogos – 53, 91, 385, 389, 393, 394

Teosofia – 504

Theravāda – XIX, 44, 146, 408n, 438, 475, 486, 493, 501-515, 535

Therigathā – 442

Thien – 518n, 530, 537

T'ien-t'ai – XI, XVII, XVIII, XX, 3, 14, 30, 45, 47-49, 82, 172, 173, 188, 189, 192, 197, 202, 208, 212, 266, 286, 333, 544

T'ien-t'ung, templo de – 269, 283, 288

Tōdai-ji – 150, 152, 162, 165, 172-174, 183, 197, 279

Tōfuku-ji – 270, 274, 277

Tō-ji – 184

Tōkai-ji – 299, 343

Tokugawa, período – XVIII, 151, 204, 227, 271, 274, 282, 314, 316, 317, 323, 330, 331, 339-357, 360, 363, 366, 539

Tōmyōki – 239

T'ong pulgyo – 59, 62, 65, 71, 79, 82, 544

Tonŏ chŏmsu – 117, 544

Tōru hosshin – 188

Tōshōdai-ji – 175

Transcendência – 31, 53, 156, 286, 290, 292, 294, 295, 298, 340, 385, 403

Trāyastriṃśa – 407

Trikāya – 74, 186, 542

Tripiṭaka – XI, XV, 4, 12, 14, 19, 106-110, 212, 213, 284, 436, 503, 544

mestre do – 441

Tripiṭika – 19, 542, 544, 545

Triyāna – 537

Ts'ao-tung, Zen de – 18, 22, 29-31, 46, 47, 49, 50, 100, 283, 431, 432. *Ver também* Sōtō, Zen de tradição

Tso-ch'an – 46, 544, 545

Tsung-ching lu – 23, 45, 266

Ts'ung-jung lu – 22

Tsu-t'ang chi – 19

Tsurezuregusa – 350

Tz'u chi kung-te hui – 443

U

Unicidade – 92, 244, 291, 342, 373

Upāya – 237, 485, 537, 544. *Ver também* Hōben, Meios hábeis

Upāya-kauśalya – 544

Upekkhā – 540

V

Vajrayāna – 412-414, 424, 426, 545

Vāsanā – 68, 69, 545

Vazio – XI-XV, 20, 26, 28, 29, 32, 65, 73, 74, 121, 132, 153, 154, 177, 267, 303, 306, 309, 354, 355, 362, 363, 395-398, 404, 409, 441, 472, 532, 537, 539, 544. *Ver também* Kū, Śūnyatā

na plenitude, – 397

Veículo único, budismo do – 144, 177, 201-203. *Ver também* Ekayāna

Verdade, corpo da – 74, 537

Vida-na-morte – 391

Vihāra – 505, 506, 545

Vijñānavāda – 288

Vijñapti – 405n

Vijñaptimātra – 17, 545

Vinaya – 120, 132, 151, 177, 218, 274, 357-361, 363, 367, 493, 510, 544, 545. *Ver também* Preceitos

Vipassanā – 507-515, 519n, 545

Vipaśyanā – 97, 545

Vipaśyin – 166

Visuddhimagga – 505, 507

W

Wei-man Hsueh-hui – 439

Wŏn, budismo – XVI, 127-130, 494

Wŏnhyo taesa chonjip – 66

Wu-men-kuan – 325-326n

X

Xogum – 261, 274-277, 299

Y

Yachū-ji – 357

576 A ESPIRITUALIDADE BUDISTA

Yakushi-ji – 174
Yamabushi – XVI, 157, 545
Yasenkanna – 320, 321, 336
Yŏlban chong'yo – 67, 80
Yōgana – 148
Yōgi – 266, 270
Yōhō-ji – 457
Yōjōryū, escola – 266
Yōkō-ji – 272
Yoraesŏn – 121
Yüan-chüeh ching –16

Yüan, dinastia – 14, 18, 22, 23, 105, 133
Yü-ch'üan, templo de – 7, 8

Z

Zanmai –221, 273, 542. *Ver também Samādhi*
Zazen – 46, 200, 266, 273, 284, 292, 304,
  311, 324, 326, 389, 460, 520, 521,
  525, 526, 539, 544, 545
Zen'on shingi – 266
Zenrin-ruiju – 273
Zōjō-ji – 227

MÍSTICA E RELIGIÃO NA PERSPECTIVA

As Grandes Correntes da Mística Judaica
Gershom Scholem
[Estudos 12]

A Religião de Israel
Yehezkel Kaufmann
[Estudos 114]

O Livro de São Cipriano
Jerusa Pires Ferreira
[Estudos 129]

A Espiritualidade Budista I
Takeuchi Yoshinori (org.)
[Estudos 219]

A Espiritualidade Budista II
Takeuchi Yoshinori (org.)
[Estudos 219]

Do Estudo e da Oração
J. Guinsburg (Org.)
[Judaica 3]

O Judeu e a Modernidade
J. Guinsburg (org.)
[Judaica 13]

Os Protocolos do Concílio Vaticano II: Sobre os Judeus
Padre Humberto Porto

Sermões
Rabino Menahem Diesendruck

Impresso em São Paulo, em outubro de 2007,
nas oficinas da Gráfica Palas Athena,
para a Editora Perspectiva S.A.